滕州年鉴

TENGZHOU YEARBOOK

2022

中共滕州市委党史研究中心
滕州市地方史志研究中心 编

团结出版社
UNITY PRESS

图书在版编目（CIP）数据

滕州年鉴 . 2022 / 中共滕州市委党史研究中心（滕州市地方史志研究中心）编 . -- 北京 : 团结出版社 , 2022.11
ISBN 978-7-5126-9691-4

Ⅰ . ①滕… Ⅱ . ①中… Ⅲ . ①滕州－2022－年鉴 Ⅳ . ① Z525.24

中国版本图书馆 CIP 数据核字（2022）第 182996 号

出　版： 团结出版社
（北京市东城区东皇城根南街84号　邮编：100006）
电　话：（010）65228880　65244790（传真）
网　址： www.tjpress.com
E-mail： zb65244790@vip.163.com
经　销： 全国新华书店
印　刷： 山东黄氏印务有限公司

开　本： 889×1194　1/16
印　张： 23.75
字　数： 475千字
版　次： 2022年11月　第1版
印　次： 2022年11月　第1次印刷

书　号： 978-7-5126-9691-4
定　价： 286.00元

滕州

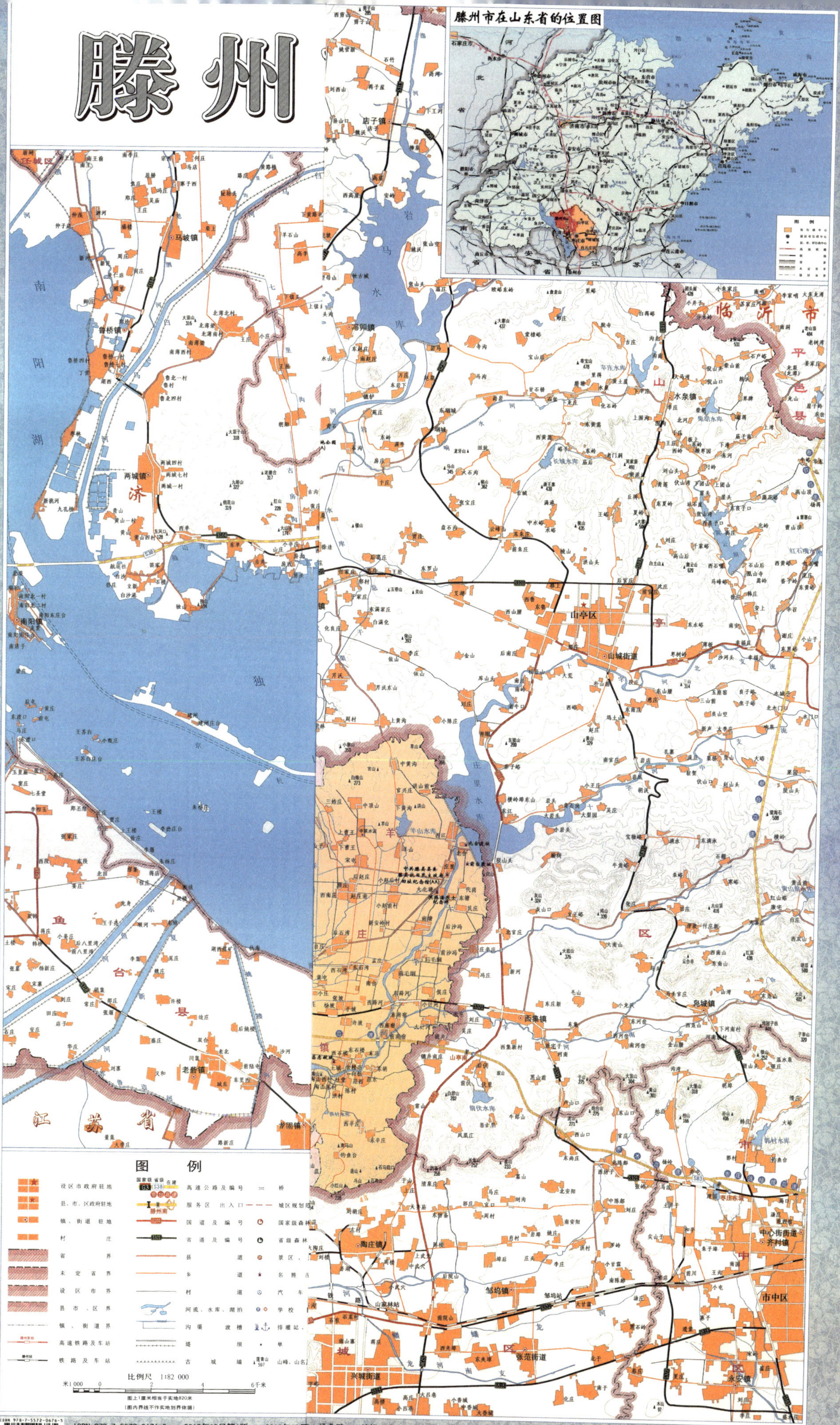

ISBN 978-7-5572-0676-5
枣庄S(2019)001号
2019年12月第1版
2019年12月
马兆鹏
编辑：苗文 苗沛霖 徐静
滕州市自然资源局组编
山东省地图院编制·印刷
山东省地图出版社出版·发行
地址：济南市二环东路6090号
电话：0531-88930993
邮编：250014

2021年9月16日，山东省委常委、宣传部部长白玉刚（前排右）在第二届中国国际文化旅游博览会滕州展区听取滕州市委书记陈永生（前排左）的介绍（渠青 摄影）

2021 年 12 月 3 日，山东省人大常委会副主任、省工商联主席王随莲（前排左三）到滕州调研（市工商联提供）

2021年12月22日，山东省副省长、公安厅党委书记、厅长范华平（中）带领全省公安机关党建带队建现场推进会人员观摩滕州市公安局北辛派出所文化路社区警务室党建带队建工作（钟家增 摄影）

2021 年 5 月 10 日，山东省政协副主席韩金峰（右一）到滕州调研（市政协提供）

2021 年 4 月 14 日，枣庄市委书记、市人大常委会主任陈平（左二）在滕州调研（市大数据中心提供）

2021年3月17日，枣庄市委副书记、市长张宏伟（中）到滕州视察国家机床产品质量监督检验中心（山东）（市市场监管局提供）

2021 年 3 月 26 日，滕州市委书记刘文强（左四）参加滕州市欧亚班列启动仪式（市大数据中心提供）

2021 年 11 月 17 日，滕州市委书记陈永生（前排右三）带队现场推进全市“工业强市、产业兴市”项目建设（市大数据中心提供）

2021年12月2日，滕州市委副书记、市长马宏伟（中）督导调研全国文明城市创建工作（市大数据中心提供）

2021 年 12 月 26 日，滕州市委副书记、市政府党组书记周刚（前排左二）在鲁南化工有限公司调研（市大数据中心提供）

2021 年 5 月 21 日，滕州市人大常委会主任李健（中）带队视察惠民实事进展情况（市人大提供）

2021年8月26日，滕州市政协主席宗大全（中）带队视察全市交通重点工程建设（市政协提供）

2021 年 9 月 29 日，滕州强市建设座谈会议在滕州政务中心举行（市大数据中心提供）

《滕州年鉴（2022）》编审人员

主　　审　李　义

主　　编　张昌民

副 主 编　刘　岑　王　兵

执行主编　徐承伟

责任编辑　王长华　张　艳　王　强　吴金良　赵明明

编　　务　张　涛

编辑说明

一、《滕州年鉴》是中共滕州市委、滕州市人民政府主办的综合性地方年鉴，创刊于1996年，自2013年起逐年出版，旨在全面、客观、翔实地载录滕州市政治、经济、文化、社会诸方面的基本面貌和发展情况，为各级领导提供决策依据，为社会各界和海外人士了解和研究滕州提供基本资料。

二、《滕州年鉴（2022）》的编纂坚持以马克思列宁主义、毛泽东思想、邓小平理论、“三个代表”重要思想、科学发展观、习近平新时代中国特色社会主义思想为指导，力求做到观点正确、框架科学、资料翔实、记述准确、编写规范、特色鲜明。全书采用分类编辑法，以栏目、分目、条目组成框架结构的主体部分。条目标题统一用黑体加【】表示。全书前有目录，后有索引，检索系统完备。

三、《滕州年鉴（2022）》主要记述2021年滕州市经济社会发展情况，设特载、专记、大事记、滕州概况、中国共产党滕州市委员会、滕州市人民代表大会、滕州市人民政府、中国人民政治协商会议滕州市委员会、纪检监察、民主党派和工商联、群众团体、法治军事、经济监督管理、财政税务、城乡建设、资源管理生态环保、农业和农村工作、工业和信息化、交通运输和邮政业、商贸流通和招商引资、金融、科学教育体育、文化旅游、卫生健康、社会生活、管委会、镇（街道）概况、人物、附录等29个栏目。文中关于“全年”“年内”“年末”等的表述，均指2021年；关于“全市”“市”的表述，均指滕州市。为反映事物发展全貌，个别资料适当上溯或下延。

四、全书所载图片，如无特别注明，均为各分目的供稿单位或供稿人提供；所载内容和数据，分别由市直各部门、各镇街和省、枣庄市及外地驻滕单位提供，并经各单位领导审阅。由于资料来源、统计口径等方面的原因，市直各经济部门和各镇街文稿采用的数据，即使同一项目也可能不尽一致，读者采用时请予注意，以市统计部门公布的统计数据为准。

目 录

特 载
Special Records

实干快干勇争一流 加快现代化强市建设步伐 在实现共同富裕进程中走在全省前列
——在中国共产党滕州市第十四次代表大会上的报告…… 1
Work hard and quickly to strive for the first class; Accelerate the construction of a modern powerful city, and lead in the process of achieving common prosperity in Shandong – Report on the 14th Congress of the Communist Party of China in Tengzhou City

政府工作报告
——2022年1月26日在滕州市第十九届人民代表大会第一次会议上…… 10
Report on the Work of the Government – Delivered at the 1st Session of the 19th Tengzhou Municipal People's Congress on January 26, 2022

专 记
Special Notes

党史学习教育…… 21
Party History Learning and Education
概况…… 21
组织领导…… 21
学习活动…… 21
宣讲和党课…… 22
以学促干惠民生…… 22

经济社会发展五年回顾…… 23
Five-Year Review of Economic and Social Development
概况…… 23
农业农村工作…… 23
工业经济…… 24
招商引资…… 24
城市建设…… 25
水务建设…… 26
交通运输…… 26
教育和体育…… 27
文化和旅游事业…… 28
精神文明建设…… 29

大事记
Chronicles of Events

2021年1—12月…… 30
January to December in 2021

滕州概况
Overview of Tengzhou

地情概要…… 45
Summary of Local Conditions
地理位置…… 45
建置沿革…… 45
行政区划…… 46
人口民族…… 55
自然环境…… 55

经济社会发展…… 56
Economic and Social Development
概况…… 56
产业培育和项目投资…… 57
农林牧渔业和乡村振兴…… 57

工业和建筑业…… 57
国内贸易…… 57
对外经济…… 58
交通、邮政和通信…… 58
财政和金融业…… 58
科学技术和品牌标准…… 58
教育事业…… 59
文化、广播电视、卫生和体育…… 59
城乡建设…… 60
环境保护、安全生产和灾害预防…… 60
居民生活…… 60
社会保障和民生事业…… 60

精神文明建设…… 61

Spiritual Civilization Construction

创建全国文明城市…… 61
新时代文明实践…… 61
思想道德建设…… 61
文明单位创建…… 62
市民文明行为 20 条 …… 62
市民文明素质提升专项行动…… 62

组织机构及负责人…… 63

Organizations and Leaders

中国共产党滕州市委员会…… 63
滕州市人民代表大会常务委员会…… 63
滕州市人民政府…… 64
中国人民政治协商会议山东省滕州市委员会…… 65
中国共产党滕州市纪律检查委员会（市监察委员会）…… 65
武装部…… 65
法院、检察院…… 66
人民团体…… 66
市属企事业单位…… 66
院校、医院…… 68
镇、街道…… 68

中国共产党滕州市委员会

Tengzhou Municipal Committee of the Communist Party of China

综　述…… 71

Overview

概况…… 71
政治建设…… 71
经济建设…… 71
改革创新…… 72
城乡建设…… 72
社会民生事业…… 72
党的建设…… 73

市委常委会议…… 73

Standing Committee Meetings of Tengzhou Municipal Committee of the Communist Party of China

十三届市委第 206 次常委会议…… 73
十三届市委第 211 次常委会议…… 73
十三届市委第 214 次常委会议…… 73
十三届市委第 219 次常委会议…… 73
十三届市委第 226 次常委会议…… 73
十三届市委第 230 次常委会议…… 74
十三届市委第 235 次常委会议…… 74
十三届市委第 238 次常委会议…… 74
十三届市委第 244 次常委会议…… 74
十三届市委第 247 次常委会议…… 74
十三届市委第 254 次常委会议…… 74

重要会议…… 74

Important Meetings

全市深化事业单位改革试点工作会议…… 74
全市党史学习教育动员大会…… 74
全市“工业强市、产业兴市”三年攻坚突破行动动员大会…… 74
全市全面推进乡村振兴工作会议…… 75
全省文物工作会议…… 75
2020 年度枣庄市综合考核表彰暨“学党史转作风抓落实”大会…… 75

全市创建全国文明城市、国家卫生城市复审暨城市品质提升动员大会…… 75
2020 年度全市综合考核表彰暨“学党史转作风抓落实”大会……75
全市领导干部会议…… 75
全市金融工作座谈会…… 75
全市政法队伍教育整顿总结会议…… 75
中央第二生态环境保护督察组督察山东省滕州市动员会议…… 75
全市庆祝教师节大会…… 75
全市创建全国法治政府建设示范市暨社会治理现代化工作推进会议…… 76
加快滕州现代化强市建设动员会议…… 76
全市文明城市创建推进会议…… 76
2021 年滕州慈善大会 …… 76
中国木门窗企业家峰会暨滕州现代化强市建设招商大会…… 76
全市庆祝环卫工人节暨生活垃圾分类工作推进会议…… 76
全市“工业强市、产业兴市”项目建设现场推进总结会议…… 76
中共滕州市委十三届二十二次全体会议…… 76
重要活动…… 76
Important Activities
欧亚班列开通仪式…… 76
第十三届中国（滕州）马铃薯科技文化节…… 77
雷海潮调研…… 77
中国华侨国际文化交流基地揭牌…… 77
国家园林城市复核…… 77
新冠肺炎疫情应急处置演练…… 77
参展第二届中国国际文化旅游博览会…… 77
枣庄市乡村振兴“双十镇”好物巡展…… 77
2021 年中国农民丰收节暨特色农产品展销会…… 77
2021 山东文化和旅游惠民消费季暨第五届滕州书展…… 77
2021 年烈士纪念日公祭仪式 …… 77
第五届鲁班文化节…… 77
全市“工业强市、产业兴市”项目建设现场推进会…… 78
王随莲调研民营经济发展…… 78
周乃翔视察……78
省科技厅调研组调研…… 78
党史学习教育…… 78
市委办公室工作…… 79
Work of Tengzhou Municipal Committee Office
参谋辅政…… 79
统筹协调…… 80
服务保障…… 80
机关建设…… 80
政策研究…… 80
Policy Research
以文辅政…… 80
调查研究…… 80
党刊编辑…… 81
组织工作…… 81
Organization Work
概况…… 81
思想政治建设…… 81
干部队伍建设…… 81
基层组织建设…… 81
人才工作…… 82
中国共产党山东省第十二次代表大会代表名录…… 83
List of Deputies to the 12th Shandong Congress of the Communist Party of China
宣传工作…… 83
Publicity Work
概况…… 83
理论教育…… 83
意识形态…… 83
新闻宣传…… 84
文化事业…… 84
网络安全…… 85
统战工作…… 86
United Front Work

概况…… 86
政治引领…… 86
民主协商…… 86
服务中心…… 86
民主党派工作…… 87
民族宗教工作…… 87
非公经济统战工作…… 87
新的社会阶层人士统战工作…… 87
港澳台海外统战工作…… 88
老干部工作…… 88
Work on Veteran Cadres
概况…… 88
老干部党建…… 88
待遇保障…… 88
活动中心建设…… 88
转型发展…… 89
老年教育工作…… 89
Education for the Elderly
概况…… 89
基础设施建设…… 89
教育教学…… 89
文化活动…… 89
关心下一代工作…… 90
Caring for the Next Generation
概况…… 90
基层组织和“五老”队伍建设…… 90
主题教育活动…… 90
关爱帮扶青少年…… 91
档案工作…… 91
Archives Work
概况…… 91
档案接收整理…… 91
档案服务…… 91
档案征集…… 91
档案管理规范建设…… 91
档案安全…… 92
档案宣传…… 92
场馆建设…… 92
机构编制…… 92
Organizational Establishment
概况…… 92
事业单位改革…… 92
重点领域体制机制改革…… 93
机构编制监督检查…… 93
机构编制资源配置…… 93
机关党建…… 93
Party Building of the Government Authorities
概况…… 93
政治建设…… 93
服务中心工作…… 94
压实主体责任…… 94
基层党建…… 94
巡察工作…… 94
Inspection Work
概况…… 94
政治巡察…… 94
贯通融合…… 94
制度创新…… 95
交流宣传…… 95
党史史志工作…… 97
Work on Party History and Local Chronicles
党史编研…… 97
史志编研…… 97
宣传教育…… 98
阵地建设…… 98
党校工作…… 98
Work of Party School
教学培训…… 98
科研咨政成果…… 98
基层党校建设…… 99
现场教学点建设…… 99

滕州市人民代表大会
Tengzhou Municipal People's Congress

市人大常委会工作综述…… 100

Overview of Work of Standing Committee of Tengzhou Municipal People's Congress

概况…… 100

坚持政治方向…… 100

助力强市建设…… 100

人大宣传工作…… 100

推动人大代表履职…… 101

重要会议…… 101

Important Meetings

市十八届人大五次会议…… 101

市十八届人大常委会第三十四次会议…… 101

市十八届人大常委会第三十五次会议…… 101

市十八届人大常委会第三十六次会议…… 101

市十八届人大常委会第三十七次会议…… 102

市十八届人大常委会第三十八次会议…… 102

市十八届人大常委会第三十九次会议…… 102

市十八届人大常委会第四十次会议…… 102

市十八届人大常委会第四十一次会议…… 102

市十八届人大常委会第四十二次会议…… 103

市十八届人大常委会第四十三次会议…… 103

调研视察…… 103

Investigation and Visitation

调研安全生产工作…… 103

视察融媒体事业发展…… 103

调研采煤塌陷地综合治理…… 103

视察 2021 年惠民实事项目 …… 103

调研文物保护工作…… 103

调研认罪认罚从宽制度适用…… 103

视察重点交通基础设施建设…… 104

调研社区养老服务工作…… 104

调研农业工作…… 104

调研安全生产工作…… 104

督导疫情防控工作…… 104

视察乡村振兴工作…… 104

调研城区停车位建设…… 104

视察全市全国文明城市创建…… 105

视察城区供暖工作…… 105

上级人大视察调研…… 105

Visitation and Investigation from People's Congress at Higher Level

宋淑启带队调研…… 105

于良带队调研…… 105

枣庄人大调研组调研物业管理…… 105

省人大调研组调研党建…… 106

程涛带队检查…… 106

袁亮带队专题调研…… 106

枣庄人大立法调研组调研…… 106

省人大调研组调研生态保护…… 106

王云鹏带队调研…… 106

徐玲带队调研…… 106

代表工作…… 106

Work of the Deputies to the People's Congress

组织开展“双联”活动…… 106

强化代表建议督办…… 107

完成市镇人大换届选举…… 107

人事任免工作…… 107

票决 2021 年滕州市惠民实事项目 …… 107

滕州市人民政府
Tengzhou Municipal People's Government

市政府工作综述…… 108

Overview of Work of Tengzhou Municipal People's Government

概况…… 108

党的领导…… 108

法治政府建设…… 108

高质量发展…… 108

民生社会保障…… 109

市政府常务会议…… 109

Executive Meetings of the Tengzhou Municipal People's Government

第 18 届 71 次市政府常务会议…… 109
第 18 届 72 次市政府常务会议…… 109
第 18 届 73 次市政府常务会议…… 109
第 18 届 74 次市政府常务会议…… 110
第 18 届 75 次市政府常务会议…… 110
第 18 届 76 次市政府常务会议…… 110
第 18 届 77 次市政府常务会议…… 110
第 18 届 78 次市政府常务会议…… 110
第 18 届 79 次市政府常务会议…… 110
第 18 届 80 次市政府常务会议…… 110
第 18 届 81 次市政府常务会议…… 110
第 18 届 82 次市政府常务会议…… 110
第 18 届 83 次市政府常务会议…… 110
第 18 届 84 次市政府常务会议…… 110
第 18 届 85 次市政府常务会议…… 111
第 18 届 86 次市政府常务会议…… 111
重要活动…… 111
Important Activities
棚改工作现场推进会议…… 111
国家园林城市复查…… 111
“工业强市、产业兴市”三年攻坚突破行动动员大会…… 111
国家卫生城市复核督导…… 111
枣庄市河湖长制工作现场推进会议…… 111
杨祥良考察…… 111
全市第三批重点项目集中开工…… 111
全国文明城市创建督导…… 111
国家防办工作组督导…… 111
战略合作协议签约…… 112
滕州强市建设座谈会…… 112
滕邹一体化发展座谈会…… 112
省农业农村厅调研组调研…… 112
第五届鲁班文化节…… 112
周乃翔督导调研…… 112
滕州市凤翔消防救援站揭牌…… 112
市政府办公室工作…… 114
Work of Tengzhou Municipal People's Government Office
概况…… 114
办文办会…… 114
信息工作…… 114
政务信息公开…… 114
市长公开电话办理…… 114
政务服务综合协调…… 115
工农关系工作…… 115
市政府决策研究…… 115
Decision and Research of Tengzhou Municipal People's Government
概况…… 115
综合材料起草…… 115
公文审核把关…… 115
调研成果转化…… 115
综合协调服务…… 115
信访工作…… 115
Public Complaints and Proposals
概况…… 115
领导重视…… 115
业务建设…… 116
源头预防…… 116
案件化解…… 116
宣传培训…… 116
节庆保障…… 117
首届最美信访干部…… 117
信息化和大数据建设…… 117
Construction of Informatization and Big Data
概况…… 117
政务云网…… 117
数字政府…… 117
数字惠民…… 118
数字经济…… 118
智慧城市…… 118
机关事务服务工作…… 118
Authority Affairs Service
政务中心保障…… 118
办公用房管理…… 119
公务接待…… 119
节约型机关建设…… 119

公务用车管理…………………………………………… 119

中国人民政治协商会议滕州市委员会
Tengzhou Municipal Committee of the Chinese People's Political Consultative Conference

综　述…………………………………………………… **120**
Overview
概况…………………………………………………… 120
理论学习……………………………………………… 120
建言资政……………………………………………… 120
机关工作作风提升…………………………………… 120
重要会议…………………………………………… **121**
Important Meetings
市政协十五届五次会议……………………………… 121
党史学习教育研讨暨十五届二十一次常委会议
……………………………………………………… 121
十五届二十二次常委会暨“工业强市、产业兴市”
专题协商会议…………………………………… 121
十五届二十三次常委会议…………………………… 121
重要活动…………………………………………… **122**
Important Activities
“攻坚五问”大调研大讨论活动 ………………… 122
企业科技创新专题调研……………………………… 122
安徽省淮北市政协考察组考察……………………… 122
视察生态环境保护工作……………………………… 122
韩金峰调研…………………………………………… 123
枣庄市政协调研组调研……………………………… 123
湖南省岳阳市政协考察团考察……………………… 123
聊城市政协考察团考察……………………………… 123
安徽省固镇县政协考察团考察……………………… 123
推进创建全国文明城市专题协商会议……………… 123
烟台市政协考察团考察……………………………… 123
枣庄市政协调研组调研现代农业发展……………… 124
主题征文活动………………………………………… 124
庆祝中国共产党成立 100 周年报告会……………… 124
枣庄市政协对口协商活动…………………………… 124
陈永生调研…………………………………………… 124
枣庄市政协调研财源建设…………………………… 124
全市交通重点工程建设视察………………………… 124
城区停车问题专题视察……………………………… 125
四川省德阳市罗江区政协考察……………………… 125
专门委员会工作…………………………………… **125**
Work of the Special Committees
提案委工作…………………………………………… 125
经济委工作…………………………………………… 125
人口资源环境委工作………………………………… 125
教科卫体委工作……………………………………… 125
社会法制委工作……………………………………… 126
祖国统一联谊委工作………………………………… 126
文化文史和学习委工作……………………………… 126
农业和农村委工作…………………………………… 126
山东省政协委员名录……………………………… **126**
List of CPPCC Members of Shandong

纪检监察
Discipline Inspection and Supervision

综　述…………………………………………………… **127**
Overview
概况…………………………………………………… 127
强化政治引领………………………………………… 127
护航发展大局………………………………………… 127
强化执纪监察………………………………………… 127
加强队伍建设………………………………………… 127
重要会议…………………………………………… **127**
Important Meetings
市党政班子成员述责述廉会议……………………… 127
中共滕州市纪委十三届七次全体会议……………… 128
严肃“两委”换届纪律加强换届风气监督专项
行动工作会议…………………………………… 128
初次举报办理和化解重复举报专项行动工作
推进会议………………………………………… 128
市委反腐败协调小组工作会议……………………… 128

重要活动…… 128
Important Activities
省纪委监委调研…… 128
廉政专题党课…… 128
压实政治责任…… 129
Consolidating Political Duties
认真履行协助职责…… 129
述责述廉…… 129
廉政谈话…… 129
作风建设…… 129
Construction of Working Style
形式主义、官僚主义专项整治…… 129
查处违反中央八项规定精神问题…… 129
激励担当作为…… 129
惩治基层腐败…… 129
Punishing Grassroots Corruption
乡村振兴专项监督…… 129
深化专项整治…… 129
推进“打伞破网”…… 129
强化专责监督…… 130
Strengthening Responsibility Supervision
日常监督…… 130
巡察进驻工作…… 130
派驻工作…… 130
反腐倡廉…… 130
Combat Corruption and Build a Clean Government
高压反腐…… 130
标本兼治…… 130
党风廉政教育…… 130
提高办案质量…… 130

民主党派和工商联
Democratic Parties and Federation of Industry and Commerce

中国国民党革命委员会滕州市总支委员会…… 131
Tengzhou General Branch Committee of the Revolutionary Committee of the Chinese Kuomintang
思想政治建设…… 131
组织建设…… 131
参政议政…… 131
社会服务…… 131
中国民主同盟滕州市总支部委员会…… 131
Tengzhou General Branch Committee of China Democratic League
概况…… 131
思想建设…… 131
换届工作…… 132
组织建设…… 132
参政议政…… 132
社会服务…… 132
中国民主建国会滕州市基层委员会…… 133
Tengzhou Grassroots Committee of China National Democratic Construction Association
概况…… 133
组织建设…… 133
参政议政…… 133
社会服务…… 133
中国农工民主党滕州市基层委员会…… 133
Tengzhou Grassroots Committee of Chinese Peasants and Workers Democratic Party
概况…… 133
思想建设…… 133
参政议政…… 133
社会服务…… 133
九三学社滕州市基层委员会…… 134
Tengzhou Grassroots Committee of Jiusan Society
概况…… 134
思想建设…… 134
组织生活…… 134
参政议政…… 134
社会服务…… 134
滕州市工商业联合会…… 134
Tengzhou Federation of Industry and Commerce
概况…… 134
强化政治引领…… 135

促进两个健康…… 135
商会建设…… 135
工商联换届…… 135

群众团体
Mass Organizations

滕州市总工会…… 136
Tengzhou Federation of Trade Unions
概况…… 136
组织建设…… 136
先模选树…… 136
创业培训…… 136
劳动竞赛…… 137
职工服务…… 137
权益保障…… 137
中国共产主义青年团滕州市委员会…… 137
Tengzhou Municipal Committee of Chinese Communist Youth League
概况…… 137
思想引领提升…… 137
青春建功提升…… 138
青年服务能力提升…… 138
团的组织力提升…… 139
滕州市妇女联合会…… 139
Tengzhou Women's Federation
概况…… 139
阵地建设…… 139
思想政治引领…… 139
推进妇女发展…… 139
家庭文明建设…… 140
妇女儿童维权…… 140
滕州市科学技术协会…… 140
Tengzhou Association for Science and Technology
概况…… 140
基层科普行动计划…… 140
科普活动…… 141
科普阵地…… 141
人才服务…… 141
创新驱动…… 141
老科协工作…… 141
滕州市文学艺术界联合会…… 141
Tengzhou Federation of Literary and Art Circles
概况…… 141
文艺创作…… 141
文艺活动…… 142
文联换届…… 142
滕州市社会科学界联合会…… 142
Tengzhou Federation of Social Science Associations
概况…… 142
社科成果宣传…… 142
社科应用课题研究…… 142
社科普及教育阵地建设…… 142
社科普及活动…… 142
滕州市残疾人联合会…… 143
Tengzhou Disabled Persons' Federation
概况…… 143
残疾人证照服务…… 143
残疾人康复服务…… 143
残疾人教育培训…… 143
残疾人就业创业…… 144
残疾人文化活动…… 144
残疾人权益保障…… 144
助残宣传…… 144
残疾人工作网络…… 144
滕州市红十字会…… 145
Tengzhou Branch of the Red Cross Society of China
博爱家园…… 145
应急救护培训…… 145
人道救助暖心行动…… 145
志愿者服务…… 145
捐献工作…… 145

法治　军事
Rule of Law and Military Affairs

政法工作…… 146
Political and Legal Work
概况…… 146
平安建设和社会稳定…… 146
社会治理…… 146
扫黑除恶…… 146
护路联防…… 147
营商环境优化…… 147
政法队伍教育整顿…… 147
政法工作创新…… 147
山东省见义勇为模范群体…… 147
公　安…… 147
Public Security
概况…… 147
安保维稳…… 147
打击犯罪…… 147
服务发展…… 148
基层基础…… 148
队伍建设…… 148
检　察…… 148
Procuratorate
概况…… 148
服务大局…… 148
平安滕州…… 149
法律监督…… 149
创新工作…… 149
张军调研…… 150
法　院…… 150
Court
概况…… 150
刑事审判…… 150
民商事审判…… 150
行政审判…… 150
执行工作…… 150
诉源治理…… 150
司法效率和公开…… 150
优化营商环境…… 151
司法行政…… 151
Judicial Administration
概况…… 151
依法治市…… 151
政府法制…… 151
矛盾调处…… 151
社区矫正…… 152
普法依法治理…… 152
公共法律服务…… 152
社会治安综合治理服务…… 152
Public Security & Comprehensive Governance Service
概况…… 152
网格化服务管理…… 153
平台集成应用…… 153
督导考核…… 153
人民武装…… 153
People's Armed Forces
概况…… 153
思想政治建设…… 153
战备和军事训练…… 154
国防动员…… 154
党管武装…… 154

经济监督管理
Economic Supervision and Administration

发展和改革…… 155
Development and Reform
规划编制…… 155
项目建设…… 155
能源发展…… 155
物价管理…… 155
粮食和物资管理…… 156
国有资产监管…… 156
State-owned Assets Supervision and Management

概况…… 156
国资监管…… 156
国企改革…… 156
基金引领…… 156
风险防控…… 157
国企担当…… 157
国企党建…… 157
审　计…… 158
Audit
概况…… 158
政策落实跟踪审计…… 158
财政审计…… 158
领导干部经济责任审计…… 158
重点领域专项审计…… 158
大数据审计示范县建设…… 159
巡审联动…… 159
审计发现问题整改…… 159
审计队伍建设…… 159
统　计…… 159
Statistics
概况…… 159
常规调查…… 159
统计服务…… 159
“四上”企业项目入库…… 159
统计法治…… 160
行政审批和政务服务…… 160
Administrative Approval and Government Affairs Service
概况…… 160
商事登记…… 160
工程类审批服务…… 160
优化营商环境…… 160
“互联网+”智能化服务体系…… 161
公共资源交易…… 161
市场监督管理…… 161
Market Supervision and Management
常态化疫情防控…… 161
质量强市战略…… 161
标准化建设…… 161
知识产权战略…… 161
技术平台建设…… 162
食品安全监管…… 162
药品化妆品安全监管…… 162
特种设备安全监管…… 162
产品质量安全监管…… 162
解决民生热点难点…… 162
文明城市创建…… 162
综合检验检测…… 165
Comprehensive Inspection and Testing
概况…… 165
深化改革整合…… 165
实验室硬件建设…… 166
实验室体系建设…… 166
实验室资质认证…… 166
实验室质量控制…… 166
标准化建设…… 166
平台及项目建设…… 166
技术服务…… 166
应急管理…… 166
Emergency Management
概况…… 166
安全生产责任落实…… 166
安全生产隐患整治…… 167
应急指挥救援…… 167
防汛抗旱工作…… 167
火灾防治工作…… 167
应急科普宣传…… 168
地震监测和预防…… 168
群测群防体系…… 168
防灾减灾工作…… 168
应急避难场所建设…… 168
应急物资储备…… 168
综合减灾示范创建…… 168

财政税务
Public Finance and Taxation

财政工作…… 169
Public Finance
概况…… 169
统筹财政资源…… 169
保障民生…… 169
推动城乡发展…… 170
财源建设…… 170
财政治理…… 170
税务工作…… 171
Taxation
概况…… 171
减税降费及税费收入…… 171
税收营商环境…… 171
落实征管改革…… 172

城乡建设
Urban and Rural Construction

规划编制…… 176
Planning Formulation
概况…… 176
国土空间总体规划编制…… 176
村镇规编…… 176
专项规编…… 176
城市设计和景观规划…… 176
规划服务管理…… 176
解决历史遗留问题…… 177
住房和城乡建设综述…… 177
Overview of Housing and Urban & Rural Construction
概况…… 177
基础设施…… 177
农村清洁取暖建设…… 177
农村厕所革命…… 177
历史文化建筑保护…… 178
棚户区改造…… 178
城市公用事业…… 178
Urban Public Utilities
概况…… 178
滕州市华润燃气有限公司…… 178
滕州市热力有限公司…… 179
滕州新源热力有限公司…… 179
综合行政执法及城市管理…… 179
Comprehensive Administrative Enforcement of Law and Urban Management
概况…… 179
综合执法…… 179
城市管理…… 179
城乡人居环境…… 179
服务群众…… 180
建筑业…… 180
Construction Industry
概况…… 180
建筑业改革及科技进步…… 180
装配式基地建设…… 180
重点企业发展…… 180
房地产服务…… 181
Real Estate Service
房地产市场管理…… 181
房地产中介管理…… 181
棚户区改造…… 181
Shantytown Renovation
棚改项目启动…… 181
居民选房回迁…… 181
房地产开发管理…… 181
Real Estate Development and Management
概况…… 181
项目品质提升…… 181
住房保障…… 182
Housing Security
实物配租和租赁补贴并举…… 182
住房租赁补贴标准提高…… 182
住房保障调研…… 182

公租房管理…… 182
化解房改历史遗留问题…… 182
物业管理…… 182
Property Management
概况…… 182
党建引领红色物业…… 182
老旧小区改造…… 182
住房公积金管理…… 183
Housing Provident Fund Management
概况…… 183
资金缴存…… 183
资金使用…… 183
便民服务…… 183

资源管理　生态环保
Resource Management and Ecological Environment Protection

土地资源管理…… 184
Land Resources Management
概况…… 184
耕地保护…… 184
土地利用…… 184
国土空间规划编制…… 184
不动产登记…… 184
矿产资源管理…… 184
Mineral Resources Management
概况…… 184
矿产监管…… 185
绿色矿山建设…… 185
森林管护…… 185
测绘管理…… 185
Surveying and Mapping Management
测量标志管理…… 185
测绘及地图市场监管…… 185
信息化建设…… 185
测绘保障服务…… 185
林业资源和事业…… 185
Forestry Resources and Undertakings
概况…… 185
山水林田大会战…… 186
造林绿化行动…… 186
森林资源管护…… 186
林业产业发展…… 187
环境质量…… 187
Environmental Quality
概况…… 187
空气环境质量…… 187
水环境质量…… 187
土壤环境质量…… 187
城市噪声…… 187
污染防治…… 187
Prevention and Control of Pollution
大气污染防治…… 187
水污染防治…… 188
土壤污染防治…… 188
环境监管…… 188
Environmental Supervision
环保督察…… 188
企业环保监管…… 188
智慧化监管…… 189
环境执法检查…… 189

农业和农村工作
Agricultural and Rural Work

农业和农村综述…… 190
Overview of Agriculture and Rural Area
概况…… 190
农业生产…… 190
智慧农业…… 190
美丽乡村建设…… 190
新型经营主体和新型农民…… 190
农机工作…… 191

农村经济事务…… 191
Rural Economic Affairs
概况…… 191
农村改革…… 191
农村“三资”管理…… 191
鲁担惠农贷工作…… 191
农村土地承包管理…… 191
农业技术推广…… 191
Agricultural Technology Extension
概况…… 191
粮棉油工作…… 191
植保植检工作…… 191
蔬菜工作…… 192
种子工作…… 192
土肥工作…… 192
农业综合执法…… 192
Comprehensive Agricultural Enforcement of Law
执法检查工作…… 192
案件办理工作…… 192
畜牧渔业…… 192
Animal Husbandry and Fishery
概况…… 192
畜禽养殖…… 192
渔业发展…… 192
种业资源…… 192
疫病防控和产品安全…… 192
技术服务…… 193
农业重点企业和品牌…… 193
Key Agricultural Enterprises and Brands
重点企业培育…… 193
品牌发展培育…… 193
乡村振兴…… 193
Rural Revitalization
概况…… 193
乡村人才振兴…… 193
乡村文化振兴…… 193
乡村生态振兴…… 193
乡村组织振兴…… 194
城乡水务…… 194
Urban and Rural Water Affairs
概况…… 194
重点水利工程建设…… 194
河湖长制和美丽河湖建设…… 194
污水处理和排水管理…… 194
防汛安全…… 194
服务管理…… 195
滕州市水务发展集团…… 195

工业和信息化
Industry and Informatization

工业综述…… 196
Overview of Industry
概况…… 196
产业培壮…… 196
企业培育…… 196
智能制造…… 196
精准服务…… 197
化工工业…… 197
Chemical Industry
概况…… 197
链条延伸…… 197
项目建设…… 197
载体升级…… 197
兖矿鲁南化工有限公司…… 197
联泓新材料科技股份有限公司…… 197
联泓化学有限公司…… 197
机电工业…… 198
Electromechanical Industry
概况…… 198
重点项目…… 198
科技创新…… 198
市场开拓…… 198
山东威达重工股份有限公司…… 198
山东腾达紧固科技股份有限公司…… 198
山东山森数控技术有限公司…… 198

滕州市三合机械股份有限公司…………………… 198

建材工业…………………………………………… 198

Building Materials Industry

水泥行业…………………………………………… 198

玻璃行业…………………………………………… 199

滕州金晶玻璃有限公司…………………………… 199

鲁南中联水泥有限公司…………………………… 199

滕州市东郭水泥有限公司………………………… 199

山东连云山建筑科技有限公司…………………… 199

轻纺工业…………………………………………… 199

Light and Textile Industry

概况………………………………………………… 199

食品加工…………………………………………… 199

纺织工业…………………………………………… 199

家居装饰…………………………………………… 199

山东今缘春酒业有限公司………………………… 200

山东启腾生物科技有限公司……………………… 200

滕州合易食品有限公司…………………………… 200

山东鑫迪家居装饰有限公司……………………… 200

中小企业…………………………………………… 200

Small and Medium-sized Enterprises

概况………………………………………………… 200

平台培育…………………………………………… 200

精准服务…………………………………………… 200

山东益康药业股份有限公司……………………… 200

山东辛化硅胶有限公司…………………………… 201

山东恒瑞磁电科技有限公司……………………… 201

山东海吉雅环保设备有限公司…………………… 201

信息产业管理……………………………………… 201

Information Industry Management

两化融合…………………………………………… 201

工业互联网………………………………………… 201

企业上云…………………………………………… 201

山东腾达紧固科技股份有限公司不锈钢紧固件智能制造互联平台…………………………… 201

北一（山东）工业科技股份有限公司的基于互联网大数据的机械云平台…………………… 202

山东华数智能科技有限公司“墨子号”高性能数控系统…………………………………… 202

NC-Link 智能网关产品 ………………………… 202

能源产业…………………………………………… 202

Energy Industry

概况………………………………………………… 202

煤炭产业…………………………………………… 202

光伏产业…………………………………………… 202

储能产业…………………………………………… 202

电力工业…………………………………………… 203

Electric Power Industry

发电………………………………………………… 203

供电………………………………………………… 203

通信业……………………………………………… 204

Communication Industry

中国移动滕州分公司……………………………… 204

中国联通滕州分公司……………………………… 205

中国电信滕州分公司……………………………… 205

烟草工业…………………………………………… 206

Tobacco Industry

概况………………………………………………… 206

生产制造…………………………………………… 206

基础管理…………………………………………… 206

安全稳定…………………………………………… 206

党建工作…………………………………………… 206

队伍建设…………………………………………… 207

2020 年度滕州市突出贡献、 优秀企业名录…… 207

List of Tengzhou Outstanding Contribution Enterprise and Excellent Enterprises in 2020

交通运输和邮政业

Transportation and Postal Service

交通综述…………………………………………… 208

Overview of Transportation

概况………………………………………………… 208

重点基建…………………………………………… 208

四好农村路………………………………………… 208

运输管理…… 208
行业安全…… 209
铁　路…… 209
Railway
滕州火车站…… 209
京沪高铁滕州东站…… 209
公　路…… 209
Highway
概况…… 209
项目建设…… 209
实行路长制…… 209
养护管理…… 210
港　口…… 210
Ports
概况…… 210
滕州新港…… 210
邮　政…… 210
Postal Service
概况…… 210
邮政业务…… 210
人才培养和专业化建设…… 210
网运投递能力建设…… 210
创新发展…… 210

商贸流通和招商引资
Commerce & Trade Circulation and Business & Investment Attraction

商贸流通综述…… 211
Overview of Commerce and Trade Circulation
概况…… 211
电子商务…… 211
民生商务…… 211
对外及对港澳台经贸…… 212
Foreign Economy and Trade and Economy and Trade with Hong Kong, Macau and Taiwan
概况…… 212
经贸服务…… 212
新业态发展…… 212
市场开拓…… 212
平台搭建…… 212
外贸发展环境营造…… 212
利用外资…… 213
Utilizing Foreign Investment
概况…… 213
招商活动…… 213
外资项目成果…… 213
外资结构优化…… 213
外商投资环境营造…… 213
招商引资和服务…… 213
Business & Investment Attraction and Service
概况…… 213
精准招商…… 214
招商服务…… 214
政务服务…… 214
商业物资…… 214
Commercial Goods and Materials
概况…… 214
龙头产业…… 214
重点项目建设…… 215
双招双引…… 215
企业发展…… 215
商业系统运转稳定…… 215
供销合作商业…… 215
Supply and Marketing Cooperation Commerce
概况…… 215
农业社会化服务…… 216
农村现代流通服务…… 216
基层供销社提升改造…… 216
社有企业培育…… 216
重点项目建设…… 216
体制机制改革…… 217
滕州三兴物流有限公司…… 217
滕州市丰谷农资有限公司…… 217
滕州市供销房地产综合开发有限公司…… 217
滕州市盐业总公司…… 217

滕州市再生资源总公司…………………………… 217
滕州市土产杂品总公司…………………………… 217
粮油购销…………………………………………… 217
Purchase and Sale of Grain and Oil
概况………………………………………………… 217
粮食收购…………………………………………… 218
仓储设施建设及应急物资储备…………………… 218
粮油供给…………………………………………… 218
粮食安全保障……………………………………… 218
粮食产业发展……………………………………… 218
山东鲁滕粮食储备库有限公司…………………… 218
烟草专卖…………………………………………… 218
Tobacco Monopoly
概况………………………………………………… 218
卷烟营销…………………………………………… 219
专卖管理…………………………………………… 219
精益创新…………………………………………… 219
服务业综述………………………………………… 219
Overview of Service Industry
概况………………………………………………… 219
服务业营业收入…………………………………… 219

金　融
Finance

金融业综述………………………………………… 220
Overview of Finance Industry
概况………………………………………………… 220
金融服务…………………………………………… 220
金融服务体系……………………………………… 220
企业上市挂牌股改………………………………… 220
金融风险防控……………………………………… 221
中国人民银行滕州支行…………………………… 221
Tengzhou Subbranch of People' s Bank of China
概况………………………………………………… 221
货币政策…………………………………………… 221
实体支持…………………………………………… 221
金融机构贷款……………………………………… 221
银行业……………………………………………… 221
Banking Industry
概况………………………………………………… 221
中国工商银行滕州支行…………………………… 221
中国农业银行滕州市支行………………………… 222
中国银行滕州支行………………………………… 222
中国建设银行滕州支行…………………………… 223
中国农业发展银行滕州支行……………………… 223
中国邮政储蓄银行滕州支行……………………… 223
滕州农商银行……………………………………… 224
交通银行滕州支行………………………………… 225
山东滕州中银富登村镇银行……………………… 225
枣庄银行滕州管辖行……………………………… 225
济宁银行滕州支行………………………………… 225
青岛银行滕州支行………………………………… 226
日照银行滕州支行………………………………… 226
威海银行滕州支行………………………………… 227
保险业……………………………………………… 227
Insurance Industry
概况………………………………………………… 227
中国人民财产保险滕州支公司…………………… 227
中国人寿保险股份有限公司滕州市支公司……… 227
证券业……………………………………………… 228
Securities Industry
概况………………………………………………… 228
中信证券滕州营业部……………………………… 228
中泰证券滕州营业部……………………………… 228
招商证券滕州营业部……………………………… 228

科学　教育　体育
Science, Education and Sports

科学技术………………………………………… 229
Science and Technology
概况………………………………………………… 229
重点领域创新……………………………………… 229
科技企业培育……………………………………… 229
产学研联合创新…………………………………… 229

创新平台体系发展…… 229
创新环境优化…… 229
人才创新驱动工作…… 229
Innovation Driven by Talents
项目培育…… 229
人才引进…… 230
技术合同认定…… 230
气　象…… 230
Meteorology
气候概况…… 230
气象监测…… 230
预报预警…… 230
汛期服务…… 230
社会监管…… 230
教　育…… 230
Education
概况…… 230
教育系统党建…… 231
教育资源供给…… 231
教育发展…… 231
教育教学质量…… 231
教师队伍建设…… 231
教育综合保障…… 232
枣庄科技职业学院…… 232
Zaozhuang Vocational College of Science & Technology
概况…… 232
办学条件…… 232
教学工作…… 232
师资建设…… 233
立德树人…… 233
招生就业…… 233
社会服务…… 233
党史学习教育…… 234
山东省高校公寓管理分会换届大会暨第四届鲁维杯“公寓的故事”颁奖典礼…… 234
枣庄科技职业学院高端装备应用技术协同创新中心揭牌成立…… 234
北医大·微山湖健康论坛暨中国医院管理峰会主论坛…… 234
山东化工技师学院…… 234
Shandong College of Chemical Technicians
概况…… 234
学科设置…… 235
师资及硬件设施…… 235
教学工作…… 235
高技能人才培养…… 235
招生就业…… 235
社会服务…… 236
滕州高级技工学校…… 236
Tengzhou Advanced Technical School
概况…… 236
学科设置…… 236
师资建设…… 236
教学教研…… 236
招生就业…… 236
培训鉴定…… 237
体　育…… 237
Sports
概况…… 237
全民健身活动…… 237
竞技体育…… 237
体育场地设施维护…… 237
老年人体育…… 237
Elderly Sports
概况…… 237
文体表演…… 238
举办赛事…… 238
参赛获奖…… 238
业务培训…… 238

文化　旅游
Culture and Tourism

文化综述…… 239
Overview of Culture

概况…… 239
文化服务…… 239
文化产业培育…… 239
文物保护利用…… 239
非物质文化遗产传承…… 239
墨子鲁班文化研究…… 240
Research on Mozi and Luban Culture
概况…… 240
第五届鲁班文化节…… 240
事业单位改革…… 240
墨子鲁班研究…… 240
“墨子云”大数据平台 …… 240
可移动文物数字化保护…… 240
研学游…… 240
党员干部教育现场教学…… 241
墨子鲁班文创产品…… 241
公务接待…… 241
中国华侨国际文化交流基地…… 241
民盟中央首批参政议政调研基地…… 241
媒体传播…… 241
Media Communication
发展架构…… 241
媒体融合…… 241
舆论引导…… 241
对外宣传…… 242
创新亮点…… 242
滕州市上善传媒科技有限公司…… 242
滕州市电影发行放映公司（山东银星集团公司）…… 243
滕州日报社印刷厂…… 243
图书发行…… 243
Book Publishing
概况…… 243
图书发行…… 243
教材征订发行…… 243
企业文化及公益活动…… 243
旅游业…… 243
Tourism
概况…… 243
旅游产业发展…… 243
旅游项目建设…… 244
旅游宣传营销…… 244
旅游行业监管…… 244
鲁班天工木艺有限公司…… 244
山东微山湖荷花食品有限公司…… 244
滕州市旅游发展有限公司…… 244

卫生健康
Health Service

综　述…… 245
Overview
概况…… 245
医药卫生体制改革…… 245
卫生健康服务…… 245
新医药产业…… 246
新冠病毒疫情防控…… 246
Prevention and Control of COVID-19 Epidemic
概况…… 246
常态化疫情防控…… 246
疫情防控能力建设…… 246
主要医院…… 247
Main Hospitals
市中心人民医院…… 247
市中医医院…… 247
市妇幼保健院…… 247
市工人医院…… 248
枣庄市肿瘤医院…… 248
枣庄市皮肤病性病防治院…… 248

社会生活
Social Life

人事人才…… 249
Personnel and Talents
人才开发与服务…… 249

事业单位招考与聘任…… 249
专业技术人员管理…… 249
工资制度改革…… 249
劳动和社会保障…… 249
Labor and Social Security
就业服务…… 249
扶持创业…… 249
社会保险基金…… 250
社会保险待遇…… 250
劳动人事仲裁…… 250
劳动保障监察…… 250
民　政…… 250
Civil Affairs
概况…… 250
城乡社会救助…… 250
城乡社会养老…… 251
基层社会管理…… 251
民政社会事务…… 252
慈善事业…… 253
Charity
概况…… 253
慈善募捐…… 253
慈善救助…… 253
慈善荣誉…… 253
退役军人事务…… 253
Veteran Affairs
保障体系建设…… 253
双拥工作…… 253
优抚褒扬…… 253
移交安置…… 254
就业创业…… 254
思想政治引领…… 254
医疗保障…… 254
Medical Security
概况…… 254
民生实事…… 254
优化服务…… 254
基金监管…… 255
智能化建设…… 255

管委会
Administration Committees

滕州经济技术开发区…… 256
Tengzhou Economic and Technological Development Zone
概况…… 256
双招双引…… 256
项目建设…… 256
创新发展…… 256
管理服务…… 257
园区建设…… 257
鲁南高科技化工园区…… 260
Lunan High-tech Chemical Industry Park
概况…… 260
运营模式…… 260
双招双引…… 260
项目建设…… 261
科技创新…… 261
管理服务…… 262
滕州微山湖湿地…… 263
Weishan Lake Wetland
概况…… 263
湿地保护利用…… 263
旅游品质提升…… 263
品牌形象宣传…… 263
滕州高铁新区…… 264
Tengzhou High-speed Railway New District
概况…… 264
基础设施建设…… 264
公建配套建设…… 264
安置区及房地产建设…… 264
产业发展…… 264
融资工作…… 264

镇（街道）概况
Overview of Towns (Streets)

鲍沟镇…… 265

Baogou Town

概况…… 265

工业发展…… 265

产业发展…… 265

农业发展…… 265

镇村建设…… 265

基层组织…… 265

滨湖镇…… 266

Binhu Town

概况…… 266

支柱产业…… 266

文旅工程…… 266

绿色发展…… 266

民生事业…… 266

柴胡店镇…… 266

Chaihudian Town

概况…… 266

工业强镇…… 267

现代农业…… 267

文化旅游…… 267

生态环境…… 267

民生事业…… 267

大坞镇…… 268

Dawu Town

概况…… 268

工业经济…… 268

现代农业…… 268

生态建设…… 268

民生事业…… 268

党的建设…… 269

东郭镇…… 269

Dongguo Town

概况…… 269

工业经济…… 269

现代农业…… 269

镇村建设…… 269

民生事业…… 270

党的建设…… 270

官桥镇…… 270

Guanqiao Town

概况…… 270

工业产业…… 270

乡村振兴…… 270

山水林田大会战…… 271

洪绪镇…… 271

Hongxu Town

概况…… 271

经济发展…… 271

特色产业…… 271

城乡建设…… 271

民生事业…… 271

基层组织建设…… 272

级索镇…… 272

Jisuo Town

概况…… 272

工业强镇…… 272

新型城镇…… 272

现代农业…… 272

镇域环境…… 272

民生事业…… 272

基层党建…… 273

姜屯镇…… 273

Jiangtun Town

概况…… 273

双招双引…… 273

乡村振兴…… 273

镇村环境…… 273

民生事业…… 273

政府建设…… 274

界河镇…… 274

Jiehe Town

概况…… 274
项目建设…… 274
特色农业…… 274
城镇建设…… 274
生态环境…… 274
民生事业…… 274
党建引领…… 275
龙阳镇…… 275
Longyang Town
概况…… 275
现代农业…… 275
工业经济…… 275
旅游服务业…… 275
镇村建设…… 276
民生社会事业…… 276
木石镇…… 276
Mushi Town
概况…… 276
项目建设…… 276
工业经济…… 276
园镇村建设…… 277
乡村振兴…… 277
生态环境…… 277
民生事业…… 277
南沙河镇…… 277
Nanshahe Town
概况…… 277
双招双引…… 277
科技创新…… 277
乡村振兴…… 278
城镇建设…… 278
社会事业…… 278
社会治理…… 278
西岗镇…… 278
Xigang Town
概况…… 278
工业转型…… 279
城乡建设…… 279
乡村振兴…… 279
民生事业…… 279
羊庄镇…… 279
Yangzhuang Town
概况…… 279
工业经济…… 279
乡村建设…… 280
生态环境…… 280
民生事业…… 280
羊庄满山红花椒…… 280
羊庄涵旭蓝莓…… 280
滕州前毛堌汉代石室墓遗址…… 280
张汪镇…… 281
Zhangwang Town
概况…… 281
工业经济…… 281
城镇建设…… 281
乡村振兴…… 281
民生事业…… 281
党的建设…… 281
北辛街道…… 282
Beixin Street
概况…… 282
产业培植…… 282
经济培育…… 282
城市建设…… 282
民生事业…… 282
党的建设…… 283
东沙河街道…… 283
Dongshahe Street
概况…… 283
项目招引…… 283
城乡融合…… 283
要素保障…… 283
社会事业…… 283
乡村振兴…… 284
荆河街道…… 284
Jinghe Street

概况…………………………………………………… 284
项目建设………………………………………………… 284
城市建设………………………………………………… 284
民生事业………………………………………………… 284
社会治理………………………………………………… 284
党的建设………………………………………………… 284
周乃翔调研……………………………………………… 284
龙泉街道……………………………………………… 285
Longquan Street
概况…………………………………………………… 285
双招双引………………………………………………… 285
城市管理………………………………………………… 285
民生事业………………………………………………… 285
基层治理………………………………………………… 285
善南街道……………………………………………… 285
Shannan Street
概况…………………………………………………… 285
产业发展………………………………………………… 285
双招双引………………………………………………… 286
城市建设………………………………………………… 286
生态环境………………………………………………… 286
民生事业………………………………………………… 286
基层党建………………………………………………… 286

人　物
Figures

人物传略……………………………………………… 287
Biographies
新任市领导简介………………………………………… 287
Introduction to the New Municipal Leaders
2021 年全国五一劳动奖章获得者 ………………… 289
Winners of the National Labor Medal in 2021
中国好人榜……………………………………………… 289
List of "Good People in China"
2021 年滕州市荣立二等功现役军人名录 ………… 289
List of Servicemen Awarded with Second Class Merit or Above in Tengzhou in 2021

附　录
Appendix

关于滕州市 2021 年国民经济和社会发展计划执行情况与 2022 年计划（草案）的报告
——2022 年 1 月 26 日在滕州市第十九届人民代表大会第一次会议上 ………………………………… 290
关于滕州市 2020 年预算执行情况和 2021 年预算草案的报告
——2021 年 1 月 12 日在滕州市第十八届人民代表大会第五次会议上 ………………………………… 296
2021 年滕州市国民经济和社会发展统计公报 ……………………………………………… 304
2021 年滕州市涉改事业单位改革调整一览表 ……………………………………………… 313

索　引
Index

索引……………………………………………… 322

彩色插页
Colorful inserts

封面：龙泉广场区域（2021 年 10 月杨肇修　摄影）
滕州市地图
滕州市城区图
最高人民检察院党组书记、检察长张军带领最高检调研组到滕州调研……………………………… 3
山东省委常委、宣传部部长白玉刚在第二届中国国际文化旅游博览会滕州展区听取滕州市委书记陈永生的介绍……………………………… 4
山东省人大常委会副主任、省工商联主席王随莲到滕州调研………………………………………… 5

山东省副省长、公安厅党委书记、厅长范华平带领全省公安机关党建带队建现场推进会人员观摩滕州市公安局北辛派出所文化路社区警务室党建带队建工作…… 6
山东省政协副主席韩金峰到滕州调研…… 7
枣庄市委书记、市人大常委会主任陈平在滕州调研…… 8
枣庄市委副书记、市长张宏伟到滕州视察国家机床产品质量监督检验中心（山东）…… 9
滕州市委书记刘文强参加滕州市欧亚班列启动仪式…… 10
滕州市委书记陈永生带队现场推进全市“工业强市、产业兴市”项目建设…… 11
滕州市委副书记、市长马宏伟督导调研全国文明城市创建工作…… 12
滕州市委副书记、市政府党组书记周刚在鲁南化工有限公司调研…… 13
滕州市人大常委会主任李健带队视察惠民实事进展情况…… 14
滕州市政协主席宗大全带队视察全市交通重点工程建设…… 15
滕州强市建设座谈会议在滕州政务中心举行…… 16

表　　格
Table

表 1　2021 年滕州市行政区划一览表…… 48
表 2　2021 年滕州市主要经济指标统计表…… 56
表 3　滕发〔2021〕文件目录一览表…… 78
表 4　十三届市委巡察进驻一览表…… 95
表 5　2021 年度全市惠民实事完成情况一览表…… 112
表 6　滕政发〔2021〕文件目录一览表…… 114
表 7　十五届五次会议重点提案名单一览表…… 126
表 8　民盟滕州总支各支部人员情况一览表…… 132
表 9　2021 年“滕州工匠”一览表…… 137
表 10　2021 年市属部分国有企业发展情况一览表…… 157
表 11　2021 年滕州市新增马德里国际注册商标一览表…… 163
表 12　2021 年滕州市获得山东优质品牌（产品、服务）认定名单一览表…… 163
表 13　2021 年滕州市获得山东知名品牌认定名单一览表…… 164
表 14　2021 年度税收收入分税种完成情况表…… 172
表 15　2021 年全市重点税源企业留成十强企业一览表…… 172
表 16　2021 年全市煤炭行业纳税全额十强企业一览表…… 173
表 17　2021 年全市化工行业纳税全额十强企业一览表…… 173
表 18　2021 年全市建材行业纳税全额十强企业一览表…… 174
表 19　2021 年全市房地产业纳税全额十强企业一览表…… 174
表 20　2021 年全市机械行业纳税全额十强企业一览表…… 174
表 21　2021 年全市其他制造业纳税全额十强企业一览表…… 175
表 22　2021 年滕州市进出口前十位企业情况表…… 212
表 23　2021 年教育事业情况统计表…… 232
表 24　2021 年滕州市主要民营专科、特色医院一览表…… 246
表 25　2021 年滕州市新增社会团体一览表…… 252
表 26　滕州经济技术开发区重点企业一览表…… 257
表 27　园区重点企业一览表…… 262

特　　载

Special Records

实干快干勇争一流
加快现代化强市建设步伐
在实现共同富裕进程中走在全省前列

——在中国共产党滕州市第十四次代表大会上的报告

陈永生

（2022年1月16日）

各位代表、同志们：

现在，我代表中国共产党滕州市第十三届委员会向大会作报告，请予审议。

过去五年工作回顾

市第十三次党代会以来，市委团结带领全市广大党员干部群众，坚持以习近平新时代中国特色社会主义思想为指导，深入贯彻落实中央和省市委决策部署，攻坚克难、锐意进取，顺利完成市第十三次党代会确定的目标任务，实现“十四五”高位开局。

五年砥砺前行，我们用奋斗交出了质效双优的发展答卷。综合实力显著增强，2021年预计全市生产总值实现850亿元，一般公共预算收入完成61.3亿元，蝉联全省高质量发展先进县，连续19年位居全国百强县前列。工业经济势头强劲，规模以上工业企业发展到304家，3家企业上榜中国石油和化工企业500强，山能鲁化成为枣庄市首家单体营收过百亿企业、荣获省长质量奖，联泓新科A股上市实现历史性突破、跻身百亿企业方阵。现代农业提质增效，累计建成高标准农田113.7万亩，农业机械化程度达到94%，在全省率先实现夏粮亩产过千斤，我市被评为中国好粮油示范县、全国渔业健康养殖示范县。服务业繁荣活跃，限上批零住餐企业发展到184家，A级以上景区达到22家，鲁华、嘉誉位列全国商品市场百强，获评国家电子商务进农村综合示范县、全国县域旅游综合实力百强县。

五年精心建设，我们用汗水绘就了日新月异的城乡画卷。城乡面貌焕然一新，累计实施城建项目228个，完成投资558亿元，京台高速改扩建、枣菏高速等重大基础设施建成使用，荆泉路、振兴路、龙岭路等骨干道路全线贯通，“十纵十横”路网格局基本形成。东沙河撤镇设街（道），城市规划面积拓展到108平方公里，成功创建国家卫生城市，获评全国新型城镇化建设示范县。乡村振兴扎实推进，农村人居环境整治三年行动圆满收官，累计建成美丽乡村981个，获评全国乡村振兴百佳示范市。生态环境不断优化，万元GDP能耗下降22%，空气优良天数达到231天，3条国控河流断面水质稳定达标，第四污水处理厂完成建设，获评国家节水型城市。14处破损山体重披绿装，完成绿化造林10.7万亩，成功创建国家森林城市。

五年攻坚突破，我们用创新谱写了活力迸发的改革长卷。461项重点改革事项和75项省级以上改革试点高标准完成，7项改革创新经验被党和国家领导人批示肯定，“高端化工全产业链集成改革”入选全国改革典型案例，国资国企改革经验作为全省典型上报国务院，获批全省首批系统集成改革试点县。省级以上创新平台、国家高新技术企业分别达到110家、123家，高新技术产业产值占比较2016年提高30个百分点，获评全国科技创新百强县、全国首批科普示范市。累计招引过亿元项目747个，鲁化己内酰胺、鑫迪家居工业4.0、中材锂膜、腾龙精线等266个重点项目竣工投产，柔性引进高层次人才178人。欧亚班列成功开通，外贸进出口总额突破210亿元，累计到账外资2.8亿美元，入选全省外贸转型升级试点县，滕州经济开发区晋升为国家级经济技术开发区。

五年倾情为民，我们用实绩书写了温暖人心的民生考卷。脱贫攻坚如期完成，全面建成小康社会，累计完成民生支出322亿元，占一般公共预算支出的76%，养老保险、医疗保险基本全覆盖，城乡居民人均可支配收入实现翻番增长。在全省率先完成超大班额化解、配套园整治、控辍保学“三个清零”，被评为全国素质教育示范市。常态化疫情防控精准有力，新妇幼保健院投入使用，中心人民医院新院加快建设，全国县域紧密型医共体建设试点稳步推进。西孟庄龙山文化遗址入选中国考古新发现，市博物馆、汉画像石馆晋升为国家一级馆，成为全国唯一拥有两处一级博物馆的县级市。军政军民团结不断巩固，全省双拥模范城保持“八连冠”。扫黑除恶、政法队伍教育整顿成效明显，社会大局保持和谐稳定，获评平安山东建设示范市。

五年从严从实，我们用担当回答了履职尽责的时代问卷。扎实开展“两学一做”学习教育、“不忘初心、牢记使命”主题教育、党史学习教育，广大党员干部思想政治素质得到全面提升，9名同志获评全省担当作为好书记。镇、村（社区）两级党组织换届圆满完成，干部结构大幅优化。集体收入5万元以下村全部清零，92个社区优化整合为48个城市社区，4个党组织获评全省干事创业好班子、省级先进基层党组织，党建引领、以房管人、红色物业、数据支撑“四位一体”城市社区治理模式，被中央政法委推广，被中组部确定为城市基层党建示范市。持之以恒纠治“四风”，反腐败斗争取得压倒性胜利，党风政风持续好转。人大、政协依法履职能力显著提升，爱国统一战线发展壮大，工青妇等群团组织作用充分发挥，国家安全、民族宗教、人民武装、党校、档案、老干部、关心下一代等各项事业取得新成绩。

各位代表、同志们，汗水浇灌收获，实干成就辉煌。成绩的取得，归功于中央和省市委的坚强领导，归功于全市各级党组织、广大党员干部和176万滕州人民的团结拼搏，归功于历届市委打下的坚实基础、老领导老同志的关心指导和社会各界的倾力支持。在此，我谨代表中共滕州市第十三届委员会，向所有为滕州发展做出贡献的同志们、朋友们，表示衷心的感谢，致以崇高的敬意！

各位代表、同志们，五年来的生动实践使我们深刻认识到：办好滕州的事情，必须始终坚持党的全面领导。事业成败关键在党，只有坚持党的领导、加强党的建设，才能把牢正确方向，不断从胜利走向胜利。这是根本原则，任何时候都不能动摇。必须始终坚持发展第一要务。发展是硬道理，没有发展就没有民生改善、社会进步，小发展大困难，不发展最困难。这是根本主题，任何时候都不能偏离。必须始终坚持人民至上。民心是最大的政治，只有坚守宗旨、牢记初心，常思百姓疾苦，常谋富民之策，常解群众之忧，才能凝聚民力、赢得民心。这是根本宗旨，任何时候都不能淡化。必须始终坚持担当实干。对该做的事，知重负重、攻坚克难，顶着压力也要干，对该负的责，挺身而出、冲锋在前，冒着风险也要担。这是根本要求，任何时候都不能放松。

在肯定成绩的同时，我们也清醒地认识到，对标高质量发展，综合实力还不够强，创新能力还比较薄弱，新旧动能转换任重道远；对标群众期待，教育、医疗、就业、养老、社保等公共服务领域仍有一些短板弱项，保障和改善民生还需进一步用心用力；对标底线要求，疫情防控、安全生产、社会稳定、生态环保等领域风险防范依然压力较大；对标高质量党建，党风廉政建设和反腐败斗争任务仍然严峻复杂，全面从严治党还需纵深推进，少数干部素质能力、工作作风仍需提升，等等。对此，我们必须直面问题不回避，迎难而上不退缩，采取切实有力措施逐步加以解决，决不能让问题拖延，决不能让矛盾累积，决不能让历史问题再留给历史！

科学谋划现代化强市建设新蓝图

今后五年，最鲜明的特征是高质量转型发展进入爬坡过坎的攻坚阶段，建设现代化强市、促进共同富裕成为我们新的奋斗目标。这一时期，既是风险挑战期，也是机遇叠加期。当今世界正经历百年未有之大变局，新冠肺炎疫情影响仍在持续，我国经济发展面临需求收缩、供给冲击、预期转弱三重压力，我们面临的挑战前所未有，但机遇也千载难逢。中央实施扩大内需战略，布局以5G、工业互联网为代表的“新基建”，省委提出扩需求稳增长“十大行动”，必将释放巨大市场潜力；京沪高铁沿线高端制造业产业带、鲁南经济圈、大运河文化带等重大发展战略在滕州交汇叠加，我市在服务融入新发展格局中的地位更加凸显；国家支持工业母机、新能源、新材料等产业发展，省委省政府重点打造高端化工、数控机床等国家级先进制造业集群，与我市主导产业、骨干企业高度契合；枣庄市委市政府明确提出把滕州作为“一强”重点扶持，出台一揽子政策措施支持滕州强市建设。只要我们抓住用好这些机遇，滕州高质量发展就一定能够行稳致远。这一时期，既是竞争加剧期，也是奋力赶超期。放眼全省全国经济强县，百舸争流、竞相发展，在强手如林的县域竞争中，每进一位都异常艰难；环顾四周，兄弟区市你追我赶，抢先一步才会赢得主动，稍有松懈就有掉队危险。随着“双循环”格局加速构建、产业链供应链深度重构，必将带来城市发展大洗牌，这正是我们跨越赶超的最佳时机。经过多年努力，我市积累了深厚的工业基础，形成了齐全的工业门类，特别是通过实施“工业强市、产业兴市”战略，高端化工、中小数控机床、锂电新材料等产业发展势头强劲，创业生态、营商环境明显优化，完全有基础、有条件在新一轮竞争中占据有利位置、实现争先进位。这一时期，既是转型压力期，也是潜力释放期。面对加快现代化强市建设多层次、多领域变革要求，我们既面临做大总量、做强增量、做优质量的严峻考验，也面临产业转型、动能转换、要素趋紧的现实制约，虽然转型发展任务艰巨、压力巨大，但更应看到我们已经具备的发展潜力。滕州作为地域人口大县、经济大县，拥有明显的区位优势、资源优势、环境优势，一批重大产业项目陆续投产，一批重大基础设施布局建成，特别是通过一系列急难险重、大战大考历练，广大党员干部政治更加坚定，作风更加严实，干事创业氛围更加浓厚，这是我们做好今后工作的最大底气。只要我们把滕州的基础条件利用好，把滕州干部群众的聪明才智发挥好，把方方面面的积极性调动好，滕州高质量发展就一定会越来越好！

今后五年工作的指导思想是：坚持以习近平新时代中国特色社会主义思想为指导，全面贯彻党的十九大、十九届历次全会精神和习近平总书记视察山东重要讲话精神，坚持稳中求进工作总基调，以推动高质量发展为主题，以深化供给侧结构性改革为主线，以改革创新为根本动力，以满足人民日益增长的美好生活需要为根本目的，统筹发展和安全，深入实施“工业强市、产业兴市”战略，全面推进乡村振兴，持续深化改革开放，着力提升治理水平，全力加快现代化强市建设步伐，在实现共同富裕进程中走在全省前列。

主要预期目标是：地区生产总值年均增长6%以上，一般公共预算收入年均增长7%以上，居民人均可支配收入年均增长7%以上。到2026年，地区生产总值超过1100亿元，一般公共预算收入突破90亿元，居民人均可支配收入达到4万元，在全国百强县的位次不断前移。

根据上述奋斗目标，今后五年我市发展的总体定位是：

——打造更高质量的现代产业集聚区。“633”现代产业体系更加完善，创新能力显著增强，先进制造、高端智造逐步成为工业转型的支撑力量，现代服务业量质齐升，现代农业高质高效，跻身全省工业十强县、现代农业十强县。主要经济指标增速高于全省平均水平，实现总量争先进位、质量提档升级、均量跨越赶超。

——打造更高品质的城乡融合新标杆。国家新型城镇化示范县、大运河特色乡村发展区建设取得明显成效，城市功能品质大幅提升，示范镇带动作用日益凸显，特色镇优势不断彰显，城乡环境更加优美，基本实现城乡基础设施和公共服务设施一体化，分工合理、功能互补的城乡空间格局全面形成。

——打造更高水平的双向开放新高地。系统集成改革形成滕州样板，市场化、法治化、国际化营商环境水平显著提升。市场主体连年增长，外贸进出口不断扩大，实际利用外资稳步增长，开发区实现争先进位，开放型经济综合实力显著增强。

——打造更高效能的县域治理模范市。高质量党建引领各领域工作，平安滕州、法治政府、诚信社会建设取得显著成效，防范化解重大风险体制机制不断健全，疫情防控、防汛减灾等应急保障能力进一步增强，社会主义核心价值观深入人心，创成全国文明城市。

——打造更高标准的共同富裕先行区。城乡收入差距缩小，教育、医疗、就业、养老等公共服务更加优质均衡，文化产业体系更加健全，人民群众的获得感、幸福感、安全感不断提升，趟出一条具有滕州特色的共同富裕之路。

各位代表、同志们，目标引领前进方向，目标凝聚奋斗力量。今天的滕州已经站在新的历史起点上，全市上下凝心聚力抓发展的热情空前高涨、思想空前统一、方向空前明确。只要我们咬定目标不放松、苦干实干加油干，绘就的蓝图就一定能够早日实现！

奋力开启现代化强市建设新征程

征途漫漫，惟有奋斗；事业发展，惟有实干。踏上新征程，全市上下要牢固树立“快就是大局、干就是担当”的理念，突出重点、抓住关键、求真务实，一步一个脚印开启美好蓝图的生动实践。

（一）突出抓工业强产业，实现高质量发展新跨越。坚持“工业强市、产业兴市”不动摇，着力在产业集聚、项目提质、园区突破、创新驱动上攻坚发力，实现规模质量效益同步提升。

提高产业集群竞争力。在统筹抓好“633”产业体系培育的基础上，着力培植壮大高端装备、高端化工、新材料三大主导产业，突出抓好“247”领航型企业培育，推动产业向高端迈进。高端装备产业要做大做强威达重工、山森数控、普鲁特机床等骨干企业，抓好关键零部件研发和配套企业落地建设，带动产业向智能化、精密化方向发展，打造全国机床制造销售中心。高端化工产业要做长做优氨基、醇基两大产业链，加快投资350亿元的鲁化高端氨基醇基新材料、投资215亿元的联泓新科一体化产业链项目建设，引领产业向绿色化、终端化方向发展。新材料产业要重点发展节能环保建材、无机功能材料、先进高分子材料，支持中材锂膜、鑫迪家居、金晶玻璃等企业加速发展，打造全国有影响力的新材料产业集群。统筹推进新能源、新医药、新一代信息技术等新兴产业跨越发展，支持煤电、建材、食品等传统产业转型升级，做强实体经济根基。

夯实项目建设支撑力。坚持内资外资并重、引资引智并举，盯紧重点地区、重点企业、重要线索，主攻大项目，汇聚大资本，千方百计把产业龙头招进来，把资本技术引进来。强力推进以商招商、产业链招商，配强招商队伍，优化招商服务，提高招商项目质量，确保每年引进过10亿元项目20个以上，过50亿元项目5个以上。优化项目建设管理，严格落实重大项目联席会议、亮屏督导等制度，确保每年落地实施重点项目100个以上。完善项目储备机制，主动对接国家、省市重大规划布局，精准谋划重大基础设施、重大产业项目，加大对上争取力度，用好地方政府专项债券，切实把政策机遇转化为发展红利。落实“要素跟着项目走”，强化亩均投入和税收贡献评价，把有限的资源要素优先支持大项目好项目，以高质高效的投入赢得实实在在的发展。

增强园区平台承载力。优化“一区多园”平台布局，明确功能定位，完善基础配套，提升园区承载能力。开发区要强化规划引领，盘活闲置资源，突出机制创新，做强项目支撑，引入生产性服务业，实现发展提速提质提效，尽快跻身全国50强。鲁南高科技化工园区要发挥山能鲁化、联泓新科龙头效应，招引配套企业落户，实现要素集约、产业集聚；稳妥推进村庄搬迁，抓好园区基础设施综合提升工程建设，建成全国一流高端化工园区。高铁新区要重点发展智能制造、科创研发等新型业态，聚合人才、资本、信息等要素资源，成为高质量发展新引擎。墨子科创园要立足科技创新孵化器的功能定位，提高准入门槛，优化资源配置，培育引进一批高新技术企业，打造高端装备研发制造示范基地。

激活科技创新驱动力。突出创新在现代化强市建设全局中的核心地位，发挥企业创新主体作用，鼓励链主龙头企业组建科创联盟，攻关核心技术，提升行业地位；加快创新型企业梯次培育，争创更多国家级产业创新中心、企业技术中心，每年培育“专精特新”“瞪羚”“小巨人”企业15家以上、新增高新技术企业25家以上。深化与中科院、华中科大等高校院所合作，强化项目导入、联合创新，推动更多科研成果在滕州落地生根、开花结果。发挥技改基金撬动作用，推进以智能化升级为重点的新一轮企业技改，每年实施重点技改项目100个以上，让老企业焕发新活力、新业态实现大突破。强化人才是第一资源的意识，深入实施“滕州英才”工程，柔性引进更多高层次领军人才和重点产业紧缺人才，每年引进省级以上高层次人才40人以上。依托各类职业院校，加强订单培养、定向输送，培育更多蓝领人才、滕州工匠。

各位代表、同志们，工业是我们的基础和优势，滕州的昨天靠工业而立，今天靠工业而兴，未来也必定靠工业而强。全市上下要更加凝聚大抓工业的共识，拿出快抓工业的行动，全力推动工业经济创新转型高质量发展！

（二）突出抓提升强功能，实现城市品质新跨越。城市是现代化强市建设的重要载体，要以建设人民满意城市为目标，着力优化城市发展布局，塑造城市特色风貌，提升城市建设品位，创新城市管理服务，打造高品质现代化城市。

以前瞻思维规划城市。高标准编制国土空间总体规划，按照“东拓、西提、南融、北延、中优”的发展思路，构建城市发展新格局。在东部，以荆河东路全线贯通为契机，抓好墨子湖区域综合性开发，加快高铁新区与中心城区基础设施互联互通，打造城市“新地标”；在西部，推进振兴路南延，实施洪绪镇全域土地综合整治、钢材市场搬迁等项目，提升商贸服务配套水平，打造宜居宜业西城区；在南部，突出以产兴城、以城促产，抓好开发区生产性、生活性服务业配套，打造产城融合示范区；在北部，完善政务服务、文化体育、现代物流、医养健康等功能，统筹布局高端商业、精品社区，打造综合服务功能区；在中部，推进城市有机更新，传承历史文脉，提升城市内涵，打造精致精美主城区。

以工匠精神建设城市。深入推进城市品质提升行动，加快棚户区、老旧小区和城市出入口改造升级，高标准抓好特色街区培育、城市景观提升，彰显城市气质。统筹推进地上地下空间建设，优化完善城市路网，合理布局学校、医院、农贸市场等服务设施，完善防洪排涝、雨污分流等配套管网，建设海绵城市、韧性城市，做实城市“里子”。提升与周边地区交通通达能力，重点抓好临滕高速、国道518改建、滨湖通用机场等工程建设，增强城市辐射带动能力。围绕建筑业高质量发展，支持骨干企业做大做强，走出去拓展国内外市场，擦亮“中国建筑之乡”品牌。

以绣花功夫管理城市。突出精细化、人性化、智能化管理，推动城市管理效能提升。深化文明城市创建，常态化开展交通秩序、市场秩序、物业管理等专项整治，营造温馨和谐的居住环境。创新党建引领下的居民自治模式，健全网格化管理体系，推动管理重心下移、服务职能下沉，引导各类社会组织有序参与城市治理，构建高效联动、共建共享的城市管理新格局。大力发展城市经济，培育会展经济、夜间经济、假日经济等新业态、新模式，线上线下融合发力，提升区域消费影响力。深化大数据、物联网在城市管理中的应用，完善城市治理数字化、智能化监管平台，加快建设智慧滕州。

各位代表、同志们，城市承载着人民对美好生活的向往，检验着高质量发展的成色。我们要始终把以人民为中心贯穿城市规划建设管理全过程，齐心协力把善国故里打造成美丽宜居家园！

（三）突出抓示范强统筹，实现乡村振兴新跨越。建设现代化强市，最艰巨的任务在农村，要把乡村振兴作为新时代“三农”工作总抓手，全面推进乡村产业振兴、人才振兴、文化振兴、生态振兴、组织振兴，打造农业强、农村美、农民富的乡村振兴齐鲁样板。

推动农业全面升级。按照“龙头带动、项目支撑、集群发展”的思路，标准化打造省级现代农业示范园区，集约化发展高效设施农业，产业化培育农产品深加工龙头企业，争创“全国农业现代化示范区”。重点发展新格林、云尚善品等高端设施农业，培育壮大恒仁工贸、龙振集团等农业龙头企业，推进一二三产融合发展。扛牢粮食安全政治责任，深入推进“藏粮于地、藏粮于技”，巩固产粮大县领先地位。扎实推进土地适度规模经营，调整优化种植结构，引进新品种、新技术，推动农业高质高效发展。做大做强马铃薯百亿产业，不断提升“柴胡店酥梨”“龙阳绿萝卜”“姜屯草莓”“羊庄大樱桃”等特色农产品的影响力美誉度。

做强镇域综合实力。发挥资源禀赋、产业区位优势，推动示范镇做强、特色镇做靓。西岗镇要立足副中心城市定位，推进传统产业转型升级，培育发展新兴产业，尽快进入全国百强镇。木石镇要做大做强高端化工产业，完成凤翔小镇及配套服务设施建设，打造现代化工新城。东郭镇要加快绿色制造产业园建设，推动项目向园区集中、产业成集群发展。鲍沟、级索、南沙河、张汪、大坞等镇要依托高端玻璃、新能源、循环经济等专业园区，发展新型工业，形成规模效应。滨湖、龙阳、官桥、柴胡店等镇要整合资源、丰富业态，创建省级文旅特色小镇。界河、姜屯、羊庄、洪绪等镇要发展规模化种植，招引农产品精深加工项目，争创国家、省农业产业强镇。

建设美丽宜居乡村。坚持村庄连片改造、环境连片整治、风貌连片提升，打造富有地域特色、承载田园风貌、体现现代文明的美丽乡村示范片区，每年整治提升美丽乡村薄弱村100个。深入推进农村人居环境提升五年行动，常态化开展公共空间治理，统筹抓好改厕、污水治理、垃圾分类等工作，实现村庄公园化、沿河沿路景观化。实施乡村建设行动，改善生产生活条件，完善公共服务功能，推动燃气、暖气等基础设施进村入户，让农民过上与时代同步的现代生活。加强传统村落、历史文化名村保护，深入开展移风易俗，培育文明乡风、良好家风、淳朴民风，让农村真正成为留住乡愁的地方。

各位代表、同志们，共同富裕走在前，乡村振兴必须走在前。我们要优先发展农业农村，加快农业全面升级、农村全面进步、农民全面发展，让城乡居民不再有明显的身份界限，让城乡生活不再有明显的品质落差！

（四）突出抓改革强活力，实现对外开放新跨越。高举改革开放大旗，勇于冲破思想观念束缚，敢于打破体制机制障碍，推进深层次改革，扩大高水平开放，在服务融入新发展格局中彰显滕州更大担当。

系统集成抓改革。以全省首批系统集成改革试点县建设为抓手，聚焦“工业强市、产业兴市”，统筹推进产业发展全链条、企业发展全周期系统集成改革，实现招商引资、项目建设、金融服务等制度协调联动，放大改革综合效应。深化国资国企改革，推动国企战略性重组、市场化转型，不断增强发展活力。加大企业上市扶持力度，做大资本市场滕州板块，力争上市企业突破10家。顺应发展所需、民心所盼，完成国家和省市改革试点任务，推出一批原创性改革，形成更多可复制可推广的“滕州经验”。

双向发力促开放。进入新发展阶段，市场分工更加精细化、专业化，要强化开放意识，提升开放能力，积极融入国内国际“双循环”。对内，紧盯需求侧，发力供给侧，加快传化物流小镇、公用型保税仓库等项目建设，培育冷链物流、供应链物流，引导嘉誉、鲁华等专业市场向生产加工、互联网零售环节深度延伸，打造全国商贸物流集散地。对外，更好运用国内国际“两个市场”“两种资源”，放大欧亚班列带动效应，深度对接山东自贸区、上合示范区，推进外贸企业转型升级，吸引更多境外资本、外资企业落户滕州，争创“国家外贸转型升级基地”。

贴心服务优环境。践行“政府围着企业转，企业有事马上办”，深化“放管服”改革，推行“一网通办”“一次办好”“拿地即开工”服务模式，推动“审批服务提质、企业办事提速、项目建设提效”。建立企业“有呼必应、无事不扰”帮扶机制，在更多领域推广“首次不罚、首次轻罚”，依法打击扰乱市场经济秩序行为，营造公平公正的法治环境。健全完善全生命周期服务制度，坚决做到政企沟通“零距离”、解决问题“零拖延”、政策落实“零障碍”，构建新型“亲清”政商关系。加强诚信体系建设，完善失信联合惩戒机制，争创“国家社会信用体系建设示范市”。

各位代表、同志们，建设现代化强市，改革开放是关键一招，更是强劲动力。我们要永葆“闯”的精神、“创”的劲头、“争”的勇气，以敢为天下先的历史担当，在滕州大地上续写更多“春天的故事”！

（五）突出抓民生强共享，实现共同富裕新跨越。共同富裕是现代化强市建设的本质要求，也是人民群众的迫切愿望。要始终把人民对美好生活的向往作为奋斗目标，扎实办好民生实事，不断增进民生福祉，让老百姓的日子越过越红火。

让群众收入更殷实。坚持民生为重、富民优先，不断拓宽增收渠道，促进城乡居民收入稳步增长。落实更加积极的就业政策，优先保障高校毕业生、农民工、中低收入者和困难家庭等重点群体就业，确保五年新增城镇就业8万人以上。鼓励民营经济发展，充分释放中小企业和现代服务业就业潜力，支持“大众创业、万众创新”，掀起新一轮全民创业热潮，形成“能人办企业、百姓创家业”的生动局面。拓宽农民增收渠道，巩固拓展脱贫攻坚成果与乡村振兴高效衔接，确保农村居民收入增幅高于城镇居民、同步迈向共同富裕。

让公共服务更优质。办好人民满意教育，扩大优质教育资源供给，加快滕州一中东校改扩建和枣庄工程技师学院筹建进度，争创“国家义务教育优质均衡县”。优化医疗资源布局，抓好市中心人民医院新院、中医院迁建等重点项目，深化紧密型县域医共体建设，打造区域性医疗健康服务高地。有效应对人口老龄化，切实解决好“一老一小”问题，健全基本养老服务制度和多层次养老服务体系，完善三孩生育政策配套措施，促进人口均衡发展。坚持“房住不炒”，完善多主体供给、多渠道保障、租购并举的住房制度，让更多群众住有宜居。

让精神生活更丰富。共同富裕既要“富口袋”，更要“富脑袋”。以全国文明城市创建为统领，践行社会主义核心价值观，用好新时代文明实践阵地，统筹文明培育、文明实践、文明创建，不断提升人民群众思想道德素质。推动以墨子鲁班文化为代表的滕州优秀传统文化创新性发展、创造性转化，擦亮“墨子鲁班故里、湿地红荷之都”品牌，争创“国家全域旅游示范区”。扎实推进文化惠民工程，加大公共文化产品的供给和服务，满足人民群众多层次精神文化需求。

让生态环境更优美。认真贯彻落实习近平生态文明思想，打好蓝天、碧水、净土保卫战，巩固提升中央和省环保督察反馈问题整改成果，推动生态环境质量持续好转。加大工业废气、工地扬尘等精细化管控力度，不断改善空气质量；严格落实河湖长制，加强南四湖流域生态保护，强化工业点源、农业面源治理，共建“美丽幸福河湖”；加强土壤污染源头防治，保持土壤环境质量总体稳定。打好“山水林田大会战”，建设一批生态廊道、湿地公园，创成“国家生态园林城市”。倡导简约适度、绿色低碳生活方式，让绿色办公、绿色消费、绿色出行成为自觉行动。

让社会环境更和谐。全面落实总体国家安全观，推进基层治理体系和治理能力现代化。慎终如始抓好常态化疫情防控，筑牢“外防输入、内防反弹”的严密防线。压紧压实安全生产责任，深入开展安全隐患大排查大整治，坚决遏制重大事故发生。开展“八五”普法，争创“全国法治政府建设示范市”。完善社会矛盾多元预防调处化解机制，巩固政法队伍教育整顿成果，常态化开展扫黑除恶斗争，严厉打击各类违法犯罪行为，建设更高水平的平安滕州、和谐滕州。

各位代表、同志们，千头万绪的事，说到底是千家万户的事，群众期盼的，就是我们要干的。我们要始终把人民放在心中最高位置，切实办好群众急难愁盼的民生大事，做好群众牵肠挂肚的关键小事，把更多民生愿景变成美好现实！

全面加强和改进党的建设

实现今后五年奋斗目标，关键在党，关键靠干部。要深入贯彻新时代党的建设总要求，推动全面从严治党向纵深发展，不断提升党建工作水平，为高质量发展提供坚强保障。

强化思想政治建设，永葆绝对忠诚的政治本色。政治建设是党的根本性建设，必须摆在首位、落到实处。要把牢政治方向。坚持用习近平新时代中国特色社会主义思想凝心铸魂，增强“四个意识”、坚定“四个自信”、做到“两个维护”、捍卫“两个确立”。严格执行新形势下党内政治生活若干准则，落实民主集中制等制度，深化党史学习教育，筑牢信仰之基，把稳思想之舵。要加强理论武装。认真落实党委（党组）理论学习中心组学习规则，扎实推进学习型领导班子建设，及时学习习近平总书记最新重要讲话和重要指示批示精神，坚持不懈用党的创新理论武装头脑、指导实践。要巩固思想阵地。严格落实意识形态工作责任制，筑牢意识形态安全“防火墙”。牢牢把握正确舆论导向，深化媒体融合发展，唱响主旋律，激发正能量，凝聚起同频共振的磅礴力量。

强化干部队伍建设，锻造担当重任的时代铁军。干部是党的事业薪火传承的中坚力量，必须严格标准、选优培强。要树牢鲜明导向。凭实绩用干部、以实干论英雄，真正把工作面前勇于争先、困难面前善于攻坚、矛盾面前敢于担当的干部选出来、用起来。选拔培养专业化干部、优秀年轻干部、女干部和党外干部，优化干部结构，提升整体活力。要提高能力本领。深化干部能力素质提升工程，统筹做好干部轮岗锻炼、选派挂职等工作，注重在急难险重一线培养历练，增强“八项本领”，提高“七种能力”，锻造一支与高质量发展相适应的高素质专业化干部队伍。要激励担当作为。坚持严管厚爱结合、激励约束并重，健全完善干部考核评价机制和容错纠错、澄清保护机制，让“躺平式干部”躺不住、混日子的没市场，让实干者得实惠、有为者更有位。

强化基层组织建设，打造坚强有力的战斗堡垒。基层党组织是党的全部工作和战斗力的基础，必须全面进步、全面过硬。要提升基层组织力。扎实推进党支部规范化建设，开展软弱涣散党组织整顿，深入实施城市基层党建全域提升攻坚行动，让党旗在基层一线高高飘扬。要建强带头人队伍。实施“头雁领航”工程，深化村党组织书记专业化管理、社区工作者职业体系建设，激发干事创业活力。开展农村在外人才“回引”行动，充实后备力量，蓄足“源头活水”。要夯实基础保障。推动政策、资源、力量向基层倾斜，选好管好用好第一书记、党建工作指导员，全面推行支部领办合作社，探索村级集体经济发展新路径，提高村级运转保障水平。

强化党风廉政建设，营造风清气正的政治生态。从严治党永远在路上，必须把“严”的主基调贯穿始终。要从严改进作风。锲而不舍落实中央八项规定及其实施细则精神，深入纠治“四风”特别是形式主义、官僚主义。倡树“严真细实快”的工作作风，以过硬作风推动工作责任落实。要从严监督执纪。充分运用监督执纪“四种形态”尤其是“第一种形态”，让红脸出汗、咬耳扯袖成为常态。严格落实权力清单、责任清单制度，完善纪律、监察、派驻、巡察“四项监督”统筹衔接机制，增强监督实效。要从严惩治腐败。坚持无禁区、全覆盖、零容忍，一体推进不敢腐、不能腐、不想腐，坚决查处各类侵害群众利益的不正之风和腐败问题，切实做到警钟长鸣、震慑常在，营造风清气正的政治生态。

团结凝聚力量，同心铸就辉煌。市委将一如既往地支持市人大及其常委会依法履职、市政府依法行政、市政协参政议政、市法检两院依法独立行使职权；巩固和发展最广泛的爱国统一战线，做好新形势下民族、宗教和台侨工作；完善党建带群建工作机制，更好地发挥工会、共青团、妇联等人民团体的桥梁纽带作用；加强党管武装，支持国防和后备力量建设，扎实推进军民融合发展，形成推动滕州高质量发展的强大合力。

各位代表、同志们，雄关漫道真如铁，而今迈步从头越。让我们更加紧密地团结在以习近平同志为核心的党中央周围，弘扬伟大建党精神，不忘初心担使命，勇毅笃行向未来，为加快现代化强市建设步伐，在实现共同富裕进程中走在全省前列而努力奋斗！

政 府 工 作 报 告

——2022 年 1 月 26 日在滕州市第十九届人民代表大会第一次会议上

代理市长　周　刚

各位代表：

现在，我代表市人民政府向大会报告工作，请予审议，并请市政协委员和其他列席会议的同志提出意见。

一、过去五年工作回顾

过去的五年，面对错综复杂的宏观经济环境和艰巨繁重的改革发展任务，在市委坚强领导下，在市人大、市政协监督支持下，我们紧紧团结和依靠全市人民，坚持以习近平新时代中国特色社会主义思想为指导，深入贯彻新发展理念，突出“工业强市、产业兴市”不动摇，全力以赴稳增长、促改革、调结构、惠民生、防风险、保稳定，全面加快现代化强市建设步伐，经济社会发展取得新成效。

五年来，我们与京沪高铁“复兴号”并行竞速，面对困难不退缩，面对压力不妥协，扛旗争先、奋楫赶超，跑出了一条高质量发展的“快”之路，县域经济量质齐升。2021 年，预计全市生产总值实现 850 亿元，一般公共预算收入完成 61.3 亿元，固定资产投资完成 300 亿元。滕州在全国百强县排名前移 18 个位次，蝉联全省高质量发展先进县，滕州经济开发区晋升国家级经济技术开发区。产业结构持续优化，三次产业比例调整为 9∶47∶44，“633”现代产业体系基本确立。工业经济势头强劲，规上工业企业发展到 304 家，高端装备、高端化工、新材料三大主导产业营业收入分别达到 280 亿元、300 亿元、110 亿元；山能鲁化成为枣庄市首家单体营收过百亿企业、荣获省长质量奖，联泓新科 A 股上市；连续获评“中国中小机床之都”、中国工业百强县。农业生产提质增效，累计建成高标准农田 113.7 万亩，农业机械化率达 94%，获评“中国好粮油”示范县、全国渔业健康养殖示范县。现代服务业繁荣发展，限上企业发展到 234 家，过百亿元专业市场发展到 4 处，A 级以上景区达到 22 家，获评国家电子商务进农村综合示范县、全国县域旅游综合实力百强县。

五年来，我们乘着全省“新旧动能转换”东风，拓展视野的广度，提升行动的高度，勇于变革、敢于创新，闯出了一条“腾笼换鸟”的“转”之路，发展动能持续迸发。461 项重点改革事项和 75 项省级以上改革试点任务高标准完成，7 项改革创新经验被党和国家领导人批示肯定，获评全省首批系统集成改革试点县。将原隶属 23 个部门的 142 家国有企业整合重组至 76 家，获评全省县级国资国企改革发展示范点。柔性引进省级以上高层次人才 178 人，省级以上创新平台、国家高新技术企业分别达到 110 家、123 家，获评全国科技创新百强县、全国首批科普示范县。招引过亿元项目 747 个，正威华能金属新材料、联泓新科一体化等一批百亿元项目签约落地，落户世界 500 强企业 9 家、中国 500 强企业 10 家；实施市级重点项目 332 个，完成投资 1081 亿元，61 个项目列入省重点项目，鲁化己内酰胺、中材锂膜等 266 个项目竣工投产，获评全国投资竞争力百强县。争取挖潜土地指标 1.8 万亩，到位地方政府专项债券 58 亿元、上级财政无偿资金 166 亿元，金融机构存贷款余额分别达到 950 亿元、690 亿元，存贷比较 2016 年提高 9.4 个百分点。欧亚班列开通运行，外贸进出口总额突破 210 亿元，实际利用境外资金 2.8 亿美元，获评全省外贸转型升级试点县。

五年来，我们统筹全域加快实

施“五城同创”，坚持产城大融合，城乡一体化发展，以城带乡、内外兼修，踏出了一条“凤凰涅槃”的“变”之路，城乡面貌焕然一新。实施基础设施项目228项，完成投资558亿元。京台高速改扩建、枣菏高速、滕薛线等重大交通工程建成通车，荆泉路、振兴路等骨干路网全线贯通，全市道路通车总里程达到3412公里。东沙河镇完成镇改街，城市规划面积拓展到108平方公里，城镇化率达到62%，成功创建国家卫生城市，获评全国县城新型城镇化建设示范县。完成棚户区改造37个，征收房屋面积400万平方米，搬迁居民1.7万户，建设安置房3.4万套、446万平方米；改造老旧小区74个，惠及居民2.5万户。建设各类公园游园45处、生态街巷99条，实施重点绿化工程155个，年均增加绿化面积100万平方米以上。乡村振兴全面推进，新建提升“四好农村路”680公里、“户户通”道路2450公里，建成美丽乡村981个，农村人居环境整治三年行动圆满收官，木石镇、西岗镇、东郭镇位居枣庄市示范镇考核前列，获评全国乡村振兴百佳示范市。生态环境质量明显提升，万元GDP能耗下降22%，空气优良天数达到231天，国控河流断面水质稳定达标，新增成片造林10.7万亩，14处破损山体披上绿装，获评国家森林城市、国家节水型城市。

五年来，我们把“全面建成小康社会”使命扛在肩上，聚焦群众期盼，落实惠民实事，走出了一条“民生为本”的“实”之路，让发展更有温度、惠民更有厚度。90件惠民实事项目，件件得到落实，完成民生支出322亿元，占一般公共预算支出的76%。5.3万贫困人口稳定脱贫，养老保险、医疗保险基本实现全覆盖，城乡居民人均可支配收入实现翻番增长。新增和转移就业8.5万人，获评省级创业型城市。在全省率先完成大班额化解、配套园整治、控辍保学“三个清零”，获评全国素质教育示范市。常态化疫情防控有力有效，新妇幼保健院投入使用，中心人民医院新院加快建设，获评全国县域紧密型医共体建设试点县。养老服务体系逐步完善，获评全省县域养老服务系统创新示范县。市博物馆、汉画像石馆晋升为国家一级馆，成为全国唯一拥有两处一级博物馆的县市。市游泳馆建成启用，“中国武术之乡”品牌影响力持续提升。“四位一体”城市社区治理模式被中央政法委推广，扫黑除恶专项斗争取得明显成效，安全生产、信访维稳形势持续稳定，获评全国平安建设先进市、全国“七五”普法中期先进市、平安山东建设示范市，实现全省双拥模范城“八连冠”。

五年来，我们始终将“人民满意”作为政府建设根本目标，强党建、转作风、提效能，创出了一条政府职能转变的“优”之路，法治、创新、廉洁和服务型政府建设取得新成效。坚决落实全面从严治党要求，“两学一做”学习教育、“不忘初心、牢记使命”主题教育、党史学习教育取得扎实成效。狠抓作风突出问题集中整治，强化行政监察、审计监督，“三公”经费持续压减。深化“放管服”改革，“一业一证”综合许可覆盖50个行业，205个涉企事项“容缺受理”，166个事项“一链办理”，企业开办、不动产登记“一日办结”，自然人独资公司营业执照“秒批秒办”。完善重大行政决策程序和党政一体法律顾问制度，市政府文件、合同合法性审查率达100%。自觉接受市人大法律监督、工作监督和市政协民主监督，492件人大代表建议、1440件政协提案全部办复。加大政务公开力度，认真办好12345政务热线、市长信箱，群众满意度不断提高。

各位代表，回顾五年的奋斗历程，我们深刻体会到：必须坚持党的领导这个根本保证，把稳高质量发展的思想之舵。五年来，我们坚持以习近平新时代中国特色社会主义思想定向领航，坚决贯彻党中央和省市委各项决策部署，科学应对各种复杂局面，战胜了一个又一个艰难险阻、取得了一个又一个发展成果。实践证明，只要我们坚持和加强党的全面领导，就一定能够找准前行方向、激发奋进动力、凝聚各方力量，我们的事业就一定能够无往而不胜。必须坚持发展第一要务，保持高质量发展的战略定力。五年来，我们深入贯彻新发展理念，科学研判发展大势，准确把握国家政策导向，抢抓重大战略机遇，主动融入和适应经济发展新常态，把发展着力点放在实体经济上，抓产业、抓项目、抓城建、抓民生、抓环境，既算大账、又算细账，实现了高质量的稳定增长、可持续的全面发展。必须坚持产业第一支撑，激发高质量发展的强大动力。五年来，我们聚焦“工业强市、产业兴市”战略不动摇，大抓工业、抓大产业，着力推进“双招双引”和项目建设，培育高质量市场主体，打造高质量产业集群，推动了经济发展乘风破浪、稳健前行。必须坚持为民第一追求，汇聚高质量发展的磅礴合力。五年来，我们始终坚持人民至上，注重在决策中体现民意、在工作中维护民利、在发展中改善民生，实施了一大批惠民实事项目，以一往无前的奋斗姿态筑牢民生福祉，极大地提高了人民群众幸福指数。

各位代表，艰难方显勇毅，磨砺始得玉成。五年的发展成就，得益于上级党委、政府和市委的坚强领导，得益于市人大、市政协的监督支持，凝聚着全市人民的智慧和汗水。在此，我代表市政府，向辛勤工作在各条战线上的广大干部群众，向人大代表、政协委员、离退休老同志，向关心支持滕州发展的社会各界人士，表示衷心感谢和崇高敬意！

我们也清醒地认识到，当前我市经济社会发展还存在不少困难和挑战：传统产业转型升级路径不宽，新兴产业支撑较弱，科技创新能力不强；对外开放程度不高，双招双引质效需进一步提高；城乡建设精细化程度不高，公共服务供给还有不少短板弱项；财政收支压力较大，改善民生任务繁重；土地、能耗、环境容量等资源要素约束趋紧，安全生产、生态环保等底线压力较大；干部作风、政务效能离群众期盼还有差距，等等。对此，我们将坚持问题导向，采取有效措施，认真加以解决。

二、未来五年的指导思想和奋斗目标

今后五年，是全面建设新时代现代化强市的关键阶段，也是滕州转型跨越的关键时期。我们既要看到，当今世界正经历百年未有之大变局，经济全球化遭遇逆流，新冠肺炎疫情影响广泛而深远，日趋复杂的国际环境带来的新矛盾新挑战明显增多。我们更要看到，大变局大挑战中蕴含着重大机遇，全球区域合作与竞争发展的新格局接连展开，我国已转向高质量发展阶段，特别是中央作出构建新发展格局的战略部署，给我们提供了新的重大机遇。省委省政府实施黄河流域生态保护和高质量发展、京沪高铁沿线高端制造业产业带、鲁南经济圈、大运河文化带、滕州邹城一体化等重大发展战略在我市交汇叠加；枣庄市委市政府明确提出把滕州作为“一强”重点支持，出台一揽子政策措施，支持滕州加快现代化强市建设。只要我们辩证认识国内国际大势，准确把握滕州高质量发展的重大阶段性特征，践行新发展理念、融入新发展格局、增强新发展能力，就一定能够在新阶段新征程“走在前、作示范”，推动各项工作枣庄领先、全省率先、全国争先。

根据市委第十四次党代会精神，今后五年工作的指导思想是：坚持以习近平新时代中国特色社会主义思想为指导，全面贯彻党的十九大、十九届历次全会、中央经济工作会议和习近平总书记视察山东重要讲话精神，坚持稳中求进工作总基调，以推动高质量发展为主题，以深化供给侧结构性改革为主线，以改革创新为根本动力，以满足人民日益增长的美好生活需要为根本目的，统筹发展和安全，深入实施“工业强市、产业兴市”战略，全面推进乡村振兴，持续深化改革开放，着力提升治理水平，全力加快现代化强市建设步伐，在实现共同富裕进程中走在全省前列。

主要预期目标是：地区生产总值年均增长6%以上，一般公共预算收入年均增长7%以上，居民人均可支配收入年均增长7%以上。到2026年，地区生产总值超过1100亿元、一般公共预算收入突破90亿元，居民人均可支配收入达到4万元，在全国百强县的位次不断前移。

根据上述奋斗目标，今后一个时期，我市发展总体定位是：

——打造更高质量的现代产业集聚区。“633”现代产业体系更加完善，创新能力显著增强，先进制造、高端智造逐步成为工业转型的支撑力量，现代服务业量质齐升，现代农业高质高效，跻身全省工业十强县、现代农业十强县。主要经济指标增速高于全省平均水平，实现总量争先进位、质量提档升级、均量跨越赶超。

——打造更高品质的城乡融合新标杆。国家新型城镇化示范县、大运河特色乡村发展区建设取得明显成效，城市功能品质大幅提升，示范镇带动作用更加凸显，特色镇优势不断彰显，城乡环境更加优美，基本实现城乡基础设施和公共服务设施一体化，分工合理、功能互补的城乡空间格局全面形成。

——打造更高水平的双向开放新高地。系统集成改革形成滕州样板，市场化、法治化、国际化营商环境水平显著提升。市场主体连年增长，外贸进出口不断扩大，实际利用外资稳定增长，开发区持续争先进位，开放型经济综合实力明显增强。

——打造更高效能的县域治理模范市。高质量党建引领各领域工作，平安滕州、法治政府、诚信社会建设取得显著成效，防范化解重大风险体制机制不断健全，疫情防控、防汛减灾等应急保障能力进一步增强，社会主义核心价值观深入人心，创成全国文明城市。

——打造更高标准的共同富裕先行区。城乡收入差距缩小，教育、医疗、就业、养老等公共服务更加优质均衡，文化产业体系更加健全，人民群众的获得感、幸福感、安全感不断提升，趟出一条具有滕州特色的共同富裕之路。

各位代表，奋斗托起使命，实干成就梦想。当前滕州正站在继往开来的新起点上，省、枣庄市对滕州寄予了更高期望，市委第十四次党代会绘就了未来五年发展蓝图，全市人民对滕州发展有了更加美好的期待。面对新起点、新使命、新目标、新任务，我们要大力弘扬滕州人民在革命、建设、改革和新时代征程上，凝聚起的深厚文化底蕴和磅礴精神力量，举全市之力、集全民之智、聚万众之心，抓出滕州新力度、跑出滕州加速度、创出滕州新高度，全面完成各项目标任务，向全市人民交上一份现代化强市建设的满意答卷！

三、2022 年工作安排

今年是实施“十四五”规划承上启下的关键之年，是新一届市委市政府工作开局之年，也是现代化强市建设的攻坚之年。新的一年，我们将坚持稳中求进工作总基调，认真贯彻落实枣庄市委经济工作会议提出的“重点工作提升年”“六大提升工程”决策部署，按照市委第十四次党代会确定的“五抓五强五跨越”具体要求，扎实推进“做大做强实体经济、突出项目全生命周期服务、持续深化改革开放、全力提升城市功能品质、全面推进乡村振兴、着力增进民生福祉”六项核心任务，聚焦聚力“双招双引和智能化技改、开发区建设和改革、农业现代化产业发展、财税增收及低效闲置用地盘活、金融服务实体经济、优化营商环境、信访积案化解”七个关键突破，努力实现“综合实力更强、创新动能更足、城市品质更高、生态环境更美、全域治理更优、人民生活更好”六个明显提升，全力筑牢县域强势崛起硬支撑，全面开创现代化强市建设新局面。

今年经济社会发展主要预期目标是：地区生产总值增长 6% 以上，固定资产投资增长 7.5% 以上，一般公共预算收入、税收收入均增长 7%，规上工业增加值增长 8% 左右，外贸进出口总额增长 10%，实际利用外资稳定增长，居民人均可支配收入增长 7% 以上，粮食和重要农产品产量保持稳定增长，生态环境质量持续改善。奋斗目标是：地区生产总值增长 8% 以上，固定资产投资增长 10%，一般公共预算收入增长 9% 以上，税收收入增长 10% 以上，规上工业增加值增长 10%，外贸进出口总额增长 25%，实际利用外资增长 30%，居民人均可支配收入增长 8% 以上。

（一）做大做强实体经济，厚植现代化强市建设新优势。始终把发展着力点放在实体经济上，纵深推进“工业强市、产业兴市”三年攻坚突破行动，坚持“优化存量、引育增量、提高质量、做大总量”四量并举，聚焦工业率先突破，全力争创全省工业十强县。

强化产业分类培壮。高端装备产业，围绕打造全国机床制造销售中心发展定位，巩固发展数控机床、金属制品、专用装备、矿山机械、精密铸造五类产品，培植壮大威达重工、山森数控、三合机械等骨干企业，加快推进金精智能数控齿轮、海鲲高档数控机床、普鲁特高精密主轴等项目建设，积极引进大连科德、海天精工等补链强链项目，争取国家级机床技术研究中心在滕州设立分中心，力争高端装备产业主营业务收入突破310亿元。高端化工产业，围绕打造国家级化工新材料基地发展定位，持续做长做强氨基、醇基两大产业链，着力培育壮大山能鲁化、联泓新科等骨干链主企业，专班专抓推动总投资350亿元的山能鲁化高端氨基醇基新材料、总投资215亿元的联泓新科一体化项目开工建设，力争高端化工产业主营业务收入突破360亿元。新材料产业，围绕打造全国有影响力的产业集群发展定位，大力发展节能环保建材、无机功能材料、先进高分子材料、道路新型材料，培育壮大鑫迪家居、辛化硅胶等行业领军企业，加快金晶节能玻璃、中材锂膜二期、雄狮节能幕墙、北玻特种树脂复合材料等项目投产达效，推动中材锂膜三期尽快开工，力争新材料产业主营业务收入突破135亿元。积极培育新能源、新医药、新一代信息技术等先进制造业，重点抓好瑞科天启能源岛、益康抗肿瘤新药、华为（滕州）工业智能创新中心等项目建设。加快煤电、建材、食品三大传统产业转型升级，积极创建绿色矿山和绿色工厂，不断提升装备智能化水平，推动传统产业向高端化、智能化、绿色化发展。

强化企业梯次成长。深入实施领航型企业培育计划，鼓励支持龙头骨干企业扩大产能、开拓市场、兼并重组，新增营收过10亿元、过20亿元、过50亿元工业企业各1家，力争过10亿元14家、过20亿元6家、过100亿元2家。深入实施“专精特新”企业培育计划，坚持创新驱动、市场带动、上下联动，培育“瞪羚”“单项冠军”“小巨人”等各类企业15家以上，注册马德里国际商标10件以上。深入实施中小微企业提升计划，推动“个转企、小升规、规改股、股上市”，全年新增“个转企”300家以上，新增“四上”企业110家，净增规上工业企业40家以上，每个镇街培育规上企业不少于2家。加快威智医药、雄狮装饰等后备企业上市步伐，推动渤瑞环保、腾达紧固成功上市。大力推进智能化、绿色化、“零增地”技术改造，加快装备换芯、生产换线、机器换人，实施重点技改项目100个以上，年内竣工50个以上。

强化园区载体支撑。牢固树立“平台思维”，深入推进“一区多园”建设，明确功能定位，优化资源配置，加速产业集聚。滕州经济技术开发区，聚焦“打造全国一流开发区、力争冲进前50”的目标，科学规划布局，完善功能配套，盘活闲置资源，培育引进优势产业和项目。着力深化体制机制改革，落实差异化考核办法，健全完善管理运营模式，推动开发区与高铁新区、鲁南高科技化工园区融合发展，打造对外开放主阵地、动能转换主战场、经济发展增长极。鲁南高科技化工园区，立足建设国内一流高端化工新材料产业基地和千亿元产业集群定位，抢抓原料用能不纳入能源消费总量控制等政策机遇，围绕山能鲁化、联泓新科两大龙头企业，精准谋划实施一批产业链现代化建设项目；加快实施投资57.2亿元的基础设施综合提升项目，确保智慧园区、联泓大道拓宽、公共管廊等项目年内完工，顺利通过省级化工园区复审。高铁新区，致力打造现代化产业新城，加快土发集团智能家居产业园、微纳中科高端金属新材料等项目落地；全力推进区域成片建设，提升基础设施配套水平，加快产城融合发展。墨子智能制造产业园、大数据产业园等专业园区，完善基础设施配套，提升综合服务能力，打造特色产业发展高地，构建企业集聚、产业集群、要素集约的产业生态圈。

（二）突出项目全生命周期服务，培育现代化强市建设新动能。坚持把招商引资、项目建设作为发展的生命线，凝聚全市力量抓招商、抓项目、抓投入，加快培育新的经济增长点。

高质量开展招商引资。围绕优势特色产业，聚焦建链强链延链补链，坚持招大引外、招新引高，精准对接中国建材、山能集团、土发集团、联想控股、国科控股等国内外500强、央企名企、产业头部企业，综合运用产业链招商、以商招商、园区招商、基金招商等方式，策划一批重大招商活动，对接一批重点合作意向，签约一批投资规模大、产业层次高、创新能力强、外向程度高、税收贡献多的优质产业项目。对符合产业政策、投资额特别大的重点产业项目，实行一事一议、一企一策、特事特办。鼓励支持市内企业，通过股权转让、合资合作等方式，引入战略投资者。强化“亩产论英雄”导向，完善招商项目会商评审、绩效评估和重大违约退出机制，确保项目质量。全年招引过亿元项目100个以上，其中过10亿元项目20个以上、过50亿元项目5个以上，推动百亿级大项目持续突破。

高效能推进项目建设。坚持“五个一”工作机制，严格落实重点项目联席会议、全生命周期管理服务制度，持续开展项目集中开工、亮屏督导，推动山海锂电、富利森二期等项目尽快开工建设，推进奥达科、三维装备、亿盛气体等项目早竣工早达效，确保117个省市县三级重点项目上半年全部开工，年内竣工45个以上，完成投资320亿元以上。聚焦新旧动能转换、新型城镇化、园区基础设施建设等重点领域，超前谋划储备一批优质项目，力争纳入省重大、枣庄市重点项目40个以上。

高标准落实要素保障。充分挖掘土地空间潜力，加快推进土地整治，统筹抓好增存挂钩、增减挂钩、占补平衡，落实建设用地指标5000亩以上。深入开展“亩产效益”评价，加大“僵尸企业”处置力度，提升低效闲置土地利用率。大力推行“标准地”供给，推进项目拿地即开工、建成即使用。加强政银企保深度沟通、协调互动，推动金融机构增加有效信贷投放，贷款余额新增100亿元以上，存贷比达到77%，有效降低中小微企业融资成本。争取地方政府专项债券20亿元、上级转移支付31亿元，发挥9亿元产业基金最大效力，落实国家增值税改革措施，用足减税降费各项政策，撬动更多资金投向重点产业重点项目。深入研究对接环境容量、能耗等相关政策，为项目落地创造条件。

（三）持续深化改革开放，激发现代化强市建设新活力。改革创新是发展的不竭动力，高质量发展更需要改革创新。大力推进创新型城市建设，以改革增活力、以开放促发展，打造高质量发展引擎。

狠抓创新驱动发展。突出企业创新主体地位，深化产学研合作，严格兑现科技投入递增奖励政策，加快科技成果转化应用，申请发明专利160件以上，新增高新技术企业25家以上。加强与中科院、华中科大、西安交大、山东大学、山东科大等高校院所合作，积极建设一批院士工作站、工程研究中心等高层次创新平台，完善中科院化工新材料中试基地、华数智能制造研究院、中国化学鲁南产业技术研究院等创新平台科技成果孵化落地机制，新增省级以上创新平台6家以上，高新技术产业产值比重提高1个百分点以上，研发经费占地区生产总值比重达到2.1%。大力发展数字经济，实施“5G+大数据+工业互联网”工程，推动互联网、大数据、云计算、人工智能等赋能制造业发展，依托海尔卡奥斯、清峦福兴等工业互联网平台企业，加快数字车间和智能工厂建设，新增工业互联网平台2—3家、工业数字化应用场景达到30个以上。加大招才引智力度，深化“项目+人才”引才模式，推行科技攻关揭榜制、首席专家“组阁制”、项目经费包干制，提高人才落户、医疗、住房、子女教育等方面保障，柔性引进省级以上高层次人才40人以上。组织开展产业论坛、院士专家滕州行等人才对接活动，推行“人才飞地”模式，积极承接人才和项目转移。

狠抓改革攻坚突破。抓住被列为全省首批集成改革试点县机遇，聚焦“工业强市、产业兴市”主题，推动16项改革任务由单项突破向系统集成转变。推行行政审批业务“云见面”办理模式，省内通办300项以上、跨省通办

150项以上。完成国企改革三年行动任务，落实外部董事制度，持续激发国企活力。深化金融领域改革，完成工业技改基金投放3亿元，投贷联动撬动工业贷款15亿元以上。

狠抓扩大对外开放。抓住我市被纳入中国（山东）自由贸易试验区青岛片区联动发展区机遇，探索建立跨境电商产业园。强化腾达紧固、辛化硅胶、艾菲尔管业等重点外贸企业帮扶，新增进出口实绩企业40家。加快公用型保税仓库建设，尽快封关运营，线上线下开拓国际市场，逐步提高“一带一路”沿线国家、RCEP国家在我市对外贸易中的比重，力争进出口总额突破67亿元，争创国家级外贸转型升级基地。持续推进外资增量提质，鼓励外资投向先进制造业、高新技术产业和基础设施领域，大力争取欧美、日韩等重点区域外资，新增过千万美元项目3—6个，确保实际利用外资1亿美元以上。

狠抓营商环境优化。主动对标全国一流营商环境标准，全面建立“企呼政应、接诉即办”企业诉求解决机制，持续深化“放管服”改革，优化一网通办、一次办好、帮办代办等服务模式，深入推进“双全双百”工程，开展“百企评部门”活动，严格落实优化营商环境25条措施，全力打造营商环境滕州品牌。公布“首次不罚、首次轻罚”清单，最大限度向市场放权、为企业松绑，营造更具活力的市场环境。加快社会信用体系建设，健全守信联合激励、失信联合惩戒机制，争创全省社会信用体系建设典型城市。大力支持民营企业发展，弘扬企业家精神，维护企业家权益，大张旗鼓表彰优秀企业家，在全社会形成尊重企业家、支持企业家、服务企业家的浓厚氛围。持续推进企业家素质提升工程，依托市中小企业公共服务平台，培训企业中高层管理人员2000人次以上，着力培养一批开拓能力强、具有国际视野的企业家、职业经理人。

（四）全力提升城市功能品质，丰富现代化强市建设新内涵。围绕全国文明城市、国家生态园林城市创建，立足功能做强、内涵做深、品质做优，不断提升城市综合承载力。

拉开框架拓空间。高标准编制国土空间总体规划，按照“东拓、西提、南融、北延、中优”的发展思路，构建城市发展新格局。在东部，以荆河东路全线贯通为契机，抓好墨子湖区域综合性开发，加快高铁新区与中心城区基础设施互联互通，打造城市“新地标”；在西部，推进振兴路南延，实施洪绪镇全域土地综合整治、钢材市场搬迁等项目，提升商贸服务配套水平，打造宜居宜业西城区；在南部，突出以产兴城、以城促产，抓好开发区生产性、生活性服务业配套，打造产城融合示范区；在北部，完善政务服务、文化体育、现代物流、医养健康等功能，统筹布局高端商业、精品社区，打造综合服务功能区；在中部，推进城市有机更新，传承历史文脉，提升城市内涵，打造精致精美主城区。

完善功能强配套。持续优化城市路网结构，重点抓好振兴南路南延、青啤大道东连、荆河东路通车、吉山路、谷翠路等26条道路新建续建，加快城区7座桥梁隧道工程建设，完成墨子大道快速路提升，平行路荆河桥改造工程建成通车，实施京台高速北出口及善国北路（滕龙路）提升工程。加快交通重点工程建设，开工建设临滕高速，实施省道321枣梁线等干线公路改建工程，畅通与周边县市联系。加快城市有机更新，实施梁场、张刘庄等7个区域棚改新建项目，抓好其他20个区域搬迁扫尾，完成房屋搬迁160万平方米，新建安置房1.2万套。实施8个片区76个老旧小区改造，改造面积185万平方米，惠及居民1.86万户。新建燃气管网40公里，新增供热面积100万平方米。

精细管理提品质。深化网格化治理，加强市场化运作，全面提升城市治理效能。完善城市智慧停车系统，改造、新增停车位6000个，系统解决“停车难”问题。建设铁西公园、锦绣公园等城市公园5处，口袋公园25处，实施龙岭路、青龙绿道等绿化工程，年内新增城市绿化面积100万平方米，争创国家生态园林城市。升级改造城市智能照明亮化设施，优化城市重点建筑群、广场、风景区和河流沿岸景观照明，扮靓城市夜景。深入推进城乡生活垃圾分类，确保顺利通过省级试点城市验收。深入实施农贸市场“四个一批”三年行动，完成水产粮油等6处农贸市场新建改造。做响“红色物业”品牌，完善“四位一体”城市社区治理模式，持续提升居民满意度。

丰富业态聚人气。加快培育会展经济、夜间经济、假日经济等新型城市经济，优化商业布局，发展核心商圈，推动君瑞城、八佰伴等商业综合体项目建成运营，聚集商机人气，建成高品质商业街区。大力发展现代物流，加快传化物流小镇、枣矿智慧物流产业园等项目建设，培育冷链物流、供应链物流、网络平台货物运输等新业态。着力增强专业市场交易集聚功能，支持嘉誉、鲁华、真爱等商贸零售企业提档升级，线上线下融合发展，建设调味品工业产业园，打造全国知名商贸集散地。

文旅融合优内涵。以创建国家全域旅游示范区为抓手，深入挖掘墨子鲁班文化、红色文化、民俗文化，加大非物质文化遗产传承保护，加快墨子文化城4A级景区创建，高标准举办墨子文化节、墨子鲁班学术研讨会、湿地红荷节、滕州书展等节会活动，打造全国有影响力的文化旅游目的地。发挥好红荷湿地景区的龙头带动作用，构建“一核、两极、三点”的微湖“水慢城”空间发展格局。启动实施薛国故城国家级文物保护性开发、书院街省级历史文化街区保护修复，加快滕州老街、鲁中南文物保护考古研究中心、墨子文化城二期等项目建设，编纂《文物志》，争创全省文物保护利用示范区。

（五）全面推进乡村振兴，拓展现代化强市建设新空间。坚持农业农村优先发展，以争创全国农业现代化示范区、全省现代农业十强县为目标，深入实施乡村振兴战略，促进农业高质高效、乡村宜居宜业、农民富裕富足。

做大现代农业。稳固粮食综合生产能力，扛牢粮食安全政治责任，建设高标准农田11.6万亩、良种繁育基地10万亩，争创全国制种大县和全国粮食生产先进县。狠抓重要农产品保障供给，擦亮枣庄黑盖猪、柴胡店酥梨、龙阳绿萝卜、羊庄大樱桃、姜屯草莓等特色农业品牌，建设6个万亩级特色蔬菜基地，打造“鲁南菜篮子”。承办中国国际薯业博览会暨马铃薯科技文化节，建设省级马铃薯现代农业产业园，争创国家级现代农业产业园，推动马铃薯产业突破百亿产值。加快农业高质高效发展，壮大恒仁工贸、福藤食品、龙振集团等龙头企业，建设新格林、云尚善品、滕阳里龙田茶、班墨里小镇等现代农业产业园，引进双汇5000万只肉鸡深加工项目，培育更多三产融合项目。实行活禽定点宰杀，逐步取缔城区活禽市场。新建改建农产品仓储保鲜冷链设施78座，新认证“三品一标”8个以上。

做强镇域实力。按照“示范镇做强、特色镇做靓”的思路，市财政每年列支5000万元，全力抓好“双十镇”建设。发挥好示范镇引领带动作用，西岗镇突出“一城一园一港”，培育发展新材料、循环经济等新兴产业，打造滕州副中心城市；木石镇依托鲁南高科技化工园区，做大做强高端化工产业，加快凤翔小镇及配套服务设施建设，打造现代化工新城；东郭镇发挥恒仁、辛化、连云山等龙头企业带动作用，加快绿色制造产业园建设，尽快形成产业集聚。鲍沟、级索、大坞、南沙河、张汪等镇依托高端玻璃、新能源、循环经济等专业园区，裂变优势、膨胀规模，打造新型工业强镇。滨湖、龙阳、官桥、柴胡店等镇以全域旅游示范区创建为契机，整合旅游资源，丰富旅游业态，打造文旅特色小镇。界河、姜屯、羊庄、洪绪等镇放大特色农业优势，积极发展现代农业、农产品精深加工，打造现代高效农业示范镇。

做靓美丽乡村。深入实施乡村建设行动，编制完善“多规合一”村庄规划，持续推进新型农村社区建设，健全完善水、电、路、气、暖等基础设施，补齐教育、卫生、养老等公共服务短板。实施农村人居环境改善提升行动，高标准建设5个省级、20个枣庄市级美丽乡村，新增美丽庭院示范户3000户，提升美丽乡村薄弱村100个、农村生活污水治理村庄543个，完成15座危桥改造加固、43个村公共供水管网维修改造、7.1万户清洁取暖改造，巩固提升农村公厕410座，规范提升镇级生活垃圾中转站25处，每镇至少打造一条精品示范美丽道路。加强传统村落、民居和历史文化名村保护，保护乡村风貌、体现乡村风情、留住乡村味道。开展文明村镇、文明家庭创建，推动形成文明乡风、良好家风、淳朴民风。

做活农村经济。纵深推进农村集体“三资”清理专项行动，发挥农村产权综合性交易服务平台作用，推动资源变资产、资金变股金、农民变股民，带动集体和农民实现“双增收”。开展农地入市改革，探索建立出让收益分配机制，盘活农村更多闲置资源，释放更大发展空间。深入实施三年强村计划，打好“破十攀百”攻坚战，开展百企联百村行动，实现村级集体经济提质壮大，百万元以上的村突破70个。健全乡村人才培养机制，加大农村劳动力职业技能、安全技能、就业技能培训力度，促进农民高质量就业。加快乡村信息基础设施和数据资源体系建设，扩大数字技术在乡村产业发展等领域的场景应用，为乡村振兴插上“数字翅膀”。以国家级电子商务进农村综合示范项目为抓手，完善农村物流配送网络体系，提升市镇村三级电商服务水平。

（六）着力增进民生福祉，共享现代化强市建设新成果。始终把满足人民对美好生活新期待作为发展的出发点和落脚点，持续加强普惠性、兜底性、基础性民生建设，全面提升人民群众的生活质量和幸福指数。

“全覆盖”夯实社会保障。实施高质量就业促进行动，加大创业扶持力度，新增城镇就业1.4万人，开展就业创业培训1.1万人次，发放创业担保贷款1.5亿元。健全完善多主体供给、多渠道保障、租购并举的住房制度，促进房地产业健康发展。深入推进全民参保计划，统筹衔接各类社会救助，提高基本养老、医疗、失业保险等各类保险参保覆盖面，按时足额发放各项社保待遇。加快光大美铭康养温泉小镇、光大养老医养健康中心等项目建设，新增养老床位4000张以上，打造京沪高铁沿线养老集散中心。加强社会福利、社会救助和农村留守儿童关爱保护体系建设，争创全国未成年人保护示范县、全省社会救助综合改革试验区。健全防止返贫动态监测和帮扶机制，让脱贫群众日子越过越好。深入开展扶老救孤、扶贫济困、恤病助残等慈善救助活动，让城市更有温度。

“全要素”供给公共服务。实施一中东校、北刘学校等9处中小学新建扩建项目建设，龙泉街道龙泉小学等4处项目秋季开学投入使用，力争新增学位9000个。高质量推动托育机构建设，确保年内每千人拥有3岁以下婴幼儿托育学位数达到3个。加速鲁南婴幼儿教育研究与发展中心、枣庄科技职业学院学术交流中心等项目建设，加快创建枣庄工程技师学院。深化“县管校聘”改革，抓实“三名工程”，强化师德师风和专业能力建设，加强城乡教师交流，推进城乡教育优质均衡发展。积极落实“双减”政策，规范民办教育发展，深入整治无证幼儿园和校外培训机构，努力办好人民满意的教育。优化医疗卫生资源布局，积极推进全国紧密型县域医共体建设试点，加快市中心人民医院新院区建设，抓好市中医院和市精神卫生中心迁建等项目建设；深入实施基层医疗卫生服务能力提升三年行动，加强乡镇卫生院、社区卫生服务机构和村居卫生室建设，筑牢村居服务“网底”，全方位提高健康保障水平。慎终如始抓好常态化疫情防控，完善疾病预防控制体系，全面实施市疾控中心全省三级改革试点，持续提升公共卫生应急处置能力。深入落实全民健身计划，办好第十二届全民健身运动会。实施文化惠民工程，开展省市县联合购买文化惠民演出，改造提升村居综合文化服务中心200个，公共服务设施综合馆建成开放。

“全方位”优化生态环境。持续巩固中央、省环保督察反馈问题整改成果，坚决打好蓝天、碧水、净土保卫战。强化工业点源、农业面源治理，一体推进控煤、治气、降尘等措施，持续改善空气质量。加快推进马河、户主水库增容及北沙河、小冯河治理工程，加大对瓦渣沟、小龙河等非骨干直接入湖河流河道治理力度，持续改善入湖河流生态环境质量，完成东沙河水厂建设；实施“两清零、一提标”工程，完成城区雨污合流管网改造25公里，实现城市黑臭水体清零，统筹抓好第四污水处理厂运行提标和第一、第三污水处理厂技术改造，确保国控、省控河流断面水质持续稳定达标。实施水源地专项整治，集中式饮用水水源水质达标率实现100%。强化土壤污染源头防控，持续推进化肥、农药减量化，加大对非法倾倒固废、危废巡查力度，保障土壤环境安全。实施总投资86亿元的56个“山水林田大会战”项目，完成造林6000亩，治理河道50公里，系统谋划解决排洪排涝，建设提升绿道40公里，完成10处破损山体修复治理，每个镇街至少建设一个美丽幸福示范河湖。严格落实林长制、山长制、河湖长制，严厉打击各种破坏生态资源的行为，推进“清四乱”常态化，着力打造青山常在、绿水长流的美丽滕州。聚焦“碳达峰、碳中和”目标，深入推进节能减排降耗，大力推进公共机构能源资源节约，发展清洁能源、循环经济，让绿色低碳生产生活方式成为全社会自觉行动。

“全天候”强化社会治理。持续推进基层网格化治理，打造管用网格、多维网格、智慧网格，擦亮“e呼善应”品牌。深化矛盾纠纷多元化解，探索实践“统一战线+人民调解”非诉讼纠纷解决途径，创新实施“有事好商量”诉源治理机制，削减信访存量、遏制信访增量。深入开展安全生产专项整治，推进企业安全风险分级管控、隐患排查治理双重预防体系和安全生产标准化一体化建设，系统提升本质安全水平。从严抓好食品药品监管，确保人民群众“舌尖上的安全”。常态化开展扫黑除恶斗争，严打涉枪涉爆、制贩毒、电信网络诈骗、传统“盗抢骗”等刑事犯罪活动，加强社会面巡逻防控，提高街面见警率、控制力和震慑力，全力做好党的二十大、冬奥会等重大活动安保维稳工作，努力建设更高水平的平安滕州。

各位代表，民之所望，政之所向；民之所需，政之所为。我们将时刻把人民群众的冷暖放在心上、扛在肩上，全力当好人民群众的贴心人，办好群众急难愁盼的民生大事，做好群众牵肠挂肚的关键小事。市政府征集筛选了10件惠民实事项目，提交本次大会票决。我们将按照票决结果，保持民生投入只增不减、民生标准只升不降，多谋民生之利、多解民生之忧，努力让人民群众更多更好的共享高质量发展成果！

四、加强政府自身建设

开启新征程、适应新形势、落实新任务，对新一届政府提出了新的更高要求。我们将积极顺应时代要求和人民期盼，始终把“为人民服务、让人民满意”作为做好政府一切工作的根本宗旨和出发点，提振干事创业精气神，凝聚担当作为正能量，全力打造人民满意的服务型诚信政府。

（一）始终坚持从严治政。坚持把党的政治建设摆在首位，增强“四个意识”、坚定“四个自信”，坚决做到“两个维护”、捍卫“两个确立”。自觉把加强党的全面领导贯穿到政府工作的全过程、各领域，不折不扣落实好上级党委、政府和市委各项决策部署，做到政令畅通、令行禁止。严肃党内政治生活，深化党史学习教育，严格落实意识形态工作责任制，确保滕州各项事业始终沿着正确方向、向着更高目标迈进。

（二）始终坚持依法行政。牢固树立“办事依法、遇事找法、解决问题用法、化解矛盾靠法”的法治理念，严格落实政府议事规则，坚持民主集中制，完善“三重一大”事项集体决策机制，确保行政决策的民主性、科学性。健全法律顾问制度，严格按照法定权限和法定程序秉公用权、履行职责。主动自觉接受人大、政协、监察机关和社会各界监督，提高人大代表建议和政协提案办理质量。持续加强政务公开，及时回应社会关切，提高政府工作透明度、公信力。

（三）始终坚持高效施政。树牢“事争一流、唯旗是夺”的意识，秉持“今天再晚也是早、明天再早也是晚”的理念，把时间发条拧到最紧，把工作节奏调到最快，做到“眼里有活、心中有数、手上有招、脚下有路”，以高效率赢得高速度、以快落实赢得快发展。对重大任务、重点项目、重要事项，逐项细化节点进度、推进措施、责任分工，构建部署明确、落实有力、考核精准的工作闭环，确保定一件干一件、干一件成一件。健全激励和容错纠错机制，旗帜鲜明地为担当者担当、为负责者负责，让广大干部想干事、敢干事、能干事、干成事。

（四）始终坚持廉洁从政。严格落实全面从严治党主体责任和"一岗双责"，建立健全行政权力监督制约机制，持续加强对工程建设、公共资源、国有资产等重点领域常态化监管，真正将权力关进制度的笼子。深入贯彻落实中央八项规定及实施细则精神，驰而不息纠"四风"、树新风，严控"三公"经费和政府一般性支出，坚决纠正损害群众利益的行为，努力打造政治生态的"绿水青山"。

各位代表，关山初度路犹长，策马扬鞭再奋蹄。让我们更加紧密地团结在以习近平同志为核心的党中央周围，在市委坚强领导下，凝聚全市人民的智慧和力量，以只争朝夕的拼劲、锐意进取的干劲、坚持不懈的韧劲，砥砺奋进、勇毅前行，为加快现代化强市建设步伐、在实现共同富裕进程中走在全省前列而努力奋斗！

专　　记

Special Notes

党史学习教育

【概况】 全市把党史学习教育作为统揽各项工作的重大政治任务，抓学习、悟思想、办实事、开新局，经济社会各项事业强劲发展。

【组织领导】 高位开局。市委主要领导挂帅，第一时间主持召开全市党史学习教育动员大会，成立由市委书记任组长的党史学习教育领导小组，调研指导、督促推进。发挥市委常委班子示范引领作用，制定《市委常委会开展党史学习教育工作计划》，明确27项贯穿全年的活动，以上率下。健全机制。制定印发《关于在全市开展党史学习教育的实施方案》，成立党史学习教育领导小组办公室和10个巡回指导组，出台《领导小组工作规则》《办公室成员及工作职责》《巡回指导手册》等规章制度，办公室每月制定《近期重点任务提醒》，把握节点、挂图作战。全年印发滕学组发文件17个，滕学办发文件27个，下发通知、提醒131份，编发简报129期。市直各系统党委、各镇街党（工）委按照市委模式，分别成立领导小组、领导小组办公室和巡回指导组，形成上下联动、一体统抓的工作体系。督导提效。10个巡回指导组紧扣“7个重点领域”“8类重点群体”“10个重点事项”，全域下沉、靠上督导。建立周例会、周调度、周汇报机制，领导小组办公室每周听取巡回指导组工作情况，每周调度进展，每周向枣庄领导小组办公室和第一巡回指导组汇报情况，先后召开巡回指导座谈会6次、推进调度会28次，列席旁听被指导单位理论中心组学习119次，调阅审阅相关材料905份。

【学习活动】 抓住关键少数“引领学”。市委常委会示范带头，严格落实“第一议题”制度，创新建立“学悟讲评”机制，市委理论中心组开展专题学习19次，全市各党委（党组）开展专题学习1200余场次。组织县级党员干部参加枣庄专题学习班（读书班）3次，举办滕州科级干部专题学习班（读书班）3期，全市各级举办高层报告会79场次。借助载体“立体学”。开展为期六周的“攻坚五问”大调研大讨论活动，把党史必读书目、中央和省市委重要会议精神作为学习重点，各党委（党组）查摆问题1556个，形成高质量调研报告98篇。充分用好“学习强国”“灯塔—党建在线”等网络学习平台，组织在编在岗干部职工参加全省网络专题培训班、党史知识竞赛、枣庄建市60周年“爱我枣庄”知识竞赛等活动。用好爱国主义教育基地、新时代文明实践中心等阵地，打造“重走长征路”“小红船书屋”“流动党员学习站”等学习空间，举办党史特展、连环画中的红色经典图片展、主题书画展等活动61场，红色经典图片展入选山东省庆祝建党100周年100家革命场馆特色展陈。市委常委班子带头到党史特展、滕县抗日民主政府旧址等红色阵地现场学习，全市各类阵地累计接待现场教学活动260余场次，受教育党员干部6.3万余人次。不同群体“分类学”。面向村级党组织书记，将党史课程纳入新任村书记集中轮训重要内容，举办培训班140余期，参训党员4.7万人次。面向流动党员，创新推出“帮、导、助、促”四字工作法，建立“帮”学台账，发放“导”学资料，打造“助”学站点，组织“促”学活动，流动党员“离乡不离学、务工不误学”的经验做法被省简报刊发推广。面向离退休党员，组织模范老党员进校园、进机关、进村居（社区）讲党课，开展老年大学党史讲堂、党史知识竞赛、党史故事征文等活动。面向青少年，开设课前5分钟讲党史“红色金课”，开展金课观摩、备课展评活动，形成学习教育与课堂教学相融合的长效机制，经验做法在《中国教育报》刊发推广。

【宣讲和党课】 专题宣传。在融媒体中心“台、网、报、端、微”全媒体传播矩阵统一开设《奋斗百年路·启航新征程》《学党史悟思想办实事开新局》等专题专栏，累计发稿2420篇（条）。推出党史学习教育新媒体产品80余件，“红色故事绘”“看沙画学党史”系列视频被“学习强国”首页推荐；“争做新时代红船划桨人”系列宣讲视频在新华社客户端播发。创作党史学习教育主题文艺作品110余件，柳琴戏《墨子与鲁班》《誓言》入选庆祝中国共产党成立100周年山东省“百年征程·时代华章”优秀剧目展演。专题宣讲。建立党史学习教育“1+1+N”宣讲机制，市镇（街道）两级分别成立宣讲团，建立N支新时代文明实践志愿服务宣讲队，形成“专家层—骨干层—基础层”三级宣讲格局，巡回讲、专题讲、月月讲相结合，实现宣讲常态化、全覆盖。围绕学习宣传党的十九届六中全会精神等重大主题，累计举办宣讲培训班6期，开展巡回宣讲176场、分众化“六进”宣讲1300余场次。培育打造基层宣讲品牌19个，小院宣讲、小板凳宣讲、家园新声宣讲等创新做法被新华社、《人民日报》报道。举办全市“中国梦·新时代·跟党走”百姓宣讲比赛，选拔一批优秀百姓宣讲员。在省宣讲比赛决赛中，滕州宣讲员孙晓雪获得一等奖、余麟章获得三等奖。专题党课。“七一”前后，集中开展“100年党史我来讲”专题党课等活动，56名在职县级党员领导干部带头到基层联系点讲党课65场，各级党组织书记、党员领导干部在所在支部或基层支部讲党课379场，新任村（社区）党组织书记以“讲党史担使命”为主题讲专题党课855场，组织先进典型讲党课140场。录制优秀党课视频44部，开展主题活动。策划举办“永远跟党走·奋进新时代”群众性主题宣传教育系列活动，举办“红色歌曲大家唱”歌咏大赛、“时光放映厅”百部经典影片展映、群众文艺汇演等活动。坚持分类指导、因业施策，针对政法队伍、企业职工、学校师生等不同群体，分类开展“学党史、铸忠诚——杨申同志先进事迹报告会”“劳动我最美”主题宣传、“童心向党—唱支红歌献给党”等活动。

【以学促干惠民生】 排查“急难愁盼”。坚持党员领导干部率先垂范，所有县级干部每人联系一个村居、帮扶一家企业、帮包一个重点项目、化解一件信访案件，累计排查化解群众和企业反映问题271个，化解信访案件42起；实施千名干部“进千村、入千企”双千工程，每名下沉干部至少办理两件惠民惠企实事，年内累计走访88967户，解决问题4282个，办理实事3536件；结合“两委”换届，开展村级新班子“走马上任一百天”最佳实干案例展评活动，激励引导新任村干部踏实办好“开门一件事”，倡树村干部上任即实干作风。兑现“惠民承诺”。抓好年初人代会票决的20件惠民实事基础上，通过调研排查再确定重点民生项目2批43项。实施“调、督、验、评”四字工作法，建立实事进展情况台账，协调组每两周一“调”度，巡回指导组每两周一“督”办，对已办结的实事进行现场“验”收，并随机征求辖区群众意见，让群众“评”判实事成效，年内43项重点民生实事全部办结并完成评估验收。抓好“民生改善”。财政民生支出占一般公共预算支出比例达到76%；3.1万脱贫享受政策人口收入稳定增长；城镇新增就业1.6万人，农村低保、特保补助标准分别提高到每人每月628元、817元；在全省率先完成超大班额化解、配套园整治、控辍保学“三个清零”，滕州一中东校扩建工程主体完工，辅华高级中学投入使用；推进全国县域紧密型医共体建设试点，中心人民医院新院、光大美铭康养温泉小镇等建设推进；抓好城市建设管理，16条城乡道路建成通车，6个区域70余万平方米房屋完成动迁，54个老旧小区改造收尾，新改建公园游园42个、生态街巷124条，新增停车泊位1.3万个，生活垃圾分类实现全覆盖。

（市委宣传部）

经济社会发展五年回顾

【概况】 时代是出卷人，我们是答卷人，人民是阅卷人。2017—2021年，全市各级党组织、广大党员干部群众解放思想，抢抓机遇，加快现代化强市建设，在农业、工业、招商引资、城建、水务、交通、教育、文旅、精神文明建设等方面取得丰硕成果，特回顾简记如下。

【农业农村工作】 五年里，不断开创新时代“三农”工作新局面。滕州市先后获得全国粮食生产先进县、全国渔业健康养殖示范县、中国乡村振兴百佳示范县市、全国农业绿色发展先行先试支撑体系建设示范县、第三批全国农村创业创新典型县、第二批全国农作物病虫害专业化统防统治创建县、全国农产品产地冷藏保鲜整县推进试点县、全省乡村振兴战略实绩考核一等县、第二批全省乡村振兴示范县、全省农产品加工业示范县等多项荣誉。

坚持保面积、保产量，贯彻落实“藏粮于地、藏粮于技”战略，扛牢粮食安全责任，粮食实现稳产高产。粮食播种面积稳定在10.67万公顷、总产80万吨，累计建成高标准农田7.58万公顷。全国粮食机收减损技能大比武山东赛区比赛在官桥镇开赛，“落实藏粮于地、藏粮于技战略扛稳粮食安全责任”改革典型案例被中央深改办刊发推广，典型经验做法被省政府通报表扬。集中连片规划建设大白菜、大葱、绿萝卜、毛芋头等6个万亩级特色蔬菜基地，蔬菜种植面积2.85万公顷；做大做强马铃薯产业，成立马铃薯产业发展研究院和马铃薯产业发展联合体，春秋马铃薯种植面积4.33万公顷。

建设万亩种子繁育基地，小麦玉米良种普及实现全覆盖；推进农业绿色发展，增施有机肥，地力水平提升；全市农药化肥使用量连续6年实现负增长，主要粮食作物及马铃薯统防统治覆盖面积8.67万公顷，粮食生产效率和生产水平进一步提高，土壤环境安全促进了粮食生产绿色可持续发展。

坚持高起点抓规划，聚焦重点抓整治，完善机制抓长效，按照“一村一主题、一区一风貌”的思路，农村环境面貌得到极大提升。村级基础设施建设中重点推动农村硬化、绿化、美化、净化、亮化建设，在村居抓好文明示范街、道德讲堂、健身广场、善行义举“四德榜”、综合服务中心、文化大院、留守儿童（妇女、老人）工作站和广场舞队伍建设。累计投入5.9亿元建设美丽乡村981个（其中省级25个，枣庄级98个），全市美丽乡村建设实现全覆盖。洪绪镇龙庄村获评中国美丽休闲乡村，张汪镇大宗村获评山东省美丽休闲乡村，官桥镇上魏楼村获评山东省休闲农业示范点（村），姜屯镇东滕城村获评山东省乡村旅游重点村。

全市坚持把“美丽庭院”创建作为推进美丽乡村建设的重要抓手，建成“美丽庭院”示范户3.6万户；聚焦村级民生工程，加大乡村医疗、教育、社会保障等基础性投入，提升公共服务质量；聚焦难点痛点、背街小巷、屋前屋后等死角，集中深度清洁，营造乡村新气象；完成户厕改造18.46万户，建成公厕410座，300户以上自然村公厕实现全覆盖，385个村完成农村生活污水治理。

全面推进农村产权制度改革，1188个村居完成改革任务，21个镇街挂牌成立农村产权交易中心镇街工作站；培育壮大新型经营主体，全市合作社发展到2349家，家庭农场发展到650家，恒仁工贸、合易食品、福藤食品等3家企业入选国家级农业产业化龙头企业；发放“鲁担惠农贷”14.29亿元，解决农业适度规模经营主体的融资难题。村集体经济收入、农民财产性收入不断增加，农民增收、村集体经济发展、企业盈利等多赢局面形成。

创建成山东省现代农业产业园，改写滕州无省级现代农业产业园的历史。围绕粮食、马铃薯、畜禽等优势产业，招引落地信华新格林、滕阳里龙田茶、麦金地、爱啤士、牧原养殖、春藤牧业等一批农业产业项目，奠定产业强镇兴村富民的基础，界河镇获评全国乡村特色产业十亿元镇，入选省级农业产业强镇。脱贫攻坚成果巩固，全市建档立卡户20930户49963人、动态监测户105户，306人收入达标巩固，“三保障”和饮水安全持续巩固。百余个农业项目平稳健康运作，带动作用持续增强。

【工业经济】 五年里，全市把握新发展阶段、贯彻新发展理念、融入新发展格局，聚焦工业新旧动能转换和高质量发展，工业项目建设、工业企业培育取得跨越发展。

全市实施重点项目332个，总投资2437.6亿元。其中，入选省重点项目67个，竣工或部分竣工项目183个，累计完成投资1017.8亿元。全市先后实施“62131”企业梯次培育工程和“247”领航企业培育、专精特新企业培育、中小微企业提升等计划。各类民营企业总计超4.5万家，规模以上工业企业发展到286家，拥有国家专精特新“小巨人”企业2家、省“瞪羚企业”16家、省制造业“单项冠军”4家、省中小企业“隐形冠军”4家、省“专精特新”中小企业28家、国家“绿色工厂”6家、省“绿色工厂”1家，年营收超10亿元工业企业13家。联泓新科实现A股上市，并连续三年入选省百强民企或百强创新潜力民企；鲁南化工成为首家营收过百亿元工业企业。

定位做大做强、做精做实主导产业目标，出台《关于聚焦产业振兴加快高质量发展的实施意见》，确定八大优势产业，建立工作专班，明确工作制度，加强对工业的投入和产业引导。先后实施“265”产业培育工程、八大产业振兴战略、“633”产业培植工程，编制完成高端装备、高端化工等产业规划，强化与央企、世界500强企业、行业龙头企业合作，成功招引北玻院产业转化基地、中科院技术创新和产业化基地、腾龙智能制造产业园、鑫迪工业4.0智能制造、鲁化己内酰胺、中材锂膜等项目，打造国家化工新材料、高端中小数控机床、一站式全屋定制家居装饰等产业基地。位于鲁南高科技化工园区、总投资200亿元的兖矿鲁南化工氨基新材料一体化项目，以合成氨为原料，延伸生产尼龙66、ABS树脂等高端氨基新材料，拉长氨基产业链条，打造氨基新材料领域规模化和一体化的生产格局。滕州经济技术开发区的中材锂膜动力锂离子电池隔膜项目成为世界上单线产能最大、智能化程度最高的隔膜生产线，补齐锂电产业链条的关键一环，为打造全国重要的锂电产业基地、擦亮中国北方“锂电之都”城市名片提供有力支持。

坚持“抓技改、强创新”，突出“动能转换”，技改创新驱动取得新成效。先后实施工业企业技改三年振兴行动、“三百工程”，累计实施重点工业技改项目467项（剔除重复项目），入选省技术改造导向目录项目69个，入选省“四个一批”项目128个，获评枣庄市技术改造示范企业18家。设立首批2亿元技改基金，中材锂膜获得2018年国家工业强基工程支持。实施各类技术创新项目超过1300个，累计入选省技术创新项目计划的项目229个，累计认定为省首台（套）技术装备及关键核心零部件的产品35项；创建成省“一企一技术”研发中心的企业19家，获评省技术创新示范企业5家，省小微企业创业创新示范基地发展到7家、省级新旧动能转换行业（专项）公共实训基地发展到2家。

实施5G+工业互联网工程、工业互联网牵手行动，大数据产业园被认定为省级数字经济园区，与浪潮集团合作建立中国机床海淘网、工业互联网机床云平台；开展工业互联网应用的企业近100家，完成省两化融合评估的企业近500家，入选省级以上两化融合管理体系贯标试点的企业10家。

【招商引资】 五年里，全市招引

过亿元项目747个，其中过50亿元项目32个、过100亿元项目3个；开工过亿元项目452个，2019年至2021年连续三年获评“中国营商环境质量十佳县（市、区）”。全市招商引资总量持续快速增长，产业聚集效应显现，高端装备、高端化工等产业集群不断壮大，新能源、新材料、新医药、新一代信息技术、高质高效农业、商贸物流、特色文旅康养等产业集群初具规模。其中，高端化工产业链进一步延伸，逐步向高端有机原料、高端合成树脂和工程塑料、高端化工助剂、新能源材料、化工新材料和精细化学品等方向发展，鲁南高科技化工园区累计招引入驻各类企业200余家，其中投资超过30亿元的企业有5家，项目累计完成投资300余亿元，现有规模以上企业24家，形成兖矿鲁南化工、联泓新材料、新能凤凰等一批龙头企业。高端装备产业创新能力、技术水平不断提升，威达重工公司、鲁南机床公司、山森数控公司、瑞虹化仪公司等4家企业入选《山东省高端装备制造业领军（培育）企业库企业名单》。

重点瞄准京津冀、长三角、珠三角重点区域和国内外500强企业、大型央企民企、科研院所，集中力量招引有支撑力、带动力、影响力的项目。总投资40亿元的中材锂膜高性能锂电池隔膜项目、总投资57亿元的中化工程鲁南高科技化工园区综合提升项目、总投资120亿元的正威新材料产业基地项目、总投资50亿元的光大美铭康养温泉小镇项目、总投资13亿元的中科院化工新材料技术创新与产业化基地等一批基地型、龙头型项目落户滕州。

滕州经济开发区升级为国家级经济技术开发区，搭建新的高层次招商平台。全市成立9个产业工作专班，编制产业发展规划；创新实施墨子科创园和大数据产业园，为项目快速落地和“拎包入住”提供了平台基础。北航航空发动机叶片、岳合机电、库格机械、鲁班文创木制品、凯顺智能装置、vocs在线监测仪器生产等项目入驻并投入生产；山东移动、浪潮集团、蚂蚁金服、中科曙光等项目入驻大数据产业园并运营；依托鑫迪家居、腾龙精线集团等龙头企业，打造智能家居装饰产业基地和不锈钢智能制造产业基地；高端玻璃制造基地通过玻璃深加工技术改造，加快发展曲面玻璃、超薄玻璃、光学玻璃和信息技术产业高端玻璃。园区玻璃深加工企业增加到三百余家，其中规模以上企业19家，产品包括60余个品种、2000余种规格，玻璃深加工产品产量占国内市场的近四分之一。

突出优化营商环境，投资环境明显改善。“放管服”“一次办好”改革不断深化。优化再造审批流程，梳理“一链办理”事项目录清单，100项高频事项由“一事一流程”变为“多事一流程”。出台《滕州市开发区入园工业项目“拿地即开工”模拟审批的实施意见》《滕州市重大投资项目审批“绿色通道”服务办法》，开发区入园工业项目从立项到竣工验收35个工作日内完成审批。

【城市建设】 五年里，全市实施振兴路、荆泉路等基础设施建设项目142个，完成投资25亿元，建设道路里程约30公里，建设燃气、热力管网300余公里，新增绿化面积250余万平方米，建成地下综合管廊16公里，海绵城市20平方公里，体育中心游泳馆建成并投入使用，城市公共服务设施综合馆建设进入尾声。深入开展城市“体检”工作，被评选为城市体检首批省级试点城市。

累计实施棚改项目37个，搬迁居民17007户，开工建设安置房34298套、446万平方米；完成老旧小区改造74个，改造面积约220万平方米，受益居民2.5万户，投资总额4.14亿元。建成“红色物业”示范项目80个，成立物业服务企业党组织55个，成立业主委员会244个，专业化物业管理小区268个，“四率”全部达标。

累计实施房地产开发项目86个，竣工面积958.2万平方米，完成投资554.6亿元，3个项目获评“广厦奖”。全市建筑业平均每年产值超180亿元，连续5年获评山东省建筑业十强县，获评省级安全文明示范工地35个，获得山东省“泰山杯”工程26项，QC成果（工法）获得省级奖励21项，获得“装饰泰山杯”工程6

项，“滕州建筑”品牌突出。

城乡融合发展。全市累计实施农村贫困户危房改造1114户，完成农村清洁取暖2.7万户，改厕15万户，建成农村改厕服务站92个，农厕智能管护平台投入使用。入选省级新型城镇化综合试点、中等城市试点、首批省级城乡融合发展实验区，新型城镇化工作加快推进，西岗镇入选国家级特色小镇创建名单、省级新型城镇化试点镇及省级新型小城市试点；滨湖镇、鲍沟镇创建成省级特色小镇；滕州入选全国农村生活污水治理示范县。

【水务建设】 五年里，全市把治水兴水摆在突出位置，聚焦“节水、治水、治污、护水”四篇文章，推进“节约集约、系统治理、污水处理、河湖长治”举措。

全市用水总量控制在2.9亿立方米以内。开展重点区域取排水检查，依法封停公共管网内自备井315眼，实施水资源远程在线监控系统建设，规范取用水秩序。利用河库地表水及中水，置换企业取用的地下水，特别是将南水北调沿线范围内17家工业企业用水全部置换成南水北调用水，年置换优质地下水1200万立方米。全面落实最严格水资源管理“三条红线”和最大刚性约束制度，开展节水型企业、社区创建，累计36个单位获评省级节水型单位。新增安全饮水人口52万人，城乡安全供水实现全覆盖，日供水能力4万立方米的第一净水厂、日供水能力2万立方米的木石水厂建成运营。将市政环卫、园林绿化取用自来水置换成“水鹤”取水点再生水和北郊排水站非常规水，年节约优质地下水60余万立方米。建成枣庄地区首个节水主题公园；2020年9月，滕州创建成国家节水型城市。

实施国家重点水利工程南四湖区域洼地治理、湖东滞洪区两大防洪除涝工程，重建加固排灌泵站13座，治理小型河道26千米，修建防洪撤离道路58千米，提高沿湖区域的防洪排涝能力；南水北调续建配套工程建成通水，建设引水、泵站、工业输水、调蓄水库四项工程，提高水资源支撑保障能力；实施城河、漷河、界河62千米生态系统治理，新建改建6座橡胶坝、3座钢闸坝，实施21座小水库除险加固工程，河道防洪标准提高至二十年一遇，新增拦蓄水量220万立方米，形成荆河21千米的连续水面；启动荆河、小清河两河联通工程，生态补水3000余万立方米，初步形成河库湖相连的生态水网；实施莲青山、灵泉山等小流域治理工程，治理水土流失面积21平方千米，修复区域生态环境。

全市先后建成3座城区污水处理厂，日处理污水能力达22万吨，污水集中处理率98%，出水水质稳定达到一级A标准；启动城市污水处理提质增效三年行动，实施荆河5.4千米污水管网退河上岸工程，建成北辛大干渠智能分流井，完成三污6千米管网改造应急工程，有效解决管网溢流、河水倒灌等问题。开展“两清零一提标”工作，实施污水处理厂技改提标、城市雨污合流制管网改造。按照“清水入河、污水入管”的原则，探索实施7处“共享蓝管”工程，基坑排水每天最多可向城区河道注入2.3万立方米的干净地下水，并将基坑水作为市政园林用水，实现综合利用，创新经验被全省推广。

加强河道、水库、闸坝巡查监管，保障河道行洪通畅、水库安全运行、城市防汛安全。建立由872名河长、114名湖长组成的市、镇、村三级组织体系，成立河湖长制事务中心，落实专职人员，实现河湖流域管理全覆盖。持续开展清违清障行动、“清四乱”行动，累计巡查近3万次，发现并解决河湖“四乱”问题154项。开展“我的家乡我的河”“‘河’我一起、守护母亲河”巡河净滩活动，引导全社会参与爱河、护河行动。城河、十字河高分通过省级美丽幸福示范河湖验收，马河、户主、虎山水库创建成全省水利工程标准化管理工程，官桥小魏河河长获评首批“全省最美河长”。

【交通运输】 五年里，全市积极构建“内畅外联”的大交通格局，提升区域交通枢纽地位，投资4.8亿元的省道320北留线、投资7亿元的省道513滕薛线、投资32亿元的枣菏高速公路等一大批交通干线公路建成通车。投资47.1

亿元的京台高速公路改扩建工程通车运营，滕州新北出口收费站启用，新北出口连接线建成通车；滕州新港一期项目投入运营，进一步优化全市运输结构，完善鲁西南物流链；济枣高铁、临滕高速、G518日定线改建、省道321枣梁线改线等一批重点工程正在推进前期工作。3条铁路、4条高速、1条国道、6条省道、1个港口、1个通用机场的立体综合交通格局正在形成。滕州发展成鲁南地区承东启西、连接南北的重要节点城市。

全市建成农村公路总里程3100余千米，开通各类公交线路75条，全域通达率100%。市、镇街、村居三级物流体系健全，农村物流末端配送网点完善，拥有县级分拨中心2个、货运站2个、镇级服务站16个、村级物流服务点1039个。推广“邮政+货运”，开通本地货运企业市际邮路运输，投放车辆达到16部，年运输量1100余万件；推动“供销+配送”，打通供销系统日用品连锁经营网点，承担配送10余项大类、1万余种产品；推行“客运+邮快”，5条主要公交线路和20条辅助公交线路开通托运服务，日均捎带快递货物300余件，形成交、邮、快三方合作体系。

全市累计投资7.8亿元，建设“户户通”工程2450余千米；累计投资1.04亿元，完善县乡路、村级路安防设施；累计投资11亿元，实施“四好农村路”工程，完成农村公路提档升级和自然村通达工程596千米、养护大中修626千米、改造危桥15座；投资5.45亿元，完成15条、80.8千米县乡道路提升和5座危桥改造，全市县乡道三级路以上比例达70.23%。建制村和新型农村社区等级公路通达率100%。180千米市级美丽大环线和6个产业路网小环线初见雏形。

市交通运输行业主管部门检查各类运输企业472家（次），发现整治隐患1205处，约谈整改落实不力的企业19家（次）；接收、处理超限运输车辆抄报329件，通知和预警相关企业25家，责令货运企业停业整顿37家，吊销车辆营运证10件。累计出动执法人员3680人次，检查各类运输车辆1.97万辆（次），查处违章车辆839辆（次），检测超限超载车辆2587辆（次），监督卸载货物4.65万吨。建成公路超限检测站港湾式引导设施系统，建设重点国省道路段非现场执法设施5处。完善交通运输应急预案及制度体系建设，开展应急演练30次，提高防灾、减灾、抗灾和救灾能力。

【教育和体育】 五年里，全市上下始终坚持教育体育优先发展战略，各类教育体育事业协调发展，滕州先后获评全国素质教育示范市、全国文明礼仪教育示范市和山东省全民健身运动会先进单位。

先后修编2013—2020年、2019—2030年两个城乡中小学幼儿园布局规划，年年把学校建设列入政府工作报告“十件实事”。全市教育投入累计超130亿元；小学、初中生均公用经费标准分别达到810元、1010元，分别高于省定标准100元；建成大班额项目46处，新增学位3.9万个；升级改造农村薄弱学校37处；新建改建幼儿园72处，完成小区配套幼儿园专项整治46处；建档立卡儿童、适龄残疾儿童分类落实教育安置措施，在全省率先完成超大班额化解、配套园整治、控辍保学“三个清零”。辅华高级中学一期工程建成使用，中外合作办学取得突破。

学前教育上，推进省学前教育游戏活动试验区收官工作，组建“共建共享共成长”幼儿园三级联盟173个。义务教育上，组织学生参加全省中小学诗词大会，获得小学组一等奖；获得全省青少年科技创新大赛奖项20个、器乐舞蹈大赛参赛节目展演一等奖和二等奖5个；省体育传统项目学校增至11所，全国青少年校园足球特色学校增至20所、排球特色学校2所、篮球特色学校1所。职业教育方面，枣庄工程技师学院创建工作得到推进；枣庄科技职业学院获批全国首批“1+X”证书试点，1个专业群被立项为省高水平专业群建设项目；山东理工职业学院滕州校区建成使用；举办完成第二届新时代中国卓越匠心文化论坛。

深化“县管校聘”管理体制改革，率先实现教师工资、编制、技术岗位“三个统筹”；分级聘任制全面落实，中高级教师岗位设置比例稳步提高。全市累计引进高层次专业人才225人，公开招考小学幼儿园教师1281人，聘用公费师范生25人；城乡中小学教师交流轮岗9000余人次。实施名师、名班主任、名校长“三名”培养工程，获评正高职称6人，获评省教学能手、特级教师、教书育人楷模18人，入选齐鲁名师、齐鲁名校长建设工程4人，入选山东省首批领航工作室名校长1人。

在学生救助方面，发放各类助学金1.1亿元，受益1.6万人次；免除家庭经济困难学生学费1.4亿元，受益1.1万人次；开展走访慰问、帮扶送温暖活动，落实离退休职工“两项待遇”。学校安全方面，组织综合大检查、专项检查10次以上，实现重点部位高清监控全覆盖、“一键报警”配备与110指挥中心联网、学校配备7种以上防卫器械、校门口安装防冲撞设施。疫情防控方面，严格落实师生员工“一日三检两报告”常态化防控各项制度，对“四类”重点人群核酸检测做到“应检尽检”，全体教职员工、学生疫苗接种做到“应接尽接”。

五年里，全市公共体育设施不断完善。投资1.5亿元建设成2.4万平方米的游泳馆，在全省率先推广应用智能化室外健身器材；健身场地网络覆盖城乡，城市社区健身场地覆盖率达到100%，建成“10分钟健身圈”，行政村农民体育健身场地实现全覆盖；全市各类体育场地2462个，人均体育场地面积达到2.7平方米；在全省率先实现镇街、行政村（社区）全部建有体育总会，全市拥有民政注册协会20家、民办非企业俱乐部20个、全民健身站点1371个，拥有各级社会体育指导员4471人，每年培训社会体育指导员500余人次，开展健身指导活动70余项次；杏坛广场、市民公园、北辛植物园、弘道公园、秀美荆河山东省风筝放飞基地等一大批健身广场建成投入使用；先后承办第三届全国智力运动会象棋和五子棋比赛、全国女子足球联赛、中国城市足球联赛、中国乒乓球俱乐部甲B比赛、中国体育彩票全国象棋业余棋王赛、山东省风筝锦标赛、滕州市龙舟比赛等。

【文化和旅游事业】 五年里，滕州市按照微湖“水慢城”定位和“工业强市、产业兴市”三年攻坚突破行动要求，发挥文旅融合新优势，持续释放大众文化和旅游消费需求，构建文旅融合“大格局”，文化旅游高质量发展。市文化和旅游局被国家人力资源和社会保障部、国家文化和旅游部评为全国文化和旅游系统先进集体。《滕州市六举措推动文物保护利用创新路》获国务院原副总理刘延东批示肯定。

城市公共文化服务设施建设。总投资6.68亿元的公共服务设施综合馆完成主体建设，全市21个镇街、1250个村居综合文化服务中心实现全覆盖，400个村居综合文化服务中心提升改造工程全面完成。持续推动“一塔六馆”博物馆集群提档升级，博物馆评估定级实现历史性突破，滕州博物馆、汉画像石馆晋升为国家一级博物馆，滕州美术馆（王学仲艺术馆）、墨子研究博物馆（墨子纪念馆、鲁班纪念馆、墨砚馆）获评国家二级博物馆。滕州成为全国唯一拥有两处国家一级博物馆的县级市，也是全国拥有一二级博物馆数量最多的县级市。

公共文化服务体系建设。在全省率先开展“乡村文物保护利用进村居”试点工作，完成文化服务中心试点16处，建成村史、民俗馆126家。举办了4届文化旅游惠民消费季、5届微山湖湿地红荷节、2届墨子文化节、3届鲁班文化节、5届滕州书展等品牌节会，累计发放惠民消费券375万元，带动消费3700余万元。深入实施“社区文化艺术节”“一村一年一场戏”“一村一月一场电影”、省市县三级联合购买惠民演出等文化惠民工程，累计完成送戏下乡演出6200场。

非遗文化传承和文物保护。实施优秀传统文化传承弘扬工程，举办非遗讲堂76期；在文化馆建设非遗传习基地，开设非遗工作室，研发陶瓷画等非遗文创产品300余件。先后组织实施50项文物保护重点项目，共有文物保护单位750处，其中全国重点文物保护单位5处，省级文物保护单位51处；鲁中南文物保护考古研究中心落户滕州，并入选山东省

“十四五”时期文化保护传承利用工程储备项目名单；岗上遗址晋升全国重点文物保护单位，入选“考古中国”重大项目和“2020年度山东省五大考古新发现奖”；西孟庄龙山文化遗址入选中国考古新发现六大考古项目；新发现的母祖山采石场遗址是目前国内发现遗存面积最大、时代最早的商品化采石场遗址，填补汉代采石手工业研究的空白；北辛遗址、岗上遗址等9项遗址入选“山东百年百项重要考古发现”，占总量的近10%；薛国故城一期抢救性保护、北辛遗址保护整治等大遗址保护工程完工，龙泉塔、老县衙等31个历史建筑修缮保护工程竣工；成立薛国故城前掌大遗址保护管理所，组建文物保护巡查队，实现全市各级文物保护单位巡查全覆盖。

文旅产业融合发展。全市A级旅游景区发展到22处，旅行社达到18家，星级酒店达到4家，墨子鲁班文创产品及木制品智能制造、红鹦鹉电商直播基地、龙泉文化广场提升改造、北沙河湿地、七星湖湿地、九龙湾湿地等26个重点文旅康养项目完工，开工建设微山湖红荷水镇、光大美铭康养温泉小镇、滕阳里龙田茶休闲文旅、龙山生态动物园等重点文旅康养项目23个。

【精神文明建设】 全市坚持以创建全国文明城市为龙头，以培育和践行社会主义核心价值观为主线，把精神文明建设贯穿经济社会发展全过程。

五年里，按照全国文明城市创建标准，全市定位“精致、生态、人文”的城市建设理念，解决城区公园绿地布局不均衡等问题，持续深化城区公园游园及“口袋公园”建设管理，拓展城区绿化空间，改善人居环境，提升城市品质。建成大同游园、荆庄游园等公园游园和梁场公园、育贤公园等“口袋公园”数十处，新增城区绿地面积20余万平方米，达到“300米见绿、500米见园”的目标，初步形成以市级公园为主体、大中小微公园配套的公共绿地体系。推进智慧停车项目建设，新建公共停车场4处，施划、改造停车泊位1.3万余个。

建立健全党政齐抓共管、全社会积极参与的工作机制，实施网格化管理，划定市级网格29个，全体县级领导干部、102个市直部门单位、341家各级文明单位和各镇街全体机关干部、社区村居干部全部帮包到网格。组织开展网格帮包集中活动7次，参与人员超过2万人次。

开展文明实践，制定发布《滕州市市民文明行为20条》，深入实施文明宣传、文明出行、文明用餐等十大专项行动，强化文明行为习惯养成，提升市民整体文明素养。发挥新时代文明实践阵地作用，组织100余支志愿服务队伍，走进街头巷尾，深入社区村居，开展文明交通、卫生清洁、植树护绿、助残爱老等各类志愿服务活动，助力创城工作推进。开展创城主题“LOGO”征集活动，印制发放《创建全国文明城市倡议书》等宣传品20万份，各类公共场所新增社会主义核心价值观、“文明健康绿色环保”等公益广告1.2万处，张贴各类宣传标识3万余张，城市文明氛围浓厚。

开展市容秩序集中整治行动，清理店外经营、流动摊点等“十乱现象”，清除“小广告”。广泛开展文明交通素质提升暨“一盔一带”安全守护行动，查纠、劝阻不文明行为，车辆乱停乱放、行人翻越护栏、闯红灯等几近消失。加强经营秩序管理，集中整治城区食品经营单位和餐饮单位，规范提升城区农贸市场。实施老旧小区改造工程，改造完成老旧小区54个，受益居民约2万户。抓好主次干道、背街小巷、公园广场、社区小区等场所的环境卫生管理、垃圾清运工作，清理整治各种积存垃圾，消除卫生死角。加强对城区163座公厕、19座垃圾中转站的日常管理维护。

市民文明素质和城市文明程度提升，主旋律响亮，精气神充盈，正能量强劲，新风尚彰显，滕州高质量转型发展的精神动力更加强大。

（市地方史志研究中心）

大事记

Chronicles of Events

2021 年 1—12 月

1 月

1 日

全市重点民生项目集中开工会议召开，总投资近 20 亿元的滕州一中高铁新区分校和滕州市东沙河水厂项目正式开工。

▲是日起，全市年满 60 周岁的市民可持公交敬老卡，免费乘坐市交发集团公交公司开设的常规线路公交车。

6 日

受寒潮影响，全市北风 4—5 级，气温降幅 10℃左右。7 日，滕州国家气象观测站滨湖区域站监测到的最低气温 -16.7℃，成为 1986—2021 年间滕境最低气温。

▲滕州市被住房和城乡建设部、国家发展和改革委员会命名为第十批（2020 年度）国家节水型城市。

▲矩阵数据科技有限公司、山东豪驰智能汽车有限公司创始人、董事长刘传福一行到滕州考察，洽谈智能制造业基地、末端物流样板城市打造等方面的合作事宜。

8 日

济枣高铁滕州东站建筑方案概念性设计汇报会召开。济枣高铁线路建设里程 268 公里，设计时速 350 公里，总投资 585 亿元，全线设济南东站、港沟站、南山站、泰安东站、宁阳站、曲阜东站、邹城东站、滕州东站、枣庄南站和台儿庄站等车站 10 座。

10 日

枣庄市委书记陈平到滕州，在鲁南高科技化工园区、联泓新材料、山能兖矿鲁南化工公司等单位调研。

▲市委书记刘文强到市公安局调研指导工作，并看望慰问公安民警。经党中央批准、国务院批复，自 2021 年起，每年 1 月 10 日为中国人民警察节。

11 日

滕州市中顶山矿区水泥用灰岩矿、山东鲁南水泥有限公司马山石灰岩矿入选国家级绿色矿山。

▲2017 年 11 月启动的滕州市北辛街道善国中学区域改造建设工程开始组织回迁选房工作。

11—12 日

政协第十五届滕州市委员会第五次会议在滕州剧院召开。会议表决通过市政协十五届五次会议政治决议、市政协十五届五次会议关于常委会工作报告的决议、市政协十五届五次会议关于提案审查情况的报告。

12—13 日

滕州市第十八届人民代表大会第五次会议在滕州剧院召开。大会审议批准市人大常委会、“一府两院”工作报告和其他报告，确立全市“十四五”期间经济社会发展的奋斗目标和二〇三五年远景目标，票决全年 20 件惠民实事。

14 日

市委书记刘文强会见省土地发展集团党委书记、董事长展宝卫一行，洽谈矿山修复、产业发展等合作事宜。

▲全市深化事业单位改革试点工作会议召开。

15日

市委办公室、市政府办公室印发《倡导鼓励省外在滕务工人员留滕州过好年有关支持政策》，补贴补助留滕过年的“四上企业”省外在滕务工人员。

16日

山东农村产权交易中心滕州市服务中心揭牌暨签约仪式在市政务中心举行。仪式上，市政府与山东农村产权交易中心签订农村产权交易市场建设战略合作协议。

20日

市融媒体中心利用报纸、广播、电视、新媒体等全媒体矩阵，推出《奋斗百年路　启航新征程》专栏，展示党的成就和经验，展现共产党人精神风貌以及全市经济社会发展成就。

22—23日

2018年7月启动实施的滕州市善南街道贾庄区域改造建设工程回迁选房。

24日

全市统一部署开展通过“健康枣庄云”微信服务号进行全民核酸检测信息预登记工作，号召全市居民于1月30日17时前完成核酸检测信息预登记工作。

27日

枣庄市委书记、市人大常委会主任陈平到滕州调研乡村振兴工作。

28日

省文化和旅游厅厅长、省文物局局长王磊到滕州，在龙泉塔、汉画像石馆、滕州博物馆、东沙河街道综合文化中心、岗上遗址和鲁中南文物保护考古研究中心等现场调研考察文物保护工作。

▲市婚姻家庭辅导中心婚前辅导室正式启用。该辅导室位于市民政局婚姻登记处婚俗文化展厅和婚前教育基地内，由婚姻家庭辅导志愿者、心理咨询专家等专业人员为新婚夫妻提供婚前辅导服务。

是月

城区传统钠灯节能改造工程完成，改造节能灯一万余盏、节电率49.9%。

▲滕州市“打造‘e呼善应’品牌，争创基层社会治理样板市”成果入选2020年度全省社会治理创新优秀成果名单。

2月

4日

“滕州十佳优质电商农产品”颁奖暨滕州市首届网上年货节启动仪式举行。山东龙振庄园盖土猪、滕州市向阳核桃、滕州市滕阳富硒马铃薯、滕州市嘉誉干杂海货、滕州市润禾食用菌、山东老滕县葱辣酱、山东强盛半亩良田食品、滕州市爱瑞派铁锅、滕州市金色阳光燕麦、山东父子炊具获颁“十佳”。

13日

市长途汽车总站开通滕州至尼山圣境、台儿庄古城两个景区的直达车，通车服务至2月27日。

24日

省委常委、政法委书记林峰海到滕州调研政法工作。省委政法委副书记王曙光参加调研。

25日

滕州市广大党员干部群众通过网络、电视收听收看在北京人民大会堂举行的全国脱贫攻坚总结表彰大会直播实况。全国现行标准下实现农村贫困人口全部脱贫9899万人，实现贫困县全部摘帽832个，实现贫困村全部出列12.8万个，完成消除绝对贫困任务。

3月

1日

市委书记刘文强会见华电国际十里泉电厂党委书记、执行董事宿星会一行，洽谈相关合作事宜。

4日

市委书记刘文强会见正威集团投资委员会主席兼山东项目总

裁李斌、华强集团山东公司总经理冯亦一行，洽谈项目建设及合作事宜。

6日

枣庄市委书记、市人大常委会主任陈平在滕州督导调研安保维稳、安全生产和信访积案化解工作。

▲全市庆“三八”春风行动女性专场招聘会在市人力资源服务中心举行。活动由市妇联、市人力资源社会保障局联合举办，参会企业76家，其中女企业家协会会员企业34家，提供岗位1000余个，现场达成初步就业意向500余人。

8日

全市党史学习教育动员大会在市政务中心召开。会议要求把握“学史明理、学史增信、学史崇德、学史力行”目标，学党史、悟思想、办实事、开新局，为开局“十四五”、迈进新征程提供支撑和保障。市领导刘文强、马宏伟、李健、宗大全等出席会议。

12日

全市“工业强市、产业兴市”三年攻坚突破行动动员大会在市政务中心召开。会议宣读表彰2020年度滕州市突出贡献企业、优秀企业、优秀外向型企业的决定，出台关于开展“工业强市、产业兴市”三年攻坚突破行动的实施意见。

13日

由共青团枣庄市委、枣庄市林业和绿化局主办的“履行植树义务，共建美丽枣庄”主题义务植树活动在柴胡店镇家山举行。活动栽植侧柏、龙柏树、元宝枫等苗木5000余棵。滕州市委书记刘文强参加活动，并为部分青少年颁发“植树造林好少年”奖状和全民义务植树尽责证书。

15日

枣庄市委书记、市人大常委会主任陈平到滕州，先后在西岗镇、级索镇、微山湖红荷湿地调研。

▲市委政法委、市法院、市检察院、市公安局、市司法局联合发出通告，依法严厉打击破坏村（社区）“两委”换届选举工作的12种违法犯罪行为。

16日

全市全面推进乡村振兴工作会议在市政务中心召开。会议表彰2020年度滕州市十佳农业龙头企业、十佳农民专业合作社、十佳家庭农场，出台关于全面推进乡村振兴、加快农业农村现代化的实施意见。

17日

枣庄市委副书记、市长张宏伟到滕州调研机床产业。

▲因天气变化，原定3月15日结束的全市2020—2021年供暖季，在延长至18日结束的基础上，再次延长至23日零时结束。

18日

正威华能金属新材料项目一期投产暨二期开工仪式举行。正威国际集团董事局主席王文银和枣庄、滕州两级市领导陈平、张宏伟、刘文强、马宏伟等出席开工仪式。

▲下午，省委、省政府以“主会场＋分会场＋投资方视频连线”的方式举行重点外商投资项目集中签约仪式。滕州与韩国SD综合商社在枣庄分会场签约滕州市仲家汇城市生活保障基地项目。

24日

中国建筑业协会副秘书长、中建协兴国际工程咨询有限公司董事长景万带领调研组到滕州，调研滕州有关项目“鲁班奖”培育工作。

25日

市委、市政府举行全市第二批重点项目集中开工会议。会议在滕州高端功能高分子材料产业园暨北理工先进材料产业基地（一期）项目现场设主会场，在其他16个项目所在镇街设分会场，集中开工重点项目17个，总投资超120亿元。

26日

滕州市欧亚班列开通仪式举行。该次班列开往哈萨克斯坦，属于西部线路，是后每月开行4列，运行于欧洲以及“一带一路”沿线国家。

是月

滕州市获评第二批全国农作物病虫害专业化“统防统治创建县”。

▲滕州市获评2016—2020年度全国科普示范县（市、区）总结评估优秀示范县。

4月

1日

市“清明祭英烈”活动在滕州国防科技教育基地举行。市领导刘文强、马宏伟、李健、宗大全等出席活动。

2日

荆河桥辅桥正式竣工通车。荆河桥改建工程主桥全长112.08米，宽42米，为6跨20米简支板桥梁，桥头两侧与沿河路平交；河两岸设置全长约670米，宽7米的辅道。

▲市发展和改革局、市教育和体育局、市财政局、市市场监督管理局联合下发通知（滕发改字〔2020〕111号），明确全市小学课后服务收费标准，进一步规范小学课后服务收费行为。小学课后服务费纳入政府定价管理，按照课后服务结束时间不早于17:30的要求，一般每月课后服务天数为22天，各学校每天提供课后服务2课时的，每生每月100元；每天提供课后服务1课时的，每生每月60元，以上标准为最高限价，下浮不限。

▲滕州岗上遗址获评2020年度山东省考古新发现奖。岗上遗址位于东沙河街道陈岗村东部漷河两岸，遗址总面积约80万平方米，其中大汶口文化晚期城址面积约40万平方米，是海岱地区已发现的面积最大的大汶口文化城址。

9日

两岸经营者俱乐部主席、台湾大健康产业联盟协会理事长王国安一行到滕州，洽谈海峡御景城项目实施进展及高铁新区项目投资等事宜。

10日

市总工会联合团市委、市妇联举办“情动工会、缘聚滕州”2021年公益相亲文化节活动。各部门、企事业单位的单身职工100人参与活动。

11日

上海奥达科股份有限公司董事长燕存露一行到滕州洽谈合作事宜并签订合作框架协议。

14日

枣庄市委书记、市人大常委会主任陈平，滕州市委书记刘文强，市委副书记、市长马宏伟到滕州市殡仪馆参加杨申的遗体告别仪式。杨申，女，1992年5月出生，安徽省砀山县人，2013年9月考入滕州市公安局，2020年抗疫期间确诊癌症，2021年4月13日病逝。

▲市委书记刘文强会见到滕州考察的河北建工集团有限公司董事长李云霄、河北建工房地产有限公司董事长姚立国一行，洽谈合作事宜。

15日

全国政协原副主席李海峰到滕州调研。

▲省司法厅党委书记、厅长王玉君带领调研组到滕州，调研全市社会治理综合服务、基层法治建设以及相对集中行政处罚权工作情况。

16日

中共中央政治局原委员、国务院原副总理刘延东到滕州，在墨子纪念馆、汉画像石馆考察。

19日

枣庄市委副书记、市长张宏伟到滕州调研高端化工产业。

19—21日

联想控股、联想集团创始人、联想控股名誉董事长柳传志，联想控股CEO李蓬，联想控股副总裁、联泓集团董事长、联泓新科董事长郑月明一行到滕州考察。

20日

市委书记刘文强会见香港首长宝佳集团有限公司董事长苏凡荣一行，洽谈合作事宜。

22日

最高人民检察院党组书记、检察长张军到滕州调研基层检察院工作。

23 日

山东广播电视台 2021 年“我们的中国梦”——文化进万家活动（滕州站）暨“山东广播电视台党员教育联系站”揭牌仪式在滕州龙湖精神党员干部党性教育基地举行。仪式后，山东广播电视台齐鲁频道文化志愿服务队在龙阳镇知青纪念馆礼堂举行现场文艺演出。

24 日

山东省委组织部发布干部任前公示公告，滕州市委书记刘文强拟任副厅级领导职务。6 月，刘文强调任聊城市政府党组成员、副市长。

▲“工业强市·产业兴市·聚智滕州”人才招聘会在滕州人力资源服务产业园举办。招聘会参会企业 150 余家，提供岗位 2000 余个。应聘者近 5000 人，企业收到简历 2000 余份，初步达成意向 1200 余人。

25 日

省委宣传部副部长魏长民带领省政法队伍教育整顿调研组到滕州，调研政法队伍教育整顿工作。

▲市妇幼健康专科联盟在市妇幼保健院正式成立。联盟发起单位为市妇幼保健院，成员单位为全市 21 个镇街卫生院和社区卫生服务中心。

27 日

菏泽市鄄城县委书记孙伟带领党政考察团到滕州，考察高端装备、高端化工、现代高效农业等方面的工作。

▲“吉路尔杯”滕州市第十二届“五四”青年职工登山赛暨滕州市第十一届全民健身运动会在龙山风景区举行。

28 日

“百人百讲庆百年”党史故事讲述活动在枣庄科技职业学院举办。

30 日

市委、市政府表彰 2021 年“滕州工匠”15 人。

▲全市出现 8—10 级大风天气，部分镇街出现冰雹。

是月

市妇幼保健院正式开通出生医学证明线上办理业务。市民可以通过“健康枣庄云”公众号线进行出生医学证明首次申领业务，业务一般在 2 个工作日内完成。

5 月

1—2 日

中共中央政治局委员、国务院副总理胡春华到滕州调研，在墨子纪念馆、南水北调东线二级坝泵站考察。

3 日

枣庄市委副书记、市长张宏伟到滕州港滨湖作业区调研港航工作。

4 日

华中科技大学生命科学与技术学院教授、国家纳米药物工程技术研究中心主任杨祥良带领考察团到滕州，考察洽谈合作事宜。

9 日

枣庄市委书记、市人大常委会主任陈平到滕州调研化工产业发展情况。

▲《世纪母亲》首发式暨出版座谈会在滕州举行。作者为滕州籍军旅作家张家军。

▲国有西岗苗圃“全国林草科普基地”揭牌仪式举行。省林科院院长陈俊强出席活动，并代表省林科院与西岗苗圃签订“山东省林业科学研究院科研试验示范基地”框架协议。

10 日

省政协党组成员、副主席韩金峰带领调研组到滕州，调研全市科技创新、科技成果转化等工作开展情况。

11 日

国家卫生健康委党组成员、副主任雷海潮带领调研组到滕州，调研县域医共体建设、基层卫生健康工作和卫生应急工作。山东省卫生健康委党组副书记、省疾控中心党委书记马立新参加调研。

▲全市送戏曲进乡村暨“一年一村一场戏”文化惠民演出启

动仪式在东郭镇举行。

14日

2021年度滕州市“最美家庭”“五好家庭”和家庭工作先进集体、先进个人名单公布。

▲全市部分医院组织专家义诊团，在洪绪镇开展“万名医护下基层、优质服务在身边”义诊活动。

18日

山东省新动能基金管理有限公司党委书记、董事长梁雷带领调研组到滕州，调研有关企业发展情况，洽谈设立基金、项目招引等方面的工作。

▲全市2021年“5·18国际博物馆日”主题宣传暨国家一二级博物馆揭牌仪式举行。其中，滕州博物馆、汉画像石馆获揭一级博物馆，王学仲艺术馆、墨子纪念馆、鲁班纪念馆、墨砚馆等4个馆获揭国家二级博物馆。

19日

全国老年人太极拳健身推广展示大联动滕州分会场启动仪式在市体育中心举行，太极拳爱好者1400余人参加展示。

21日

枣庄市委副书记、市长张宏伟到滕州调研玻璃、锂膜等新材料产业发展情况。

25日

枣庄市新冠病毒肺炎疫情防控演练在滕州举办。活动设置标本采集与运送、启动应急响应、疫点消杀等10个场景和环节，演练疫情防控的实际操作能力和应急水平。

26日

全市举办领导干部“三个规定”宣讲活动。宣讲分四场，分别由市法院、市检察院、市公安局、市司法局主要负责人集中宣讲。“三个规定”即《领导干部干预司法活动、插手具体案件处理的记录、通报和责任追究规定》《司法机关内部人员过问案件的记录和责任追究规定》《关于进一步规范司法人员与当事人、律师、特殊关系人、中介组织接触交往行为的若干规定》。

26—27日

受地面气旋影响，全市出现大风天气，平均风力4—5级、阵风6—7级。

27日

省政府副秘书长、省大数据局局长马越男带领调研组到滕州，调研“互联网+政务服务”、大数据创新应用、新型智慧城市建设等工作。

28日

市委、市政府举行全市第三批重点项目集中开工会议。会议采取视频方式举行，在北辛街道传化物流小镇项目现场设立主会场，在其他14个项目所在镇街设立分会场，开工重点项目15个。

30日

全国主流媒体聚焦枣庄新闻采风活动与会人员一行90人到滕州党员干部党性教育基地采风。

是月

“滕州马铃薯”入选山东省十大地理标志品牌。

▲滕州8家企业入选2021年度山东省高端品牌新增培育企业名单，3家企业的产品入列第五批山东省首版次高端软件产品名单。

6月

3日

枣庄市委副书记、市长张宏伟到滕州，调研“山水林田大会战”和“三夏”生产工作。

4日

“全国粮食机收减损技能大比武”山东分赛区的首场比赛在官桥镇举行。赛后，获得参评“省级粮食机收减损之星”5人，其中获参评“全国粮食机收减损之星”2人。

▲山东省委统战部副部长张静出席在汉画像石馆举办的滕州市统一战线“同心向党·礼赞百年”书画摄影作品展。

6日

市政府办公室发出通知，为保障高考交通秩序，各级机关事业单位（保障城市正常运转、便民服务窗口及服务高考等相关单位除外）错峰上班，6月7日至10日上午上班时间临时调整为9:30，鼓励企业单位错峰上班，倡议市民错峰出行。

11 日

山东省政府公布2020年度县域经济高质量发展差异化评价结果，滕州市获评全省高质量发展先进县。

17 日

滕州市公证处金融公证服务中心揭牌仪式在市司法局举行。

18 日

全省政法英模先进事迹报告团到滕州，举行“忠诚之路——全省政法英模先进事迹巡回报告会”。其中，滕州公安局荆河派出所民警杨申的事迹得到宣讲。

19 日

枣庄市委副书记、市长张宏伟到滕州督导检查环保工作。

▲滕州民建会员之家暨全国眼健康科普联盟滕州眼健康科普馆揭牌仪式举行。仪式上，“民建滕州市基层委员会会员之家”“民建思源青少年眼健康科普基地”“温州医科大学眼健康科普馆滕州分馆”“滕州市科学技术协会眼健康科普基地”分别揭牌。

22 日

滕州市乡村振兴局揭牌仪式举行。

24 日

市委副书记、市长马宏伟会见中国建材集团有限公司党委常委、副董事长李新华一行，交流项目合作事宜并达成共识。

25 日

全市庆祝中国共产党成立100周年党史特展在市美术馆开幕。特展展出党史图片330幅、图表20张、文物史料50余份、视频资料60余分钟。

27 日

“中国非遗文化松柏鸟传承基地”创业园揭牌仪式暨滕州市残疾人书画作品展在兴盟国际商城举行。

28—30 日

市委副书记、市长马宏伟，市人大常委会主任李健，市政协主席宗大全以及有关市领导，分组看望慰问烈士遗属、新中国成立前老党员。

29 日

庆祝市人大常委会设立40周年大会召开。市委副书记、市长马宏伟，市人大常委会主任李健出席会议。往届市人大常委会主任董兴河、魏振岱、杨位明应邀出席会议。

▲市统计局、市第七次全国人口普查领导小组办公室发布《滕州市第七次全国人口普查公报》。全市常住人口1574648人，比2010年第六次全国人口普查的人数下降1.81%；全市家庭户513421户，集体户22752户；全市常住人口中，男性人口为816084人、占51.83%，女性人口为758564万人、占48.17%。

30 日

滕州市大坞镇党史纪念馆揭牌。纪念馆依托省级文物保护单位龙氏旧居建设，占地6666平方米，展厅面积1200平方米，设置独立展厅7个，展现洪山口会战精神。

▲柴胡店镇十间楼党史教育馆揭牌仪式举行。教育馆依托省重点文物保护单位十间楼进行保护性开发建设，场馆分觉醒、抗战、解放、图强和家风等5个展厅，展示珍贵文物和历史图片。

是月

滕州市入选山东省人才工作先进单位。

▲市文化和旅游局报送的戏曲作品《西瓜情缘》、舞蹈作品《弹起我心爱的土琵琶》入选第十二届山东文化艺术节群众优秀新创文艺作品，并入选全省汇演曲目。

7 月

1 日

庆祝中国共产党成立100周年大会在北京天安门广场举行。市领导马宏伟、李健、宗大全等在市政务中心集中收听收看大会直播。

3 日

"永远跟党走·奋进新时代"滕州市庆祝中国共产党成立100周年"夕阳红"文艺展演暨首届全媒体广场舞大赛在龙泉文化广场举行。

5 日

江苏省徐州市沛县县委书记吴昊带领沛县党政考察团到滕州，考察学习滕州在重大项目建设、特色产业等方面的经验和做法。

7 日

滕州新格林高效现代农业产业园项目签约仪式在市政务中心举行。市委副书记、市长马宏伟，新格林（浙江）生态科技有限公司总经理吴本嵚出席签约仪式。

▲现代柳琴戏《誓言》在滕州剧院举行首场演出。该剧是山东省庆祝建党100周年展演优秀剧目，讲述大田村书记带领村民发展致富，产业转型，谋求更高质量、更全面幸福的故事。

9—11 日

由省委宣传部、省电影局、"学习强国"学习平台、华夏电影发行有限责任公司、人民日报《国家人文历史》杂志社共同举办的百部经典影片献礼建党百年"时光放映厅"滕州站活动，以创意快闪车的形式在市汉画像石馆南侧广场举行。

12 日

全市新冠疫苗接种工作推进会议召开。会议要求广泛发动社区工作者、基层网格员、街（巷）长等人员力量，完成疫苗接种阶段任务，构建群体免疫屏障，保障人民健康安全。

13 日

下午，全市领导干部会议在政务中心召开。会议宣布省委关于滕州市委主要负责同志任职的决定：陈永生任中共滕州市委书记，不再担任中共枣庄市台儿庄区委书记职务。

▲台资企业太平洋森活投资控股集团有限公司执行长任惠光一行到滕州，洽谈文创产城融合文化商业综合体项目。

▲山东辛化硅胶有限公司、山东益康药业股份有限公司、山东山森数控技术有限公司入列山东省工业和信息化厅公示的2021年山东省技术创新示范企业名单。

14 日

滕州（中小数控机床）特色产业集群入列2021年度山东省特色产业集群。该产业集群集聚各类企业近800家，拥有国家机床产品质量监督检验中心，形成基地化、一体化发展格局，产品出口80余个国家和地区。

16 日

国家减灾中心主任魏振宽带领督导组到滕州，督导防汛工作。

▲市民文明行为20条暨市民文明素质提升专项行动新闻发布会召开。会议发布《滕州市市民文明行为20条》，介绍市民文明素质提升专项行动有关情况。

18 日

市委书记陈永生到爱拉森医护用品项目现场、爱朵（国际）研发中心及智能制造产业基地项目现场、金晶智能制造LOW-E节能玻璃产业链项目现场、爱啤士精酿啤酒生产项目现场、山森数控技术有限公司调研重点项目建设情况。

20 日

滕州11家企业入列2021年度省级"专精特新"中小企业，全市的省级"专精特新"中小企业总数发展到28家。

21 日

省见义勇为基金会秘书长孙伟带领调研组到滕州，调研见义勇为工作开展情况，并到东郭镇磨石山村看望慰问"见义勇为先进分子"王军。

▲上午11时许，滕州7名蓝天救援队队员随队到达郑州新密市参与抢险救援行动。7月20日，河南省出现罕见持续强降水天气，郑州等城市发生内涝，造成人员伤亡和财产损失。

22 日

市委书记陈永生会见上海麦金地集团股份有限公司副总裁、链融供应链公司董事长陈仲武一行，洽谈相关合作事宜。

▲滕州市人民政府残疾人工

作委员会在第六次全国残疾人事业工作会议上被授予“全国残疾人工作先进单位”称号。

25日

信华城程堂区域回迁区域开始上房。

26日

枣庄市委书记、市人大常委会主任陈平到滕州，调研国防教育训练基地建设工作，并走访慰问驻枣部队官兵。

▲枣庄市“6+3”现代产业技能人才专场培训班启动仪式在滕州举办。活动中，“6+3”现代产业校企合作签约仪式举行，8家企业与4所技工院校签约。

26—28日

市委书记陈永生，市委副书记、市长马宏伟，市人大常委会主任李健，市政协主席宗大全等领导开展八一建军节走访慰问活动，看望慰问部队官兵、消防救援官兵、武警官兵、离退休干部、老荣军。

28日

枣庄市委书记、市人大常委会主任陈平到滕州，督导防汛防台风工作。

30日

滕州高铁新区管委会与蓝城绿建建设管理集团战略合作框架协议签约仪式举行。市委副书记、市长马宏伟、蓝城绿建建设管理有限公司总裁叶军出席签约仪式。

▲由市委宣传部、市墨研中心、市融媒体中心、市文学艺术界联合会主办的首届“鲁班杯”全市青少年书法大展在墨子纪念馆举行。展览在300余幅参赛作品中评出获奖作品10件，获奖提名作品10件，入展作品95件。

31日

“家国情怀”庆“八一”建军节书画邀请展暨孙开桐艺术馆开馆仪式在滕州博物馆举行。展览展出中国将军书画研究院副院长、中外名家书画院名誉院长刘子贤，中国书法家协会会员、中国书画研究社副社长孙开桐的书画作品81幅。

是月

全国县域旅游研究课题组、北京华夏佰强旅游咨询中心在京联合发布第三届全国县域旅游研究成果《全国县域旅游研究报告2021》，滕州市位列2021年全国县域旅游综合实力百强县第59位，位居山东第一。

▲滕州市入选全省首批残疾儿童少年随班就读示范区（市）。同时，东沙河街道中心小学、南沙河镇中心小学入列全省首批残疾儿童少年随班就读示范校。

▲滕州（中小数控机床）特色产业集群入选山东省工业和信息化厅公布的2021年度山东省特色产业集群。

▲滕州市中小企业服务中心入选山东省工业和信息化厅重点支持国家“小巨人”企业公共服务平台。该中心2016年获评山东省中小企业公共服务示范平台，2018年获评国家中小企业公共服务示范平台。

▲全市首个“科技工作者之家”在墨子书院成立。

▲截至月底，全市完成大同游园、荆庄游园等9处公园游园新建及梁场公园、育贤公园等33处“口袋公园”新建、改建工程，新增城区绿地面积20余万平方米。

8月

1日

是日始，在继续做好18周岁以上人群“应接尽接”的基础上，全市开展12—17周岁人群新冠疫苗接种工作。

▲由山东美铭集团、“光大养老”投资建设，上海锦江国际酒店公司管理运营的丽亭（滕州）五星级国际大酒店项目签约仪式在山东新盈泰温泉度假村举行。

2日

市委书记陈永生，市委副书记、市长马宏伟到枣矿集团，洽谈有关项目推进事宜。

5日

枣庄市委副书记、市长张宏伟到滕州随机抽查疫情防控“三码”查验落实情况，并实地察看集中隔离医学观察点和疫苗接种点。

7日

中国共产党滕州市第十三届委员会第十九次全体会议在市政务中心举行。会议听取和讨论市委书记陈永生受市委常委会委托所作的工作报告，审议通过《中共滕州市委关于深入学习宣传贯彻习近平总书记在庆祝中国共产党成立100周年大会上的重要讲话精神的决定》《关于进一步加强新时代干部队伍政治能力建设的实施方案》。

7—16日

市委书记陈永生，市委副书记、市长马宏伟分别到各部位、各镇街开展督导、调研疫情防控、重点项目建设等工作。

17日

“荷开盛世”——第十八届中国（滕州）微山湖湿地红荷节名家书画邀请展在市美术馆举行。活动展出全国30余位艺术家的国画作品120余幅，展期1月。

18日

第十八届中国（滕州）微山湖湿地红荷节开幕式在微山湖红荷湿地景区“湿地号”游船上以网络直播的方式举行。开幕式上，“红荷湿地杯”首届全国诗歌大奖赛获奖名单同时公布。

▲滕州市行政审批局获评全国青年文明号。

23日

滕州市科学技术协会获评第一批国家级节约型机关。

24日

市委书记陈永生会见中国银行枣庄分行党委书记、行长王炳华一行，洽谈深化政银合作事宜。市委副书记、市长马宏伟参加会见。

26日

“关爱希望助学圆梦”2021年大学新生助学金发放仪式在市教育和体育局举行。51家单位、企业以及部分爱心人士个人参与活动，捐赠助学金29.91万元，帮助学生75人。

28日

枣庄市委书记、市人大常委会主任陈平到滕州，检查环保反馈问题整改工作。

30日

市委书记陈永生会见中煤集团总经理助理、国源时代煤炭资产管理有限公司党委书记、董事长陈庆良一行，洽谈深化合作事宜。

是月

山东益康药业股份有限公司入列工信部公示的第二批第一年建议支持的国家级专精特新“小巨人”企业名单。

▲滕州7家企业的7项新产品入选2021年度省首台（套）技术装备名单，进一步提高全市高端装备产业核心竞争力，促进企业创新和科技成果转化。

9月

1日

省商务厅党组书记、厅长张德平带领调研组到滕州，调研电子商务、跨境电商及商贸物流等工作。枣庄市委书记、市人大常委会主任陈平，滕州市委副书记、市长马宏伟参加活动。

5日

宁波市塑料机械行业协会会长张剑峰、腾龙精线集团董事长陈佩君、宁波市北仑戚家山商会会长朱锡峰等一行到滕州，洽谈推进项目合作事宜。

7日

“科圣故里公益福彩”即开型福利彩票“墨子”全国云首发仪式在滕州举行。

9—10日

各镇街31支庄户剧团参加全市庄户剧团评估定级暨业务技能大比拼活动。参赛选手获得A、B、C三个等级的初步评价认定，并获颁等级认定证书。

10日

枣庄市举行重大项目集中开工活动。其中滕州市开工重点项目11个，总投资150.9亿元。会后，滕州召开高端金属微纳新材料生产研发基地项目开工动员会议，项目占地4公顷，主要生产金属 3D 打印用粉末、特种钢冶炼添加剂等高端金属新材料。

13 日

市委宣传部等部门主办的 2021 山东网络文明周滕州市活动在龙泉苑社区启动。活动以“共建网络文明，共创文明城市”为主题，传播网络文明理念，发动社会各界参与网络共治，持续至 19 日结束。

14 日

滕州籍山东选手张宇在陕西省体育训练中心举行的第十四届全运会现代五项男子个人决赛中获得银牌。

16 日

第二届中国国际文化旅游博览会在山东国际会展中心开幕。山东省委常委、宣传部部长白玉刚到滕州展区参观。市委书记陈永生参加活动。

18 日

枣庄市乡村振兴“双十镇”好物巡展启动仪式暨礼惠双节直播周金秋嗨购盛典在西岗镇法治文化广场举行。市委书记陈永生，市委副书记、市长马宏伟参加活动。

▲市委书记陈永生会见山东土地发展集团公司党委书记、董事长展宝卫一行，洽谈相关合作事宜。

▲滕州市人民政府与山东科技大学战略合作协议签约仪式在山东科技大学青岛校区举行。滕州市委副书记、市长马宏伟，山东科技大学副校长李玉霞代表双方签订战略合作协议。

24 日

滕州市庆祝 2021 年中国农民丰收节暨特色农产品展销会启动仪式在洪绪镇金庄村盛泽家庭农场举行。市委书记陈永生出席仪式，仪式评选市级现代农业产业园 26 个、市优秀新型职业农民 20 人。

29 日

省供销社党组书记、理事会主任付伟一行 3 人，到滕州就深化供销社综合改革，推动农业生产服务体系和农村流通服务体系建设等情况进行调研。

▲滕州强市建设座谈会议在滕州召开。枣庄市委书记、市人大常委会主任陈平出席会议并讲话，枣庄市政协主席孙欣亮等领导出席会议。滕州市陈永生、马宏伟、李健、宗大全等领导干部参加会议。陈平指出，滕州强则枣庄强，滕州兴则枣庄兴；加快滕州强市发展，是枣庄市上下的共同责任；要进一步推动滕州强市建设，推动枣庄高质量发展。

▲ 2021 山东文化和旅游惠民消费季暨第五届滕州书展在市工人文化宫开幕。山东出版集团董事长张志华，山东出版集团总经理王次忠，滕州市陈永生、马宏伟、李健、宗大全等领导出席开幕式。书展为期 5 天，举办“云端逛书展”“书香滕州阅读推广人评选”“惠民文艺展演”等主题活动 30 余场，同时，举办“网上逛书展”活动。

▲由枣庄市文化和旅游局主办的枣庄市第六届群众文化艺术节声乐大赛在滕州举行。

是月

全市开展防治第三代美国白蛾疫情工作。在重度发生区，采取飞机喷洒仿生制剂、人工剪除网幕等方法集中除治；在零星发生和轻度发生区，发动群众通过喷洒药物、树干绑草诱杀下树老熟幼虫等方法除治。各镇街各有关部门组织防治队伍 800 余人次，出动大型喷雾防治车辆 60 余辆次，对 120 个村居、40 所学校、30 余条交通干道路段进行防治。

▲《小康》杂志社公布“2021 中国县域综合实力百强榜”，滕州市位列榜单第 70 位。

10 月

2 日

枣庄市委副书记、市长张宏伟到滕州走访慰问重点企业并督导环保突出问题整改工作。

5 日

2021 滕州房博会在龙泉文化广场开幕。会展为期 3 天，10 余家地产品牌企业、20 余个精品楼盘参展。

9 日

市人武部党委第一书记任职

大会召开，宣读关于陈永生任滕州市人武部党委第一书记的任职通知。枣庄市委常委、枣庄军分区司令员王普照，滕州市委书记陈永生出席会议。

11 日

加快滕州现代化强市建设动员会议在市政务中心召开。会议动员全市上下加快现代化强市建设步伐，实现全省率先、全国争先。陈永生、马宏伟、李健、宗大全等市领导出席会议。

11—13 日

2021 年全省博物馆综合业务现场培训班在滕州举行。培训班培训博物馆藏品管理、陈列展览、社会教育、文创产品研发、观摩现场等业务。

14 日

滕州—邹城一体化发展座谈会在邹城召开。邹城市委书记远义彬，滕州市委副书记、市长马宏伟出席会议。会议强调加快推进滕州—邹城一体化发展引领区建设，落实省委、省政府“一群两心三圈”区域发展战略部署，推进两地一体化协同发展、打造鲁南经济圈新的增长极和动力源。

▲滕州市养老综合服务中心开园运营。该中心提供医疗、康复、慢性病管理、养老等一站式服务，床位 860 余张，为省级区域养老示范基地。

15 日

滕州市第十一届全民健身运动会羽毛球比赛暨“步润之加一品牌打造”市直机关羽毛球比赛在逸兴云飞羽毛球馆举行。市直 16 个单位 98 名运动员参加比赛。

18 日

省农业农村厅调研组到滕州调研三秋生产工作。全市针对入秋后雨水偏多、秋耕秋种受影响的形势，突出抢排水、保收获、抢播种等工作重点，实现玉米保收。

20 日

由中国墨子学会、山东建筑大学、滕州市人民政府主办的第五届鲁班文化节在济南开幕。海内外近百名鲁班研究专家、学者到会交流鲁班文化研究成果，陈永生、马宏伟、李健、宗大全等滕州市领导出席开幕式。

▲市委书记陈永生到山东建筑大学考察交流校地合作事宜。马宏伟、李健、宗大全等市领导参加活动。

▲新城控股集团战略投资中心总经理许庞一行到滕州，洽谈滕州吾悦广场文商旅城市综合体项目推进事宜。市委书记陈永生参加会见。

▲山东白酒智能酿造技术研讨会暨协会技术专家委员会 2021 年会在滕州召开。会议重点交流鲁酒行业在制曲、发酵、蒸馏、勾调、包装、检测、物流等领域的智能化应用经验。

21 日

滕州市革命老区建设促进会成立大会召开。宋子浩当选为会长。

22 日

由中共滕州市委、滕州市人民政府、中国木材与木制品流通协会主办的 2021 中国木门窗企业家峰会暨滕州现代化强市建设招商大会在滕州召开。市委书记陈永生讲话，中国木材与木制品流通协会会长李佳峰致辞。会议举行项目集中签约仪式，现场签约合作项目 12 个，总投资近 200 亿元。

▲市委副书记、市长马宏伟在滕州分会场收听收看全国新冠肺炎疫情防控工作电视电话会议。针对国内出现多点散发疫情，感染者大多有跨地区旅游活动及冬季因素影响的特点，会议要求各地坚持“外防输入、内防反弹”的防控策略不动摇，落实早发现、早报告、早隔离、早治疗的“四早”要求、压实属地、部门、单位、个人的“四方责任”。

▲滕州市的嘉誉商贸城、农副产品物流中心在浙江义乌召开的第 12 届中国商品市场峰会上进入“中国商品市场综合百强”榜单。

24 日

枣庄市委书记、市人大常委会主任陈平到滕州帮包联系点调研。

28 日

全市疫情防控流调工作会议召开。市委书记、市新冠肺炎疫情应急处置指挥部总指挥陈永生要求持续抓好重点地区到滕人员排查管控，对各级推送的重点人员信息，做到情况明、数字实、判断准、反应快；市委副书记、市长马宏伟要求坚决守好各重要卡口，加大交通站点监督排查力度，强化“外防输入”闭环管理，确保广大群众安全、便捷出行。

31 日

枣庄市委书记、市人大常委会主任陈平到滕州调研港口建设和大运河国家文化公园建设工作。

是月

受南旱北涝的天气影响，滕州农贸市场部分蔬菜价格大幅度上涨，较上年同期，13 种产品出现上涨，菠菜一度达到每公斤 26 元。

▲滕州市入选省科技厅公布的 2020 年度山东省技术转移先进县（市、区）。

▲滕州市“基于工业互联网的机械制造云平台”项目（山东德萨大数据股份有限公司）入选省工业和信息化厅公布的 2021 年度省工业大数据平台示范项目名单；5 家企业入选省工业和信息化厅公示认定的 2021 年度瞪羚企业，全市瞪羚企业总数发展到 16 家。

▲全市启动新冠疫苗“加强针”接种工作。凡 18 岁以上且完成新冠病毒疫苗全程免疫 6 个月的，可接种 1 剂加强针。

▲滕州“羊庄满山红花椒”在菏泽举行的第十七届中国林产品交易会上获得金奖。

11 月

1 日

全市召开 3—11 岁新冠病毒疫苗接种工作部署视频会议，启动 3 至 11 岁人群新冠疫苗接种工作。

5—7 日

第二届山东省危险化学品救援技术竞赛在滕州举办。竞赛设置个人和集体竞赛项目各 4 个，全省各地市 23 支队伍 230 余名选手参赛。

6 日

枣庄市 2021 年“中医中药进万家、服务百姓惠民行”暨滕州市中医药膏方文化节在龙泉文化广场开幕。

8 日

界河中学体育老师高拓和界河镇于元村村民赵守福在界河镇葛庄村附近一处桥洞积水中救出熄火轿车中的驾乘人员。10 日，高拓获评雷锋式好教师称号，高拓和赵守福获赠“见义勇为、英勇救人”锦旗。

17 日

全市“工业强市、产业兴市”项目建设现场推进会议举行。陈永生、马宏伟、李健、宗大全等市四大班子领导带领市直部门和镇街负责人，现场观摩重点项目建设情况。

▲中化学建设投资集团有限公司党委书记、董事长郑江一行到滕州洽谈相关合作事宜。

22 日

滕州团市委、滕州市教体局在北辛中学隆重召开“雷锋式好少年”命名表彰大会，授予为患病老人提供帮助的北辛中学徐鑫磊、王浩琪、韩儒欣 3 名同学“雷锋式好少年”称号。

27 日

“六代纯酿，一生珍藏”2021 年今缘春封坛大典在滕州今缘春生态酿酒园鲁班广场举行。今缘春酒业系滕州白酒酿造企业，在传承“老五甑酿造技艺”的同时，提升酿造工艺，先后推出“典藏”“年份”系列，“善国”“善酱”等多款产品，获评“山东省著名商标”“消费者满意品牌”。

30 日

山东省委副书记、省长周乃翔到滕州，督导检查电力热力保供、安全生产工作情况，调研科技创新、制造业高质量发展等工作。

▲重庆市丰都县委副书记、县长唐守渊带领代表团一行到滕州考察东西部协作等事宜。

是月

滕州合易食品有限公司的盈泰牌劲脆鸡排和新奥尔良腿排、山东百麦奇面粉有限公司的百麦奇牌小麦粉（麦香粉、特精粉）入选山东省工业和信息化厅公示的 2021 年度山东特色优质食品目录产品。

▲北一（山东）工业科技股份有限公司的高精度工业互联网数控机床、山东有荣机床有限公司的 XH2416 立卧复合多轴龙门式加工中心、滕州市安川自动化机械有限公司的蓝白光三维扫描仪 STSOTWOEYES 等 3 项装备产品入选山东省工业和信息化厅发布的 2021 山东精品装备名录。

▲鲁南化工、联泓新科、盛隆化工等 3 家企业入选 2021 中国石油和化工企业 500 强排行榜。

12 月

3 日

山东省人大常委会副主任、省工商联主席王随莲到滕州调研民营经济发展工作。

5 日

全市全国文明城市创建攻坚誓师大会召开，会议安排部署下一步创城攻坚任务。8 日，全国文明城市创建“攻坚月”观摩评比活动举行。

6—7 日

省退役军人事务厅党组书记、厅长时培伟带领调研组到滕州，调研退役军人事务工作。

9 日

“滕州—邹城”一体化发展座谈会在滕州召开。会议要求共同谋划一批重点建设项目，建立重点项目联合推进机制。枣庄、济宁相关负责人参加。

10 日

省人大常委会副主任王云鹏带领调研组到滕州，调研经济社会发展和人大工作情况。

▲市工人文化宫启用仪式举行。

14 日

市疾病预防控制中心发布疫情防控公众健康提示，自西安、无锡、绍兴、宁波、石家庄、哈尔滨、呼伦贝尔、通辽、齐齐哈尔、上海（浦东新区、青浦区）、杭州、德宏等发生本土疫情地区到滕人员，应携带 48 小时内核酸检测阴性证明，抵达目的地后再进行 1 次核酸检测。

16 日

中国共产党滕州市第十三届委员会第二十二次全体会议在市政务中心举行。会议审议通过《中共滕州市委关于深入学习贯彻党的十九届六中全会精神的决定》《中共滕州市委关于深入学习贯彻习近平总书记重要讲话精神服务和融入黄河流域生态保护和高质量发展的意见》《关于召开中国共产党滕州市第十四次代表大会的决议》。

20 日

山东省商务厅公布第一批山东省“绿色饭店”和齐鲁餐饮“四名工程”名单。滕州市鱼鲜美酒店获评齐鲁餐饮名店，该店菜品“珍珠鱼丸”获评齐鲁名菜、小吃“滕州十大碗”获评齐鲁名吃，该店厨师王书龙获评齐鲁餐饮名师。

21 日

重庆市丰都县委书记张国忠带领代表团到滕州调研经济社会发展情况。

23 日

“中国商品市场百强”授牌仪式分别在滕州（鲁华）农副产品物流中心和滕州嘉誉商贸城举行。滕州（鲁华）农副产品物流中心发展于 2000 年，是首批国家级“菜篮子工程”和集鲜活农产品批发、物流配货、冷链物流、仓储加工、电子商务于一体的农业产业园。滕州嘉誉商贸城始建于 1979 年，主要经营干杂海货、调味品、海产品、冷冻品、食用菌等 40 大类 1200 小类的产品，是干杂货调味品专业批发市场。

24 日

省科技厅党组书记、厅长唐波带领调研组到滕州调研科技创新工作。

29 日

山东山科控股集团党委书记、董事长董火民一行到滕州，洽谈合作事宜。

▲滕州市文化和旅游局主办的枣庄市第十三届温泉文化旅游节开幕式在山东新盈泰温泉度假村温泉中心举行。旅游节期间推出“最美温泉萌童”短视频大赛、“泡千米温泉·结一世良缘”青年温泉大派对、全市非遗及文创产品展等主题活动。

30 日

滕州市十八届人大常委会第四十三次会议召开。会议任命周刚为市政府副市长，并为市政府代理市长；任命董浩为市政府副市长。

▲全市首届“最美信访干部”颁奖会议举行。10 人获颁“最美信访干部”称号。

31 日

全市 120 余万登记选民，在 236 个市人大代表选区和 998 个镇人大代表选区参加选举，投票产生市级人大代表 450 人、镇级人大代表 1559 人。

是月

滕州市被省文化和旅游厅、省发展和改革委、省财政厅联合公布为第一批省级文化和旅游消费示范县。

▲滕州市被省文化和旅游厅认定为第三批山东省全域旅游示范区。

▲山东辛化硅胶有限公司入选工业和信息化部 2021 年度绿色制造名单，获评“绿色工厂”。

▲滕州市的 55 家高新技术企业上榜科技部火炬中心公布的山东省 2021 年度第一批、第二批高新技术企业认定通过名单，比 2020 年增加 29 家。

▲滕州市志愿者协会会长王春元入榜中央文明办发布的 2021 年 11 月“中国好人榜”。

是年

全年生产总值完成 858.49 亿元，比上年增长 8.5%。其中第一产业增加值 87.77 亿元，第二产业增加值 390.28 亿元，第三产业增加值 380.44 亿元。一般公共预算收入 61.30 亿元，一般公共预算支出 79.51 亿元，规模以上工业增加值比上年增长 16.5%，固定资产投资比上年增长 12.2%，社会消费品零售总额比上年增长 15.6%，进出口总额 60.6 亿元，实际利用外资 9246 万美元。城镇居民人均可支配收入 41705 元，农村居民人均可支配收入 20801 元。

▲滕州市获评全国科技创新百强县、全国首批科普示范县、全国农作物病虫害专业化“统防统治创建县”、全国科普示范县（市、区）总结评估优秀示范县、第十批（2020 年度）国家节水型城市和山东省高质量发展先进县、省首批吨粮县、省首批集成改革试点县、省技术转移先进县（市、区）、省国资国企改革发展示范县、省首批文化和旅游消费示范市、省全域旅游示范区、省首批残疾儿童少年随班就读示范区（市）、省人才工作先进单位，滕州经济开发区晋升国家级经济技术开发区。

滕州概况

Overview of Tengzhou

地情概要

【地理位置】 滕州市位于山东省枣庄市境西北部，地处北纬34°50′至35°17′和东经116°49′至117°24′之间。东邻枣庄市山亭区，南邻枣庄市薛城区，西濒微山湖、接济宁市微山县，北邻济宁市邹城市。市境东西45公里，南北46公里，面积1495.14平方公里。

【建置沿革】 滕州境内的人类活动，因北辛遗址和岗上遗址的发掘，可追溯至新石器时代。黄帝时，封第十子于滕；滕，取水之腾涌为名。夏商周时期，滕地分属滕、薛、小邾等封国。秦朝废分封置郡县，在滕境置滕县、薛县。汉高祖时析小邾置蕃县，隶属豫州刺史部鲁国；汉武帝时改滕县为公丘县；东汉时，公丘县属豫州刺史部沛国；汉献帝建安三年（198年），分东海郡，于昌虑县置昌虑郡，不久又改为昌虑县，其他县照旧。三国时，滕境各县属魏。西晋袭汉制，蕃县、薛县、公丘县均属豫州部鲁郡。晋惠帝元康年间（291—299年），蕃县、薛县改属徐州部彭城国，昌虑县由属东海郡改属徐州部兰陵郡。晋安帝义熙五年（409年），撤销薛县、戚县，其地划入蕃县，属兖州部。北魏太安三年（457年）撤公丘县，置阳平县，属兖州部鲁郡。北魏孝昌二年（526年），徐州部置蕃郡，领蕃城（即蕃县）、永兴（今薛城区临城镇）、永福（今江苏省徐州市铜山区崮岘）等3县，郡治蕃城。

隋开皇六年（586年），蕃县改为滕县；开皇十六年（596年），滕县升为滕郡，郡治滕县；后不久滕郡改为滕县，县治在蕃县故城，属徐州部彭城郡。隋时县境，东南至抱犊崮，南到今江苏省徐州市贾汪区，西过微山湖，北与今济宁市邹城市接壤，东北至今山亭区城前，大致包括今滕州市、山亭区、薛城区以及峄城区、台儿庄区、济宁市微山县、济宁市邹城市、江苏省徐州市铜山区的部分地区。唐朝滕县属河南道徐州，元和年间（806—820年），县城东移二里筑新城（今滕州城的旧城区）。北宋兼置滕阳郡。金大定二十二年（1182年），置滕阳州；大定二十四年（1184年），改为滕州，辖滕、沛、邹县和陶阳镇，属山东西路。明洪武二年（1369年）废除滕州，滕县隶属山东布政使司济宁府；洪武十八年（1385年），滕县改属兖州府。清沿明制。

中华民国时期的地方政区分省、道、县三级。1913年，滕县属岱南道。1915年，滕县改属山东省济宁道。1936年，滕县属第一区行政督察专员公署（驻济宁），为一等县。抗日战争期间，属第一行政督察区。1947年春，滕县属徐兖绥靖区；8月，山东行政区划调整，滕县属鲁西南第一行政督察区。1948年7月，人民解放军第二次解放滕县，国民党县政府瓦解。

1938年3月日军侵占滕县。8月，伪滕县公署成立，日军派顾问控制。1939年4月，滕县属鲁西道。1940年7月，滕县属兖济道，为一等县。1944年，滕县改属兖州道。1945年8月，日本投降，伪滕县公署瓦解。

日军侵占滕县后，滕县人民

在中国共产党的领导下，在县境内和邻县间，先后建立几个县级政权（或名办事处），政区的隶属、名称、区域变动较为频繁。1939年2月，中国共产党滕县委员会在大赵庄成立；8月，以津浦铁路线为界分为滕东、滕西县委。1940年7月，滕西县委撤销。1941年7月，滕东县委改为滕峄边工委。抗战前期，县境各抗日民主政权隶属中共山东分局第一区党委鲁南区。1941年，滕境属鲁南行政区。1943年9月，滕境属鲁南行政区第二专属区。1944年4月，中共滕县县委、县政府在东庄里成立；7月，设临城县；8月，设凫山县。1945年8月，滕县、凫山县、临城县隶属鲁南行署第二专员公署。1946年1月，滕县改为麓水县；4月，双山县改为麓水县，恢复滕县；撤销凫山县，原滕县沿湖地区归属滕县，官桥以南归属临城县；滕县属鲁南区行政公署第一专署。1948年9月，滕县属鲁中南行政公署第四专署，临城县属第五专署。1949年7月，滕县、凫山县、白彦县属尼山专署，临城县属台枣专署。

1950年，尼山专区和台枣专区合并改为滕县专区（驻滕县），辖滕县、临城县、凫山县、平邑县、白彦县、邹县、曲阜县、滋阳县、济宁县、济宁市、丰县、沛县、华山县、铜北县、峄县等。1953年9月，滕县专区和湖西专区合并为济宁专区（驻济宁），辖滕县、薛城、凫山等县；同时，撤白彦县，将其所辖原属滕县的徐庄等5个区划归滕县；建立微山县，将滕县所辖湖域划入微山县。1956年3月，撤薛城县、凫山县，将其所辖部分地区划入滕县；12月，山东省调整县的等级，滕县由甲等县升为特等县。1960年3月，滕县临城公社164个自然村划归枣庄市。

1979年1月1日，滕县改属枣庄市。1983年11月，枣庄市齐村区改为山亭区，滕县东部的店子、冯卯、辛庄、徐庄、辛召、山亭、桑村、城头8个公社划归山亭区。1988年3月，国务院批准滕县改为滕州市。至2021年3月，滕州市县级市建制33周年，辖镇（街道）21个。

【行政区划】 滕州市行政区划，明代之前不详。明初，县下设乡，乡下置社，全县划分为6乡59社。明英宗正统年间（1436—1449年），增加到9乡87社，9乡分别是滕城、使相、安乐、礼教、柏山、迎仙、义河、明理、安仁。清康熙十一年（1672年），改用保甲法，用八卦名统领72保：干统5保，坎统5保，艮统7保，震统5保，巽统9保，离统22保，坤统7保，兑统12保。清康熙二十七年（1688年），将八卦名称改为仁、义、礼、智、孝、悌、忠、信。清宣统年间，全县设武城、虺坛、梁城、郏城、长城、昌虑、管鲍、坞泉、休城、杨城、汉宫、公邱、薛城、临城、微湖等15个乡，但未及实施清朝灭亡。

中华民国初年，沿袭清制。1918年改社为区，全县为72个区1652个村。1931年，全县并为9个区。1934年，滕县为一等县，仍为9个区，下辖219个乡46个镇。1936年，改划为11个区75个乡2个镇。

1938年3月，日军侵占滕县。8月，建伪县公署，下设区、乡。1941年，划分为9个区、81个乡镇、1758个村庄。1944年，改为10个区、81个乡镇。

日军侵占滕县后，国民党滕县政府转移到滕西沿湖一带，辖区有名无实。抗战胜利后，根据新县制划为5个区1个特别区。1946年，改为9个区76个乡5个镇。1947年3月，保留1个区（九区）、74个乡、6个镇；6月，改为2个区43个乡镇；9月，设3个区、3个督察区、1个示范镇。1948年，改为37个乡镇668保、9295甲，乡镇以地名命名，保甲以数为序；7月，人民解放军第二次解放县城，国民党县政府瓦解。

抗日战争期间，在中国共产党的领导下，滕县先后或同时在局部地区建立抗日民主政权，时间有长有短，辖区时大时小。1944年4月，滕县抗日民主政府辖滕东7个区。解放战争期间，区、乡的体制、区划不稳定。

1949年10月1日，中华人民共和国成立。全县辖11个区、135个乡镇、604个村。1950年，各区名称以地名命名，共11个区。1953年9月，撤销白彦县，有5个区归属滕县，调整后的区划以数字排序。1955年9月，全县16个区改按地名称呼，即城关、羊庄、桑村、城头、官桥、东郭、界河、大彦、鲁寨、沙河、王开、山亭、冯卯、辛庄、辛召、徐庄等区。1956年3月，凫山、薛城同时撤销，两县部分地区划归滕县；同时，微山县两个乡划归滕县。全县区划因此做出较大调整：撤销城头区、辛召区、大彦区，将城头区分别并入东郭区、桑村区，把辛召区分别并入辛庄区、山亭区，把大彦区的一部分并入鲁寨区，大彦区的另一部分和原薛城二区合并为鲍沟区。撤并调整后，全县有20个区、288个乡、1962个村，面积2218平方公里。是年9月扩大乡，12月建镇，调整后，全县区划分为19个区、2个直辖镇、72个乡。1957年4月，全县区划调整为15个区、2个直辖镇、103个乡。1958年秋，撤乡镇建18个人民公社，同时撤销4个办事处。是年冬，欢城、殷庄两个公社69个自然村划归微山县，邹县39个自然村分别划入滕县的界河、东郭两公社。1959年秋，全县调整为22个公社。1960年3月，临城公社164个自然村划归枣庄市。1962年，全县调整为29个公社、1275个大队。1965年，城关公社分为城关镇和城郊公社，全县计30个公社（镇）。1966年5月，30个公社（镇）调整为19个区（镇），下辖168个公社。1968年12月20日，撤销区（镇）、小公社，恢复1965年的30个公社（镇）。1982年5月，夏庄、辛庄、金庄人民公社分别更名为党山、水泉、洪绪人民公社。1983年11月21日，滕县东部的店子、冯卯、水泉、辛召、城头、桑村、山亭、徐庄公社划归枣庄市山亭区。1984年3月31日，全县22个公社改为8个镇14个乡，即：城关、界河、东郭、大坞、级索、西岗、木石、官桥镇，龙阳、党山、岗头、望冢、峄庄、姜屯、城郊、东沙河、洪绪、鲍沟、南沙河、羊庄、张汪、柴胡店乡。11月28日，岗头、姜屯、南沙河、鲍沟、张汪、羊庄、柴胡店7个乡改为镇。1985年2月，全县生产大队改为村民委员会，生产队改为村民小组。1987年，全县辖15个镇7个乡，1207个村民委员会。全县有1229个自然村、299719户、1226765人。

1988年，滕县改为滕州市，行政区划未有变动。1991年11月，东沙河、洪绪、望冢、龙阳4个乡改为镇。

2000年3月，峄庄乡改为镇，全市辖2个乡、20个镇、140个管理区（办事处）、1245个行政村（居）民委员会。是年6月，撤销城关镇，成立荆河、龙山街道办事处。

2001年2月，党山乡与东郭镇合并为东郭镇，峄庄镇与大坞镇合并为大坞镇，望庄镇与岗头镇合并为滨湖镇；6月，龙山、荆河两个街道和城郊乡合并，南沙河、姜屯、东沙河、洪绪镇的部分村庄纳入城区，按照东、西、北、南四个方位，设立龙泉、荆河、北辛、善南4个街道。

2020年7月，东沙河镇改为东沙河街道。至2021年末，全市辖街道5个、镇16个。

表 1　2021 年滕州市行政区划一览表

镇街	居委会个数（个）	村委会个数（个）	村、居委会名称					
鲍沟镇	—	66	鲍沟东村	刘西村	张　村	华庄村	于仓村	姜店村
			鲍沟二村	吕　坡	杨　庄	西宁村	甄洼村	南吴庄
			鲍沟中村	马口村	卜庙村	东宁村	兴刘庄	河崖村
			鲍沟北村	中石庙	大刘庄村	侯楼村	邢庄村	孙岗村
			大杨楼村	东石村	郝寨村	东皇甫	鞋城村	裴楼村
			薛岩前村	西宋庄	闫庙村	中皇甫	后鞋村	大李楼村
			薛岩中村	徐　村	琉璃庙村	西皇甫村	赵庄村	闵楼村
			薛后村	汉宫村	郝庄村	杨　村	官庄村	西荆林村
			圈里村	后汉宫村	南潭村	坝窝后村	邢寨村	南朱庄村
			前皇村	成屯村	张埠村	坝前村	关　村	西磨庄村
			刘东村	褚　村	西石庙村	北朱庄	三清阁	东荆林村
滨湖镇	—	90	后盖村	东盖村	东黄村	刁　村	奎子西村	西古村
			田桥村	西盖村	东陈村	陈宏楼村	奎子东村	后古村
			西董村	岗头村	三山村	南徐楼村	人民庄	朱寨村
			阳温东村	花园村	后纸坊	四合村	七所楼村	北双井村
			阳温中村	东屯前村	前纸坊	西马村	王堂村	西双井村
			阳温西村	东屯后村	孟楼村	东周村	南陈村	东双井村
			邱　村	稻屯村	郭楼村	后辛安村	前郁郎村	东迭湖村
			宋　村	西屯村	代庄村	中辛安村	民生村	中迭湖村
			邵　村	北焦村	朱　村	吕堂村	秦　村	西迭湖村
			刘庄村	李仓村	西黄庄	西辛安村	后郁郎村	卢庄村
			王雷楼村	下王村	屈庄村	西周村	坊上村	韩楼村
			谢庄村	西焦村	阳关村	胡楼村	东官村	向阳村
			生庄村	东焦村	孙阁村	严　村	金马山村	上王村
			李　村	徐楼村	渔营村	赫　村	山头村	望庄村
			东马村	黄桥村	东古村	秦庄村	苏坡村	胡路口村

续表

镇街	居委会个数（个）	村委会个数（个）	村、居委会名称
柴胡店镇	—	41	高桥村　南平村　安后村　大庙村　后大官庄村　邵　庄 杨桥村　官路口村　沙　庄　鲁庄村　刘　村　南辛村 王官庄　振兴庄村　何庄村　贾楼村　姬　庄　龙山头 大王楼　沙岗村　簸箕掌村　钟辛庄村　老君院村　后闫村 郝　庄　小石楼村　胡套村　柴胡店村　郭　沟　前闫村 永福村　大石楼村　南胡楼　官场村　后黄庄村　黄山村 坦山后村　董　村　前大官庄　四李庄　前黄庄
大坞镇	—	65	西仓村　大市庄　袁前村　邓庄村　东桥头村　东韩庄村 后岗子村　王寨村　袁北村　小刘庄村　西桥头南村　单庄村 池头集中村　前岗子村　西桥头北村　姜庄村　西土山村　战河村 大刘庄西　后峄庄村　池头集东村　马　楼　东立里村　福兴村 大刘庄北村　前峄庄西村　池头集西村　东洋汶村　西立里村　金城村 大刘庄南村　前峄庄中村　望凫村　大邵庄村　两水泉东村　耿庙村 大刘庄东村　前峄庄东村　任山村　东郝楼村　两水泉西村　吴楼村 小坞村　俭林村　任前村　洪山口村　两水泉南村　石楼村 大坞村　狄庄村　西韩庄东村　休城村　苗庄村　雷山村 大坞南村　龙泉村　西韩庄北村　小市庄村　柳园村　西郝楼村 东坞村　东仓村　西韩庄西村　和福村　牟庄村
东郭镇	—	89	虺城店村　白河村　北夏庄村　许沃村　小堂门村　谷山庄村 东坞沟村　牛皮岭村　巴庄村　上户主村　大堂门村　夏庄村 西坞沟村　马河村　屯里村　下户主村　常庄村　相岭村 前坞沟村　京台村　王李庄村　温庄村　后张坡村　小任庄村 后梁村　西郭村　瓦峪东村　山前村　前张坡村　张任庄村 后坞沟村　武楼村　瓦峪西村　后任厂村　秦林村　前李岭村 苏楼村　前　村　上黄庄村　前任厂村　东赵坡村　磨石山村 杨庄村　中　村　王庄村　岭头村　黄金坡村　唐林新村 大坞沟村　后　村　北马庄村　魏沟村　南徐庄村　北高庄村 邵疃村　黄园村　北丁庄村　朱洼村　罗庄村　欣阳村 辛绪村　东朱仇村　吴哨村　香台村　唐林村　小党山村 陶庄村　大绪庄村　丛庄村　冯沟村　西明村　大党山村 马庄村　前明村　石羊山村　北徐村　东明村　蒋庄村 冯庄村　中明村　安上村　李沟村　田庄村　新田村 刘庄村　后明村　林岭村　楼里村　黑石岭村

续表

镇街	居委会个数（个）	村委会个数（个）	村、居委会名称					
官桥镇	—	54	车站村	前莱村	苏坦村	后掌大村	小河村	后善庄村
			太平庄村	东莱村	金马庄村	史庄村	西王庄村	北官庄村
			西王公村	大韩村	志门村	轩辕庄村	东王公村	官桥二村
			西康留村	中韩村	倪楼村	大康留村	西洪林村	官桥三村
			东康留村	北韩村	渠　村	后官庄村	中洪林村	官桥四村
			狄庄村	前公桥村	东郑庄村	王园村	东洪林村	官桥一村
			吕楼村	东公桥村	西郑庄村	北辛村	吴庄村	后莱村
			上魏楼村	西公桥村	苏叶村	坝上村	时店村	时　村
			前掌大村	望河村	前善庄村	良里村	东磨庄村	前官庄村
洪绪镇	—	34	白龙湾村	杜康村	东张楼村	幸福坝村	团结村	吕庄村
			金庄村	沙官庄村	东侯庄村	任于庄村	唐庄村	甘庄村
			光明村	陈楼村	杨园村	大颜楼村	龙庄村	西侯庄村
			玉楼村	堌堆村	南苗庄村	苗桥村	安庄村	新丰村
			前洪绪村	东赵沟村	郝洼村	徐王庄村	孔屯村	轴　村
			后洪绪村	西赵沟村	杜场村	大巩庄村		
界河镇	1	63	马山头居	兴王庄村	胡庄村	兴隆村	宗庄村	小龙河村
			南界河村	赵辛街村	东西曹村	后枣村	土楼村	西孟村
			北界河村	刘岗村	东曹西村	前枣村	倪庄村	东孟村
			小万院村	化里村	东曹东村	大官村	彭庄村	孙马厂村
			西万院村	邱庄村	西柳泉村	唐楼村	花庄村	二十里铺村
			东万院村	西陈庄村	北闫楼村	公庄村	汲庙村	东柳泉村
			皇娘沟村	单马厂村	西安楼村	南张庄村	徐营村	东李庄村
			范庄村	陈马厂村	东安楼	北沙河村	孙庄村	西西曹村
			崔官庄村	北杜庄村	房岭村	李子行村	西李庄村	西杨庄村
			葛庄村	北马楼村	幸福楼村	郑寨村	中西曹村	王马厂村
			东张庄村	李楼村	丁庄村	于园村		

续表

镇街	居委会个数（个）	村委会个数（个）	村、居委会名称					
级索镇	—	51	姚庄村	刁庄村	前王晁村	东孔庄村	北杨楼村	宗庄村
			前杨岗村	东龙岗村	后王晁村	孔楼村	前牛集村	羊二庄村
			后杨岗村	赵坡村	东王晁村	彭庄村	后牛集村	淤庄村
			坝子崖村	北赵庄村	翟庄村	道沟村	前泉村	韩桥村
			千佛阁村	西孔村	西赵庄村	东田庄村	后泉村	水磨庄村
			时庄村	刘庄村	西龙岗村	大官庄村	董庄村	金坡村
			级索村	王庄村	西田村	小官庄村	前韩庄村	港沟涯村
			龙庄村	满庄村	西杨楼村	南孔庄村	后韩村	颜庄村
			潘楼村	郝屯村	南官庄村			
姜屯镇	—	83	王林村	张寨村	东滕城村	田园村	葛疃村	郝庄村
			姜屯村	党　村	西滕城村	仇官庄村	张孔庄村	黄坡村
			满庄村	韩场村	向阳村	邱庄村	后李店村	大杨庄村
			闫东村	商　村	燕庄村	仇庄村	前李店村	西王楼村
			闫西村	孙　村	南黄庄村	赵庄村	洪西村	张坡村
			沙东村	大彦东村	西庄里村	营里村	卓庄村	后沙村
			沙西村	种寨村	前朱楼村	罗岗村	武所屯村	戚庄村
			咸庄村	大彦南村	张楼村	刘楼村	西官庄村	颜楼村
			黄庄村	宋王楼村	白庄村	万福楼村	庄里东村	后朱楼村
			东杨庄村	苏桥村	东王楼村	苏屯村	奚庄村	俞埛堆村
			魏庄村	后徐村	白了寺村	马厂村	高庄村	前孔庄村
			邱楼村	东官庄村	后高地村	李庄村	谭庄村	北侯庄村
			胡　村	前徐村	前高地村	邢庄村	李楼村	庄里西村
			小洪疃村	大彦西村	柳庄村	阳平村	洪东村	
龙阳镇	—	56	龙阳村	上司堂村	西南岭村	张堂村	河北李庄村	黄岭村
			闫庄村	侯庄村	小河子村	苗堂村	小蒋庄村	彭河村
			大寨村	耿庄村	焦庄村	前司堂村	大陈庄村	杨庄村
			小寨村	龙山村	顾庙村	后司堂村	卧龙庄村	西朱仇村
			刁沙土村	望龙庄村	北王庄村	翟王庄村	高岭村	朱庄二村
			董沙土村	糜庄村	柳沟村	邱石村	新宁村	朱庄三村
			张沙土村	冯营村	跨河村	庄头村	冯庄村	史　村
			李沙土村	魏寺村	赵庄村	曾楼村	谷堆石村	杜沙土村
			尚河圈村	林　村	河南张庄村	张山口村	何岭村	徐岭村
			从条村	龙山屯村				

续表

镇街	居委会个数（个）	村委会个数（个）	村、居委会名称
木石镇	4	38	木石一居 木石二居 东沂河居 张秦庄居 前安村 木石三村 桥口村 独前村 沂北村 后木石村 亚庄村 落凤山村 西峭村 北山头村 沂南村 白塔村 南涝坡村 东台村 北张庄村 粮峪村 沂王庄村 前连水村 尖山村 西台村 杨岗村 西山村 羊套村 后连水村 俭庄村 南山头村 后安村 东荒村 位庄村 化石沟村 山口村 独后村 中安村 西荒村 谷山村 卓庄村 西店村 东峭村
南沙河镇	—	38	北池村 南古石四村 后房村 前辛章村 陡铺村 冯庄东村 上徐村 北古石村 河汇村 后辛章村 上营村 冯庄中村 崔庄村 北王铺村 于泉村 西古石村 南岗村 冯庄西村 南街村 南王铺村 新营村 前仓沟村 杨杭村 南池村 北街村 南古石一村 下徐村 中仓沟村 前房村 东朱庄村 高庄村 南古石二村 彭王楼村 后仓沟村 魏　村 东魏村 后小庄村 南古石三村
西岗镇	8	64	西岗一居 西岗二居 西岗三居 前寨居 后寨居 北曹庄居 大王庄居 大满庄居 杈子园村 北孔庄村 邓集村 清泉寺村 徐庄村 半楼村 孙寨村 大屯村 程楼村 辛庄村 东王庄村 柴里东村 西曹庄村 郎庄村 丁庄村 杜庄村 孙庄村 柴里中村 傅楼村 花庄村 小杨庄村 孔楼村 高庙东村 柴里西村 北满庄村 魏庄村 大杨庄村 西孔庄村 高庙南村 半阁村 西河岔村 南荒村 李庄村 东北田岗村 高庙西村 马庙村 东河岔村 西祝陈村 卓楼村 东南田岗村 高庙北村 东祝陈村 北赵庄村 东满庄村 凌庄村 西南田岗村 南孔庄村 姜桥村 南曹庄村 丁堂村 南张庄村 西北田岗村 野庄村 南王庄村 段庄村 东刘仙村 甘桥村 杜庙村 郭孔庄村 栾庄村 王场村 西刘仙村 温堂村 西张庄村

续表

镇街	居委会个数（个）	村委会个数（个）	村、居委会名称
羊庄镇	1	88	兴鲁居 东南宿村 下黄沟村 洪　村 前南宿村 高　村 官兴庄村 大计河村 洪山前村 庞庄村 宋屯村 小王公村 羊东村 小计河村 羊山村 孟庄村 中顶山村 杜堂村 羊南村 小庄村 南塘村 南台村 上曹王村 陈　村 羊北村 前毛堌村 土城村 东石湾村 下曹王村 东胡村 杜屯村 后毛堌村 东石楼村 西石湾村 尤山子村 范东村 史屯村 前沙冯村 西石楼村 杨坡村 上邱庄村 范西村 蒋杭村 后沙冯村 余粮店村 张坡村 三姓庄村 东辛庄村 王杭村 小赵前村 白杭村 于坡村 新安岭村 西辛庄村 上屯村 小赵后村 东店村 许坡村 庄里村 钓鱼台村 沈井村 后赵村 西薛河村 东于村 大北塘村 陶山东村 大峪庙村 赵庄南村 东南王庄村 西于村 东塘村 陶山西村 后石湾村 西南庄村 侯庄村 南于村 代岗村 寒山前村 自庄村 腰庄村 黄屯村 东南于村 民庄村 张河庄村 西南宿村 中黄沟村 东薛河村 西江村 北台村
张汪镇	—	83	陈楼村 俞河崖村 陈庄村 安　村 柴楼村 李桥村 小张庄村 小宗村 东渠庄村 丁楼村 渊子崖村 后寨子村 王格庄村 南贾庄村 杨仓村 洛庄村 东邵桥村 白楼村 杨界村 邱仓村 城后张庄村 小于村 多庄村 苏河涯村 南宗庄村 西周楼村 刘谷堆村 孔集村 邓寨村 太和村 杏园村 后坝桥村 陈堂村 南陶庄村 南胡庄村 大苏庄村 段楼村 前许楼村 小李楼村 杨楼村 魏河圈村 北李庄村 轩庄村 前坝桥村 后许楼村 张汪村 十字河村 葛　村 南任庄村 闫道沟村 北渠庄村 苏河村 下魏楼村 北宋庄村 蒋庄村 五所楼村 前寨子村 承贤庄村 南闫楼村 冯堂村 杜　村 徐集村 夏楼村 南宋庄村 临薛村 北贾庄村 南彭庄村 沈仓村 颜　村 大宗村 辛庄村 辛集村 杜坦村 尤楼村 大张庄村 北陶庄村 皇殿岗村 北彭庄村 南郝庄村 孟仓村 朱庄村 大孙楼村 苑庄村

续表

镇街	居委会个数（个）	村委会个数（个）	村、居委会名称					
北辛街道	60	—	杏花村	北平	东北坛	汤庄	北刘	前辛
			西北坛	金坛	新兴北	后屯	孙庄	东七里沟
			杏西	杏东	大同北	西七里沟	周楼	沈庄
			教场	新生	接官巷	岳庄	冯河	赵场
			赵东	赵西	北关村	侉庄	小岗	王任
			北楼	双坛	文庙	于岗	后荆沟	俞寨
			新华	善北	华孚	于楼	兴隆	侯王
			丽都	解放街	新华南	明王	李王	马王东
			科圣园	嘉誉	杏腾	马王西	曹王	北秦
			黄安	前十里铺	后十里铺	北黄	红旗	周王
东沙河街道	—	40	前梁村	周村	大养德村	党桥村	磨坑村	小宋庄村
			江楼村	康村	党村	东沙河村	千年庄村	耿楼村
			姜桥村	郭堌堆村	张洼村	党吉山村	向阳山村	韩楼村
			马河口村	王母殿村	单村	东史村	二养德村	东孙庄村
			东小宫村	张街村	万年庄村	前荆沟村	颜吉山村	王村
			西小宫村	鲍庄村	小宫山村	史楼村	朝阳村	陈岗村
			蔡村	步云庄村	刘岗村	后堌堆村		
荆河街道	63	—	马号	北门里	南门里	西寺院	杜墁	三里河
			南门外	幸福园	奎文	刘楼	张明东	张明西
			大同	平等	新兴南	五里屯	张刘	王楼
			安乐	公园	荆南	俞庄	小河圈	韩桥
			东寺院	城南	东南园	孙楼	朱李	东十里岗
			西南园	金城	金华	后十里	西十里岗	东倪
			通衢	辛庄	平行路	西倪	何庄	袁庄
			曹庄	程庄	魏庄	柳楼	鲁东	鲁西
			荆庄	西潭	馍馍庄	西城	金州	德馨
			蕃阳	郭彭庄	金平	铁西	滕都	书院
			振兴	魏园	问天阁			
龙泉街道	51	—	黄山桥	府前东	宗鲁门	南侯庄	前洪	后洪
			春秋阁	塔寺	杏坛	郳城	刁庄	贺庄
			安居	泰山庙	荆东	赵楼	张庄	双庙
			岗子东	岗子西	润泽	东赵庄	任村	欧庄
			钱庄	善国	荆善	董村	冯东	冯西
			善文	跻云桥	南秦	郭庄	金疃	孙堂
			银钟里	通盛花园	贵和	夏庄	程堂	巩村
			龙泉苑	滨江花苑	樱花苑	唐村	前大庙	东大庙
			阳光城	科圣路	西大庙			

续表

镇街	居委会个数（个）	村委会个数（个）	村、居委会名称					
善南街道	19	—	贾　庄	五里坂	王　庄	王开一	王开二	王开三
			张北庄	鞠　庄	南丁庄	小王开	七里堡	十里铺一
			高　庄	南刘庄	小　屯	十里铺二	刘　屯	张　场
			荆善南苑					

【人口民族】 年末全市户籍总户数53.11万户，总人口176.5万人，其中城镇人口89.13万人。总人口中，男性93.15万人，女性83.35万人。全市常住人口157.35万人，常住人口城镇化率达59.93%，比上年提高0.4个百分点。全年出生人口1.27万人，出生率7.22‰；死亡人口0.62万人，死亡率3.5‰；人口自然增长率3.72‰。

全市少数民族30个：回族、蒙古族、藏族、维吾尔族、苗族、彝族、壮族、布依族、朝鲜族、满族、侗族、瑶族、白族、土家族、哈尼族、哈萨克族、傣族、黎族、傈僳族、佤族、畲族、拉祜族、纳西族、土族、达斡尔族、普米族、怒族、京族、门巴族、基诺族。其中回族人口居少数民族人口首位。

【自然环境】 市北、东、南三面环山，西临南四湖，地形由东北向西南倾斜，全市可分为三个地貌区：低山丘陵区、平原区、滨湖区（即湖退区）。

山脉多呈东北西南走向。大小山头453个，其中海拔500米以上的5个。最高峰是莲青山摩天岭，海拔597米。其他较著名的山峰有龙山，主峰海拔415米；曾被称为古滕八景之一的“谷翠双峰”，西峰海拔408米，东峰海拔400米。全市海拔300米至400米间的山峰49个、海拔200米至300米间的山峰174个、海拔200米以内的山峰216个，较有名的山有小白山、染山、马安山、龙山、谷山、莲青山、吉山、孤山、南龙山、落凤山等。

河流属淮河流域京杭大运河水系。大都发源于市东、北部的山丘地带，由东北流向西南，注入微山湖。大小河道近100条，其中流域面积在20平方公里左右的有22条，市内较大的山洪河道5条，为界河、北沙河、城河、郭河、薛河，从北到南分布均匀，担负着排涝任务。界河，又名白水河，境内长25.4公里；北沙河，曾名龙河，境内长37.5公里；城河，俗称荆河，古称南梁水，境内长42.7公里；郭河，即漷河，古称漷水，在西岗镇北满庄附近汇入荆河；薛河，古称薛水，又名十字河，境内长30公里。

气候温和，雨量集中，四季分明，属于暖温带季风气候，春季天气多变，干旱少雨。夏季盛行偏南风，炎热多雨，秋季天气晴爽，冷暖适中，冬季多偏北风，寒冷干燥。2021年平均气温偏高，降水异常偏多，日照偏少。全年平均气温15.6摄氏度，比常年（1981—2010年）偏高1.1摄氏度。极端最高气温为37.0摄氏度，出现在6月7日；极端最低气温为-15.3摄氏度，出现在1月7日。年降水量995.8毫米，较常年（1981—2010年）偏多300.8毫米。年日照时数2036.8小时，比常年（1981—2010年）偏少233.8小时。

土壤分为4个土类、11个亚类、19个土属、90个土种。褐土主要分布在低山丘陵区，面积60679.67公顷，占总面积的40.83%。潮土分布在诸河流中下游，面积61173.15公顷，占41.17%。棕壤分布在山丘中下部，面积15200.46公顷，占10.23%。砂姜、黑土分布在洼地、低平原、湖洼地带，面积11541.68公顷，占7.7%。

境内探明矿产资源21种，其中石灰石储量超50亿吨、煤炭保有储量9.5亿吨、水泥用灰岩1.87亿吨。境内大、中、小型水库28座，有荆泉等泉群14个。

（市地方史志研究中心）

经济社会发展

【概况】 全年全市经济、社会等各项事业稳中有进，进中提质。强市建设破题起势，实施“工业强市、产业兴市”战略，县域经济发展质量、效率、动力加速变革，高质量发展持续向好。生产总值完成858.49亿元，比上年增长8.5%。一般公共预算收入61.30亿元，比上年增长10.1%；一般公共预算支出79.51亿元，比上年增长31.1%。规模以上工业增加值比上年增长16.5%，固定资产投资比上年增长12.2%，社会消费品零售总额比上年增长15.6%。居民人均可支配收入33030元，比上年增长8.8%。滕州市获评全国科技创新百强县、全国科普示范县优秀示范县、山东省县域经济高质量发展先进县、省首批吨粮县、省首批集成改革试点县、省国资国企改革发展示范县、省技术转移先进县、省首批文化和旅游消费示范市、省全域旅游示范区、省人才工作先进单位，在赛迪百强县中列第34位、中郡百强县中列第19位。欧亚班列开通运行，利用外资、进出口任务超额完成。滕州经济开发区晋升国家级经济技术开发区。

表2 2021年滕州市主要经济指标统计表

指标名称	单位	1—12月累计	同比增长（%）
全市生产总值	亿元	858.49	8.5
第一产业增加值	亿元	87.77	8.2
第二产业增加值	亿元	390.28	8.1
第三产业增加值	亿元	380.44	8.9
税务局各项收入	亿元	145.21	34.9
#税收收入	亿元	100.57	15.4
一般公共预算收入	亿元	61.30	10.1
一般公共预算支出	亿元	79.51	31.1
规模以上工业增加值	亿元	—	16.5
固定资产投资	亿元	—	12.2
社会消费品零售总额	亿元	427.81	15.6
居民人均可支配收入	元	33030	8.8
#城镇居民	元	41705	7.8
农村居民	元	20801	10.6
进出口总额	亿元	60.6	25.6
实际利用外资	万美元	9246	36.0
居民消费价格总指数	%	101.1	1.1点
金融机构存款余额	亿元	948.22	7.6
#住户存款	亿元	717.05	10.0
金融机构贷款余额	亿元	686.81	14.5
全社会用电量	亿千瓦时	83.66	8.3
#工业用电量	亿千瓦时	61.45	8.0

【产业培育和项目投资】“633”现代产业体系、“247”大企业领航发展新格局形成。高端装备、高端化工、新材料三大主导产业营业收入分别完成280亿元、300亿元、110亿元，比上年分别增长21.7%、42.9%、27.7%；营业收入超10亿元工业企业13家；山能鲁化单体营业收入超百亿元，获得省长质量奖；联泓新科营业收入超百亿元，市值最高值超千亿元。中小数控机床特色产业集群入选山东省特色产业集群，3家企业跻身中国石油和化工企业500强，8家企业入选2021年度山东省高端品牌新增培育企业名单，11家企业入列2021年度省级“专精特新”中小企业名单，全市的省级“专精特新”中小企业总数发展到28家，3家企业的产品入列第五批山东省首版次高端软件产品名单。全年招引过亿元项目198个，列入省重点项目24个，总投资1528亿元的100个省市县三级重点项目提前4个月完成年度投资计划。投资51亿元的鲁化己内酰胺、投资50亿元的爱拉森高档医护用品、正威华能金属新材料项目等42个项目竣工投产。全市固定资产投资增长12.2%，45个在库项目本年完成投资超亿元。投资结构不断优化，工业占全市投资比重38.8%。房地产开发投资加快增长。全市房地产开发投资122.74亿元，比上年增长16.0%；其中住宅投资98.22亿元，比上年增长22.7%。商品房销售面积200.4万平方米，比上年增长5.3%；其中住宅销售面积170.1万平方米，比上年增长5.5%。

【农林牧渔业和乡村振兴】全市实现农业总产值172.01亿元，增长12.7%。其中，种植业107亿元，增长11.1%；林业0.78亿元，增长14.1%；牧业29.25亿元，增长21.7%；渔业8.86亿元，增长21.9%；农林牧渔专业及辅助性活动26.12亿元，增长7.2%。粮食播种面积与去年基本持平，蔬菜种植面积和产量比去年均有增加，生猪、家禽出栏量比去年均有增长，水产品产量增长。完成10个林业事业片区重点项目42个。新造林704公顷，其中荒山造林305公顷，境内荒山全部“清零”。50个乡村振兴项目完成投资30亿元，新格林、云尚善品、牧原养殖等一批智慧农业产业园落地建设；麦金地、华食汇、春藤牧业等农产品深加工项目投产运营，福藤食品获评农业产业化国家重点龙头企业，“滕州马铃薯”入选山东省十大地理标志品牌。农村公路完成大中修280公里，新改建镇村道路90公里、燃气管网20公里、供水及排水管网22公里、供电线路82公里。农村人居环境整体提升，建成美丽乡村精品示范片区8个、枣庄市级以上美丽乡村44个、美丽移民村4个、美丽庭院2万户。

【工业和建筑业】工业发展提质增效。与上年相比，规模以上工业增加值、营业收入、利润总额、营业收入利润率均实现增长。全市32个在统大类行业中有21个行业增加值增速同比增长，全市规上高端化工、高端装备、新能源新材料、新一代信息技术企业总产值分别增长57.7%、31.2%、29.5%、72.1%。全市资质以上建筑企业比上年增加9家，建筑业总产值159.70亿元，比上年增长4.7%。房屋建筑施工面积1065万平方米，其中新开工面积471万平方米。建筑业产值超5亿元的企业6家，其中超10亿元的企业2家。

【国内贸易】消费品市场加速复苏。全市社会消费品零售总额427.81亿元，比上年增长15.6%；其中限额以上单位零售额39.22亿元，比上年增长18.3%。

消费升级加速提升。全市限额以上贸易业粮油食品类、饮料类、烟酒类商品零售额比上年分别增长21%、36.9%和29.1%；在基本生活类商品零售额较快增长的同时，中西药品、通信器材、汽车、体育娱乐用品等部分消费升级类商品零售额增速加快。电子商务高速发展。全年实现网络零售额51.9亿元，比上年增长48%。电子商务进农村综合示范工作扎实推进，建设市电商公共服务中心1处、市电商仓储物流配送中心1处、镇级电商服务站16个、村级电商服务点200个；打造“滕韵佳物”“滕味善品”电商区域公用品牌，组织农特产品企业参加义乌电博会、济南电博会等各类展会节会，扩大滕州农特产品销售量，5镇8村被阿里巴巴研究院认定为淘宝镇淘宝村；实施淘宝直播“村播计划”，开展直播电商培训，举办各类直播培训65期、2000余人次；通过商邮交快合作模式，全市所有行政村实现“快递进村”服务全覆盖。

【对外经济】 对外开放水平不断提高。全年实现外贸进出口总额60.6亿元，比上年增长25.6%。其中，出口57.3亿元，增长26.3%；进口3.3亿元，增长14.3%。全市新增对外贸易经营者备案登记企业87家，有进出口实绩企业259家，进出口贸易涉及150余个国家和地区。实施“互联网+外贸”战略，实现枣庄市首单跨境电商9710新模式出口业务，推动8家企业实现跨境电商出口；搭建外贸发展平台，开通滕州市欧亚班列，依托嘉誉商贸城建成公用型保税仓库，小微企业出口业务实现业绩回流；组织企业参加广交会、山东出口商品（欧盟）云展会等线上线下展会20余个。利用外资创新高。全市新设外资企业11家，增资2家，实际到账外资1.004亿美元，比上年增长48%。先后组织企业参加青岛峰会、上海进博会等各类省市经贸招商活动20余场，签约外资项目7个。当年储备成熟项目线索16个，推动开工落地项目9个，促进外资到账项目18个。

【交通、邮政和通信】 交通运输实现跨越式发展。京台高速公路改扩建工程通车运营，滕州新北出口正式启用，滕龙路、龙岭路、大同北路3条北出口连接线投入使用。完成16条90公里县乡路提升和5座危桥改造，打造34公里莲青山美丽农村路示范样板区、16公里古薛河北辛文化旅游路示范样板区。全市公路通车总里程3449.5公里，其中，国道94.6公里、省道235.1公里，乡村公路3119.8公里。汽车保有量持续增长，全市机动车保有量37.61万辆，比上年增长11%；其中，私人汽车保有量34.62万辆，增长20%。邮政通信健康发展。全年发送函件7.7万件，特快专递110.56万件，报刊1116.19万份。完成邮政行业业务总量1.86亿元，完成包裹业务545.9万件、快递业务656.46万件。年末固定电话用户10.87万户，移动电话用户153.66万户，互联网用户50.63万户。推进客货邮融合发展。累计开通公交线路75条，实现行政村（居）2公里内公交线路全覆盖。打造交邮、交快线路6条，在25条公交线路开通托运服务，形成2个市级分拨中心、17处镇级配送站、1002处村级物流服务网点共同组成的三级物流网络体系，乡镇物流通达率100%。

【财政和金融业】 财政运行保障稳固。全市一般公共预算收入完成61.30亿元，比上年增长10.1%；其中税收收入完成50.46亿元、增长16.6%。全市一般公共预算支出完成79.51亿元，比上年增长31.1%；其中民生支出62.76亿元、占财政支出比重78.9%。银行存贷款总量均创历史新高。全市拥有各类金融机构59家，其中银行14家，保险机构36家，证券公司3家，融资性担保公司4家，民间资本管理公司2家。年末全市本外币贷款余额686.81亿元，较年初增加87.13亿元，增量突破80亿元大关，比去年多增25.70亿元。年末全市本外币存款余额948.22亿元，存款总量突破900亿元大关，同比增长7.6%。企业上市挂牌取得新突破。滕州入选全省上市公司孵化聚集区试点县，12家上市后备企业与券商签约进入规范辅导期，15家企业完成股改并在齐鲁股权交易中心挂牌，2家企业接受中国证券监督管理委员会山东监管局上市辅导；2家企业启动新三板挂牌工作。保险事业稳中有进。全年实现保费收入23.61亿元。新型农村合作金融稳步推进，11家农民专业合作社开展信用互助业务。

【科学技术和品牌标准】 创新驱动不断发力。新认定省院士工作站1家、省新型研发机构1家，新认定枣庄市技术创新中心9家、枣庄市重点实验室10家、枣庄市新型研发机构3家、枣庄市众创空间3家。10个项目列入省级以上重点科技计划。获批国家火炬计划人才1人，引进外国专家12人，柔性引进高层次人才3人。

全年专利授权总量2991件，其中发明专利授权200件。有效发明专利累计总量621件，高价值发明专利总量累计190件。全年入库国家科技型中小企业206家，高新技术企业新增29家，达到123家；全市高新技术产业产值占规模以上工业总产值比重55.26%。质量强市成效显著。全市新增山东优质品牌22个、山东知名品牌11个、山东省高端品牌培育企业8家，滕州市上榜山东省优质煤化工产品基地，获评2021年山东省优质产品基地品牌价值10强、品牌价值216亿元。新参与制修订国家标准2项、行业标准6项、团体标准6个，通过验收国家级标准化试点1个、省级标准化试点1个，新提交1个省级标准化试点项目验收申请，新立项3个山东省标准化试点项目。截至年末，马德里国际商标达到49件，地理标志证明商标9件，中国驰名商标11件。326家企业累计上报1356项标准，其中国家标准290个、行业标准124个、地方标准5个、企业标准929个、团体标准8个。全市通过ISO9000质量管理体系认证的组织362家，通过能源管理体系认证的组织16家，通过环境管理体系认证的组织245家，通过强制性产品认证的组织277家。

【教育事业】 年内投资3亿元，完成实验小学荆河路校区、滕州一中东校扩建一期工程建设，化工技师学院原址局部改建成九年一贯制荆泉学校，新建北辛街道北辛路学校初中部、辅华高级中学。实验幼儿园樱花苑园、北辛街道中心幼儿园2处公办园建成使用，级索中心园等3处幼儿园完成主体工程，小区配套园及时移交，学前教育普惠发展。实施省职教创新发展高地行动，推进提质培优项目28类、38个，枣庄科技职业学院成立山东省高端装备应用技术协同创新中心，筹建“枣庄工程技师学院”，启动新校区建设。

【文化、广播电视、卫生和体育】 文旅康养产业健康发展。金蜗牛房车营地、巧林新榫卯积木项目建成运营；23个在建重点文旅康养产业项目完成投资32.37亿元；新注册文化创意企业1255家，新增5个规上文化创意产业企业。全市A级旅游景区发展到22家，滕州创建成全省全域旅游示范区，蝉联全国县域旅游综合实力百强县。举办第十八届微山湖湿地红荷节、第十三届温泉文化旅游节、第五届鲁班文化节、第五届滕州书展等节会活动，开展文化和旅游消费季活动。

文化服务效能持续提升。完成柴胡店十间楼等10处乡村文物展览馆陈列布展，建成圈里村绳艺馆等乡村记忆馆、村史馆、民俗馆、非物质文化遗产展示馆40余处。岗上遗址成功入选“2020年度山东省五大考古新发现奖”，北辛遗址、庄里西遗址等九个项目入选“山东百年百项重要考古发现”名单，3个项目入选第五批省级非物质文化遗产代表性项目名录。全市馆藏文物达到72000件（套），其中国家一级文物61件。龙泉文化广场综合提升项目竣工结项，公共服务设施综合馆主体工程完工，200个村居综合性文化服务中心完成提升改造。送戏下乡演出1190场，举办“庆国庆”系列文化惠民演出活动，完成省市县三级联合购买文化惠民演出19场。全市拥有备案注册庄户剧团60余家，从业人员1100余人。广播电视事业繁荣发展。全市广播综合人口覆盖率95%，电视综合人口覆盖率99.1%。无线数字电视节目达到24套，人口覆盖率85%。《滕州日报》订阅1.1万户，发行2.6万份。卫生服务水平全面提升。全市医疗卫生机构1163家，其中医院34家、卫生院14家、社区卫生服务机构37家、公共卫生机构5家、村卫生室和诊所（门诊部）等其他医疗卫生机构1073家。医疗卫生机构实有床位9318张，全年各类医疗机构完成诊疗服务940.66万人次，提供住院服务29.2万人次。体育事业稳步发展。建成室外健身长廊和无人值守室外健身房各一处；全年承办省级以上赛事赛会1项，举办全市性群众体育比赛活动60余次；组队参加枣庄市十运会群体组比赛、枣庄市第十一届全民健身运动会并获得单项冠军21个，组队参加枣庄市第十届运动会青少年组比赛取得金牌、总分双第一，8名运动员参加全国第十四届运动会获得1银1铜。全市注册登记体育协会19家，社会体育指导员发展到近5000人，健身活动站点1369处。

【城乡建设】 通过国家卫生城市、国家园林城市复审，城市品质持续提升。城市市政基础设施建设投资累计完成12.4亿元。重点实施荆河东路建设、大同北路建设、墨子湖隧道及引道建设等城市市政基础设施建设项目53个，完工44个；同步实施道路、供热、供气、给排水等配套工程建设，新增供气管道长度211.82公里，新增供热管道长度268.07公里，燃气普及率100%，供热面积3132万平方米。新建改建公园游园6处、口袋公园30处，新增城区绿地面积170.25万平方米，绿道长度137.28公里。累计建成海绵城市面积21.58平方公里，占城市建成区面积33.6%。54个老旧小区实施改造190万平方米，受益居民约2万户。水利建设高标准推进。完成各类水利投资3.2亿元。城河、十字河高分通过全省美丽幸福河湖达标验收，户主水库获评省级标准化管理示范工程。“山水林田大会战”项目完成界河全线25公里治理，维修改造漫水桥3处；沿线三镇开展河道披绿工程。完成造林704公顷，修复湿地92公顷。东沙河水厂铺设完成境内输水管线15.6公里，改造春秋阁小区等区域供水管网7.3公里，实施50个村的农村供水提质工程及43个无集中供水设施村的供水管网改造工程。高铁新区建设成效显著。鑫迪一期（续建）项目完成建设并投产运营，深化与山东土发集团的智能家居建材产业园合作，培育壮大建材产业集群。三维钢构项目开始建设厂房，微纳中科完成场地平整，天安数码城项目完成项目初步选址，山东化工技师学院新校区分析系教学楼完成建设，卫生院项目完成建设，天然气管网扩能项目正在进行基础建设和大型设备进厂及安装，高铁新区南部区域污水干管铺设工作正在推进。

【环境保护、安全生产和灾害预防】 河流断面水质稳定达标。北沙河王晁桥、城郭河群乐桥、新薛河洛房桥3条国控河流断面各项指标均值达到地表水三类水质标准，集中式饮用水水源地水质达标率100%。环境空气质量持续改善。全市细颗粒物浓度均值每立方米44微克，比上年改善20%；可吸入颗粒物浓度均值每立方米83微克，比上年改善9.8%；二氧化硫浓度均值每立方米14微克，比上年改善17.6%；二氧化氮浓度均值每立方米26微克，比上年改善7.1%；臭氧浓度均值每立方米172微克，比上年改善5%；综合指数4.71，比上年改善12.3%；空气优良天数231天，优良率63.3%。二氧化硫、二氧化氮平均浓度长期稳定达到《环境空气质量标准》二级标准。环境执法监管不断强化。实施“全天候”线上监管、“网格化”线下巡查，坚持日常检查和“双随机，一公开”相结合的方式。用电量较快增长。全社会用电量83.66亿千瓦时、比上年增长8.3%，其中工业用电量61.45亿千瓦时、增长8.0%。全年滕州供电部售电量39.79亿千瓦时，比上年增长8.0%。其中，全行业用电量29.19亿千瓦时，增长12.5%；城乡居民用电量10.60亿千瓦时，下降2.7%。安全生产形势稳定。全年发生生产安全事故27起、死亡6人。其中，交通运输业事故5起、死亡4人；火灾事故15起；地面企业事故7起、死亡2人。灾害防御水平不断提升。建成Ⅱ类标准地震应急避难场所4处，占地面积共计48.1万平方米，震时可临时疏散安置31.9万人。

【居民生活】 居民收入稳步提升。全年居民人均可支配收入为33030元，增长8.8%。其中，城镇居民人均可支配收入为41705元，增长7.8%；农村居民人均可支配收入为20801元，增长10.6%，高于城镇居民收入增幅2.8个百分点。城乡居民人均可支配收入倍差为2.0，比上年缩小0.06。

【社会保障和民生事业】 开展企业参保、缴费、职工退休、待遇领取“一件事”打包办理，实施人社服务快办行动，加强社保网上办、掌上办宣传力度。累计征收各项社保费28.6亿元，发放各项社保待遇33.73亿元。年末全市各类社会养老服务机构

31个，拥有床位7508张，入住人数2811人。最低生活保障救济1.4万户、2.49万人，其中城市1450户、2668人，农村1.25万户、2.22万人，全年发放最低生活保障金15270.67万元。城乡特困人员6299人，全年发放救助供养金6317.41万元，接受社会捐赠2179.5万元。全市福利彩票销售网点141个，销售额1.32亿元。新工人文化宫启用，龙泉广场综合提升、一中东校扩建等20件惠民实事完成年度任务。“双减”政策全面落实，紧密型县域医共体县域就诊率超95%；“e呼善应”指挥平台运行高效，办结各类社会治理事项11.5万件。滕州市获评省首批残疾儿童少年随班就读示范区，市残疾人工作委员会获评全国残疾人工作先进单位，市文化馆晋升国家一级馆，岗上遗址获评2020年度山东省考古新发现奖。

（市地方史志研究中心）

精神文明建设

【创建全国文明城市】 市委、市政府打好创建全国文明城市的开局之年攻坚战，制定《滕州市创建全国文明城市三年（2021—2023）行动计划》《2021年度创建全国文明城市工作方案》《关于实行网格化帮包责任制的通知》《创城攻坚月实施方案》等系列文件，科学规划三年创建目标和阶段攻坚任务。建立健全创城网格化帮包责任制，全市划定市级网格29个，全体县级领导干部、102个市直部门单位、341家各级文明单位和各镇街全体机关干部、社区村居干部全部帮包到网格。先后组织开展网格帮包集中活动11次，参与人员超3万人次。坚持奖惩并用，开展专项督导71次、第三方模拟测评3次，发现并指导整改问题4200余个。对全市各镇街、各责任部门进行评分、排名、通报，兑现奖励140万元，约谈工作不力单位9家。扎实推进“三整治”“五提升”“两覆盖”攻坚行动，发放《创建全国文明城市倡议书》《滕州市市民文明行为20条》等宣传品20万份，新增公益广告1.2万处，张贴宣传标识3万余张；清理“十乱现象”1万余家（次），清除“小广告”1.2万处，集中整治城区食品经营单位7100余户和餐饮单位4800余户，规范提升城区农贸市场13处；新建公园游园6处、口袋公园30余处，施划、改造停车泊位1.3万个，完成7个片区54个老旧小区改造。滕州高分通过国家卫生城市复审，在全省32个县级文明城市和提名城市中位列第3名。

【新时代文明实践】 组织召开新时代文明实践中心建设现场观摩推进会议，开展新时代文明实践所站建设集中督导检查2次，指导木石、姜屯、荆河、洪绪、大坞等5个镇街新建新时代文明实践所。全市建成新时代文明实践中心1个、文明实践所21个、文明实践站1120个，实现市、镇（街道）、村（社区）三级全覆盖。依托上善传媒客户端开发文明实践手机客户端和微信小程序，开展志愿服务活动1377场，滕州新时代文明实践志愿者人数位居全省县（区、市）第一，文明实践活跃指数居全省县级前五。在2020年度全省学雷锋志愿服务“四个100”先进典型推选活动中，王海军获评最美志愿者，滕州市学雷锋志愿者联合会获评最佳志愿服务组织，荆河大同天下社区、龙泉滨江社区获评最佳志愿服务社区。滕州市“美丽女孩精准帮扶行动”获评第三届山东省青年志愿服务示范项目；“自救互救训练营志愿服务项目”获评2021年度全省学雷锋志愿服务“四个100”最佳志愿服务项目。

【思想道德建设】 强化主流价值引领。广泛开展典型选树，采取基层推荐与媒体发掘相结合、普遍评选与重点推介相结合的方式，建立健全“身边好人”选树机制，各级各部门定期挖掘报送好人线索。年内，王春元荣登“中国好人榜”；8人获评“山东好人”；19人获评“枣庄好人”。推荐各类先进典型参评上级道德模范评选，组织各镇街、市直有关部门在春节期间集中展播第七届全国道德模范故事汇基层巡演专题节目。推进未成年思想道德建设。深化“扣好人生第一粒扣子”主题教育实践活动，组织开展“童心向党”“清明祭英烈”等教育实践活动。联合教育和体育局、团市委、妇联、关工委等单位开展“新时代好少年”学习宣传活动及典型推荐工作，实验小学荆河路校区学生阮锦添、第二实验小学学生赵孔懿获评枣庄市2021年度“新时代好少年”。常态组织志愿服务。组织开展春节期间志愿服务关爱行动、庆祝建党100周年系列志愿服务活动。深化精神文明教育。组织文明教育活动。按照上级文明办统一部署，组织开展宣传教育倡树、文明实践推进、文明风尚培育、文明创建示范四项行动。联合有关部门开展“缅怀英烈铭记历史——网上祭英烈”、第33个爱国卫生月等活动。按照《枣庄市整治恶俗婚闹倡树文明新风工作方案》等文件要求，加强了对相关工作的指导和宣传。加强公益广告宣传。在公交楼宇、公共广场、主要干道、街道社区、建筑围挡等公共场所，广泛设置户外公益广告，利用报纸、电视、电台、新媒体等平台刊播上级媒体通稿和自制公益广告。各级各部门制作设置倡导文明健康生活方式主题公益广告7100余套，并运用各类媒体广泛刊播。深化文明创建活动。深入开展各级精神文明建设先进评选复查。完成2020年度滕州市级文明单位、文明社区评选复查工作，开展2021年度省级、枣庄市级文明村镇、文明单位、文明社区、文明校园及滕州市级文明单位、文明社区评选复查工作。联合教育和体育局开展创建全国文明校园先进学校申报工作，北辛街道北辛中学入选2021—2023年创建全国文明校园先进学校。联合妇联评选2021年度滕州市“最美家庭”“五好家庭”各30个，滕州市家庭工作先进集体、先进个人各35个。组织341个文明单位按照创建全国文明城市实地考察相关点位测评标准要求，到重点小区、村居开展帮扶共建活动。推广精神文明建设工作经验。《滕州：创建文明城市你我皆是主角》《滕州市西岗镇聚力“五大战略”探索乡村振兴示范镇创建新路径》《滕州市东沙河街道开展老年人迎七夕主题活动》《滕州市税务局：着力打造“厚德敬业、善税笃行”文明创建品牌》等信息先后在山东文明网、枣庄文明网刊发。

【文明单位创建】 年内全市新增山东省文明单位4个，分别为市委政法委、市墨子研究中心、市交通运输局、华电滕州新源热电有限公司；新增龙泉街道办事处、市商务和投资促进局、市退役军人事务局等枣庄市级文明单位25个。

【市民文明行为20条】 1. 公共场所不吸烟、不喧哗；2. 有序排队、主动让座；3. 不随地吐痰，咳嗽喷嚏掩口鼻；4. 不破坏公物，不乱涂乱画乱张贴；5. 不破坏花草树木，不躺卧公共座椅；6. 垃圾分类不乱扔，看到垃圾弯腰捡；7. 遛狗要拴绳，粪便及时清；8. 不占道经营，不噪音扰民；9. 不乱搭乱建，不高空抛物，不飞线充电；10. 不占用消防通道，不随意晾晒衣物、楼道不堆放杂物；11. 不闯红灯，不翻护栏；12. 正确佩戴头盔，电动车、自行车要走非机动车道；13. 开车不加塞、不逆行，不乱开远光灯、不随意鸣喇叭、不车窗抛物；14. 不乱停乱放，不占压盲道；15. 礼让斑马线，车让人、人快走；16. 遇事不争吵，不说脏话粗话；17. 不剩饭剩菜，用公筷公勺，不过分劝酒；18. 文明上网，不造谣、不信谣、不传谣；19. 带儿童外出不随地便溺，不干扰他人；20. 文明旅游，点赞滕州。

【市民文明素质提升专项行动】 1. 开展文明宣传行动；2. 开展文明出行行动；3. 开展文明用餐行动；4. 开展文明礼仪行动；5. 开展文明上网行动；6. 开展“小广告”整治行动；7. 开展电动车违规停放充电整治行动；8. 开展不文明养犬整治行动；9. 开展违规占道经营整治行动；10. 开展车辆乱停乱放整治行动。

（市委宣传部）

组织机构及负责人

【中国共产党滕州市委员会】

书　记　刘文强（5 月离任）
　　　　陈永生（7 月任职）
副书记　马宏伟（12 月离任）　苏学锋（5 月离任）
　　　　刘洪鹏（6 月任职，12 月离任）
　　　　周　刚（12 月任职）
常　委　朱晏辰（3 月离任）　高　欣　刘庆东
　　　　薛登峰　韩昌军　李　义（3 月任职）
　　　　王　涛　康凤霞（女，3 月任职）
　　　　樊　猛（3 月任职，12 月离任）　孔祥东

市委办公室（市委政策研究室、市档案局、市委保密办）

主　任　薛登峰
分管日常工作的副主任、市档案局局长
　　　　盖立洪（1 月离任）
分管日常工作的副主任　刘玉继（12 月任职）
市委保密办（市保密局）主任（局长）　刘玉继
市档案局局长　刘　建（12 月任职）
市委政策研究室主任　丁　凯（12 月任职）

市委组织部（市委老干部局、市公务员局、市委非公有制经济组织和社会组织工委）

部　长　李　义（3 月任职）
分管日常工作的副部长、市公务员局局长
　　　　孔凡华（女，12 月离任）
分管日常工作的副部长　李启顺（12 月任职）
市委老干部局局长、市委非公有制经济组织和社会组织工委书记　李启顺

市委宣传部（市政府新闻办、市文明办、市网信办）

部　长　朱晏辰（4 月离任）
　　　　康凤霞（女，4 月任职）
分管日常工作的副部长、市政府新闻办主任
　　　　张美林（女，12 月离任）
　　　　李长瑞（12 月任职）
市网信办主任　夏学衍（12 月离任）
　　　　李长瑞（12 月任职）
市文明办主任　赵联喜（12 月离任）
　　　　赵曰祥（12 月任职）

市委统战部（市政府台事办、市政府侨务办、市民族宗教事务局）

部　长　刘庆东（4 月离任）
　　　　樊　猛（4 月任职，12 月离任）
分管日常工作的副部长　孙作怀
市政府台事办主任、市政府侨务办主任　袁　春
市民族宗教事务局局长　李成波

市委政法委

书　记　刘庆东（12 月离任）
　　　　孔祥东（12 月任职）
分管日常工作的副书记　朱瑞国（12 月离任）
　　　　尹亚东（12 月任职）

市委编办

主　任　段修进（1 月离任）
　　　　盖立洪（1 月任职，12 月离任）
　　　　杨其朝（12 月任职）

市委市直机关工委

书　记　司国光（12 月离任）
　　　　丁新亚（女，12 月任职）

市委巡察办

主　任　王慎忠

【滕州市人民代表大会常务委员会】

主　任　李　健
副主任　姜繁茂　李广宪　柴春国　刘　茜（女）
　　　　郭传伟

财政经济委员会

主　委　姜繁茂

城建环保委员会

主　委　李广宪

监察和司法委员会

主　委　周天民（1 月离任）

教科文卫委员会

主　委　高守民

农业农村委员会

主　委　聂　奇

办公室

主　任　贾福军

研究室

主　任　胡瑞琳（女）

信访室

主　任　王正平

人代室

主　任　侯宜敏

法制工作室

主　任　马灿阶

教科文卫工作室

主　任　赵逢柏

财经工作室

主　任　孙茂胜

城建环保工作室

主　任　刘玉洋（12 月离任）

司增会（12 月任职）

预算工作委员会

主　任　陈振诚

农经工作室

主　任　马兆国

【滕州市人民政府】

市　长　马宏伟（12 月离任）

代市长　周　刚（12 月任职）

副市长　王　涛　康凤霞（女，3 月离任）

杜茂广（12 月离任）　王次青（3 月离任）

樊　猛（3 月离任）　秦升学（挂职）

张传纲（4 月任职）

张晓翠（女，4 月任职）

市政府办公室（市地方金融监管局、市大数据局）

主　任　颜丙磊（12 月离任）

盖立洪（12 月任职）

市地方金融监管局局长、市大数据局局长

葛全振（3 月离任）

市大数据局局长　孟防震（3 月任职）

市发展和改革局（市新旧动能转换综合试验区建设办公室、市能源局、市粮食和物资储备局）

局　长　翟传虎（12 月离任）

赵曰海（12 月任职）

市新旧动能转换综合试验区建设办公室常务副主任

陈　杰

市教育和体育局

局　长　杜孝玺（12 月离任）

朱光耀（12 月任职）

市科学技术局（市外国专家局）

局　长　杨其朝（12 月离任）

杨青霖（12 月任职）

市外国专家局局长　刘儒存

市工业和信息化局（市非公有制经济发展服务局）

局　长　王印德（12 月离任）

孟凡军（12 月任职）

市公安局

局　长　杜茂广（12 月离任）

李建峰（12 月任职）

政　委　沈玉升

市民政局

局　长　朱光耀（12 月离任）

翟华栋（12 月任职）

市司法局

局　长　翟华栋（1 月离任）

吕卫民（1 月任职）

市财政局

局　长　姜广涛（12 月离任）

孙彦民（12 月任职）

市人力资源和社会保障局

局　长　宋　捷

市自然资源局（市林业和绿化局）

局　长　马兆鹏（12 月离任）

张美林（女，12 月任职）

市住房和城乡建设局

局　长　王怀文（8 月离任）

马培安（9 月任职）

市交通运输局

局　长　魏　超

市城乡水务局

局　长　李长瑞（12月离任）　王建桥（12月任职）

市农业农村局（市乡村振兴局）

局　长　陈伟泰

市乡村振兴局常务副局长　王建桥（12月离任）

满　伟（12月任职）

市商务和投资促进局

党组书记　崔　波

局　长　单金凤（女）

市文化和旅游局（市新闻出版广电局、市文物局）

局　长　刘书巨

市卫生健康局（市中医药管理局）

局　长　孟祥磊

市退役军人事务局

局　长　俞　涛

市应急管理局

局　长　王慎平

市审计局

局　长　杨修常

市国有资产监督管理局

局　长　张志强

市行政审批服务局（市政务服务管理办公室）

党组书记　樊　猛（12月离任）

局　长　孙　勇（12月离任）

吕成民（12月任职）

市市场监督管理局

局　长　朱秋原

市综合行政执法局（市城市管理局）

局　长　卢光智

市统计局

局　长　陈凡国（12月离任）

张　洪（12月任职）

市医疗保障局

局　长　奚修志（12月离任）

赵　博（12月任职）

市信访局

局　长　梁兴启（1月离任）

韩兴贵（1月任职）

【中国人民政治协商会议山东省滕州市委员会】

主　席　宗大全

副主席　孙士泉　杜孝玺　乔令梅（女）　高广胜

李　军（12月离任）　李培永

秘书长　秦修杭（1月当选）

办公室

主　任　鲁　尧（1月任职）

研究室

主　任　鲁　尧（1月离任）

徐广艾（1月任职）

提案委员会

主　任　朱林宏

经济委员会

主　任　刘　元

人口资源环境委员会

主　任　齐振亭

教科卫体委员会

主　任　刘　冰（1月任职）

社会和法制委员会

主　任　龙厚明

祖国统一联谊委员会

主　任　杨列东

文化文史和学习委员会

主　任　张书信

农业和农村委员会

主　任　陈　冰

【中国共产党滕州市纪律检查委员会（市监察委员会）】

市纪委书记、市监委主任　高　欣

【武装部】

部　长　韩昌军

政　委　冯学军（6月离任）

徐淑利（10 月任职）

【法院、检察院】

滕州市人民法院

院　长　高　键（12 月离任）

院长提名人选　张显礼（12 月任职）

副院长　王　鸿（女）　马运泉　刘继秋　张昭祥

滕州市人民检察院

检察长　姜广俊（12 月离任）

检察长提名人选　靖　波（12 月任职）

副检察长　鲁大同　李洪伟　张西明　马兆坡

【人民团体】

市工商业联合会

主　席　乔令梅（女）

党组书记　张永正（12 月离任）

党组书记、常务副主席　孙作怀（12 月任职）

市总工会

主　席　李广宪

党组书记　赵　博（12 月离任）

党组书记、常务副主席　张永正（12 月任职）

共青团市委

书　记　赵素贤（女，12 月离任）

市妇女联合会

主　席　孔　娜（女）

市科学技术协会

主　席　孟凡尧（12 月离任）

　　　　赵联喜（12 月任职）

市残疾人联合会

理事长　赵逢永

市法学会

会　长　刘庆东（12 月离任）

　　　　孔祥东（12 月任职）

常务副会长　丁新亚（女，12 月离任）

市计划生育协会

会　长　杨　勇（3 月离任）

　　　　孟祥磊（3 月任职）

市文学艺术界联合会

党组书记　徐兴伟（3 月任职）

主　席　马建钧（3 月离任）

　　　　党　芬（3 月任职）

市社会科学界联合会

主　席　任国成

市红十字会

党组书记　杨　峰

会　长　孔　磊（3 月任职）

【市属企事业单位】

市委党校（市行政干部学校、市社会主义学校）

校　长　刘文强（5 月离任）

　　　　陈永生（8 月任职）

书　记　钟　敏

分管日常工作的副校长　李传峰（12 月任职）

市社会主义学校校长　刘　茜（女）

市委党史研究中心（市地方史志研究中心）

主　任　张昌民

市档案馆

馆　长　牛广林（3 月离任）

　　　　沈金强（3 月任职）

市融媒体中心

主　任　孟凡军（12 月离任）

　　　　刘子舜（12 月任职）

市机关事务服务中心

主　任　张宗端

市老年大学（滕州开放大学）

校　长　宋　滨（3 月任职）

市林业事业发展中心

主　任　张广启（3 月离任）

　　　　赵曰理（3 月任职）

市粮食和物资储备中心

主　任　赵明殿

市能源事务中心

主　任　徐兴伟（3 月离任）

　　　　郑　超（3 月任职）

市商业物资行业事务中心

主　任　周书海（3 月任职）

市供销合作社联合社

理事会主任　周茂林（3 月离任）

　　　　　　王　鹏（女，3 月任职）

市墨子研究中心

主　任　张子玉（12 月离任）

　　　　宋　捷（12 月任职）

市规划编制研究中心

主　任　吕成钊

市金融服务中心

主　任　史孝峰

市招商引资服务中心

主　任　崔　波

市体育事业发展中心（市体育总会秘书处、市老年人体育协会秘书处）

主　任　王介贞（3 月离任）

　　　　吕成民（3 月任职，12 月离任）

　　　　丁　涛（12 月任职）

滕州微山湖湿地管委会

主　任　闫培楷

鲁南高科技化工园区管委会

党工委书记　马　冀（12 月离任）

　　　　　　程俊雅（女，12 月任职）

主　任　赵　炜（12 月离任）

滕州高铁新区管委会

党工委书记　闵祥寨（12 月离任）

　　　　　　马金安（12 月任职）

主　任　刘子舜（12 月离任）

滕州经济技术开发区管委会

党工委书记、主任　朱晏辰（12 月离任）

　　　　　　　　　高　欣（12 月任职）

山东滕发投资控股有限公司

董事长　朱晏辰（4 月任职，12 月离任）

总经理　马　冀（12 月离任）

市工业资产运营有限公司

董事长　方玉新（4 月离任）

　　　　周永启（4 月任职）

总经理　郭　伟

山东滕建投资集团有限公司

董事长　宗成伟（4 月离任）

　　　　方玉新（4 月任职）

总经理　侯钦军

山东天行健置业有限公司

董事长　陈志远

总经理　颜东升

市城市国有资产经营有限公司

董事长　马灿亮

总经理　王传伟

山东滕州辰龙能源集团有限公司

董事长　李宏江（4 月离任）

　　　　宗成伟（4 月任职）

总经理　王介宏

滕州城建集团有限公司

董事长　张　健

总经理　李振兴

市旅游发展有限公司

董事长　马效磊（3 月任职）

总经理　马效磊（3 月离任）

　　　　吴开龙（3 月任职）

微山湖湿地集团有限公司

董事长　李宏江（4 月任职，12 月离任）

总经理　马　骏

滕州信华投资集团有限公司

董事长　徐　俊

总经理　杜泽坦

市荆善园林建设工程有限公司

董事长　朱传远

总经理　李　明

市金盾保安服务有限公司

董事长　吴培善

总经理　甘志远

滕州建工建设集团有限公司

董事长　蔡成奎

市交通发展集团有限公司

董事长　张建军（3 月离任）

张　涛（3 月任职）
总经理　张　涛（3 月离任）
孙卓安（3 月任职）

市水务发展集团有限公司

董事长　李鲁峰
总经理　李亚峰

市上善传媒科技有限公司

董事长　孟凡军（12 月离任）
刘子舜（12 月任职）
总经理　韩顺韬

【院校、医院】

枣庄科技职业学院

党委书记　侯同运
院　长　谷道宗
副院长　杨　琼（3 月任职）　徐庆俊（3 月离任）
闵祥寨（12 月离任）　韩业河　张玉法

市中等职业教育中心学校

党委书记　张　凯
校　长　张东睿

滕州高级技工学校

校　长　沈继章

市第一中学

党委书记　侯　斌（3 月离任）
韩　超（3 月任职）
校　长　刘春雨

市第二中学

党委书记　刘金山
校　长　任卫民

市第三中学

党总支书记　王青梅（女）
校　长　战　洪

市第五中学

党总支书记　刘汝仲
校　长　任泽友

市第十一中学

校　长　王延光

市中小学素质教育实践中心

主　任　冯旭东

市教师进修学校

支部书记　吴鸿雁（3 月离任）
校　长　李志友

市中心人民医院

党委书记　朱恒科（3 月离任）
邢佑文（3 月任职）
院　长　杨　琼（3 月离任）
武宗义（3 月任职）

市中医院

党委书记　范警华（8 月任职）
院　长　韩兴贵（1 月离任）
甘志浩（1 月任职）

市妇幼保健院

党委书记　赵逢平（8 月离任）
邢佑文（8 月任职）
院　长　神　艳（女，8 月任职）

市工人医院

党委书记　裴明帅（8 月任职）
院　长　刘　颖（8 月离任）
谭　政（8 月任职）

市精神卫生中心

党委书记　陈振华（8 月任职）
主　任　陈振华（8 月离任）
钱成永（8 月任职）

市第一人民医院

院　长　裴明帅（8 月离任）
王思民（8 月任职）

市第二人民医院

院　长　李晓明（8 月离任）
马　波（8 月任职）

【镇、街道】

鲍沟镇

党委书记　赵曰国（12 月离任）
夏　波（12 月任职）
镇　长　程俊雅（女，4 月离任）

赵　强（4月提名镇长候选人，6月当选）

滨湖镇

党委书记　宗兆波（12月离任）

何洪超（12月任职）

镇　长　远　洋（12月离任）

张　超（12月提名镇长候选人）

柴胡店镇

党委书记　张　波（12月离任）

韩建行（12月任职）

镇　长　刘　涛（1月当选，12月离任）

赵素贤（女，12月提名镇长候选人）

大坞镇

党委书记　陈凡锋（12月离任）

党　琪（12月任职）

镇　长　党　琪（12月离任）

傅焕青（女，12月提名镇长候选人）

东郭镇

党委书记　韩兴阔

镇　长　韩建行（12月离任）

孙　然（12月提名镇长候选人）

官桥镇

党委书记　杨青霖（12月离任）

丁加水（12月任职）

镇　长　庞传军

洪绪镇

党委书记　李亚娟（女，12月离任）

张　波（12月任职）

镇　长　刘百顺

级索镇

党委书记　邢佑文（3月离任）

苏学锋（4月任职，5月离任）

陈　林（8月任职）

镇　长　陈　林（8月离任）

邱　勇（8月提名镇长候选人）

姜屯镇

党委书记　马洪杰（12月离任）

马　骉（12月任职）

镇　长　范警华（8月离任）

冯英华（8月提名镇长候选人）

界河镇

党委书记　王　宁（4月离任）

程俊雅（女，4月任职，12月离任）

王学焱（12月任职）

镇　长　王学焱（12月离任）

褚晓飞（12月提名镇长候选人）

龙阳镇

党委书记　李利华（12月离任）

远　洋（12月任职）

镇　长　孙　然（12月离任）

吕文琦（12月提名镇长候选人）

木石镇

党委书记　赵　炜（12月离任）

程俊雅（女，12月任职）

镇　长　马　骉（12月离任）

常　鹏（12月提名镇长候选人）

南沙河镇

党委书记　樊晓阳（12月离任）

赵　聪（12月任职）

镇　长　赵　聪（12月离任）

李　源（12月提名镇长候选人）

西岗镇

党委书记　王家贺（12月离任）

陈凡锋（12月任职）

镇　长　颜景宁（1月当选）

羊庄镇

党委书记　黄传军（12月离任）

秦磊磊（12月任职）

镇　长　秦磊磊（12月离任）

孙名君（女，12月提名镇长候选人）

张汪镇

党委书记　孙彦民（12月离任）

谢经雷（12月任职）

镇　长　谢经雷（12月离任）

王　艳（女，12月提名镇长候选人）

北辛街道

党工委书记　马金安（12月离任）

梁　刚（12 月任职）

主　任　梁　刚（12 月离任）

孔维刚（12 月任职）

东沙河街道

党工委书记　赵曰海（12 月离任）

马金安（12 月任职）

主　任　夏　波（12 月离任）

李彦铮（12 月任职）

荆河街道

党工委书记　何洪超（12 月离任）

张文良（12 月任职）

主　任　张文良（12 月离任）

刘　涛（12 月任职）

龙泉街道

党工委书记　张传纲（4 月离任）

王　宁（4 月任职，12 月离任）

马洪杰（12 月任职）

主　任　刘宝斌

善南街道

党工委书记　夏　香（女，12 月离任）

李利华（12 月任职）

主　任　丁加水（12 月离任）

鲁大鹏（12 月任职）

注：统计截至 2021 年 12 月 31 日

（市委组织部）

中国共产党滕州市委员会

Tengzhou Municipal Committee of the Communist Party of China

综　述

【概况】 市委坚持以习近平新时代中国特色社会主义思想为指导，全面贯彻党的十九大和十九届历次全会精神，大力实施“工业强市、产业兴市”三年攻坚突破行动，加快推进现代化强市建设，经济社会发展呈现稳中向好、质效双升的良好态势。全年生产总值实现858.5亿元、比上年增长8.5%；一般公共预算收入完成61.3亿元、比上年增长10.1%。滕州连续19年保持全国综合实力百强县，蝉联全省高质量发展先进县。

【政治建设】 始终把党的政治建设摆在首位，确保全市各项事业沿着正确方向不断前进。旗帜鲜明讲政治。牢记“国之大者”，自觉对标对表，深刻领悟“两个确立”，不断增强“四个意识”、坚定“四个自信”、坚决做到“两个维护”。严格落实“第一议题”制度，对习近平重要讲话和重要指示批示精神及时组织学习、研究贯彻意见，累计召开市委常委会、市委理论学习中心组集体学习51次、研讨交流14次。严格落实意识形态工作责任制，新时代文明实践中心实现市镇村三级全覆盖，主流舆论阵地不断巩固壮大。不忘初心学党史。举办党史学习教育、习近平总书记“七一”重要讲话、党的十九届六中全会专题读书班、报告会9场，开展巡回宣讲176场、分众化“六进”宣讲1300余场，“小院宣讲”“小板凳宣讲”等做法被新华社、《人民日报》报道。用好“学习强国”“灯塔党建在线”等线上平台开展党史知识竞赛，滕州参赛人数全省县级第一。实施千名干部“进千村、入千企”双千工程，累计为企业群众办理实事3536件，经验做法被山东《新闻联播》报道。牢固树立“快就是大局、干就是担当”的理念，制定出台《关于加快滕州现代化强市建设的实施意见》，引导广大党员干部群众把思想和行动统一到强市建设大局上，汇聚强市建设正能量。

【经济建设】 坚持大抓工业、抓大产业，推动高质量发展。坚持“工业强市、产业兴市”不动摇，着力在产业集聚、项目提质、园区突破、创新驱动上攻坚发力，实现规模质量效益同步提升。产业规模持续壮大。坚持专班专抓，压紧压实链长责任，高端装备、高端化工、新材料三大主导产业营业收入分别达到280亿元、300亿元、110亿元，比上年增长21.7%、42.9%、27.7%，中小数控机床入选省特色产业集群。大力实施“247”领航型企业培育计划，规上工业企业发展到304家，实现产值680.3亿元，增加值比上年增长16.5%。年纳税过亿元企业11家，3家企业跻身中国石油和化工企业500强，山能鲁化、联泓新科营业收入双破百亿，山能鲁化获得省长质量奖。推进企业上市，15家企业完成股改挂牌，滕州入选全省上市公司孵化集聚区试点。项目建设势头强劲。招引过亿元项目198个，其中过50亿元项目13个、过百亿元项目2个，恒仁玉米精深加工、金晶节能玻璃等24个项目列入省重点项目。总投资1528亿元的100个省市县三级重点项目提前4个月完成年度投资计划；投资51亿元的鲁化己内酰胺、投资50亿元的爱拉森高档医护用品等42个项目竣工投产，总投资、单体投资和重大项目个数均创历史新高。园区发展提档升级。以滕州经济开发区升级国家级经济技术开发区为契机，聘请同济大学吴志强院士团队编制经济开发区发展规划，研究制定绩效考核办法，累计盘活闲置土地47.98公顷。深化产城融合和功能复合，投资57.2亿元的鲁南高科技化工园区基础设施综合提升项目进展顺利。高铁新区加快建设，发挥鑫迪家居智能制造产业园集聚效应，推进土发集团智能家居产业园、微纳中科高端金属新材料等一批项目开展。

【改革创新】 坚持以改革激发活力，以开放拓展空间，以创新集聚要素，融入新发展格局。出台优化营商环境措施25条，“一业一证”实现50个行业全覆盖，实现“一链办理”事项166个。改革创新经验被中央、省市推广90余项，被党和国家领导人批示肯定3项，高端化工全产业链集成改革入选全国改革典型案例，藏粮于地、藏粮于技典型案例被中央改革办刊发，获批全省首批系统集成改革试点市。加快对外开放。外资企业达到91家，全年实际利用外资9246万美元，增长36%。开通欧亚班列，拉动进出口2.6亿元。外贸企业达到262家，全年实现进出口总额60.6亿元，比上年增长25.6%，鲁华、嘉誉跻身全国商品市场百强。创新驱动成效明显。辛化硅胶、益康药业、山森数控3家企业被评为省级技术创新示范企业，省级以上创新平台、国家高新技术企业分别达到110家、123家。实施智能化绿色化技改，工业技改投资完成70.6亿元，比上年增长15.1%。累计柔性引进省级以上高层次人才178人，滕州获评全国首批科普示范县、全省技术转移先进县。

【城乡建设】 统筹兼顾、协调推进，城乡更加宜居宜业。坚持城乡共建、一体推进，优化城市功能品质，全面推进乡村振兴，促进城乡融合发展。城市品质持续提升。城市规划面积拓展到108平方公里，城镇化率62%，国家卫生城市、国家园林城市复审通过。京台高速改扩建、枣菏高速等重大交通工程建成通车，荆泉路、振兴路、荆河路等骨干路网全线贯通，全市道路通车总里程达到3412公里。6个区域70余万平方米房屋完成动迁，54个老旧小区改造完成。建设各类公园游园45处、生态街巷99条，生活垃圾分类实现全覆盖。“双十镇”建设成效显著。制定出台《推进乡村振兴示范镇特色镇高质量发展实施意见》，每年列支5000万元资金专项支持示范镇、特色镇建设。在枣庄“双十镇”考核评比中，各镇成绩名列前茅。界河镇获评全国乡村特色产业十亿元镇。乡村振兴全面深化。粮食面积稳定在10.6万公顷，产量保持在80万吨以上，小麦单产511.2公斤，滕州被列入全省首批吨粮县。农业综合机械化率94%，全国粮食机收减损技能大比武山东赛区比赛在滕州开赛。马铃薯种植面积70万亩，总产量210万吨，创建成为省级现代农业产业园。国家级农业产业化龙头企业发展到3家，“三品一标”认证品牌达到223个。农村人居环境整治三年行动完成，城乡安全供水、300户以上自然村公厕、自然村通硬化路实现全覆盖。

【社会民生事业】 坚持兜牢底线、补齐短板，社会民生事业蓬勃发展，人民群众的获得感、幸福感不断提升。公共服务更优质。持续巩固脱贫攻坚成果，1.98万脱贫享受政策人口收入稳定增长。高质量完成超大班额化解、配套园整治、控辍保学“三个清零”。全国紧密型县域医共体试点成效显著，县域就诊率95%。举办微山湖湿地红荷节、墨子鲁班文化节、滕州书展等节会活动，市博物馆、汉画像石馆晋升为国家一级馆，滕州获评全省首批文化和旅游消费示范市、全省全域旅游示范区。绿色底蕴更浓厚。压紧压实河湖长制、林长制责任，实施“山水林田大会战”，42个项目竣工，完成造林800公顷，修复湿地92公顷。打好污染防治攻坚战，空气优良天数231天，细颗粒物（$PM_{2.5}$）浓度、空气质量综合指数分别比上年改善 20%、12.3%；抓好南四湖流域生态保护，3 个国控断面水质均达到地表水三类标准。办结省级环保督察信访件 494 件，办结中央环保督察信访件 93 件。社会环境更加和谐。推进“平安滕州”“法治滕州”建设，充分发挥“e 呼善应”平台作用，办结各类社会治理事项 11.5 万件，办结率 99.5%。推进政法队伍教育整顿，常态化开展扫黑除恶斗争，信访工作实现“退位降量”目标，“统战 + 人民调解”非诉讼纠纷化解模式被中央政法委推广。守牢安全生产、疫情防控、安保维稳等“一排底线”，社会大局保持和谐稳定。

【党的建设】 坚持从严从实、转变作风，党的建设全面加强。扛起全面从严治党主体责任，标本兼治推动全面从严治党向纵深发展。锻造过硬队伍。突出实干实绩导向，统筹用好各类型、各年龄段干部。用好考核指挥棒，建立“工业强市、产业兴市”、综合绩效等月度考核机制，大幅提高村干部基本报酬和绩效报酬，提振干事创业精气神，获评全国“优秀党务工作者”1 人，4 人和 1 个党组织获评省“两优一先”。构筑坚强堡垒。完成 1195 个村（社区）“两委”换届，“一肩挑”比例 95.2%，村（社区）干部学历、年龄结构全面优化。实施三年强村计划，扎实开展“三资”清理，打响“破十攀百”攻坚战，集体经济收入 10 万元以上村 89%，100 万元以上村 56 个。深化城市基层党建示范市建设，将原 92 个社区优化调整为 48 个，招录专职社区工作者 100 人，全面提升基层治理能力。发扬“严真细实快”工作作风，力戒形式主义、官僚主义，推动各项工作落细落实。创新实施监督执纪“第一种形态”和开展党内问责，经验做法上报省委办公厅。深化巡察监督，“巡镇带村”“一事双推”“整改回头看”经验做法被中央巡视办刊发推广。严格“三个区分开来”，落实容错纠错制度，给予澄清正名问题 9 起 11 人，营造风清气正的良好政治生态。

市委常委会议

【十三届市委第 206 次常委会议】 2021 年 1 月 15 日，市委书记刘文强主持召开市委常委会议。会议学习习近平在省部级主要领导干部学习贯彻党的十九届五中全会精神专题研讨班开班式、中共中央政治局常务委员会会议、中央农村工作会议、中共中央政治局民主生活会上的讲话精神，传达省委常委会民主生活会精神以及中央和省、枣庄市关于认真开好 2020 年度县以上党和国家机关党员领导干部民主生活会的通知精神，听取市人大常委会、市政府、市政协党组，市纪委监委，市法院、市检察院党组 2020 年度工作情况汇报，听取市委常委和各党组书记关于履行全面从严治党责任情况的汇报。

【十三届市委第 211 次常委会议】 2021 年 2 月 7 日，市委书记刘文强主持召开市委常委会议。会议学习习近平在中共中央政治局第二十七次集体学习时的讲话精神，传达中央、省、枣庄市纪委全会和政法工作会议精神，传达省人大、政协“两会”精神以及省、枣庄市宣传部长会议精神，研究《关于开展有关调研工作的通知》、全市村和城市社区“两委”换届筹备等工作。

【十三届市委第 214 次常委会议】 2021 年 3 月 8 日，市委书记刘文强主持召开市委常委会议。会议学习习近平在全国脱贫攻坚总结表彰大会、中央党校（国家行政学院）中青年干部培训班开班式上的讲话精神，传达中央《关于加强巡视巡察上下联动的意见》。

【十三届市委第 219 次常委会议】 2021 年 4 月 6 日，市委书记刘文强主持召开市委常委会（扩大）会议。会议学习习近平总书记在福建考察时的讲话精神，传达学习枣庄市重点项目调度会议精神，研究市委常委分工及县级领导干部帮包镇街、全市产业专班组长和市重点项目帮包领导调整、村（社区）“两委”换届、河湖长制及水库安全运行管理、新增农村乱占耕地建房问题整改、安全生产等工作。

【十三届市委第 226 次常委会议】 2021 年 5 月 14 日，市委副书记、市长马宏伟主持召开市委常委会议。会议学习习近平在广西考察时、在中共中央政治局第二十九次集体学习时的讲话精神，传达4月19日省委常委会研究一季度经济社会发展形势时的会议精神，研究全国文明城市创建、国家卫生城市复审暨城市品质提升有关工作。

【十三届市委第230次常委会议】 2021年6月13日，滕州市委副书记、市长马宏伟主持召开市委常委会（扩大）会议。会议传达学习枣庄市链长制工作第三次调度会议精神和枣庄市关于开展新一轮企业单位安全隐患全覆盖排查整治活动的紧急通知，研究招商引资、重点项目建设、安全生产、国家卫生城市复审等工作。

【十三届市委第235次常委会议】 2021年7月15日，市委书记陈永生主持召开市委常委会会议暨市委理论学习中心组集体学习会。会议深入学习习近平在庆祝中国共产党成立100周年大会上的讲话精神以及省委相关文件精神，传达全省防汛工作专题会议和省委常委会学习贯彻习近平关于防汛救灾工作指示要求会议精神、省委理论学习中心组专题读书班精神，研究生态环保、意识形态、常委分工及县级领导干部帮包镇街等方面工作。

【十三届市委第238次常委会议】 2021年8月2日，市委书记陈永生主持召开市委常委会议。会议传达学习枣庄市区（市）、镇领导班子换届工作会议精神，审议通过《滕州市共青团基层组织改革试点全域推进工作方案》，研究2021年度全市综合绩效考核办法等工作。

【十三届市委第244次常委会议】 2021年9月10日，市委书记陈永生主持召开市委常委会议并讲话。会议传达学习习近平在中共中央政治局会议、中央民族工作会议、中央党校（国家行政学院）中青年干部培训班开班式上的讲话精神，研究全市信访、镇领导班子换届工作，观看《警钟长鸣——严肃换届纪律教育警示录》。

【十三届市委第247次常委会议】 2021年10月9日，市委书记陈永生主持召开市委常委会议并讲话。会议传达学习习近平在中央人才工作会议、中共中央政治局第三十三次集体学习时的讲话精神，听取加快滕州现代化强市建设动员会议筹备情况及相关文件起草情况汇报，研究《滕州市构建现代产业体系系统集成改革试点实施方案》及市第十四次党代会筹备事宜。

【十三届市委第254次常委会议】 2021年12月13日，市委书记陈永生主持召开市委常委会议并讲话。会议学习习近平在中央经济工作会议、全国宗教工作会议上的讲话精神，传达学习中共山东省委十一届十四次全体会议精神，听取十三届市委第十五轮巡察工作情况汇报。

重要会议

【全市深化事业单位改革试点工作会议】 2021年1月14日，全市深化事业单位改革试点工作会议召开。市委书记刘文强出席会议并讲话，市委副书记、市长马宏伟主持会议。市领导李健、宗大全、苏学锋、朱晏辰、高欣、刘庆东、薛登峰、韩昌军、王涛、孔祥东出席会议。

【全市党史学习教育动员大会】 2021年3月8日，全市党史学习教育动员大会召开。会议学习贯彻习近平在党史学习教育动员大会上的讲话精神和党中央决策部署，落实省、枣庄市党史学习教育动员大会精神，动员部署全市党史学习教育工作。市委书记刘文强出席会议并讲话。市委副书记、市长马宏伟主持会议。市领导李健、宗大全等出席会议。

【全市“工业强市、产业兴市”三年攻坚突破行动动员大会】 2021年3月12日，全市“工业强市、产业兴市”三年攻坚突破行动动员大会在市政务中心召开。会议贯彻落实全国“两会”、全省工作动员大会和枣庄市“工业强市、产业兴市”三年攻坚突破动员大会精神，动员全市上下牢固树立“大抓工业、抓大产业”的导向，全力推动工业转型振兴、产业提质增效，奋力开创新时代现代化强市建设新局面。市委书记刘文强出席会议并讲话。市委副书记、市长马宏伟主持会议。市领导李健、宗大全等出席会议。

【全市全面推进乡村振兴工作会议】 2021年3月16日，全市全面推进乡村振兴工作会议在市政务中心召开。会议学习贯彻习近平总书记关于“三农”工作的重要论述和中央、省市委农村工作会议精神，进一步提高政治站位，坚定信心决心，全面推进乡村振兴，加快农业农村现代化步伐，不断开创新时代全市“三农”工作新局面。市委书记刘文强出席会议并讲话。市委副书记、市长马宏伟主持会议。市领导李健、宗大全等出席会议。

【全省文物工作会议】 2021年4月29日，全省文物工作会议以视频形式召开，在济南市设主会场，各市、县（市、区）设分会场。市委书记刘文强在枣庄分会场参会并以视频形式作典型发言。市领导马宏伟等在滕州分会场收听收看会议实况。

【2020年度枣庄市综合考核表彰暨“学党史转作风抓落实”大会】 2021年5月8日，2020年度枣庄市综合考核表彰暨“学党史转作风抓落实”大会召开。枣庄市委书记、市人大常委会主任陈平出席会议并讲话，枣庄市委副书记、市长张宏伟主持会议。会上，滕州市获得2020年枣庄市经济社会发展综合考核先进集体。滕州市委副书记、市长马宏伟代表滕州市委、市政府上台领奖，并作典型发言。

【全市创建全国文明城市、国家卫生城市复审暨城市品质提升动员大会】 2021年5月14日，全市创建全国文明城市、国家卫生城市复审暨城市品质提升动员大会召开。动员全市上下开展全国文明城市、国家生态园林城市、国家健康城市、国家全域旅游示范区、国家城乡交通运输一体化示范县创建攻坚战，通过国家卫生城市复审，为加快高质量发展、实现强势崛起营造良好环境。市委副书记、市长马宏伟出席会议并讲话。市领导李健、宗大全等出席会议。

【2020年度全市综合考核表彰暨“学党史转作风抓落实”大会】 2021年5月27日，2020年度全市综合考核表彰暨“学党史转作风抓落实”大会召开。市委副书记、市长马宏伟出席会议并讲话。市领导李健、宗大全等出席会议。

【全市领导干部会议】 2021年7月13日下午，全市领导干部会议召开，枣庄市委常委、组织部部长李兴伟出席会议，并宣布省委关于滕州市委主要负责同志任职的决定：陈永生同志任中共滕州市委书记，不再担任中共枣庄市台儿庄区委书记职务。

【全市金融工作座谈会】 2021年8月11日，全市金融工作座谈会召开。市委书记陈永生出席会议并讲话，市委副书记、市长马宏伟主持会议。市领导薛登峰、樊猛出席会议。

【全市政法队伍教育整顿总结会议】 2021年8月18日，在收听收看了全省第一批政法队伍教育整顿总结暨第二批政法队伍教育整顿动员部署会、枣庄市政法队伍教育整顿总结会议后，全市政法队伍教育整顿总结会议召开。市委书记、市政法队伍教育整顿领导小组组长陈永生出席会议并讲话。

【中央第二生态环境保护督察组督察山东省滕州市动员会议】 2021年8月26日，中央第二生态环境保护督察组督察山东省滕州市动员会议召开。市委书记陈永生出席会议并讲话，市委副书记、市长马宏伟主持会议。市领导李健、宗大全等出席会议。

【全市庆祝教师节大会】 2021年9月8日，市委、市政府召开全市庆祝教师节大会。会议表彰教育事业中做出突出贡献的先进集体和先进个人，总结教育工作成绩，共商教育发展大计。市委书记陈永生出席会议并讲话，市领导李健、宗大全等出席会议。

【全市创建全国法治政府建设示范市暨社会治理现代化工作推进会议】 2021年9月11日，全市创建全国法治政府建设示范市暨社会治理现代化工作推进会议召开。市委书记陈永生出席会议并讲话，市委副书记、市长马宏伟主持会议。

【加快滕州现代化强市建设动员会议】 2021年10月11日，加快滕州现代化强市建设动员会议在市政务中心召开。会议贯彻落实枣庄市委、市政府召开的滕州强市建设座谈会议精神，安排部署下步工作，动员全市上下加快现代化强市建设步伐，在实现共同富裕的进程中走在全省前列。市委书记陈永生出席会议并讲话，市委副书记、市长马宏伟主持会议。市领导李健、宗大全等成员出席会议。

【全市文明城市创建推进会议】 2021年10月11日，全市文明城市创建推进会议召开。会议动员全市上下突出问题导向，狠抓整改提升，确保全国文明城市创建首年测评取得优异成绩。市委书记陈永生出席会议并讲话，市委副书记、市长马宏伟主持会议。市领导李健、宗大全等出席会议。

【2021年滕州慈善大会】 2021年10月18日，全市召开2021年慈善大会。会议表彰慈善先进，弘扬慈善精神，再掀慈善募捐新热潮。市委书记陈永生出席会议并讲话。

【中国木门窗企业家峰会暨滕州现代化强市建设招商大会】 2021年10月22日，中共滕州市委、滕州市人民政府、中国木材与木制品流通协会主办的2021中国木门窗企业家峰会暨滕州现代化强市建设招商大会召开。中国木材与木制品流通协会各成员单位及来自全国各地木门窗产业知名企业家、嘉宾400余人参加。市委书记陈永生讲话，中国木材与木制品流通协会会长李佳峰致辞。市领导李健、宗大全、刘洪鹏、薛登峰、樊猛、柴春国、高广胜等出席会议。

【全市庆祝环卫工人节暨生活垃圾分类工作推进会议】 2021年10月23日，全市庆祝环卫工人节暨生活垃圾分类工作推进会议召开。市委书记陈永生出席会议并讲话，市委副书记、市长马宏伟主持会议。市领导李健、宗大全、刘洪鹏、薛登峰、王涛、康凤霞出席会议。

【全市“工业强市、产业兴市”项目建设现场推进总结会议】 2021年11月19日，全市“工业强市、产业兴市”项目建设现场推进总结会议召开。市委书记陈永生出席会议并讲话，市委副书记、市长马宏伟主持会议。市领导李健、宗大全、刘洪鹏、朱晏辰、高欣、刘庆东、薛登峰、李义、王涛、康凤霞、樊猛出席会议。市人大常委会、市政府、市政协领导班子其他成员参加会议。会议要求各级各部门坚持“快就是大局、干就是担当”的理念，坚决打赢各项工作收官战。

【中共滕州市委十三届二十二次全体会议】 2021年12月16日，中国共产党滕州市第十三届委员会第二十二次全体会议在市政务中心举行。出席这次全会的有市委委员33人、市委候补委员7人，全会由市委常委会主持。全会学习贯彻习近平在深入推动黄河流域生态保护和高质量发展座谈会上的讲话精神和视察山东指示要求，贯彻落实省委十一届十四次全会和枣庄市委十一届十二次全会部署要求，听取和讨论陈永生受市委常委会委托作的工作报告，审议通过《中共滕州市委关于深入学习贯彻党的十九届六中全会精神的决定》《中共滕州市委关于深入学习贯彻习近平总书记重要讲话精神服务和融入黄河流域生态保护和高质量发展的意见》《关于召开中国共产党滕州市第十四次代表大会的决议》。

重要活动

【欧亚班列开通仪式】 2021年3月26日，滕州市欧亚班列开通仪式举行。市委书记刘文强出席并讲话。枣庄市政府副秘书长、市商务局局长、市投资促进局局长岳增波以及滕州市领导李健、宗大全、朱晏辰等出席仪式，中国交通运输协会一带一路物流分会副会长、国铁集团国际司原副司长崔云洪，中国交通运输协会国际班列咨询服务中心副主任、中铁快运公司原首席专家陈京亮等应邀出席活动。

【第十三届中国（滕州）马铃薯科技文化节】 2021年4月27日至29日，第十三届中国（滕州）马铃薯科技文化节举办。围绕“推进马铃薯产业振兴，打造滕州马铃薯品牌”这一主题，聚焦马铃薯品牌建设和市场销售，充分利用“互联网+”的优势，通过“网络直播+互动”等方式，多角度、全方位助力滕州马铃薯产业高质量发展。

【雷海潮调研】 2021年5月11日，国家卫生健康委党组成员、副主任雷海潮带领调研组到滕州，调研县域医共体建设、基层卫生健康工作和卫生应急工作。国家卫生健康委基层卫生健康司副司长高光明，国家卫生健康委卫生应急办公室二级巡视员米燕平，省卫生健康委党组副书记、省疾控中心党委书记马立新参加调研。枣庄、滕州两级市领导陈平、朱国伟、邵士官、马宏伟陪同活动。

【中国华侨国际文化交流基地揭牌】 2021年7月9日，中国华侨国际文化交流基地揭牌仪式在鲁班纪念馆举行。中国侨联办公厅二级巡视员、机关服务中心副主任李舰舶，枣庄市副市长邵士官，枣庄市侨联党组书记、主席王玉如，滕州市委副书记、市长马宏伟等出席活动。

【国家园林城市复核】 2021年7月15日，住房和城乡建设部城市建设司副司长韩煜带领国家园林城市复核工作专家组到滕州，通过实地察看、查阅资料、座谈交流等形式，对滕州市国家园林城市工作进行实地复核。省住房城乡建设厅副厅长徐启峰，枣庄市副市长李守江，滕州市领导陈永生、马宏伟等参加活动。

【新冠肺炎疫情应急处置演练】 2021年8月21日，全市新冠肺炎疫情应急处置演练在善国盛景小区进行。市委书记、市新冠肺炎疫情应急处置指挥部总指挥陈永生宣布应急处置演练开始；市委副书记、市长，市新冠肺炎疫情应急处置指挥部总指挥马宏伟参加演练；市领导李健、宗大全等观摩演练活动。

【参展第二届中国国际文化旅游博览会】 2021年9月16日，第二届中国国际文化旅游博览会在山东国际会展中心开幕。山东省委常委、宣传部部长白玉刚，枣庄市副市长刘吉忠等省市领导分别到滕州展区参观。市委书记陈永生等参加活动。

【枣庄市乡村振兴“双十镇”好物巡展】 2021年9月18日，枣庄市乡村振兴“双十镇”好物巡展启动仪式暨礼惠双节直播周金秋嗨购盛典在西岗镇法治文化广场举行。枣庄市委常委、常务副市长孙起生，滕州市委书记陈永生，市委副书记、市长马宏伟等出席活动。

【2021年中国农民丰收节暨特色农产品展销会】 2021年9月24日，滕州市庆祝2021年中国农民丰收节暨特色农产品展销会启动仪式在洪绪镇金庄村盛泽家庭农场举行。省农业农村厅一级巡视员林国华，滕州市委书记陈永生等出席仪式。

【2021山东文化和旅游惠民消费季暨第五届滕州书展】 2021年9月29日，2021山东文化和旅游惠民消费季暨第五届滕州书展在滕州市工人文化宫开幕。山东出版集团董事长张志华，山东出版集团总经理王次忠，省委宣传部出版管理处处长李康，枣庄市委常委、宣传部部长霍媛媛，滕州市领导陈永生、马宏伟、李健、宗大全等出席开幕式。

【2021年烈士纪念日公祭仪式】 2021年9月30日，全市各界干部群众在市国防科技教育基地悼念广场举行烈士纪念日公祭仪式。市领导陈永生、马宏伟、李健、宗大全等出席公祭仪式。

【第五届鲁班文化节】 2021年10月20日，由中国墨子学会、山东建筑大学、滕州市人民政府主办，山东建筑大学马克思主义学院、市墨子研究中心承办的第五届鲁班文化节在济南开幕。来自海内外近百名鲁班研究专家、学者探讨交流鲁班文化研究。中国墨子学会会长、山东大学原党委书记李守信，中国墨子学会副会长、山东建筑大学党委书记陈国前，山东建筑大学党委副书记张祥云，鲁班研究专家、国家一级编剧王中，中国墨子学会副会长、青岛大学文学院院长王凯应邀出席。滕州市领导陈永生、马宏伟、李健、宗大全等出席开幕式。

【全市“工业强市、产业兴市”项目建设现场推进会】 2021 年 11 月 17—18 日，全市“工业强市、产业兴市”项目建设现场推进会议举行。陈永生、马宏伟、李健、宗大全等市四大班子领导带领市直部门和镇街负责人，现场观摩重点项目建设情况，检查重点项目建设进展和成果，激励全市上下推动现代化强市建设。

【王随莲调研民营经济发展】 2021 年 12 月 3 日，省人大常委会副主任、省工商联主席王随莲一行到滕州调研民营经济发展工作。枣庄市委书记、市人大常委会主任陈平，枣庄市政协副主席、市工商联主席张德琦，滕州市委书记陈永生，市委常委、统战部部长、副市长樊猛，市政协副主席、市工商联主席乔令梅陪同活动。

【周乃翔视察】 2021 年 11 月 30 日，省委副书记、省长周乃翔到滕州督导检查电力热力保供、安全生产工作情况，调研科技创新、制造业高质量发展等工作。枣庄市委书记、市人大常委会主任陈平，枣庄市政府党组成员、秘书长孙永，滕州市委副书记、市长马宏伟陪同活动。

【省科技厅调研组调研】 2021 年 12 月 24 日，省科技厅党组书记、厅长唐波带领调研组到滕州调研科技创新工作。枣庄、滕州两级市领导陈平、周宗安、陈永生、周刚等陪同活动。

【党史学习教育】 全年市委举办工业强市、产业兴市“攻坚五问”大调研大讨论、党史学习教育专题学习班等各类读书班、报告会 9 场，开展巡回宣讲 176 场、分众化“六进”宣讲 1300 余场。

表 3　滕发〔2021〕文件目录一览表

序号	文件名
1	关于全面推进乡村振兴加快农业农村现代化的实施意见（秘密★ 1 年）
2	关于印发《滕州市 2021 年经济工作要点》的通知
3	关于公布 2021 年全市重点项目名单的通知
4	关于制定滕州市国民经济和社会发展第十四个五年规划和二〇三五年远景目标的建议
5	关于表彰 2020 年度滕州市突出贡献企业、优秀企业、优秀外向型企业的决定
6	关于开展“工业强市、产业兴市”三年攻坚突破行动的实施意见
7	关于实施“山水林田大会战”的意见
8	关于表彰 2020 年度滕州市十佳农业龙头企业、十佳农民专业合作社、十佳家庭农场的决定
9	印发《关于开展全市政法队伍教育整顿的实施方案》的通知（秘密★ 10 年）
10	印发《关于在全市开展党史学习教育的实施方案》的通知（秘密★ 10 年）
11	关于调整县级领导干部帮包镇街情况、“6+3”现代产业专班组长及责任单位和县级领导帮包重点项目情况的通知
12	关于加快推进乡村振兴示范镇、特色镇高质量发展的实施意见
13	关于印发《中共滕州市委常委会 2021 年工作要点》的通知（机密）
14	关于表彰 2021 年“滕州工匠”的决定

续表

序号	文件名
15	关于深入贯彻落实《中国共产党政法工作条例》的实施意见
16	关于表彰2020年度全市综合考核绩效考核先进集体和先进个人的决定
17	关于印发《滕州市庆祝中国共产党成立100周年活动工作方案》的通知（秘密★10年）
18	关于加强生态环境保护突出问题综合整治的实施意见
19	关于贯彻落实《新时代爱国主义教育实施纲要》的实施意见
20	关于印发《滕州市新时期产业工人队伍建设改革实施方案》的通知
21	印发《2021年度镇（街）高质量发展综合绩效考核办法》《2021年度市直部门（单位）服务高质量发展绩效考核办法》的通知
22	印发《贯彻落实〈中共中央关于加强对“一把手”和领导班子监督的意见〉的工作措施》的通知（秘密★5年）
23	关于调整县级领导干部帮包镇街、“6+3”现代产业专班和县级领导帮包重点项目情况的通知
24	关于深入学习宣传贯彻习近平总书记在庆祝中国共产党成立100周年大会上的重要讲话精神的决定（秘密★5年）
25	印发《关于进一步加强新时代干部队伍政治能力建设的实施方案》通知（秘密★5年）
26	关于印发《法治滕州建设规划（2021—2025年）》的通知
27	关于表扬全市教育工作先进单位和先进个人的通报
28	关于做好镇领导班子换届工作的通知（秘密★5年）
29	关于加快滕州现代化强市建设的实施意见
30	关于表扬全市环境卫生工作先进集体和先进个人的通报
31	转发《中共滕州市人大常委会党组关于做好市镇两级人大换届选举工作的请示》的通知
32	关于深入学习贯彻党的十九届六中全会精神的决定
33	关于深入学习贯彻习近平总书记重要讲话精神服务和融入黄河流域生态保护和高质量发展的意见
34	印发《关于落实中共枣庄市委第二巡察组涉粮问题专项巡察反馈意见的整改方案》的通知
35	转发《市委宣传部市司法局关于在全市公民中开展法治宣传教育第八个五年规划（2021—2025年）》的通知

市委办公室工作

【参谋辅政】 调查研究成效。聚焦服务领导决策，深入企业30余家，撰写“工业强市、产业兴市”攻坚突破、智慧停车、垃圾分类等调研报告10余篇。编辑《滕州工作》12期，编发文稿300余篇，与市外党刊交流城市扩大到200余个。综合文稿质效。建立健全重大文稿集体研讨制度，围绕工业强市、双十镇建设、党代会等全市重点工作，先后高质量起草领导讲话、致辞、汇报等各类文稿400余篇，审核把关各类新闻稿件200余篇。公文处理。从严、从优、从快处理文件，接收、办理上级来文2204件，传输办理总量4050余次；制定、报备党内规范性文件17件，制发文件、文稿78件，发文数量比去年减少10%。深化改革。创新“领导小组＋工作专班”推进机制，每项改革攻坚任务由县级干部牵头落实。加快改革典型挖掘培育，流程再造、开发区改革、社会治理、群团改革、国企改革等60余项改革典型经验被中央、省市认可。其中，中央深改办《改革情况交流》第44期刊发推广的“山东滕州落实藏粮于地藏粮于技战略扛稳粮食安全责任”经验做法，是2021年山东省第二个被中央深改办发文推广的改革案例。信息工作。先后编发《滕州信息》104期，获得市委领导同志批示9次。向上级党委报送信息1600余篇，其中中办采用7篇、省委采用52篇、枣庄市委采用350篇，获得枣庄市委领导同志批示11次。

【统筹协调】 综合协调。组织各个板块、部门统筹推进系列活动，形成分工负责、程序规范的工作格局。全年编报《市领导今日活动》250期，承办各类会议活动380余次，接转领导干部外出请销假报告单、要情快报等文稿2000余件，接传电话、下发会议通知1800余次，登记办理、接转各类公文2200余件。督查督办。强化专项督查，针对疫情防控、环保督察、强市建设、重点项目观摩、双十镇建设等30余项重点工作，实地督导200余次，编发《督查通报》31期、《督查专报》179期；联合市纪委，统筹做好监督执纪“第一种形态”运用和党内问责工作，编发通报4期；办理市委、市政府主要领导批示事项873件，办结率97%；承办各级人大代表建议、政协提案及人大“双联”建议412件，代表委员满意和基本满意率100%。国安工作。将维护国家安全工作纳入市委常委会工作要点；完成2021年度各项涉国家安全重点任务；完成各级摸底调研15次；开展“4.15国家安全教育宣传周”活动，全市参加国家安全知识网络竞赛近17万人；投资310万元，新建高标准总体国家安全观主题公园2处。

【服务保障】 行管车管。落实厉行节约反对浪费各项规定，抓好车辆、办公设备、办公物品的配备管理，全年接待到滕州考察的领导、嘉宾20余次。机要保密。做到电报传输办理、密码管理使用优质高效，全年接收办理各类电报1054件，传输办理2979份；签订保密工作责任书、承诺书430余份，制发宣传手册400余份，开展保密专题教育6次，累计培训人员500余人次，涉密领域配发国产办公设备600余台。档案管理。推动“两类档案”归集和档案业务建设评价工作，积极组织110个单位参加“‘十四五’全国档案事业发展规划公益大讲堂”培训活动，开展实地业务指导20余次。完善省政务服务事项管理系统中负责事项的要素梳理、审核和发布工作，完成省“互联网+监管”系统录入数据19条，及时率100%。

【机关建设】 结合党史学习教育和模范机关建设工作，开展党史学习、意识形态、警示教育等学习活动18次，召开理论中心组学习14次，组织科级干部专题学习班3期，各党支部累计开展集中学习、观看红色影视、现场教学等活动80余次。组织开展环境卫生提升活动200余人次、文明交通志愿服务活动80余人次。开展社区“双报到”活动12次，向社区党支部赠送党史图书100余册。

（市委办公室）

政策研究

【以文辅政】 市委政研室坚持把文稿起草作为参与政务、以文辅政的重要内容，健全完善重大文稿集体研讨制度，先后起草市第十四次党代会、市委全会、市委经济工作会议、“工业强市、产业兴市”三年攻坚突破行动动员大会、加快现代化强市建设动员会等讲话、发言、党课、署名文章类重要文稿400余篇。牵头起草《2022年经济工作要点》《关于深入学习贯彻习近平总书记重要讲话精神服务和融入黄河流域生态保护和高质量发展的意见》等文件10余个，参与起草《关于加快滕州现代化强市建设的实施意见》《关于加快推进乡村振兴示范镇、特色镇高质量发展的实施意见》等文件20余个。

【调查研究】 市委政研室到镇街部门、村居社区、项目现场、厂矿企业等摸实情、察实况，全年开展各类调研活动132次。先后赴徐州邳州、沛县，潍坊潍城区、寿光、诸城，日照市东港区和济宁邹城等地考察学习产业转型、园区建设、双招双引、城市建设等工作经验，撰写《对标先进、加压奋进，奋力走在全国县域经济高质量发展第一方阵》《学先进提标杆、找差距添动力，奋力推动滕州县域高质量发展争先进位》等专题调研报告。组织发改、财政、工信、住建、农业、统计、科技、税务等部门组成联合调度组，围绕工业经济、城市建设、乡村振兴等市委中心工作，深入企业40余家，召开座谈会16

次，形成《关于加快“工业强市、产业兴市”攻坚突破的调研报告》《关于加快“工业强市、产业兴市”攻坚突破的调研报告》《关于深入推进全国文明城市创建、国家卫生城市复审暨城市品质提升工作的调研报告》等10余篇。

【党刊编辑】 抓好市委党刊《滕州工作》的策划、排版、发行等工作。全年编辑刊发《滕州工作》12期、文稿340篇、约128万字，配图2200余张，策划栏目59个；与全国200余个城市建立稳固长期的党刊交流关系。

（市委政研室）

组织工作

【概况】 全市组织系统践行新时代党的建设总要求和新时代党的组织路线，围绕中心、服务大局，履行管干部、强组织、聚人才、抓考核工作职能，为现代化强市建设提供组织保证。

【思想政治建设】 把学习贯彻习近平新时代中国特色社会主义思想和党的十九届六中全会精神作为首要政治任务，结合党史学习教育，举办“中共党史”、党务干部等主体班次15期，读书班4期，累计培训党员干部7200余人次。打造南沙河镇北池村、鑫迪家居工业4.0智能制造项目等学习贯彻习近平新时代中国特色社会主义思想现场教学点5个，教育引导广大党员干部捍卫“两个确立”，做到“两个维护”。以庆祝建党100周年为主线，开展“学党史践使命展新风”系列活动，推进全国、省和两级市“两优一先”评选表彰工作，全国“优秀党务工作者”表彰1人、省“两优一先”表彰5人，枣庄市“两优一先”表彰66人，滕州市“两优一先”表彰300人。深化共产党员“淬火提质”行动，开展基层党员冬训春训和新任村（社区）“两委”成员集中培训，全市累计举办培训班140余期，参训党员4.7万人次。

【干部队伍建设】 坚持新时期好干部标准，突出向基层一线倾斜，加强干部选拔任用，调整干部9批次、559人，树牢实干实绩导向。进一步调整优化公安局干部队伍，新选拔40岁左右班子成员1人、35岁左右副科级干部4人。完成事业单位改革，优化调整干部261人。结合专项巡察反馈，全面优化调整卫生系统领导班子，调整干部53人，提拔重用专业能力突出干部17人。实施干部专业化能力提升工程，围绕“工业强市、产业兴市”三年攻坚突破行动、乡村振兴等中心工作和干部能力素质短板，突出精准培训和实践锻炼，用好用活墨子鲁班创新发展教育基地，举办双招双引、应急能力、城市品质提升等培训8期，组织干部到复旦大学、上海交大等高校解放思想、开阔眼界。注重选派优秀干部到重点企业、先进地区挂职锻炼，鼓励青年干部到招商引资、项目建设、乡村振兴、信访维稳一线磨炼成长。强化干部监督管理，制定运用监督执纪“第一种形态”、党内问责工作细则，开展提醒18人次、批评教育15人次、诫勉2人次。实现职级晋升全覆盖，晋升干部147人，有效激发干事创业“内生动力”。严格落实容错纠错、澄清正名机制，考核受处分处理影响期满干部59人，查处诬告陷害典型问题2起。推进镇领导班子换届，开展3轮换届考察工作，提高领导班子配备水平。配备镇街党政正职35岁以下7人、女干部5人，35岁以下干部占比31.1%，每个镇街均配备30岁以下的干部和女干部。开展县乡换届干部档案预审，建立“三色研判”机制，杜绝干部“带病提拔”。强化换届风气监督，开展换届“我承诺”、谈心谈话活动，印发《换届纪律提醒卡》《口袋书》7500份，制作“十严禁”换届纪律“漫画+视频”宣传片，覆盖党员干部3万余人。

【基层组织建设】 组织召开2020年度党委（党组）书记抓基层党建述职评议会议，指导督促镇街、市直有关部门党（工）委制定“三张清单”和书记突破项目，夯实党委（党组）书记第一责任人责任。发挥市委党建领导小组办公室统筹协调、督促落实作用，制定落实全面从严治党主体责任2021年任务安排暨党的建设工作领导小组2021年工作要点，定期召开领导小组会议，研究解决重大问题，推动形成党建工作合力。完成村（社区）“两委”换届，开展4轮动态研判，首创“云联审”平台，在村委会选举中设置自荐环节，制定“全链条责任书”，选优配强村（社区）干部队伍，“一肩挑”比例95.23%，实现年龄、学历“一降一升”。规范村级运行管理，修订《村干部小微权力清单》，摸排确定软弱涣散村党组织72个，进行集中整顿转化。优化村级目标管理考核机制，组织村级差异化制定任期和年度目标2.28万条，市财政列支1亿元，大幅提高村干部报酬，在全省率先由市财政通过齐鲁惠民“一本通”统一发放村干部绩效报酬。实施村级集体经济发展三年强村计划，开展“三资”清理专项行动，创新“以图管资”“三色”管理工作法，集体增收6700余万元，村均增收5.9万元。抢抓“双十镇”建设机遇，整合资源助推集体经济发展，开展“百企联百村”行动，发放“强村贷”2100万元，1023个村“进十”，56个村“攀百”，588个村党组织领办合作社，以组织振兴助推乡村振兴。推进城市党建全域提升攻坚，开展赋予镇街“五项权力”专项督导，全面取消街道招商引资、协税护税等职能及相应考核指标。推进社区规模优化调整，将原92个社区、7个“村改居”优化调整为48个城市社区，建立一贯到底的“社区—网格（小区）—楼院”组织体系。整合服务阵地资源，新建7处社区党群服务中心、93处网格驿站，构建“一中心+多驿站”服务矩阵，打造“五分钟睦邻生活圈”。强化支持保障，新招录社区专职工作者100人，建成全市首家社区工作者培训学院，市财政每年列支4600余万元，全面兑现“3岗18级”薪酬待遇，将社区“两项经费”分别提升至7万元、25万元，有效提升社区服务能力。深化“红色物业”创建，吸纳298名物业人员担任社区兼职委员和兼职网格员，打造“暖心365”“1314”等社区工作法，开展“最美物业人”评选，建设红色“睦邻管家”队伍。优化调整“双报到”单位，公示140个共驻共建项目，开展“红七月·双报到”党员社区服务月活动，推动104家市直单位、12000余名党员入网进格开展志愿服务。统筹推进其他领域党建工作，以“十百千提升工程”为抓手，以点带面推动“两新”组织党建扩面提质，建立区域性党群服务中心2处，推广“班组党建工作法”，鑫迪家居创建成省级党建示范点。召开全市机关党的工作会议，完善国有企业党委工作机制，研究加强混合所有制企业党建的措施办法，推进学校、医院等各领域党支部规范化建设，推动党建与业务双促进双提高。

2021年7月4日，滕州市庆祝建党100周年“红七月·双报到”党员社区服务月系列活动启动仪式在龙泉广场举行

【人才工作】 深化“百家平台科创”工程，新建恒瑞磁电院士工作站、恒仁工贸专家服务基地等省级平台9家。围绕“633”现代产业体系，开展系列“引智强企”活动，柔性引进省级以上高层次人才41人，优选第二批青年人才97人。加大重点人才工程申报力度，入选国家级人才2人、省重点扶持区域急需紧缺人才1人、枣庄英才13人。优化提升“滕州英才”工程，评选第四届“滕州英才”9人。加强技能人才队伍建设，筹建枣庄工程技师学院，评选“金牌技能人才”11人、“滕州工匠”15人。设立高层次人才

服务中心，高质量运行人才窗口，高标准运行人才公寓，发放人才贷2020万元，不断优化人才发展生态。滕州市被省委、省政府表彰为全省人才工作先进单位。

（甘见东　李雨）

中国共产党山东省第十二次代表大会代表名录

（滕州市，按姓氏笔画为序）

王　亮　孔　璇（女）　陈永生

宣传工作

【概况】 全年市委宣传部贯彻落实中央和省委、枣庄市委宣传思想工作部署，承担起举旗帜、聚民心、育新人、兴文化、展形象的使命任务，推进理论宣传教育、舆论引导管控、文明城市创建、文化事业和文化产业繁荣发展等各项工作扎实开展。滕州入选2021年全国县域旅游综合实力百强县，被省委网信办等单位确定为山东省数字乡村试点县，被省文化和旅游厅评为第一批省级文化和旅游消费示范县（市、区）、第三批山东省全域旅游示范区；市委宣传部获评全省舆情信息工作先进单位。

【理论教育】 理论学习。市委带头落实“第一议题”制度，开展理论中心组集体学习19次，党史专题学习11次；各党委（党组）理论中心组开展理论学习1800余场次，党史专题学习1200余场次。开展为期六周的工业强市、产业兴市“攻坚五问”大调研大讨论活动，各党委（党组）查摆问题1556个，形成高质量调研报告98篇。组织县级领导干部参加枣庄市委理论中心组专题读书班（学习班）3次；举办科级干部理论中心组专题读书班（学习班）3期。组织全市在编在岗干部职工参加山东干部网络学院党史学习教育专题培训班、全省党史知识竞赛、枣庄建市60周年“爱我枣庄”知识竞赛等活动。其中，滕州党史知识竞赛参赛总人数位居全省县级第一。“四字工作法”抓流动党员学习教育的经验做法被省委党史学习教育简报刊发推广。理论宣讲。组织宣讲培训班6期，开展巡回宣讲176场、分众化“六进”宣讲1300余场次。“小院宣讲”“小板凳宣讲”被新华社、《人民日报》报道，“家园心声宣讲”被“学习强国”全国平台首页推荐。举办滕州市级“中国梦·新时代·跟党走”百姓宣讲比赛，在省、枣庄市级百姓宣讲比赛中，获评省级一等奖1人、三等奖1人。深入开展“党史我来讲”专题党课系列活动，在职县级党员领导干部带头到基层联系点讲党课65场，各级党组织书记讲党课379场，新任村（社区）党组织书记讲专题党课855场，组织先进典型讲党课140场。录制优秀党课视频44部，在《滕州党建》电视栏目、微信公众号等媒体开设专栏集中展播。宣教阵地建设。在滕州书城、龙泉街道荆泉社区打造“学习强国”线下体验空间2处，全市“学习强国”注册用户发展至26万人，平台刊发滕州稿件2678篇，其中全国平台797篇，全国平台首页推荐180篇。在重点教学点新设“重温入党誓词”宣誓台、“四史”单元等基础设施，打造“重走长征路”研学线路、“小红传书屋”等红色阵地12处，举办党史特展等主题活动31场。县级党员干部带头到滕县抗日民主政府旧址、党史特展等教学点现场学习，全市各类阵地累计接待现场教学活动520余场，受教育干部群众6.3万人次。集中排查整治党史类展陈展览不规范问题，阵地建设实现规范化、标准化。

【意识形态】 主体责任。先后召开全市宣传思想工作会议、意识形态和宣传思想工作领导小组会议暨市委网信委会议、网络意识形态和网络安全工作自查工作部署会、全市教育系统全面从严治党暨意识形态工作会议、全市网络安全工作会议，全面加强对网络意识形态工作的组织领导和统筹指导。出台《关于加强党委（党组）网络意识形态工作责任制考核工作的通知》《党委（党组）网络安全工作责任制实施办法》等文件，将意识形态、重大舆情处置、网络安全工作情况纳入全市高质量发展综合绩效考核，推动党委（党组）意识形态工作责任制落实到位。深化运用监督执纪“第一种形态”和开展党内问责工作试点，将意识形态相关工作纳入适用情形，年内先后开展谈话提醒8人次。专项检查。抓好十三届市委第十四轮、第十五轮巡察——意识形态工作专项检查，组织6个工作组进驻29个单位，跟踪抓好整改落实。出台《涉意识形态舆情会商研判和应对处置工作机制》，召开舆情分析研判会6次，化解一系列突发敏感舆情。梳理意识形态领域风险点18个，逐项制定应急预案进行重点管控。组织开展“网红儿童不良账号及信息清理”“饭圈乱象整治”“打击历史虚无主义”等专项行动，先后查处网络不实举报1起、涉意识形态负面言论11条，删除网上有害信息150条，谈话教育8人，行政拘留3人。多次开展网络安全风险隐患集中排查整治活动。专题培训。举办全市宣传干部作风建设暨能力提升培训会议，专题培训业务骨干。开展意识形态联席会议成员单位、舆论管控联席会议成员单位、各镇街宣传科业务岗位轮训，先后开展网络评论员、舆情信息员、意识形态业务骨干轮训21期。

2021年7月3日，“永远跟党走　奋进新时代”——庆祝建党百年“红色歌曲大家唱”活动在龙泉广场举行

【新闻宣传】 把握舆论导向。印发《关于进一步加强和改进新闻舆论工作的意见》，定期制定《新闻宣传要点》，先后召开新闻专题策划会8次，下发宣传指令100余件。开展新闻媒体编校质量大排查大整治行动，建立新闻质量考核奖惩机制，创新运用“闪电云”技术平台抓好内容审校，技防、人防“两手抓”，杜绝和防止出现导向偏离、内容失真等问题。完成市融媒体中心广播电视信号高清化改造，实现高清制播一体化。市融媒体中心获得全省首批《互联网新闻信息服务许可证》《信息网络传播试听节目许可证》。做好正面宣传。聚焦党史学习教育、庆祝中国共产党成立100周年、学习贯彻党的十九届六中全会等重大主题，以及市委、市政府“工业强市、产业兴市”等中心工作，指导市内主要新闻媒体统一开设专题专栏19个。中央和省市级主流媒体累计刊（播）发滕州稿件8200余篇（条），其中中央级媒体300余篇（条）。滕州“休耕轮作”“墨子精神弘扬”“藏粮于技工作经验”等3篇新闻被央视《新闻联播》报道；滕州公安打击跨境赌博办案过程被央视《焦点访谈》报道；麦收图片新闻被《人民日报》头版采用；《光明日报》《农民日报》头版相继报道滕州夏收比武稿件。加强舆情管控。出台《滕州市重大决策事项舆情风险评估八项措施》，制定全国“两会”、村（社区）两委换届等舆情风险防控预案10余个，下发《网络舆情风险排查单》5次。落实24小时舆情监测值班制度，累计向涉事单位推送敏感舆情4492条，处置化解重点网络舆情300余条。建强用好舆情信息员、网络评论员队伍，打造“善国新语”网评品牌，市委宣传部连续四年获评全省舆情信息工作先进单位。

【文化事业】 公共文化服务体系。龙泉文化广场综合提升项目竣工并结项；滕州博物馆、滕州汉画像石馆晋升为国家一级博物馆，滕州美术馆（王学仲艺术馆）、墨子研究博物馆（墨子纪念馆、鲁班纪念馆、墨砚馆）获评国家二级博物馆，滕州成为全国唯一拥有两处一级博物馆的县级市、全国一二级博物馆数量最多的县级市；启动全市200个综合性文化服务中心提升改造工程，完成提升改造161个。文化惠民活动。策划举办“永远跟党走　奋进新时代”——庆祝建党百年系列活动，开展“红色歌曲大家唱”歌咏大赛、群众文艺汇演等活动；完成省市县三级联合购买文化惠民演出19场、送戏下乡演出1200场，组织开展群众性文化赛事活动310余场次；举办2021山东文化和旅游惠民消费季暨第五届滕州书展，线上线下累计观展群众200万人次，图书、非遗、文创等文化产品销售总额突破860万元，比去年增加81.3万元；中央和省级主流媒体相继报道滕州书展，现场剪影被“学习强国”全国平台首页推荐；滕州书展经验做法被省委宣传部推荐至中宣部参评全国全民阅读优秀项目。弘扬优秀传统文化。举办“首届滕州天树源非遗展销会”，精选并集中展示非遗项目28个；积极组织优秀非遗文创产品参加山东省2020文创产品开发成果回顾展等上级展会；鲁班锁制作技艺、松花蛋制作技艺、传统皮具制作技艺入选第五批省级非物质文化遗产代表性项目名录；唢呐艺术入选省级非物质文化遗产代表性项目名录扩展项目名录；快板书、墨家拳等17项非物质文化遗产代表性项目入选第六批枣庄市级非物质文化遗产代表性项目名录；开展“永远跟党走　翰墨颂党恩”青年书画作品展、“汉石墨韵”滕州汉画像石拓片流动展等活动110余场次；薛国故城、前掌大遗址、龙泉塔安防等工程完工，岗上遗址入选“2020年度山东省五大考古新发现”，鲁中南文物保护考古研究中心落户滕州并入选山东省“十四五”时期文化保护传承利用工程储备项目名单；北辛遗址、庄里西遗址等9个项目入选“山东百年百项重要考古发现”名单；《滕州历代石刻》在庆祝中国共产党成立100周年山东省文化和旅游厅社会组织百项优秀成果评选中荣获优秀奖；“美育扶贫进乡村”公共教育活动获评第四届全省博物馆十佳社会教育案例，“探秘历史文物”博物馆系列课程获评山东省十大优秀社教案例；指导各镇街建成乡村记忆馆、村史馆、民俗馆、非物质文化遗产展示馆40余处；纪录片《滕州大韩东周墓地》在央视新闻频道、科教频道播出；完成10个“乡村文物保护利用进村居”展示馆陈列布展。精品文艺创作。创作推出大型现代柳琴戏《誓言》、情景剧《护送刘少奇》、快板书《柏山英雄陈金合》等主题文艺作品；柳琴戏《墨子与鲁班》《誓言》入选庆祝中国共产党成立100周年山东省“百年征程·时代华章”优秀剧目展演；新创柳琴戏《西瓜情缘》、舞蹈《弹起我心爱的土琵琶》入选第十二届山东文化艺术节群众优秀新创文艺作品汇演；小型柳琴戏《一举三得》入选“2021年度山东省舞台艺术青年人才创作扶持项目”；歌曲《跟着您》获得2021全国原创词曲综合类铜奖。4人入选山东省第五批“齐鲁文化之星”。文旅产业发展。完善《滕州市文创旅游产业招商项目册》，滕州金蜗牛房车营地项目试运营，巧林新榫卯积木项目产品试投产，微山湖红荷水镇等3个重点文旅康养项目开工建设；滕州市非物质文化遗产传承体验示范广场和丽亭（滕州）五星级国际大酒店项目签约，莲青山休闲康养小镇等5个项目正在洽谈；培育规上文化创意产业企业5个；微山湖湿地集团入选2021年度省高端品牌培育企业名单；姜屯镇东滕城村、龙阳镇张山口村、张汪镇大宗村入选首批省级景区化村庄。

【网络安全】 强化网络安全保障能力。市委网信办统筹，建立跨部门、跨行业联合应急处置机制，抽调成员单位骨干组建网络安全联络员和联合检查队伍，重要节点、重大情况集中办公、应急值守。聚焦关键领域和薄弱环节，开展网络攻防演习、网络安全应急演练、网络安全理论政策宣传及专业技能培训、工业企业网络安全研讨会等活动，进一步提升重点行业、重点人员的网络安全意识和应急处置能力。强化网络安全防护措施。打造国标最高T4级别的滕州大数据中心，完成政务外网公共服务域和行政服务域升级改造，对全市109家单位进行网络专线敷设，配置防火墙等安全设备210余台套。按照“全面三级、局部二级”标准完成等级保护测评和安全加固，落实 7×24 小时运维管理。排查网络安全隐患。开展网络安全风险隐患排查整治行动 8 次，摸排联网单位 62 家、重要信息系统 28 个、网站 590 余家、户外大屏 500 余块，消除安全隐患 63 个，行政处罚联网单位 4 家、责令整改 16 家。组织开展“净网 2021”、网吧网站安全联合执法检查等专项行动，关停僵尸网站 1069 家，落实行政处罚措施 10 起，约谈违规网站负责人 2 人。

（市委宣传部）

统战工作

【概况】 全年市委统战部坚持“123456”工作思路，聚焦政治引领、服务大局、创新发展、能力提升，推动统战工作开展。先后获得全省统战工作实践创新成果奖、全省统战宣传工作先进单位等多个奖项。

【政治引领】 面向统战成员开展百部书籍荐读、百场宣传宣讲、百对联谊交友、百件公益实事等“同心向党、七个一百”系列活动。到上海、湖南等地举办统一战线骨干成员培训班 2 期。成立 72 人同心宣讲团，分成 12 个小分队到基层一线宣讲。开展读书会、红色电影观影、文艺演出、书画摄影展等活动 60 余场次。利用“滕州统战”微信公众号平台，讲好 100 个统战故事，并汇编成书。编纂出版滕州市统一战线志，系统总结地方统战工作。学习宣传贯彻《中国共产党统一战线工作条例》，开展“话统战、学条例、猜灯谜”等活动，先后被《人民日报》、新华社等媒体报道。

【民主协商】 市委、市政府主要领导召开党外人士情况通报会、全市各民主党派新一届领导班子座谈会、中共滕州市委十三届二十二次全体会议情况通报会、政府工作民主协商座谈会，听取各民主党派、工商联和无党派人士的意见建议。召开乡村振兴、安全发展、“工业强市、产业兴市”、社会治理访调结合等方面的专题协商座谈会 9 次，召开民主监督座谈会 2 次。各民主党派、无党派人士报送社情民意和建言献策类信息。全年编辑《参政建言》14 期，其中 1 期被枣庄市委领导批示，13 期被滕州市委、市政府主要领导批示；省委统战部采用并刊发稿件 5 篇，枣庄市委、枣庄市委统战部采用并刊发 37 篇；不断拓宽宣传渠道，多篇稿件在《中国统一战线》《山东统一战线》刊登。

2021 年 5 月 17 日，“同心向党 · 礼赞百年”滕州市统一战线庆祝中国共产党成立 100 周年演讲比赛决赛举行

【服务中心】 调整市委统战工作领导小组，市委常委会专题研究统战工作 3 次、理论学习中心组学习 1 次，市委、市政府主要领导批示 18 次。围绕全市中心工作建言献策，开展各类协商监督活动 9 次、形成调研报告 14 篇，其中，市委、市政府主要领导召开 5 次、批示 13 件。出台《关于建立党政部门与民营企业行业协会商会沟通协商机制的意见》《关于领导干部联系服务经济组织的实施意见》，畅通政企沟通渠道。搭建银企对接平台，通过各类对接活动，为 76 家企业融资 1.35 亿元。出台《关于企业合规建设的工作意见》，促进民营企业健康发展。

以服务现有港澳台企业为载体，以亲情乡情为纽带，开展“平安过节、安全生产、就地过年”春节走访和“情系端午节、共谋新发展”“迎中秋、庆国庆、话亲情、谋发展”等联谊活动；加大招商力度，组织专班赴浙江省参加中国（玉环）国际机床展等活动，全年到位境外资金5000余万美元。助力基层社会治理，创新推行统战+人民调解工作模式，得到省委政法委书记林峰海等领导批示肯定，经验做法被《改革内参》《法制日报》等宣传推广。

【民主党派工作】 加强民主党派班子建设、队伍建设、组织建设和社会服务品牌建设。引导各民主党派成员参加庆祝中国共产党成立100周年“同心向党”七个一百系列活动；完成各民主党派基层组织换届；推荐新一届政协委员、人大代表中的党外人选；深化民主党派基层组织规范化建设，优化提升党派活动场所，完善党派各项规章制度；持续擦亮社会服务同心品牌，打造“同心驿站”，扩大基层统战工作阵地范围，提升统战工作的影响力。

【民族宗教工作】 建设完成市民族大厦少数民族流动人口服务中心，全市服务少数民族的中心机构增加至3处。集中办理少数民族考生确认审核39人，办理公民民族成分变更事项，接待各族群众30余人次。开展清真食品安全检查，先后开展联合执法行动4次。开展民族宗教政策法规宣传月活动，组织开展镇街干部民族宗教政策法规培训。9月，开展全市民族团结进步宣传月活动，先后组织开展启动仪式、民族政策法规培训、交流研讨、站点宣传、讲好民族团结故事、民族团结“三下乡”、红石榴品牌创建以及民族团结进校园等各项活动，累计设立宣传站点22个，发放宣传彩页万余份，悬挂宣传横幅100余条。落实民族政策，完成2021年度牛羊肉价格补贴的发放工作。申请2021年度省级妇女儿童民族宗教事业发展资金9万元，实施古村回民小学民族团结进步示范创建二期工程。市委统战工作领导小组会议研究宗教工作2次，召开宗教工作联席会议7次，协调解决重点领域执法等问题5个。开展“迎新春送春联”活动，向信教群众赠送春联16000余幅。举办“爱国爱教跟党走·五教同行庆盛世”讲经说法活动。

【非公经济统战工作】 召开滕州市民营经济统战工作会议，传达全国、全省民营经济统战工作会议精神。开展光彩事业助学活动，向困难学生捐赠助学金。省科协在滕州举办“工业强市、产业兴市”科技信息应用（试点）培训班，助力全市“工业强市、产业兴市”三年攻坚突破行动。制定出台《滕州市民营经济“两个健康”提升行动实施方案》，创新设立民营企业家节、建立民营企业维权服务平台、开展“百企评部门”等举措。召开第十四届滕州市工商联常委（扩大）第六次会议暨全市民营企业家座谈会，并开展送政策、送资金、送法律服务活动。召开全市民营企业家座谈会，梳理民营企业家提出的意见建议和困难问题30余条，并形成台账，由市委、市政府督办部门督促相关部门解决。

【新的社会阶层人士统战工作】 召开“荟新兴枣·滕新聚力”品牌建设工作推进会议，部署安排全市新的社会阶层人士联谊会品牌建设工作。制定《关于凝心聚力打造“荟新兴枣滕新聚力”品牌助推滕州高质量发展的实施方案》。召开全市网络人士统战工作座谈会，对网络人士统战工作进行安排部署。组织广大新的社会阶层人士参与“寻美·中国”系列活动，讲好滕州故事。引导新的社会阶层人士参与“凝聚新力量·筑梦新时代”山东新阶层百场万人党史大宣讲活动。加强实践创新基地建设。实行会长轮值制度，利用“会员之家”、实践创新基地等开展形式多样的联谊交友活动。申报20家会长单位、常务理事单位挂牌市委统战部“同心驿站”，将滕州信息港打造成全市首个网络人士统战工作创新示范点。增设滕州市新的社会阶层人士联谊会荆河分会、滕州市新的社会阶层人士联谊会义工协会分会、滕州市新的社会阶层人士联谊会书画院、滕州市新的社会阶层人士联谊会人民调解委员会等4个分支机构。

【港澳台海外统战工作】 鲁班纪念馆挂牌“中国华侨国际文化交流基地”。“访班墨故里·咏古风运河”台湾青少年山东枣庄中华文化研习营到滕州参观并举办结营仪式。组织人员赴浙江省参加中国（玉环）国际机床展，拜会参展客商，洽谈合作项目。依法依规做好全市“三侨考生”身份认定工作。申报为侨服务阵地5处。开展侨情调研，完善侨情信息，推荐枣庄市第五次归侨侨眷代表大会代表及委员人员9人。

（杨　斌）

老干部工作

【概况】 全市老干部工作在市委领导下，在上级老干部部门指导下，突出离退休干部党建引领、作用发挥、服务保障等特色，注重加强“本色家园”和文化养老平台建设，老干部工作转型发展有突破。

【老干部党建】 组织离退休党员干部以支部为单位开展党史学习教育，开展各种形式的活动70余场次，通过理论学习、实地参观、知识竞赛等形式，引导老干部提升政治思想觉悟，激发爱党护党热情。组织老干部400余人，开展“我看建党百年新成就”调研、“看变迁·悟党史·抒豪情”征文、“向党说句心里话”微心愿征集等活动，征集各类作品200件，其中6篇诗、词荣获“向党说句心里话”全省二等奖；“七·一”前，赴北京、上海、徐州等地走访易地安置离休干部，凝聚发展共识。开展“永远跟党走、奋进新征程”书画摄影展及文艺展演活动，展出书画摄影作品140幅，展演文艺节目22个；举办“庆建党百年·展夕阳风采”离退休干部乒乓球比赛；开展“知党情、颂党恩、跟党走”主题党日活动等。党建品牌带动继续发力，重点在北辛、龙泉、荆河、善南四个街道推动创建“本色家园”离退休干部党支部4个。组织全市离退休干部党支部书记及“五老骨干”培训班，组织老干部党支部书记优秀代表参加枣庄离退休干部党组织示范培训班。

【待遇保障】 春节期间，集中救助困难离休干部及遗属54人，发放救助资金4.32万元；为破产企业离休干部所在的主管部门发放“两项经费”3万元；参照机关离休干部标准，为全市企业离休干部发放住宅物业服务补贴14.28万元。组织完成“看发展变化·助强市建设”枣庄、滕州两级市四大班子老领导现场观摩活动；做好春节中秋期间对42名县实职及以上四大班子离退休干部走访慰问工作，做好春节期间全市228名离休干部慰问品发放工作。

【活动中心建设】 激发党组织活力。市老干部服务中心党支部举行支部选举大会，选出新一届支部委员，调动老党员的主人翁意识，增强老干部服务中心的内部凝聚力。拓展线上、线下学习渠道。持续运用“滕州精神家园”微信公众号，不断推送老同志感兴趣的内容，组织开展全市老干部综合问卷调查，精准提升服务。启用精神家园“夕阳风采”工作室。工作室面向全市老年人免费

2021年11月25日，省老干部活动中心主任刘旭东（右四）一行到滕州调研文化养老工作

提供录制、后期制作、上传（优酷网、百度号、腾讯视频、糖豆网、老干部之家及滕州精神家园）等服务。至年底，制作并上传网络作品80余部，点击量30余万人次。优化活动环境。维修、维护老干部服务中心设施，加装安全提示标语，铺设防滑防摔设施，累计投入数十万元，完成服务中心大厅改造项目；优化服务中心环境卫生条件，确保老干部安全、舒适参与活动。

【转型发展】 创建文化养老阵地。在北辛、龙泉、荆河、善南四个街道推动创建文化养老阵地，树立全市文化养老标杆。省老干部活动中心主任刘旭东到滕州调研文化养老工作，并给予肯定。开展“银发聚力·本色先锋”志愿服务系列活动。组织“进社区·送春联”活动，创建全国文明城市志愿服务活动，举办庆祝建党、建国周年书画摄影展，到敬老院慰问演出，到中小学校园进行党史国史爱国主义教育演讲等活动。参与社区治理。实行离退休党支部、驻地单位、市直联系部门、养老机构“四级联动”为老服务机制，引导离退休干部参与社区工作，提升社区治理水平。

（周晨晨）

老年教育工作

【概况】 全市老年教育工作以老年大学为主要阵地，做好基础设施建设、教育教学、文化活动、服务社会等工作。全年开设书法、绘画、摄影、舞蹈、二胡等教学班14个，在校学员718人。市老年大学获评“全国老年大学信息化建设优秀单位”，《不老的热爱》宣传片被“学习强国”全国平台采用，人民网、新华网、大众网等多家媒体报道办学经验。

【基础设施建设】 持续加强老年大学基础设施建设，系统性修复室内外墙面、地砖、吊顶，铺设自来水管道、防滑垫，改造卫生间，购置净水饮水一体机，增设音乐教室、书画创作室，配备合唱台、音响、乒乓球台等器材，安装高拍仪、计算机等多媒体教学设备，栽种花卉苗木，绿化校园，美化环境。

【教育教学】 丰富课程设置，增加形体、二胡等专业。加强教师队伍建设，聘请滕州一中、滕州书法家协会、枣庄科技职业学院等音乐专业、历史专业人才来校担任代课教师。邀请中国书法家协会会员开展《书法欣赏与交流》专题讲座，举办“智慧助老乐享生活”老年人智能手机应用公益讲座。开通微信公众号，发布学校活动信息110篇，单篇文章最高点击量达1000余次，同时将“山东老年大学远程教育网”链接到微信公众号平台，共享优质教学资源。

【文化活动】 “永远跟党走　奋进新征程”庆祝中国共产党成立100周年主题书画摄影展在市老年大学荆河公园校区举办，展出书画

2021年6月25日，“永远跟党走　奋进新征程”庆祝中国共产党成立100周年主题书画摄影展在市老年大学荆河公园校区举行

作品100幅，摄影作品60幅；组织学员参加山东省“讲好红色故事传承红色基因”微视频征集活动，获评“优秀组织奖”；参加枣庄市庆祝中国共产党成立100周年歌咏大赛，荣获“最佳风采奖”；参加市庆祝中国共产党成立100周年夕阳红文艺展演活动，荣获“最佳风采奖”“最佳表演奖”“最具人气奖”；重阳节期间，组织书法班、摄影班学员到市老年服务中心开展联谊活动；学期末，录制教学成果文艺展演。

（魏　茹）

2021年4月12日，全国关心下一代先进工作者、滕州市学雷锋志愿者联合会会长侯志龙（右）在滕州市望重学校宣讲雷锋事迹

关心下一代工作

【概况】 市关心下一代工作委员会坚持服务青少年的方向，加强青少年思想道德教育，深化关爱帮扶，以党建带关建，巩固基层组织和“五老”队伍建设。

【基层组织和“五老”队伍建设】 全市各级关工委坚持“党建带关建”，以党组织为引领，优先配齐配强关工委领导班子，实现党建工作与关工委工作政治联步、组织联体、班子联配、队伍联建、阵地联用、部门联合、业务联抓。已建1775个基层关工委中，“五好”基层关工委1280个，占比超72%。强化“五老”队伍建设，重视发掘和培育“五老”典型，联合市委组织部、市老干部局举办滕州市离退休干部党支部书记及“五老”骨干培训班，强化“五老”理论基础；联合市委组织部、市老干部局、市老年大学开展“永远跟党走　奋进新征程”庆祝建党100周年书画摄影展，抒发“五老”对党的热爱。各基层单位和个人年内获评枣庄市五好基层关工委62个、枣庄市创建五好基层关工委活动先进工作者59人。

【主题教育活动】 推进传承红色基因教育工程，印发《关于在全市青少年中深入开展“学党史、颂党恩、跟党走、见行动”主题教育活动的通知》，开展“五老”讲好“中国共产党百年故事”活动，教育青少年坚定听党话跟党走。以学校为主阵地，深化传承红色基因“六个一”活动，联合团市委、教体局共同开展2021年滕州市“童心绘祖国、真情献给党”手抄报大赛、“童心向党”系列文艺活动等，抒发爱党爱国情怀。承办枣庄市传承红色基因现场推进会，展示滕州教育活动成效。深化“关爱明天、普法先行”青少年普法教育活动，开展“法治进校园”，通过普法宣讲、法律知识竞赛、模拟法庭、情景剧、法治手抄报等方式宣传法律知识，发挥法治教育基地作用，分批次组织全市青少年参观，帮助青少年更好地学习法律知识。以“雷锋学校”创建工作为抓手，推进“学雷锋”实践活动，木石中学、望重学校、级索中学获评枣庄市雷锋学校。开展“好家庭、好家教、好家风”主题教育活动，联合宣传部、妇联共同召开滕州市家庭工作暨“最美家庭”“五好家庭”揭晓会，为滕州市“最美家庭”“五好家庭”及家庭工作先进集体和先进个人颁奖。推进中华优秀传统文化进校园，举办滕州市“经典吟诵、松枝鸟非遗进校园”启动仪式，界河镇中心小学被中国关工委健康体育发展中心授予“非遗进校园”优秀单位称号。

【关爱帮扶青少年】 增强留守、困境青少年关爱工作。联合市团委、市妇联、市慈善总会开展“童心向党、暖心成长”2021年度滕州市“牵手关爱行动”暨感受城市活动，按照2∶1的比例招募组织志愿者，结对帮扶450名留守儿童，联合新华书店，为儿童捐赠书籍1300余册。召开工作推进会议，发挥“爱心511行动”“关爱助残，阳光行动”等志愿服务品牌带动作用，推进孤困儿童关爱帮扶工作。联合团委开展“希望小屋”建设，建设完成“希望小屋”130间，并组织志愿者为孤困儿童开展长效跟踪帮扶。联合市老干部局、市总工会、市团委、市妇联、市教体局、市融媒体中心等七家单位，开展滕州市“关爱希望、助学圆梦”2021年度高考录取特困新生资助活动，联系善款29.91万元，资助大学新生75人。组织“五老”担任义务监督员，对学校周边治安环境、城乡网吧管理、小餐桌管理、交通安全等情况开展监督检查，维护青少年健康成长。联合市团委、教体局、市融媒体中心、体育事业服务中心、市体育总会等单位，开展滕州市“防溺水、懂自救”公益宣传活动，加强青少年防溺水自救宣传。

（张坤　杜宜迟　张旋）

档案工作

【概况】 市档案馆库房面积1222平方米，库房内安装档案密集架710组，安装档案网络管理软件。库房内配有灭菌机、吸尘器、温湿度记录仪、中央空调、去湿机、防盗、灭火器等设备。5月，《滕州市档案馆机构职能编制规定》明确市档案馆为市委直属正科级公益一类事业单位。截至年底，市档案馆共接收本市党、政、群机关和企事业单位的革命历史档案、现行档案以及撤销单位、破产企业的档案等计106个全宗，各种档案共计23.21万卷（册、件）。特色档案有：《续滕县志》木刻版、《孝经》石刻、印章、名人字画、中央及各级领导人题词、敌伪档案、土地改革档案、知识青年上山下乡档案。资料还存有各种文件汇编、地方史志、新旧版廿四史、家谱、新旧图书、地图、自抗日战争时期历年来的报刊以及滕州微山湖湿地红荷节、墨学国际研讨会、第十一届全运会滕州赛区材料等。10月，市档案馆被山东省档案馆评为档案宣传工作先进集体。

【档案接收整理】 全年接收文书档案208卷、15678件，并完成所有进馆档案的全文扫描和电子目录录入工作。“两类档案”接收2658件（18950页）的疫情档案（实体档案和电子档案）和4500卷（33683件）扶贫实体档案。指导参加暑期社会实践的13名大学生重新整理归档馆藏专业技术人员档案35000卷。加快档案信息化促档案利用“不等待”。通过政府采购招投标的方式，对馆藏纸质档案进行数字化加工，全年全文扫描档案约40万页。

【档案服务】 优化查阅环节，为市民群众提供优质查档服务。全年市档案馆接待查阅305人次、3745卷（件）次，复印862件、3213页。涉及民生的档案利用服务较多，为群众办理退休、核实工龄等提供有效凭证。并为市里有关部门的审计督查、文明创建、信访维稳、纪检案件办理等提供大量的档案查阅服务。同时，利用馆藏档案资源为革命老区建设促进会编写《枣庄革命老区发展史》（滕州篇）提供各类档案、资料2426卷（件）。

【档案征集】 抢救和留存珍贵的滕州党史资料，面向社会各界开展“建党100周年”档案资料征集活动，征集到文书档案11件、实物档案3件、电子档案5件、照片档案16件。征集市退役军人事务局编辑出版的展示老革命军人照片、个人介绍和获奖情况的《滕州市老革命军人光荣册》和《滕州市立功受奖军人光荣册》24套120本，填补红色档案馆藏。

【档案管理规范建设】 开展企业档案信息资源开发利用优秀案例评选工作，上报滕投集团案例；加强庄里水库移民档案工作指导。为省专项验收打下基础。开展山东省档案工作业务建设评价工作，推进申报单位创建省级档案业务建设评价示范单位的目标进程；市检察院、东郭镇通过“山东省档案工作业务建设评价示范单位”验收，山东滕建投资集团有限公司通过“山东省档案工作业务建设评价先进单位”验收；指导水发集团、城建档案馆、扶贫部门等20余个单位档案业务管理工作，完成档案移交。

【档案安全】 开展重要数据异地异质备份工作。整理和备份新增加的电子数据，对在山东省电子文件（档案）容灾备份中心异地备份馆藏全宗电子档案104个。9月，市档案馆和浙江省长兴县档案馆建立互为馆藏重要档案数据异地备份基地，并完成首次异地备份任务。定期对档案库房和档案管理软件进行安全检查，确保了档案实体及档案信息的安全。规范档案数字化外包安全管理，按照《档案数字化服务外包管理规范》等法律法规的规定，审核档案服务机构资质，与中标单位签订保密协议，对加工场所、设施设备等进行保密检查，并安装24小时监控摄像头，确保数字化各阶段中的档案安全、保密、可控。

【档案宣传】 “6·9国际档案日”期间在全市开展宣传活动，普及档案知识。利用馆藏档案资料开展档案宣传，精选馆藏珍贵红色档案与市融媒体中心在市档案馆文书库房联合拍摄《临时党员证》《滕县党组织诞生》和《大众日报创刊》等红色档案故事专题片。开展“全员都是信息宣传员”活动，鼓励档案业务人员编写信息，宣传档案工作。

【场馆建设】 全年沟通协调5次，落实市档案馆新场馆面积4层1.3万余平方米。市档案馆组织业务骨干分5批赴威海市、青岛市（崂山区、城阳区、西海岸新区）、淄博市桓台县档案馆和浙江省长兴县档案馆、宁波市档案馆、杭州市档案馆等17个先进档案馆学习考察数字档案馆建设经验，储备档案在线查询归档、智能文书库房、“三网”建设、数字档案馆建设等工作知识。

（赵敦芳）

2021年9月26日，长兴县档案馆、滕州市档案馆异地备份签约仪式在滕州市档案馆会议室举行

机构编制

【概况】 市委编办贯彻党管机构编制的政治原则，完善党政机构职能体系，完成深化事业单位改革工作，推进机关职能运行监管，机构编制资源配置得到优化。

【事业单位改革】 突出党组织引领地位。建立完善事业单位党的领导机制和工作机制，理顺党组织设置69个。优化完善功能布局。围绕全市中心工作和“工业强市、产业兴市”三年攻坚突破行动、保障改善民生事业等重点工作，统筹调整优化46个事业机构设置。清理撤并“小散弱”事业机构。除学校、公立医院、公办幼儿园、基层医疗卫生机构外，事业单位个数由改革前的242个精简到138个，精简率43%，精简收回事业编制1094个，并向重点关键领域配置。推进政事职责分离。制定411个单位机构职能编制规定，厘清事业单位与行政机关之间存在的职责交叉、关系不顺问题。改革后，事业单位公益属性明显强化，并打造“大治理”“大救助”和“大文化”品牌。滕州市事业单位改革经验在全省事业单位改革调研评估座谈会上被作为典型。

【重点领域体制机制改革】 健全加强党的全面领导体制机制。理顺党委议事协调机构办事机构与设在部门的关系，健全成员单位协作配合机制；加强党对保密工作的全面领导，明确市委保密委员会正科级专职副主任1名；巩固拓展脱贫攻坚成果，推进乡村振兴，将市扶贫开发办公室更名为滕州市乡村振兴局，明确领导职数和镇街乡村振兴有关事项。深化政府职能转变。理顺政府办公室、工业和信息化局关于大数据产业发展和行业管理有关职责；调整优化发展改革、行政审批等有关部门内设机构，厘清机构间职责边界；理顺农村宅基地管理有关职责，建立协作配合机制，压实镇街属地管理责任。完善“清单”制度。动态调整权责清单，严格落实《山东省政府部门权责清单管理办法》，督促指导21个部门（单位）动态调整权责清单事项74项；梳理形成第三批《“属地管理”事项主体责任和配合责任清单调整事项目录（征求意见稿）》，增加事项21项，优化7项。

【机构编制监督检查】 强化事业单位监管。完成事业单位法人年度报告公示和法人登记工作；完成2020年度事业单位绩效考核，确定优秀等次单位69个，良好等次单位202个，合格等次单位1个，较差等次单位7个；推进事业单位章程备案工作，完成421家事业单位章程网上备案工作。开展机关职能运行监管。制定监管办法、实施方案及细则等文件，将“主要职能运行成效”指标纳入全市服务高质量发展绩效考核指标体系；设置3方面8项监管内容，实行“日常+阶段+年终”的全周期跟踪评价，纵向开展镇街评作为、人民群众评服务，横向开展部门间贯通化监管评价；把67家部门（单位）纳入监管体系，构建职能运行监管“滕州模式”，相关经验做法在省委编办网站刊发。完成机构编制核查。抓实抓好单位自查、信息公示、联合审查、实地核实和数据上报5个环节，按照“四清”要求，审查全市758个单位31476名人员信息，修改信息5000余条，核销人员编制300余个，有效核清机构编制资源的数量、结构、分布等实际配置情况。

【机构编制资源配置】 助推“双十镇”建设。将部分项目审批、绿化管理等权限赋予乡村振兴示范镇、特色镇实施；向木石镇等3个乡村振兴示范镇核增行政编制4名。加强重点领域编制资源保障。坚持编制资源下沉，为镇街信访稳定、社会治理、畜牧兽医等领域调增事业编制63名；调整人才储备中心事业编制至320个，重点用于高层次人才引进；助力推进教育事业发展，配合全市中小学教职工编制实地核查调研，优化调剂编制。机构编制实名制。完成87个涉改事业单位2848人的转隶工作，科学做好2021年和2022年用编进人计划申报和下达，确保编尽其用、优化结构。

（张　峰）

机关党建

【概况】 全市机关党建工作贯彻落实新时代党的建设总要求，聚焦“工业强市、产业兴市”，持续深化模范机关创建，推进机关党建规范化品牌化特色化，机关党建质量全面提高。

【政治建设】 提高政治站位。把

2021年6月22日，滕州市直机关“讲党史故事　颂百年辉煌”朗诵会决赛颁奖

学习宣传贯彻习近平新时代中国特色社会主义思想作为首要政治任务，举办党的十九届六中全会精神宣讲报告会，启动理论学习中心组巡听，69个直属党组织开展理论学习中心组集中学习860余场次。开展党史学习教育。把党史学习教育作为重要政治任务实施、推进。结合庆祝建党100周年，举办“讲党史故事、颂百年辉煌”朗诵会、“品牌打造”市直机关羽毛球比赛，连续3年讲述机关党建“好故事”，在“学习强国”推出微视频7个。创建模范机关。以创促建，建立正向评价指标体系和反向约束考评标准；评选表彰模范机关建设工作先进单位30个，发挥典型作用。

【服务中心工作】 举办“工业强市、产业兴市”攻坚五问大调研大讨论演讲比赛，“七一”表彰推荐各条战线先进基层党组织23个、优秀党务工作者11人、优秀共产党员16人，激发党员干部担当作为、干事创业热情。围绕打造乡村振兴齐鲁样板，推选市直机关党员干部129人到村担任“第一书记”，助推“支部领办合作社”等工作任务落实。围绕项目建设、疫情防控等工作，成立枣庄市重点项目一线（滕州）临时党委，下沉5000余名干部联防联控，选派159名科级干部入企工作。

【压实主体责任】 压实责任。以“三张清单”强化机关党建主体责任落实，深化“四位一体”检查整改机制，每季度开展创建模范机关暨机关党建重点工作专项检查。年终开展“回头看”，相继通报批评相关单位12个。正风肃纪。落实中央“八项规定”精神，持续开展“四风”问题专项整治，用好监督执纪“第一种形态”，批评教育14人次。督导考核。设置制定3大项、27小项机关党建考核指标，完善机关党建工作推进机制，突出项目化管理、节点化督导，以考核推动工作落实。服务群众。深化拓展党建带群建、“双报到双服务”等长效机制，出台评价细则，明确评价标准，73家机关企事业单位党组织集中公示“双报到”共驻共建项目186个，实行季调度、年评比，推动项目落实落地。

【基层党建】 实施基层党建基础工作大提升行动，建立组织生活月通报、党费收缴季通报机制，编印《机关党建工作手册》“三本书”，指导基层党组织常态化开展组织生活；开展党支部建设规范提升，在662个基层党支部中推行党支部和党支部书记评星定级；严格发展党员程序，分两批发展党员433人。实施党员素质提升工程，举办上海交大党务干部培训班，轮训基层党支部书记510人；实施青年理论学习提升工程，评选青年学习标兵21人；发放“光荣在党50年”纪念章975枚，增强党员荣誉感、使命感。实施机关党建品牌提质培优行动，将党建品牌建设列为书记突破项目，评选表彰优秀党建品牌11个；总结提炼经验做法，编发《品牌的价值——优秀机关党建品牌集锦》，提升党建品牌的内涵和影响力。

（市委市直机关工委）

巡察工作

【概况】 市委创新巡察工作方式方法、强化整改落实、加强规范化建设，推动管党治党向基层延伸。全年完成三轮巡察，发现重点问题568个，移交线索32条，完成巡察全覆盖的政治任务。

【政治巡察】 市委常委会研究巡察工作议题5次，召开市委书记专题会议3次，召开市委巡察工作领导小组会议6次，专题学习巡视巡察工作有关精神，研究部署全市巡察工作。把贯彻执行习近平总书记“七一”讲话精神、统筹推进疫情防控和经济社会发展、“一把手”履职和廉洁自律情况、遵守换届纪律情况等12项内容纳入巡察监督事项。

【贯通融合】 探索建立上下联动和横向贯通机制，推动形成系统集成、协同高效的巡察监督工作格局。加强“上下联动”，配合做好政法系统、停车领域、粮食系统巡察及供销系统巡察“回头看”任务，保障党中央决策部署落到实处；强化“巡纪联动”，巡察发现的违纪违法线索，全部移交市纪委监委查办，市纪委监委对巡

2021 年 7 月 28 日，十三届市委第十五轮巡察工作动员部署会召开

察移交的线索优先办理、快查快结，形成震慑效应；探索“巡审联动”，灵活采用“先审后巡”“巡审同步”“先巡后审”等联动方式，实现信息互通、成果共享，质效提高。

【制度创新】 市委围绕“推动改革、促进发展”的巡察工作目标，创新实施“三力聚合”抓整改工作机制，压紧压实被巡察党组织整改主体责任、纪检监察机关和组织部门日常监督责任，落实县级分管领导“一岗双责”责任，发挥业务主管部门职能作用，持续推动巡察整改深走实抓。

【交流宣传】 市委巡察办向中央、省及枣庄市纪检监察及巡视巡察机构报送各类信息20篇，其中在中央和省级媒体以及内部刊物上刊登8篇。介绍上下联动工作经验的书记署名文章在中央巡视办主办的《巡视巡察参考》上发表，并被《中国纪检监察报》选登；巡审联动、镇村巡察整改情况专项督查经验做法在中纪委内网首页发表，新华社分析师专程到滕州调研镇村巡察整改专项督查工作，形成《山东要情动态》报省委、省政府领导参阅，枣庄市委书记陈平专门作出全市各区学习借鉴的批示；介绍村级巡察经验的书记署名文章以及“一事双推”“‘三力聚合’抓整改”等经验做法在《山东巡视巡察》发表。

（梁　根）

表 4　十三届市委巡察进驻一览表

轮次	组别	被巡察单位	巡察时间
十三	市委第一巡察组	市委政法委（含市综合治理事务中心）	2020 年 11 月 26 日至 2021 年 2 月 28 日
		市民政局	2020 年 11 月 26 日至 2021 年 2 月 28 日
		市信访局	2020 年 11 月 26 日至 2021 年 2 月 28 日
	市委第二巡察组	市人大机关	2020 年 11 月 26 日至 2021 年 2 月 28 日
		市农业农村局（含市农业农村综合服务中心、市畜牧水产服务中心）	2020 年 11 月 24 日至 2021 年 2 月 28 日
		市墨子研究中心办公室	2020 年 11 月 26 日至 2021 年 2 月 28 日
	市委第三巡察组	市委机构编制委员会办公室	2020 年 11 月 26 日至 2021 年 2 月 28 日
		市财政局（含市财政运行服务中心）	2020 年 11 月 26 日至 2021 年 2 月 28 日
		市行政审批服务局	2020 年 11 月 26 日至 2021 年 2 月 28 日

续表

轮次	组别	被巡察单位	巡察时间
十三	市委第四巡察组	市委统战部	2020 年 11 月 26 日至 2021 年 2 月 28 日
		市发展和改革局（含市能源事务中心）	2020 年 11 月 26 日至 2021 年 2 月 28 日
		市档案馆	2020 年 11 月 26 日至 2021 年 2 月 28 日
	市委第五巡察组	市政协机关	2020 年 11 月 25 日至 2021 年 2 月 28 日
		市委党史研究中心	2020 年 11 月 25 日至 2021 年 2 月 28 日
		市自然资源局（含市林业发展服务中心、市规划编制研究中心）	2020 年 11 月 26 日至 2021 年 2 月 28 日
	市委第六巡察组	市政府办公室（含市政府调查研究中心）	2020 年 11 月 27 日至 2021 年 2 月 28 日
		市委党校	2020 年 11 月 27 日至 2021 年 2 月 28 日
		市工业和信息化局	2020 年 11 月 27 日至 2021 年 2 月 28 日
十四	市委第一巡察组	市委宣传部（含社科联）	2021 年 4 月 19 日至 2021 年 6 月 30 日
		市委市直机关工作委员会	2021 年 4 月 20 日至 2021 年 6 月 30 日
		市退役军人事务局	2021 年 4 月 19 日至 2021 年 6 月 30 日
	市委第二巡察组	市妇幼保健院	2021 年 4 月 20 日至 2021 年 6 月 30 日
		市精神卫生中心	2021 年 4 月 20 日至 2021 年 6 月 30 日
		市中小学素质教育实践基地	2021 年 4 月 20 日至 2021 年 6 月 30 日
	市委第三巡察组	市第十一中学	2021 年 4 月 20 日至 2021 年 6 月 30 日
		市教师进修学校	2021 年 4 月 20 日至 2021 年 6 月 30 日
		市中等职业教育中心学校	2021 年 4 月 20 日至 2021 年 6 月 30 日
	市委第四巡察组	市中心人民医院	2021 年 4 月 20 日至 2021 年 6 月 30 日
		市工人医院	2021 年 4 月 20 日至 2021 年 6 月 30 日
	市委第五巡察组	市中医医院	2021 年 4 月 20 日至 2021 年 6 月 30 日
		市第一人民医院	2021 年 4 月 19 日至 2021 年 6 月 30 日
		市第二人民医院	2021 年 4 月 19 日至 2021 年 6 月 30 日
	市委第六巡察组	市委办公室（含市委市政府督办中心、市委政策研究中心）	2021 年 4 月 19 日至 2021 年 6 月 30 日
		市审计局（含市审计服务中心）	2021 年 4 月 20 日至 2021 年 6 月 30 日
		市应急管理局（含市应急救援保障中心）	2021 年 4 月 20 日至 2021 年 6 月 30 日

续表

轮次	组别	被巡察单位	巡察时间
十五	市委第一巡察组	市国有资产监督管理局	2021年8月3日至2021年10月15日
		鲁南高科技化工园区党工委	2021年8月2日至2021年10月15日
		滕州城建集团有限公司	2021年8月2日至2021年10月15日
	市委第二巡察组	滕州高铁新区党工委	2021年8月2日至2021年10月15日
		滕州市交通发展集团有限公司	2021年8月2日至2021年10月15日
	市委第三巡察组	滕州市旅游发展有限公司	2021年7月30日至2021年10月15日
		滕州建工建设集团有限公司	2021年7月30日至2021年10月15日
	市委第四巡察组	滕州市城市国有资产经营有限公司	2021年7月31日至2021年10月15日
		滕州信华投资集团有限公司	2021年7月31日至2021年10月15日
	市委第五巡察组	滕州市金盾保安服务有限公司	2021年8月2日至2021年10月15日
		滕州市荆善园林建设工程有限公司	2021年8月2日至2021年10月15日
	市委第六巡察组	滕州微山湖综合旅游区党工委	2021年8月3日至2021年10月15日
		滕州市水务发展集团有限责任公司	2021年8月3日至2021年10月15日

注：第十三轮巡察截止时间经市委巡察工作领导小组同意，由1月26日延至2月28日。

党史史志工作

【党史编研】 推进地方党史编纂。继续开展《中共滕州市地方史（第二卷）》（1949—1978）征编工作，查阅档案资料400多卷，访问当事人、知情人、见证人等200余人，征集资料近百万字，完成撰稿35万余字；协助市革命老区建设促进会开展《枣庄市革命老区发展史（滕州卷）》的资料征集和编纂工作，完成书稿40余万字；配合市委统战部编撰《滕州统战故事》，完成供稿10篇。开展口述历史征编。完成改革开放后7任市（县）委书记专题采访，编纂口述历史专稿7篇，共8万余字；开展《以史鉴今 再铸辉煌——口述历史见证枣庄工业发展60年》滕州部分的采访工作，现场采访12人次，内容涵盖装备制造、高端化工、新材料、新能源等主导产业，部分口述史专题文章在媒体刊发。完善红色基因图谱。完成《山东红色基因图谱》滕州部分的编写修改任务，修改完善全市红色革命旧址遗址、烈士陵园、重要红色历史纪念场馆设施等处党史资料30余篇、近3万字，更换图片200余幅。深化党史专题研究。完成《抗战时期滕县统一战线工作开展情况及历史启示》等党史研究课题3个，新确立研究课题2个，分别制定方案、形成专班，推进专题研究常态化、制度化。

【史志编研】 志鉴编纂工作。继续推进市志送审稿的完善、打磨、审定工作；完成《滕州年鉴（2021）》资料征集、稿件编纂和出版发行，完成省、枣庄市业务部门相关资料征集的供稿任务。古籍整理和编研工作。整理、影印康熙十二年《滕志》，填补省内空白；立项"滕县飞地研究"和"滕县易石园研究"等专门课题，专人专班推进研究。志鉴服务工作。为社会各界提供业务咨询和相关资料查证120余人次；配合市电视台《滕州风物》栏目组，录制“徐家花园”影视专题片，在“学习强国”等平台推转宣传；先后与山西平遥、山东招远等外地10余家史志部门开展志鉴交流活动。基层业务指导工作。为修志单位提供上门业务培训，指导开展志书编修，《北辛街道志》公开出版，《姜屯镇颜楼村志》《滕州市脱贫攻坚大事记》印行；东郭镇志完成评审，滕州统战志编修完成总纂，滕州龙泉塔志编修进入后期打磨，善南街道志编修进入资料甄别整理阶段；羊庄镇西江村召开组织动员暨业务培训会议，启动村志编修。

【宣传教育】 开展党史宣讲“六进”活动。选派业务骨干深入学校、社区、机关、企业等开展党史宣讲活动13场次，提供宣传咨询1000余人次，赠送各类党史书籍200余册；为全市开展红色故事宣讲提供支持，编写地方红色故事10个。

制作党史专题片。与市委组织部、市融媒体中心联合摄制《滕县革命的火种——记滕县五所楼樾榛小学党支部》《滕县的曙光 人民的柱石——记中共滕县县委和滕县抗日民主政府的诞生及其工作》《滕县善堌农民抗日训练班》等文献纪录片3集，为全市开展党史学习教育提供优质课程资源；《滕州红色记忆》（三集）纪录片被省委组织部评为2021年度全省优秀党员教育电视片三等奖，并在“灯塔—党建在线”向全省党员干部展播。开辟宣传专栏。与市融媒体中心联合，在《滕州日报》开辟“奋斗百年路 启航新征程”党史学习教育专栏，组织撰写并刊发专题文章30余篇。举办党史特展。与市委组织部、市委宣传部和市文旅局联合举办“庆祝中国共产党成立100周年党史特展”，布展面积500余平方米，展出党史图片330幅、图表20张，版面文字8000余字，文物史料50余份，展陈历时7个月，接待观展3万余人次；与市文旅局联合举办“庆祝建党100周年红色地方文献展”，展出各类文献300余册、数字资源10万余页。

【阵地建设】 支持红色教育基地建设。联合羊庄镇完成庄里村省级党史教育基地改造提升和大赵庄村“中共滕县县委成立旧址纪念馆”新建工作；协助柴胡店镇、北辛街道分别建成较大型党史教育场馆；指导市经济开发区管委会、市人武部、市科协、红荷湿地管委会、官桥镇等新建和改造提升党史教育展馆展厅、广场游园等11处，提供和修改文字资料10余万字、图片300余幅。开展党史展陈专项检查。联合有关部门，对全市各类红色教育场馆开展全面排查，整改各类问题36个，把好展陈内容的政治关和史实关；对4处山东省党史教育基地和4处枣庄市党史教育基地强化跟踪指导，持续提升宣传教育能力和水平。推进市级党史（方志）馆建设。主动对接市公共服务设施综合馆建设单位，时刻关注建设进度和施工标准，提前做好新馆规划布局，启动展陈大纲的设计编纂工作。

（王兵　徐承伟　王强）

党校工作

【教学培训】 实施“习近平新时代中国特色社会主义思想培训工程”，主体班次中党的理论教育和党性教育课程比重不低于总课时的70%。按照《2021年全市干部教育培训计划》举办习近平新时代中国特色社会主义思想专题研讨班、“中共党史”专题研讨班、“工业强市、产业兴市”专题研讨班、滕州市公务员任职培训班等班次13期，培训人数4188人次。开展党史学习教育和“四史”宣传教育。成立党史学习教育领导小组，制定方案，组织专题读书班。开设全市领导干部大讲堂、开展现场教学、组织观看红色影片，开展党史、新中国史、改革开放史、社会主义发展史宣传教育。选派教师赴各镇街和市直有关部门宣讲80余场次，党员干部群众受教育6万余人次。

【科研咨政成果】 围绕党史学习教育和全市“工业强市、产业兴市攻坚五问”大调研大讨论活动开展科研咨政工作。在2021年山东省党校（行政学院）系统公共管理年会暨“山东省社会管理创新软科学研究基地”学术研讨会上，4篇论文获得三等奖；在枣

2021年7月14日，2021年“中共党史”专题研讨班开班仪式在市委党校310会议室举行（赵倩倩　摄影）

庄市党校系统庆祝中国共产党成立100周年理论研讨上，4篇论文获奖，其中一等奖1篇、二等奖1篇、三等奖2篇，滕州市委党校获得优秀论文组织奖；《汲取党史智慧推进自我革命》《铁道游击队精神的形成和发展机制研究》《滕州市促进直播经济高质量发展的实践与探索》《学习党史要坚持实事求是的学风》《浅析毛泽东的领导艺术》《学党史构建新教学布局全面提升党校教育教学水平》等6篇文章在《枣庄日报》《枣庄社会科学》等报刊发表，枣庄市社科联课题《意识形态安全视角下加强学校思政课建设对策研究》获得立项；中共枣庄市委书记陈平在《中共枣庄市委党校“红色熔炉铸党性”庆祝中国共产党成立100周年理论研讨会论文集锦》序言中，点题褒奖3篇论文，其中有中共滕州市委党校两篇；党校咨政报告《乡村振兴战略下关于加快我市农村电商发展的思考与建议》获滕州市委书记陈永生签批。

【基层党校建设】　全市各镇街利用闲置用房、党群服务中心及乡村振兴基地等资源，按照“六有”标准，升级改造党校，实现党校全覆盖；4所市直分校规范提升，其中中共滕州市委党校国资国企分校挂牌成立；6月，中共滕州市委党校尚品本色公司分校、中共西岗镇委员会党校和中共木石镇委员会党校正式规范化运行；全市形成以市委党校为主体、分校为辅助的“一主多元”阵地格局。全年镇街党校举办培训班230期次，培训基层党组织书记6730人次，培训村（社区）党员4.7万人次。

【现场教学点建设】　市委党校围绕提升干部专业能力，拓展教学形式、打造精品课程、培育教学典型。完善现场教学点建设。立足历史文化资源和红色基因，建设不同主题的党员干部党性教育基地，形成主题鲜明、互为补充的干部教育培训格局和课堂教学、现场教学、体验教学、艺术教学“四位一体”的教学体系。遵循“按需选点”原则，挖掘经济社会发展和基层工作实践的经验、亮点，优选出墨子纪念馆、联泓新材料科技股份有限公司等现场教学点54个，打造乡村振兴、基层党建等教学线路7条。丰富现场教学内容。挖掘墨子创新思想、鲁班工匠精神新的时代内涵，动态设置科技传承、创业创新、动能转换、社会治理等教学专题，弘扬科学精神、启迪创新意识，传承匠心文化、推动实践创新。突出课堂和现场教学的结合。课堂教学采用“内创+外引”“党性红+专业蓝”等课程教学设置，创新开展“翻转课堂”“访谈教学”“头脑风暴”等形式，打造多样化智慧课堂。体悟实训注重课堂教学延伸，在现场教学点丰富完善现场互动、交流问答等环节，加强对理论难点、热点问题研讨，增加现场教学的吸引力和感染力，提升干部能力。

（王若晨）

滕州市人民代表大会

Tengzhou Municipal People's Congress

市人大常委会工作综述

【概况】 全年市人大常委会在市委领导下，贯彻党的十九大和十九届历次全会精神，坚持党的领导、人民当家作主、依法治国有机统一，围绕全市工作大局，全面有效履行各项法定职责，推动经济高质量发展和社会高效能治理。

【坚持政治方向】 把学习贯彻习近平新时代中国特色社会主义思想作为首要政治任务，推进党史学习教育，围绕学习宣传贯彻十九大和十九届历次全会精神、习近平总书记关于坚持和完善人民代表大会制度重要思想以及视察山东重要讲话指示精神等专题，召开党组学习（扩大）会议、党组理论中心组集体学习（扩大）会议、读书班、例会等专题会议40余次，组织开展主题党日活动。

【助力强市建设】 围绕“高质量发展”这个主题，常委会树立全过程监督理念，实施正确监督、依法监督、有效监督，人大监督的刚性增强、成效显著。市人大常委会听取并审议市政府关于计划、预算、国有资产管理情况的报告，对全市道路交通安全、城区停车位建设管理、水利重点工程建设、商务暨招商引资、科技创新等5项工作进行评议；对全市文物保护工作开展专题调研，提出意见建议，人大监督的过程成为发现问题、整改提升、推动发展的过程。听取并审议市政府关于2020年全市环境状况和环境保护目标完成情况的报告，调研全市采煤塌陷地综合治理、国土空间规划编制等工作，形成高质量调研报告，为市委科学决策提供参考，推动环保督察工作开展和环保突出问题的整改落实。围绕全市房地产市场管理、社区养老服务、城区供暖等工作开展监督，回应群众关切；围绕全市乡村振兴战略实施、农业绿色高质量发展、农业良种繁育藏粮于地等工作开展监督，推动乡村振兴发展。听取并审议全市“七五”普法决议执行情况，对市法院一站式多元解纷机制和诉讼服务体系建设、市检察院适用认罪认罚从宽制度等工作进行视察调研，对就业促进法、安全生产法等开展执法检查，专题询问全市安全生产工作，做好规范性文件规章备案审查工作。

【人大宣传工作】 围绕庆祝市人大常委会设立40周年，配合市委组织召开全市庆祝大会，制作专题短片，开展主题征文，征集人大规范化建设成果、举行书画展、推出纪念专刊，回顾总结市人大常委会40年的历程和成就，宣传人民代表大会制度。创新宣传工作方式方法，有效运用“滕州人大”网站、《滕州人大工作》刊物，宣传人大工作、人大制度和人大代表履职情况。全年在各级各类媒体发表稿件4600余篇（次），人大制度更深入人心；重视并加强人大制度理论研究，承担的全国和省人大课题研究，全部结项。《新时代基层人大代表工作的进展情况及创新完善举措》等课题结项，《“双联”活动的探索与实践》获得枣庄市社科成果“优秀”奖。

【推动人大代表履职】 创新推广应用“滕州市人大代表履职服务平台”，代表建议网上提交、办理和答复，实时公开。各镇街和机关、工信代表小组基本建成“代表工作室、代表工作站、代表联络点”的三级网络。引导省、枣庄、滕州、镇街四级人大代表进站活动，推进代表履职重心下沉，面对面与选民交流，密切代表与群众联系。推进“双联”暨“千名代表下基层”活动，收集群众意见建议350余条，梳理汇总后转市政府办理55件。办理和督办人代会上人大代表提出的建议、批评和意见110余件。

2021年1月12日，滕州市第十八届人民代表大会第五次会议在滕州剧院开幕

重要会议

【市十八届人大五次会议】 2021年1月12—13日，滕州市第十八届人民代表大会第五次会议在滕州剧院召开。会议听取和审议滕州市人民政府工作报告、滕州市人大常委会工作报告、滕州市人民法院工作报告、滕州市人民检察院工作报告；审查并批准滕州市国民经济和社会发展第十四个五年规划和二〇三五年远景目标纲要、滕州市2020年国民经济和社会发展计划执行情况与2021年计划报告、滕州市2020年预算执行情况与2021年预算报告，并对上述报告分别作出决议；会议补选市十八届人大常委会委员，投票表决通过滕州市2021年惠民实事项目，表彰优秀市人大代表和优秀市人大代表建议；大会收到代表议案、建议106件。

【市十八届人大常委会第三十四次会议】 2021年1月8日，市十八届人大常委会第三十四次会议召开。市人大常委会主任李健作关于提请任命市人大常委会工作人员职务的报告。会议听取市十八届人大五次会议筹备处关于市十八届人大五次会议筹备情况的报告，听取审议并表决通过市人大常委会代表资格审查委员会关于市十八届人大代表变动及补选代表资格审查情况的报告，审议通过市人大常委会关于召开市十八届人大五次会议的决定（草案），审议通过市十八届人大五次会议建议日程（草案）、有关建议名单（草案）和列席人员范围（草案），讨论市人大常委会工作报告（征求意见稿），听取审议并表决通过市政府关于2020年十件惠民实事实施情况的报告。依法通过市人大常委会人事任免事项，并举行向宪法宣誓仪式。

【市十八届人大常委会第三十五次会议】 2021年1月14日，市十八届人大常委会第三十五次会议召开。市人大常委会主任李健代表市人大常委会主任会议作关于提请补选枣庄市十六届人大代表的报告。会议投票通过人事任免事项。

【市十八届人大常委会第三十六次会议】 2021年3月31日，市十八届人大常委会第三十六次会议召开。市人大常委会主任李健作关于提请任命市人大常委会工作人员职务的报告；市政府常务副市长王涛宣读市长马宏伟关于提请任免市政府组成人员职务的报告；市法院院长高键作市法院关于提请任免市法院审判人员职务的报告。会议听取并审议市政府关于2020年全市环境状况和环境保护目标完成情况的报告、市政府关于全市采煤塌陷地

2021 年 3 月 31 日，滕州市十八届人大常委会第三十六次会议召开

综合治理工作情况的报告。依法通过有关人事任免事项，并举行向宪法宣誓仪式。

【市十八届人大常委会第三十七次会议】 2021 年 4 月 21 日，市十八届人大常委会第三十七次会议召开。市政府常务副市长王涛宣读市长马宏伟关于提请任免市政府组成人员职务的报告。会议投票通过市政府人事任免事项，并举行向宪法宣誓仪式。

【市十八届人大常委会第三十八次会议】 2021 年 5 月 31 日，市十八届人大常委会第三十八次会议召开。市人大常委会主任李健作主任会议关于提请接受李云涛、徐磊辞去市十八届人大常委会委员职务的报告，并审议通过。会议听取并审议市政府关于全市房地产市场管理工作情况的报告、市政府关于农业绿色高质量发展工作情况的报告，并分别通过这两项报告的审议意见。听取并评议市公安局关于全市公安交通管理工作情况、市城乡水务局关于全市重点水利工程建设情况，当场公布评议结果。

【市十八届人大常委会第三十九次会议】 2021 年 7 月 29 日，市十八届人大常委会第三十九次会议召开。市人大常委会主任李健作关于提请接受有关人员辞职请求的报告；市监察委员会主任高欣作关于提请市监察委员会组成人员免职事项的报告；市法院院长高键作关于提请市法院审判人员任职事项的报告；市检察院检察长姜广俊作关于提请市检察院检察人员任免事项的报告。会议听取审议市政府关于全市安全生产工作情况的报告、市政府关于滕州市 2021 年国民经济和社会发展计划上半年执行情况的报告、市政府关于滕州市 2021 年预算上半年执行情况的报告，并分别通过这三项报告的审议意见。依法通过有关人事任免事项，并举行向宪法宣誓仪式。

【市十八届人大常委会第四十次会议】 2021 年 9 月 28 日，市十八届人大常委会第四十次会议召开。市人大常委会主任李健作关于提请接受秦献春辞去市十八届人大常委会委员、市人大财政经济委员会副主任委员职务的报告，并审议通过。市政府副市长张晓翠宣读马宏伟市长关于提请任免市政府组成人员职务的报告；市监察委员会主任高欣作关于提请任免市监察委员会组成人员职务的报告；市法院院长高键作关于提请免去市法院审判员职务的报告。会议听取审议市政府关于市十八届人大五次会议代表建议办理情况的报告、市政府关于 2020 年度市级预算执行及其他财政收支审计工作情况的报告、市政府关于滕州市 2020 年财政决算的报告、市政府关于全市“七五”普法决议执行情况和“八五”普法规划（2021—2025 年）的编制说明，并分别通过这四项报告的审议意见。听取并评议市商务和投资促进局关于全市商务暨招商引资工作情况、市综合行政执法局关于全市城区停车位建设管理工作情况、市科技局关于全市科技创新工作情况，当场公布评议结果。依法通过有关人事任免事项，并举行向宪法宣誓仪式。

【市十八届人大常委会第四十一次会议】 2021 年 11 月 10 日，市十八届人大常委会第四十一次会议召开。市人大常委会主任李健代表市人大常委会主任会议作关于提请任命市镇两级选举委员会组成人员的报告。会议表决通过市人大常委会关于市镇两级人民代表大会换届选举工作安排意见、市及各镇选举委员会组成人员名单、各镇人民代表大会代表名额的决定、市第十九届人民代表大会代表和各镇第二十届人民代表大会代表选举日的决定。

【市十八届人大常委会第四十二次会议】 2021年11月25日，市十八届人大常委会第四十二次会议召开。会议听取审议市政府关于2021年20件惠民实事实施情况的报告；市政府关于2020年度全市国有资产管理情况的综合报告；关于全市金融企业国有资产、国有自然资源资产管理情况的专项报告；市政府关于全市紧密型医共体建设工作情况的报告，并分别通过这四项报告的审议意见。

【市十八届人大常委会第四十三次会议】 2021年12月30日，市十八届人大常委会第四十三次会议召开。市人大常委会主任李健作主任会议提请人事任免事项和关于接受有关人员辞职请求的报告；市政府副市长张传纲宣读市长马宏伟关于提请任免市政府组成人员职务的报告；市监察委员会副主任姬德峰宣读市监察委员会主任高欣关于提请任免市监察委员会组成人员职务的报告。听取审议市政府关于滕州市2021年政府债务限额及市级预算调整情况的报告并表决通过。会议投票通过市人大常委会、市政府、市监察委员会人事任免事项。

调研视察

【调研安全生产工作】 2021年2月3日，市人大常委会主任李健调研全市安全生产工作。市人大常委会党组成员、办公室主任贾福军陪同调研，李健先后到山东红荷汽车、孙楼鲁寨区域棚改项目、文隆化建、真爱三期等现场调研；随后召开座谈会，李健对安全生产工作提出意见和建议。

【视察融媒体事业发展】 2021年3月9日，市人大常委会主任李健、副主任郭传伟带领部分委员、人大代表对全市融媒体事业发展情况进行视察。视察组先后到市融媒体中心少儿活动中心、虚拟演播室、电视新闻直播间、广播中心、中央指挥调度室、节目制作中心、演播大厅、采编中心、高清播控室等区域视察；随后召开座谈会，视察组成员听取全市融媒体事业发展情况汇报，并提出发展意见和建议。

【调研采煤塌陷地综合治理】 2021年3月26日，市人大常委会调研全市采煤塌陷地综合治理工作。市人大常委会副主任郭传伟参加调研活动，市人大常委会委员、教科文卫委主任委员高守民主持座谈会，参加调研活动的市人大常委会组成人员就提出推进采煤塌陷地综合治理工作的意见、建议。

【视察2021年惠民实事项目】 2021年5月20日，市人大常委会组织部分常委会组成人员视察2021年惠民实事项目推进工作。市人大常委会主任李健，副主任李广宪、郭传伟，市人大常委会党组成员、办公室主任贾福军参加视察。市委常委、常务副市长王涛，市政协副主席、市教育体育局局长杜孝玺陪同视察。视察组实地察看京台高速新北出口连接线、市医养健康中心暨人民医院新院区、城市绿化游园、荆河路贯通、滕州一中东校扩建等项目现场，了解项目推进情况，随后召开座谈会，参加视察的市人大常委会组成人员进行讨论发言，提出意见、建议。

【调研文物保护工作】 2021年5月21日，市人大常委会调研全市文物保护工作情况。市人大常委会副主任郭传伟参加调研。调研组实地察看大韩村乡村文物进村居展览馆、岗上遗址发掘现场、鲁中南文化考古研究中心等现场，随后召开座谈会，听取有关单位负责人工作汇报，提出意见和建议。

【调研认罪认罚从宽制度适用】 2021年5月26日，市人大常委会调研市检察院适用认罪认罚从宽制度情况。市人大常委会副主任柴春国参加调研。柴春国一行在市检察院观看认罪认罚从宽宣传片以及认罪认罚从宽庭审相关视频资料，听取认罪认罚从宽制度落实等情况汇报，参加调研的市人大常委会组成人员、监察和司法委员会成员、人大代表进行深入交流。

【视察重点交通基础设施建设】 2021年6月10日，市人大常委会组织部分人大常委会组成人员、市人大代表视察全市重点交通基础设施建设情况。市人大常委会主任李健、副主任李广宪，市人大常委会党组成员、办公室主任贾福军参加视察活动。视察组先后到京台高速滕州新北出口连接线项目、“古薛官桥”美丽农村路示范样板区、小魏河湿地美丽农村路、十字河“四好农村路”、薛河湿地美丽农村路、县乡公路提升项目、驳官线建设等现场视察，随后召开座谈会，听取有关单位的工作汇报，提出意见、建议。

【调研社区养老服务工作】 2021年6月25日，市人大常委会组织部分人大常委会组成人员、市人大代表调研全市社区养老服务工作。市人大常委会副主任柴春国参加调研，市政府副市长张传纲陪同活动。调研组实地察看塔寺社区服务中心、金桂园康养中心项目、保利海德佳园·善园社区养老服务用房等现场，了解社区养老服务工作开展情况，随后召开座谈会，提出意见和建议。

【调研农业工作】 2021年7月15日，市人大常委会组织部分人大常委会组成人员、市人大代表调研农业良种繁育藏粮于地工作。市人大常委会副主任、市总工会主席李广宪，副市长秦升学参加活动。调研组实地察看山东省德隆种业有限公司、级索镇龙庄村、大坞镇大市庄村、山东沃地丰生物肥料有限公司等现场，听取有关情况汇报，随后召开座谈会，提出意见和建议。

【调研安全生产工作】 2021年7月27日，市人大常委会组织部分常委会组成人员、人大代表调研全市安全生产工作。市人大常委会副主任柴春国参加调研。调研组实地察看万达广场、市人民医院新院区项目、北玻院（滕州）复合材料有限公司等现场，随后召开座谈会，提出安全生产意见、建议。

2021年6月10日，市人大组织视察重点交通基础设施建设

【督导疫情防控工作】 2021年8月10日，市人大常委会主任李健督导疫情防控工作。市人大常委会党组成员、办公室主任贾福军陪同活动，李健先后到熙城国际小区、荆河街道卫生院、贵诚超市、银座超市、大同天下·丹香苑小区等现场，并提出要求。

【视察乡村振兴工作】 2021年8月13日，市人大常委会组织部分常委会委员、人大代表视察全市乡村振兴战略实施情况。市人大常委会主任李健、副主任李广宪参加视察活动，副市长张传纲陪同视察。视察组先后到麦金地农产品中央厨房项目、滕州市国阳种植合作社、姜屯镇东滕城村美丽乡村、山东春藤牧业有限公司肉鸡宰杀、熟食加工项目、西岗苗圃高效农业项目、山东华汇食品有限公司、畜牧产品加工出口项目等现场视察，随后召开座谈会，提出意见、建议。

【调研城区停车位建设】 2021年9月10日，市人大常委会组织部分人大代表调研城区停车位建设管理情况。市人大常委会副主任李广宪参加调研。调研组实地察看市博物馆东停车场、振兴路停车场、智慧停车指挥中心等现场，随后召开座谈会，提出加强城区停车位管理的意见、建议。

【视察全市全国文明城市创建】 2021年11月2日，市人大常委会组织部分人大代表视察全市全国文明城市创建工作。市人大常委会主任李健、副主任郭传伟，市人大常委会党组成员、办公室主任贾福军参加视察。市委常委、宣传部部长康凤霞，副市长张晓翠陪同视察。视察人员实地察看长途汽车站、鲁华农副产品物流中心、小城印象酒店、新兴北区、北关小学、市中心人民医院等现场，听取有关创城情况汇报，了解各点位的全国文明城市创建工作开展情况，随后召开座谈会，市人大常委会委员、人大代表围绕创城工作提出意见、建议。

【视察城区供暖工作】 2021年11月4日，市人大常委会组织部分市人大常委会组成人员和人大代表视察全市城区供暖工作。市人大常委会主任李健、副主任李广宪，市人大常委会党组成员、办公室主任贾福军参加视察。副市长秦升学陪同视察。视察组先后察看新源电厂、缇香郡·璟园小区、供热服务大厅等现场，实地了解供暖安全生产、供暖设备检修、供暖原材料储备等情况，随后召开座谈会，听取有关单位负责人的汇报，提出供暖保障等工作意见、建议。

上级人大视察调研

【宋淑启带队调研】 2021年3月23日，枣庄市人大常委会副主任宋淑启带领调研组到滕州调研乡村振兴、社区党建、环境综合整治等工作。滕州市人大常委会主任李健、副主任姜繁茂，市人大常委会党组成员、办公室主任贾福军陪同调研。枣庄调研组实地察看滕州东方钢帘线有限公司、光大美铭康养温泉小镇、新丰村乡村记忆馆、荆河街道王楼居、北玻院（滕州）复合材料有限公司、滕州传化物流小镇、北辛街道赵王河西社区等现场。

2021年11月2日，市人大组织视察全市全国文明城市创建

【于良带队调研】 2021年5月18日，枣庄市人大常委会环城绿道管理条例立法调研组在枣庄市人大常委会副主任于良的带领下到滕州开展立法调研活动。滕州市人大常委会主任李健、副主任柴春国，副市长、市公安局局长杜茂广，市人大常委会党组成员、办公室主任贾福军陪同调研。枣庄调研组实地察看羊庄钓鱼台驿站停车点、古薛河驿站停车点等现场，听取情况介绍，了解滕州环城绿道建设情况，随后召开座谈会，听取枣庄环城绿道（滕州段）建设情况汇报以及各有关部门就《枣庄环城绿道管理条例（草案）》提出的意见、建议。

【枣庄人大调研组调研物业管理】 2021年6月2日，枣庄市人大常委会委员、城环委主任委员杨晓黎率领调研组到滕州调研住宅小区物业管理工作情况。滕州市人大常委会副主任李广宪陪同调研。枣庄调研组察看缇香郡·璟园和上善·玺园小区等现场，并召开座谈会，听取相关工作情况汇报，了解在住宅小区物业管理和完善公共服务基础设施建设中存在的困难和问题，听取有关意见建议。

【省人大调研组调研党建】 2021年7月8日，省人大机关党组成员、常委会副秘书长、机关党委书记王守涛一行10人在枣庄人大常委会副主任刘志才的陪同下，到滕州调研党建工作。滕州市人大常委会主任李健、副主任李广宪，市人大常委会党组成员、办公室主任贾福军参加调研。调研组先后到界河镇东李庄村、界河镇北王楼村、界河生态文化廊道等现场调研，听取基层工作情况汇报，了解基层党建有关工作。

【程涛带队检查】 2021年8月12日，枣庄市人大常委会副主任程涛带领执法检查组到滕州开展安全生产和应急管理“两法两条例”执法检查工作。滕州市人大常委会主任李健，市委常委、常务副市长王涛，市人大常委会党组成员、办公室主任贾福军陪同活动。枣庄检查组实地察看兖矿鲁南化工有限公司等现场，听取有关情况汇报，了解滕州安全生产和应急管理工作开展情况。

【袁亮带队专题调研】 2021年9月16日，全国人大代表、中国工程院院士袁亮一行15人在枣庄人大常委会副主任程涛的陪同下，到滕州围绕“关于加强我国煤炭资源开采矿震灾害预防和治理的建议”和“关于加强爆炸危险场所安全检查的建议”两项代表建议进行专题调研。调研组先后到联泓新材料科技股份有限公司、兖矿鲁南化工有限公司、枣矿集团田陈煤矿、枣矿集团滕东煤业公司等现场调研。滕州市人大常委会主任李健、副主任柴春国，市人大常委会党组成员、办公室主任贾福军陪同调研活动。

【枣庄人大立法调研组调研】 2021年9月27日，枣庄市人大常委会组织立法调研组到滕州开展《枣庄市燃气管理条例》立法调研工作。滕州市人大常委会副主任柴春国陪同调研。调研组以座谈方式听取滕州市政府关于近年来全市燃气管理工作情况的汇报，与滕州市发改、司法、公安、住建、消防救援、华润燃气等单位的负责人交流，征求基层单位对条例修订草案的修改意见、建议。

【省人大调研组调研生态保护】 2021年10月8日，省人大常委会法制工作委员会副主任石晓带领调研组在枣庄市人大常委会副主任、市总工会主席于良陪同下到滕州，调研南四湖生态保护工作。滕州市人大常委会主任李健、副主任柴春国，副市长张传纲陪同活动。调研组实地察看木石镇农村生活污水治理点、西岗镇九龙湾湿地等现场，听取基层工作情况汇报，并与现场负责人进行深入交流，了解滕州在水污染防治、河湖长制落实、工作机制体制完善、水环境监督与管理等方面采取的做法。

【王云鹏带队调研】 2021年12月10日，省人大常委会副主任王云鹏带领调研组到滕州，调研全市经济社会发展和人大工作情况。枣庄市人大常委会副主任宋淑启、枣庄市副市长李守江，滕州市委书记陈永生，市人大常委会主任李健，市委常委、市委办公室主任薛登峰，市人大常委会副主任姜繁茂，市人大常委会党组成员、办公室主任贾福军陪同调研。省调研组实地察看联泓新材料科技股份有限公司、山东威达重工股份有限公司、龙泉街道文昌社区人大代表工作站等现场，听取有关情况介绍，了解企业生产经营、基层人大工作、各级人大服务经济发展等情况。

【徐玲带队调研】 2021年12月27日，枣庄市人大常委会副主任徐玲带领调研组到滕州，督导调研全市区（市）、镇人大换届选举工作。滕州市人大常委会党组书记、主任、市选举委员会主任李健，市人大常委会党组副书记、副主任、市选举委员会副主任姜繁茂陪同调研。枣庄调研组实地察看龙阳镇龙阳村、北辛街道于岗村等现场，听取有关工作情况汇报，了解滕州换届选举工作情况。

代表工作

【组织开展“双联”活动】 常委会组成人员分六个组到全市23个代表小组开展“双联”活动。活动采取察看现场、召开座谈会的形式进行，了解镇街人大工作开展情况、人大代表履职情况，倾听基层人大代表的意见建议，并向代表通报市十八届人大五次会议代表所提建议办理情况。“双联”活动中，市人大常委会组成人员联系市人大代表407人，市人大代表联系选民47600人，收集、归纳、整理选民建议55件，及时转交市政府有关部门落实办理。

【强化代表建议督办】 按照《滕州市人大常委会关于办理市人大代表建议、批评和意见办法》的要求，抓好市十八届人大五次会议上人大代表所提110件建议的办理工作。坚持分管领导重点督办、相关专门委员会分工督办、分别测评重点建议办理情况，网上实时公布办理结果，代表满意率100%。在第三十次常委会会议上，听取审议市政府关于人大代表建议办理工作情况的报告。通过市政府有关部门办理解决一批人民群众关注关心的热点难点问题，参与对市政府20件惠民实事的督办工作，督促政府有关部门加大办理力度、保证办理质量，抓好安全生产。

【完成市镇人大换届选举】 研究并理解换届选举的法律法规和政策规定，学深学透上级关于换届选举的文件，严格工作程序，起草工作方案，组织并完成市镇人大换届选举工作。选出市十九届人大代表450人，各镇二十届人大代表1547人。顺利召开市十九届人大一次会议，指导各镇二十届人民代表大会第一次会议的召开。

【人事任免工作】 按照《滕州市人大常委会人事任免办法》的规定，及时依法任免“一府一委两院”工作人员108人。坚持党管干部原则和人大依法任免有机统一，进一步规范被任命人员任前考法、供职、向宪法宣誓制度，增强国家机关工作人员的责任感和使命感。

【票决2021年滕州市惠民实事项目】 2021年1月13日，市十八届人大五次会议票决产生2021年度“20件惠民实事项目”，市政府及其相关部门把办好惠民实事项目作为贯穿全年的重大任务。11月25日，市十八届人大常委会第四十二次会议听取并审议副市长张晓翠代表市政府所作的《关于2021年20件惠民实事实施情况的报告》。

（市人大）

滕州市人民政府

Tengzhou Municipal People's Government

市政府工作综述

【概况】 全年市政府班子坚持以习近平新时代中国特色社会主义思想为指导，贯彻党的十九大和十九届二中、三中、四中、五中、六中全会精神，实施“工业强市、产业兴市”三年攻坚突破行动，加快推进现代化强市建设，各项工作取得新进展、新成效。全年生产总值实现858亿元、增长8.5%；一般公共预算收入完成61.3亿元、增长10.1%。固定资产投资完成308.9亿元，增长12.2%；规上工业增加值增长16.5%；全社会消费品零售总额完成427.8亿元，增长15.6%；外贸进出口总额完成60.6亿元，增长25.6%，实际利用外资完成9246万美元，增长36%；居民可支配收入增长8.8%，其中城镇、农村居民人均可支配收入分别为4.17万元、2.08万元，分别增长7.8%、10.6%。我市连续19年保持全国综合实力百强县，位列2021年全国县域经济基本竞争力百强县第19位、全省第3位，蝉联全省高质量发展先进县。滕州经济开发区晋升国家级经济技术开发区。

【党的领导】 把全面从严治党贯穿政府工作全过程。坚持市政府党组理论学习中心组制度，开展集中学习12次；班子成员参加双重组织生活，到基层联系点讲党课，调研指导基层党建工作。坚持民主集中制原则，召开市政府常务会议16次。落实意识形态责任制，加强舆情管控，定期分析研判、安排部署工作，把握正确政治方向、舆论导向和价值导向。制定落实全面从严治党主体责任清单，组织开展廉政谈话，严格落实中央八项规定精神，坚决纠“四风”、转作风。

【法治政府建设】 强化规范性文件审查、备案力度，坚持“逢文必审”，严格制发程序，落实规范性文件统一登记、统一编号、统一印发“三统一”制度，及时通过政府网站等公开向社会发布，全年审核各类政府文件、政策措施、合同协议、公告通告等600余件。接受市人大监督和市政协民主监督，办复人大代表建议110件、政协提案197件；接受社会监督，主动公开各类信息8700余条，开展网站巡查5次，同时督促镇街、部门及时、准确发布政府信息。依法依规做好依申请公开答复工作，办结依申请公开226件。印发《滕州市轻微违法行为不予行政处罚和一般违法行为减轻行政处罚事项清单（2021年版）》，涵盖29个行政执法领域的370项违法行为事项，为各执法部门“免罚轻罚”提供明确依据和基本遵循，为市场主体轻微违法违规行为提供容错机制和政策保障。办理一审行政应诉案件182件，对118件开庭审理的行政诉讼案件，行政机关负责人出庭应诉率实现100%。实施党政领导干部年度述法和干部任前考法，组织全市5660名国家工作人员开展普法考试。

【高质量发展】 产业基础更加坚实。“633”现代产业体系、“247”大企业领航发展新格局快速形成，高端装备、高端化工、新材料三大主导产业营业收入均超百亿元量级，分别增长21.7%、42.9%、27.7%，营收过10亿元工业企业达到13家，山能鲁化成为枣庄市首家单体营业收入过百亿企业、荣获省长质量奖，山能鲁化、联泓新科、盛隆化工3家企业跻身中国石油和化工企业500强，中小数控机床特色产业集群入选省特色产业集群。发展动能竞相迸发。全年新招引过亿元项目236个，入列省重点项目24个，总投资1528亿元的100个省市县三级重点项目提前4个月完成年度投资计划，完成投资320亿元；投资51亿元的鲁化己内酰胺、投资50亿元的爱拉森高档医护用品等42个项目竣工投产，项目总投资、单体投资和重大项目个数均创历史新高。城乡面貌愈加靓丽。京台高速改扩建及北出口北移工程竣工通车，龙岭路、滕龙路、大同北路同步建成通车，荆河东路等16条城市道路投入使用，临滕高速启动建设，通过国家卫生城市、国家园林城市复审。“双十镇”建设全面起势，“山水林田大会战”考核成绩位居枣庄前列，界河镇荣获全国乡村特色产业十亿元镇，滕州市入选全省首批吨粮县。改革开放深入推进。“藏粮于地、藏粮于技”改革典型案例被中央改革办刊发推广、省政府通报表扬，3项改革经验被党和国家领导人批示肯定，获评全省首批集成改革试点县、全省国资国企改革发展示范县。欧亚班列开通运行8列，带动出口额2.6亿元，利用外资、进出口任务超额完成，获评全国科技创新百强县、全国首批科普示范县、全省技术转移先进县。

【民生社会保障】 公共服务更优质。20件惠民实事年度任务完成，完成民生支出62.8亿元，占一般公共预算支出的78.9%。脱贫攻坚成果持续巩固，3.1万脱贫享受政策人口收入稳定增长。城镇新增就业1.6万人，发放创业担保贷款1.2亿元。完成4处化解大班额和6处幼儿园新改建项目，滕州一中东校扩建工程主体完工，辅华高级中学投入使用，教育资源配置更加优质均衡。推进县域医共体建设，“病人不跑、专家跑”的坐诊模式受到群众好评。举办微山湖湿地红荷节、鲁班文化节、滕州书展等节会活动，滕州知名度、美誉度、影响力持续提升。绿色底蕴更浓厚。压紧压实河湖长制、林长制责任，完成造林800公顷，修复湿地92公顷，建设提升环城绿道、生态廊道63.5公里。打好污染防治攻坚战，空气优良天数达到231天，$PM_{2.5}$比上年改善20%；坚决抓好南四湖流域生态保护，氟化物处理站建成运行，第三污水处理厂6.2公里管网改造完工，第四污水处理厂年底投入运营，3个国控断面水质均达到地表水三类标准。加大环保督察反馈问题整改力度，第二轮中央环保督察和省环保督察交办信访件全部办结。社会环境更加和谐。推进“平安滕州”“法治滕州”建设，充分发挥“e呼善应”指挥平台作用，办结各类社会治理事项11.5万件，办结率99.5%。开展安全生产大排查大整治专项行动，完成隐患整改2.6万项，连续7年无较大及以上生产安全事故。抓紧抓实常态化疫情防控措施，接种疫苗295.4万剂。

市政府常务会议

【第18届71次市政府常务会议】 2021年1月9日，市委副书记、市长马宏伟主持召开第18届71次市政府常务会议。会议研究《政府工作报告（讨论稿）》、退役军人优待优抚及安置、紧密型县域医共体试点建设、济枣高铁项目推进、枣庄市政府履行教育职责评价反馈意见整改等工作。

【第18届72次市政府常务会议】 2021年1月22日，市委副书记、市长马宏伟主持召开第18届72次市政府常务会议。会议研究《滕州市改革完善社会救助体制机制的实施意见（讨论稿）》、容大奕品高端半导体配套装备产业园晶圆盒和仲家汇城市生活服务中心项目、压煤村庄搬迁、《2020年度法治政府建设情况报告（审议稿）》、年终综合考核等工作。

【第18届73次市政府常务会议】 2021年2月10日，市委副书记、市长马宏伟主持召开第18届73次市政府常务会议。会议研究美丽宜居乡村建设、安全生产、危险废物监管、经济开发区绩效考核、首席技师评选等工作。

【第 18 届 74 次市政府常务会议】 2021 年 3 月 9 日，市委副书记、市长马宏伟主持召开第 18 届 74 次市政府常务会议。会议研究安全生产、迎接生态环境保护专项督导、省委领导暗访反馈问题排查整改、电子商务进农村综合示范、金晶智能制造 LOW-E 节能玻璃产业链项目、鲁寨小学筹建、市政府领导成员分工调整等工作。

【第 18 届 75 次市政府常务会议】 2021 年 4 月 6 日，市委副书记、市长马宏伟主持召开第 18 届 75 次市政府常务会议。会议研究安全生产、一季度经济运行等工作。

【第 18 届 76 次市政府常务会议】 2021 年 4 月 13 日，市委副书记、市长马宏伟主持召开第 18 届 76 次市政府常务会议。会议研究省级生态环境保护督察、安全生产大排查大整治、国资国企改革、技改基金管理、城市社区和部分村规模调整、纯物理法循环水处理设备制造项目、奥达科高端汽车紧固件生产项目等工作。

【第 18 届 77 次市政府常务会议】 2021 年 5 月 2 日，市委副书记、市长马宏伟主持召开第 18 届 77 次市政府常务会议。会议研究一季度经济运行、省级生态环境保护督察等工作。

【第 18 届 78 次市政府常务会议】 2021 年 6 月 6 日，市委副书记、市长马宏伟主持召开第 18 届 78 次市政府常务会议。会议研究企业“升规纳统”、防汛抗旱、金融风险排查化解、优化营商环境、高考组考、镇街经济发展考核奖励办法、事业编民警落实“两贴”政策等工作。

【第 18 届 79 次市政府常务会议】 2021 年 6 月 21 日，市委副书记、市长马宏伟主持召开第 18 届 79 次市政府常务会议。会议研究畜禽粪污资源化利用整县推进项目、东沙河地表水厂项目、农村污水及湿地治理项目、高端金属微纳新材料生产研发基地项目、20 万吨锂电池电解液溶剂项目、新能源智慧“三电”制造项目、财政投资项目招投标工作监管、教育系统教职工分级竞聘、安全生产等工作。

【第 18 届 80 次市政府常务会议】 2021 年 7 月 17 日，市委副书记、市长马宏伟主持召开第 18 届 80 次市政府常务会议。会议研究生态环境保护、枣庄市重点项目建设现场调度推进会议滕州现场筹备、山体保护和修复治理、新格林高效现代农业产业园项目、班墨里小镇（田园综合体）项目等工作。

【第 18 届 81 次市政府常务会议】 2021 年 8 月 3 日，市委副书记、市长马宏伟主持召开第 18 届 81 次市政府常务会议。会议研究生态环境保护、上半年经济运行、迎接国务院大督查、惠民实事落实、社会保障、新能源智慧“三电”制造项目等工作。

【第 18 届 82 次市政府常务会议】 2021 年 8 月 30 日，市委副书记、市长马宏伟主持召开第 18 届 82 次市政府常务会议。会议研究机动车停车场管理、城乡生活垃圾分类、政务公开、安全生产、农村集体经营性建设用地出让管理、华为工业智能创新中心项目、给予有关人员处分、优化营商环境等工作。

【第 18 届 83 次市政府常务会议】 2021 年 9 月 25 日，市委副书记、市长马宏伟主持召开第 18 届 83 次市政府常务会议。会议研究经济运行、打击食药环假犯罪、粮食安全责任考核、机床装备产业专项扶持政策、招商引资项目、法治政府建设、企业融资等工作。

【第 18 届 84 次市政府常务会议】 2021 年 10 月 19 日，市委副书记、市长马宏伟主持召开第 18 届 84 次市政府常务会议。会议研究优化营商环境整改提升、消防重点工作、中央环保督察反馈问题整改、能源保供和冬季供暖、龙阳镇全域土地综合整治试点项目、联泓新科新能源材料和生物可降解材料一体化项目、山东土地集团滕州智造产业园项目、鲁南婴幼儿教育研究与发展中心项目、农村污水暨湿地治理项目、2022年《政府工作报告》起草等工作。

【第18届85次市政府常务会议】 2021年12月4日，市委副书记、市长马宏伟主持召开第18届85次市政府常务会议。会议研究“窗口腐败”问题专项监督、2021年度县域经济高质量发展综合评价、城市雨污合流管网改造、《滕州市轻微违法行为不予行政处罚和一般违法行为减轻行政处罚事项清单（2021年版）》、规范政府举债融资行为和棚改项目办理国开行贷款、光大集团滕州养老项目、昌国医院幸福家园医养结合康养项目、事业单位管理岗位职员等级晋升制度实施、京台高速（滕州段）增建工程出资履约等工作。

【第18届86次市政府常务会议】 2021年12月18日，市委副书记、市长马宏伟主持召开第18届86次市政府常务会议。会议传达学习习近平总书记在中央经济工作会议、全国宗教工作会议上的重要讲话精神，研究安全生产、设立循环经济产业园、中国建材滕州膜材料重点实验室建设、蓝城绿建高铁新区成片开发、市供销房地产开发公司棚改项目贷款、滕发集团机床产业园项目推进、市养老综合服务中心运营、城建历史遗留问题及烂尾项目化解、2022年市级重点项目和惠民实事项目谋划、《政府工作报告》起草等工作。

重要活动

【棚改工作现场推进会议】 2021年1月27日，全市棚改工作现场推进会议召开。市委副书记、市长马宏伟主持会议并讲话，市委常委、常务副市长王涛，副市长、市公安局局长杜茂广出席会议。

【国家园林城市复查】 2021年2月25日，省住建厅副厅长徐启峰带领调研组到滕州，调研全市国家园林城市复查整改工作。市领导刘文强、马宏伟、薛登峰、李广宪、康凤霞、樊猛、高广胜分别参加调研。

【“工业强市、产业兴市”三年攻坚突破行动动员大会】 2021年3月12日，全市“工业强市、产业兴市”三年攻坚突破行动动员大会在市政务中心召开。市委书记刘文强出席会议并讲话。市委副书记、市长马宏伟主持会议。

【国家卫生城市复核督导】 2021年3月28日，市委副书记、市长马宏伟带领相关部门负责人，现场督导国家卫生城市复核迎检工作。副市长康凤霞、樊猛参加活动。

【枣庄市河湖长制工作现场推进会议】 2021年4月19日，枣庄市河湖长制工作现场推进会议在滕州召开。枣庄市政府副市长、枣庄市河长办主任周宗安，滕州市委副书记、市长马宏伟，市政府党组成员张传纲等出席会议。

【杨祥良考察】 2021年5月4日，华中科技大学生命科学与技术学院教授、国家纳米药物工程技术研究中心主任杨祥良带领考察团一行到滕州，考察洽谈相关合作事宜。市委副书记、市长马宏伟，市委常委、统战部部长、副市长樊猛陪同考察。

【全市第三批重点项目集中开工】 2021年5月28日，市委、市政府举行全市第三批重点项目集中开工会议。会议集中开工总投资161.3亿元的重点项目15个。市领导马宏伟、李健、宗大全、朱晏辰、高欣、刘庆东、薛登峰、李义、王涛、孔祥东、康凤霞、樊猛及市人大常委会、市政府、市政协领导班子其他成员分别在各项目现场出席会议。

【全国文明城市创建督导】 2021年6月26日，市委副书记、市长马宏伟带领相关部门负责人，督导调研疫苗接种和全国文明城市创建工作开展情况。市委常委、宣传部部长康凤霞，副市长张晓翠参加活动。

【国家防办工作组督导】 2021年8月23日，应急管理部防汛抗旱司副司长黄先龙率领国家防办工作组到滕州，督导防汛工作开展情况。枣庄市委常委、常务副市长孙起生，滕州市委副书记、市长马宏伟参加活动。

【战略合作协议签约】 2021年9月18日，滕州市人民政府与山东科技大学战略合作协议签约仪式在山东科技大学青岛校区举行。山东科技大学党委书记罗公利，枣庄市委常委、组织部部长李兴伟出席签约仪式，市委副书记、市长马宏伟，山东科技大学副校长李玉霞代表双方签订战略合作协议。副市长秦升学参加活动。

【滕州强市建设座谈会】 2021年9月29日下午，滕州强市建设座谈会议在市政务中心召开。枣庄市委书记、市人大常委会主任陈平出席会议并讲话，枣庄市政协主席孙欣亮，枣庄市委常委、组织部部长李兴伟，枣庄市委常委、秘书长朱国伟，枣庄市人大常委会副主任刘志才出席会议，枣庄市委常委、常务副市长孙起生主持会议。滕州市领导陈永生、马宏伟、李健、宗大全等参加会议。

【滕邹一体化发展座谈会】 2021年10月14日，滕州—邹城一体化发展座谈会在邹城召开。邹城市委书记远义彬，滕州市委副书记、市长马宏伟出席会议并讲话。

【省农业农村厅调研组调研】 2021年10月18日，省农业农村厅一级巡视员王登启带领调研组到滕州调研三秋生产工作。市领导马宏伟、张传纲参加调研活动。

【第五届鲁班文化节】 2021年10月20日，由中国墨子学会、山东建筑大学、滕州市人民政府主办，山东建筑大学马克思主义学院、市墨子研究中心承办的第五届鲁班文化节在济南开幕。中国墨子学会会长、山东大学原党委书记李守信，中国墨子学会副会长、山东建筑大学党委书记陈国前，山东建筑大学党委副书记张祥云，鲁班研究专家、国家一级编剧王中，中国墨子学会副会长、青岛大学文学院院长王凯应邀出席。市领导陈永生、马宏伟、李健、宗大全、薛登峰、康凤霞出席开幕式。

【周乃翔督导调研】 2021年11月30日，省委副书记、省长周乃翔到滕州督导检查电力热力保供、安全生产工作情况，调研科技创新、制造业高质量发展等工作。枣庄市委书记、市人大常委会主任陈平，枣庄市政府党组成员、秘书长孙永，滕州市委副书记、市长马宏伟，滕州市委常委、统战部部长、副市长樊猛陪同活动。

【滕州市凤翔消防救援站揭牌】 2021年12月28日，滕州市凤翔消防救援站揭牌仪式举行。枣庄市消防救援支队党委书记、政治委员刘卫华，滕州市委副书记、市政府党组书记周刚，副市长张传纲出席活动。

表5　2021年度全市惠民实事完成情况一览表

序号	项目名称	进展情况
1	市医养健康中心暨中心人民医院新院区项目	共享医疗综合楼区域土方开挖完成，病房楼负一层车库施工，门诊楼主体封顶，南车库防水施工完成，病房楼基础施工完成。累计完成投资约4.43亿元。
2	BRT快速公交项目	1. 龙泉路：北辛路转盘至学院路段、青啤大道至王开转盘段通车。 2. 交通综合服务中心：中交二公局因融资资金不到位等原因退出项目建设、终止合同。合计完成年度投资8090万元。
3	滕州一中东校扩建项目	完成。新建3幢教学楼和地下停车场，完成投资1.8亿元。
4	京台高速新北出口连接线项目	1. 龙山路：完成年度目标。完善部分“三改”工程。 2. 滕龙路：完成年度目标。主车道铺油已完成，龙阳街区完成雨污分流施工。 3. 大同北路建设工程：完成。

续表

序号	项目名称	进展情况
5	龙泉广场综合提升项目	完成。覆铺道路6500平方米，铺设人行道810平方米，整理绿化地1.2万平方米，6月底开放使用。
6	老旧小区改造项目	完成。7个大片区改造，完成总工程进度100%，进入验收阶段。
7	智慧停车场建设项目	完成。完成18条道路人行道提升、3个林荫停车场建设，智管平台完成系统一期建设，陆续接入现场数据，进行社会推广，立体停车场完成选址和初步设计。
8	市疾控中心升级改扩建项目	完成。实验楼、健康教育基地投入使用，公共卫生应急物资仓储中心（新冠病毒疫苗冷库）开工建设。
9	县乡道路提升项目	完成。城河线龙阳至104国道段、东岗线、郭马线、李千线、驳官线、许台线、东程线、老北留路等8条道路建成通车。
10	农村生活污水治理项目	完成。巩固提升已完成农村生活污水治理的村庄538个，同时，对127个村实施农村生活污水治理。
11	村居文化体育惠民项目	完成。改造提升200个村居综合性文化服务中心，更新升级100个村居体育器材，完成农村公益电影放映、惠民演出任务。
12	东沙河水厂建设项目	完成年度目标。完成滕州境内输水管线15.6公里。水厂完成基槽土方开挖和清水池、送水泵房、排泥水调节池、排泥水处理车间、碳滤池构筑物的筏板浇筑；完成混合反应沉淀池桩基浇筑和基槽垫层施工。
13	荆河路贯通项目	1. 城区段：建成通车。 2. 墨子湖隧道：有序推进。 3. 高铁新区段：东史村征迁进入扫尾阶段，其余工作有序进行。
14	振兴南路延伸项目	完成。完成道路规划和土地规划双规合一调整，项目立项，道路施工图设计。项目征收和补偿工作正有序推进。
15	“红色物业”创建项目	完成。业主委员会组建率55%，专业化物业覆盖达到65%。
16	城区绿化游园建设项目	完成。凯润滨河公园等5个公园、30个“口袋公园”项目建设完成。大庙遗址公园建设有序推进。
17	城区供排水管网建设项目	完成。老旧供水管网改造完成，北辛路至通盛路区域雨污管网，三污配套管网南线、北线改造工程，经济开发区东方钢帘线区域雨污分流改造工程均完工。
18	农村电网提升项目	完成。完成115个标准化用电村建设任务。
19	普惠幼儿园项目	完成年度目标。 教体局：实验幼儿园樱花苑园和北辛街道中心幼儿园2处项目完工并投入使用；大坞镇峄庄幼儿园、级索中心幼儿园主体完工、进行装饰装修。 卫健局：由于受国家教育双减政策影响，项目方调整建设方案，调整项目建设规划。设计方案通过市规划例会；项目方完成国有建设用地使用权相关手续办理，入场进行地质勘察，建设完成施工围挡，清理地表附属物，水电施工基本完成。进行规划方案审查。
20	巩固拓展脱贫攻坚成果项目	完成。完成涉及项目建设和分类帮扶任务。

表 6　滕政发〔2021〕文件目录一览表

文号	文件题目
1	关于下达 2021 年度全市安全生产控制指标的通知
2	关于调整一批行政权力事项的通知
3	关于印发《滕州市改革完善社会救助体制机制的实施意见》的通知
4	关于调整市政府领导成员工作分工的通知
5	关于印发滕州市优化营商环境创新突破行动落实方案的通知
6	关于申报全省工业十强县的报告
7	关于印发《滕州市企业“升规纳统”三年攻坚突破行动工作方案》的通知
8	关于印发《滕州市技改基金管理办法（试行）》的通知
9	关于印发滕州市优化营商环境创新突破行动落实方案的通知
10	关于印发《滕州市国民经济和社会发展第十四个五年规划和 2035 年远景目标纲要》的通知
11	关于增强企业融资能力助力经济高质量发展的若干意见（试行）
12	关于印发《滕州市上市公司孵化聚集区试点工作实施方案》的通知
13	关于印发《滕州市城乡生活垃圾分类工作实施方案》的通知
14	滕州市机床装备产业专项扶持政策
15	关于印发《滕州市“十四五”基础测绘规划》的通知
16	关于印发《滕州市机动车停车场管理办法》的通知

市政府办公室工作

【概况】　全年市政府办公室坚持以习近平新时代中国特色社会主义思想为指导，围绕市委、市政府中心工作，以创建模范机关为抓手，落实“工作精心、过程精细、措施精准、结果精致”和“严守规矩、严明纪律、严扛责任、严把底线”的“四精四严”要求，发挥以文辅政、综合协调、参谋助手、后勤保障等职能作用，转作风、强服务、促发展，保障市政府各项工作运转。

【办文办会】　接收上级文件 5681 件，通知、通报、会议纪要、函件、督办件等方面的文件 4820 件，报市领导传阅 10378 人次，发往镇街和部门 7813 件次；接收本级文件 476 件，领导批示 1096 人次，办结率 100%。具体承接国家、省、枣庄市及外地各类会议活动 240 余次。印发市政府、市政府办公室规范性文件 90 余件。

【信息工作】　制定下发《关于进一步加强政务信息报送工作的通知》，完善政务信息工作机制。全年采编《滕州政务信息每日要情》258 期，编辑上报省政府办公厅、枣庄市政府办公室政务信息 1300 余条，被上级信息部门采用 600 余条，被上级领导批示 37 次。编报的机床产业转型升级信息，被省专报综合采用，并得到省委书记李干杰批示。

【政务信息公开】　按照“公开为常态，不公开为例外”的原则，指导各部门单位对照责任分工，开展主动公开活动。在政府官网政务公开页面发布信息 8721 条，开展网站巡查 5 次，督促镇街、部门及时、准确发布政府信息。依法依规做好依申请公开答复工作，办结依申请公开 226 件。举行政府开放周活动，多渠道多形式做好政策创新性解读。

【市长公开电话办理】　处理人民来信及人民网《地方领导留言板》群众反映问题、建议和咨询 176

件。其中，人民网《地方领导留言板》144件，人民来信32件，均按照部门职能下发办理。1—4月，处理热线诉求23632件，下发通报4期；4月份后，及时做好市长信箱、12345政务服务热线、“接诉即办”等相关工作移交。

【政务服务综合协调】 推进简政放权，调整行政权力事项39项，其中取消22项、承接15项、优化2项。为支持“双十镇”建设，赋予各镇21项政务服务事项。推进“一网通办”“一次办好”，“一业一证”改革涉及的行业由20个扩展到50个，面向企业推出106项、个人推出115项高频事项极简办、集成办、全域办，推广行政审批延时服务、预约服务、上门服务等便民举措。与120个县区签订政务服务跨省通办“合作协议”，建立“异地受理、属地审批、就近取证”新模式。

【工农关系工作】 做好蒋庄煤矿、田陈煤矿、七五煤矿等压煤村庄搬迁工作，有序推进4镇17村6782户22799人的相关工作，促进矿区、农村和谐稳定。

（王思存）

市政府决策研究

【概况】 全年市政府决策研究中心在市政府办公室的领导下，围绕市委、市政府中心工作，以机构改革为新起点，充分发挥文秘服务和参谋助手作用，不断提高以文辅政水平，完成承担的各项工作任务。

【综合材料起草】 围绕“工业强市、产业兴市”、山水林田大会战、城市品质提升、“双十镇”建设、文明城市创建、重点项目建设、防汛抗旱、安全生产、优化营商环境、疫情防控等会议活动，严把文稿起草、审核、校对、印发各环节，力求文稿立意高、思想新、措施实、语言精。全年起草市政府综合文稿及主要领导讲话240余篇，文字量55余万字。

【公文审核把关】 严格文件制发程序，加强规范管理，登记各类文件，留存纸质版和电子版备案，按期汇编成册归档。贯彻落实各级精文减会的部署要求，精简发文数量，压缩文稿篇幅，提高文件质量，审核印发市政府、市政府办公室各类文件、通知210件。同时，审核把关市政府主要领导参加各类会议、活动新闻稿200余篇。

【调研成果转化】 围绕中心工作和重点、难点、热点问题开展调查研究，结合枣庄市决策研究中心调研任务，先后完成《关于加快打造全国一流高端化工产业基地的调研报告》《滕州市机床（高端装备）产业发展调研报告》《关于开展“山水林田大会战”工作情况的调研报告》《滕州经济开发区有关情况调研报告》《滕州市房地产业发展情况调研报告》《关于全市现代高效农业发展的调研报告》等调研成果10余篇，完成市科技局立项软课题1项，为市政府科学决策提供了重要参考。

【综合协调服务】 筹备市政府常务会议，认真做好议题征集、方案拟定、材料收发和主持讲话起草工作，筹备召开市政府常务会议、市政府领导班子会议、市长办公会议等重点会议32次。同时，统筹做好重点项目集中开工、财经委会议、专项巡察、专题组织生活会等重大活动的服务保障工作。

（市政府决策研究中心）

信访工作

【概况】 全年累计接待群众来访3249批次、6336人次。其中进京访67批次、80人次；赴省访276批次、435人次；到枣庄访45批次、71人次；来市访2861批次、5750人次。受理群众来信1181件、网上投诉2281件、领导信箱573件。

【领导重视】 市委、市政府先后多次召开市委常委会、市政府常务会议听取信访工作汇报，研究部署重点信访任务；市主要领导、分管领导多次主持召开镇街党（工）委书记座谈会、全市信访工作会议、进京访治理专题会议等，对工作作出具体安排；县级领导干部落实“一岗双责”，牵头抓好分管领域、帮包镇街的信访工作，带头抓好帮包案件的化解。市、镇两级均调整成立由党委主要领导同志任组长的信访工作领导小组，建立常态化运行机制。在经济社会发展综合考核中，增加信访考核权重；围绕反向约束，推行信访工作“黄红牌”警示制度，推动责任落实、工作落地。市委政法委、市委市政府督办中心在重要敏感节点，成立多个督导组，不间断督导各单位工作落实情况。市信访局党组班子成员带队，不定期督导各单位进京访治理、基础业务等各项工作。抓牢信访业务考核指标，制发每月通报，对各镇街、单位打分排名，推进整体工作提升。

【业务建设】 打造“有事好商量”调处化解品牌，推进“有事好商量”协商议事新模式。改造信访接访大厅，建成新的社会矛盾纠纷调处化解中心（市非诉讼办理中心），创新“一个窗口无差别受理”“多个区块分类别调处”模式，设立6个功能片区，住建、人社等重点市直部门和中立和解法律服务社等入驻服务；成立“有事好商量”工作室，统筹调处、化解力量，推进矛盾纠纷化解；成立“农民工欠薪接访室”，专题受理解决农民工讨薪难题；借助“统战＋人民调解”新模式，成立“统一战线人民调解工作室”，聘请33名党外人士为特邀调解员和信访事项听证员，助推矛盾调解。创新“政府＋心理咨询师”联合接访模式，协调市中医医院心理健康服务中心选派专业化心理咨询力量进驻，心理咨询师配合开展接访活动233人次，解决来访群众的心理健康问题，助推信访案件化解。完善初信初访办理机制，全面推行“520”（一般信访事项受理时限5天、办理时限20天）、“210”（适用简易程序的信访事项受理时限2天、办理时限为10天）“三周办结”工作法。健全首接首办、即接即办、跟踪督办等机制，强化答复预审、回访核实、闭环管理等措施；建立初信初访事项督导调度机制，实行“一门督办、集成调度”，督促各级工作推进、落实，信访事项办理时限进一步压缩，群众满意率明显提升。坚持向一线调处化解倾斜，市信访局建立党组成员联系镇街制度，每名班子成员帮包7个镇街，督导、帮助镇街抓“治重化积”、越级访治理、基础业务提升等各项工作，帮助研判疑难信访案件。党组班子成员带头接待群众来访、接访重点信访人员，召开案件研判会、调度会、论证会。

【源头预防】 建立信访隐患排查化解机制，严格落实“村居日排查日上报、镇街周汇总、市级月汇总”制度。对排查出的隐患划分“高、中、低”三级，对应纳入“红、黄、蓝”台账管理，及时向责任单位预警推送，特殊情况随时推送，共梳理各类隐患852件，均交办责任单位稳控化解。对于初信初访，在落实“520、210”要求的基础上，建立专人专职跟踪督办机制，安排4名同志“踩脚跟”式督促办理，一次性化解率超95%；跟踪督办方式经验做法被国家信访局《人民信访》杂志推广。

【案件化解】 化解完成上级交办的重复信访事项403件。开展信访积案大排查、大梳理、大起底活动，系统梳理近三年尚未化解的进京赴省访案件、未实体性化解的信访积案、十大领域的信访突出问题，市委常委会召开专题会议对132件信访积案落实县级领导包案，成立工作专班，集中化解。针对群体性问题多发频发的城乡建设、劳动社保、农业农村、涉法涉诉“四大领域”，分别成立由市委分管领导担任组长的重点领域问题工作专班，类案攻坚、批量解决；针对21个重点问题，成立由县级领导挂帅的重点问题工作专班，攻坚化解，解决群体信访的老大难问题。专人靠上化解进京访案件，进京访批次和人次比上年分别下降52.8%、54.5%。

【宣传培训】 开展“人民信访·法治保障”宣传活动，通过“线上＋线下”宣传模式，在平面媒体和新媒体累计发布宣传信息100余条（篇），累计浏览量10余万人次；在线下累计发放宣传彩页1万余份，悬挂横幅5000余幅，制作宣传展板100余块，出动宣传车20余台，推进法治信访氛围。

2021年12月30日，滕州市首届“最美信访干部”表彰大会在市信访局举行

采取“市局统一培训+镇街就地培训”等方式开展多种形式的培训活动，提升业务能力，市信访局党组班子成员、科级干部带队，赴17个镇街（部门）开展专题授课，培训人员1.2万人次。

【节庆保障】 做好全国“两会”、建党100周年、十九届六中全会期间的信访保障工作。节庆期间，坚持县级领导、镇街科级领导每日公开接访制度，县级领导干部参与公开接访67人次，镇街科级领导干部公开接访700余人次，群众反映诉求均由各级领导干部跟踪督导解决，采取有效措施，减少信访人员上行问题。

【首届最美信访干部】 组织开展首届“最美信访干部”评选活动，宣传优秀事迹，叫响信访品牌。夏祥永、黄志伟、吕克泉、刘忠德、孙宜海、刘勇、狄成刚、郭政、胡少华、殷宪伟等10人获评首届“最美信访干部”称号。

（姜奎腾）

信息化和大数据建设

【概况】 全年市大数据中心围绕大数据总体工作部署，按照“强基、优政、惠民、兴业”目标，统筹推进新型智慧城市建设、数据资源共享开放、电子政务保障、数字化应用等领域相关工作。市大数据中心获评数字山东建设先进集体。

【政务云网】 统一规划建设覆盖市、镇、村三级2000余节点的大型光纤城域网，整合优化政务内网、政务外网和专用通讯三张网络，完成政务外网公共服务域和行政服务域升级改造，为全市110家单位敷设网络专线，配置防火墙等安全设备220余台套。建成5G基站698处，城区重点公共区域覆盖率100%。投资2.1亿元建成T3+高标准数据中心一座，互联网四通道IT带宽，1100机架，云资源3168核、内存10956GB，存储空间1178TB，协同办公、社会治理、时空大数据云平台等205个应用全部上云。市大数据中心与鲁南大数据中心高速互联、互为灾备，通过上网行为管理对下载进行限速，监控上网行为，在汇聚路由器上对高危端口进行双向进出限制，在交换机上绑定IP，发现问题精准定位，根据感知平台提供的信息对失陷终端进行封堵，7×24小时专业团队运维、全面三级等保、数据审计安全动态感知、安全漏扫等人防技防措施，确保云网及数据安全，“一张网络、一朵云”的建设目标全面实现。

【数字政府】 建设滕州市数据中台和业务中台，建成“智慧滕州城市大脑”，依托省市一体化数据平台，加强数据归集，推进业务协同和流程再造。依托全省首个县级时空大数据云平台，率先实现全域、城市规划区、村镇不同分辨率实景三维数据全覆盖，汇聚视频、人房、事部件等数据1000余万条次，实现“人、地、事、物、情”数据全时在线，打造统一的“数字孪生时空底座”。一体化办公平台、雪亮工程、天网四期、智慧停车、智慧交通、智慧环保、智慧住建、e呼善应社会治理、滕城e家智慧社区（村居）、智慧应急、智能公交、智慧医院、“政策超市”“防疫宝”“滕城通”、墨子云等数十个应用上线，基于一体化平台的“一个平台、一个号”稳步推进。“e呼善应”“墨子云”等2个典型应用被收入《2021年山东省大数据应用典型案例》，滕州市智慧环保平台等3个案例被收入《2021年山东省新型智慧城市优秀案例》，大数据助力村两委换届典型做法在山东卫视播放。

【数字惠民】 “数聚赋能”推进业务协同、流程再造。打造社会治理“e呼善应”品牌，整合吹哨报道、网格、热线、信箱、微信公众号多平台渠道，对50余家单位11大类593项事项流程再造，实现一个平台共享信息、集成指挥，一门受理全科服务、分流交办，一套机制督促办理、跟踪问效，上线运行后，解决民生事项23万件，“e呼善应”获评为山东省社会治理创新优秀成果奖。开展市直68个部门5881项共享数据资源目录及库表资源推送，完成市直52个部门1082条开放数据的归集，并推送至枣庄市公共数据开放网，共享数据资源。推进无证明城市建设，全市25家单位的141项电子证照完成编目及测试工作，梳理明确全市246个电子证照应用场景。“爱山东”“爱枣庄”应用程序（APP）分别接入便民服务事项56个和72个，实现便民服务事项掌上办。优化营商环境，打造优惠政策库，运营后，政策库日均访问量超1000人次，为300余家企业提供政策咨询服务。枣庄市委书记陈平专门批示全枣庄市借鉴推行。

【数字经济】 以产业数字化推动数字产业化，出台大数据及工业互联网专项政策，打造数字经济新模式、新业态。电子商务公共服务中心（国家试点）、大数据产业园一期、二期投入运营，入驻孵化大数据企业100余家。鑫迪、腾达“黑灯工厂”投入生产，红鹦鹉、九五传媒等一批网络经济新业态快速发展。推进工业互联网建设，滕州工业互联网标识解析二级节点通过信通院评审，企业列入省级以上两化融合管理体系贯标试点10家（其中国家级2家），企业获得省双软认证（软件产品和软件企业）10家，产品获得省级首版次高端软件认定5个，获评省智能制造标杆企业1家、省上云标杆企业2家、省5G试点示范企业2家，累计上云企业501家（其中工业企业253家）。建成华为（滕州）工业智能创新中心，为滕州高端设备等重点产业集群提供业务创新、生态孵化、人才培养等服务。滕州大数据产业园先后获评山东省成长型数字经济园区、山东省大数据人才实践基地、山东省小型微型企业创业创新示范基地。墨子科创园获评首批省级创业创新示范综合体。滕州机床云入选工信部首批工业互联网平台集成创新应用试点示范项目。

【智慧城市】 滕州市纳入山东省首批新型智慧城市建设试点后，出台《滕州市新型智慧城市建设三年行动计划（2020—2022）》《滕州市新型智慧化城市建设实施方案》等系列文件，开展四星级新型智慧城市创建，编制《智慧城市政务服务应用协同》标准草案，通过山东省新型智慧城市建设验收。统筹推进数字乡村建设工作，打造“滕城e家”智慧社区品牌，构建智慧社区1.0版本，完成文化路社区、大同社区、科圣路社区、荆泉北路社区、南北池村等5个省级试点智慧社区（村居）建设。通过试点打造“滕州e家”智慧社区（村居）品牌，在“e呼善应”社会治理平台的基础上，打通爱山东、钉钉、支付宝、微信小程序，接入智慧物业、社区商圈、志愿者服务等应用，实现多屏融合，多端统一的“千居千面”生活圈。

（市大数据中心）

机关事务服务工作

【政务中心保障】 市机关事务服务中心通过社会公开招标方式，选定物业公司对市政务中心、市信访局、市老干部活动中心进行管理。抓好市政务中心疫情防控工作，确保机关平稳高效运转。加大市政务中心安全隐患的排查和整改力度，实行24小时值班制度，做好出入物品和人员登记。重大节日期间，会同公安、应急管理、消防等部门，对机关集中办公区的安全生产进行检查、整改，确保安全“零”隐患。建立健全市政务中心信访应急管理机制，配合信访、公安部门妥善处置群众来访，协助化解信访矛盾。对市政务中心14部电梯统一安装电梯轿厢意外移动保护系统安全保护装置，有效保证电梯安全。推进市政务中心机关食堂社会化改革。转变经营方式和管理模式，探索机关食堂社会化改革方式并组织实施，加强食堂“软硬件”建设，提升机关食堂管理服务水平。统一安排、调度、调配大中小型会议室和接待室，培训会议服务人员，加强会议服务监管，优化工作流程，提高管理水平和服务质量，全年保障各类会议1000余次。严格监督管理，强化报刊文件交换、金融、文印、维修等后勤保障服务，提高办公资源利用率。

【办公用房管理】 按照市委、市政府《关于进一步贯彻中央八项规定精神做好办公用房清理整改工作的通知》要求，做好《党政机关办公用房建设标准》解读，宣传办公用房使用管理政策。统筹管理全市党政机关办公用房，建立全市党政机关办公用房统一调配的长效机制，做好党政机关办公用房的调整进驻工作。规范和加强办公用房管理，开展全市行政事业单位房地产测绘及信息输入工作，推动办公用房资源合理配置和使用，实现全市办公用房标准化、精细化、智慧化管理。联合市纪委监委、市发改局、市财政局等部门，开展全市办公用房专项整治活动，清理整改违规改造办公用房、超标准占用办公用房等问题。

【公务接待】 严格执行接待工作流程。按照《党政机关厉行节约反对浪费条例》《党政机关国内公务接待管理规定》《山东省党政机关国内公务接待管理办法》等有关规定，严格执行《关于进一步加强和规范市级党政机关国内公务接待工作的通知》。本着“有利公务、节俭实用、规范高效”的原则，全年完成各类公务接待活动68起，其中高质量完成胡春华、刘延东、李海峰、张军等领导到滕州视察的接待工作。配合有关部门单位做好鲁班文化节济南站开幕仪式、献礼中国共产党百年华诞《世纪母亲》首发式暨出版座谈会等大型节庆的组织筹备和接待工作，高标准完成市委、市政府安排的其他重要公务接待活动。市机关接待中巴车队全年出车570余次，安全保障市委、市人大、市政府、市政协领导的公务活动服务工作。

【节约型机关建设】 建立全市能源资源消耗统计信息平台，提高公共机构能源资源消费统计数据质量。全市公共机构选报垃圾分类示范样板点10处，带动全市全面推进落实垃圾分类工作。完善全市公共机构办公区废旧商品回收体系，回收利用率超90%。其中，废弃电器电子产品、报废车辆等报废资产回收利用率100%，危险废弃物（含汞光源、锂电池等）回收率100%，废纸、废塑料及其他废旧商品的回收利用率超90%。组织开展全市公共机构节能宣传周和“能源紧缺日”活动。市机关事务服务中心在国家机关事务管理局组织的“十三五”公共机构节约能源资源考核中取得优异成绩，获得山东省机关事务管理局通报表扬，获评“十三五”公共机构节能工作表现突出集体。

【公务用车管理】 市机关事务服务中心通过政府购买社会化服务的方式，将市公务用车平台委托给市交发集团管理运营。市成立公务用车平台委托运营监督考核工作领导小组，出台《滕州市公务用车服务平台委托运营服务标准》《滕州市公务用车服务平台委托运营考核办法》，量化指标，明确公车平台运营服务的质量、管理、评价、监督体系，每月考核公务用车平台委托运营情况。组织开展公务用车定点租赁招标工作，选定公务用车定点租赁企业8家，下发《关于明确全市党政机关、事业单位公务用车定点租赁服务有关事项的通知》，明确公务用车租赁价格，规范公务用车定点租赁程序。组织开展公务用车定点维修、加油、保险招标工作，选定8家汽车维修企业、7家汽车保险企业、4家加油企业，明确公务用车维修加油保险价格，规范公务用车维修、加油、保险采购行为，节省公务用车行政开支。

（市机关事务服务中心）

中国人民政治协商会议滕州市委员会

Tengzhou Municipal Committee of the Chinese People's Political Consultative Conference

综　述

【概况】 市政协在中共滕州市委的坚强领导下，团结带领政协各参加单位、各级政协组织、全体政协委员和社会各界人士，以习近平新时代中国特色社会主义思想为指导，贯彻中共十九大和十九届历次全会精神，按照省委、两级市委政协工作会议部署和全市经济工作会议要求，积极履行政治协商、民主监督、参政议政三大职能，为现代化强市建设贡献政协智慧和力量。

【理论学习】 开展学习教育，增强履职能力。按照中央和省、市委党史学习教育动员会议工作部署，围绕“学党史、悟思想、办实事、开新局”主题，成立以党组书记、主席为组长的党史学习教育领导小组，研究制定市政协开展党史学习教育实施方案、机关学习计划和工作排挡表。坚持领导干部带头学，开展党组理论中心组学习15次、集中学习研讨12次，跟进学习习近平重要讲话和十九届六中全会精神。与党史学习教育相结合，组织政协机关、政协常委、部分委员和政协工作者开展工业强市、产业兴市“攻坚五问”大调研大讨论活动，促进学习成果转化。组织召开党史学习教育专题组织生活会，开展批评和自我批评，交流学习心得，检视问题差距，深刻剖析原因，提出整改措施，交流思想、增进共识、锤炼党性、凝心聚力。

【建言资政】 组织市政协十五届五次全体会议，就市政府工作报告、市政协常委会工作报告和提案工作报告以及有关报告进行协商审议，收到大会议政发言53篇，7位政协委员现场议政发言；收到委员提案209件，立案197件。开展生态环境保护工作视察，举行推进创建全国文明城市、“工业强市、产业兴市”专题协商会议，组织全市交通重点工程建设工作、城区停车难专题视察，为全市高质量发展提出可操作性的意见建议。抓好提案监督，对委员提案进行整理汇总，编辑成册，重点提案分别由市政协班子成员和部分常委督办，对科技局、交通运输局、城乡水务局等3家单位的提案办理工作进行民主评议，全面提升提案办理质量和办理实效。重视和关注民生改善，收集各类社情民意信息106篇，被省、市政协采用53余篇，报全国政协3篇，推动基层社会治理现代化。围绕市委、市政府科技创新发展目标，组织开展历时三个月的企业科技创新专题调研，形成《关于我市企业科技创新工作的调研报告》，市委陈永生书记专门签批，并要求有关部门落实。

【机关工作作风提升】 修订完善政协机关工作制度，严格落实组织生活制度，改进机关会风、文风、作风。组织机关干部职工赴临沂孟良崮战役纪念馆、红嫂纪念馆开展现场教学。实时更新《滕州政协》网站、微信公众号，编发《政协工作》51期、《滕州政协》杂志4期，在枣庄市级以上报刊、新媒体等发稿130余篇，树立滕州政协良好形象。组织庆祝建党100周年系列活动，主席、副主席带头讲党课，邀请王学典教授作专题报告，组织开展“同心跟党走、筑梦新时代”主题征文活动，收到征文作品300余篇，编辑出版《滕州市政协“同心跟党走　筑梦新时代”征文选编》。开展“我为群众办实事”实践活动，领导班子成员深入一线宣讲、调研，8名科级干部参加千名干部“进千村、入千企”大走访活动，机关职工积极投身全国卫生城市复审、全国文明城市创建工作，开展走访活动20余次，排查梳理群众反映问题5件，解决实际问题2件。

重要会议

【市政协十五届五次会议】 2021年1月11日至12日，滕州市政协十五届五次会议召开。会议学习讨论滕州市委书记刘文强在大会开幕式上的讲话；列席市人大十八届五次会议听取并赞同市长马宏伟所作的《政府工作报告》及其他报告；听取和审议通过市政协主席宗大全作的常委会工作报告、市政协副主席高广胜作的提案工作报告；表彰2020年度提案工作、政协宣传工作、社情民意信息工作先进单位和个人；通过政治决议和其他决议。

2021年1月11日，中国人民政治协商会议第十五届滕州市委员会第五次会议在滕州剧院开幕

【党史学习教育研讨暨十五届二十一次常委会议】 2021年4月28日，市政协党史学习教育研讨暨十五届二十一次常委会议召开。市政协主席宗大全，市政协副主席孙士泉、杜孝玺、乔令梅、高广胜、李培永，市政协党组成员孙剑，市政协党组成员、秘书长秦修杭出席会议。孙士泉主持会议。会议要求各级政协组织和广大政协委员、政协工作者学好党史课，为滕州高质量发展献计献策，推进工业强市、产业兴市。

【十五届二十二次常委会暨“工业强市、产业兴市”专题协商会议】 2021年7月16日，市政协十五届二十二次常委会暨“工业强市、产业兴市”专题协商会议召开。市政协主席宗大全，市政协副主席孙士泉、杜孝玺、乔令梅、高广胜、李军、李培永，市政协党组成员孙剑，市政协秘书长秦修杭出席会议。副市长张晓翠应邀出席会议。会议审议通过《政协滕州市委员会关于我市企业科技创新工作的调研报告》，部分单位作出情况汇报，部分政协常委、委员进行研讨发言。会议号召全市各级各部门推动各项工作尽快破题起势、落地见效，以优异成绩交出“工业强市、产业兴市”的合格答卷。

【十五届二十三次常委会议】 2021年10月14日，市政协十五届二十三次常委会议召开。市政协主席宗大全，市政协副主席孙士泉、杜孝玺、乔令梅、高广胜、李培永，市政协党组成员孙剑，市政协秘书长秦修杭出席会议。市委常委、统战部部长、副市长樊猛应邀出席会议。会议传达学习市委书记陈永生在加快滕州现代化强市建设动员会议上的讲话精神，听取讨论市纪委监委关于全市党风廉政建设和反腐败工作情况的通报、市政府关于全市“工业强市、产业兴市”工作情况的通报、全市提案办理工作情况的通报，并对市科技局、市交通运输局、市城乡水务局的提案办理工作进行民主评议。

2021年10月14日，政协第十五届滕州市委员会常务委员会第二十三次会议在市政务中心召开

重要活动

【“攻坚五问”大调研大讨论活动】 2021年3月15日，市政协召开工业强市、产业兴市“攻坚五问”大调研大讨论活动动员会议。市政协主席宗大全，副主席孙士泉、乔令梅、高广胜、李军、李培永，市政协党组成员孙剑，市政协秘书长秦修杭出席会议。会议传达《中共滕州市委办公室滕州市人民政府办公室关于开展工业强市、产业兴市“攻坚五问”大调研大讨论活动的通知》，学习《刘文强同志在全市“工业强市、产业兴市”三年攻坚突破行动动员大会上的讲话》，研究制定《市政协开展工业强市、产业兴市“攻坚五问”大调研大讨论活动实施方案》，明确活动开展的具体措施。

【企业科技创新专题调研】 市政协组织开展历时三个月的企业科技创新专题调研。在市政协主席会议领导下，市政协教科卫体委、市政协经济委、市科技局、市工信局等部门参与，采取问卷调查、个别走访、小型座谈会等多种形式，选择全市具有代表性的科技创新企业和有关部门开展调查研究，考察借鉴寿光、龙口、高密等地经验，研究滕州高新技术产业发展、创新主体培育、科技人才培养、创新平台建设、科研成果转化和创新环境优化等关键问题，形成《关于我市企业科技创新工作的调研报告》。

【安徽省淮北市政协考察组考察】 2021年3月17日，安徽省淮北市政协副主席刘添才一行到滕州考察专委会建设工作。滕州市政协主席宗大全、副主席高广胜，市政协秘书长秦修杭陪同考察。刘添才一行先后来到市社会治理综合服务中心、北辛街道文化路社区社会治理工作站等现场，考察全市基层政协组织建设、加强政协委员履职管理等工作情况。

【视察生态环境保护工作】 2021年4月20日，市政协组织部分政协常委、委员视察全市生态环境保护工作。市政协主席宗大全，副主席孙士泉、乔令梅、高广胜、李军、李培永，市政协党组成员、秘书长秦修杭参加活动。市政府

2021年4月20日，市政协组织部分政协常委、委员视察全市生态环境保护工作

二级调研员孙金存陪同活动。视察组先后实地察看北辛大干渠智能分流井工程、王林水库生态修复应急工程、华电滕州新源热电有限公司、山东中塑新材料有限公司等现场，视察城市污水智能分流、农业生态修复、企业污染物、有害气体处理工艺流程和治理成效等生态环境保护工作情况。随后召开座谈会，视察组听取相关部门的工作情况汇报和表态发言，提出意见建议。

【韩金峰调研】 2021年5月10日，省政协党组成员、副主席韩金峰带领调研组到滕州，调研滕州关于“完善科技创新体制机制，释放人才创新创造活力”和“发挥新型研发机构作用，推动科技成果加速转化”等工作开展情况。枣庄、滕州两级市领导孙欣亮、杨家国、刘文强、苏学锋、薛登峰、孙士泉分别陪同调研。调研组实地察看滕州现场后，一致认为，滕州市实施创新驱动发展战略，引进高端技术人才，引导企业加大研发投入，加强产品研发，打造出具有核心竞争力的拳头产品、高端产品，推动“滕州制造”向“滕州智造”转变。

【枣庄市政协调研组调研】 2021年5月19日，枣庄市政协副主席黄涛、艾百灵带领调研组到滕州，专题调研开展工业产业高质量发展工作。滕州市委副书记、市长马宏伟，市政协主席宗大全，市委常委、常务副市长王涛，市政协副主席高广胜，市政协秘书长秦修杭分别参加调研活动。调研组实地察看枣庄北航机床创新研究院、山东威达重工股份有限公司、山东腾达紧固科技股份有限公司等现场，随后召开座谈会，听取滕州市工业产业高质量发展工作情况汇报，并进行相关座谈交流。

【湖南省岳阳市政协考察团考察】 2021年5月19日，湖南省岳阳市政协副主席方争奇带领考察团到滕州，考察滕州在优质农产品供应基地建设等方面的经验做法。枣庄市政协副主席张永刚，滕州市政协主席宗大全、副主席李军，市政协秘书长秦修杭参加活动。考察团实地察看幸福楼村马铃薯钢架拱棚基地、化里村仓储冷库、滕州国阳种植合作社、丰谷云农科技园、瑞弘蔬菜产销专业合作社、中农富源集团生产基地等现场，探讨交流优质农产品供应基地的平台建设、质量监管、市场拓展、人才培养等方面的工作。

【聊城市政协考察团考察】 2021年5月20日，聊城市政协副主席孙凌云带领考察团到滕州，考察公共卫生服务体系建设工作。枣庄市政协副主席艾百灵，滕州市政协主席宗大全、副主席李培永，市政协秘书长秦修杭等陪同活动。考察团先后察看枣庄市胸科医院、滕州市中心人民医院、滕州市疾控中心等现场，听取有关情况介绍，探讨和交流加快推进公共卫生服务基础设施建设等问题。

【安徽省固镇县政协考察团考察】 2021年5月27日，安徽省蚌埠市固镇县政协主席陶振银带领考察团到滕州，考察滕州在文化建设方面的先进做法和成功经验。市政协主席宗大全、副主席孙士泉，市政协秘书长秦修杭陪同活动。考察团实地察看墨子纪念馆、鲁班纪念馆、汉画像石馆、滕州博物馆等现场，详细了解滕州在文化建设方面的先进做法和成功经验。

【推进创建全国文明城市专题协商会议】 2021年6月1日，市政协推进创建全国文明城市专题协商会议举行。市政协主席宗大全，市委常委、宣传部部长康凤霞，市政协副主席孙士泉、杜孝玺、高广胜、李军、李培永，市政协党组成员孙剑，市政协秘书长秦修杭出席会议。与会人员实地察看荆河街道马号街社区、龙泉街道杏坛市场、北辛中学通盛路校区等现场，会议号召全市各级各部门打好创城攻坚战，号召各级政协组织和广大政协委员、政协机关干部为坚决打好这场攻坚战贡献力量。

【烟台市政协考察团考察】 2021年6月2日，烟台市政协副主席王中带领考察团到滕州，考察学习滕州“提升城市小区物业管理服务水平，打造宜居城市”做法。枣庄市政协副主席杨家国，滕州市政协主席宗大全、副主席李军，市政协秘书长秦修杭陪同考察。考察团实地察看善国盛景小区、市博物馆等现场，了解滕州小区物业管理服务工作和城市文化建设情况。

【枣庄市政协调研组调研现代农业发展】 2021年6月2日，枣庄市政协副主席张永刚带领调研组到滕州，调研现代农业发展情况。滕州市政协主席宗大全，副市长张传纲，市政协副主席李军，市政协秘书长秦修杭陪同活动。调研组实地察看正德康城绿色种植园、国阳种植合作社、润禾食用菌种植合作社、羊庄牧原养殖场等现场，随后召开座谈会，听取滕州现代农业发展情况汇报并提出意见、建议。

【主题征文活动】 2021年6月24日，市政协庆祝中国共产党成立100周年暨“同心跟党走　筑梦新时代”征文表彰会议召开。市政协党组书记、主席宗大全，市委常委、组织部部长李义，市政协副主席孙士泉、杜孝玺、乔令梅、李培永，市政协党组成员孙剑，市政协秘书长秦修杭出席会议。此前全市政协系统开展的庆祝中国共产党成立100周年“同心跟党走　筑梦新时代”主题征文活动，收到征文作品300余篇。会议表彰“同心跟党走　筑梦新时代”优秀征文，评出一等奖5篇、二等奖10篇、三等奖20篇、优秀奖65篇，并编辑出版《滕州市政协“同心跟党走　筑梦新时代”征文选编》一书，部分征文在《政协工作》简报、《滕州日报》等媒体刊发。

【庆祝中国共产党成立100周年报告会】 2021年6月29日，市政协庆祝中国共产党成立100周年专题报告会举行。会议邀请全国政协常委、山东大学儒学高等研究院执行院长、《文史哲》杂志主编、山东大学讲席教授王学典作专题报告。市政协主席宗大全，副主席孙士泉、杜孝玺、乔令梅、高广胜、李军、李培永，市政协党组成员邵长婕、孙剑，市政协秘书长秦修杭参加报告会。

2021年6月29日，市政协庆祝中国共产党成立100周年专题报告会举行

【枣庄市政协对口协商活动】 2021年7月9日，枣庄市政协副主席杨家国一行，到滕州开展“持续优化营商环境提高涉外企业发展水平”对口协商活动。滕州市政协主席宗大全、副主席李军、秘书长秦修杭陪同活动。调研组实地察看山东鑫迪家居装饰有限公司、枣庄科技职业学院等现场，随后召开座谈会，围绕提高涉外企业和院校发展水平提出意见、建议。

【陈永生调研】 2021年7月14日，市委书记陈永生走访调研市政协机关，看望机关干部并座谈交流，了解市政协工作情况，倾听对市委工作的意见建议。市政协主席宗大全，市委常委、市委办公室主任薛登峰、市政协领导班子其他成员参加调研。

【枣庄市政协调研财源建设】 2021年8月4日，枣庄市政协副主席付廷安、杨家国带领调研组，到滕州开展加强财源建设调研活动。滕州市政协主席宗大全，市委常委、常务副市长王涛，市政协副主席高广胜，市政协秘书长秦修杭陪同活动。

【全市交通重点工程建设视察】 2021年8月26日，市政协组织开展全市交通重点工程建设视察。市政协主席宗大全，副主席孙士泉、高广胜、李军、李培永，市政协党组成员孙剑，市政协秘书长秦修杭参加活动。副市长张传纲陪同视察。视察组实地察看滕龙路、龙岭路、京台高速滕州新北出口、李千线改建工程、北沙河湿地区域“四好农村路”等现场，了解全市交通重点工程建设工作推进情况，随后召开座谈会，会议号召各级各部门要推进工程建设，争创全国“四好农村路示范县”。

【城区停车问题专题视察】 2021年9月15日，市政协组织开展城区停车问题专题视察。市政协主席宗大全，副主席孙士泉、杜孝玺、高广胜、李培永，市政协党组成员孙剑，市政协秘书长秦修杭参加活动。副市长、市公安局局长杜茂广，副市长秦升学陪同视察。视察组实地察看振兴路停车场、智慧停车管理中心、博物馆东停车场，了解全市城区停车场的规划、建设、管理和使用等情况，随后召开座谈会，号召广大政协委员广泛动员社会各界，共同关心关注停车问题。

【四川省德阳市罗江区政协考察】 2021年10月12日，四川省德阳市罗江区政协主席张胜虎带领考察组，到滕州开展“土地综合整治及村支部领办土地合作社工作”考察活动。市政协主席宗大全、副主席乔令梅，市政协党组成员、秘书长秦修杭陪同考察。考察组实地察看大坞镇大市庄村高标准良田建设现场、滕州国阳种植专业合作社、级索镇龙庄村阳光农机合作社、东郭镇北部山区土地综合整治项目等现场，了解滕州土地综合整治运作模式，村支部领办土地合作社工作主要做法及成效。

专门委员会工作

【提案委工作】 做好十五届五次会议提案的收集、立案和交办。十五届五次会议共征集提案209件，立案197件。召开提案征集工作座谈会，通过与党派团体界别沟通探讨，强化质量意识，发挥组织集体的作用，促进提案整体质量的提高。积极培育优质提案，做好审查立案和交办工作。对20件优秀提案和10家提案办理先进单位进行表彰，调动提、办双方的积极性。遴选9件重点提案上报主席会议审议确定，市政协领导开展实地调研，召开座谈会听取意见，推动提案的办理。加强与市委市政府督办中心和承办单位的沟通协商，加强统筹协调，掌握相关单位的办理进度，组织提案人与办理单位进行办理协商，协调解决办理过程中的问题。组织全体常委对市科技局、市交通运输局、市城乡水务局的提案办理工作进行民主评议。

【经济委工作】 围绕高新技术产业发展、创新主体培育、科技人才培养、创新平台建设、科研成果转化和创新环境优化等关键问题，选择具有代表性的科技创新型企业和部门，采取问卷调查、个别走访和小型座谈会等形式开展调查研究，并专门赴寿光、龙口、高密等地考察学习，形成《关于我市企业科技创新工作的调研报告》。协同其他委室参与多项视察协商活动，参与市政协全委会议的筹备工作，开展联系委员活动，与委员交流学习，沟通思想，加深了解，增进友谊。履行政协的民主监督职能，围绕中心，服务大局，建言献策。

【人口资源环境委工作】 组织开展全市生态环境保护工作视察。实地察看北辛大干渠智能分流井工程、王林水库生态修复应急工程、华电滕州新源热电有限公司、山东中塑新材料有限公司等现场，详细了解城市污水智能分流、农业生态修复、企业污染物、有害气体处理工艺流程和治理成效等生态环境保护工作情况，围绕进一步提升全市生态环境保护工作进行讨论交流，提出具有可行性、前瞻性的意见建议。开展全市交通重点工程建设工作视察，实地察看滕龙路、龙岭路、京台高速滕州新北出口、李千线改建工程、北沙河湿地区域“四好农村路”等现场，并提出意见、建议。

【教科卫体委工作】 围绕企业科技创新，组织开展近三个月的专题调研活动，形成《关于我市企业科技创新工作的调研报告》。组织开展市政协委员太极拳健身活动第三期培训班，聘请市政协委员、滕州市太极拳协会会长张宗军授课，丰富广大政协委员的文体活动。组织机关党员开展“双报到”、文明创建宣传、红色教育等活动。

【社会法制委工作】 市政协常委会专题听取市纪委监委关于全市党风廉政建设和反腐败工作情况的通报。组织开展城区停车问题专题视察，实地察看振兴路停车场、智慧停车管理中心、博物馆东停车场，全面了解我市城区停车场的规划、建设、管理和使用等情况，委员们围绕做好停车设施建设管理工作提出意见、建议。组织部分政协委员旁听重要案件审理工作，参加滕州市人民检察建议集中公开送达活动以及“全国法治政府示范市”创建、依法治市和普法工作。做好市政协十五届五次全会的安全保卫工作。

【祖国统一联谊委工作】 加强与枣庄市政协相关委室的工作对接。配合办公室参与枣庄市政协开展的优化营商环境的专题调研活动。发挥专委会职能作用，主动与专委会成员进行联系，加深与专委会成员之间的了解，促进工作开展。参加信访听证 12 次、人民法院陪审活动 21 次。

【文化文史和学习委工作】 坚持文史工作“围绕中心、服务大局”思路和“亲历、亲见、亲闻”原则，进行多方征集、广征博采、分门别类、认真整理。按照历史文化、红色文化、非遗文化、滕州名人、自然遗产、滕州风貌等进行收集整理。全年征集整理文史资料 30 余万字，图片资料 100 余幅。其中，收集整理《非遗文化》资料 8 万余字，图片资料 40 余幅；《红色印记》10 余万字，图片资料 50 余幅；其他资料 10 余万字。开展创建全国文明城市专题协商活动，动员全市各级政协组织、广大政协委员和社会各界参与创建全国文明城市工作。

【农业和农村委工作】 组织开展市政协乡村振兴委员行“迎春送福进农家”活动。引导界别委员围绕乡村振兴和三农工作撰写提案，撰写社情民意信息。《关于更高质量推动农村人居环境整治和建设的建议》获评 2021 年度优秀提案。

山东省政协委员名录

（滕州市，按姓氏笔画为序排列）

李　鑫　高肇林

（市政协）

表 7　十五届五次会议重点提案名单一览表

序号	提案编号	第一提案者	联合提案者	提案题目
1	155002	刘忠立		关于助推中小企业发展的建议
2	155006	张　帅	鲁翔、刘延水	关于加快推进企业迈向智能制造促进制造业提质增效的建议
3	155014	党　芬		关于大力发展全域旅游打造文化旅游强市的建议
4	155022	单金凤	张永臣	关于大力发展商贸物流业建设全国知名商贸物流集散地的建议
5	155028	孔维刚		关于探索“153 新体系”，打造“社务共同体”的提案
6	155045	颜玉华	施治国、刘存臻	关于加快建设智慧停车管理系统的建议
7	155049	周淑敏	张春敏	关于更高质量推动农村人居环境整治和建设的建议
8	155090	马洪伟		关于完善医疗卫生防控体系建设提升全民医疗服务水平的建议
9	155189	王玉立		关于优化营商环境的几点思考

纪检监察

Discipline Inspection and Supervision

综　述

【概况】 全市纪检监察机关强化政治引领，压实政治责任，围绕作风建设，坚持稳中求进、守正创新，忠实履行正风肃纪反腐职责使命，充分发挥监督保障执行、促进完善发展作用，纪检监察工作高质量发展取得新进展、新成效。

【强化政治引领】 市纪委常委会把学习贯彻习近平新时代中国特色社会主义思想作为首要政治任务，跟进学习习近平总书记重要讲话、重要指示批示精神，深入学习十九届历次全会精神，贯通学习党史、新中国史、改革开放史、社会主义发展史，召开常委会议专题学习18次，理论学习中心组集中学习12次，在学思践悟中汲取智慧力量、坚定政治方向。

【护航发展大局】 围绕推动经济社会高质量发展、安全生产责任落实、环境问题专项整治、土地卫片执法检查整改、建党100周年安保维稳等重点工作开展专项监督，发现并督促整改问题262个。严肃查处违反党的优良传统、干扰巡察工作等违反政治纪律问题12起12人。聚焦部门履职、涉企服务等情况开展营商环境专题调研，印发围绕护航优化营商环境开展精准监督的工作方案，查处破坏营商环境案件5起6人。净化换届风气，建立493人的“不得担任”“不宜推荐”资格审查库，印发换届纪律提醒函，拍摄警示教育片和廉政动漫片，深入一线开展专项督导和纪律宣讲，工作经验做法在《大众日报》头条报道。

【强化执纪监察】 注重分类施策，强化督导问责，提高首办结服率和群众满意度；开展重复举报集中化解，积极回应群众关切。全年接收检举控告类信访举报855件次，比上年下降22.6%；33件中纪委转办重复举报全部办结并化解，信访形势逐步好转，人民群众对纪检监察机关更加信任。实事求是运用监督执纪“四种形态”，处理1358人次，其中第一、二种形态占比90.3%，监督执纪从“惩治极少数”向“管住大多数”拓展。精准有效用好问责利器，开展党内问责24起，问责党员领导干部34人次。

【加强队伍建设】 推进标准化、规范化党支部建设，常态化开展全员培训，开设“纪检监察大讲堂”，举办全市纪检监察干部业务培训班，组织人员参加省市专题培训，全年累计培训690人次。采取跟班锻炼、专案集训等方式实战练兵，选派13名干部到上级机关挂职锻炼，抽调67名镇街纪检监察干部参加案件集中攻坚。全覆盖式建立纪检监察干部廉政档案，制定并严格执行重要情况报告、外出审批、请销假等制度。注重发挥特约监察员监督作用，定期召开特约监察员座谈会，确保执纪执法权受监督、有约束。

重要会议

【市党政班子成员述责述廉会议】 2021年1月7日，2020年度市党政班子成员向市纪委全会述责述

2021 年 2 月 7 日，中共滕州市纪委十三届七次全体会议在市政务中心召开

廉会议召开。市委书记刘文强主持会议并讲话。市党政班子成员，市纪委委员，各派驻纪检监察组组长，各镇街纪（工）委书记，市纪委监委机关各部室负责人列席会议。14 名市党政班子成员依次向市纪委全会进行述责述廉，市纪委委员现场询问并民主评议党政班子成员述责述廉情况。

【中共滕州市纪委十三届七次全体会议】 2021 年 2 月 7 日，中共滕州市纪委十三届七次全体会议召开。市委书记刘文强出席全会并讲话。市委常委，市人大常委会、市政府、市政协领导班子成员，其他在职副县级及以上党员同志出席会议，有关方面负责同志参加会议。会议传达枣庄市纪委十一届六次全会精神，总结 2020 年全市纪检监察工作，安排 2021 年任务。市委常委、市纪委书记、市监委主任高欣代表市纪委常委会向全会作工作报告，会议审议通过市纪委常委会工作报告。

【严肃“两委”换届纪律加强换届风气监督专项行动工作会议】 2021 年 3 月 26 日，市纪委严肃“两委”换届纪律加强换届风气监督专项行动工作会议召开。市委常委、市纪委书记、市监委主任高欣主持会议并讲话。市纪委领导班子成员，派驻纪检组和纪检监察室全体人员，相关部室主要负责同志，各镇街纪（工）委书记参加会议。会议传达中央和省市委关于严肃换届纪律的有关要求，安排部署全市严肃“两委”换届纪律、加强换届风气监督工作，动员全市纪检监察机关进一步强化责任担当，严格监督执纪问责，为村（社区）“两委”换届选举平稳顺利推进提供坚强纪律保证。

【初次举报办理和化解重复举报专项行动工作推进会议】 2021 年 6 月 24 日，市纪委监委初次举报办理和化解重复举报专项行动工作推进会议召开。市委常委、市纪委书记、市监委主任高欣出席会议并讲话。会议总结“化解重复举报专项行动”和“提升初次举报办理质效”两项重点工作推进情况，就进一步统一思想、压实责任，推动信访数量减量退位提出明确要求。

【市委反腐败协调小组工作会议】 2021 年 8 月 12 日，市委反腐败协调小组工作会议在市纪委监委机关召开。市委常委、市纪委书记、市监委主任高欣出席会议并讲话。市委反腐败协调小组各成员单位相关负责同志参加会议。会议传达中央反腐败协调工作有关文件精神，安排部署完善协作配合机制、“一人多证”专项清理等工作。

重要活动

【省纪委监委调研】 2021 年 3 月 4 日，省纪委监委第二监督检查室四级调研员张小兵一行 3 人到滕州调研供销合作社系统腐败问题重点整治工作。市委常委、市纪委书记、市监委主任高欣汇报市供销合作社系统腐败问题重点整治工作开展情况，市供销合作总社负责人汇报市供销合作社对腐败问题查摆和整改落实情况。

【廉政专题党课】 2021 年 3 月 23 日，市委常委、市纪委书记、市监委主任高欣以《准确把握形势，坚决守牢底线——做党和人民信得过靠得住能放心的政法干部》为

2021年3月23日，市委常委、市纪委书记、市监委主任高欣在滕州市政法队伍教育整顿廉政教育报告会上讲廉政专题党课

题，为全市政法系统干部讲廉政专题党课，警示教育广大政法系统干部要更加清醒认识反腐败斗争的长期性、艰巨性，切实增强风险防范意识，严守底线、干净做人，不断锤炼过硬的工作作风。

压实政治责任

【认真履行协助职责】 协助市委制定出台党委（党组）深化运用监督执纪“第一种形态”和开展党内问责实施方案，细化处置方式，制定流程模板，提高适用的精准性和规范性。全市各级党委（党组）运用“第一种形态”3110人次、问责57人次。

【述责述廉】 14位市党政班子成员及21名镇（街）党（工）委书记、28名市直部门党组书记、9个国企党委主要负责人向市纪委全会述责述廉。

【廉政谈话】 16名市委常委、党员副市长同84名镇（街）党（工）委书记、部分市直部门（单位）党委（党组）主要负责人、国有企业党委主要负责人进行廉政谈话。

作风建设

【形式主义、官僚主义专项整治】 紧盯基层一线、执法部门、涉企行业和服务窗口单位，重点整治不作为、乱作为、慢作为等形式主义、官僚主义问题，查处形式主义、官僚主义问题153起、处理197人次，比上年增长89%、107%。

【查处违反中央八项规定精神问题】 采取明察暗访、专项检查、交叉检查等方式，强化监督检查，重点查处公款吃喝、违规送礼、餐饮浪费等奢靡享乐歪风陋习，查处违反中央八项规定精神问题38起、处理83人次，比上年增长6%、63%。

【激励担当作为】 严格落实“三个区分开来”要求，开展容错纠错2起3人。加大澄清保护力度，为6名受到不实举报的党员干部澄清正名，树立起鼓励干事创业的鲜明导向。

惩治基层腐败

【乡村振兴专项监督】 围绕巩固拓展脱贫攻坚成果同乡村振兴有效衔接开展过渡期专项监督，督促主责部门严格落实“四个不摘”要求，推动健全防止返贫动态监测和常态化帮扶机制，查处扶贫领域腐败和作风问题11起11人。

【深化专项整治】 聚焦群众急难愁盼问题，实行“2+17”的工作模式，选取“统筹规范社会救助”和“规范特困老人服务”作为“小切口”，以点带面，推动17个领域漠视侵害群众利益问题系统治理，查处群众身边腐败和作风问题181起230人次。

【推进“打伞破网”】 健全线索核查、案件攻坚、以案促改机制，常态化惩治涉黑涉恶腐败和“保护伞”。深入开展“案大伞小”“案多伞少”专项排查，对32起涉黑涉恶案件逐一倒查，查处涉黑涉恶腐败问题1起1人。

强化专责监督

【日常监督】 扎实推进市管干部廉政档案电子平台建设，动态更新廉政信息。深入了解“一把手”和领导班子践行“两个维护”、履行“一岗双责”等情况，对班子成员精准“政治画像”，约谈科级干部540人次，处分科级“一把手”8人。

【巡察进驻工作】 完成对48家单位的进驻巡察，市委一届任期内实现巡察全覆盖。实行“巡镇带村”“一事双推”，经验做法被中央巡视办刊发推广。创新实施“三力聚合”抓整改，开展镇村巡察发现突出问题整改“回头看”，督促整改各类反弹问题165个。

【派驻工作】 参加进驻单位专题民主生活会，组织专题座谈，开展近距离、常态化监督，全方位、多角度掌握进驻单位政治生活、履职尽责、廉洁从政情况。健全“1+X”室组协同机制，在加强监督、挖掘线索、执纪办案方面深化协作配合。全年派驻机构立案审查调查149件、处分157人次，比上年增长255%、303%。

反腐倡廉

【高压反腐】 全市纪检监察机关处置问题线索877件，立案审查调查499件，给予党纪政务处分563人次，留置13人，移送司法机关9人。重点加大供销、政法、粮食购销等领域反腐败力度，立案审查调查41件，给予党纪政务处分49人次，对市界河供销社原党支部书记、主任陈某某和市供销房地产综合开发有限公司原党支部书记、经理聂某某采取留置措施，并依法移送检察机关审查起诉。

【标本兼治】 针对城乡供水一体化工程建设、供销系统资金管理等工作中存在的倾向性问题，下发纪检监察建议书23份，提出整改建议64条，做实以案促改、以案促治。建立健全反腐败协调机制，接收执法机关和司法机关移送问题线索265件。

【党风廉政教育】 开展党风廉政教育集中宣讲37场（次），受教育党员干部6000余人次。坚持用身边事教育身边人，建立典型案例资源库，强化处分决定宣布现场警示教育。开展优良传统教育，拍摄《自掏腰包干革命》《拆不掉的“丰碑”》等廉政视频，讲好清廉故事。

【提高办案质量】 突出高质量发展主题主线，开展“规范化建设提升年”活动，出台关于信访举报、线索处置等方面的制度11项。开展案件质量评查，建立“月评查、季统计、年评比”机制，对每起案件审结即评。严格落实审查调查安全责任制，实现全年“走读式”谈话和留置“双安全”“零事故”。

（张元正）

民主党派和工商联

Democratic Parties and Federation of Industry and Commerce

中国国民党革命委员会滕州市总支委员会

【思想政治建设】 发挥班子示范引领作用，开展“四史”和“民革历史”学习教育，召开集中学习会议6次；专题组织学习习近平“七一”讲话精神和中共十九届六中全会精神；组织部分党员到市烈士陵园、鲁南人民抗日武装起义纪念馆、国防科技教育基地开展党史教育感悟活动，组织党员到河南红旗渠开展“不忘合作初心，继续携手前进”主题教育；参与市委统战部微信公众号“统战故事”栏目，先后供稿12篇。

【组织建设】 党员总数发展到42人。召开总支第六次党员大会，选举产生第七届委员会，同时成立新一届支部委员会2个；17名党员当选第十六届滕州市政协委员；持续抓好二支部全国示范支部创建工作。搜集整理民革组织沿革、发展历史资料，向市委统战部志书编修供稿。

【参政议政】 围绕全市中心和重点工作，召开社情民意信息培训、督导会议3次；提交社情民意信息30余篇，其中被省政协采用7篇、民革省委采用23篇、枣庄政协采用18篇；获评民革省委社情民意信息工作先进个人3人，获民革省委参政议政工作先进个人1人；提报《充分发挥文旅融合新优势、推动文创旅游产业高质量发展》调研报告1篇；枣庄、滕州两级市政协会议期间，上报提案26份。

【社会服务】 与枣庄科技职业学院联合到安康花园小区开展义诊和便民服务活动；组织开展到木石镇中心小学和滨湖镇望重中学开展心理辅导课暨《民法典》课程讲座。撰写的《找准切入点打造闪光点，倾力打造社会服务工作“同心”品牌》一文，被《山东省统一战线》杂志刊发。发挥洪绪镇颜楼村革命历史展览馆、民革滕州总支法律援助工作站等场馆作用，提升社会影响力。

（周学文）

中国民主同盟滕州市总支部委员会

【概况】 民盟滕州总支围绕市委、市政府中心工作，坚持固本强基，思想政治建设、参政议政、社会服务等各项工作实现新突破。滕州市墨子研究中心入选第一批民盟中央参政议政调研基地。民盟滕州总支荣获民盟山东省委庆祝中国共产党成立100周年暨中国民主同盟成立80周年先进集体和2021年度参政议政先进集体。

【思想建设】 深化政治理论学习。开展形式多样的学习教育系列活动，引导广大盟员始终与中国共产党思想上同心、目标上同向、行动上同步。强化主题教育。持续开展“不忘合作初心，继续携手前进”主题教育；组织全体盟员到红旗渠等革命教育基地开展学习实践活动；2人参加市委统战部举办的庆祝中国共产党建党100周年演讲比赛，分获二等奖、三等奖。加大宣传工作力度。利用微信公众号、盟员微信群等新媒体向社会各界全方位宣传滕州民盟工作。组织盟员参加各级各类征文活动，上交征文10篇，多人次获盟省委、市委奖励。周波被盟中央评为“庆祝民盟80周年微视频宣传工作”优秀个人。

【换届工作】 召开第九次盟员大会。会议听取和审议民盟滕州总支第八届委员会工作报告；通过大会政治决议；选举产生民盟滕州总支第九届委员会委员7人和出席民盟枣庄市委第八次大会的代表15人，刘茜当选民盟滕州总支第九届委员会主委，张纯峰、朱桂芬、王珂当选副主委，夏洪亮、芦楠、吕亚伟当选委员。民盟滕州总支下属五个支部陆续完成平稳换届。

表8 民盟滕州总支各支部人员情况一览表

人员/支部	主委	副主委	委员
一中支部	夏巍	王丽、朱绪发	李珊、段永
二中支部	张洪旭	杨宝三、胡召恒	颜文杰、赵方
卫生支部	陈长选	邵珠琳、张广东	杜滕飞、胡桓宇
学院支部	屈枫	李瑞芹、张玉良	郑晓莹、张宁
文艺支部	刘丽娜	赵联琦、朱华伟	梁军、张晓冉

【组织建设】 新发展盟员1人，总人数达到125人。继续保持界别优势，同时向其他领域延伸，改变人才单一、发展后劲不足的情况。发挥“盟员之家”的纽带作用，推进盟员之家内涵建设，举办“盟心向党匠心传承”为主题的非遗手工制作体验活动。加强干部队伍建设，选派盟内骨干50余人参加民盟枣庄市委、滕州市委统战部举办的各类培训。做好后备干部推荐工作，推荐盟员担任乡镇副科级领导职务1人。获盟省委表彰3人。

【参政议政】 立足“两会”建言献策。在市政协十五届五次会议上提交政协提案26篇，《关于推进义务教育优质均衡发展的建议》等3篇建议入编大会议政发言材料。《关于提升利用外资工作的建议》《关于实现“从农田到餐桌”安全监管的建议》2篇提案获评优秀政协提案。全年提交社情民意117篇，被山东省政协采用7篇，民盟山东省委采用32篇，枣庄政协采用9篇，滕州政协采用11篇。《建议放宽港澳台配偶在大陆申领居住证的条件》被民盟中央2021年第三季度采用，同时被全国政协采用。《关于实施电瓶车在集中充电装置点充电的建议》上报市委主要领导。《关于法院年终以影响结案率为由不予立案的建议》《关于为民主党派活动提供保障的建议》等2篇社情民意信息获评滕州市政协2020年度优秀社情民意信息。获评市政协2020年度社情民意信息工作先进个人2人。参加市委及统战部等民主协商座谈会、党外人士座谈会有序反映意见建议。盟员参加全市乡村振兴、智慧停车等专题协商座谈会10余次。获聘担任市检察院特约未检检察员2人。

【社会服务】 持续深化品牌化建设。民盟滕州教育讲师团坚持开展“烛光教育”活动，到羊庄镇中学开展农村学校送教下乡活动。发挥专业优势，扩大“民盟滕州健康服务团”品牌的服务领域。到龙泉实验学校开展送医进校园活动，在市职教中心举办预防艾滋病宣传专题讲座。民盟健康服务团专家做客《健康有道》栏目讲解关于胃肠健康的知识。扩大书画院影响。组织民盟书画院10余人在龙泉广场举办“送福进万家”活动，为市民义务书写春联、福字300余幅。组织民盟书画院画家走进北辛中学交流和互动。市委统战部、各民主党派、市工商联到民盟书画院（袁家峰书法工作室）参观，同时“同心驿站”揭牌。

（朱桂芬）

中国民主建国会
滕州市基层委员会

【概况】 民建滕州市第八届基层委员会设支部4个，会员106人。省政协委员1名，枣庄市人大代表3名，枣庄市政协常委1名、委员2名，滕州市人大代表5名，滕州市政协常委5名、政协委员24名。

【组织建设】 开展政治理论学习和专题讲座9次，学习习近平“七一”建党100周年重要讲话、中共十九届六中全会等精神和修订后的《中国共产党统一战线工作条例》等文件。开展“学史增信同心同行”主题教育，组织会员到浙江省绍兴市、金华市等地实地学习体验；发表各类信息13篇，其中7篇被民建山东省委会采用，11篇被民建枣庄市委会采用，1篇主题征文荣获民建省委会优秀作品奖。更新建设滕州民建会员之家暨滕州眼健康科普馆，在党派活动室开展组织生活，在“会员之家”各个支部互比互学。

【参政议政】 围绕推动“工业强市、产业兴市”、新旧动能转换重大工程实施、民营企业营商环境政策落实等主题开展调研，社情民意《简化工程建设项目审批程序助力营商环境改善》被山东省政协采用，《关于完善医疗卫生防控体系建设 提升全民医疗服务水平的建议》得到市委书记刘文强批示。农业品牌建设和机床产业发展的专题调研得到民建枣庄市委会的重视并报政府有关部门。多项参政议政成果获得市政协表彰，荣获市政协宣传工作先进单位称号；4篇提案荣获滕州市政协优秀提案；3人次荣获先进个人奖。

【社会服务】 坚持打造同心系列服务品牌。建立同心敬老驿站，连续七年在大坞镇敬老院开展公益服务；打造同心公益品牌“视力保健校园行”，联合山亭支部共同开展活动，连续第十九年义务为学生免费提供视力服务；开展送温暖献爱心活动，为希望小学的孩子们送上棉帽和手套；在部分民营企业和清华园社区，开展“明眸皓齿”健康公益系列活动；联合市中区支部开展“三八”妇女节文化活动；组织会员和相关企业为河南特大暴雨受灾群众捐款和筹措物资。

（许晓明）

中国农工民主党
滕州市基层委员会

【概况】 至年末，全市农工党党员74人（中高级以上职称71人）。优化组织建设，强化组织发展，完成和推进党派换届工作，调整设置支部5个：人民医院支部、中医院支部、环保支部、文艺支部和综合支部。

【思想建设】 定期组织党员学习农工党中央、省委以及各级重要会议精神，邀请市委党校的专家、教授授课辅导。先后选派10余人次参加市委统战部、农工党枣庄市委会的培训和专题学习。组织参加市统一战线庆祝中国共产党成立100周年演讲比赛、市统一战线“同心向党、礼赞百年”文艺汇演、市政协庆祝中国共产党成立100周年征文等活动。赵猛、樊静等多人多次获得各级表彰。

【参政议政】 各级“两会”期间提案28件，其中《关于加强农村生活污水治理的建议》《关于提升市民人文素养助力文明城市创建的建议》《关于全面推进乡村医生人才队伍梯队建设助力乡村振兴的建议》被市政协评为优秀提案。省市两级人大会上提出建议6篇。参加中共枣庄市委、滕州市委组织的各类协商会、通报会、座谈会以及各类视察活动，了解群众需求，撰写社情民意信息。全年向农工党枣庄市委会报送新闻信息等8篇，闭会期间提交社情民意建议建言等20余条。

【社会服务】 发挥以医药卫生界人士为主的特点和优势，服务社会。继续提升滕州市第二人民医院“同心助医”实践基地品牌，创新每月开展一次业务培训、一次病历讨论、一次业务查房的“三个一”活动，每年举办大型义诊3次以上，探索推行“双向转诊”，不断传授新技术、培养新人才。到龙阳镇开展“民族团结同心健康义诊同行”健康义诊服务活动，到滕州市龙河湾养老康复中心开展“同心爱老　助推敬老”走进活动。

（许　冉）

九三学社滕州市基层委员会

【概况】 1984年九三学社枣庄市委在滕县设立直属小组，1986年滕县支社成立，2001年扩建滕州市基层委员会，设卫生、科技、教育3个支社。2021年9月11日市基层委召开社员大会，选举产生九三学社滕州市第九届基层委员会。至年末，全市九三学社社员89人，其中高级职称64人。

【思想建设】 组织开展学教活动，做好结合文章，做到学用结合。坚持每月9日下午3点为社学习日，引导社员深入学习领会相关精神，以集体研讨为主要形式，认真学习贯彻了社中央两个会议精神、《九三章程之纪律处分条例》、社员先进事迹等，全年组织学习10次；开展党史学习教育集中学习5次、六中全会集中学习3次。组织社员参加市统一战线庆祝中国共产党成立100周年演讲比赛、庆祝中国共产党成立100周年暨“同心跟党走筑梦新时代”征文、市统一战线庆祝中国共产党成立100周年“同心向党·礼赞百年”文艺汇演、社枣庄市委举办的“庆祝建党100周年红色经典唱诵”等活动，多人次获奖。组织社员参加社枣庄市委开办的“提素在线”网络知识竞赛和“九三云讲堂”5次。社中央主办的“社员之家”APP在职社员全覆盖，社员颜玉华在全国“社员之家”答题竞赛中成绩突出。定期开展“九三活动日”主题活动，开设九三讲堂，邀请专家授课；重阳节组织老社员开展“美丽乡村调研暨重阳节关怀老社员”学习活动。

【组织生活】 落实“九三活动日”制度，每月9日下午3点定时召开班子例会。爱老助老工作机制不断完善。贯彻落实老社员走访制度，定期开展关爱老社员活动。成立九三学社滕州市基层委员会内部监督委员会、青年工作委员会；采访老社员3次，开展“口述社史”活动，拍摄纪录片《王秀娟口述社史》。

【参政议政】 社员获选枣庄、滕州两级人大代表2人、政协委员29人，占社员总数34%。提交政协提案、人大建议案45件。获评优秀提案4篇。提案《关于深入推进城市社区精准治理的建议》得到枣庄市政府副市长刘吉忠批示；提交调研报告4份，其中《滕州市电商助力智慧物流》的调研报告得到滕州市委书记陈永生批复；上报社情民意21篇，枣庄市政协采纳2人次；召开民主监督工作专题会议2次，开展对口联系活动3次，现场调研本市企业2个。积极参加市委、市政府、市政协召开的党外人士协商会、情况通报会。组织社员参加全市烟草制品零售店合理布局听证会、智慧停车民主监督活动、社会治理访调结合工作专题协商会议等活动。社员被枣庄、滕州两级市委、政府部门聘为特约人员2人，被市检察院聘为特约未检检察员2人。

【社会服务】 持续开展“三科三进”社会服务活动，突出科技特色。在市商务和投资促进局建立“同心服务基地”，在滕州人力资源服务产业园建立“同心服务基地”；举办“九三讲堂”，邀请四届残奥会冠军、九三学社社员刘磊作专题讲座；为滕州人力资源服务产业园全体入驻企业员工培训应急救护知识。在爱心查体中，用“微课堂”方式宣传科普知识；坚持第37年“护航雏鹰”幼儿园查体活动，60余名专家医生分别在实验幼儿园四个校区同时开展查体，健康检查2300人次。

（朱鹏燕）

滕州市工商业联合会

【概况】 滕州市工商联强化思想政治引领，搭建服务平台，夯实基层商会建设，服务促进“两个健康”。被全国工商联评为五好县级工商联、民营企业调查点示范单位。

【强化政治引领】 开展党史学习教育，举办庆祝中国共产党成立100周年文艺汇演，组织民营企业家代表赴湖南韶山接受红色教育，引导非公有制经济人士重温中国共产党的百年光辉历程。召开市工商联第十四届常委（扩大）第六次会议暨全市民营企业家座谈会，征求对优化营商环境、非公企业党建、教育培训、招商引资等有关工作的意见、建议。

【促进两个健康】 搭建政企沟通平台。召开民营企业座谈会，通报滕州经济社会发展情况，征求民营企业家的意见建议，解决民营企业发展中遇到的困难和问题。搭建法律服务平台。与司法局联合召开滕州市“百名律师进企业优化发展环境”座谈会，义务开展普法宣传、法律咨询、法治体检，帮助解决劳资纠纷。开展企业合规建设工作，成立第三方监督评估机制管理委员会，建立35名专业人士的人才库，推进企业依法合规经营，维护非公有制经济人士的合法权益。搭建银企对接平台。组织中银富登村镇银行等城市商业银行与所属商会开展银企对接活动。通过各类银企对接活动，为76家企业融资近1.35亿元。搭建创新发展平台。举办“专利信息资源应用（试点）培训班”“惠融资、促发展、助力工业强市、产业兴市培训班”，组织镇街统战委员、商会会长、直属商会会长、民营企业家代表参加培训，搭建民营企业创业创新平台。搭建诉求解决平台。3月，开展为期1个月的“攻坚五问”入企大调研大走访活动；8月，调研各镇街商会和民营企业发展情况、营商环境，倾听企业意见和诉求；先后形成高质量社情民意24篇。搭建公益助学平台。开展光彩事业助学活动，引导民营企业家资助东沙河小学、荆庄社区的困难小学生30人。12月，省市领导到滕州调研民营经济做法。

2021年12月3日，山东省人大常委会副主任、省工商联主席王随莲（左三），枣庄市委书记、市人大常委会主任陈平（左五），滕州市委书记陈永生（右二）在鑫迪家居调研民营经济发展工作

【商会建设】 把商会建设作为促进非公有制经济抱团发展、合作共赢的重要途径，注重培育样板商会。在镇街商会建设全覆盖的基础上，逐步规范镇街商会发展，指导镇街商会建立工作机制，制定发展规划，加强会员合作交流。工商联领导班子成员到各镇街商会调研，听取商会工作报告。加强直属商会建设，成立滕州市伦达商会、滕州市二手车商会。洪绪镇商会分别被全国工商联、山东省工商联授予“四好商会”称号，南沙河镇商会被山东省工商联授予山东省“四好商会”称号。

【工商联换届】 完成工商联换届工作，召开滕州市工商联第十五次会员代表大会，选举产生新一届工商联主席、副主席、秘书长、常委、执委，会员结构优化，工商联的凝聚力增强。

（市工商联）

群众团体

Mass Organizations

滕州市总工会

【概况】 全年市总工会落实市委决策部署和枣庄市总工会工作主线要求，担当作为，改革创新，职工思想政治引领、产业工人队伍建设改革、维权服务质量提升、新就业形态劳动者权益保障、深化工会改革等方面工作实现攻坚突破。

【组织建设】 以建会入会为重点，继续深化“建会入会攻坚行动”和新时代职工之家建设。全市采集上传工会会员159629人，农民工会员95633人。全年新发展农民工会员7129人，新增工会组织数98个，新增新就业形态会员数1514人。开展“双争”活动先进典型选树工作，评选先进单位典型18个、先进个人典型10人。

【先模选树】 做好全国和省五一劳动奖、工人先锋号推荐工作。新能凤凰（滕州）能源有限公司生产运行四部甲醇工段获得全国工人先锋号，联泓新材料科技股份有限公司获得省五一劳动奖状，滕州鲁班天工木艺有限公司研发品控部获得省工人先锋号表彰。开展滕州工匠评选工作，评出滕州工匠15人，于五一前进行了命名表彰，给予每人每月500元的财政津贴，服务周期为三年。强化人才工作室创建工作，印发《关于选树命名滕州市首届劳模和工匠人才创新工作室的通知》，选树劳模和工匠人才创新工作室8个。开展先模事迹集中宣传活动。在滕州电视台、《滕州日报》、中国滕州网开辟“劳动者之歌”专栏和专版，宣传先模代表和先进单位。

【创业培训】 深化就业创业服务，积极帮助职工就业。扶持有创业意愿和能力职工创业。持续实施工会参与乡村振兴战略，面向农业龙头企业、农民合作社、农业园区、特色小镇和区域性行业性合作组织，着力打造工会助力乡村振兴一线阵地和工作品牌。全市各级工会为农民工、农村转移劳动力提供就业创业服务1000余人次，扶持创业服务80人次，依

2021年4月30日，滕州市庆祝“五一”国际劳动节暨“滕州工匠”表彰大会召开

表9　2021年“滕州工匠”一览表

姓　名	单位及职务
仇兴亚	山东辛化硅胶有限公司技术中心主任
王中亚	山东中烟公司滕州卷烟厂电器维修工
王　辉	联泓新材料科技股份有限公司安全主管工程师
王　辉	新能凤凰（滕州）能源有限公司甲醇合成装置经理
赵志国	山东华颂北理智能科技有限公司总工程师
孙志武	山东天洋新材料有限公司总经理
王　勇	山东鲁南瑞虹化工仪器有限公司副经理兼石油仪器研发中心主任
倪玉浩	京工智能科技有限公司机械加工技术员
班　昂	滕州中联水泥有限公司电气技术主管
孙　强	山东山森数控技术有限公司创新工作室副主任
朱玉荣（女）	山东恒瑞磁电科技有限公司技术部部长
汪　林	滕州市通大路桥工程有限责任公司工程一部部长
蔡　强	枣庄科技职业学院机械工程系教学秘书
蒋　艳（女）	滕州市妇幼保健院产科主任兼医学遗传与产前咨询科主任
马海艳（女）	滕州市蔬菜站站长

托工友创业园带动就业20000余人，发动劳模引领创业项目10余个。

【劳动竞赛】 以“八大产业”为重点领域，在新产业新业态新组织中开展劳动和技能竞赛，组织职工参加上级职业技能大赛。选派9名参赛选手参加山东省第七届职工职业技能大赛，在数控机床装调维修工比赛中分别获得二等奖、三等奖。

【职工服务】 持续开展工会“四季服务”活动，擦亮工会服务品牌。筹集资金20余万元，为11家企业近万名一线职工配备防暑降温物品；联合关工委等部门资助10名考入高等院校的困难职工家庭学生入学；持续开展春节走访慰问送温暖活动，推动送温暖活动经常化、制度化。走访慰问困难职工12户，为职工家庭发放送温暖资金累计259户25.9万元。开展困难职工救助工作，摸底调查全市患重大疾病的职工，申请上级财政资金37.9万元帮扶救助符合条件的困难职工8人。创建“1221”职工法律援助工作模式，实现职工法律援助城市、乡村全覆盖。全年完成法律援助案件158件，接待来访咨询职工600余人次，完成诉调对接8件，完成职工12351热线转办案件6件，满意度100%。

【权益保障】 强基础、补短板、防风险，创新服务职工载体，构建和谐劳动关系，维护职工合法权益。广泛开展《工会法》宣传教育，推动用人单位严格落实《工会法》和有关劳动法律法规。市协调劳动关系三方委员会下发通知，部署开展集体协商集中要约行动，以劳动密集型、中小企业集中的行业（区域）为重点开展行业集体协商，在快递、外卖等新业态领域行业探索签订行业集体合同。

（张惠凤）

中国共产主义青年团滕州市委员会

【概况】 至年末，共青团滕州市委“智慧团建”系统录入团员50257人，团干部4986人，团组织4082个，其中团委69个，团工委9个，团总支239个，团支部2862个，实现团员、团干部基本信息的动态采集、网格化管理。共青团滕州市委在团省委年初10项重点工作中，9项工作取得优秀成绩。“希望小屋”“暖冬行动”在《山东新闻联播》宣传推广。

【思想引领提升】 突出线下思想引领活动，起草制定《滕州市共青团系统党史学习教育实施方案》，动员、部署共青团系统党史学习教育。集中开展庆祝建党100周年主题教育。策划开展“青心向党”红色主题教育、主题团课、手抄报比赛、书画展等系列活动，组织创业青年开展专场论坛，开展“永远跟党走翰墨颂党恩——

滕州市青年优秀书画精品展”活动。成立滕州共青团基层党组织书记宣讲团暨“我为群众办实事”青年宣讲团，宣讲习近平新时代中国特色社会主义思想。突出网上思想引领，持续开展“青年大学习”“红领巾爱学习”行动，推出“学党史正青春”青年讲师团线上主题宣讲活动10期，覆盖人群2万余人次。“滕州共青团”微信公众平台开设“学党史正青春”专栏，专题报道经验、做法80余次。组织团员青年代表拍摄音乐视频《党旗飘扬的方向》，制作发布“滕小青”漫画作品。

【青春建功提升】 持续实施“唤凤回巢·青鸟计划”团聚滕才项目。联合多部门组织开展“工业强市产业兴市聚智滕州”人才招聘会，助力500余人，达成就业意向60余人，与企业签约10余人；开展大学生暑假社会实践活动，征集见习培训岗位142个，报名参加600余人；依托滕州人才大厦、滕州惠众创业园打造“青年驿站”2处，为青年提供服务；配合6支大学生实践团开展实践活动，与山东建筑大学、山东科技大学举办校地合作签约暨“大学生社会实践基地”揭牌仪式。深化“311”青春关爱项目。开展“牵手关爱”“希望小屋”“金晖助老”三项行动，其中结对留守儿童450人，组织开展滕州市2021年“牵手关爱·希望小屋”感受城市活动4次；推进“希望小屋”儿童关爱项目，启动新一批“希望小屋”建设摸排工作，完成小屋建设310户；开展“金晖助老”志愿服务项目，结对帮扶贫困老人150人，定期开展助老志愿服务；组织开展“金晖助老·情暖端午”“金晖助老·情暖中秋”等志愿服务集中行动。持续做好“村村都有好青年”选培工作。选树各级“好青年”1000余人，获评枣庄市级乡村“好青年”17人；召开2020年度滕州市级乡村“好青年”座谈会暨青年电商培训，为2020年度滕州市级乡村好青年颁奖，并邀请电商专家为乡村好青年培训；组织乡村好青年中的创业青年参加枣庄青商会培训课程和山东省“创业齐鲁训练营”活动；全面启动社区“好青年”评选活动。持续深化“青年安全生产示范岗”创建工作。持续开展“青年安全生产示范岗”创建，组织创建单位开展“五个一”活动，认定20个创建集体为2021年度滕州市青年安全生产示范岗。推进村（社区）团组织换届工作。走访调研全市35岁以下青年进入村（社区）“两委”班子情况，并建立工作台账；各镇街召开优秀青年座谈会，推进换届选举工作；推进完成团组织同步换届，召开全市村（社区）团组织换届工作部署会议，制作下发《滕州市村（社区）团组织换届工作操作手册》，制作原创《选好青年领头雁青春助力开新局》动漫视频，全流程指导团组织换届，枣庄市村（社区）团组织换届选举现场观摩会在南沙河镇北池村召开。开展“百年献礼志青春·用爱点亮文明城”青年志愿集中活动。发动青年志愿者1000余人，助力“卫生城市”复审和“文明城市”创建；开展“我为家乡多植树绿化美化新枣庄”志愿服务行动，利用微信公众号组织广大市民进行义务植树“云报名”，通过微信群等平台发动400余人履行植树义务，组织志愿者开展“‘河’我一起守护母亲河”集中净滩行动、开展“学党史颂党恩惠民生”主题党日暨志愿服务进社区活动，10余支志愿服务队参加，为市民提供医疗义诊、消防知识宣传、亲子阅读、科普教育等上门服务；参加“红七月·双报到”党员社区服务月活动，为市民普及垃圾分类知识；组织30余支青年志愿服务队发放倡议书、悬挂宣传条幅、张贴宣传海报，倡导文明婚俗新风尚。

【青年服务能力提升】 抓实团队工作。举行“红领巾心向党，高举队旗跟党走”新队员入队活动，加强少先队组织建设、文化建设、活动建设和辅导员队伍建设；组织全市团员、少先队员开展“青心向党·争做新时代好少年”学雷锋主题实践活动；组织全市少先队员开展“童心绘祖国真情献给党”手抄报大赛；举行“请党放心　强国有我”庆祝建党100周年暨建队72周年主题队日活动。打造服务阵地。持续建设“青年之家”“社区青年志愿服务站”，完善市、镇、社区村、企业的网络；用好青少年法治宣传教育基地，依托未成年人检察“蓝·荷”品牌，继续组织全市青少年开展法治自护教育，开展预防未成年人违法犯罪工作；实施城乡社区青年融入行动，以龙泉街道科圣路社区、木石镇凤翔小镇等社区为试点，打造“青春社区”工作品牌。提供暖心服务。深化防溺水宣传志愿服务行动，召开青少年自护教育暨防溺水安全教育部署会，组织各级团组织在学校、重点水域加密设置防溺水安全警示宣传牌，开展防溺水知识宣传教育20余次；开展“希望小屋·暖心同行”志愿服务集中行动，组织团干部、青年志愿者定期开展“6+X”志愿服务活动。

【团的组织力提升】 深化中长期青年发展规划。作为首批《山东省中长期青年发展规划（2019—2025）》实施试点县（市、区），组织开展全市召开青年工作联席会议全体会议暨县域共青团基层组织改革试点工作推进会；推进服务青年项目，探索形成滕州特色的青年发展政策体系和工作机制；推进基层组织改革综合试点。作为入选山东省第一批开展全国县域共青团基层组织改革试点地区，明确目标节点，阶段性成效明显；健全配齐团市委专、挂、兼职团干部队伍，选派在校大学生、乡村好青年任镇街团委兼职副书记；建立健全6个行业系统的团组织建设；做好“两新”组织建团工作，全市各级新建社会领域团组织236个，明确将团建、队建纳入党建工作考核，纳入巡察清单、纳入教育评价和教育督导；强化分领域团员发展工作。探索创新团员发展模式，区分初中、普通高中、中职、高校和社会领域等5个类别分别确定发展指标；联合市教体局出台《滕州市学校领域“双积双评”积分入团工作实施意见（试行）》《关于滕州市中学团校建设的实施方案》等文件，严格团员发展程序，推优入团，加强学校共青团的规范化建设。

（胡　垒）

滕州市妇女联合会

【概况】 滕州市委、市政府获评省“美丽庭院”创建工作表现突出集体，市妇联先后获评全国维护妇女儿童权益先进集体、全省家庭工作表现突出集体等，“巾帼先锋荷美建功”妇女微家创建项目获评全省基层妇联组织建设改革创新项目。

【阵地建设】 推动模范机关创建，争创“巾帼先锋 荷美建功”优秀党建工作品牌，创新开展特色主题党日活动。推进市妇女儿童活动中心建设，按照有固定场所、有组织标识、有服务清单、有活动记录、有管理人员“五有”标准建设“妇女微家”211个；争取省级专项资金4万元，提档升级滨江社区妇女儿童家园，开展红色教育、亲子阅读、家庭教育、心理辅导等服务。基层干部培养。选树“最美基层妇联人”50人，村级妇联主席获评“省最美基层妇联人”2人；在村（社区）“两委”换届中推进女性进“两委”，完成村（社区）妇联换届选举，选出新一届村（社区）妇联主席1195人、执委8377人。实施“巾帼领头雁淬炼行动”，市、镇两级累计举办新一届基层妇联干部培训班30场次、培训3980人次。

【思想政治引领】 抓实理论武装。开展党史学习教育制定“三张学习清单”，开设四个线上课堂，聆听巾帼英雄故事、传承红色家风家教。坚持以学促用。开展“巾帼先模讲党史”20余场次；开展群众性主题教育宣讲106场次，辐射妇女群众9000余人次；开展“读党史颂党恩”世界读书日分享活动，提高女企业家学习能力。推进家风家教宣讲。“党史学习教育微课堂”走进“美丽庭院”，引领广大家庭汲取党史力量；开展“颂党恩传家风”宣讲80余场；抓实“母亲素质提升工程”和“家庭共成长计划”，开展亲子阅读、亲子课堂、家庭教育巡讲等活动90余场。

【推进妇女发展】 推进“乡村振兴巾帼行动”。开展农村妇女就业创业技能培训61期，惠及妇女3000余人；开展巾帼科技助农活动4场次；参加山东广播电视乡村广播《“乡村振兴巾帼行动”齐

2021年3月3日，滕州市庆祝“三八”国际劳动妇女节111周年暨“最美基层妇联人”揭晓仪式在市政务中心举行

鲁行》栏目直播，介绍滕州优秀女性故事，市盛泽家庭农场韩文文获评省乡村振兴“百名优秀女农人”；争取枣庄市级“大姐工坊”4家，帮扶资金8万元，带动周边近千名妇女增收就业。抓牢巾帼就业创业。联合开展庆“三八”春风行动女性专场招聘会和女大学生专场招聘会3场次，提供岗位2600余个，参加招聘会女性3500余人，实现就业1900余人；发放妇女创业小额担保贷款和“鲁担巾帼贷”3618万元，帮助妇女创业170人次；牵头多部门召开“工业强市、产业兴市”女企业家座谈会。完成妇女儿童发展“十三五”规划。编制“十四五”妇女儿童发展规划，推动男女平等基本国策进党校主体班次；推动妇儿工委成员单位为妇女儿童办实事重点项目12项；各级人大女代表、政协女委员提出妇女儿童相关议案提案15件。

【家庭文明建设】“美丽庭院”扩面提质。争取财政专项奖补资金500万元，建有“美丽庭院”37217户，37%的常住庭院建成“美丽庭院”，打造“美丽庭院”样板村33个；强化标杆引领。常态化开展寻找“最美家庭”活动，全市各级各类最美家庭3万余户，其中全省最美家庭、五好家庭15户；开展“十佳兵妈妈”评选表彰活动，一人获得枣庄级“十佳兵妈妈”称号。

【妇女儿童维权】提升基层维权实效。开展婚姻家庭矛盾隐患排查，排查重点妇女儿童139人，探访264人次；发挥12338维权热线作用，接待来电来访90余件；常态化做好婚姻家庭辅导服务工作，开展婚前辅导主题活动12场，劝和1884对，劝和率36.26%；深化家庭调查员制度，开展诉前调解，婚姻家庭纠纷案件经调解撤诉50.5%。抓实普法宣传教育。开展普法巡讲进机关、进企业、进校园、进村居、进家庭活动，开展普法宣传宣讲120余场；联合市融媒体中心《法治在线》栏目线上解读妇女儿童相关法律知识，解答市民咨询。深化巾帼关爱行动。实施“为妇女群众办实事”项目，开展“两癌”防治知识培训活动80余场次，争取各级救助资金60余万元救助困境妇女儿童150人；建成枣庄市留守儿童快乐成长活动站3处，新招募“爱心妈妈”120人，持续开展贫困留守儿童家庭送温暖、“爱心妈妈”结对帮扶等活动90余场；争取“新东方春蕾助学行动”助学金7万元，资助品学兼优女童51人；实施女性安康工程，办理意外风险保障4900余人次。

（市妇联）

滕州市科学技术协会

【概况】滕州市先后被中国科协评为2016—2020年度全国科普示范县（市、区）总结评估优秀单位、2021—2025年度第一批全国科普示范县（市、区）。

【基层科普行动计划】实施基层科普行动计划，加强龙阳马铃薯协会、市新型薯业服务协会、市食用菌协会等10个农技协会标准化建设。推荐滕州市羊庄镇石龙楸树种植协会、滕州市鑫地马铃薯科技协会、滕州市新型薯业服务协会为省级优秀协会。推荐东郭镇地瓜协会会长贺成宝、滕州市羊庄镇蓝莓生产技术协会会长王传辉为省级农技协先进个人。开展科普示范村创建，帮助20个村居建设科普一条街，在有条件的村建设科普e站或科普大屏。

【科普活动】 实施省科协青少年科普教育330工程，结合中小学三点半课后辅导，开展科普教育服务。开展全国青少年人工智能活动特色单位创建活动，滕州市第二实验小学华晨校区被推荐表彰。组织开展2021年枣庄市青少年创意编程与智能设计大赛和2021年枣庄市青少年科技创新大赛，收到各类参赛作品1000余份，获枣庄市一等奖61个。联合团市委、市教体局、市人工智能学会向全市中小学陆续捐赠价值200余万元人工智能创客软、硬件设备和课程，促进青少年科学素质提升。探索“科普+”工作模式，开展全域科普工作。先后组织开展“送科技、送健康”下乡等活动200余场次。联合市人工智能学会、青藤科技公司、中科蓝天、市祥龙马铃薯协会等14家科技企业和社会团体开展科技产品展示、无人机表演、机器人秀等科普嘉年华活动，活动获评全国科普日优秀活动。

【科普阵地】 培育科普示范镇街、科普示范村、科普示范学校、科普示范教育基地。年内重点培育建设科普示范镇街6个，建设科普示范乡村20个。第二实验小学华晨校区获评省级科普示范学校，市青少年素质教育实践服务中心获评省级科普示范教育基地，滕州市博物馆获评国家级科普教育基地。

【人才服务】 市领导带队走访慰问优秀科技工作者代表，召开科技工作者座谈会，推荐参加“最美科技工作者”评选。实施科技人才托举工程，推荐优秀论文、学术成果参加省、市申报评审活动，张开贤等人撰写的论文获得淮海科学技术一等奖，山东中科蓝天科技有限公司王伟获评2021年“科创中国”山东省企业创新达人，科技工作者创新争先意识明显增强。

【创新驱动】 邀请省科协有关专家，面向全市50余家企业举办专利应用人员培训，提升研发人员科技创新能力。组织动员企业注册和使用中国科协专利资源平台，注册使用企业24家，提高企业科技成果转移转化成效。结合“6+3”现代产业体系，围绕重点产业和重点领域，为海特科技有限公司等3家企业申报“枣庄市高端制造产业创新服务基地”，联系对接平台，推动科协创新资源为基地服务。

【老科协工作】 召开滕州市老科协二届二次理事会议，举办“中科协十大精神报告”暨党史学习教育专题培训会议，开展“颂党恩、跟党走”书画摄影展；助力企业创新发展，推荐上报29名专家充实到枣庄市专家智库，帮助企业对接联系国家、省或本土专家，向有关企业推介中科院专家技术中心发布的招商项目；开展决策服务，联合市文旅局通过实地察看、座谈交流等形式，了解文旅产业发展情况及项目规划，并形成相关调研报告；助力科普示范基地发展，成立元宝枫技术指导小组，定期到基地开设“田间课堂”；依托山东滕阳里龙田茶农业发展有限公司，成立滕州市老科技工作者之家。市老科协被山东省老科协评为助力企业技术创新行动先进集体。

（秦　娜）

滕州市文学艺术界联合会

【概况】 市文联坚持以人民为中心的创作导向，弘扬主旋律，团结和引领广大文艺工作者，担负起文艺工作者的使命和责任，从一线生活中汲取创作营养，创作文艺作品，开展文艺活动，不断满足全市人民群众的精神文化需求。

【文艺创作】 市文联倡议创作和表演文艺精品。陈融在国内文学期刊发表向建党百年献礼的中短篇小说3部；市音乐家协会创作的《小城遍开文明花》《有我更美丽》《跟着您》、戏剧家协会创作的大型柳琴戏《誓言》、曲艺家协会创作编排的快板书《柏山英雄陈金合》《携手共建文明城》《十九届六中全会精神指航程》、相声《我要入党》《榫卯论》等30余件作品获得市民好评；赵公林长篇小说《半截楼》研讨会在王学仲艺术馆举办；全市文艺家出版书画作品集8部，文学作品集4部，20余人在省级以上文学报刊上发表小说、诗歌、散文100余篇（首）。滕州书展期间，市文联展出滕州籍书画家和书画爱好者作品，组织书画家题字送画，本土作家签名售书；组织知名作家、滕州文化名人畅谈写作心得、分享读书体会、惠民文艺展演等活动。

【文艺活动】 深入开展“学党史、传精神、跟党走”等活动；在市博物馆举办“颂党恩、跟党走”书画摄影展；在市王学仲艺术馆举办“永远跟党走”——庆祝中国共产党成立100周年暨滕州市人大常委会设立40周年书画展；在市汉画像石馆主办郭东方中国写意花鸟画作品展；在市至善学校举行文艺志愿者“迎新春·书画进校园”活动；组织全市书法、曲艺、泥塑、糖画、拓片等行业的艺术家到羊庄镇中心小学开展志愿服务活动，《人民日报》、新华网等新闻客户端作出报道；组织部分文艺工作者到鲁南中联水泥有限公司开展滕州文艺志愿者在行动主题活动，并成立“滕州市文艺家志愿服务点（鲁南中联站）”；开展“到人民中去助力创建全国文明城”——市文联文艺志愿者走进新华街社区文艺演出；组织市文联志愿者在人和天地社区举办山东省新时代文明实践文艺志愿服务第十一届“百县千村”书法惠民活动；和其他部门联合主办滕州市首届“鲁班杯”青少年书法大赛活动、“木语有声”袁家峰书法作品展；完成第五届滕州书展的书法展览、惠民服务、主题文艺活动。

【文联换届】 2021年7月20日，滕州市文学艺术界联合会第三次代表大会召开。会议审议通过《滕州市文学艺术界联合会章程》，选举产生市文联第三届委员会委员、主席和副主席。

（市文联）

滕州市社会科学界联合会

【概况】 全年市社科联把握学习宣传贯彻习近平新时代中国特色社会主义思想的主线，融入经济社会发展、宣传思想文化工作两个大局，守正创新、担当作为，各项工作平稳有序推进。

【社科成果宣传】 组建社科专家宣讲团，吸纳党建、法律、文化、健康、社会等领域专家学者25人。围绕习近平新时代中国特色社会主义思想等重大理论，采用举办论坛、讲座等形式，做好党的创新理论宣讲。在全市宣传干部培训班上，对社科知识进行专题培训。

【社科应用课题研究】 围绕市委、市政府中心工作和宣传思想文化工作，确定“工业强市、产业兴市”“十四五规划和2035远景目标落实路径研究”等研究重点课题57个，组织各镇街、市直各部门单位，开展有针对性的课题申报、研究，“滕州市文创旅游产业体系培育壮大对策研究”等获得枣庄市社科联立项课题89项。参加枣庄市第三十次社会科学优秀成果奖评选活动，获奖作品31项。

【社科普及教育阵地建设】 加强对已建成的社科普及教育基地的指导、督促、考核，使各类文化场馆、社区文化服务中心、新时代文明实践中心等基地更好地服务广大市民群众的精神文化需求。结合正在开展的党史学习教育，积极打造、培育新的社科普及教育基地，龙阳镇知青纪念馆、大坞镇党史纪念馆、柴胡店镇十间楼党史教育馆、木石镇党群服务中心、北辛街道大同社区党群服务中心等红色教育基地投入使用。加强社科普及“十百千”示范工程建设，命名表彰滕州市第二批社科普及示范镇村，推荐省和枣庄市级社科普及示范乡镇、村居（社区）。东沙河街道、南沙河镇北池村获评省级社科普及示范镇村，西岗镇、木石镇、东郭镇、南沙河镇等9个单位获评枣庄市第五批社科普及示范镇村。

【社科普及活动】 围绕“永远跟党走、筑梦新征程”主题，开展第十八届社会科学普及周活动。市委宣传部、市社科联联合

2021 年 4 月 28 日，“百人百讲庆百年”党史故事讲述活动在滕州举行

下发征集活动项目的通知，举办专题讲座等系列活动和科普专家进校园、“流动美术馆”公教展览、少先队员走进博物馆、防震减灾宣传等活动。推进新时代文明实践社科普及志愿服务，在山东志愿服务网实名注册志愿者 260 人。开展庆祝建党 100 周年“奋斗百年路　启航新征程”主题征文活动，征集各种题材作品 80 余篇，获评枣庄市一、二、三等奖 20 篇；16 个视频获评枣庄市社会科学普及优秀作品；2 件作品获评省社科界人文艺术作品大赛一等奖。举办“百人百讲庆百年”党史故事讲述活动，邀请省演讲学会专家及社会各界优秀共产党员 8 人，宣传党史知识，厚植爱国爱党情怀；开展“社科专家讲党史”活动，邀请枣庄市社科专家在善南街道作党史学习教育专题辅导报告。组建社科专家服务团，开展社科专家服务“双十镇”建设活动；邀请枣庄市社科专家服务团到东郭镇开展专题调研、专项课题研究和咨询服务活动。组织枣庄市革命老区建设促进会开展赠书活动，向枣庄科技职业学院、滕州一中、市农业农村局赠送《枣庄老区经济》《枣庄红色记忆》等社科书籍。参与组织“中国梦 • 新时代 • 跟党走”百姓宣讲活动、“世纪母亲”首发式暨出版座谈会，配合开展“辉煌历程”庆祝中国共产党成立 100 周年党史特展的组织、布展工作和百部经典影片献礼建党百年“时光放映厅”滕州站活动。

（市社科联）

滕州市残疾人联合会

【概况】 市政府残疾人工作委员会被国务院残疾人工作委员会评为全国残疾人工作先进单位。“中国非遗文化松柏鸟传承基地”项目，被省残联评为山东省残疾人工作优秀创新项目；腾讯“99 公益日”网络众筹活动典型经验在全省残联系统总结推广。

【残疾人证照服务】 全年新办、换证、变更、迁移、注销残疾人证等业务 5834 件。做好残疾人基本服务状况和需求专项调查工作，精准实施救助。落实政务服务事项“一次办好”精神，开展政务服务事项网上审批、政务信息公开、数据共享、电子证照办理等业务，在残联服务大厅及各镇街便民服务大厅设置“扶残助残一件事”服务专窗，简化办事流程，惠残事项“一次告知、一口受理”。

【残疾人康复服务】 投入资金 214.98 万元，康复救助各类残疾儿童 171 人；实施白内障免费复明手术 650 人次；实施精神病免费住院 70 人，免费服药 370 人；为贫困肢残者安装小腿假肢 29 例、安装普及型假肢 49 例，适配儿童轮椅、站立架、矫正鞋等 98 件，发放成人轮椅、助行器等辅助器具 1500 余件；联合泰康精神病医院开展“精神健康助残 • 巩固脱贫成果”活动，免费健康体检持证精神残疾群众 4000 余人；联合市肢残人协会组织 40 余名肢体残疾人开展健康体检活动。

【残疾人教育培训】 实施“励志助学”项目，资助考入大专院校的残疾人学生 26 人；实施“扶残助学”项目，资助考入大专院校低保残疾人家庭子女学生、考入高中或中专的残疾人学生 34 人，发放资助金 15.6 万元；组织开展残疾人职业技能培训和农村贫困残疾人实用技术培训，培训 368 人次；组织残疾人参加网上培训班 1846 人次，提高残疾人劳动技能，增强残疾人就业从业能力。

2021 年 7 月，滕州市人民政府残疾人工作委员会获颁全国残疾人工作先进单位荣誉证书

【残疾人就业创业】 实施百千万残疾人就业创业工程，推荐上报枣庄市级残疾人创业标兵 2 人，扶持新开盲人按摩店 5 家、每家 10000 元；开展“如康家园”残疾人之家建设，滕州市泰康残疾人之家、松柏鸟残疾人之家、善爱之家—羊庄镇小赵前村残疾人之家、滨湖镇残疾人之家等 4 个残疾人之家建成使用。

【残疾人文化活动】 开展“五个一”文化进家庭活动，组织 200 余名残疾人参加走盲道、观看电影和参观铁道游击队纪念馆等活动；扶持残疾人文化产业发展，创办“中国非遗文化松柏鸟传承基地”创业园，为全市非遗文化传承人和残疾人文化艺术爱好者创作创业提供政策支持和推广服务；组织滕州市残疾人书画展、“情系灾区、艺起行动”残疾人书画协会爱心义捐活动；组织残疾人参加第十届全省残疾人艺术汇演和“山青之星”首届山东省听力残疾青少年才艺大赛。

【残疾人权益保障】 开展重度残疾人家庭无障碍改造工作，完成低保重度残疾家庭无障碍改造 500 家（次）；协调民政、人社等部门做好残疾人两项补贴，推进残疾人医保参保工作，全年领取困难残疾人生活补贴 10203 人，领取重度残疾人护理补贴 23874 人，享受医保免交政策重度残疾人 23942 人，持证残疾人参加医疗保险 40773 人，参保率 96.31%；协调通讯部门，为听力残疾人免费开通无障碍通话功能；做好残疾人法律咨询及信访维权工作，解决事关残疾人切身利益的问题；开展残疾人运动员选拔集训工作，选拔坐式排球、游泳、田径运动员 30 人，组织男女坐式排球集训，提高残疾人运动员体育竞技水平。

【助残宣传】 发挥残联微信公众号、电视、报刊、网络、短信、市中心广告屏等宣传平台的作用，广泛开展“全国助残日”宣传活动，全市悬挂助残条幅 320 余幅；协调市交通部门，在公交车、出租车上进行车载广告宣传 600 余辆（次）；组织各镇街残联在镇街驻地设立宣传站点，发放宣传资料 3 万余份。做好信息报道工作，推出社会各界扶残助残先进典型和先进事迹；吸引爱心人士和社会机构参与残疾人文创基地建设、扶残助学和残疾人之家建设等工作，在市特教中心开展的爱心活动中，参与的爱心企业和个人捐赠善款、校服等物品价值 18 万余元。

【残疾人工作网络】 抓好村（社区）残疾人协会建设，以村“两委”换届为契机，全市成立村级残疾人协会 1047 个，推选产生新一届村（社区）残疾人协会成员，进一步健全完善市镇村三级网络，形成以市残联为主导、镇街残联为依托、专门协会为纽带、村居（社区）残协为基础的残疾

2021年9月27日，山东化工技师学院应急救护知识技能培训现场（倪国栋摄影）

人服务网络。从事残疾人工作的工作者参加工业强市、产业兴市"攻坚五问"大调研大讨论活动、党史学习教育、十九届六中全会精神宣讲学习活动，开展我为群众办实事活动，推动各项工作落实。

（朱　勇）

滕州市红十字会

【博爱家园】 市红十字会投资100余万元在全市建立10个博爱家园示范点，完成枣庄市建设计划。承办枣庄市红十字基层组织暨博爱家园建设现场会议，省红十字会党组书记、常务副会长李全太一行参观博爱家园示范点和弘道红十字主题公园，并给予肯定。

【应急救护培训】 开展初级救护员培训4期，培训初级救护员219人；开展心肺复苏和自动体外除颤器（CPR+AED）培训10期，获取心肺复苏和自动体外除颤器（CPR+AED）培训证书500人；开展应急救护知识普及性培训40余期，普及群众2万余人。与市教育和体育局联合下文，高中阶段学生军训增加红十字应急救护培训科目，先后与13所学校联动，开展15场应急救护培训，培训师生14000余人次。

【人道救助暖心行动】 报送"小天使基金"申请表8份，"天使阳光基金"申请表2份，批复"小天使基金"20份，批复"天使阳光基金"2份，救助金额60余万元。发动"红十字99公益日—全心救助"活动，募集善款治疗先心病儿童。开展春节博爱送温暖活动，市红十字会和各镇街红十字会办公室为困难群众送大米、食用油等生活物资，慰问困难群众800余户，发放款物8万余元。

【志愿者服务】 开展滕州市2021年"红十字博爱月"暨"我为群众办实事"主题实践活动，联合各镇街、红十字志愿服务队举行红十字宣传活动40余次，发放宣传资料1万余本；开展"关爱生命，救在身边"暨"5.12"全国防灾减灾日系列安全教育活动，对书院小学师生进行应急救护普及性培训，培训师生1300余人次。开展科普、防溺宣传进红十字青少年学校活动，联合市司法局、市教体局在全市红十字青少年学校开展普法及防溺宣传活动7期，普及师生2000余人。

【捐献工作】 开展"感谢你，捐献者"——纪念第七个"世界骨髓捐献者日"主题公益宣传活动，新增无偿捐献造血干细胞志愿者4人，新增遗体（角膜）捐献登记志愿者9人。开展无偿献血宣传活动，发放宣传折页5000余册，普及群众1万余人。

（孙忠慧）

法治　军事

Rule of Law and Military Affairs

政法工作

【概况】 全市政法机关履职尽责，勇于担当作为，维护全市经济社会高质量发展。省委常委、政法委书记林峰海专程到滕州调研政法工作，给予肯定。滕州市被平安山东建设领导小组授予2017—2020年度平安山东建设示范市，市委政法委被省委政法委表彰为全省新建铁路治安秩序集中整治工作先进集体。

【平安建设和社会稳定】 全市可防性警情发案比上年下降14%，打掉涉恶犯罪团伙16个。推进全国法治政府建设示范市创建，打击各类经济犯罪案件48起，挽回经济损失近20亿元。完成建党100周年大庆、党的十九届六中全会等安保维稳任务，上级交办的信访积案全部“清零”，进京访实现“降量退位”目标，社会面保持平稳。

【社会治理】 擦亮“e呼善应”社会治理品牌，建立网格事项“四流转”“六闭环”服务工作流程，持续开展“优秀网格事项评选”“政法干警进网格”活动。1272个社会治理机构实体化运行，2131个网格（基础网格1815个、专属网格316个）实现“一格一码”，配备网格长1436人、网格员2131人、网格指导员1424人。研究出台《关于加强诉源治理推动矛盾纠纷源头化解的实施意见》，打造“有事好商量”诉源治理品牌。实施“雪亮工程”建设，建成纵贯市、镇街、村居、网格四级的指挥调度、视频会议系统，新建高清枪机、球机6720个，安装高清视频监控8953路，实现“全域覆盖、全网共享、全时可用、全程可控”。探索实施的“人民调解+统一战线”非诉讼纠纷化解机制工作新模式，被中央政法委推广。

【扫黑除恶】 常态化开展扫黑除恶工作，开展追捕“漏网之鱼”行动、“扫黑除恶涉案财物处置”攻坚行动，累计打掉涉恶犯罪团伙16个，取得压倒性胜利。滕州市检察院获评全国检察机关扫黑除恶专项斗争优秀集体。

2021年6月11日，滕州市庆祝建党100周年安保维稳誓师大会举行

【护路联防】 先后组织开展铁路护路联防“两纪一化”专项整治活动和爱路护路宣传进校园、进社区、进机关等系列宣传教育活动，累计发放宣传用品1.5万份（件），受教育群众6000余人。省护路办到滕州调研铁路护路联防工作，给予肯定。

【营商环境优化】 制定出台了服务“工业强市、产业兴市”三年攻坚突破行动的意见措施，出台实施政法为民重点项目54个，深化“千名政法干警进村入企”活动，推动1000余名政法干警下沉社区、网格提供惠民服务，解决事项700余件，营商环境和法治优良。

【政法队伍教育整顿】 按照中央统一部署和省市委要求，扎实开展政法队伍教育整顿工作。加强统筹协调，先后组织召开教育整顿推进会、调度会和总结会，以及领导小组会议、领导小组办公室会议23次；综合运用多种形式，上好党史教育“第一课”、理论学习“必修课”、红色传承“初心课”。累计组织专题学习研讨26次，观看专题教育片49次，开展现场红色教育37次，举办全省政法英模先进事迹巡回报告会等先进事迹报告会等19场次，杨申先进事迹入选全省政法英模先进事迹报告会；查纠整改，组织全市政法干警填报《政法干警自查事项报告表》，发放《致全市政法干警和家属的一封信》3000余份，谈心谈话全覆盖；开展滕州市领导干部“三个规定”大宣讲活动和党政领导干部严格执行“三个规定”公开承诺行动，支持司法机关依法独立公正行使职权，全年排查顽瘴痼疾问题1487件，整改1487件；组织“千名政法干警进村入企”，累计解决事项500余件；滕州市法院家事少年审判庭、司法警察大队、滕州市看守所、滕州市法律援助中心等政法单位获得国家级表彰，政法干警素质能力得到明显提升。

【政法工作创新】 开展常态化开展砂石行业整治，整治经验获得中央政法委主办的《长安》杂志第1期刊发推广；探索非诉讼纠纷解决新方法，工作方法获得《长安》杂志第10期刊发推广；探索组织统战人士参与人民调解，创新“统一战线+人民调解”非诉讼纠纷解决新模式，工作思路和经验获得《山东政法简报》《改革内参》《法治参考》等报纸杂志的刊发推广。

【山东省见义勇为模范群体】 2021年6月17日，省委政法委主办、省见义勇为基金会承办的“大义耀齐鲁——2020山东省见义勇为模范颁奖典礼”在济南举行。滕州市学生付志翔、卞宇航、孙崇德、钟旭、唐吉共同获颁2020年度山东省见义勇为模范群体。

（李　杰）

公　安

【概况】 市公安局以庆祝建党100周年安保维稳工作为主线，以服务现代化强市建设为中心，以党史学习教育和公安队伍教育整顿为牵引，立足公安职能定位，积极回应群众的新要求、新期待，全面强化打、防、管、控、服务各项工作，保障社会大局持续平稳。年内，滕州市获评全省禁毒工作高质量发展先行区，万达广场毒品预防教育商业综合体获评“齐鲁最美禁毒十佳主题商业综合体”，龙泉派出所获评全省公安机关党建带队建红旗单位，看守所获评全国优秀基层单位、全国“一级看守所”，拘留所获评“全国一级拘留所”。

【安保维稳】 完成春节、五一、中秋等节假日及全国、省、市各级“两会”及村（社区）两委换届等各重要时间节点安保任务。特别围绕庆祝建党100周年安保维稳工作，扎实做好各项措施，实现“六个坚决防止、三个不发生”任务目标，获得副省长、公安厅长范华平等领导批示肯定。全力做好疫情防控随访排查，坚持疫情防控专班化运转，将疫情防控与重大安保同步统筹、同力推进，筑牢常态化防控阵地。

【打击犯罪】 对违法犯罪始终保持严打态势，连续10年实现命案现案全破。常态化开展扫黑除恶专项斗争，打掉恶势力团伙16个。严厉打击电信网络诈骗犯罪，密集发起“云剑2021”专项行动6次，抓获嫌疑人502人；开展国家反诈APP注册工作，全民参与、共同防诈取得阶段性成果。办理食药环森领域案件34起，守护食品药品安全。实施“小案”侦防行动，刑事、行政处理“小案”嫌疑人比上年提升9.92%、11.71%。推进“四联建设”和“情指勤舆”一体化实战化警务机制改革，持续织密防范“网格”。全年刑事拘留1446人、移送起诉1986人、逮捕720人，比上年分别上升30.1%、13.5%、131.5%；全年可防性案件发案比上年下降16.8%，打击和发案指标实现“一升一降”。

【服务发展】 推进“无涉众型经济犯罪社区”创建，年内被“平安枣庄”建设工作领导小组办公室命名为首批无涉众型经济犯罪“示范社区”2个，全市94.4%的村居实现无涉众型经济犯罪目标。参加“创城”、脱贫攻坚、环境治理等中心工作，依托“千名干部进千村、入千企”活动，常态开展进村入企活动。深化公安“放管服”改革，创新推出“预约办理”“容缺办理”等多项举措，实现更多业务办理“最多跑一次”。

【基层基础】 完成民警训练基地和龙泉、界河、官桥、张汪、柴胡店派出所等基层所队的新建改建任务。深化公安信息化建设，推进“天网”迭代更新、“智慧交通”提档升级。“融警务”“智慧导侦合成作战”等创新做法获得上级肯定，枣庄公安机关食药环森工作现场推进会、枣庄公安机关经侦一体化工作现场观摩会在市公安局召开。

【队伍建设】 坚持抓党建带队建，打造“铁血信仰·善警善战”党建品牌，开展“双学双比双争双创”活动。开展党史学习教育和政法队伍教育整顿，队伍素质、作风、能力得到提高，涌现出一批先进典型和党建经验。“战疫英雄”杨申先进事迹在全省全国宣传，全省公安机关党建带队建现场推进会在滕州观摩龙泉派出所、文化路社区警务室现场。

（葛玉磊　王刚　李洋）

2021年5月31日，滕州市公安局杨申事迹参加“忠诚之路——山东省政法英模先进事迹报告会”

检　察

【概况】 学习贯彻习近平新时代中国特色社会主义思想和习近平法治思想，以开展党史学习教育和政法队伍教育整顿活动为载体，推进“四大检察”融合发展。市检察院获评全国检察宣传先进单位、全国检察机关扫黑除恶专项斗争优秀集体、全国检察机关文明接待室，连续18年保持省级文明单位。

【服务大局】 制定《服务“工业强市、产业兴市”三年攻坚突破行动十条措施》，明确十项重点任务，为全市加快构建现代产业体系提供法律保障。依法保障经济社会高质量发展，重点打击治理电信网络新型违法犯罪，开展整治开办贩卖“两卡”违法犯罪活动，办理电信诈骗及相关犯罪275件554人。参与打好防范化解重大风险攻坚战，办理破坏社会主义市场经济秩序犯罪案件103件217人。打击侵犯民营企业正当权益犯罪，起诉合同诈骗、强迫交易、破坏生产经营等犯罪7件10人。强化追赃挽损力度，会同公安机关制定《关于办理刑事案件强化追赃挽损工作的意见（试行）》，追赃挽损2000余万元。把“检察为民办实事”作为深化检察工作的实践平台，先后为群众办实事70余件次。打击食品、药品安全领域违法犯罪，依法起诉危害食品药品安全犯罪5件8人。帮助农民工讨薪，通过支持起诉等方式，为农民工等弱势群体讨回报酬370余万元。

【平安滕州】 突出打击严重影响社会安定和群众安全感的犯罪，全年受理审查逮捕案件683件1000人，批准逮捕502件679人，不捕288人；受理审查起诉案件1427件2284人，提起公诉1224件1904人，不诉191人。深入开展扫黑除恶专项斗争，做到“一个不放过、一个不凑数”，被最高人民检察院表彰为全国检察机关扫黑除恶专项斗争优秀集体。落实最高人民检察院关于“群众来信件件有回复”要求，按照“七日内程序性回复，3个月办理过程或办理结果回复”的要求办理群众各种来信35件，做到件件有回复。

【法律监督】 持续做优刑事检察工作，强化刑事执行检察监督，纠正各类刑事执行违法102件，监督违法纠正率100%。开展重大案件讯问合法性核查26件26人，排查非法证据案件2件，开展审前未羁押判实刑专项清理活动，保障刑罚执行合法、公正。贯彻落实认罪认罚从宽制度，律师见证率、量刑建议采纳率均100%，确定量刑建议适用率99.83%，市人大常委会到市检察院调研认罪认罚从宽制度适用情况，给予肯定。持续做强民事行政检察工作，开展民事“终结本次执行程序”案件专项监督活动，摸排案件线索48件，立案审查24件，发现各类问题10项，向法院发出检察建议24件。持续做实公益诉讼检察工作，获评全省生态环境和资源保护领域典型案例1件。抽调精干力量参与最高人民检察院组织的南四湖公益诉讼专案办理，配合山东省高级人民检察院在滕州市检察院召开南四湖流域滕州辖区煤矿企业外排废水硫酸盐及全盐量超标行政公益诉讼案整改评估听证会。

2021年11月12日，滕州市企业合规第三方监督评估机制管理委员会成立大会在市检察院召开

【创新工作】 推进企业合规改革试点工作，市委、市政府“两办”出台《关于企业合规建设的工作意见》，牵头成立企业合规改革试点第三方监督评估机制管理委员会，促进企业合规守法经营。制定《办理国家司法救助案件线索筛查移送办法》，建立司法救助线索筛查一体化办案机制。办理司法救助案件49件，发放司法救助金33.6万元。该机制被山东省高级人民检察院评为优秀创新成果二等奖。坚持多办案办好案，打造精品案例，案例获评市级以上典型案例9件。创新围绕“未检+社工、未检+统战、未检+教育”的“未检三+”工作模式开展工作，被《山东法制报》头版头条转发。市检察院被确定为枣庄市首批未成年人关爱教育基地。原创微电影《牵着你的手》获评全国检察“最受网友喜爱的作品”奖，获评山东省检察机关“检爱同行共护未来”优秀微电影。

【张军调研】 2021年4月22日，最高人民检察院党组书记、检察长张军带领最高检调研组一行到滕州，调研市检察院基层院建设工作。

（刁文康　岳欣桐）

法　院

【概况】 市法院坚持司法为民、公正司法，不断加强审判执行工作，全面深化司法改革，提升队伍素质。全年审判执行各类案件18856件（新收18020件，旧存836件），审执结16827件。6个集体和22名个人受到各级表彰奖励，家事少年审判庭、司法警察大队分别被最高人民法院授予2021年全国法院先进集体、人民法院司法警察先进集体。

【刑事审判】 审结刑事犯罪案件1126件，判处罪犯1695人。严厉打击侵犯公民人身权利、财产权利犯罪，审结故意杀人、抢劫、绑架等严重暴力犯罪22件，审结盗窃、抢夺等多发性侵财犯罪案件252件；依法惩治破坏市场经济秩序犯罪，审结电信诈骗、非法吸收公众存款等犯罪案件38件。

【民商事审判】 平等保护各类市场主体，发挥法治引领作用，审结一审民事案件8671件。审结买卖、租赁等合同纠纷案件4649件，维护市场交易秩序，促进市场要素流转。审结股权转让、关联交易等公司类诉讼案件36件，规范公司行为，促进公司治理。

【行政审判】 加大司法审查力度，审结行政诉讼案件135件，审查非诉行政执行案件118件，促进行政机关依法行政。强化司法与行政良性互动，推动落实行政机关负责人出庭应诉，组织行政机关工作人员旁听案件庭审，行政机关负责人出庭应诉率100%。

【执行工作】 执结各类案件5453件，执行到位金额9.69亿元。全力推动案件和解，执前和解案件234件，即时履行154件，主动履行到位金额990余万元；对案件进行繁简分流，提升办案效率，平均用时缩短3.86天。

【诉源治理】 深度参与基层社会治理，加强与综治、司法等部门的协调联动，“走出去”参与纠纷调解，指导基层调解组织解决纠纷，引导群众理性选择纠纷解决方式，实现“小事不出村、大事不出镇、矛盾不上交”。坚持能调则调、当判则判、调判结合、案结事了，做好案件调解，同时加强释法明理和息诉服判工作，推动调解协议即时履行，促进矛盾纠纷实质性化解。完善“群众说事、法官说法”工作机制，指导、规范、监督调解工作，将矛盾纠纷更多地化解在诉前，诉前调解各类纠纷11211件，调解成功3279件。

【司法效率和公开】 大力推进网上诉讼服务，利用移动微法院客户端、微信、微博等信息化媒介，推动诉讼服务线上线下功能互补、有机结合，实现立案、调解、鉴定、诉讼费退费、执行案款领取等业务的一站通办、一网通办、一号通办。持续做好司法公开工作，直播案件庭审3562件，公布裁判文书10455份。

2021年10月13日，最高人民法院“人民法院司法警察先进集体”授牌仪式在滕州市法院举行

【优化营商环境】　对照三项指标任务，建立案件台账，跟踪培养案例。开展“法官进企业”活动，回访涉诉企业，了解司法需求，征求意见建议。开辟涉企纠纷绿色通道，强化简案速裁和普案快审机制，案件办理效率全面提升，审结涉企业诉讼3455件，涉案标的额24.39亿元。完善企业破产处置府院联动机制，市财政拨付专款设立破产费用专项基金，推动破产案件规范化、常态化处理。制定破产管理人工作指引，加快评估、拍卖及分配工作进度，受理破产案件7件，审结2件。

（陈鹏宇）

司法行政

【概况】　市司法局立足“一个统筹、四大职能”业务布局，开展党史学习教育、政法队伍教育整顿活动，抓好重点领域重点工作改革攻坚，深化“我为群众办实事”，全面依法治市和司法行政各项工作有序推进。

【依法治市】　召开全市依法治市工作会议，印发《示范指标体系操作指南》《指标任务分解》等文件汇编。召开市委全面依法治市委员会第四次会议，审议通过《法治滕州建设规划（2021—2025年）》《市委全面依法治市委员会2021年工作要点》。召开全市创建全国法治政府建设示范市暨社会治理现代化工作推进会议，印发《关于加强诉源治理推动矛盾纠纷源头化解的实施意见》《关于进一步推进创建全国法治政府建设示范市工作实施方案》。全年召开市委全面依法治市工作会议和依法治市办公室及各协调小组会议等会议9次。印发关于开展省级法治指数评估试点工作的实施方案，指导各有关部门开展工作。梳理汇总并上报创建全国法治政府建设示范市100项指标，起草《滕州市法治社会建设实施纲要（2021—2025年）》《滕州市法治政府建设实施纲要（2021—2025年）》《滕州市2021年度法治政府建设情况报告》，围绕全国法治政府建设示范市创建目标抓好统筹落实。印发《2021年全市各级党委（党组）中心组理论学习安排意见》，将习近平法治思想列入专题学习内容，完善法治环境考核评价指标体系，全面提升依法行政能力，优化法治环境。

【政府法制】　出台并落实重大行政事项决策目录和学法目录，将养老服务、城乡中小学及幼儿园布局规划等涉及民生的决策事项纳入市政府2021年度重大行政决策目录清单，重大行政决策合法性审查实现全覆盖。强化规范性文件管理和合法性审核，全年审核各类政府文件、政策措施、合同协议、公告通告等600余件。发挥行政复议化解行政争议主渠道作用，印发《滕州市行政复议体制改革方案》，全年办理行政复议案件182件，综合纠错率36%，办理一审行政应诉案件182件，行政机关负责人出庭应诉率100%。全面推行证明事项告知承诺制，制定实施《全面推行证明事项告知承诺制实施方案》《滕州市实施告知承诺制证明事项清单（第一批）》，涉及13个部门248项证明事项。印发《滕州市轻微违法行为不予行政处罚和一般违法行为减轻行政处罚事项清单（2021年版）》，涵盖29个行政执法领域的违法行为事项370项，自“免罚轻罚”清单实施以后，适用清单减免各类处罚1300余万元。全面梳理公开行政执法部门权责清单，开展行政处罚与行政强制权力事项上网运行工作，按月印发《行政执法部门网络运行工作情况通报》。

【矛盾调处】　坚持诉源治理，成立市非诉讼纠纷化解服务中心，综合运用调解、仲裁、行政裁决、行政复议等方式，构建非诉讼化解闭环机制，实现矛盾纠纷闭环办结。对接枣庄市司法局非诉讼纠纷化解平台及滕州市社会治理中心信息平台网格化管理模块，实现“一站式”服务，把矛盾纠纷化解在基层。深化政法领域改革，探索实施“统一战线＋人民调解”非诉讼纠纷化解工作新模式，先后被《长安》《改革内参》《法治参考》等多家媒体宣传报道，入列枣庄市委政法委调研课题，省委常委、省委政法委书记林峰海批示推广。全年各级调解组织调解各类矛盾纠纷10819件，调解成功10735件，调解成功率99%。

【社区矫正】 推进“智慧矫正”建设，按照“三区十八室”的创建标准完成智慧矫正中心建设并投入使用，相关申报材料向司法部送审，依托市中医医院社区矫正心理矫治基地持续完善心理矫治体系建设，社区矫正智慧化、智能化、规范化、标准化水平提升。全年新收社区矫正对象606人，期满解除499人，在册在管769人，无脱管、漏管和重大违法犯罪现象发生。

【普法依法治理】 把习近平法治思想贯穿法治宣传工作全过程，把学习宪法法律列为各级党组织“必修课”，健全完善各级党委（党组）理论中心组学法、领导干部任前考法、国家工作人员“两述两考”等制度，组织全市5660名国家工作人员开展普法考试。出台“八五”普法规划，抓好法治社会建设。制定《滕州市国家机关“谁执法谁普法”履职报告评议活动实施方案》，落实“谁执法谁普法”普法责任制。开展农村“法治带头人”“法律明白人”培养工程，申报第五批“枣庄市法治文化宣传教育示范点”22个，姜屯镇沙东村获评第八批全国民主法治示范村（社区）。依托“民法广场”“法治文化广场”，开展宪法、民法典等法律法规宣传活动，召开法治宣传暨2021年宪法宣传周启动会议，举办《未成年人保护法》《预防未成年人犯罪法》学习宣传月等活动，提升法治宣传教育实效。

【公共法律服务】 成立市公共法律服务中心，推进市、镇、村三级实体平台及网络平台建设。统筹律师、公证、法律援助等法律服务资源，优化法律顾问团队建设，提供优质公共法律服务。探索“1+4+5+N”“法律服务代理机制”工作新模式，在中小企业开展个性化、团队化、精准化、常态化法律服务。推进“一村（社区）一法律顾问”工作，开展“五个一专项行动”。打造“尚信善证”公证品牌，成立滕州市公证处金融公证服务中心，推进“三减三加”公证服务模式，全年办理各类公证事项6099件，市公证处被省司法厅授予全省公证行业先进集体。打造“上善法援”服务品牌，推行“非接触式”“全域通办”“就近办理”法律援助模式，全年受理法律援助案件3131件，市法律援助中心被司法部评为“法援惠民生扶贫奔小康”品牌活动表现突出单位。至年底，全市18家律师事务所担任常年法律顾问678家，代理诉讼案件4502件、非诉讼法律事务72件，办理法律援助案件1774件。

（李政隆）

2021年6月17日，市司法局局长吕为民（右）、市金融服务中心主任史孝峰（左）共同为滕州市公证处金融公证服务中心揭牌

社会治安综合治理服务

【概况】 市社会治安综合治理服务中心（简称“市综治服务中心”）是全市打造社会治理现代化样板城市的实体化运行机构，是市委、市政府集成社会治理信息、整合社会治理资源、创新社会治理方式的工作平台。全年开展网格化服务管理、社会治理事项办理、雪亮工程建设、矛盾纠纷多元化解等工作。滕州市社会治理工作得到省委常委、政法委书记林峰海等省市领导批示肯定，其经验做法在中央政法委《长安》杂志、大众日报等中央省级媒体报道；“e呼善应”社会治理品牌

获评全省社会治理创新优秀成果。

【网格化服务管理】 按照《滕州市网格化服务管理工作实施细则》等文件要求，开展“梳网清格”行动，指导镇街优化网格设置，规范网格编码，加强队伍清理、开展巡查走访。科学梳理社会治理网格事项清单240项和公众渠道事项清单410项，划分网格2131个，其中基础网格1815个、专属网格316个，完善“基础网格+专属网格”的治理格局。市综治服务中心联合市其他职能部门骨干专题线上培训全市村（社区）网格员1818人次，提升网格员的业务能力和综合素质；组织学习考察组先后到临沂临沭县、潍坊诸城市、东营东营区、聊城茌平区等省内社会治理先进地区学习考察。

【平台集成应用】 市综治服务中心推进流程再造，重构核心流程3个，新增主协办辅流程6个。先后实施服务器、数据库升级扩容2次，优化知识库、市长信箱、值班长审核、坐席员操作等界面和功能，累计提出修改需求80余次，优化调整系统功能230余处，提升平台稳定性。将市长信箱、吹哨报到等系统接入“e呼善应”指挥平台，承接枣庄12345政务服务热线、接诉即办等工作，实现“扎口管理、闭环办理”，构建起权责清晰、运转高效、协同联动的“e呼善应”综合指挥体系。建立事项清单动态管理机制，调整优化社会治理网格事项清单六大类。全年受理各类事项144536余件，办结率99%，枣庄12345政务服务热线系统受理转办事项79270件，按期办结率100%。

【督导考核】 市综治服务中心每月下旬对上个月两个平台受理工单情况进行汇总分析、研判，分析存在的问题，形成工作情况通报报市委、市人大、市政府、市政协领导审阅。年内完成工作情况通报7次。通过镇街互评的模式，甄别各镇街优秀网格事项，评选优秀网格事项1502件，实行“一件一奖”，共发放奖励资金15.02万元，提高基层网格员工作积极性，扩大社会治理工作影响力。定期督办平台超期事项，督促相关单位处置、化解。年内发送督办通知、督办单（一级）28件次，相关单位全部处置化解并上报结案。年底，按考核标准对各镇街平安建设基层社会治理工作进行考核。

（庞彦峰　刘超　陈肖君）

人民武装

【概况】 全市武装系统围绕庆祝建党百年政治大事，继续抓基层打基础，坚持抓重点带全面、抓创新促发展，统筹疫情防控和年度工作，统筹开新图强和守住底线，完成年度工作任务。市人武部被省军区表彰为基层建设先进单位，被军分区表彰为战备训练先进单位、征兵工作先进单位、国防教育先进单位、保障工作先进单位。

【思想政治建设】 把思想政治建设摆在首位，围绕庆祝建党百年主线，按照军委国防动员部的要求，严密组织各类学习教育活动，组织全体干部职工到枣庄铁道游击队纪念馆、山亭八路军115师纪念园参观。抓实民兵思想政

2021年7月26日，市委陈永生书记（中）和市人大、市政府、市政协主要领导到市人武部走访慰问

治工作，开展“让党旗在民兵工作一线高高飘扬”配合活动。全市基干民兵全部按编制连排预建基干民兵党组织，确保党的绝对领导。创新开展国防教育相关活动，先后组织参加枣庄市“爱我国防”大学生演讲比赛、“最美退役军人”“十佳兵妈妈”评选活动、第21个国防教育日宣讲和“先进专武干部”“先进民兵个人”评比等活动，宣扬先进事迹，营造创先争优、爱军尚武氛围。全年在各类新闻媒体发表稿件56篇，其中省级20篇，反映市人武部建设的新闻《强根固基　小机关管好“大摊子”》被《中国国防报》头版头条报道。

【战备和军事训练】 抓实首长机关训练，加强人武部机关军事理论学习、业务技能和基础体能训练，练战术与练指挥有机结合，全面提高各级组织指挥能力。组织开展“学战研战”活动，滚动修订国防动员专项方案计划。加强日常战备和情报侦搜，抓好通信保障和指挥信息系统运用，推进全市民兵信息员建设，构建市、镇街、村居三级民兵信息员网络。抓实基干民兵训练，完成基干民兵集训、枣庄军分区山林灭火行动课题演练、群众性练兵比武活动、保障任务部队战役机动过境保障科目演练任务。发挥民兵队伍主力军和先锋队作用，组织开展“三夏”安全防火生产和夏季“度汛”助力活动，全市搭建民兵防火篷300余个，各镇街组织民兵防汛演练10余次；组织基干民兵参加滕州市“智慧防汛”演练和枣庄市防汛抢险应急拉动演练；动员基干民兵组织防汛应急演练13场次。

【国防动员】 持续在全市范围内开展“双争双创”活动。全市基层武装部、民兵分队阵地建设实现全面达标，优秀率70%以上。组织调研全市规模以上企业、重点行业领域，全面摸清全市国防动员潜力；下发《全市国防动员工作实施办法》和《民兵组织整顿工作指示》，对国防动员和民兵整组工作进行部署。组织国防动员和民兵整组业务集训和帮抓指导，重点落实人员调整、装备清点、集合点验、制度落实等9个环节。根据“枣庄市落实深化民兵调整改革工作的实施意见”，以“抓拳头、抓中坚、抓基础”为基本思路，以“优化结构布局、夯实基层基础、编实民兵力量”为目标，建设“精干质优、专业对口、快速高效”的民兵组织建设体系，落实民兵分队和基干民兵的编建任务，分批分期组织基干民兵集合点验。完成兵员征集任务，落实“一年两征、全年准备”相关要求，围绕精准征兵、提高质量的主线，探索构建精准对接、精准培养、精准储备、精准输送的工作模式，精准动员发动，严密体检政考，集体择优定兵，抓实役前训练，完成年度新兵征集工作，大学生和大学毕业生分别占比92.8%和43.8%。

【党管武装】 落实党管武装工作制度，组织全市议军会议和镇（街道）党（工）委书记党管武装述职会议。党委班子和干部队伍建设有新提升。学习贯彻新颁党内法规，按要求召开党委班子民主生活会和党史学习教育专题组织生活会。开展党组织规范化建设自查整改，党建水平不断提升。抓实党风廉政建设，加强党员干部教育管理，履行党委主体责任和纪委监督责任，加强党组织和干部队伍建设，组织现役干部、文职人员、专武干部推荐使用和民兵干部考察配备。强化党组织和党员作用发挥，党组织建设规范，机关党员意识增强。

（杨斌　颜丙河）

经济监督管理

Economic Supervision and Administration

发展和改革

【规划编制】 全面总结全市“十三五”时期工作，谋划“十四五”时期计划目标、发展思路、推进措施，形成《滕州市国民经济和社会发展第十四个五年规划和2035年远景目标纲要》，经人代会审议后印发，作为全市未来五年经济社会发展引领性文件。加快推进“滕州—邹城”全省一体化发展引领区建设，制定一体化发展工作方案，邀请高水平机构编制一体化发展规划。深入贯彻落实国家发改委《关于“十四五”大宗固体废弃物综合利用的指导意见》，编制《滕州市大宗固体废弃物综合利用方案》，争取政策支持。健全完善规划实施监督评价机制，强化刚性约束，发挥规划引领作用。

【项目建设】 出台滕州市重点项目全生命周期管理服务制度，选派79名领导干部为项目推进专员，全流程、全周期服务于项目建设。开展重点项目手续办理春季攻坚，集中完善前期手续。举行重点项目集中开工动员会议5次，55个项目落地建设。坚持“月调度、月通报”，实行挂图作战，形成“大抓项目、抓大项目”的氛围。全市100个重点项目全部开工建设，完成投资320亿元，占年度投资计划的137.6%。其中，省级重点项目24个，累计完成投资91.8亿元，占年度投资计划的172.2%；枣庄市级重点项目14个，累计完成投资92.4亿元，占年度投资计划的159.3%；剩余县级项目62个，累计完成投资135.9亿元，占年度投资计划的112.1%。镇街500万元以上项目590个，开工516个，完成投资243.7亿元。

【能源发展】 新能源产业发展。全市新能源企业营业收入突破10亿元，中材锂膜二期、汇中农光互补光伏发电、瑞科天启微矿分离一体化能源岛、晴阳农光互补发电、鲁南产业技术（氢能）研究院等项目进展快速，新签约的山海锂电池电解液溶剂项目开工建设，加快推进整市屋顶分布式光伏开发试点实施。能耗消费管理。开展“两高”项目自查整改，针对省、市反馈的39条问题，及时指导企业进行规范整改，保障我市“两高”项目合规合法；制定煤炭消费压减工作方案，对重点耗煤企业实行月度排档，协助鲁南化工、联泓新科解决煤耗制约难题，办理聚合顺、人民医院新院、孟玄新材料等项目节能初审，完成年度煤炭压减任务目标。抓牢安全生产底线。开展煤矿安全专项整治三年行动、“平安滕州”电力设施和电能保护整治行动、油气管道安全整治三年行动，完善煤电油气保供长效机制，保障能源安全稳定供应。

【物价管理】 做好价费管理工作。贯彻落实上级收费政策，编制各类收费目录清单并公开，出台制度文件，进一步规范物业服务、停车、公办中小学等收费标准。完成马铃薯目标价格保险承保面积2.09万公顷，投保金额4.47亿元，保费2128.29万元，参保3.49万户，理赔2619.88万元。做好成本监审工作。完成全市民办学校教育培养和非居民供热定价成本监审，聘请专业会计师事务所参与数据审核，提升成本监审质量和效率。开展农产品成本调查30余次，采集数据400余条。做好价格认定工作。完成涉案财物价格认定319件，标的额398.4万元，涉纪价格认定2件，标的额50.3万元，涉行政价格认定11件，标的额86.2万元。完成现场勘验81处，所办案件做到无诉讼、无复议、无纠纷、无投诉。

【粮食和物资管理】 按照上级要求，完成“十四五”粮食领域储备项目和优质粮食工程项目申报工作。申报入库“十四五”粮食和物资储备项目22个。优质粮食工程项目8个，通过省评审组联审项目4个。申报粮食应急供应网点建设项目共计21个。按照《粮食流通“亮剑2021”专项执法行动实施方案》要求，履行粮食监督检查职能，推进粮食流通执法检查工作开展，维护粮食流通市场正常秩序。按照《枣庄市成品粮油储备管理暂行办法》有关规定，滕州市承储成品粮5200吨，成品油750吨。全年开展联合执法监督检查158次，检查涉粮企业（个人）164家次，出动执法检查人员474人次。

（市发改局）

国有资产监管

【概况】 全市国资国企系统按照市委、市政府总体工作部署，全面深化国资国企改革，坚定不移做强做优做大国有资本和国有企业。全年市属国企实现营业收入、上缴税收、利润总额比上年分别增长17.5%、17.90%、218.6%。滕州市被确定为全省“县级国资国企改革发展示范点”。

【国资监管】 强化制度建设，制定出台市属企业《投资监督管理办法》《投资事项负面清单》。率先在全省县级层面打造实时在线的国资监管平台，实现市属国有企业委派安全总监和财务总监（财务负责人）全覆盖。科学制定2021年度经营业绩考核目标，聚焦主责主业、健全市场化经营机制，突出国有资本保值增值、重点改革任务落实、国企党建、社会贡献等导向，引导市属国企提升发展质效。

【国企改革】 按照中央、省市部署要求，制定出台《滕州市国企改革三年行动实施方案》。按照产业相近、业务相关原则，有序推进全市建筑施工企业和全过程咨询公司整合重组。稳妥推进混合所有制改革，完成远泰公司、宏远物业公司等8家二级企业的股权混改。国资公司注资成立市人才发展公司和德辰康养公司、金龄康养公司，推动平台公司向现代新兴产业转型。集中资产资源优势，打造信华集团为全市第二家AA+信用评级企业。

【基金引领】 有效发挥产业基金引领带动作用，4家市属国企与央企、省企合作共同出资设立5亿元高端装备产业基金，招引的上海奥达科汽车紧固件项目落地建设；2家国企出资2亿元设立全市首个技改基金，对2家民企完成5000万元的出资；3家市属国企与青岛市国企共同设立2亿元的通用航空基金有序推进。三只基金累计撬动社会资本32亿元，促进高端装备产业发展和中小工业企

市属国企城建爱啤士项目（2021年11月13日拍摄）

业技改升级。

【风险防控】 严格落实企业主体责任，注重整体债务防控，对即将到期的银行贷款、债券等存量债务，做到未雨绸缪。树立全市国企“一盘棋”思想，互帮互助、共抗风险。严格控制国企担保范围，严防出现贷款逾期、债券违约等失信行为，有效防范系统性债务风险的发生。加大闲置资产资源盘活力度，全年盘活地下停车位3142个，有效提高国有资产运营效率。

【国企担当】 国资国企担当作为，服从服务于全市工作大局，累计投资15.3亿元，代建承建全市20件惠民实事中的13件；市人民医院新院区、中材锂膜二期、爱啤士啤酒等省市重点项目进展顺利。全年偿还市属企业各类到期债务102.8亿元，筹集资金5.2亿元，帮助民营企业化解坚邦国际、鑫源装饰大世界、三盛星尚城等债务危机风险，维护全市良好的融资环境，保障社会稳定。

【国企党建】 加强国有企业党的建设，将管党治党工作与国资国企改革发展工作同部署、同落实、同考核，充分发挥国企党性教育基地作用，全年累计组织系统党组织书记、党务工作者学习培训1400余人次，组织开展演讲比赛、职工书画摄影展览等活动，其中《并蒂花儿向阳开》党建短视频在学习强国播发。认真履行全面从严治党主体责任，加强市属国企资产处置、工程招投标、营销采购等关键环节管控。用好监督执纪“第一种形态”，强化执纪问责，全年提醒谈话9人次，纪律处分8人。

表10 2021年市属部分国有企业发展情况一览表

名称	法定代表人	业务发展情况
滕州市城市国有资产经营有限公司	马灿亮	外部评级连续4年保持AA+，为20余家市属国有企业担保40余亿元；投资5亿元的滕奥高端紧固件项目落地开工；投资4亿元的中材锂膜二期工程交付使用；投资20亿元的人民医院新院区综合门诊楼主体封顶；荆河桥全线通车；周庄棚改项目启动；兼爱城开盘；养正园、映奎园上房；养老综合服务中心开园运营；土地整治新增土地指标266.7公顷；资产负债率49.5%，国有资本保值率101%
山东滕州辰龙能源集团有限公司	宗成伟	坚持“控成本、优布局、强组合”，抢抓市场回暖的良好机遇，实干苦干。全年实现收入10.5亿元，税收1.84亿元，上缴国有资本收益3500万元，净利润1.12亿元
滕州信华投资集团有限公司	徐　俊	完成营业收入23.56亿元，利润总额6414.56万元，上缴税收2.39亿元，国有资产保值增值率135.98%。获评主体信用评级AA+企业，连续两年在全市国有企业年度考核中位列第一
滕州城建集团有限公司	张　健	完成营业收入约23亿元，实现利税3亿余元。完成坚邦国际项目建设，回迁居民实现回迁上房；投资1.2亿元代建爱啤士项目；投资约3亿元优化振兴北路、塔寺北路等市政道路；加快实施老旧小区改造，改造面积约190万平方米，受益居民2万余户
滕州建工建设集团有限公司	蔡成奎	实现营业收入13.2亿元，上缴税收3850万元，利润总额1580万元，分别完成年度目标的106%、102%、105%，比上年分别增长了30%、22%、29%
滕州市水务发展集团有限责任公司	李鲁峰	完成营业收入6.22亿元，上缴税收4085.5万元，创利润731.2万元，比上年分别增长11%、43.6%、23.3%。生活供水4725万吨，工业供水3970万吨，建成了一批供水排水、防洪除涝、水库除险加固等民生重点项目，完成投资3.3亿元

续表

名称	法定代表人	业务发展情况
滕州市交通发展集团有限公司	张　涛	完成营业收入 2.68 亿元；上缴税收 702 万元；利润较上年减亏 4521 万元；上缴国有资本收益 50 万元，国有资本保值增值率 108%
滕州市旅游发展有限公司	马效磊	完成营业收入 2.46 亿元。年内完成龙山生态动物园项目主体建设；金蜗牛自驾车房车营地建成开园营业；清水湾尚品项目完成清盘；下属微山湖湿地集团入选 2021 年度山东省高端品牌培育企业
滕州市荆善园林建设工程有限公司	朱传远	实施龙泉广场、小邾国、龙岭路等市级重点项目；与中石化合作成立滕州联合油品销售有限公司，开展“绿岛加油站”建设；与浙江祥生集团合作，实施济南平阴玫瑰家项目；与上海海纳迩公司合作，以解放大桥桥墩为试点，实施立体绿化科研试验
滕州市金盾保安服务有限公司	吴培善	完成营业收入2508万元，比上年增长19%，人力保安部、校园护卫部保安队员近1000人，视频联网服务中心总体上线客户 597 家，业务收入 55 万元；安防器材销售中心销售金额 81 余万元

（鲁大伟　朱开校）

审　计

【概况】 全年市审计局完成审计项目 23 个，促进增收节支 6374 万元，参与上级审计机关及枣庄市和滕州市委巡察工作、服务全市中心工作及配合有关部门开展专项工作 20 余项，上报审计专报、要情 15 篇，被市委、市政府领导签批 13 篇。连续 4 年被省审计厅确定为全省县级审计机关大数据应用示范试点单位；连续 6 年获评省级文明单位。

【政策落实跟踪审计】 开展耕地保护和土地利用情况、国资国企重点改革事项、优化营商环境等专项审计调查，向市委、市政府报送《审计工作动态》2 期，推动相关部门单位边审边改、即知即改，确保各项政策不折不扣落实到位。

【财政审计】 采取“1+N”审计模式将预算执行审计与经济责任审计、专项审计调查有机结合起来，重点关注一般性支出压减、中央八项规定精神贯彻落实情况，持续关注地方债务和隐形债务管理情况，密切关注财政运行风险，推动提高财政保障能力。审计发现 6 个方面 17 项问题，对发现的问题，依照有关法律法规分别进行处理并提出建设性建议，并受市政府委托向市人大常委会作预算执行审计工作报告，并获通过。

【领导干部经济责任审计】 将经济责任审计与部门预算执行审计相结合，促进领导干部履行经济职责，规范权力运行。组织指导镇街开展村居干部经济责任审计，对 7 个镇街 22 个重点村居进行换届前审计，基本实现对全市村居（社区）审计全覆盖。做好省、枣庄市部署的滕州市党政主要领导干部经济责任和自然资源资产离任审计整改“回头看”工作，对涉及滕州的采煤塌陷地综合治理、矿山地质环境治理等部分问题整改情况进行现场检查，保障审计发现问题整改落实到位。

【重点领域专项审计】 全面开展市供销系统专项审计监督检查工作，审计系统内单位 16 个，向枣庄市委巡察办移交问题线索 41 条，提出审计建议 3 条。开展地方政府性债务审计调查，审计发现存在地方政府债务率高、还本付息未足额纳入年初预算、隐性债务化解任务未完成、化解风险较大和债务监测系统使用不规范等问题。审计调查 5 家一级国有企业集团下属 16 个建设单位房地产开发项目 2019—2020 年度存量资产及压减情况，揭示企业运营风险，维护国有资产安全，促进国有资产保值增值。

【大数据审计示范县建设】 健全完善数据采集机制，定期采集财务、业务数据，全面完成全市一级、二级预算单位财务数据采集转换工作，运用大数据关联比对分析，筛选审计疑点9大类，提高审计发现问题的精准度和效率。通过大数据审计技术方法开展水资源保护专项审计，审计发现4个方面存在的11类问题。审计发现问题以专报的形式上报市委、市政府，推动相关问题整改落实，上缴财政收入2701万元。水资源保护专项审计的相关思路被省审计厅纳入全省水资源审计调查。

【巡审联动】 深化审计工作与巡察工作的协调配合，全年选派审计业务骨干13人次，配合参与枣庄、滕州两级巡察工作7轮。先后向巡察办提供审计成果36份；探索开展巡审联动项目6个，实现巡察"政治体检"与审计"经济体检"融合贯通。以"巡审联动"模式开展的供销系统、粮食系统专项检查，发挥"1+1>2"的效果，助力两个系统健康发展。

【审计发现问题整改】 做好省管领导干部经济责任和自然资源资产离任审计整改"回头看"、枣庄市2020年度预算执行和其他财政收支审计整改等"后半篇"文章。梳理涉及滕州15个单位的70余条问题，高质量完成各项整改任务，整改落实率超90%。

【审计队伍建设】 持续推进学习型审计机关模范机关建设，坚持请进来与走出去相结合抓教育培训，对年轻干部实施"导师传帮带"机制。2021年12月，市审计局作为3个县级审计机关之一，在全省审计干部队伍建设推进会上作典型发言。

（闵　洁）

统　计

【概况】 全市统计系统落实省、市各项决策部署，聚焦"工业强市、产业兴市"攻坚行动，坚持依法统计，狠抓数据质量，强力推进统计工作再上新台阶，为全市经济社会高质量发展和现代化强市建设提供更优更好的统计服务。

【常规调查】 加强统计监测。完成全市近700家"四上"企业联网直报月季年报工作，完成规下工业、限下贸易业、规下服务业抽样调查；开展县域社会经济基本情况统计（县卡）、乡镇社会经济基本情况统计（乡卡）、村社会经济基本情况统计（村卡）等各类统计监测。建立局主要领导、分管领导、科室负责人三级联动机制，局、镇街、部门分工负责制，实时监测数据直报情况，做好各级数据查询、核实等工作；强化县域经济监测水平，做好"赛迪"、中国中小城市、中郡县域经济百强县评选的数据收集整理、审核上报等工作。滕州在2021年度中国中小城市高质量发展评选中列第32位，在2021年赛迪百强县评选中列第34位。

【统计服务】 加强对主要经济指标的监测、分析、研判和跟踪调度，每月形成主要经济指标预报分析，以《统计专报》报市委、市政府主要领导，为市委、市政府科学决策提供有力支撑；加强统计分析能力，在省统计科研优秀成果奖论文类中获评二等奖1篇、优秀奖2篇。全年编发《滕州统计信息》78期，采用40余篇次。编辑出版统计月报、数据快报、统计公报等统计产品，每月向各级各部门、社会公众提供统计信息服务100余次；开展第十二届"中国统计开放日"活动，现场发放宣传资料等宣传品600余份，各镇街同时联动设立宣传站点开展宣传活动；开展统计调查，1%人口抽样调查稳步推进，完成2021年人口调查村、居委会（社区）基本情况表，对常住人口、出生、死亡人口等指标进行重点审核；受市政府委托，开展电话满意度调查，电话调查有效样本达13000个。

【"四上"企业项目入库】 市政府出台《滕州市企业"升规纳统"三年攻坚突破行动工作方案》（滕政发〔2021〕7号），成立以市长任组长的升规纳统推进工作专班，推动全市升规纳统工作有序高质量开展。各责任部门密切监测拟新增"四上"企业，及时更新准"四上"企业库，每月对各镇街进行实地督导，对应税收入达标企业及时申报入库，做到应纳尽纳、应统尽统。全年新增“四上”企业137家，其中，规模以上工业企业52家，限额以上批零住餐企业48家（批零业44家、住餐业4家），规模以上服务业企业22家，资质以上建筑业10家，房地产业开发经营企业5家；全市在库项目357个，500万元以上在库项目新增142个。

【统计法治】 市委常委会、市政府常务会议深入学习习近平关于统计工作讲话精神和中央《意见》《办法》《规定》等文件精神；市统计局党组理论学习中心组、各镇街和市发改、工信、住建等26个经济主管部门组织开展集中学习活动。利用统计开放日、宪法宣传日、统计法颁布纪念日、统计专业培训会等，举办统计法治宣传教育培训。利用统计执法检查、数据核查，上门送法、检查中普法，向统计调查对象开展面对面的统计普法宣传教育。组织开展“双随机”执法检查和数据质量核查。完成900余家一套表单位核查，37家“四上”企业通过各级执法检查；定期核查企业专业数据质量200余家（次）。

（张栋栋）

行政审批和政务服务

【概况】 市行政审批服务局深入推进“放管服”“一次办好”改革，深化行政审批流程再造，提升政务服务集约化、标准化、科学化、智慧化、便利化水平。全年办理政务服务事项44.3万余件，其中行政许可40249万余件。市行政审批服务局再次获评“全国青年文明号”称号。

【商事登记】 设立企业开办专区，集成设立登记、印章刻制、涉税、社保医保、住房公积金缴存、银行开户预约等6个事项环节，实现“一套材料、一窗受理、一链办好”。全面应用电子证照，企业涉及的有关事项全面应用“电子两证”(居民身份证电子信息、电子营业执照)，电子营业执照与电子印章同步发放。推广企业开办“一窗通”“爱山东”APP“掌上办”等自助办理平台，优化完善电子签名、电子签章，审批时限平均缩短70%以上。推广简易注销，公告时间压缩50%以上。股权融资显著，促进企业多渠道融资。推进政银合作，确定首批银行代办网点16个。“一业一证”行业综合许可覆盖48个行业。

【工程类审批服务】 推进集约化审批，设置工程建设领域综合服务窗口，负责工程建设领域138个审批事项咨询受理、证照发放。合并办理规划类审批、市政设施类审批、施工许可关联手续、验收备案手续。设立公用事业综合报装窗口、综合收费窗口。规划编研、图审等单位专业技术人员进驻。优化审批流程，印发工程项目建设审批改革文件10份，修订6种项目类型审批流程图，落实小型低风险项目简易审查审批制度。人防审批事项纳入工程建设项目审批全流程，施工图设计文件审查实现全程数字化审批。制定豁免项目清单，缩小规划设计方案审查范围。社会投资简易低风险项目审批、“水、电、气、热、信”报装、施工许可证办理等事项实行告知承诺制。实行联合勘验、联合验收。一次踏勘、结果共享。推动“多测合一”系统、工改系统互联互通，协同市住建局实现先期联合验收、后期手续办理。助力重点项目建设，完成48个重点项目手续办理。

【优化营商环境】 推进“证照分离”改革，推进“照后减证”，破解“准入不准营”难题。开展事项权限下放，对基层有较大需求且确有承接能力的16项高频民生事项，委托下放镇街行使。推动“集成专区”改革，按照“前台综合受理、后台分类审批、统一窗口出件”的模式，重点打造5个集成服务区和4个服务专区，实施大厅“适老化”改造，新增母婴室等便民服务设施。实施“双全双百”工程，打造企业全生命周期14个“一件事”和个人全生命周期27个“一件事”应用场景。106项企业、115项个人高频事项落实极简办。推出166个“一链办理”事项主题式目录清单。扩展容缺受理事项范围，调整容缺受理事项清单205项，涉企事项实现100%容缺。推进证明事项告知承诺制，梳理并动态调整证明事项实施清单173项。逐步扩展“跨省通办”“全省通办”，与环微山湖区域等3省20市120县区合作，建立起“异地受理、属地审批、就近取证”模式。推行“一线工作法”，落实预约服务、延迟服务、上门服务，做实帮办代办服务，为企事业单位和群众提供全程免费服务。

【“互联网+”智能化服务体系】 搭建“一窗通”平台，按照全领域无差别受理原则，对大厅管理平台及智能化设备更新换代，提升政务服务事项上网率和全程网办率。推进大厅设备智能升级，增加“一窗受理”集成服务、“好差评”管理、“一件事”链条式审批等功能，实施自助服务终端、智慧双面屏等硬件更新换代，配置智能服务机器人、身份证自助申办拍照一体机。推动电子证照应用。归集91类、16253个电子证照，公布政务开放数据、政务共享数据4200余条，方便企业群众查询。组织市直部门（单位）、镇街完善山东政务服务网11类16000余项政务服务事项办事指南。

【公共资源交易】 拓展交易范围，加快推进水利工程、医疗器械采购、国土交易陆续进场。实现交易全程上网，政府采购、房屋和市政工程、交通工程、水利工程、国土交易、医疗器械采购等实现交易“一网通办”。开通“互不见面”招评标，上线运行远程异地“不见面”招评标系统，解决地域限制。见证体系数字化。数字见证平台全程留痕记录监督见证信息，同步录制归档，实时全程见证。全年完成各类交易项目587个，成交金额45.66亿元，节省资金1.76亿元。

（市行政审批服务局）

市场监督管理

【常态化疫情防控】 率先建成枣庄市第一家进口冷链食品集中监管专仓，流转进口冷链食品15779吨。开展冷链食品疫情防控应急演练和阳性进口冷链食品应急处置桌面推演，并委托青岛海关技术中心对专仓消毒效果现场评价。责令5家不落实报备制度的企业停业整顿，立案查处3家专仓外循环、“三证”不全的企业，冷链企业、人员信息全部线上归集，实现进口冷链食品全链条、无缝隙监管。开展药店疫情防控工作，全覆盖检查574家药店，落实购买四类药品实名登记和信息报告制度、发热人员早发现早报告制度，药店工作人员核酸检测应检率100%。同卫健部门联合，开展定期核酸检测34轮82958人次；开展一线监管人员核酸检测9轮767人次；开展外卖骑手（美团和饿了么）核酸检测6轮900余人次。

【质量强市战略】 兖矿鲁南化工有限公司获评第八届山东省省长质量奖，是自2009年设奖以后枣庄市第一个获奖企业。山东腾达不锈钢制品有限公司获得第十届枣庄市市长质量奖，全市8家企业获得2021年山东省高端品牌培育企业。滕州市优质煤化工产品基地上榜2021年山东省优质产品基地品牌价值10强，品牌价值216亿元。全年完成“个转企”300家。

【标准化建设】 市税务局省级社会管理与公共服务标准化试点项目和国家级标准化试点项目通过验收。2021年度批准“山东标准”试点建设项目3个；积极培育适应市场竞争和创新创业发展的地方标准、行业标准、团体标准，引导制定地方标准1个，团体标准2个，制定填补国家标准空白的企业标准1个。

【知识产权战略】 与山东科技大学签订知识产权战略合作协议，设立山东科技大学技术转移中心滕州分中心，共建山东科技大学大学生就业创业实践基地，开展校地合作，进行联合攻关，促进科技成果转化。与滕州农村商业银行股份有限公司签署《知识产权质押融资战略合作协议》，加强银企对接，提升运用价值，破解融资难题，全年办理专利权质押登记20件，质押融资总额1.86亿元。全年新增注册商标4338件，累计17976件；新增马德里国际注册商标12件，累计48件。新增发明专利授权200件，全市

2021年10月16日，山东科技大学技术转移中心（滕州分中心）签约揭牌仪式举行

有效发明专利拥有量621件；PCT国际专利申请1件，总量10件；通过贯标认证企业1家，通过专利导航验收企业1家。

【技术平台建设】 创建成全国名特优新农产品营养品质评价鉴定机构枣庄试验站；联合国家机器人检测中心对上汽通用五菱股份有限公司广西柳州生产线开展验收工作；与戴汝为院士工作站联合开展完成机床机体新型合金金属材料的试制和新型合金金属的柔性焊接技术工艺的优化。计量服务方面，对全市强制检定计量器具进行周期免费检定，减免费用150余万元；在产品委托检验方面，国家机床质检中心对个别项目开展低收费服务，为中小微企业平稳发展提供优惠，全年共优惠75万元；免费为机床企业开展新产品公益性检验500余批次；帮助科技型中小企业申请省科技厅检验检测资金减免10万元。

【食品安全监管】 牵头起草《滕州市食品药品安全委员会办公室工作细则》《滕州市2021年度食品安全重点工作》等文件；开学前监督检查全市校园食堂397家；开展网络订餐监督检查，约谈“饿了么”“美团”等平台区域负责人；开展进口乳清粉原料质量安全专项整治、“三小”食品集中整治等专项行动；抓好食品安全风险防控，组织本级抽检4300批次，配合枣庄、省、国家级抽检1827批次。

【药品化妆品安全监管】 在全市范围内开展药品化妆品安全大排查、大整治活动，排查药品经营使用单位978家、化妆品经营使用单位773家，排查隐患32处，下达责令改正通知书41份；开展全市儿童化妆品专项检查、问政山东曝光问题专项整治、全市化妆品专项整治“雷霆行动”，检查化妆品经营单位1264家；全年完成药品抽检95批次，配合枣庄市完成化妆品抽检11批次。

【特种设备安全监管】 检查特种设备使用单位1200余家，检查特种设备12000余台，发现并整改问题323个，实现企业自查、督导检查两个100%；全市22家充装单位均建立气瓶追溯系统；实现在用电梯和公众聚集场所电梯安责险覆盖率两个100%。

【产品质量安全监管】 开展童车童床、水泥、钢筋等产品的专项检查，市综合检验检测中心开展各类产品检验检测5708批次，编制发布产品质量安全分析报告6份；开展“红盾护农保春耕”专项整治行动，检查农资经营企业230余家，抽检各类化肥500批次；将流通领域成品油、车用尿素质量监管列入年度重点工作，检查加油站162家次，抽检车用尿素溶液20批次，抽检成品油234批次。

【解决民生热点难点】 依职能开展涉粮领域、停车收费等专项整治行动。畅通消费者诉求渠道，高质量推进“放心消费在山东”示范单位评选工作，创建1806家。全年受理各类投诉举报件21000余件，查办各类违法案件500余件，罚没款600余万元。

【文明城市创建】 将文明城市创建和省级食品安全示范县巩固提升结合，向全市各类餐饮业者和广大市民发出“文明用餐”倡议书，张贴“公勺公筷”“光盘行动”“节俭养德”等公益广告宣传标识20余万张。完成全市持证餐饮单位的餐饮服务食品安全量化分级管理，并纳入市场监管智慧监管系统管理，全市明厨亮灶餐饮单位950家。开展“文明用餐示范街”“文明用餐示范店”“文明用餐示范食堂”创建活动，遴选餐饮单位100家、学校食堂10家和机关食堂10家作为首批试点示范单位，以点带面，督导餐饮服务单位履行主体责任，倡导文明用餐新风尚。

表11　2021年滕州市新增马德里国际注册商标一览表

序号	图像	状态	持有人	注册日期
1	SUNWAY	有效	山东三维钢结构股份有限公司	2021/01/15
2	ETON	有效	山东雨田食品科技有限公司	2021/03/26
3	苇杭	有效	山东润雨乐网络科技有限公司	2021/04/19
4	润溪贤	有效	滕州市升宇粮油商贸有限公司	2021/04/20
5	翰懿文	有效	滕州瀚文商贸有限公司	2021/04/26
6	YIMIU	有效	北一（山东）工业科技股份有限公司	2021/05/18
7	鑫岷起	有效	山东岷起珠宝有限公司	2021/05/25
8	MIDOLI	有效	山东欣诺商贸有限公司	2021/05/31
9	籽烁	有效	滕州幕一服饰有限公司	2021/07/15
10	WT 悟通 Wutong	有效	滕州市悟通香料有限责任公司	2021/05/18
11	鲁化 LU HUA	有效	兖矿鲁南化工有限公司	2021/08/26
12		有效	山东海吉雅环保设备有限公司	2021/12/13

表12　2021年滕州市获得山东优质品牌（产品、服务）认定名单一览表

序号	企业名称	申报产品名称 / 服务项目	品牌
1	山东恒瑞磁电科技有限公司	贴片式一体成型电感	HRCD
2	山东飞天光电科技股份有限公司	探测器	
3	兖矿鲁南化工有限公司	丁醇	兖矿国泰

续表

序号	企业名称	申报产品名称 / 服务项目	品牌
4	山东大明消毒科技有限公司	绿灵消毒剂	GREEN SPIRIT
5	山东飞越机械有限公司	高压旋转油缸	
6	山东鑫佳能源装备股份有限公司	跳汰机	鑫佳 XINJIA
7	山东中科蓝天科技有限公司	空气源热泵机组	
8	山东海特数控机床有限公司	卧式加工中心	
9	北一（山东）工业科技股份有限公司	智能互联网数控加工中心	YIMIU
10	山东沃达重工机床有限公司	液压机	CUCC
11	山东山森数控技术有限公司	机床操作面板	
12	鲁南中联水泥有限公司	通用硅酸盐水泥	CUCC
13	滕州金晶玻璃有限公司	平板玻璃	金晶
14	山东三维钢结构股份有限公司	钢结构部品、部件	三维钢构
15	山东连云山建筑科技有限公司	混凝土建筑构件	连云山
16	尚品本色智能家居有限公司	非金属门、非金属折门、非金属门板、非金属门框系列	鑫迪家美
17	山东瑞宇蓄电池有限公司	蓄电池	瑞宇
18	山东北理华海复合材料有限公司	金属面夹芯板	
19	微山湖湿地集团有限公司	旅游接待服务	
20	滕州市翔宇物业管理有限公司	住宅、公建物业管理服务	翔宇物业
21	山东祥泰物业管理有限公司	物业管理服务	齐鲁祥泰
22	滕州嘉庆阳光物业服务有限公司	物业管理服务	庆阳光

表 13　2021 年滕州市获得山东知名品牌认定名单一览表

序号	组织名称	产品 / 服务名称
1	兖矿鲁南化工有限公司	兖矿国泰丁醇

续表

序号	组织名称	产品 / 服务名称
2	山东中科蓝天科技有限公司	中科蓝天太阳能热水器
3	山东艾菲尔管业有限公司	EFIELD 铝塑复合压力管及配套管件
4	山东恒瑞磁电科技有限公司	恒瑞磁电高导镜面锰锌铁氧体磁芯
5	山东山森数控技术有限公司	山森机床操作面板
6	尚品本色智能家居有限公司	鑫迪家美、尚品本色木门
7	山东恒仁工贸有限公司	HR 淀粉及淀粉制品
8	北一（山东）工业科技股份有限公司	一缪智能互联网数控加工中心
9	山东飞越机械有限公司	飞越高压油缸系列
10	山东飞天光电科技股份有限公司	Fetnlaser 探测器
11	山东祥泰物业管理有限公司	祥泰物业服务

（杨广平　甘洁）

综合检验检测

【概况】 全年开展各类产品检测6233批次，其中委托检验4266批次，完成省级农产品监督抽查306批次，枣庄市级农产品监督抽查660批次，滕州市级食品监督抽查1000批次，编制发布分析报告8份，检定各类计量器具63000余台件，为全市产品质量安全、企业发展和产业升级提供了强大技术支撑。

【深化改革整合】 2021年3月24日，按照市委深化事业单位改革试点部署，整合滕州市综合检验检测中心、滕州市产品质量监督检验所、滕州市计量科学研究所，重新组建滕州市综合检验检测中心，为市市场监管局所属正科级公益一类事业单位，保留市产品质量监督检验所牌子。主要承担全市食品、保健食品、药品、化妆品、农产品及农业投入品、水质、土壤、工业品、环境空气质量等各级产（商）品质量检验、法定计量检定、质量标准、检测方法科学研究、咨询、业务培训及技术服务工作。

2021年4月7日，新组建的滕州市综合检验检测中心、滕州市质量计量检测中心揭牌

【实验室硬件建设】 投资350余万元购置气相色谱仪、液相色谱仪、全自动凝胶色谱、金属材料金相图谱、密封测试仪、莫氏硬度计、面筋质测定仪、刮板细度计等设备50余台套。投资20余万元对气路、通风系统、实验操作台进行标准化升级改造。

【实验室体系建设】 建立新的体系文件，编制A版质量手册、程序文件，编制操作规程及作业指导书500余份，原始记录表格1000余份，质量记录表格154份；启用包含实验室检验、计量业务流转、报告打印等功能于一体的实验室综合管理系统，实施检验信息化、业务一站式办理模式。

【实验室资质认证】 2021年9月19日，山东省检验检测机构资质认定评审组对滕州市综合检验检测实验室进行现场评审。现场通过非食品731个产品中的1444个参数项目，食品619个产品中的3294个参数，12个方法项目资质认定。

【实验室质量控制】 参加山东省市场监督管理局组织的小麦粉（铅）、山东省农业农村厅组织的结球甘蓝（三唑酮、氰戊菊酯、毒死蜱、多菌灵、克百威、甲胺磷、吡虫啉、阿维菌素）和芹菜（苯醚甲环唑、氧乐果、腐霉利、吡唑醚菌酯、涕灭威、多效唑）等14项农药残留能力验证，参加山东省冶金科学研究院组织的洛氏硬度、不锈钢元素含量分析等能力验证5次，参加中国机械工业联合会、中国合格评定认可委员会联合组织的数控机床回转轴线定位精度和重复定位精度检测能力验证，均取得满意结果。

【标准化建设】 参与起草行业标准JB/T 8336-2021《槽系列组合冲模元件通用技术条件》于2021年12月实施，作为第一起草人起草行业标准JB/T 3626-20XX《组合夹具组装守则》，通过工信部预审。

【平台及项目建设】 入选2021年度第二批山东省中小企业公共服务示范平台公示名单；《滕州市综合检验检测中心国家机床质检中心实验室提升项目》获枣庄市发改委2021年市级服务业发展引导资金扶持50万元；争取到全国名特优新农产品营养品质评价鉴定机构枣庄试验站和山东科技大学大学生就业创业实践基地挂牌。成为山东省循环经济协会再制造专委会副主任单位。

【技术服务】 为42家食品企业提供生产许可证咨询和发证检验服务，帮助企业制定企业标准31份，方便企业快速审批，达标投产；帮助5家童车童床企业开展免费新产品检验16批次，加速新产品研发上市；开展全市计量法律法规宣贯暨司秤员培训班，培训全市大型煤矿、水泥、化工等重点领域企业司秤人员100余人。

（胡淑增）

应急管理

【概况】 全市坚持“人民至上、生命至上”理念，做好安全生产、应急管理、防灾减灾救灾各项工作。全年生产安全事故发生12起，比上年下降12.9%，死亡6人，比上年下降33.3%。全省危险化学品救援技术竞赛及现场观摩活动在滕州举行；滕州市被省减灾委评为省级综合减灾示范市，市政府获评全省安全生产月优秀组织单位，市应急局获省委、省政府通报表扬为防汛抗洪表现突出集体。

【安全生产责任落实】 市委、市政府将习近平总书记关于安全生产系列重要指示批示精神学习纳入理论中心组集体学习议题，集中观看《生命重于泰山——学习习近平总书记关于安全生产重要论述》电视专题片，定期研究部署安全生产工作。出台《党政领导干部2021年度安全生产重点工作清单》，压实市委、市政府班子领导职责任务，市政府领导班子成员、各镇街及市直部门主要负责人坚持每月带队检查安全生产（2037家）次，排查消除各类隐患3735条。制定下发《滕州市安全生产工作任务分工》，理清46个部门单位、122个行业主管和直接监管部门的责任边界。编制《生产经营单位安全生产责任清单》，构建从企业主要负责人到一线员工的安全生产责任链条，持续推动安全生产标准化和双体系一体化创建，400家企业有效运行，93家加油站完成双体系创建，完成141家企业安全总监配备，在危化品、交通运输、特种设备等高危行业全面推行安责险，企业参保903家，缴纳保费719.47万元，实现保额258.38亿元。

【安全生产隐患整治】 加大隐患排查整治力度，市财政在列支200万元专家查隐患经费基础上，增加210万元重点保障支持，深入推进安全生产专项整治三年行动集中攻坚，开展安全生产大排查大整治、安全生产执法百日攻坚行动、“学法规、强监管、严执法、保安全”活动等专项活动10余次，精准查找行业领域存在的系统风险，及时消除各类隐患问题。全年检查企业单位19231家（次），排查整治各类隐患36063项，立案处罚854家，罚款1340.48万元。健全市镇联动机制，形成部门执法合力，保持打非治违高压态势，查处烟花爆竹非法经营储存点68处，收缴鞭炮1100余万头，取缔非法加油点8处，打击非法经营储存危化品行为4起、非法加气点18处，取缔盗采点6处，铲除土小企业45家，清理非法建设行为32起，移送公安机关行政拘留18人。

【应急指挥救援】 修订完善、发布公示《滕州市突发事件总体应急预案》、各领域专项应急预案，编制《滕州市安全生产隐患和事故省级直报工作方案》，下发《关于加强生产安全事故信息上报工作的通知》，明确镇街、部门突发状况应急响应和逐级信息上报程序，严格执行领导干部在岗带班和24小时值班制度，确保全年365天、每天24小时在岗在位。出台《应急救援力量联调联战工作机制建设实施方案》，健全“综合+专业”工作机制，对鲁南化工等6支危化品专业应急救援队伍和蓝天救援等3支社会救援力量进行摸底调研，定期组织应急联动拉练，系统提升应急能力。加快应急指挥中心建设，投资150万元，完成背负式单兵、便携式卫星基站、无线便携图传设备等装备采购；推动水利视频监控管理系统、林业“森林眼”视频监控系统、“雪亮工程”“电眼工程”和烟花爆竹、危化品道路运输监管系统等多方数据接入，实现国家、省市、镇街、村居和重点部门视频会商联动。

2021年6月1日，滕州市举办智慧防汛演练（马新程　摄影）

【防汛抗旱工作】 重新调整市防汛抗旱指挥部领导成员构成，在《滕州日报》公示全市5条骨干河道、28座水库等重点防汛部位的139名行政、技术、巡查“三职责任人”。汛期购置22千瓦以上水泵27台、卫星电话37部和排水泵车一辆，开展应急、水务、消防等6部门24小时联合值守，确保全市平安度汛，未发生亡人事件。2021年6月1日，开展全市指挥防汛演练，协调军、地、民、企各方力量200余人积极参与，充分运用物联网、GIS、移动互联、流媒体等技术手段，提升防汛应急工作的信息化、智慧化水平；2021年7月1日，参加枣庄市防汛抢险应急响应演练，承担重点防汛抢险科目展示。

【火灾防治工作】 健全跨区域联动机制，与山亭区、薛城区、邹城市签订联防联控协议，与11个镇街签订责任状，发放禁火公告，强化值班值守，加大巡查管护力度，严控火种火源。向130万手机用户发送防火短信，投入200万元为森林消防中队配备器材装备。鲁南高科技化工园区凤翔消防站建成投入使用。

【应急科普宣传】 组织开展“防灾减灾宣传周”“安全生产月”“应急科普日”“消防安全月”“安康杯”竞赛、安全宣传“五进”等活动，推进全员“开工第一课”和“大培训、大学习、大考试”，承办枣庄市“安全微课堂”“主播走一线”“安全大讲堂”等在线宣传，集中组织观看《生命至上警钟长鸣》等各类宣传片52场，接受警示教育机关干部9千余人、企业员工2.3万人。组织开展双月教育警示，定期进行警示教育培训。滕州消防《关注消防警钟长鸣》宣传视频被应急部、司法部共同评为全国应急管理普法作品一等奖；推送选手获得山东省应急讲解能手大赛、首届科普讲解大赛二等奖，入选山东省应急科普优秀作品3件。

【地震监测和预防】 地震监测执行24小时值班制度，定期检查仪器设备，维护台站的正常运行。完成莲青山、地震监测中心两处台站地震监测设备的安装调试升级改造工程；在北辛中学和实验小学永昌校区安装地震烈度速报和预警信息服务系统试点工程，增强地震预测预报准确性和及时性，提升中小学校地震安全水平。

【群测群防体系】 更新各镇街“三网一员”（地震宏观观测网、地震灾为情速报网、地震科普宣传网、防震减灾助理员）队伍，增强地震异常信息捕捉能力，健全适于滕州地震构造特点的地震预测指标体系。定期召开震情会商，提升地震预测预报时效，为领导决策提供信息支持，最大限度减轻地震灾害损失。

【防灾减灾工作】 开展第一次全国自然灾害综合风险普查，落实资金890余万元，全面完成减灾能力、历史灾害、城乡房屋、市政道路、县乡道路和各类桥梁的数据调查。强化灾情报送和灾害救助，集中培训灾害信息员1250余人，并纳入国家灾害信息系统统一管理，加大民生综合保险宣传推广力度，2020年6月至2021年11月受理保险案件2012起，赔付341.7万元。

【应急避难场所建设】 市民公园、奥体中心、长途汽车站广场、龙泉广场4处应急避难场所总面积48.1万平方米，可容纳31.9万余人，均达到国标Ⅱ类避难场所要求，兼有功能分区指示牌、平面示意图、导引牌，场所内设应急指挥、应急供电、应急供水、应急棚户区、应急厕所、应急物资物资储备等标志。

【应急物资储备】 在市地方粮食储库建有市级救灾物资储备库，总建设面积2000平方米，按照紧急转移安置5000人储备自然灾害应急物资，储备市级救灾物资包括救灾帐篷1250顶、棉被5000条、棉大衣4500件、毛巾被4000件、折叠床1200张、场地照明灯16套、帐篷照明灯850套等。储备一个月防疫物资目录主要包括N95口罩35000只、医用外科口罩320000只、防护服6000件、一次性使用手术衣55000件、一次性橡胶外科手套180000副等，发放N95口罩1000只、医用外科口罩10400只、防护服200件，与市粮油公司签订20余万元的代储食品物资。

【综合减灾示范创建】 滕州市获评山东省综合减灾示范县（市、区），龙泉街道滨江花苑社区获评全国综合减灾示范社区、人和天地社区获评全省综合减灾示范社区。全市共拥有全国综合减灾示范社区9家、全省综合减灾示范社区5家。

（李政举）

财政税务

Public Finance and Taxation

财政工作

【概况】 全年市财政部门贯彻新发展理念，坚持稳中求进工作总基调，实施积极的财政政策，强化预算执行管理，保障和改善民生，做好“六稳”“六保”工作，全市财政运行呈现稳中向好、进中提质的发展态势。

【统筹财政资源】 财政资金保障。围绕“633”现代产业体系建设，设立5000万元的产业振兴高质量发展资金，重点打造高端装备、高端化工两大千亿级产业板块和新材料、新型商贸物流等百亿级产业板块，做优做强氨基、醇基新材料产业链，打造优势特色产业集群。拨付支持企业发展资金4.15亿元，推进新兴产业做大做强。拨付工业转型发展和工业经济高质量发展专项资金8773万元，支持龙头企业加快发展。减税降费。阶段性政策与制度性安排结合，落实国家减税降费政策，实现应减尽减。落实缓缴税款、增值税留抵退税、稳岗补贴等政策，减轻企业负担。全年新增减税8亿元，办理企业缓缴税款2925户（次）、0.6亿元，办理企业出口退税162户（次）、3.42亿元，办理增值税留抵退税4.14亿元，减免企业基础设施配套费140户（次）、3.74亿元。推动稳投资。建立项目滚动储备机制，全年争取上级无偿资金30.1亿元。发行新增政府专项债券17.5亿元，保障15个重大项目建设资金需求，政府投资引导拉动作用和带动效益明显。建立股权投资平台和投贷联动机制，引入社会资本，以股权形式投资本地企业。全年注入国有企业资本金6910万元，变“奖补”为“股权”，变财政“口粮”为发展“种子”。管好用好2亿元产业投资基金，以财政资金“拨改投”新型模式扶持企业发展，投放海吉雅、威智医药等项目6000万元。创新金融服务实体经济手段。参与国资民营混改，合作成立山东中奥投资有限公司，打造应急转贷服务平台，为中小企业提供应急转贷服务，全年为36家企业办理应急转贷业务58笔3.68亿元，企业节约转贷成本500余万元；引导金融机构支持实体经济发展，发放创业担保贷款660笔1.26亿元，带动就业3300余人次；新增“鲁担惠农贷”担保1476户10.17亿元，降低农户融资成本。提升园区承载能力。投入基础设施和公共设施建设资金1.77亿元，加快推进经济技术开发区、高铁新区、鲁南高科技化工园区等基础设施建设。

【保障民生】 加强普惠性、基础性、兜底性民生建设，突出“三保”支出。全年一般公共预算用于民生支出62.76亿元，民生投入占比78.9%，比上年提高1.8个百分点。办好惠民实事。统筹财政资金6.59亿元，保障老旧小区改造、县乡道路提升、巩固拓展脱贫攻坚成果等项目按时间节点落地，把惠民实事项目建成群众满意工程。推动教育优先发展。拨付教育保障经费、生活补助、生均公用经费等2.63亿元，各类学校经费保障水平稳步提高；全面落实各项教育资助政策，拨付奖助学金5825万元，从学前教育到高等教育阶段实现贫困学生资助全覆盖；统筹教育建设资金2.29亿元，改善学校办学条件，扩大优质教育资源覆盖面。完善社保救助体系。拨付城乡低保、医疗救助、抚恤补助等资金4.72亿元，保障社会弱势人群的基本生活需要，做到应保尽保；实施就业困难人员灵活就业和自主创业扶持政策，拨付公益性岗位补助2082万元；拨付退役士兵专项公益岗位补助1.14亿元、自主就业退役士兵经济补助909万元、义务兵优待金2495万元，切实做好退役士兵安置和权益保障工作；拨付城乡居民养老保险财政补助5.6亿元，确保基础养老金按时足额发放。支持医疗卫生事业发展。拨付基层医疗机构及基本药物制度补助6009万元，提高基层医疗卫生机构的基本公共卫生服务执行能力；拨付公共卫生补助资金1.28亿元，保障基本公共卫生服务均等化，各项公共卫生项目开展顺利；拨付疫情防控资金2660万元，保障常态化疫情防控工作需要。

【推动城乡发展】 推进重大基础设施建设。市财政投入2.3亿元，支持京台高速改扩建工程竣工通车，龙岭路、滕龙路、大同北路全面竣工，荆河路等城市道路开通运行16条，振兴南路延伸、临滕高速等项目建设推进。推进城市环境面貌改善。市财政投入6.1亿元，加快市政设施、城市智慧停车、园林绿化、污水管网等建设，支持老旧小区改造、棚户区改造和新型城镇化建设，完成龙泉文化广场综合提升，支持文明城市创建。推进农业农村现代化。市财政投入7.57亿元，推进乡村振兴，通过“大专项+任务清单+绩效目标”模式，支持优势特色农业产业发展；实施乡村建设行动，纵深推进乡村振兴项目50个，城乡环卫一体化、农村安全饮水、垃圾无害化处理实现全覆盖；支持美丽乡村建设，建成枣庄市级以上美丽乡村24个、美丽庭院2万户；改造提升村居综合性文化服务中心200个，完成农村公益电影放映1.2万场次、“送戏下乡”1190场。推进生态安全屏障建设。市财政投入3.7亿元，实施“山水林田大会战”，做好“护山”“治水”“兴林”“育田”四篇文章，加快实施产业增绿、城区绣绿、镇村兴绿工程，推进高标准农田建设，强化综合配套，实现经济效益、生态效益的双赢。推进“双十镇”加快发展。加大对“双十镇”转移支付力度，参照直达资金下达机制，确保转移支付资金直达示范镇、特色镇；自2021年起，3年内“双十镇”新增财力全部留在本镇，每年安排5000万元专项资金对“双十镇”进行重点扶持。

【财源建设】 提升财源发展层次，推动经济发展与财源建设互相促进、良性互动。财源体系建设进一步完善。市委、市政府成立财源综合治理领导小组，制订《滕州市财源综合治理工作方案》《关于推进税收共治工作的实施意见》等文件，健全财源建设机制，增强财源建设合力。骨干财源支撑作用进一步增强。全市坚持大抓工业、抓大产业，聚焦重点行业，科学研判税收运行趋势，及时兑现企业优惠政策，加大企业基础设施建设和技改投入。严格落实支持重点企业发展政策，切实减轻企业税费负担，降低企业运行成本。全年传统支柱产业（卷烟、房地产、煤炭化工、建筑业等）形成税收占全市税收收入70%，支撑财政收入作用增强。新兴财源贡献进一步显现。加大对高新技术、医药、互联网等产业发展扶持力度，推动产业快速集聚，培养新的税收增长点。全年九大产业（高端装备制造、高端化工、新能源新材料等）形成地方税收超14亿元，拉动全市工业行业税收增长。财源增收潜力进一步提高。加强财政、税务信息共享和工作协同，强化税收征管，通过大数据+网格化的方式，提高综合治税水平，坚决堵塞逃税漏税避税漏洞。全年地方级税收收入实现50.46亿元，比上年增长16.6%，税收占一般公共预算收入比重82.3%。继续实施国企改革三年攻坚行动，提高国有资产、资本、资源贡献度，市级国有资本经营收入增至9759万元。

【财政治理】 贯彻落实预算法及其实施条例，推进财政治理体系、治理能力现代化。严格财政支出管理。按照“以收定支，量入为出”原则，建立财政资金“总量控制、统筹使用、申请评估、过程检查、结果评价”管理制度，将政府过紧日子要求切实贯彻到财政运行全过程。盘活收回结转两年以上财政存量资金11亿元，集中用于全市保“三保”、促发展。管好用好直达资金。2021年中央扩大直达资金范围，将县级基本财力保障机制奖补资金等28项中央对地方转移支付整体纳入直达资金范围。市级建立资金分配、拨付、监控三个“一竿子插到底”工作机制，全年争取到位直达资金12.62亿元，惠及企业349户（次）、惠及群众98万人次。深化预算管理改革。完善预算管理制度，推进“预算一体化”系统建设，市镇两级完成“预算一体化”系统部署并上线运行。公开全年部门预算及“三公”经费预算，提升财政透明度。深化国库集中支付改革，全面推广公务卡使用，规范公务消费行为。推动绩效管理提质增效。开展重大政策事前绩效评估，落实分类管理和绩效执行“双监控”机制，加大对重点领域和关键环节预算绩效管理评价，持续提升绩效管理水平。对产业发展、乡村振兴、老旧小区改造等重大扶持政策探索全生命周期绩效管理。全年审核批复绩效目标934个，涉及支出38.54亿元，评估核减8.3亿元，有效节约财政资金，使部门预算编审更加透明高效、公平合理。强化财政运行风险防控。完善债务风险防控机制，严格防范化解政府债务风险。针对各级巡视巡察中发现的财务方面共性问题，开展会计信息质量检查，规范全市财务管理。推进行政事业单位内控建设，提高财务管理水平。完善财政评审和政府采购监督制度，全年评审项目53个，审减2.4亿元；实施政府采购项目2009个，节约资金6200万元。服务人大审查监督。深化人大预算联网监督机制，推进部门预算草案审查向专项资金和重点政策有效拓展。承办人大代表建议和政协委员提案，办结率、见面率、满意率均保持100%。

（市财政局）

税务工作

【概况】 市税务局以党建为引领，以创新为动力，不断优化税务执法方式，做实“一体两翼”，做强“基层、基础、基本功”，统筹减税降费和税费收入，实现党建强、收入增、监管精、服务优、氛围好、作风正。公务员绩效管理试点、数据服务大局等多项工作得到省市局和市委市政府领导的批示肯定。

【减税降费及税费收入】 办理制造业中小企业缓税费业务8200万元，办理煤电企业缓税业务1100万元，办理高新技术企业提前享受加计扣除额业务194户、6.6亿元，全年新增减税8亿元。完成全年组织收入工作任务，全年组织税费收入145.2亿元，其中税收收入100.6亿元，比上年增长15.4%、增收13.4亿元；完成非税收入4.7亿元，比上年增长66.1%、增收1.9亿元。完成本级税收收入51.9亿元，比上年增长16.6%，增收7.4亿元。

【税收营商环境】 深化“便民办税春风行动”，线下发挥税收专家顾问团作用，聘任“税费服务产品体验师”，搭建“税企互动桥梁”。聚

国家税务总局山东省税务局党委书记、局长王献玲（中）到滕州调研

焦小微企业关切，落实助力小微企业发展“春雨润苗”专项行动。打造“纳税人之家”，推广“线上”办税为主，“线下”兜底为辅的办税缴费新模式，“非接触式”办税率提升至93.29%。探索不动产交易“一站式”办理方式，实现“一网通办”落地。拓宽城乡居民社保征缴方式，实现银联POS机征缴居民社保费，建立“税务受理、人社（医保）复核”的退费模式。

【落实征管改革】 建立专业化团队，实行分类集中执法，通过专事专管、团队协作的方式履行管理职能，优化税收监管资源，达到更加规范统一的目的。局党委带队高质量编制《纳税辅导与提醒服务报告》，税收服务更精准化、全面。推进实施个性化精细服务和差异化精准监管，征管队伍得到锻炼。规范票证及档案管理，提高征管基础数据质量，加强征管信息数据监控，推动以数治税向纵深发展。强化风险应对任务处置和监控，统筹管理纳税评估实施，开展石油炼化行业税收专项整治工作，持续开展打击“虚开骗税”两年专项行动。创新石灰岩资源税管理，建立石灰岩价格采集发布制度；构建“五位一体”个人所得税汇算工作新模式。

（姚腾超）

表 14　2021 年度税收收入分税种完成情况表

序号	分项目	完成金额（万元）
	税收收入	1,005,708
1	增值税	408,369
2	消费税	158,985
3	企业所得税	140,007
4	个人所得税	47,169
5	车辆购置税	23,655
6	资源税	31,034
7	城市建设维护税	40,486
8	房产税	11,631
9	印花税	8,040
10	城镇土地使用税	16,028
11	土地增值税	37,697
12	车船税	38
13	耕地占用税	13,836
14	契税	66,997
15	环境保护税	1,736

表 15　2021 年全市重点税源企业留成十强企业一览表

序号	纳税人名称
1	山东中烟工业有限责任公司滕州卷烟厂
2	兖矿鲁南化工有限公司
3	联泓新材料科技股份有限公司
4	枣庄矿业（集团）有限责任公司蒋庄煤矿

续表

序号	纳税人名称
5	枣庄矿业（集团）有限责任公司柴里煤矿
6	枣庄矿业（集团）有限责任公司田陈煤矿
7	盛隆化工有限公司
8	滕州红星投资置业有限公司
9	滕州市房地产综合开发有限公司
10	滕州金晶玻璃有限公司

表 16　2021 年全市煤炭行业纳税全额十强企业一览表

序号	纳税人名称
1	枣庄矿业（集团）有限责任公司蒋庄煤矿
2	枣庄矿业（集团）有限责任公司柴里煤矿
3	枣庄矿业（集团）有限责任公司田陈煤矿
4	枣庄王晁煤矿有限责任公司
5	滕州盛隆煤业有限公司
6	滕州市金达煤炭有限责任公司
7	山东丰源远航煤业有限公司北徐楼煤矿
8	枣庄矿业（集团）有限责任公司滨湖煤矿
9	滕州郭庄矿业有限责任公司
10	枣庄矿业集团滕东煤业有限公司

表 17　2021 年全市化工行业纳税全额十强企业一览表

序号	纳税人名称
1	兖矿鲁南化工有限公司
2	联泓新材料科技股份有限公司
3	盛隆化工有限公司
4	滕州杭氧气体有限公司
5	盛源宏达化工有限公司
6	山东鲁化森萱新材料有限公司
7	滕州市悟通香料有限责任公司
8	滕州瑞元香料有限公司
9	山东吉田香料股份有限公司
10	中峰化学有限公司

表 18　2021 年全市建材行业纳税全额十强企业一览表

序号	纳税人名称
1	滕州金晶玻璃有限公司
2	鲁南中联水泥有限公司
3	滕州中联水泥有限公司
4	滕州市鑫岩石料有限责任公司
5	山东连云山混凝土有限公司
6	滕州市东郭水泥有限公司
7	鲁南中联水泥有限公司新型建材分公司
8	滕州中联水泥有限公司混凝土分公司
9	江苏省矿业工程集团有限公司滕州分公司
10	山东滕建新型材料科技有限公司

表 19　2021 年全市房地产业纳税全额十强企业一览表

序号	纳税人名称
1	滕州市房地产综合开发有限公司
2	山东新兴置业有限公司
3	山东滕建投资集团有限公司
4	山东天行健置业有限公司
5	滕州东方圣典置业有限公司
6	滕州正宇房地产开发有限公司
7	滕州嘉益房地产有限公司
8	滕州市城市建设综合开发有限公司
9	滕州市城市国有资产经营有限公司
10	滕州海德公园地产有限公司

表 20　2021 年全市机械行业纳税全额十强企业一览表

序号	纳税人名称
1	山东腾达不锈钢制品有限公司
2	山东腾达紧固科技股份有限公司
3	滕州东方钢帘线有限公司
4	山东嘉诺电子有限公司

续表

序号	纳税人名称
5	山东恒瑞磁电科技有限公司
6	山东腾达特种钢丝科技有限公司
7	枣庄市弘大实业有限责任公司
8	山东合超电气有限公司
9	枣庄市盛源荣达实业有限责任公司
10	山东威达重工股份有限公司

表 21　2021 年全市其他制造业纳税全额十强企业一览表

序号	纳税人名称
1	山东辛化硅胶有限公司
2	山东今缘春酒业有限公司
3	青岛啤酒（滕州）有限公司
4	山东恒仁工贸有限公司
5	山东益康药业股份有限公司
6	山东中塑新材料有限公司
7	尚品本色智能家居有限公司
8	山东中科蓝天科技有限公司
9	山东海吉雅环保设备有限公司
10	北玻院（滕州）复合材料有限公司

城乡建设

Urban and Rural Construction

规划编制

【概况】 市规划编制研究中心围绕市委、市政府中心工作，结合党史学习教育和“我为群众办实事”实践活动，走出去，学进来，提升规划服务水平，做好规划编制工作，做优城市品质，做美生态环境。

【国土空间总体规划编制】 推进国土空间总体规划编制工作，做好“三区三线”划定工作，确定城市规模、空间结构、规划布局，建立责权清晰、科学高效的国土空间规划体系，整体谋划新时代国土空间开发保护格局。

【村镇规编】 推动各镇加快镇域国土空间规划的编制工作，指导木石、西岗等“双十镇”开展国土空间规划编制工作，完成洪绪镇东侯庄村、大坞镇休城村等村庄规划编制6个。

【专项规编】 完成《滕州市城区加油站布局规划》《滕州市中心城区消防规划》《滕州市智能停车场专项规划》《滕州市5G通信专项规划》《滕州市城市绿地系统规划》编制。

【城市设计和景观规划】 编制完成荆泉路片区城市设计、红荷大道城市设计初步方案、冯河城区段概念性景观规划初步方案。完成《滕州市城北片区控制性详细规划调整》《滕州市高铁新区东部片区控制性详细规划》评审报批工作。

【规划服务管理】 改革市国土空间规划委员会议事制度，组织召开市规划委员会会议7次，研究项目46项。出具规划条件148项，面积约570万平方米；规划要点32项，选址意见3项。合并办理城规和土规合规性审查意见40项。出具建设工程项目审查合格书100项，规划总建筑面积约514万平方米。组织召开交通影响评价专家评审会，完成5个项目的交通影响评价评审工作。完成260余项工程项目放验线工作；出具建设工程竣工规划核实合格证

2021年4月25日，市规划编制研究中心参观雄安新区规划建设（焦方进摄影）

38 件，建设工程竣工规划和土地核验合格证 17 件，核实总建筑面积约 403 万平方米。出具 49 个市政项目的规划意见，完成 4 个市政项目方案审查。

【解决历史遗留问题】 解决民营企业历史遗留问题专班出具规划意见 111 个，建筑面积约 150.2 万平方米。解决不动产登记项目（住宅小区）20 个，面积约 118 万平方米。办理完成居民危房改造事项 127 件。

（焦方进）

住房和城乡建设综述

【概况】 市住房和城乡建设局聚焦新时代现代化强市建设目标，围绕“工业强市、产业兴市”攻坚突破行动，强力推进住房城乡建设事业高质量发展，城乡面貌明显改观，城市品位显著提升。基础设施建设实现新突破。全年共实施城市基础设施建设项目 30 个，完成投资 4.8 亿元。新建改造大同北路、荆河东路等 20 条道路，建成海绵城市面积 4.6 平方公里，完成“口袋公园”9 处，新增绿化面积 40 万平方米，新建雨水管道 15 公里、污水管道 9 公里、综合管廊 5 公里、燃气管道约 55 公里，新增集中供热面积 300 万平方米。开展城市体检工作，滕州获选首批城市体检省级试点城市。人居环境品质获得新提升。以“两改一提”为重点，持续发力促进人居环境提升。列入省计划的柳楼居等 4 个新棚改项目全部启动实施，另外新实施朱李居（十里岗）等棚改项目 3 个，持续推进 20 个往年棚改续建项目，全年共完成征收居民约 4750 户、房屋面积约 155 万平方米。实施 7 个片区 54 个老旧小区改造，改造面积 190 万平方米，受益居民约 2 万户，改造任务年底前完成全部。围绕“满意物业、温馨家园”，深入开展“红色物业”创建，“四率”全部达标，累计创建缇香郡璟园等 80 个“红色物业”示范项目。房地产业和建筑业取得新成效。全年新开工房地产开发项目 9 个，新开工面积 236.95 万平方米，在建房地产开发项目 55 个，施工面积 1080.47 万平方米，同比增长 4.9%。建筑业总产值 195.4 亿元，同比增长 12.42%；外出施工产值 24.49 亿元，同比增长 11.45%；实缴税金 8.7 亿元，同比增长 14.26%，建筑业高质量发展加快推进，建筑业整体运行态势稳中向好。城乡融合发展增添新活力。积极践行城乡融合发展理念，加快推动城乡一体化发展。全年共实施农村贫困户危房改造 231 户；累计完成改厕 18.46 万户，农厕智能管护平台建成投入试运行，农村改厕后续管护逐步实现智能化；完成 2.1 万户农村清洁取暖设备安装调试和验收工作。城乡房屋安全隐患排查整治取得明显成效，累计排查录入房屋安全隐患 389186 户，初判存在安全隐患房屋 15968 户，评估鉴定 15968 户，完成整治 15918 户。

【基础设施】 新建大同北路、荆河东路等道路 16 条，与此同时同步实施道路交通安全设施、供热管网、供气管网等配套设施建设，新增供气管道长度 211.82 公里，新增供热管道长度 268.07 公里，燃气普及率 100%，供热面积 3132 万平方米。同时持续推进海绵城市建设，累计建成海绵城市面积 21.58 平方公里，占城市建成区面积的 33.6%。2021 年 9 月 30 日，滕州成为山东省首批城市体检省级试点。城市体检项目持续推进，建成绿色社区 15 个，占城市社区总数量的 30%。

【农村清洁取暖建设】 结合农村地区实际，充分尊重群众意愿，采取多种模式和技术路线，全面推进全市农村地区清洁取暖建设工作。级索、西岗镇因地制宜，充分利用工业余热资源，采用工业余热集中供暖模式；木石镇利用清洁取暖新模式，采用空气源电泵机组集中供暖模式；其他镇采用石墨烯“电代煤”分散取暖模式。全市超额完成清洁取暖建设任务，完成建设 21246 户，其中集中供热模式完成建设 2731 户，电代煤（分散取暖）工程完成建设 18515 户。

【农村厕所革命】 全面推进农村改厕后续管护工作，16 个镇及东沙河街道均建设完成至少一座厕所粪污二次发酵（中转）池，同时设立改厕服务站，完成全市改厕智能管护平台建设并运行使用。全市共建设完成二次发酵（中转）池29座，农村改厕服务站92个，县级智能管护平台1个。探索后续管护市场化运作模式，以镇街为单位通过政府购买服务方式，委托第三方机构或企业统筹负责本地区厕具维修、粪污清运、利用处理等工作，东郭、大坞、界河、官桥、姜屯和西岗等镇规范运行粪污中转池及抽运车辆，完善后续管护机制，提升改厕后续管护水平，其中东郭镇农村厕所后续管护经验相关做法被省住建厅作为省农村厕所革命典型经验在全省范围总结推广。

【历史文化建筑保护】 市住房和城乡建设局走访排查城区范围内的历史文化建筑，确定历史文化名城保护工作范围，同时组织专家对历史文化名城保护范围评估，编制完成《滕州市历史文化名城保护规划》《书院街历史文化街区保护规划》，对城市内18处历史建筑进行历史普查评估。推进历史文化名镇保护，组织开展历史文化名镇保护规划成果编制报批工作，大坞、官桥、姜屯镇省级历史文化名镇保护规划成果通过专家评审，并获滕州市政府批复。

【棚户区改造】 列入省棚改计划的冯东冯西居、杏东居、周庄居、柳楼居4个新棚改项目启动实施，新实施东史村（党桥村）、安庄村、朱李居（十里岗）3个棚改项目。完成征收4750户、房屋面积约155万平方米，完成西大庙、盛泉路、赵场、东城东新（程堂）4个区域的回迁选房、上房工作。获得上级棚改无偿奖补资金4150万元，发行地方政府专项债8.64亿元；建立以盛泉路区域、王任居区域为模板的市场化运作机制。金三角、万龙市场、喜来登大酒店、游客服务中心、鲁东润恒城等一批历史遗留问题项目得到解决。

城市公用事业

【概况】 天然气管网扩能项目总投资2.2亿元，占地2.06公顷，包含高铁新区天然气综合门站和天然气高压管线技改两个部分。设立6座200立方米LNG储罐，储存天然气72万立方米，储罐可储存3天以上不可中断用户燃气需求量。全年开展燃气安全排查6次，发现问题隐患3处，全部完成整改闭环；居民用户入户安检排查10562户，发现严重隐患174处，整改完成166处，隐患整改率95.4%；工商业用户入户安检排查680余家，发现隐患12处，完成整改12处，隐患整改率100%。针对供热安全问题，全部完成换热设备的清洗、检修、技改和养护工作。

【滕州市华润燃气有限公司】 采取多项措施，建设中石化第二气源、引入中海油管道气、建设高铁新区综合门站等，提升供气能力，确保各类用户安全平稳用气。公司多次赴中石化总部、中石化山东公司及中海油山东公司协调，完成开户，并争取大量气源指标，成为同时接入三桶油第一手气源的县级市。公司推进储气能力建设和管网互联互通，高铁新区天然气综合门站建成后储气能力达72万立方米，小时气化能力3.2万立方米；公司南北方向实现

2021年12月12日，滕州市华润燃气有限公司日供气突破100万立方米的庆祝横标

与成员公司管网互联互通，其中往北连通邹城、济宁，往南连通枣庄。

【滕州市热力有限公司】 主要负责全市城市建成区小清河以南区域集中供热工作，开展供热设备检修及维护工作和新建小区供热设施建设工作，筹备滕州市南线高温热水集中供热工程项目续建工程，进入具体实施阶段。供热辖区内自管换热站131个，供热覆盖面积约1314平方米，供热户数约11.7万，供热面积（套内建筑面积）约1144万平方米，实际收费面积约745万平方米。5月至9月，完成涉及65个换热站、共计105台换热器的清洗工作；7月至9月，完成涉及73个换热站的二级管网、换热站的检修和技改工作，累计更换阀门约5600个，更换二级网约1.2公里；6月至9月份，完成全部换热站约400台循环泵的养护工作。2021—2022年度采暖季实现安全运行无事故。

【滕州新源热力有限公司】 公司是由华电滕州新源热电有限公司和滕州市城市国有资产经营有限公司按70%和30%的投资比例注册的独立法人公司，为全市主要供热单位，北线高温热水供热管网承担了滕州市城区北部和中部居民生活采暖及部分企事业单位的供热任务，北线高温热水供热管网供热入网面积1668万平方米。年内新增敷设管网100多万平方米，完成经济技术开发区热网技改项目；召开能源保供宣贯会，打好能源保供攻坚战，对设备比较薄弱的小区提前做好预案，对设备、管线加强排查和维护，消除供热设备安全隐患，确保在硬件上不出现问题；组织开展2021—2022年采暖季供热应急演练，提升各专业协调联动能力，奠定采暖季保供保暖坚实基础。

（冯露露）

综合行政执法及城市管理

【概况】 市综合行政执法局以迎接建党100周年为主线，以创城攻坚为抓手，围绕完善城市功能、服务经济发展、提升城市品质，实施城市精细化管理，开展综合行政执法、城乡环境综合整治，打造整洁优美文明有序的城市环境。

【综合执法】 创新执法模式，规范事前、事中、事后公示，推行“721工作法”，变末端执法为源头治理，被住建部确定为法治政府建设重点联系单位。全面履行16个领域综合执法职责，办理行政处罚案件280余件。落实最严格耕地保护制度，严查违法建设、违法开采、违法占地，拆除违法建设2万余平方米。检查各类文化、旅游经营单位2745家次，查处违法出版物3811件。开展文物保护专项整治，办理文保违法案件8件。开展粮食流通专项执法检查，检查收购点200余处次，规范粮食流通秩序。

【城市管理】 加强市容热点部位治理，开展集中整治400余次，清理乱搭乱建420余处、占道摊点4300余处（次）。实施主次干道机械化深度保洁，每天4—6次洒水、1—2次洗扫，龙泉北路等5条道路创建成省级深度保洁示范路，164座公厕保洁管理保持二类标准。实施18条道路人行道提升工程，修补道路3.2万余平方米，整修更换路沿石1.4万余米，安装改造新光源路灯9600余盏，更换节能灯2400余盏，节电率49%，亮灯率99%以上。实施“绿满滕州、花拥荆河”绿化提升行动，新建改建公园游园6处、口袋公园30处，新增绿地面积103万平方米。修剪行道树3万余棵，花灌木20万余棵，绿篱和草坪100余万平方米，补植国槐等大型苗木1412棵，通过国家园林城市复核。

【城乡人居环境】 实施镇域环境整治提升年行动，督促指导各镇街加强基础设施建设，硬化镇域路面12万平方米、平交路口112个，建设林荫停车场21处，新增停车位5000余个。全面清理“十乱”现象，各镇街完成立面粉刷及改造20余万平方米，拆除各类违章搭建916处，清理占道经营4000余处次，整治户外架空线4万余米，拆除大型广告127处、楼体广告70余处。投入900万元，提升改造界河、大坞、滨湖等县域交界处8处。召开全市城乡生活垃圾分类推进会议，创建成省级垃圾分类科普教育基地，

2021年8月，提升改造后的界河县域交界处标志（杨肇修　摄影）

建成并试点运营级索镇农村垃圾分类处理站，开展垃圾分类“五进”宣传活动，引导市民主动参与垃圾分类。

【服务群众】　牵头制定《滕州市停车设施专项规划报告》《滕州市机动车停车管理办法》，建成府前东路等公共停车场7处，施划停车泊位13000余个，开发智慧停车APP，停车位数据上线完成3500余个。加强渣土运输治理，建立14家渣土运输企业监管台账，全市380余辆渣土车全部密闭式运输，24小时在线监控，查处道路抛撒行为180余起。加强大型户外广告、楼宇广告管理，排查门头牌匾1500余处，拆除违规户外广告300余处、楼顶墙体等大型广告130余处。牵头制定噪声污染、餐饮油烟污染整治专项方案，建立1966家餐饮油烟商户监管台账，检查餐饮业户7000余家次，行政处罚2家，移交案件1件，第二轮中央环保督察期间，餐饮油烟及噪声污染信访案件比第一轮期间下降82%。

（崔　跃）

建筑业

【概况】　全市建筑产业规模和企业综合实力不断增强，全年建筑业总产值195.4亿元、比上年增长12.42%，外出施工产值约24.49亿元、比上年增长11.45%，实缴税金约8.7亿元、比上年增加14.26%，利润总额约11.87亿元。全市建筑业企业发展到312家，其中一级资质企业25家，二级企业114家，三级企业119家，专业承包不分等级的51家，滕州品牌凸显。

【建筑业改革及科技进步】　支持企业科技创新，增强企业核心竞争力。创建滕州建工建设集团有限公司技术中心、山东雄狮建筑装饰股份有限公司技术中心等2家山东省企业技术中心；鼓励研发新工艺，获得省级工法3项，省级QC成果4项，枣庄市级工法7项、枣庄市级QC成果6项。

【装配式基地建设】　国家级装配式产业基地山东连云山PC工厂加大技术研发，新型轻质混凝土板材及装配式构件建设项目完成投资2.64亿元，建成的智能化加气混凝土板材生产线部分投产；省级基地山东雄狮推进厂区升级改造，推进装配式建筑钢构制品智能制造基地建设；省级基地三维钢构三维国际高端装备制造产业园项目获批，建设推进。

【重点企业发展】　山东雄狮建筑装饰股份有限公司创建于20世纪80年代，1998年4月正式成立，2015年10月改制为股份公司，2016年4月新三板挂牌上市，股票代码：837022。公司拥有钢结构工程专业承包一级，建筑幕墙工程专业承包一级、建筑装饰工程专业承包一级、建筑门窗产品制造和安装一级资质和建筑幕墙、建筑装饰甲级设计资质证书。是全国“守合同、重信用”企业、全国建筑幕墙“十强”企业、全国信用AAA级企业。公司拥有省级企业技术中心1个，先后获得国家“鲁班奖”“国家优质工程奖”“全国建筑工程装饰奖”“泰山杯”等奖项。2021年公司升级改造项目，统一建设48500平方米的装配式建筑钢构制品产业基地，主营业务由建筑施工服务扩延至生产制造行业。

（史少杰）

房地产服务

【房地产市场管理】 市房地产服务中心年完成二手房网签备案4180件；出具二手房涉税价值确认书4900件，更新数据库约16万条；完成各征收区域房屋产权认定1100户，确认面积32.4万平方米；面积管理新建楼盘表350个，完成面积测绘870万平方米；完成居民危房鉴定17户，发放鉴定证书17份，准确率达100%；“智慧住建”平台实现滕州市房屋网上签约备案平台与山东省大数据局、枣庄市政务服务平台的认证对接、数据沟通和信息共享；完成市领导干部房屋信息核查182个批次、9542人次；推进“电子证照”工作，协助完成六类电子证照信息上传2097份；协助财政部门收缴城市基础设施配套费64万元。

【房地产中介管理】 全年完成186家房屋中介机构、555名经纪人员的备案工作，330名从业人员取得岗位培训证书；完成房屋租赁备案392件，培育专业住房租赁企业2家。纳入“枣庄市监管与诚信信息一体化平台”中介机构110家，其中被枣庄市住建局评为2A级企业9家。开展房地产经纪行业专项整治活动，检查中介机构180家，下达《责令限期整改通知书》66份，公开通报60家，暂停营业12家。

（张泽标）

棚户区改造

【棚改项目启动】 启动实施龙泉街道冯东冯西居，北辛街道杏东居（保税仓库）、周庄居，荆河街道柳楼居等棚改项目4个，其中冯东冯西居区域征收居民829户，签订协议791户；杏东（保税仓库）区域因涉及保税仓库的建设，提前进入搬迁程序，开工建设保税仓库一期；周庄区域征收居民约462户，调查登记427户；柳楼居区域征收居民376户，签订协议375户，施工建设回迁房。

2021年1月24日，在市奥林中心举行的冯东冯西抽签现场（吴俊峰　摄影）

【居民选房回迁】 做好河阳路北侧区域的回迁上房和滕西中学区域、孙楼区域、鲁寨区域、侉庄区域等项目回迁选房前的准备工作。完成东城东新区域（一期）913户、西大庙区域166户、盛泉路区域147户、金三角区域104户回迁选房工作和东城东新区域750户、1500套，赵场区域218户、398套，善国中学区域46户、65套回迁上房工作。

（袁　帅）

房地产开发管理

【概况】 全市房地产市场平稳有序发展。全年新开工房地产开发项目9个，新开工面积236.95万平方米，比上年增加29.9%；在建房地产开发项目55个，施工面积1080.47万平方米，比上年增长4.9%。累计完成投资145.99亿元，比上年增长25.1%。全市商品房累计网签备案面积178.32万平方米，比上年增长32.7%，商品住宅库存去化周期为13个月。商品住宅销售均价为每平方米8579元，比上年增长5.8%，与上年同期相比，涨幅增加1.1个百分点。

【项目品质提升】 推进新建房地产开发项目品质提升。组织引导开发项目通过住建部AAA级住宅性能认定初审2个，AA级住宅性能认定初审 4 个；“九里庭院”项目获评“广厦奖”候选项目，受到住建部表彰。在《建设条件意见书》中要求新建住宅小区 100% 预留电动汽车充电基础设施安装条件，完善新建项目的配套使用功能，提高居住舒适度。

（吕　宁）

住房保障

【实物配租和租赁补贴并举】　探索完善实物配租和租赁补贴并举的住房保障制度，全年保障城镇住房困难家庭 4221 户，其中公租房配租家庭 3761 户，发放公租房租赁补贴 460 户，补贴额 131.19 万元。

【住房租赁补贴标准提高】　建立新就业无房职工阶段性住房租赁补贴制度，主要面向在城区租赁住房的新就业无房人员，由市政府按照一定标准发放住房租赁补贴，租赁补贴最低标准为不低于每月 300 元，累计发放期限不超过 36 个月。提高城镇住房保障家庭住房补贴标准，补贴标准由原来的每人每月每建筑平方米 3—5.4 元提高到 5.5—9.5 元。

【住房保障调研】　结合工业强市、产业兴市“攻坚五问”大调研大讨论活动，开展全市住房保障工作情况调研活动，实地调研市环境卫生管理服务中心等 5 家公共服务行业单位和滕州市东方钢帘线有限公司 1 家新就业职工较为集中的企业，发放住房保障明白纸 600 份、调查问卷 500 份。开展保障性租赁住房需求网上问卷调查活动，收到有效答卷 629 份。

【公租房管理】　健全和完善公租房动态核查机制，加大定期复核、入户核查力度。取消申请或保障资格 186 户，腾退公租房 66 套。对 88 套腾退公租房进行翻修后，公开摇号进行再配租。

2021 年 12 月 23 日，2021 年腾退公租房再配租选房现场选房活动在住房建设事业发展中心会议室举行（邓国防　摄影）

【化解房改历史遗留问题】　研究对策，借鉴外地有关房改经验，先后为济南铁路局、东谷面粉厂、原滕州市食品厂等 145 户企业职工办理房改手续。

（邓国防）

物业管理

【概况】　全市小区（包含老旧小区和散落式住宅区）376 个，总建筑面积 2850 万平方米，20 万户。其中实施专业化物业管理的住宅小区 268 个，总建筑面积 2665 万平方米，物业管理面积覆盖率 93%。全市现有物业服务企业 86 家，其中外地驻滕企业 15 家，本地企业 71 家。任期内的业主委员会 231 家。

【党建引领红色物业】　坚持“党建引领”，强化对“红色物业”创建工作的指导，指导物业行业加强党的建设，推动党的组织和党的工作有效覆盖，完成“红色物业”创建各项任务目标，全市 376 个小区实现党的组织和工作全覆盖。新成立业主委员会 78 家，新组建业主委员会党组织 110 个，业主委员会组建备案率 61.4%，60 个老旧小区与社区居委会或业主委员会签订物业服务合同，专业化物业服务覆盖率 71%。

【老旧小区改造】　全年实施老旧小区改造工程 54 个，完成投资

4.07亿元，改造面积约190万平方米，受益居民约2万户。重点实施小区房屋修缮、单元防盗门和公共窗户更换，外墙、内墙面粉刷，屋面排水管道、扶手粉刷，混凝土和沥青路面铺设，雨污管道分流改造，化粪池抽污，路灯、监控、门禁系统安装，新增充电桩，弱电线路整理，新增停车位、垃圾分类站、宣传栏、党建传统文化墙、屋面防水和消防设施（消防栓、微型消防应急站）、室外健身设施及公共活动场地等项目。

（龙文周）

住房公积金管理

【概况】 全年滕州市归集住房公积金13.28亿元（其中，为职工结息5150万元），完成年计划的133%，比上年增加1.75亿元，增幅15%，历年累计归集100.28亿元；为231726名职工个人办理各类提取9.29亿元，比上年增加49.28万元，历年累计提取72.29亿元；为2703名职工发放住房公积金贷款10.22亿元，比上年增加1.13亿元，增幅为13%。历年累计为30777名职工发放贷款79.36亿元。

【资金缴存】 利用“全省住房公积金宣传月”和“政府开放日”契机，在滕州电台、融媒体、滕州日报等平台通过专题片、问答题、专栏等方式宣传公积金政策，《滕州日报》刊发《党建引领添活力奋力走进新时代》——党建助推公积金事业发展的专题文章；落实《枣庄市个体工商户和自由职业者住房公积金缴存使用管理办法》，做好人才引进、港澳台同胞、来滕创业人员、大学生就业等群体的政策宣传和开办缴存工作；参加电台举办的政风行风热线，倾听群众呼声；启动行政执法程序，受理职工诉求，对群众反映拒绝为职工缴存公积金单位持续跟踪督促；严格执行“控高保低”政策，维护公积金管理秩序。

【资金使用】 住房公积金贷款业务实行部门联动协同机制，公积金窗口、委托银行、项目开发公司、担保公司、不动产登记中心等部门各司其职、各负其责；利用完整成熟的贷前审核、贷中监督、贷后催收预警机制；年贷款发放额创历史新高，资金使用率较高，贷款资金轮候时间较长；个贷逾期率控制在指标范围内，未出现资金风险。优化住房公积金提取使用流程，宣传引导使用掌办、网办等11种线上办理渠道，不见面提取、资金“秒到帐”成为常态。枣庄、滕州两级大数据部门为资源共享、数据抓取、畅通网络提供有力保障。非线上业务前台即时受理、后台即时审批、即时拨款；异地购房、农村建房等高发违规类型提取得到有效遏制。

【便民服务】 持续深化“放管服”改革，进一步优化营商环境。全面实行综合柜员制，推行“一窗受理、一网通办”，设置“跨省通办”“公积金一件事”专柜，全枣庄实行“通存通提通贷”，全流程实行“服务七步曲”“三四四七”服务承诺。畅通11种互联网+公积金服务渠道，极大方便了职工办理各类业务，足不出户、零跑腿成为常态；实行服务资源下沉，在滕州东部、南部、北部依托各银行乡镇支行设立公积金业务受理点，方便偏远乡镇职工办理公积金业务，实现职工就近办理的服务目标。

（住房公积金管理滕州分中心）

资源管理 生态环保

Resource Management and Ecological Environment Protection

土地资源管理

【概况】 全市土地总面积149513.78公顷，耕地80591.42公顷，其中，水浇地70397.13公顷，旱地10194.29公顷，园地5001.66公顷，林地15248.56公顷，草地896.55公顷，湿地30.89公顷，城镇村及工矿用地31980.5公顷，交通运输用地4521.81公顷，水域及水利设施用地7992.34公顷。滕州被山东省自然资源厅评为耕地保护激励县。

【耕地保护】 印发《滕州市耕地保护“田长制”暂行办法》《滕州市耕地保护“田长制”星级考核评定实施细则》。大坞、洪绪、东沙河等3个镇街土地整理项目实现新增耕地45.9公顷，王晁煤矿、留庄煤矿、柴里煤矿等3个采煤塌陷地治理项目，复垦土地面积183公顷。东郭镇北部山区土地综合整治项目新增耕地250公顷。

【土地利用】 全年争取各类新增指标334.5公顷，其中重大项目用地指标专供108.4公顷、增存挂钩指标99.7公顷、增减挂钩及工矿废弃地复垦利用指标48.4公顷、调整利用指标9.3公顷、盘活低效闲置用地指标68.7公顷，保障多个省市重点项目需求。完成8个片区、规模面积432.9公顷的土地成片开发方案，方案涉及6个镇街、28个村居，拟征地面积213.9公顷，拟容纳项目25个，保障商住用地和重点项目用地需求。累计出让工业及公共用地191宗、面积463.7公顷，出让经营性用地112.5公顷。

【国土空间规划编制】 完成现状城镇建设用地认定、规划基数分类转换、近期重点建设项目梳理等工作，摸清底盘底数和各类用地变化趋势，形成三版初步试划方案。完成永久基本农田、城镇开发边界第二轮试划。

【不动产登记】 依托“一网通办”平台实现网上缴费，扩展不动产登记信息网上查询服务。不动产登记面通过网上办理及专线直连的形式延伸至市域13家银行31个网点，基本实现“不见面”办理；与法院实现司法查询、查封登记不见面办理。不动产向基层延伸，西岗镇、木石镇、东郭镇设置不动产登记窗口。房地一体登记完成960个行政村地形地籍图的底图制作工作，调查宗地325305宗，发放不动产权证书1000本。完成辰阳新村、善国苑二期、金泰花园、嘉誉佳苑等27个项目、8284余户住宅小区房屋登记历史遗留问题化解。

矿产资源管理

【概况】 全市矿产资源种类多，分布广。截至年底，全市探明矿产资源30余种，其中，煤炭总储量为52.3亿吨，分布于14个乡镇，含煤地层共18—22层；石灰石总储量5亿吨，花岗岩总储量13亿吨，水泥年产量880万吨。全市持证矿山企业19家。按矿种分，能源矿产矿山企业15家，非金属矿产矿山企业4家；按开采方式分，露天开采矿山企业4家，地下开采矿山企业15家。

【矿产监管】《滕州市全面实行山长制工作方案》发布实施，完成一、二级保护山体的范围勘测，埋设永久性界桩667个，设立山体标识牌39座。完成羊庄镇民庄村东、钓鱼台村西北、木石镇白塔村北和羊庄镇东辛庄村东4处山体修复工作，恢复治理面积14公顷，种植绿化树木1.5万余株。组织对境内19家矿山企业开展三轮78次安全隐患大排查大整治检查。完成19家矿山企业矿业权人勘查开采信息公示工作。

【绿色矿山建设】编制《滕州市绿色矿业发展示范区建设方案》，并经过省自然资源厅和自然资源部审查。3家非煤矿山企业全部完成绿色矿山建设任务，其中2家入选国家级绿色矿山名录，1家入选省级绿色矿山名录；15家煤炭矿山中有14家完成绿色矿山建设任务并通过第三方评估及枣庄自然资源和规划局组织的实地核查，其中3家入选省级绿色矿山名录，其余正在参加第四批省级绿色矿山遴选。

【森林管护】组织开展森林督查，完成226个图斑的现地验证和内业梳理。开展森林资源管理“一张图”年度更新暨森林动态监测工作，林草生态综合监测评价数据库建设通过省级验收。对全市139棵古树名木设置支撑架、保护栏、避雷装置等，复壮修复古树63棵，设置保护围栏32处，安装支撑架避雷针30处。柴胡店青龙绿道两侧绿化提升和节点绿化提升工程全面完成，提升绿道道路建设22公里，绿化美化节点3处。提升改造钓鱼台、葫芦套2处驿站，建设绿荫停车场3000平方米。新建古薛河驿站1处，高标准绿化提升6000平方米。组织申报大坞镇、姜屯镇、羊庄镇、级索镇、滨湖镇等5个森林镇，申报市级森林村居52个，申报绿色美丽庭院308个。

测绘管理

【测量标志管理】全市被省自然资源厅列入管护范围的国家测量标志101个（不含军控点），其中三角点14个、GPS连续运行站1个、GPS点19个、水准点67个。完成2020年度测量标志管护费发放，签订测量标志委托保管协议书，组织测量标志巡查上报。

【测绘及地图市场监管】加强地图市场监管，联合综合行政执法等部门对全市地图市场开展执法检查。组织测绘法宣传活动，开展国家版图意识宣传教育。加强测绘市场管理，配合枣庄市自然资源和规划局开展测绘产品质量检查、保密检查、测绘资质单位年报等工作。

【信息化建设】智慧滕州时空大数据平台建设完成，完成全域1495平方千米1:2000比例尺数字线划图生产、地名地址数据采集入库；镇驻地33平方千米1:500比例地形图更新；城市规划区110平方千米实景三维和白模数据生产。完成高铁新区21平方千米地理实体数据生产；城区200千米主次干道及重点商业区街景数据生产；补充工矿区、旅游景点、重点项目等优于0.05米分辨率的实景三维数据；调用房地一体项目0.012米分辨率全市村庄实景三维数据。完成自然资源外业巡查APP开发，实现与自然资源大数据中心的整合；完成自然资源大数据平台矢量瓦片的地图配置，并与栅格瓦片融合显示；完成自然资源大数据平台业务管理项目的展示与检索；完成综合分析的一键分析、结果一键导出、存档等功能。

【测绘保障服务】发布《滕州市“十四五”基础测绘规划》。协助部分镇政府办理1:1万基础地理信息数据申请，为市机关事务中心提供城区高分辨率实景三维数据，向全市党政部门和企事业单位提供《滕州市地图》《滕州城区图》500余份。

（张志超）

林业资源和事业

【概况】市林业事业发展中心以实施“山水林田大会战”为总抓手，统筹谋划，整合资源，创新路径，推进各项林业工作落实。累计新增造林704公顷，发展林下经济66.7公顷，新增经济林180公顷，全市林业总产值达到50.7亿元，比上年增长9.6%。国有西岗苗圃获评全国林草科普基地。

【山水林田大会战】 围绕荒山披绿、河道治理、产业增绿、城区绣绿、镇村兴绿、绿道提升、湿地复绿、防火护绿、山体修复、沃田高产等十大工程，按流域、片区统筹推进山水林田湖综合治理。全年实施10个片区（攻坚战）42个项目，年度计划投资14.6亿元。项目全面竣工，完成投资14.83亿元，占计划总投资的101%。累计实施新造林704公顷，修复湿地92公顷，建设提升环城绿道、绿色生态廊道77公里，治理河道43.7公里，新增高标准农田7700余公顷，完成飞机防治美国白蛾等林业有害生物2万余公顷，新建城市游园、口袋公园33处，绿化面积100万平方米。

【造林绿化行动】 荒山绿化彩化。围绕京沪高铁、枣庄环城绿道（滕州段）沿线和莲青山风景区等区域实施荒山绿化彩化项目，栽植侧柏、黄栌等苗木80余万株，累计完成荒山造林300余公顷，森林质量精准提升200余公顷，实现荒山“清零”。“四旁”科学绿化。实施镇村兴绿工程，全市累计提升建设镇驻地生态公园23.9公顷，围村林带129.4公顷。绿化提升镇村主要街道550公里，绿化村居399个，“四旁”、庭院栽植各类苗木230余万株。

2021年3月12日，全市义务植树活动现场

森林镇村创建。新创建枣庄市级森林镇5个，森林村居50个，绿色美丽庭院400户。全市累计创成省级森林镇3个、森林村居22个；枣庄市级森林镇11个、森林村居87个；滕州市级森林镇16个、森林村居113个。义务植树活动。组织实施全市义务植树活动和枣庄、滕州两级市委统战部领导参加的“同心林”义务植树活动；联合团市委组织广大市民进行义务植树“云报名”，通过微信群发动各行各业人员及志愿者、义工等团体组织，组织开展植树活动，并通过颁发全民义务植树尽责证书和“植树造林好少年”奖状的形式，增加市民植树造林荣誉感；全年开展义务植树活动35次，140多个单位和社会团体、1万多人次参与，共栽植各类苗木15万余株。

【森林资源管护】 林业病虫害防治和野生动物保护。做好林业有害生物日常监测工作，悬挂监测诱器30个。开展美国白蛾虫综合防治工作，完成飞防面积2万余公顷，器械防治2万余公顷，人工防治666.7公顷。对重要的野生动物栖息地进行疫源疫病监测，并通过国家级野生动物疫源疫病测报点上报监测情况，通过群众热线救助猫头鹰、红隼、苍鹭、普通鵟等野生动物29只。森林防火灭火工作。印发各类宣传资料5余万份，出动宣传车80余辆次，整理、刷新宣传标语120余幅，制作防火警示牌、封山令碑360块，新增智能卡口5处。先后举办森林防火灭火培训班2期，举行森林防火灭火实战演习3次。防火期内实行24小时领导带班和值班制度、森林火警日报告、零报告制度。在重点林区进口设置防火检查点重点监控，重点值守，严禁火种进山入林。组建专项工作组对各有山镇街加强检查督导，全年未发生重大森林火情。“引水上山”工程。以总投资883万元的森林火灾高风险区综合治理项目为依托，开展“引水上山”，筑牢山林生产生活生态“水屏障”。在国有木石林场建设300立方米混凝土浇灌蓄水池1座、泵房2处，铺设管道3600余米。招引社会资本在柴胡店镇乾隆山实施“引水上山”工程，总投资1000余万元，新建泵房1座，铺设管道5000余米，防火栓43个。全市新修森林防火通道3处，15公里。

【林业产业发展】 坚持兴林富民，推动林业产业发展提升，发展特色经济林、林下经济、花卉苗木、林产品深加工、木材加工等林业产业。注重新品种、新技术研究和引进，指导建设花椒、猕猴桃、榛子、冬桃、苹果、葡萄等经济林高产示范园。全市林业总产值50.7亿元，比上年增长9.6%。实施林下经济提质增效项目。利用林下空间发展林下渔、林下禽、林下粮等多种林下经济模式，发展林下经济66.7公顷。全市新增经济林180公顷，建成经济林高产示范园2处，73.3公顷。扶持传统花卉产业。加强新品种引进、改良和培育，提升苗木花卉产业基地66.7公顷。引导龙头企业。国家级林业龙头企业鑫迪门业“家居工业4.0”智能制造项目总投资6亿元，新建智能家居高端定制车间3个，约5万平方米。发展生态科普研学游。国有西岗苗圃由传统的苗木培育向科普、研学、观光等方面发展转型，获评全国林草科普基地，接待学生、游客6000余人。

（市林业事业发展中心）

环境质量

【概况】 全市突出精准治污、科学治污、依法治污，打好污染防治攻坚战，全市生态环境质量持续向好，群众对良好生态环境的幸福感进一步提升。

【空气环境质量】 全市细颗粒物（$PM_{2.5}$）浓度每立方米44微克，比上年改善20%；可吸入颗粒物（PM_{10}）浓度每立方米83微克，比上年改善9.8%；二氧化硫（SO_2）浓度每立方米14微克，比上年改善17.6%；二氧化氮（NO_2）浓度每立方米26微克，比上年改善7.1%；臭氧（O_3）浓度每立方米172微克，比上年改善5%；优良天数231天，优良率63.3%，比上年增加2.1个百分点。二氧化硫（SO_2）浓度、二氧化氮（NO_2）浓度长期稳定达到《环境空气质量标准》二级标准。

【水环境质量】 城郭河群乐桥、北沙河王晁桥、新薛河洛房桥3个国控断面水质各项指标均值全部达到地表水三类标准。荆泉、羊庄水源地水质均达到地下水质量三类标准。

【土壤环境质量】 全市土壤环境质量总体稳定，受污染耕地安全利用率和污染地块安全利用率均达到100%。

【城市噪声】 道路交通噪声强度：监测49条道路78个交通噪声监测点，昼间平均等效声级为67.3分贝，等级“一级”，评价为“好”。区域环境噪声总体水平：布设网格101个，其中，1类声环境功能区40个，2类声环境功能区31个，3类声环境功能区30个。昼间平均等效声级为57.4分贝，等级为“三级”，评价为“一般”。

污染防治

【大气污染防治】 印发《2021年滕州市空气质量全面改善行动方案》，明确4项主要任务、24项具体落实措施，推进空气环境质量改善。采取“四不两直”方式，深入一线进行检查，不定期召开调度会议，督促问题整改落实。9条大气污染防治工作专线不定期开展联合执法行动。市大气污染综合治理工作指挥部坚持实体化办公，开展常规的白天日常督导检查和不定期的夜查行动。编制全市大气污染源排放清单、空气质量保障任务清单和重污染天气应急减排清单等3个清单，有效实施精准减排。每月在经济开发区、鲁南高科技化工园区等重点区域实施无人机、红外气体摄像仪、VOCs走航监测，发现30余处高污染重点区域并溯源排查整治。邀请省环科院分两批次对涉VOCs重点企业进行专项治理培训，对76家涉VOCs重点企业开展帮扶，帮助企业解决环境问题105

个。清理取缔2台15蒸吨燃煤锅炉，淘汰1家砖瓦窑。开展柴油货车尾气排放路检路查，抽查柴油货车1670辆，查处尾气排放不合格车辆200余辆。开展非道路移动机械专项检查，完成登记审核、喷码登记4169辆，抽查抽测620辆。

【水污染防治】 与微山县、山亭区签订流域横向生态补偿协议，共同促进区域水环境质量改善。推进城区第四污水处理厂、鲍沟玻璃基地氟化物处理站等重点治污工程建设，提升城市污水处理能力。实施城区第三污水处理厂污水管网配套以及技改工程，解决污水溢流问题，降低出水总磷浓度。对南四湖流域涉及的10家硫酸盐超标的煤矿企业实施治理，蒋庄煤矿、田陈煤矿、滨湖煤矿等3家煤矿建设高盐废水处理设施，其他7家煤矿通过治理均实现达标排放。实施郭河流域（鲍沟段）人工湿地水质净化二期工程和九村人工湿地水质净化工程建设，进一步净化河道水质。对荆泉、羊庄水源地保护范围进行科学调整，编制《荆泉、羊庄水源地保护区划分方案》，定期监测荆泉、羊庄集中式饮用水水源水质。农村生活污水治理完成治理村庄127个，超额完成17个。3个农村黑臭水体治理任务全部完成。

【土壤污染防治】 动态更新重点监管单位名录，将兖矿鲁南化工等28家企业纳入土壤环境污染重点监管单位，并签订土壤污染防治责任书，督促严格执行有毒有害物质排放报告制度、土壤污染隐患排查制度、土壤及地下水自行监测并公开制度等。对用途变更为住宅、公共管理与公共服务用地的地块建立清单，按要求开展土壤污染状况调查，评审建设用地15宗，守牢安全利用底线。对列入《山东省建设用地土壤污染风险管控和修复名录》的原滕州市瑞达焦化有限公司地块开展土壤调查评估修复。持续开展“清废行动”，强化重金属行业污染防治，重金属排放量削减15%，转移危险废物9.5万吨。

环境监管

【环保督察】 市委常委会先后2次、市政府常务会议先后3次听取生态环保督察情况汇报，明确市委常委帮包专班、副县级干部帮包镇街、副市长推进各分管部门督导的推进模式，督促各镇街、各部门加快对各级生态环保督察交办的信访件、反馈问题及存在的突出环境问题整改。各有关部门、各镇街对生态环境风险问题进行全面梳理排查，梳理排查风险点问题33个，并由市级分管和帮包镇街领导分别督促整改。成立市保障生态环境保护督察工作协调联络组，抽调人员集中办公。对转办的信访件，相关责任单位主要负责人做到“五个第一”（第一时间赶到现场、第一时间查清问题、第一时间查清原因、第一时间查实责任、第一时间进行处理和追责）。建立日常巡查制度，各部门、各镇街对行业内、辖区内的生态环境问题每日进行巡查，累计巡查解决生态环境问题120余个。实现中央、省生态环保督察期间无典型生态环境案例曝光、无突出生态环境问题通报、无生态环境损害责任追究问题线索移交的任务目标。494件省级环保督察信访件全部办结，37项反馈意见整改任务全部完成整改。100件中央环保督察信访件，已办结96件、阶段性办结4件。

【企业环保监管】 采取日常巡查和夜间检查相结合的方式，重点监管企业治污设施运行情况，严查偷排偷放等环境违法行为。420家企业安装治污设施用电监管系统，250家企业安装远程视频监控，全程监控企业生产，强化非现场执法。以创建绿色标杆企业为抓手，指导企业履行主体治污责任，联泓新材料科技股份有限公司等10家企业获评“滕州生态环保绿色标杆企业”称号。开展环境安全隐患排查治理和应急演练等环境应急管理工作，联合联泓新材料科技股份有限公司等企业组织开展突发环境事件综合应急演练活动。加强应急预案编修及预案备案管理，办理企事业单位突发环境事件应急预案备案217家。加强辐射安全隐患排查，检查51家核技术利用单位，实现全覆盖。全市未发生环境安全事故。

滕州智慧环保平台

【智慧化监管】 实施生态环境大数据基础设施建设，打造“全面感知、自动分析、及时预警、锁定打击”四位一体的智慧环保指挥中心。接入6个国控水站、气站，21个镇街空气站，62个空气微站，150家视频监控，96家在线监测和354家用电监管企业数据，同步融入行政处罚、总量环评、环境信访、监测数据、一企一档等基础监管信息，绘制滕州生态环境监管“一张图”。结合用电监管、视频监控、在线监测、遥感监测等非现场执法监管系统，辅助无人机巡查，初步实现管控模式“立体化”，监管内容“精准化”，确保问题查得出、查得准、快处置。智慧环保指挥中心入选山东省新型智慧城市优秀案例，排名环境监管类第6位。滕州智慧环保成效得到学习强国平台、“山东新闻”、《中国环境报》《枣庄日报》《滕州日报》等各级媒体宣传报道。

【环境执法检查】 企业列入执法检查正面清单31家，受到现场执法检查频次减少。推行包容审慎监管，坚持首次不罚、首次轻罚，发放明白纸、下发整改通知书4000余份，13起轻微违法行为不予处罚。实施“全天候”线上监管、“网格化”线下巡查，出动执法人员2100余人次，检查帮扶企业1500余家（次），立案131件，罚款2965.5万元，移交公安机关32起，治安拘留25人、刑事拘留34人。

（张　众）

农业和农村工作

Agricultural and Rural Work

农业和农村综述

【概况】 滕州市入选全国农业绿色发展先行先试支撑体系建设示范县、第三批全国农村创业创新典型县、第二批全国农作物病虫害专业化统防统治创建县、全国农产品产地冷藏保鲜整县推进试点县、第二批全省乡村振兴示范县、全省农产品加工业示范县。

【农业生产】 实施“藏粮于地、藏粮于技”战略，全年粮食面积10.66万公顷，总产80.08万吨，单产500.85公斤，完成全省首批吨粮县创建目标。全国粮食机收减损技能大比武在滕州开赛。举办中国滕州第十三届马铃薯节，滕州马铃薯及品牌农产品参加第六届“中国国际食品配料博览会”。全市规模养殖场及养殖专业户1000余个，畜禽存栏595.77万头（只），出栏1481.68万头（只）。创建成山东省现代农业产业园（滕州马铃薯），界河镇入选全国乡村特色产业十亿元镇和省级农业产业强镇。

2021年6月4日，全国粮食机收减损技能大比武（山东分赛区）在滕州官桥镇举行

【智慧农业】 利用官网、微信公众号等各类平台，发布各类农业政策、价格信息、天气预报预警信息1000余条（次）。与中国建设银行滕州支行合作，建设滕州农业智慧云平台，包括农产品质量安全监管子系统、食用农产品合格证子系统等。培育盛泽家庭农场等智慧农业应用基地3家，合易智慧园区、丰谷云农科技园、天泽科技农业产业园入选枣庄市级智慧农业产业园。

【美丽乡村建设】 在美丽乡村全覆盖的基础上，结合“双十镇”建设，建成美丽乡村精品示范片区8个，完成2020年度4个省级、40个枣庄市级美丽乡村的验收工作。官桥镇上魏楼村、龙阳镇卧龙村获评第二批山东省景区化村庄，洪绪镇堌堆村、大坞镇大刘庄南村、官桥镇上魏楼村、姜屯镇东滕城村四个村获评枣庄市2021年十佳美丽乡村。

【新型经营主体和新型农民】 滕州市获批全省家庭农场高质量发展整县提升试点单位，新培育省级家庭农场示范场1家，枣庄市级农业产业化龙头企业10家、农民专业合作社示范社14家、家庭农场13家，山东福藤食品有限公司创建成国家级农业产业化龙头企业，福藤生猪、恒仁玉米、东谷粮食入选省农业产业化示范联合体名单。开展职业农民培训，培训2171人；完成高素质农民培训，培训665人。

【农机工作】 全年实施农机购置补贴资金1490万元，确定补贴对象971户，补贴各类农业机械1269台。全市农机总动力153万千瓦，农作物耕种收综合机械化率99%。建设农技推广基地4处。其中，小麦玉米全程机械化技术示范基地3处，马铃薯全程机械化耕作技术示范基地1处。承担国家深松整地作业项目任务面积5040公顷，补贴资金227万元。粮食机收减损工作得到省农业农村厅的表扬，农机购置补贴工作被省农业农村厅评为优秀。

农村经济事务

【概况】 农村集体产权制度改革全面完成，探索实施“两类三型”改革模式，被农业农村部确定为第二批农民专业合作社质量提升整县推进试点县，《滕州市强化农村三资管理夯实镇村基层组织物质基础》被中国领导科学研究会评定为“中国基层领导力典型案例”在全国推广。

【农村改革】 完成农村集体产权制度改革工作，全市1188个村居成立集体经济组织。推行股权质押贷款试点，制定出台《滕州市农村集体资产股权质押贷款管理办法》，创新股权抵押贷款农村金融改革，全年全市农村集体股权质押贷款总额367万元。完善产权交易体系建设，山东农村产权交易中心滕州市服务中心揭牌成立。全市成立镇街工作站21个、村居联络点1188个，形成“市、镇、村”三级农村产权交易服务体系。

【农村“三资”管理】 完成农村集体“三资”摸底排查任务，清理涉及违规侵占固定资产285处、不规范发包机动地795.5公顷、“四荒地”2187.3公顷、不合理合同2573份。通过清理规范，可新增集体收入6322.93万元，村均实现增收5.51万元。

【鲁担惠农贷工作】 全年新增担保1279户、金额9.1亿元，在保1450户，金额10亿元。全市累计担保2179户，金额13.42亿元。

【农村土地承包管理】 完成农村土地承包经营权证信息排查整改工作，涉及农户54793户，涉及权证54793个，涉及承包地面积2650.6公顷。健全和完善调解、仲裁体系，提高调解仲裁能力和水平，有效化解农村土地承包经营纠纷，通过国家、省、枣庄市级农村土地承包经营纠纷调解仲裁考评工作。央视《民法典进行时》实地采访推介滕州农村承包地经营权流转、抵押贷款等工作。

农业技术推广

【概况】 建设粮食绿色高质高效创建亩示范区666.7公顷，辐射面积6666.7公顷；推广农作物水肥一体化面积473.3公顷、粮食作物病虫害统防统治面积近3万公顷。

【粮棉油工作】 小麦种植面积4.8万公顷，比上年增加333.3公顷，平均亩产511.24公斤，总产41.2万吨；玉米总播种面积6万公顷，平均亩产625公斤，总产量56.3万吨。花生种植面积2266.7公顷、平均亩产296.8公斤，总产1.01万吨；大豆种植面积1400公顷、平均亩产207.3公斤，总产0.44万吨；棉花种植面积51.1公顷、平均亩产221公斤，总产169.4吨。

【植保植检工作】 建成覆盖全市的农作物病虫害预警监测网，成为全省唯一农作物病虫害智能预警监测全覆盖的县市。做好小麦条锈病、草地贪夜蛾、马铃薯晚疫病等重大病虫防治工作，在官桥镇建设万亩绿色防控示范区1处，完成小麦病虫害统防统治面积2.4万公顷，玉米病虫害统防统治面积超5300公顷，实现“虫口夺粮”保丰收，滕州市获评全国农作物病虫害统防统治创建县。

【蔬菜工作】 集中连片规划建设大白菜、大葱、绿萝卜、毛芋头等万亩级特色蔬菜基地6个。全市蔬菜种植面积5.3万公顷，其中冬暖大棚、大中拱棚、小拱棚等保护地面积2.9万公顷，总产155.305万吨，总产值40.95亿元，露地蔬菜种植面积2.4万公顷，总产89.23万吨，总产值17.85亿元。春秋两季马铃薯面积4.7万公顷，总产约167.45万吨。正德康城马铃薯鲜切菜中央厨房项目正式投产，龙阳界河马铃薯复配粉项目快速推进。

【种子工作】 开展种子管理体系信息、持证种子企业信息、主要农作物制种供需信息、良种种植面积统计信息、种子市场运行调研信息等80余份报表2万条种业数据采集统计。开展种质资源再普查再发掘，新收集小樱桃、麦黄杏、南段1号等地方特色优质种质资源3个，采集上报种质资源样本28份，生境照片补拍录入种质资源34个。

【土肥工作】 继续做好土壤墒情监测工作，全年发布墒情简报20期，累计发布简报227期。持续做好耕地保护与质量提升项目，采集土样150个、地块调查表150份、土壤化验3000项（次）。申报并开展实施绿色种养循环农业试点项目，完成粪肥堆沤还田6666.7公顷。

农业综合执法

【执法检查工作】 市农业综合行政执法大队采用“双随机一公开”“飞行检查”与各类专项检查相结合等方式，开展执法1650余人次，完成省市“双随机一公开”检查任务78次，农产品畜产品抽检26次，检查各类生产经营企业（户）490余家，依法依规处置涉嫌违法行为。

【案件办理工作】 承办枣庄市12345政务服务热线涉农问题60余件，化解群众反映的各类热点难点问题，直接或间接挽回群众经济损失10余万元。全年立案查处案件12起，简易程序案件9起，全部处结。下达责令整改通知书70余份，罚款88320元，没收违法所得1384元，没收违法财物货值1203元，挽回经济损失75000元。

畜牧渔业

【概况】 全市围绕“保供给、保安全、保生态”目标，发展优质高效畜牧渔业，保持健康稳定发展势头。

【畜禽养殖】 全市畜禽存栏595.77万头（只），出栏1481.68万头（只），肉蛋奶产量12.66万吨。生猪稳产保供工作增量明显，规上统计生猪养殖场26个，较上年新增11个，滨湖牧联后纸村一场、洋汶村二场、东沙河丰源、滨湖朱寨富邦、滨湖合力升、姜屯三农、春藤界河、大坞合力升、羊庄牧原等重点工程均建设完成；生猪实现存栏23.97万头，同比增加26%。稳步推进畜禽粪污资源化利用整县推进项目，开展为期近半年的畜禽养殖污染整治行动，迎接中央、省市环保督察，推进规模养殖场、养殖专业户粪污治理设施配套建设，配建率100%。

【渔业发展】 全市水产养殖面积4849公顷，水产品产量40925吨。启动实施集中连片内陆养殖池塘标准化改造和尾水治理项目，开展渔民家庭收支调查和水产品及渔业生产信息调查工作，深化渔业精准服务，提高服务水平，加大渔业科技推广力度，推动渔业稳产、提质、增效。开展南四湖省级自然保护区池塘退养工作，通过枣庄市级、省农业农村厅验收。

【种业资源】 启动实施畜禽、水产遗传资源普查工作，成立协调推进组和技术组，入村入户，深入帮包，细致指导、培训，确保畜禽遗传资源普查工作取得实效。强化产学研结合，深挖优质猪种资源枣庄黑盖猪遗传资源保护和利用，健全完善保种方案、规章制度和技术措施。

【疫病防控和产品安全】 做好春秋重大动物疫病防控工作，落实“先打后补”政策，强化规模以下养殖畜禽强制免疫，统筹做好布病、炭疽等人畜共患病防控，检测牛羊255只，排查牲畜11万余头（只）。未发生重大畜产品质量安全事件，主动发现并妥善处置畜产品质量安全问题3起。

【技术服务】 实施农技推广项目，抓好主推技术推广，培育畜牧渔业科技示范主体。加强行业政策和技术知识宣传，开展重大动物疫病防控及畜禽粪污资源化利用巡回技术宣传培训活动，多次举办渔民培训活动，借助省市培训载体，组织养殖场户、专业技术人员参加各类系列网络培训活动，累计培训人员2500余人次。

农业重点企业和品牌

【重点企业培育】 全市规模以上农业龙头企业129家，其中规模以上的农产品加工企业69家，国家级农业龙头企业3家，省级农业龙头企业14家，枣庄市级农业企业85家，农产品加工增值率超40%，年加工、贮运各类农产品800多万吨，规模以上农产品加工企业年营业收入116.7亿元，出口创汇4000余万美元。滕州市被山东省农业农村厅确定为山东省农产品加工示范县，山东福藤食品有限公司被认定为第七批农业产业化国家重点龙头企业，滕州市福藤生猪产业化联合体等3家被认定为山东省农业产业化示范联合体，山东雨田食品科技有限公司被认定为枣庄市级农业产业化龙头企业。

【品牌发展培育】 培植滕州马铃薯等优势特色农产品品牌，创建优质农产品品牌基地46处，培育有较大影响力的农产品区域公用品牌5个、知名企业农产品品牌11个、自营农产品品牌86个，累计认证无公害农产品、绿色食品、有机食品240个。滕州马铃薯入选山东省十大地理标志品牌，新培育枣庄市区域公用品牌1个，企业品牌3个。

乡村振兴

【概况】 全市把乡村振兴作为实现共同富裕的重要抓手，以乡村振兴“双十镇”建设和现代农业强县创建为统领，农业农村发展呈现稳中向好、质效双升的良好态势。全年51个乡村振兴项目完成投资40.8亿元，滕州获评全省乡村振兴示范县、省级耕地保护激励县。市扶贫开发领导小组办公室、大坞镇党委获评省脱贫攻坚先进集体，宗兆波、卓德元、王建桥、卢宗梅获评省脱贫攻坚先进个人。

【乡村人才振兴】 开展职业技能提升行动质量年活动、“送技能下乡”活动，开展农民培训7206人，培训农业领军人才、乡村治理及社会事业发展带头人45人。优化提升“滕州英才”工程，引进省级以上高层次人才40人，滕州获评全省人才工作先进单位。山东恒仁工贸有限公司入选第四批省级乡村振兴专家服务基地，滕州市连续两年入列省级乡村振兴服务基地。

【乡村文化振兴】 加强农村精神文明建设，开展第七届全国道德模范故事汇基层巡演和志愿服务关爱行动，制作文明健康主题公益广告7100余套，组织开展各类文明实践活动14000余场次。完善基层文化服务体系，200个村居完成综合性文化服务中心改造提升任务，“戏曲进乡村”演出12468场。建成乡村文物展览馆10处，乡村记忆馆、村史馆、非物质文化遗产展示馆30处。姜屯东滕城村、龙阳张山口村等4个村入选山东省首批景区化村庄，滕州获评全省首批文化和旅游消费示范县、全省全域旅游示范区。

【乡村生态振兴】 启动新一轮农村人居环境整治提升行动，建成美丽乡村精品示范片区8个、枣庄市级以上美丽乡村44个、美丽庭院2万户，完成农村供水提质工程50个，新建农村生活污水治理村居74个，巩固提升农村生活污水治理20个，治理农村黑臭水体3个；实施“山水林田大会战”，42个项目竣工，完成造林800公顷，修复湿地92公顷，建设提升环城绿道、生态廊道77公里；推进农村公共基础设施建设，完成滕龙路主体工程，东岗线等14条县乡道路完工，完成清洁取暖建设项目21238户，改造农村供电线路31条114公里，建成标准化用电示范村80个。第三污水处理厂6.2公里管网改造完工，3条国控河流断面水质均达到地表水三类标准。

【乡村组织振兴】 建立月度考核机制，财政列支1亿元资金提高村干部基本报酬和绩效报酬，1人获评全国“优秀党务工作者”，4人和1个党组织获评省“两优一先”。完成村（社区）“两委”换届，党组织书记“一肩挑”比例95.2%，村（社区）干部学历、年龄结构全面优化。实施三年强村计划，扎实开展“三资”清理，打响“破十攀百”攻坚战，集体经济收入10万元以上村达到92%，100万元以上村56个。

（王其峰　丁洪贞）

城乡水务

【概况】 全市完成各类水利投资3.2亿元，城河、十字河创建成省级美丽幸福示范河湖，户主水库通过省级标准化验收，共享蓝管基坑排水经验被《人民日报》《大众日报》专题报道，治水管水做法在中央、省、市级新闻媒体播发，工业综合水价改革经验被全省推广。滕州市继续保持“全国节水型城市”称号。

【重点水利工程建设】 完成界河全线25公里治理，维修改造漫水桥3处，规划设计界河生态文化廊道。东沙河水厂完成滕州境内输水管线15.6公里铺设，城区老旧小区供水管网改造7.3公里，实施50个村的农村供水提质工程，建立农村水管员和公示制度。18个移民扶持项目完工，助力乡村振兴。实施龙阳北部山区小流域治理工程，治理水土流失面积3平方公里，修复区域生态环境。

【河湖长制和美丽河湖建设】 在荆河坝两侧新建口袋公园，在小邾国遗址建设河湖长制主题公园，在十字河官庄橡胶坝增设滨河绿地公园一处，在薛河故道与干道交汇处建设薛河湿地公园，打造群众休闲娱乐的亲水文化平台，通过省级美丽河湖验收。成立正科级事业单位河湖长制事务中心，落实专职巡查人员48人，采取徒步巡查、视频监控、水质检测的方式，实行每月河长巡河通报制度，各级河长累计巡河3万次，盯紧“四乱”问题，及时交办、落实整改154项。对荆河、小清河17公里河道实行专业化保洁，定期打捞水草。首次实施荆河、小清河两河联通补水工程，实现“源头活水来”。在河道、水库重要位置安装防溺水警示标语、群众监督举报电话70余处，开展“河我一起、守护母亲河”巡河净滩活动。

【污水处理和排水管理】 实施第三污水处理厂6.2公里污水管网改造工程，有效解决管网坍塌、污水溢流问题，降低污水处理厂运行压力。日处理污水6万立方米的第四污水处理厂建成。按照全省“两清零一提标”的要求，拟定2023年完成的三区改造计划和任务分工，第三污水处理厂技改加快实施，提高出水水质。实行厂外巡查和驻厂监管相结合，保障出水水质稳定达标。7处共享蓝管工程有效减轻污水处理厂运行负担，每天可最大向城区河道注入2.3万立方米干净地下水，并将基坑水回用于市政园林，实现综合利用。

【防汛安全】 实施户主东、虎山

滕州市第三污水处理厂技改项目

水库除险加固工程，提升水库防洪保安能力。15座水库、15座水闸工程标准化管理通过验收。南水北调、南四湖湖东堤工程安全运行。台风“烟花”安全过境，水库全部降至安全运行水位以下，闸坝低坝运行，河道行洪通畅。实施奚仲路、朱李居积水改造工程，对小冯河部分河段进行清淤，实行城区分片帮包值守，防台风做法在省台播发。落实安全生产“一岗双责”，开展“学法规、强监管、严执法、保安全”专项行动，安全生产形势持续稳定。

【服务管理】 落实水资源节约集约考核要求，年用水总量控制在2.9亿立方米，5家单位获评省级节水型企业、社区，新源热电获评省级节水标杆企业，全年征收水资源税7000余万元。完成生产建设项目专项整治任务240个，征收水保补偿费2235万元。上门服务指导企业的取水、排水、水土保持事项，推行“零零一”供水报装服务模式，办理用水报装300余件。智慧水务平台建成，治水管水信息化管理水平提升。

（市城乡水务局）

【滕州市水务发展集团】 全年累计投资3.3亿元，建成一批供水排水、防洪除涝、水库除险加固等民生重点项目。东沙河地表水厂完成近一半投资；第四污水处理厂建成试运营，出水指标达到准四类标准；第三污水处理厂配套管网改造工程完成，实现雨污分流。基本完成鲁南高科技化工园区保安全供水工程，建成城市供水管网提升及智慧化改造工程，建成北交排水站及公交泵站雨污分流工程。全年营业收入6.22亿元，实现利润总额733万元，上缴税收4085.5万元，国有资本保值增值率100.7%，实现生活供水4730万吨，工业供水3970万吨。年末资产总额33.75亿元，负债总额25.62亿元，资产负债率75.93%。

（市水发集团）

工业和信息化

Industry and Informatization

工业综述

【概况】 全市全面推进“工业强市、产业兴市”三年攻坚突破行动，构建“633”现代产业体系。规上工业增加值比上年增长16.5%，比枣庄高5.7个百分点，位列枣庄五区一市首位；规上工业企业营业收入、利润分别实现686.3亿元、70.6亿元，比上年分别增长31.9%、247.7%。工业各项指标高速增长、高位运行，呈现稳中向好、好中快进的高质量发展态势。

2021年3月18日，正威华能金属新材料项目一期投产暨二期开工仪式举行

【产业培壮】 聚焦“633”现代工业产业体系建设，实施“强链、建链、补链”工程，夯实专班专抓，正威华能金属新材料一期、北玻院航天特种聚合物、山能鲁化己内酰胺等大项目陆续投产达效。高端装备、高端化工、新材料等主导产业分别实现营业收入280亿元、300亿元、110亿元。滕州经济开发区升级为国家级经济技术开发区，中小数控机床产业集群入选省特色产业集群。

【企业培育】 实施“247”领航、专精特新和中小微企业提升等培育计划。全年新增规上工业企业52家，总数达到304家；营收过10亿元工业企业达到13家，其中山能鲁化成为枣庄首家单体营收过百亿元企业，联泓新科市值最高值过千亿，上榜中国上市企业500强；新培育国家级专精特新“小巨人”企业1家、省级“专精特新”企业11家、省级瞪羚企业5家；跻身中国石油和化工企业500强企业3家，联泓新科董事长郑月明获评省优秀企业家。

【智能制造】 100个重点技改项目全部开工，其中完工60个、纳入省导向目录20个；设立首批2亿元技改基金，12家企业完成尽调评价，4家企业入列投资备选，为雄狮装饰公司发放3000万元、带动银行新增贷款4000万元。培育国家级智能制造创新领航应用案例1个，国家级绿色工厂1家，省数字化车间2家，省技术创新示范3家；入列省首版次高端软件产品3项，入选省首台（套）技术装备及关键核心零部件产品7项，技术创新项目入列省计划19个；滕州大数据产业园获评省级数字经济园区。

【精准服务】 常态化抓好工业经济运行监测和企业疫情防控。5家企业获评枣庄市功勋企业或优秀企业；累计解决110家企业、163万平方米的民营企业土地房屋产权历史遗留问题。编印《工业企业品牌认定申报指南》，开展中小企业服务月活动；市中小企业公共服务平台获评省重点支持国家“小巨人”企业示范平台，依托该平台先后举办线上活动100场（次），线下公共服务活动12期，服务企业超2500家（次）。

化工工业

【概况】 全年高端化工产业营业收入实现300亿元，比上年增长42.9%。全市高端化工企业发展到48家，其中规上企业27家，鲁南化工、联泓新科、盛隆化工等成为行业龙头骨干企业。鲁南化工、联泓新科进入2021中国石油和化工企业500强排行榜（独立生产、经营企业）前100强，分别排名第72位、第77位。盛隆化工排名500强排行榜（综合类企业）第218位。

【链条延伸】 产业主要以煤气化、煤焦化为源头，依托集群内合成氨、甲醇、醋酸等上游产品，纵深向精细化工、化工新材料下游方向发展，建成以合成氨、甲醇为原料的“氨基”和“醇基”两大产业链。其中，“氨基”产业链以鲁南化工为链主，集聚聚合顺、杭氧气体、鲁化好阳光、大明消毒等配套企业；“醇基”产业链以鲁南化工、联泓新材料为链主，集聚瑞达化工、中峰化学、鲁化森萱、国正化工等配套企业。形成企业上下游协作配套、产品链条环环相扣、产品种类不断丰富、附加值不断提升的发展新格局。

【项目建设】 聚焦产业转型升级高质量发展，围绕产业链向终端拉伸、价值链向高端延伸，强化精准招商、以商招商、产业链招商，推进与山东能源、中化集团、联想控股、国科控股、宝武钢铁等国内外500强及行业领军企业合作。总投资51亿元的鲁南化工己内酰胺、总投资3.86亿元的北玻院航天特种树脂等项目建成投产。年内，全产业在建项目12个，总投资达到137亿元，入选2021年度省级重点项目2个。

【载体升级】 深入开展化工产业安全生产转型升级专项行动，先后实施园区起步区（13.02平方公里）村庄等敏感点搬迁工程，全面完成15个村居、7500余户、23000余人的搬迁任务。采取PPP模式与中国化学集团合作推进总投资57亿元园区基础设施综合提升项目，加快建设和提升园区综合管廊、道路、特勤消防站、智慧园区等基础配套，全市化工企业入园率超过60%。发挥山东化工技师学院化工专业集聚优势和省级化工园区实训基地作用，采取联合订单式培养，每年为化工企业培养高级技工1000余人。

【兖矿鲁南化工有限公司】 总产能310万吨，其中醋酸产能突破100万吨，居全国前三，聚甲醛产能全国第二。全年实现营业收入124.4亿元、利润37.6亿元，上缴税金5.2亿元。获评山东省煤基精细化工产业链“链主”企业，获得第八届省长质量奖。

【联泓新材料科技股份有限公司】 建成高附加值烯烃深加工产业链，运行有煤制甲醇、甲醇制烯烃（DMTO）、乙烯—醋酸乙烯共聚物（EVA）、聚丙烯（PP）、环氧乙烷（EO）、环氧乙烷衍生物（EOD）等多套先进装置，生产运营水平行业领先。EVA光伏胶膜料、EVA电线电缆料、PP薄壁注塑专用料、特种表面活性剂、聚醚大单体及高性能减水剂等主要产品市场占有率位居细分领域前列。全年实现营业收入61亿元、利润11.5亿元，上缴税金3.5亿元。

【联泓化学有限公司】 该公司是联泓新材料科技股份有限公司全资子公司，主要从事甲醇生产和销售等业务，是省内装置运行效率最高的甲醇生产企业之一。联泓化学是国家级高新技术企业、国家级“绿色工厂”，获授全国五一劳动奖状，获评山东省全员创新企业，多喷嘴对置式水煤浆气化技术获评国家科技进步二等奖。

机电工业

【概况】 全市机电工业企业达到752家，其中规上企业93家。全产业集群实现主营业务收入280亿元。滕州中小数控机床特色产业集群获评2021年度山东省特色产业集群。

【重点项目】 全年全行业实施重点技改项目32个。其中，总投资5.5亿元的山森数控高端数控机床刀库和数控系统生产项目、总投资2.98亿元的威达重工基于工业云智能制造及数字化工厂项目、总投资2.6亿元的海鲲数控高档数控机床与工业机器人项目实现试生产。

【科技创新】 腾达紧固、普鲁特机床等9家企业的10个项目入列省技术创新项目计划。威达重工、山森数控等7家企业的7个产品被认定为省首台（套）技术装备及关键核心零部件产品，有荣机床争取首台（套）产品保险补偿资金25.9万元。三维钢结构公司的模块化太阳能风能发电制热环保房被认定山东创新工业产品。北一（山东）工业科技股份有限公司的智能数控机床柔性加工数字化车间、山东威达重工股份有限公司的精密机床本体制造数字化车间获评省级数字化车间。北一（山东）、有荣机床、滕州市安川自动化等3家企业产品入列2021年山东精品装备目录。

【市场开拓】 以国内外重要展会为平台开拓国际国内市场。组织山森数控、威达重工、普鲁特机床、有荣机床等8家企业组团参加2021第16届中国（山东）国际装备制造业博览会，展陈面积1200平方米，参展立卧式、龙门加工中心、数控车床、液压设备、桁架机器人、机床附件等展品50余台（套）。组织山森数控、威达重工、普鲁特机床等12家企业参加第十七届中国国际机床展览会，同期组织企业参加2021机床制造业CEO国际论坛、2021年军工领域国际数控机床应用座谈会及供需对接会、2021机床工具行业国际化经营座谈会。

【山东威达重工股份有限公司】 公司是国家高新技术企业，建有山东省威达重工院士工作站、山东省企业技术中心和山东省数控龙门铣镗床工程实验室，公司形成产业化生产能力的主导产品有龙门加工中心、数控龙门铣床摇臂钻床等15大系列260多个品种规格。全年实现销售收入82389万元、利润4534万元、税金2265万元。

【山东腾达紧固科技股份有限公司】 公司是山东省省级工程实验室和省级企业技术中心依托单位，生产标准及非标准紧固件产品规格多达数千种，拥有专利30余项，其中发明专利7项，参与制定国家标准3项，另有智能制造相关软件著作权3项。全年公司实现主营业务收入14.90亿元，利润总额1.29亿元，纳税2801.24万元。

【山东山森数控技术有限公司】 公司主要是研发数控系统及其电器配套产品的国家高新技术企业、双软企业，被认定为国家级专精特新小巨人企业、中国机械工业质量诚信企业、山东省中小企业隐形冠军企业、山东省高端装备领军企业、山东省技术创新示范企业。全年销售收入1.5亿元，利税3125万元。

【滕州市三合机械股份有限公司】 公司年产各类机械设备80000余台（套），涵盖精密（数控）机床类、锯床类、成型加工机械类3大系列300余种产品。全年实现销售收入3.5亿元，出口额4250万美元，实现税收1716万元。

建材工业

【水泥行业】 全市持证经营水泥企业8家，包括鲁南中联、滕州中联、东郭水泥（连云山水泥）、滕南中联、祥源水泥、安镇水泥、华闻亿达水泥、国泰水泥。分布在界河镇、羊庄镇、东郭镇、官桥镇、大坞镇、级索镇、张汪镇、鲍沟镇。按企业生产工艺划分为新型干法水泥（旋窑）2家，阶梯窑（焚烧污泥）企业1家，其余5家均为粉磨站，共有水泥粉磨生产线15条，水泥熟料年设计产能579万吨，水泥设计产能972

万吨。

【玻璃行业】 玻璃产业是滕州的特色产业之一，玻璃集群集聚区域达到9.16平方公里，玻璃企业达到217家，规模以上工业企业19家，从业人员2.7万人，年产各类玻璃产品3.2亿平方米，产品主要为浮法玻璃、超薄玻璃、建筑玻璃、制镜玻璃、工艺玻璃、艺术玻璃等，其中建筑装饰装修玻璃和艺术玻璃产量居全省第一。省级玻璃检测中心投入运营，正在申请国家级玻璃监督检验中心。金晶玻璃的“金晶牌”浮法玻璃获评中国名牌产品，“金晶玻璃”商标被认定为中国驰名商标；丰华玻璃、耀鸿玻璃等企业先后获评山东省名牌产品、山东省著名商标。玻璃产业基地先后获评“中国制镜业基地”“中国特色产业集群100强”。

【滕州金晶玻璃有限公司】 公司年产优质浮法玻璃2000万重量箱，全年实现营业收入18.9亿元，利润4.5亿元。产品主要应用于建筑市场、装饰工程、家电工业品等领域，市场主要分布于国内华北、华东及华南市场，并出口二十多个国家和地区。

【鲁南中联水泥有限公司】 公司现有2条年产200万吨现代化骨料生产线、2条日产2500吨和1条日产5000吨新型干法水泥熟料生产线、2条9兆瓦纯低温余热发电系统、4条φ3.8×12米水泥生产线、2条HZS-240型全自动商混生产线及1条自动化水泥制品生产线；设计年产骨料400万吨、水泥熟料310万吨、水泥180万吨、发电1.2亿千瓦时、商品混凝土60万立方米、水泥制品10万立方米。全年实现营业收入14亿元，利润1.67亿元。

【滕州市东郭水泥有限公司】 公司主要生产“连云山”牌普通硅酸盐水泥、道路专用水泥及处置利用固体废弃物，年生产水泥能力200万吨，年处置各类废弃物150余万吨。公司先后获评山东省循环经济典型模式、山东省资源循环利用示范基地、山东省资源综合利用先进单位、国家级“绿色工厂”。

【山东连云山建筑科技有限公司】 公司是以装配式建筑整体设计、建筑工业化部品构件智能制造、绿色装配式建筑技术推广于一体的装配式专业化制造企业，是山东省首批建筑产业现代化试点城市重点配套产业项目，首批国家级装配式建筑产业基地、国家高新技术企业。形成装配式PC构件产业、ALC高端轻质板材产业、综合管廊和市政部品构件产业发展板块。

轻纺工业

【概况】 轻工纺织产业是滕州传统产业，子行业众多，坚持技术改造和转型升级，区域品牌凸显，骨干企业发展，配套体系完善。

【食品加工】 食品产业形成以滕州经济开发区为核心载体，善南、洪绪、滨湖、东郭、张汪等食品集聚区的“1+N”产业发展格局；形成以东启肉制品、春藤食品、新东谷为代表的农副产品加工业，以日盈食品、启腾生物为代表的食品制造业，以今缘春酒业为代表的酒类制造业等三大板块。先后招引总投资10亿元爱啤士精酿啤酒、总投资1.8亿元天然至美营养食品等“增品种”项目；推进总投资12亿元的恒仁玉米深加工、总投资1.1亿元荷香缘荷叶碱提纯及荷叶茶生产加工等“提品质”技改项目。全年食品产业集群实现营业收入115亿元。

【纺织工业】 全年实施重点技改项目10个，累计投资2.76亿元。爱拉森高档非织造布、医用材料及母婴用品生产项目总投资50亿元，一期投资20亿元，新上各类生产线18条；项目投产后，年实现销售收入18亿元，利税2.8亿元。山东茁彼母婴用品有限公司爱朵（国际）研发中心及智能制造产业基地建设项目新上日本高端智能卫生材料生产线12条，建成后年产卫生材料15亿片。滕州华怡服装有限公司完成一期工程。

【家居装饰】 全市家居装饰产业拥有门及家具制造企业110余家，其中规模以上企业20家。主要产品包括板材加工、木门、童车童床等种类。全市实施名牌战略，培育一批质量卓越、效益显著、体现滕州特色和价值理念的品牌。

【山东今缘春酒业有限公司】 今缘春生态酿酒园项目整体投资15亿元，分两期建设，一期在建项目总投资约6亿元，总建筑面积约91045平方米，包装车间及自动化、智能化、机械化的酿酒车间投入运行。

【山东启腾生物科技有限公司】 公司成立于2016年，注册资金1.006亿元，占地总面积9.6万平方米，建筑面积5万平方米，是致力于食品研发、生产、销售于一体的规模化食品生产企业。一期休闲营养食品生产项目总投资1.01亿元，主要生产传统风味豆制品、新型大豆蛋白制品、素肉制品等系列产品，年产能达2万吨。项目总投资1.8亿元的二期山东天然至美生物科技有限公司营养食品生产项目开工建设，新建生产厂房、行政办公楼、现代化物流3.5万平方米。

【滕州合易食品有限公司】 公司成立于2016年，注册资本500万元，总资产15635万元，固定资产5314万元。下辖滕州慧盈种禽有限公司、山东盈泰农业科技有限公司、枣庄佳宏包装材料有限公司、山东日盈食品有限公司等分公司4个，形成种鸡饲养与孵化—肉鸡饲养—肉鸡屠宰—肉鸡产品深加工—鸡肉熟食加工的完整产业链条，在园区内展开肉鸡产业工业旅游，初步实现畜牧业一、二、三产业“三产融合”和农业文化旅游“三位一体”的产业模式。公司先后获评山东省级农业产业化重点龙头企业、山东省农业新六产示范主体、山东省生态循环农业示范企业。

【山东鑫迪家居装饰有限公司】 公司拥有“鑫迪木门”“尚品本色”2个家居文化品牌，全年实现主营业务收入7.39亿元，税收2371万元。总投资20亿元的鑫迪家居工业4.0智能制造产业园项目完成投资12亿元，建成现代化厂房17万平方米。

中小企业

【概况】 全市新增各类企业3700家，总数达到4.47万家。山森数控被认定为国家级第三批专精特新“小巨人”企业，益康药业入围国家专精特新“小巨人”专项支持企业名单；北一科技等11家企业被认定为省“专精特新”中小企业；三维钢结构等5家企业入选省瞪羚企业，大明科技通过复审。全市现有专精特新“小巨人”企业2家、国家重点支持“小巨人”企业1家、省级“专精特新”中小企业28家，瞪羚企业16家、“单项冠军”4家、“隐形冠军”4家，省级示范基地7个。

【平台培育】 滕州拥有省级中小企业公共服务示范平台6家，综合类5个、专业类1个。平台从业人数330人，其中线下兼职87人；带动各类服务资源数260个，其中线上服务机构194家。拥有滕州市中小企业服务中心、滕州市惠众电商创业园2家国家中小企业公共服务示范平台，滕州市中小企业公共服务平台被省认定为国家重点支持的示范平台服务“小巨人”企业示范平台，为平台争取工信部奖补资金161万元。滕州市中小企业公共服务平台、滕州市惠众中小企业公共服务平台两家服务平台被认定为2021年度枣庄市中小企业公共服务数字化转型示范平台，分别获得二等奖、三等奖。

【精准服务】 全年依托市中小企业公共服务平台举办线上活动100场（次），服务企业超2500家。举办《新时代企业组织构建与创新大讲堂》等线下公共服务活动12期。开展中小企业服务月活动，设置服务活动宣传站26处，开展活动116余次，提供服务376次，服务企业12016家（次），发放宣传资料、宣传页25000余份。

【山东益康药业股份有限公司】 公司成立于1999年1月，2011年完成益康药业股份制改造，组建山东益康药业股份有限公司，是集药物研发、生产、销售及产学研合作等优势于一体的科技型医药企业。厂区占地面积11万平方米，建筑面积9.6万平方米。建有口服固体制剂车间、口服液车间、小容量注射剂车间，原料药车间、中药饮片等10个车间并全部通过新版GMP认证。现有心脑血管类、降血糖类、消化系统、呼吸系统、肿瘤辅助用药等品种81个。全年实现营业收入2.67亿元，利润3273万元。

【山东辛化硅胶有限公司】 公司创建于2007年2月，主要生产高技术含量、高附加值绿色新材料产品，是国家级高新技术企业，中国特种硅胶孵化基地，被评为国家级绿色工厂。全年实现营业收入6.9亿元，利润1.02亿元，硅胶猫砂产品国际市场占有率47%，年出口创汇9000多万美元，成为全国最大的高档硅胶出口创汇企业。

【山东恒瑞磁电科技有限公司】 公司是专业从事软磁电子元件研发、生产、销售的高新技术企业，山东瞪羚企业，拥有省级企业技术中心、山东省工程技术研究中心、山东省一企一技术研发中心和山东省院士工作站等省级研发平台4个，研发的多项核心技术突破美、日等国技术壁垒，获得授权专利30余项，产品供应华为、苹果、小米等国内外企业。

【山东海吉雅环保设备有限公司】 公司成立于2003年12月，2021年获评山东省“专精特新”中小企业。业务覆盖环保产业全链条，在西安、海南设有分公司，全资子公司山东雅森环境科技有限公司动工建设，主要生产离心机、压滤机等污泥及固废处理设备。公司拥有国家专利40项，其中PCT专利1项，发明专利13项，软件著作权2项。“海吉雅”商标获得马德里商标授权。“多功能一体化油田水处理器”被国家四部委评定为国家重点新产品。“撬装一体化物理法油田水处理工艺技术及装备”荣获山东省科技进步奖。

信息产业管理

【两化融合】 推进企业两化融合贯标评定。将大数据、人工智能、区块链等前沿技术与支柱产业、骨干企业生产全流程、产品全生命周期管理深度融合，提升企业数字化转型的基础能力。入列省级两化融合贯标试点企业10家，完成贯标评定企业4家，企业完成两化融合管理体系贯标评估问卷104家。山东威达重工股份有限公司的基于工业云的智能制造技术应用及数字化工厂项目、尚品本色智能家居有限公司的家居工业4.0智能制造项目、清峦福兴集团的新一代智能制造基地项目完成生产全生命周期管理，正在进行两化融合管理体系贯标评定。

【工业互联网】 推进企业外部网络升级，企业内部网络改造；推动5G、IPv6等新型网络技术在企业的部署应用，实现人、机器、设计、研发、生产、管理、运维等各环节全要素的泛在互联和数据畅通。编制《滕州市5G通信专项规划（2020—2035年）》，累计建设5G基站698个，城区主干道、化工园区基本实现5G覆盖。制定政策，引导企业实施工业互联网应用，鼓励发展工业互联网建设、数字经济，支持具有引领作用的优秀工业互联网平台争创国家级、省级、枣庄市级工业互联网平台，并对实施工业互联网应用的企业给予最高20万元的奖励。

【企业上云】 全市企业完成设备上云20余家，联泓新材料公司171台智能设备、鲁南化工196台大中型设备上云。邀请电信公司工业互联网专家到企业调研工业PON网应用需求，推进与艾菲尔管业、普鲁特公司、紧固件公司等企业开展内网合作意向。

【山东腾达紧固科技股份有限公司不锈钢紧固件智能制造互联平台】 搭配“基于5G专网的紧固件行业设备数据大脑”和标准化的WISE-PaaS云平台，采用5G+MEC的组网形式，提供5G准专网的效果，将5G、边缘计算和WISE-PaaS平台上Dashboard（可视化的展示）、APM（资产设备管理组态软件）、AFS（大数据分析平台）及VideoService等技术服务融入智能工厂管理，打通设备之间的数据孤岛，通过将生产设备效率管理、工厂能源成本管理、生产设备运维管理、工厂安全智能巡检4项内容的数据在线可视化呈现，实现智慧工厂的人机协同管理。对比原技改前公司生产情况，节约生产成本约2000万元，生产效率提高约25%，运营成本降低25.13%，产品研制周期缩短25%，产品不良品率降低11.4%，能源利用率提高15%。

【北一（山东）工业科技股份有限公司的基于互联网大数据的机械云平台】 项目通过工业互联网平台与智能数控设备深度融合，实现智能互联网机床与云端服务器的实时互通，并综合运用工业远程控制、工业大数据、工业物联网、工业云计算等技术手段，对智能数控设备生产加工过程的各项数据进行采集、分析和综合处置，进而反馈到生产节点，提升传统智能数控设备的生产能力和控制能力，解决传统机床在实际使用时的信息孤岛问题，使生产效率提升80%、生产产能提升25%。

【山东华数智能科技有限公司“墨子号”高性能数控系统】 该系统与机床厂联合开发高速高精、多轴联动、智能化高档数控机床，建立“鲁班云”数控机床装调运维服务公共平台，支持滕州机床企业向“互联网+”“智能+”转型升级。集成数控机床、机器人和自动输送线等设备，打造智能制造柔性单元和生产线。建设集数控系统、数控机床、智能制造技术研究开发、应用服务和人才培养于一体的创新公共服务平台与研究开发基地，并以山东为中心，辐射京冀鲁地区，实现山东机械制造企业的创新发展与转型升级。

【NC-Link智能网关产品】 与国家数控系统工程研究中心的工业互联网事业部联合开发，产品主要功能开发工作完成并进行兼容性测试，处于小批量试制和可靠性测试阶段。该网关产品在2021年北京国际机床博览会上首次为“数字孪生可视化工厂”提供异构数据归一保障，同时也为“鲁班云”（iNC-Cloud内核）的推广提供更广泛的兼容性保障。该产品与华中数控、威达重工、威海华东数控、蒂德精机等企业形成量产配套订单。

（市工业和信息化局）

能源产业

【概况】 全市抢抓“碳达峰、碳中和”战略机遇，贯彻新发展理念，统筹优化能源产业布局，厚植煤电支柱产业，补齐民生保供短板，做亮新能源品牌，推动能源事业提速增效。

【煤炭产业】 全市抓好稳定煤炭生产接续，及时引导煤矿企业根据“三下”（铁路下、水体下和建筑物下）压煤情况编排接续计划，确保煤矿企业“矿井不停产、接续不止步”，有序开展压煤搬迁工作，动员各煤矿企业和有关镇把压煤搬迁工作提高到新水平。抓好降低火电企业能耗。以提高火电效能为重点，实施热电燃煤机组深度节能改造，每千瓦时供电煤耗降低12克。抓好延长煤电产业链。瑞科天启尾矿分离25万吨金达煤矿的坑口示范项目投产，为煤炭资源高效利用提供良好示范效应。推进小型煤炭经营企业规范化建设，开展储煤场规范化建设行动，全年建成储煤场46家，储煤能力约270万吨，以国家启动能源储备战略为契机，利用八一煤矿废旧场地建设100万吨煤炭储备基地，被纳入省级重点煤炭储备建设项目库。

【光伏产业】 发展势头良好。滕州入列国家能源局分布式光伏规模化开发试点县，预计投资51亿元，新增装机容量110万千瓦时，建成后年发电量25亿千瓦时，年售电收入近10亿元，减排二氧化碳135万吨。滕州集中式光伏发展速度快，晴阳光伏利用滨湖镇等区域采煤沉陷区扩建150兆瓦农光互补光伏发电项目并网运行；华电滕州400兆瓦“光伏+”农（渔）储互补智慧能源综合体项目投入使用。

【储能产业】 发展起步良好。滕州新型储能基本实现由研发示范向商业化初期过渡。华电滕州101兆瓦/202兆瓦时储能项目“倒送电”一次成功，成为全省首批“5+2”储能示范项目中第一个完成该工序的储能电站，成为全国最大集中共享式电化学储能调峰项目，被山东卫视新闻联播当作典型推广；羊庄庄里1000兆瓦抽蓄项目入列全省抽水新型储能规划，项目建成后成为全市主要调峰电站。

（王学忠）

电力工业

【发电】 全年华电滕州新源热电有限公司完成发电量43.56亿千瓦时，利用小时数完成4684.18小时，高于电网平均277.72小时；供热量完成892.59万吉焦，较承包值增加122.59万吉焦；供电煤耗每千瓦时完成288.7克，较承包值每千瓦时低6.2克。

主动适应电力现货交易新常态，深化运行规范化管理，全年安全启停机组62台次，各项环保指标达标排放。企业连续安全生产突破8800天，供热覆盖面积突破3000万平方米，完成我市居民采暖任务。新增供热面积150万平方米、工业用户2家。

投资4.3亿元的储能电站项目当年发起、当年投产，是中国华电集团首个大容量电化学储能项目，也是山东省首批"5+2"储能示范项目。持续推动绿色转型，加大新能源项目拓展，山亭水泉、滕州西岗合计150兆瓦光伏项目立项批复。有序推进热网技改项目，完成高铁新区管网项目第一阶段项目招标和施工准备。

（王永亮）

【供电】 滕州供电中心用电营业户数81.48万户，管辖35千伏及以上变电站40座，总容量674.7万千伏安；管辖35千伏及以上输电线路94条、889.3公里，10千伏及以下配网线路285条4169.03公里；管辖配电台区6918台，户均容量3.40千伏安。全年社会供电量83.66亿千瓦时，比上年增长8.26%，平均电价完成每千千瓦时617.79元，应收电费25.44亿元。中心党委获评山东省先进基层党组织，南沙河供电所获评全国最美供电所。

推进电网建设，保障城乡用电。实施种寨输变电、天源变电站扩建等工程，投运110千伏变电站1座、扩建2座，35千伏输电线路2条，增容变压器5台，新增变电容量250兆伏安。投资1.43亿元，新建改造配电线路45条、112公里，新增配电变压器84台、33.6兆伏安，建成标准化用电示范村115个。

2021年9月8日，华电滕州100兆瓦200兆瓦时储能电站项目开工动员会议举行（武刚　摄影）

2021年10月27日，滕州供电中心升级改造10千伏清华园线

优化营商环境，提升服务质效。深化“阳光业扩”服务，全面推行“一证办”“零证办”，实现更多服务事项“掌上办、一次办、快捷办”。开展“共谋新发展、四进送服务”大走访，对工商业客户、重点项目等10.5万户客户进行全覆盖走访，解决用电问题191件。配合市政工程建设，完成龙岭路、和鸣桥等重点工程涉及的16条电力线路迁改，助力重点项目快速落地。

跟紧“双碳”目标，推动新能源发展。有序做好分布式光伏客户并网服务，全年累计接入8244户，容量195.8兆瓦。引导270户客户注册使用智慧能源管控平台，对万达、赛阳橡胶等58户开展用能普查，促成爱朵、城市综合馆等项目落地。推动智能充电桩等便民服务基础设施建设，新建党山、滨湖湿地景区公共充电站4处，新增电动汽车充电桩46个。

（班开超）

通信业

【中国移动滕州分公司】 公司下辖城乡网格24个，村级网点1000余个，各级代理商1300余个，手机用户规模超90万户，互联网宽带接入用户超22万户。

推动数字经济发展。公司加快5G应用创新、新基建建设工作，主动对接支撑，指导优化平台内容和应用方向建设“数字乡村”；开展千兆城市建设工作，解决部分区域5G基站租赁等问题。滕州大数据中心投资1.2亿元，机房建设面积10000平方米，通过中国移动集团公司五星级机房认证。中心现有机柜390架，带宽1T。面向政府、互联网公司、金融机构、国有大企业提供云托管、云容灾等云服务，开展智慧城市、互联网产业、大数据等新业态建设，促进城市转型升级发展，打造智慧滕州。

深化5G融合应用创新。全面落实“大力实施数字赋能行动”要求，深化智慧城市创新应用，提高社会治理效能。统筹推进智慧数字城管、智慧交通、智慧住建、智慧环保、智慧校园等应用体系建设，加快形成城市综合治理新模式。与滕州市上善公交有限公司合作，建设基于5G人脸支付系统的智慧公交项目；与枣庄矿业集团田陈煤矿建设5G智慧矿山项目，井下安装基站105台，建设井下4G矿用无线通信系统，实现井上井下一张网，助力企业5G+数字发展。

深化“网络+”赋能效应。推进“数字乡村”建设，省内率先落地“数字乡村”平台，西岗镇获评省内唯一“中国移动数智乡村优秀示范乡镇”。整合“雪亮工程”、数字城管、天网工程、环保监控等六个平台，打造社会治理综合服务中心，促进实现“小事不出格、大事不出村、难事不出镇、落实不过夜”的乡村治理格局。创新开发“慧村”APP，推动云盖章、智能防溺水等数字乡村信息化产品快速普及。数字门牌助推政务服务事项“掌上”可查、可办；开发魔百和嵌入“雪亮工程”“一键报警”功能，完成各镇街签约，农村安防用户4000余户；打造“5G+智慧农业”精准种植平台，实时监控农作物生长环境；建立乡镇中小学智慧校园云平台，开通“空中云课堂”，仅西岗镇就惠及全镇10余个中小学校，服务学生约7000人。滕州移动用“数智”技术助推滕州数字乡村建设工作走在全国前列。

应急通信服务保障。打造重大活动网络保障体系，完成建党100周年、第五届滕州书展、真爱广场开业等应急通信保障任务10余次；响应防汛抗旱通信保障部署要求，派遣应急抢修队伍到菏泽暴雨灾区参与抢修；设置一点响应支撑中心，构建“三位一体”新体系，设置市政府市直专属运维团队，形成7*24小时网络值班运维机制；成立大数据局综合视频会议保障专属团队，打造视频会议系统“三终端、双线路、双平台”保障模式，实现多机位无缝切换方案；做好疫情防控“三个保障”，确保医院等重点单位网络畅通，协助政府发布公益短信。

新基建建设构建新型信息服务体系。全年建成开通5G基站538处，占比近50%，实现市镇等区域5G网络连续覆盖，高铁、高校、医院等特殊场景深度覆盖；持续推进千兆光网规划建设，新建千兆宽带热点120余处，千兆精品小区152个，全网具备千兆宽带接入能力；引入百度、阿里等互联网客户，促进全市大数据产业发展。

客户服务水平提升。推动“我为群众办实事”实践活动落地见效。组织“坚守红色通信初心、践行为民服务使命”活动，开展“服务监督”“适老服务八项举措”“残疾人绿色通道”“护幼”“节日惊喜化服务”等系列活动，为辖区内65岁以上老人提供上门服务50余次，家宽义诊200余场次；完成智慧老人防走失监管平台搭建；推进“断卡”行动。做好入网源头管控，组织1385余家合作伙伴签署“信息安全承诺书”；开展“安心行动”，联合市公安局反诈中心开展“全民反诈，你我同行”专项行动，开展反诈宣传100余场。

（滕州移动公司）

【中国联通滕州分公司】 公司以“宽带滕州、智慧城市”建设为重点，实施5G网、互联网、大数据、人工智能和实体经济深度融合，推进数字乡村专项建设，助力全市产业转型升级。

全光网和新基建建设。新增分光器4316个，其中二级分光3690个，新建FTTH端口5500个。新增PON+LAN宽带设备43台，新增LAN端口864线。新增PON+POTS语音设备145台，新增语音端口4952线。完成两会期间的保障工作，完成疫情防控期间市委、市政府重点项目及云签约现场视频会议保障。全面完成5G建设任务，开通5G基站560个、室分137个，实现城区和乡镇驻地的全覆盖。

互联网+信息化建设。发挥企业“国家队、主力军、排头兵”的优势，以5G为引领，服务全市重点项目，以云网一体多元化组网方式为重点，聚焦智慧城市、医疗健康、智慧校园、工业互联网、中小企业等重点行业实现智慧城市建设新突破。助力乡村振兴，在全市1024个村建立了数字乡村的组织架构，已开通数字乡村平台476个，在17个镇开展数字乡村综合服务平台培训，推广使用党建引领、乡村治理、疫情防控等多项典型应用，并扩展大喇叭、云公章、平安监控等服务，提高村务管理水平。

客户服务。开展“我为党旗添光彩”资源可视化专项整治活动和端网业匹配提升活动。装移机当日通指标为98.13%，修机当日好指标为98.03%，宽带网络端到端测评成绩为9.36分。持续全面展开通讯信息诈骗专项整治行动，配合公安机关做好涉嫌通讯信息诈骗的号码协查、关停、调查取证等工作，并对手机用户进行保护性停机。通过手机实名制、黑卡治理、对用户进行防诈骗知识普及等有效手段，打击通讯信息诈骗行为。

（滕州联通公司）

【中国电信滕州分公司】 加速5G网络建设，实现高质量覆盖。全年新建5G站点350个，累计完成500个，实现全市城区连续覆盖，所有乡级行政区、AAAA级以上景区、少量发达农村的热点覆盖；实现高铁站、行政中心、商业综合体、大型高校及医院等重要楼宇的室内分布覆盖。持续打造服务企业专用的5G定制网，提供5G切片专线、UPF下沉、MEC边缘部署等能力，实现行业应用与公众业务之间的硬隔离，提供差异化服务，降低数据传输时延，为5G智能机器人等新型业务提供网络保障，数据不出园区，保障政府及企业数据的隔离性和安全性。

践行“建设网络强国，维护网信安全”的使命，建设分布式天翼云，打造云计算领域“国家队”，承担云服务主力军责任，助力政府、企业登云赋能，提供900vCPU，总内存3000GB的计算资源池，分布式存储池可用容量为120T，完成政务云（电信节点）的建设、交付、验收，首推运营商级网络安全基础设施——天翼安全大脑，为客户提供“云、管、端、服”一体化的安全防护能力。

加快数字乡村建设，依托山东电信数字乡村平台，建设“智慧、平安、绿色、数字、高效”的数字乡村，完成多个镇的数字乡村平台建设，搭建村级智能监控平台，安装村级智能监控、应急广播。承接国家智能社会治理实验综合基地落地工作，协助搭建智能社会治理应用场景。投入专项成本建设城市安全风险综合监测预警平台，初步建立覆盖燃气、有害气体、消防、水质检测等领域的物联网检测平台，强化燃气、供水、消防、电梯等设备安全。

（钱俊颖）

烟草工业

【概况】 全年滕州卷烟厂卷烟生产计划完成率100%，实现税金17.37亿元，比上年增加2.32亿元、增长15.43%。安全工作实现“四无两控”目标，保持安全稳定持续健康的良好发展局面。

【生产制造】 持续优化生产组织。推行“拉动式生产”管理模式，精准测算车间生产供给，实现卷包生产规模化、制丝生产集约化、动力能源精准化。聚焦“两班两运转”模式下多规格卷烟生产，生产计划完成率100%。开展定置管理、经验推广、综合评比活动，深入推进6S管理。持续强化过程管控。加强材料、生产过程及卷烟成品的检验把关，落实“日通报、周分析、月总结、季协调、年度重点攻关”的长效改进机制，实现质量问题闭环销号。对标合作品牌质量管理，完善《制丝过程检验办法》《卷包关键参数管控指南》《生产过程工艺要求及巡查考核细则》等管控制度，健全工艺质量保障体系。持续提升运行效率。整合制丝集控、卷包数采、动力能源、物流立库、MES等信息化系统，实现产量、效率、关键物耗指标的对比展示和趋势分析。提升管理效能，推进提质增效降耗。产品各级抽检合格率100%；万箱卷烟用工作日7.86天，万支卷烟综合能耗2.795千克。坚持精准维护，加强重点工艺设备状态监控，建立健全设备性能评价机制，持续提升设备精准性、可控性和稳定性，卷接包设备运行效率稳步提升，制丝故障停机率持续降低，滕州卷烟厂被中国设备管理协会评为2021年度设备管理与技术创新标杆单位。

2021年3月18日，山东中烟公司党组书记、总经理王建勇（前排左二）到滕州卷烟厂调研指导工作（徐文博 摄影）

【基础管理】 抓实目标管理。制定《滕州卷烟厂“十四五”发展规划》，细化10个方面保障措施。聚焦重点工作，建立年度目标任务202项，制定具体措施638项。抓实创新管理。开展创新攻关、小改小革256项。严格项目评审，推进创新成果转化应用，2项成果获山东省企业管理现代化创新成果二等奖，3项课题获山东省设备管理创新成果一等奖。抓实规范管理。修订体系文件92个，完善管理制度46个。

【安全稳定】 强化疫情防控。统筹做好常态化疫情防控和生产经营管理，集中组织疫苗接种。强化安全管理。压实各级安全责任，筑牢安全防线，滕州卷烟厂通过安全生产标准化二级企业达标评审。做好信访稳定。落实信访工作责任，以人为本服务职工、化解矛盾营造企业良好发展环境。

【党建工作】 深化系统学习。开展党委中心组学习12次，为党员配发学习书籍4000余册。开展党的十九届六中全会精神党员轮训，组织党史学习教育专题培训班，以及红色教育基地现场培训。参加山东中烟公司党史学习教育知识竞赛荣获一等奖，1名职工向中国人民抗日战争纪念馆无偿捐赠抗战文物。深化特色活动。围绕庆祝建党100周年，开展职工书画摄影比赛、讲党史故事、红歌快闪等活动，与地方联合开展警企共建演讲比赛等活动。累计梳理职工群众关切问题

72 项，完成 71 项，推进“我为群众办实事”工作常态化长效化。深化基层工作。压实全面从严治党主体责任，构建各级监督贯通融合的立体监督格局，开展采购招标、项目建设、样品烟管理专项检查。优化调整基层党组织设置，按程序完成换届选举工作。建立年度党、团、工会和纪检监察工作要点，深化党支部标准化规范化建设，强化党员管理服务，统筹推进基层党建各项工作。滕州卷烟厂在山东中烟公司党建考核中获得“好”的总体评价。坚持党管宣传和意识形态，健全通讯员和网评员队伍，建立年度宣传要点，强化思想引导。1 名职工获首届山东省科普讲解大赛二等奖，企业荣获首届山东省企业文化优秀成果一等奖。推进上级巡视巡察反馈意见整改工作。完成中央巡视国家局反馈意见整改措施 51 项，完成山东中烟公司党组巡察反馈意见整改措施 35 项，完成经济责任审计问题整改 44 项。

【队伍建设】 强化干部队伍建设。完善《中层管理人员选拔任用工作实施办法》，树立鲜明的选人用人导向。落实干部监督工作联席会议制度，加强干部常态化管理监督。制定培养和考核实施细则，选拔 77 人建立优秀青年人才库，启动三年培养计划。激发人才队伍活力。举办中高层管理人员浙江大学培训班，赴曲阜师范大学开展青年人才拓展训练，选派 22 人参加山东中烟公司青年干部培训。联合枣庄科技职业学院举办专题培训班，开启“校企合作”人才培养新模式。强化专业（技术）资格考评服务，组织职业技能鉴定，统筹推进人才队伍建设“5566”计划，新增一级职业资格 2 人、中级专业技术职称 13 人、二级职业资格 12 人。开展各类技能竞赛，多个工段获评山东省质量信得过班组，多名职工获评山东中烟公司劳动模范和优秀青年岗位能手、滕州工匠等光荣称号。夯实人事基础工作。组织内部培训 4475 人次、交流学习 389 人次，在线培训人均时长 103.2 小时。开发手机助学软件和智能组卷系统，职工理论模块鉴定通过率提高。完成人事档案复核复审，持续提高人力资源管理效能。提升人才结构素质。鼓励员工考取职称、提升学历，考评通过中级专业技术职称 31 人、初级 13 人，大专以上在岗职工占比 88%，中级职称和中级工以上技术人才占比 65%。在山东中烟公司系列竞赛中，文秘竞赛 6 人参赛 5 人获奖，烟用材料质量检验技能竞赛、财务智能核销流程优化设计竞赛均获第 2 名，卷烟感官质量评价竞赛、安康杯知识竞赛、民法典知识竞赛均获二等奖。

（王　平）

2020 年度滕州市突出贡献、优秀企业名录

（2021 年 3 月 12 日表彰）

突出贡献企业

1. 联泓新材料科技股份有限公司
2. 山东腾达紧固科技股份有限公司
3. 渤瑞环保股份有限公司
4. 正威华能（山东）新材料科技有限公司
5. 滕州东方钢帘线有限公司
6. 山东中烟工业有限责任公司滕州卷烟厂
7. 盛隆化工有限公司
8. 华电滕州新源热电有限公司
9. 滕州中联水泥有限公司
10. 滕州金晶玻璃有限公司

优秀企业

1. 山东连云山混凝土有限公司
2. 山东恒仁工贸有限公司
3. 山东中塑新材料有限公司
4. 滕州永喜无纺布有限公司
5. 山东中科蓝天科技有限公司
6. 山东福德新能源设备有限公司
7. 山东海特数控机床有限公司
8. 山东茁彼母婴用品有限公司
9. 山东山森数控技术有限公司
10. 爱拉森医用品有限公司

优秀外向型企业

1. 山东日盈食品有限公司
2. 滕州市三合机械股份有限公司
3. 山东艾菲尔管业有限公司
4. 山东三维钢结构股份有限公司
5. 山东大明消毒科技有限公司
6. 山东威达重工股份有限公司
7. 山东绿之能环保科技有限公司
8. 山东华食汇食品有限公司
9. 孟玄新材料有限公司
10. 日泓（山东）智能科技有限公司

交通运输和邮政业

Transportation and Postal Service

交通综述

【概况】 滕州市先后创建为全省农村公路建设养护示范县、全省群众满意村级公路网化县、全省城乡公交一体化示范县、全省城乡交通一体化示范县、全省“四好农村路”示范县。截至年末，全市公路通车总里程3430.57公里，公路密度每百平方公里229.47公里。

【重点基建】 京台高速改扩建工程通车，累计完成投资47.1亿元，工程主线段于9月29日通车运营，新北出口收费站10月22日正式启用，滕龙路、龙岭路、大同北路3条北出口连接线同步投入使用。建成启用智慧交通综合指挥中心，构建形成全市交通运输行业的信息化平台和数据中心。临滕高速全面启动，项目建成后，全市高速公路增加至4条、高速出口将增加至7个。省道321枣梁线鲁南高科技化工园区段改建工程稳步推进，并纳入省“十四五”综合交通规划重点项目库。国道518日定线改建工程正组织编制工程可行性方案。

京台高速改扩建及保通路工程建设（2021年4月28日摄影）

【四好农村路】 投资5.45亿元，重点实施的“四好农村路”提质增效专项行动，完成16条90公里县乡路改造提升、218公里农村公路大中修和9座危桥销号，实现三年整修一遍全市县级公路的目标。按照“农村公路+党建示范+乡村旅游+生态产业”的思路，重点打造34公里莲青山美丽农村路示范样板区、16公里古薛河北辛文化旅游路。构建分工负责、高效协同的“路长制”管理新机制，全面落实县镇村“三级”路长在农村公路养护、路域环境整治等方面的责任。

【运输管理】 运输管理持续增强，检查各类企业472家（次），整治隐患1205处，对整改落实不力的约谈19家（次）；处理超限运输车辆抄报329件，预警企业25家，责令停业整顿货运企业37家，吊销车辆营运证10件。开展道路运输违法专项整治，检查各类运输车辆1.97万辆（次），查处违章车辆839辆（次）；检测超限超载车辆2587辆（次），监督卸载货物4.65万吨。服务群众便捷出行，开通各类公交线路75条，投放公交车1184部，其中新能源和清洁能源公交车1092辆，惠及群众150余万人。完善农村物流体系建设，实施“物流+智慧”“供销+配送”“客运+邮快”，打造具有滕州特色的客货邮供一体化融合发展新样板。完成国三营运柴油货车淘汰任务，全年淘汰1219辆，累计淘汰3824辆，完成率108.2%，发放补贴资金3405.9万元。

【行业安全】 落实行业监管责任和企业主体责任，联合第三方机构开展明查暗访5次，对发现的突出问题和事故隐患跟踪督办、限期整改。开展“三年攻坚年”“大排查大整治”行动，督导企业落实安全风险分级管控和隐患排查治理两个体系建设，开展不同层次、不同形式的应急演练30次，防灾、减灾、抗灾和救灾能力不断增强。严格常态化疫情防控，督促3个留验站核查到滕人员；做好境外到滕人员接返，累计出动接返车辆1511部，接返人员1855人。

（史腾飞　杨奔）

铁　路

【滕州火车站】 滕州站全年到达货物主要以华电滕州新源热电有限公司的煤炭为主，保障电厂发电和滕州市居民冬季取暖集中供热用煤需要。发送货物主要有面粉、淀粉、石子、化肥及集装箱等。运输完成装车9984车，发送吨65.39万吨、卸车23789车，总收入11033.4万元。停时计划每车20.3小时，实际完成作业次数21108次，停时完成每车21.8小时，比上年每车超时2.9小时。中时计划每车5.6小时，实际完成中转车数23654车，停留时间149096小时，中时完成每车6.3小时，比去年每车超时0.9小时。

全年调图停办客运业务K771/2、K850、K171/2、T241、1227次7趟列车，日均减少客流700人左右；淡季停运K911、K1027/8次列车；因郑州特大暴雨灾害、各地疫情频发造成部分列车日常停运，Z105次、Z273次西北方向3季度旅游旺季客流全部退票，东北因疫情反复停运较多，加之部分地区出行需48小时内的有效核酸证明，大部分企事业单位不许跨地区出行，研学及旅游客流剧减，客流下降明显，造成任务继续下滑。

【京沪高铁滕州东站】 滕州东站于2009年8月29日奠基开工，2011年6月30日投入运营。滕州东站日均办理高铁52趟，车次直达北京、上海、青岛、烟台、威海、银川、福州、南昌、贵阳、泰州、宁波、沈阳、厦门等方向，全年发送旅客111.3万人，日均发送旅客3049人。

（资料摘自《枣庄年鉴（2022）》）

公　路

【概况】 滕州市公路事业发展中心为枣庄市公路和地方铁路事业发展中心所属正科级公益一类事业单位，核定事业编制人员133人，管养滕州市境内普通国、省道公路7条，养护总里程198.8千米。为公路事业发展提供服务，为普通国、省道公路畅通提供技术保障。承担全市普通国省道公路及其附属设施养护工作；承担普通国省道路面、桥隧、沿线设施、绿化等公路服务设施维护；承担实施公路小修工程。获评山东省级文明单位。

【项目建设】 S322枣欢线大中修工程。省投资5600万元，路线全长9.440公里，为双向两车道二级公路，年内实现通车运营并完成接养工作。G104国道中修工程。省投资1.8亿元，一级公路，设计速度每小时80公里，双向四车道，年内实现通车运营并完成接养工作。开展国省道生命安全防护工程暨“两路两车”专项整治工作，迎接全省道路交通安全“两路两车”工作督导组的督导检查，自查自纠安全隐患59项全部整改销号。西岗、大坞公路站房改建工程竣工验收，并交付使用。

【实行路长制】 按照市委、市政府要求，制定滕州市普通国省道“路长制”实施方案，由市主要领导担任总路长，推进市、镇（街道）、村三级路长制工作落实，在重要路段安装路长制公示牌，建立镇（街道）监督员、护路员制度。在市千分考核中考核各镇街路长制执行落实情况。实现“政府主导、行业牵头、部门联动、社会参与、综合治理”的公路保洁新格局。

【养护管理】 加大路域环境综合整治力度。加强重要时期、重点路段及桥梁的巡查保洁力度，对接地方政府，配合各部门清理非公路标志137块，拆除乱搭乱建违章建筑9处、取缔砂石料场、煤厂11处、硬化沿线停车场3处、清除三堆五垛116处。各镇（街道）路面保洁坚持机械化湿扫。组织小修工程。科学分析分类路面病害，针对不同路线、不同路段，采用不同的时段挖补。优化美化公路通行环境。全年更换补植道口桩、示警桩、轮廓标1500余根，施划标线26600平方米，修剪行道树3000余棵、中央绿化带清理修剪14.5公里，种植花草美化路肩15公里，整修路基（含清理排水沟）21公里，配合东郭镇在日滕线上打造口袋花园10处（东郭镇投资1300万元）。全年开展安全检查29次，安全隐患整改112项，召开安全专题会议12次，开展典型事故警示教育4次，举行除雪防滑应急演练1次，处理日滕线东郭段“天坑”2处。

（孙庆珠）

港　口

【概况】 滕州港口运输主要依托京杭运河，是滕州货物外运的重要渠道。

【滕州新港】 滕州新港经营业务主要以煤炭类产品、建材及杂货为主。一期工程和滕港港业码头改造升级工程分别建成并投入运营，拥有2000吨级泊位10个，现代化的装船机7台，16吨吊机2台，年吞吐能力700万吨，全年完成进货业务量307万吨。二期工程项目规划选址意见书、项目用地预审意见、项目立项批复、港口岸线批复、环保批复等手续全部完成，正在办理土地手续。

（史腾飞　杨奔）

邮　政

【概况】 市邮政分公司发挥通政、通民、通商职能，深化改革，全面推进专业经营机制创新，加大能力建设和网络优化投入，打造邮政综合服务平台，品牌形象提升。滕州邮政保持快速、安全、健康发展局面。

【邮政业务】 全年邮政实现业务收入16504.01万元，完成收入预算的101.72%，专业化经营效果显著。金融业务累计完成10967.1万元；寄递业务收入2511万元，双十一、双十二期间，单日邮件进出口总量峰值达4万余件；函件收入300.65万元，报刊收入576.62万元，集邮收入262.88万元。

【人才培养和专业化建设】 完善选人用人机制。“85后”支局经理增至14人，占比75%，支局经理全日制专科学历增至14人，占比50%，全日制本科8人，占比32%。深化专业化经营管理。加强专业化财务管理和专业专职营销体系建设，进行业务讲师和客户经理专业培训。推进职工素质工程，全年培训干部职工400人次。

【网运投递能力建设】 加强寄递能力建设。推进内部处理和投递规范外包，新工艺新设备应用更加紧密，作业流程更加合理，邮件处理效率提升。发展社会代投自提网络。全市发展邮快合作站点350余处，自提率逐月提升，减轻普服段道投递压力。

【创新发展】 定期牵头落实召开板块协同会议和专题会议，跟进省级重点营销项目、羊庄腰庄大樱桃、惠农工作专班合署办公和社保卡综合营销等工作。与枣庄科技职业学院达成入驻合作协议，建立“青少年集邮基地”。与“菜鸟驿站”建立合作关系，加办邮政寄递业务和代售邮资票品业务。联合团市委、市志愿者协会开展“我为群众办实事绿色邮政社区行”活动36场。分别开发《滕州市人大常委会成立四十周年》宣传纪念册、全市各镇街“文旅短视频展播”新媒体推广活动。

（王　娜）

商贸流通和招商引资

Commerce & Trade Circulation and Business & Investment Attraction

商贸流通综述

【概况】 全市加快构建多种经济成分、多种市场流通渠道、多种经营方式并存的现代商贸流通格局，全年实现社会消费品零售总额427.8亿元，增长15.6%。

【电子商务】 全市电子商务发展迅速，全年实现网络零售额51.9亿元，比上年增长48.1%，农产品网络零售额5.5亿元，比上年增长16.6%。各类电商企业发展到1936家，电商店铺19525家，电商直接从业人数2.3万人。电子商务进农村综合示范工作完成，在省商务厅绩效评价工作中获得较好成绩，省商务厅厅长张德平到滕州调研电商工作，给予肯定。加强电商人才培训体系建设，举办“2021年滕州市电商+淘宝直播培训班”3期，培育孵化乡村致富带头人、农产品加工企业负责人、新农人等200余人，全年开展各类电商培训60余期、1500余人次；持续打造“滕韵佳物”“滕味善品”两大区域公用品牌，开展滕州系列品质好物推荐，阿里巴巴“淘宝直播年货节”，羊庄大樱桃、向阳山核桃等助农直播系列活动等直播带货活动30余场，实现直播带货额1000万余元。洪绪镇、南沙河镇、鲍沟镇、姜屯镇、东沙河街道等5镇（街道）被认定为淘宝镇，东沙河街道朝阳村，洪绪镇东赵沟村、西赵沟村、龙庄村、团结村，南沙河镇北街村、南池村，鲍沟镇张埠村等8村被认定为淘宝村。

2021年9月1日，山东省商务厅厅长张德平（中）在滕州调研电商工作

【民生商务】 举办枣庄市乡村振兴“双十镇”好物巡展启动仪式暨礼惠双节直播周金秋嗨购盛典活动。新增限上批零住餐企业48家，限上批零住餐企业发展到189家。新建加油站1家、改扩建验收审批1家，目前总数95家，变更审批7家、经营资格年检93家、换发经营许可证10家。全年检查加油站150家（次），双随机一公开检查10家。链融、鼎盛、春藤牧业、仲家汇4家企业被确定为中央农产品供应链体系建设项目试点企业，获批项目资金1325万元。新兴路步行街获评第三批省级步行街改造提升试点。

对外及对港澳台经贸

【概况】 实现进出口总额60.6亿元，比上年增长25.6%，其中，出口57.3亿元，比上年增长26.3%；进口3.3亿元，比上年增长14.3%。全市进出口实绩企业达259家。

【经贸服务】 帮扶重点外贸企业，组织召开外贸企业座谈会，调研走访企业，协助腾达紧固科技、中兴金属等企业解决在产品运输、通关过程中的问题，东方钢帘线、艾菲尔管业等重点外贸企业进出口增幅均超100%。培育外贸新增长点，梳理完善全市对外及对港澳台经贸信息库，精准对接，宣传扶持政策，推动爱朵（国际）、华食汇等新建外向型项目实现出口业绩。全年办理对外及对港澳台贸易经营者备案登记企业87家，新增实绩企业58家。

【新业态发展】 实施“互联网+外贸”战略，推动机械机床、建材玻璃、童车童床等滕州优势产品利用跨境电商平台开辟出口新途径。组织企业参加跨境电商“孵化式”培训、跨境电商出口政策解读专题培训，帮助企业提升利用跨境电商平台开拓国际市场能力。开展调研和政策推介，实现枣庄市首单跨境电商9710新模式出口业务。

【市场开拓】 引导企业利用线上线下展会等渠道开拓国际市场，先后组织企业参加广交会、山东—日韩双向贸易（RCEP）云展会、山东出口商品（欧盟）云展会、第四届进博会等线上线下展会20余个，企业拓展国际业务。提高外贸企业品牌意识，鼓励企业开展国际商标注册、专利申请、专利许可和体系认证，加大自主知识产权和自主品牌产品出口，提升企业国际市场竞争力。全年对欧盟、美国、日本、韩国分别实现出口16.12亿元、5.67亿元、4.24亿元、3.24亿元，分别增长28.9%、10.6%、6.5%、31.7%；对“一带一路”沿线国家出口20.49亿元，增长43.7%。

【平台搭建】 贯彻落实国家“一带一路”战略，向上争取，推动开通欧亚班列，降低滕州及周边地区外贸企业物流成本，提升市场竞争力。依托嘉誉商贸城申建公用型保税仓库，优化外贸企业经营环境，全市开放型经济发展呈现新优势。

【外贸发展环境营造】 研究各级稳外贸扶持政策，做好申报文件的解读推送工作，全年争取上级外贸扶持资金483.01万元。引导80余家小微外贸企业投保出口信用保险，协助中正化工公司快速获得信保赔付，稳定企业出口信心。组织企业参加各类外经贸培训10余次，帮助企业培养外经贸专业人才队伍，提高国际贸易业务水平。开展“领导干部走流程”活动，发现并解决服务窗口一线服务工作中存在的问题，为企业提供更加优质、高效、便捷的服务。

表22 2021年滕州市进出口前十位企业情况表

（单位：万元）

序号	企业名称	进出口总额	进出口比上年	出口额	出口比上年	进口额	进口比上年
1	山东腾龙进出口有限公司（含腾达紧固科技）	112965	50.3	112939	51.5	26	-96
2	山东辛化硅胶有限公司	57450	26.5	57441	26.5	9	-37.4
3	滕州东方钢帘线有限公司	26699	116	26263	117.3	436	58.4
4	滕州市三合机械股份有限公司	26461	23	26438	23.2	22	-64.2
5	山东日盈食品有限公司	25362	11.2	25362	11.2	0	—
6	山东艾菲尔管业有限公司	23670	101.3	20686	131.9	2984	5.2

续表

序号	企业名称	进出口总额	进出口比上年	出口额	出口比上年	进口额	进口比上年
7	山东腾达不锈钢制品有限公司	21817	44.9	20142	58	1675	-27.4
8	山东欣诺商贸有限公司	10128	70.8	10128	70.8	0	—
9	滕州金晶玻璃有限公司	9488	12.7	9488	13.8	0	-100
10	山东大明消毒科技有限公司	6853	15.3	6853	15.3	0	—

利用外资

【概况】 全市新设外资企业11家，增资2家，新增合同利用外资1.6亿美元，实际到账外资1.004亿美元，比上年增长48%。全年全市实际到账外资总量首次突破1亿美元，提前3个月完成全年任务。

【招商活动】 组织企业参加省市外经贸招商活动20余场，推动正威金属新材料、精细微纳米新型环保材料生产等7个项目在省重点外资项目集中签约、青岛峰会、进博会、连线世界500强专场等活动上签约。

【外资项目成果】 按照“储备有效线索、推进落地项目、加快外资到账”要求，储备高效纤维素、公用型保税仓库等成熟项目线索16个，推动孟玄新材料、绿之能环保科技等9个项目开工落地，促进腾威金属制造、北控汇通等18个项目外资到账。

【外资结构优化】 突出制造业外资项目以及日韩资项目招引，全市引进制造业外资6421万美元，制造业外资占比64%，日泓智能、华食汇等12个制造业项目实现外资到账；依托泓冠环保科技、长得好农业科技等5个项目引进日韩资63万美元，日韩外资实现增长。

2021年11月7日，滕州市在第四届中国国际进口博览会签约项目

【外商投资环境营造】 推进外商投资企业服务大使制度，对重点外资项目，进行专人帮包，全程跟踪服务；积极与市场监管、外管、银行等部门对接协调，缩短项目审核办理时限，与枣庄市场监管、中行滕州支行等单位实时联动，有效保障外资项目落户滕州。

（翟东方）

招商引资和服务

【概况】 全年全市开展招商洽谈活动130余次，累计收集项目线索639个，招引过亿元项目198个，其中过10亿元项目36个、过50亿元项目14个、过百亿元项目2个、500强项目5个。新开工过亿元项目108个，其中外资项目2个，过10亿元项目19个、过50亿元项目5个，500强项目3个；存量企业新上项目线索84个、新开工项目9个。投资103亿元的土发集团洪绪全域土地综合整治、投资60亿元的滕南片区一级开发、投资50亿元的智能家居产业园等项目签约落地。滕州获评2021投资环境质量十佳县（市、区）。

【精准招商】 树立鲜明产业招商导向，引导要素、资源向重点产业项目集聚，推动精准串点成链、建链成群。成立高端装备、高端化工、新能源、新材料、新医药、新一代信息技术、高质高效农业、商贸物流、特色文旅康养等产业专班9个，投资20亿元的智能制造LOW—E节能玻璃、投资11.08亿的年产40万吨聚酰胺6新材料等项目落地；举办2021中国木门窗企业家峰会暨滕州现代化强市建设招商大会，签约合作项目12个，项目总投资198.5亿元。综合运用小分队招商、以企招商、园区招商、基金招商等多种方式精准招商，开展产业链招商，一批高质量项目成功落户。联泓集团有限公司投资215亿元的联泓新科一体化、瑞科天启投资20亿元的微矿分离能源岛等重大产业项目签约，总投资10亿元的爱啤士精酿啤酒等项目加快推进。高端化工、高端装备、新材料等三大主导产业吸附力持续加强。

【招商服务】 创新服务机制，践行重点项目全生命周期服务理念，提升客商服务水平，明确重点项目帮包责任单位，对招商引资项目履行好“代办制”“帮办制”等跟踪服务措施，在项目手续办理、选址、用地、建设、运营、生产生活等方面提供全方位优质服务，“一对一”解决招商引资落地企业的各类问题。市委市政府领导高位推动，现场办公，协调解决重点项目建设存在的困难和问题，保障招商引资项目快速推进。强化考核督导，结合全市招商引资工作实际开展情况和产业发展需要细化分解上级任务指标，完善指标内容，突出正向引导激励，体现“以业绩论英雄”的结果导向和鼓励实干的原则，引导各镇街多引大项目、好项目。

【政务服务】 开展政务服务智慧化建设，建成排队取号、服务评价、多媒体显示、绩效考核等政府服务大厅管理系统，升级“一窗受理”集成服务、“好差评”管理、“一件事”链条式审批等业务系统。推进企业开办领域改革，推行企业营业执照与许可证件联合开办、联合变更、联合注销“三联办”，通过流程再造，形成“一套材料、一次告知、一表申请、统一受理、同步审批、统一反馈”的集成办理流程。配备“善跑腿”帮办代办人员，为企业和群众免费提供咨询导引、帮办代办服务。

（市招商中心）

2021年10月22日，2021中国木门窗企业家峰会暨滕州现代化强市建设招商大会在滕州召开。图为项目签约现场

商业物资

【概况】 按照市委、市政府《关于深化市级事业单位改革试点实施方案》，原商业行业事务中心和原物资行业事务中心合并，组建滕州市商业物资行业事务中心。中心下辖企事业单位21个。全年实现经营收入29.9亿元，比上年增长2.6%；完成增加值1.25亿元，比上年增长5.2%；实现利税2580万元，比上年增长0.7%；主要经济指标均超额完成年初制定的任务目标。

【龙头产业】 山东福藤食品有限公司被农业农村部、国家发改委评为农业产业化国家重点龙头企业，公司申报发明专利2个，参与制定国家标准1个，荣获山东省科学技术进步奖三等奖一项，

2021 年 3 月 29 日，滕州市商业物资行业事务中心挂牌

“福藤放心肉”“鼎盛调味品”“枣庄黑盖猪”等品牌知名度不断提升。总投资 1.2 亿元的“枣庄黑盖猪育种创新能力提升项目”纳入山东省地方债券项目，争取地方专项债 6000 万元。总投资 5600 万元的鼎盛公司“农产品仓储保鲜冷链物流设施建设工程项目”正在建设。全年出栏生猪 8 万头，屠宰生猪 11.8 万头，加工肉制品 10000 吨，实现销售收入 7.28 亿元。钢盟公司优化营商环境，针对不同品牌潜在客户群开拓市场，汽车销售品牌达 20 余种，实现汽车销售 5000 台，售后产值 3200 万元。公司获得山东省“文明单位”称号。文隆公司拓宽民爆器材、机电钢材、化工产品营销渠道，实现销售收入 4800 余万元，利税 600 余万元。

【重点项目建设】 作为抗击疫情的山东省重大民生项目和“菜篮子”工程，总投资约 3.1 亿元的山东春藤牧业 3000 万只肉鸡加工项目投产试运营；春藤牧业冷链物流项目被省政府列为补短板重点项目，争取政府专项债 1.2 亿元；与山东瑞发德集团合作的瑞藤熟食加工项目试运营。

【双招双引】 新华联公司先后引进奥博科技公司、美日莱 24 小时便利店和 7 号酒馆三家入驻华联大楼；五金公司利用五交化品牌优势，做好阿玛尼美容美发商务会所二楼改扩建升级改造；百货总公司引进金都水岸洗浴中心，盘活闲置资产。

【企业发展】 天合拍卖行发掘大型企业拍卖业务资源，扩展对建筑公司、勘探单位废旧设备、国有企业车辆、石方的拍卖，举办各类拍卖会 109 场，比上年增长 55.7%，实现经营收入 3.08 亿元；商业幼儿园投资近 100 余万元，改造园所、更新教具、完善教学设备，园本课题研究被立项为市级课题，多名青年教师的电教课、优质课在枣庄、滕州两级市获奖；商业资产投资经营公司重新配置存量资产，实现商业资产保值增值；系统各单位发挥五洲电子城、小城印象酒店、永丰广场、运通机电大楼、汇鑫大厦红鹦鹉传媒、锦晟浴池等地标产业优势，打造黄金地段特色商业圈。

【商业系统运转稳定】 发挥党建引领作用，强化基层党组织建设，完成系统 11 个单位党组织换届工作；推动机关党建与创城工作结合，投入资金 10 万余元，帮助映奎园社区粉刷墙壁 1.3 万平方米、绘制文化墙 360 余平方米。集中开展矛盾纠纷大排查、大化解活动，办理信访事项 100 余件，接待群众来访 90 余起 300 余人次。帮扶系统困难职工，救助困难职工、贫困大学生 160 余人，发放慰问金 20 余万元。开展联合督导检查、专家隐患排查整治、安全生产大排查大整治等各类安全生产督导检查 120 余次，邀请相关专家 30 余人次，排查整改安全问题隐患 390 余条，组织系统各单位开展各类培训演练 80 余次。

（孙玉冰）

供销合作商业

【概况】 市供销社拥有社有企业 14 个、基层供销社 16 个，全年实现销售总额 26.27 亿元，比去年增长 12.4%，利税 7095 万元，比去年增长 1.1%。

【农业社会化服务】 争取到全省土地托管试点县，市政府与省供销社签订战略合作协议，在全市重点推广“土地股份合作＋全程托管服务”新模式，在8个镇16个村托管土地400公顷。发挥为农服务中心在测土配方施肥、农机作业、农民培训等方面的作用，新建并投入使用为农服务中心2处，联合建设为农服务中心8处。与广东东莞润通公司签订长期战略合作协议，产品进入港澳台市场，年销售农产品3万余吨。与新东谷、高新、百麦奇、恒仁、大宗村、六合、通威等传统农作物加工厂达成合作协议，年销售1万吨。

【农村现代流通服务】 发挥实体网点优势，打造“一点多能、一网多用、上下贯通、综合服务”的农村现代商贸流通服务网络。启动运营滕州市供销综合服务中心，采用前庭后院运营模式，前厅为供销社综合服务平台，引入农商银行及系统8个公司、3家合作社入驻，后院设置集配中心7个，为基层社等提供农资和日用消费品仓储配送、农产品流通、土地托管、电子商务、农村金融、农业保险、物流配送等综合服务。建设东郭、西岗、官桥、大坞、龙阳5处乡镇综合服务站及龙阳董沙等5处村级综合服务社。参与全市交通一体化建设工作，新发展乡村通流通服务网点10处，镇级物流分拣中心3处。加快推进“供销＋邮政”“供销＋交通”“供销＋金融”为农服务模式。

【基层供销社提升改造】 16个基层社全部为自营，下设中心店52个，经营部位439个，资产总额3.27亿元。全年实现销售收入4.96亿元，销售收入过千万元的基层社15个。制定基层社三年提升改造计划，采取基层社自建、联合社会力量共建等方式，建成乡镇为农服务综合体4处。推动基层社与合作社融合发展，领办参办农民合作社及其联合社91家，在16家开展信用互助业务。

滕州供销综合服务中心启动运营（2021年12月17日摄影）

【社有企业培育】 采取“市直企业＋基层社”模式，做大做强农资、再生资源、农产品等传统主责主业。农资领域，采取“丰谷农资公司＋基层社”农资联采分销模式，在全市设立农资集配中心1处、农资网点160余处，代理艳阳天、澳特尔、好隆民等品牌10余个，年配送量5万余吨。再生资源领域，采取“再生资源公司＋基层社”再生资源代收点模式，在4个乡镇恢复再生资源网点4家，与临沂中绿资源再生公司合作开展“四电一脑”回收业务，与中国天楹江苏斯瑞资源循环利用有限公司洽谈建设县域绿色分拣中心事宜。农副产品领域，三兴物流公司与中国农批北农（滕州）冻品批发市场实现存储联动，总库容达6万吨，成为全市冷链食品储存与交易集约地，市场份额占比超70%。盐业经营领域，全市食盐市场占有量恢复超90%，业务领域扩展到邹城，服务人口近300万。

【重点项目建设】 坚持开放办社，参与建设中央厨房3个，“供销东谷”中央厨房项目试运营，日生产馒头、水饺、蒸包等食品3000斤左右。供销社锐泽康中央厨房项目，年加工各类产品约1800吨，实现销售收入约2000万元，利润160万元，安置就业100人。参股建设麦金地滕州中央大厨房项目，开展团餐、预制菜等终端配送，正在试运营。联合北京中鸿网络信息技术有限公司、北京字节跳动旗下全资子公司北京巨量引擎网络技术有限公司、山东博联星恒传媒有限公司共同成立全媒体人才赋能中心，开展直播电商公益培训、网络直播带货等服务，带动农产品上行。实施振兴南路、河阳北路棚户区改造和官桥镇小城镇建设等工作任务，开工建设尚水祥云等项目。

【体制机制改革】 推进政企分开、社企分开。组建社有资产管理委员会，负责全系统社有资产监管工作，召开7次会议研究相关事项57项。修订完善社有资产监管、党组议事规则、三重一大等规章制度18项，降低经营风险。开展资产清产核资审计评估、清产核资审计问题专项整改、合同专项整治等工作，聘请法律顾问跟踪服务，实现社有资产保值增值。

【滕州三兴物流有限公司】 成立于2009年1月。2021年交易额达到10亿元，城区乡村通物流服务点发展到8处、镇级物流分拣中心14处、村级物流服务站点104个，服务辐射滕州95%的行政区域。启动运营供销综合服务中心，先后引入农商银行及供销系统8个公司、3家合作社，引入滕州全媒体人才赋能中心暨北京中鸿公司开设三农电商直播基地，开展农产品直播带货。

【滕州市丰谷农资有限公司】 成立于2001年11月。2021年销售农资商品5万吨。公司参与建设西岗、鲍沟、南沙河等为农服务中心，开展土地托管、农资直供、粮食收购、农机作业等综合服务，实现由农资经销商向农业综合服务商转型。

【滕州市供销房地产综合开发有限公司】 尚水祥云完成10楼封顶及附属设施施工，供销兰园东区进入配套装饰阶段。腾众汽车城项目完成设计规划、安全生产与工期进度设计。全年出售住宅和商业房产面积约5.5万平方米，销售额约4.6亿元。

【滕州市盐业总公司】 2021年实现各类盐产品销售18983吨，盐业经营业务已扩大至邹城市，覆盖人群近300万人。

【滕州市再生资源总公司】 始建于1981年。2021年购销废旧金属8000余吨，废旧有色金属300余吨。联合成立全媒体人才赋能中心，开展直播电商公益培训，挖掘直播人才，成立乡村振兴学院。

【滕州市土产杂品总公司】 成立于1951年。下设服装批发市场，土产杂品商场、饮食机械分公司、烟花鞭炮分公司、鸿运汽车检测有限责任公司等经营实体。其中鸿运汽车检测项目，拥有三条安检线，四条环保检测线，2021年完成汽车检测7000余辆。

（市供销合作社联合社）

粮油购销

【概况】 全市统筹疫情防控与粮食和物资储备事业发展，以“善粮善为同心滕成”党建品牌为引领，以保障粮食安全、推动粮食产业发展、落实应急物资储备为重点，深入落实“六保”任务，

2021年6月22日，滕州市委常委、常务副市长王涛代表滕州在安徽阜南举行的全国优质粮食工程座谈会上发言

实现各项粮食和物资储备事业的高质量发展。全面完成“中国好粮油”行动计划示范县建设，并在全国优质粮食工程座谈会上作先进典型发言，获得枣庄市委书记陈平的批示。

【粮食收购】 科学谋划、提前部署全市夏粮收购工作，落实夏粮收购资金，进行消防演练，组织业务骨干人员参加质检、仓储培训班，做好收购工作准备；制订夏粮收购工作意见，提前与种粮大户联系对接协议收购事宜签订购销协议，与有关粮库签订政策性夏粮收购协议、承诺书、风险抵押联保资料，购销价格执行随行就市，不压级压价，不抬级抬价，快购快销，薄利多销，根据收购市场形势变化及时进行调整，开展自营收购，早收粮、多收粮、多储粮；以滕州市嘉禾粮油有限公司为龙头，坚持“理性收购、敞开收购”，稳妥推进夏粮收购工作；巩固和发展对外经营合作，完成浙江省江山市代收代储代轮换地储粮，按期履行夏粮收购合同。同中国化工集团合作，探索建立订单代收模式。另外，拓宽收储业务，储备中储粮进口临储玉米2万吨。

【仓储设施建设及应急物资储备】 推进新建仓房建设。鲍沟郝寨粮库1万吨平房仓项目工程竣工，仓房投入使用工作正在推进。完成“一整两通”项目建设，引入物联网技术，建设数字粮库远程监控中心，提升基层粮库仓储能力的现代化水平。推进应急物资储备工作。高标准建设2000平方米救灾物资储备库和相关配套设施；先后完成两批救灾物资和一批应急防疫物资的采购，价值超过700万元。

【粮油供给】 对1.79万吨地方储备小麦适时轮换；同时，把握好国家政策，搞好市场调研和预测，增储地储粮1.78万吨，使轮换、增储工作有序进行，实现地储粮保质增效。

【粮食安全保障】 完成6万吨地方储备粮和500吨地方储备油的储备任务。高标准完成5200吨成品粮和750吨食用油储备任务。严格落实粮食仓储管理责任制，开展安全教育培训，消防应急演练，确保储粮安全。第41个“世界粮食日”和“全国粮食安全宣传周”活动枣庄主会场在滕州举行，活动现场摆放宣传展板20块、悬挂宣传标语9条、发放宣传手册1000余份。

【粮食产业发展】 探索新的粮食产业模式。在北辛粮库原址进行升级改造，初步建成恒温库；进行“滕州军供”品牌纯净水和小杂粮的试销售。同时，按照国有资产出租管理办法，拍租洪绪粮库，实现国有资产的保值增值。

【山东鲁滕粮食储备库有限公司】 2021年1月，滕州市地方粮食储备库更名为山东鲁滕粮食储备库有限公司。是市政府全额出资的国有独资企业，具有中央储备粮承储资格，隶属于市粮食和物资储备中心。

（市粮食和物资储备中心）

烟草专卖

【概况】 全年实现各类卷烟销量4.88万箱，比上年增长1.35%；实现卷烟销售额14.96亿元，比上年增长8.05%；实现毛利3.91

2021年12月1日，全省烟草高质量发展现场会（第二片区）在滕州召开

亿元，比上年增长8.94%；卷烟单箱值达到30662元，比上年增加1901元，增长6.61%。全年查获各类涉烟违法案件782起，查获卷烟3.04万条、烟丝烟叶2787公斤、案值536.47万元。全年破获三万元以上涉烟违法案件51起。全省烟草高质量发展现场会（第二片区）在滕州召开。

【卷烟营销】 聚焦提质增效，加速精准施策落地。坚持以消费需求为导向、精准数据为基础、特色市场为依托的工作目标，推动一二类烟提质增效。同步开展线上+线下调研，了解不同业态客户差异化需求，为批零网配精准施策提供数据指导。精耕民俗市场，开发“夜市经济”特色市场，深挖卷烟结构潜力。将网建重心向农村市场、中小户倾斜，打造农网终端“靓”样板。因地制宜打造美丽乡村特色零售示范街，实现一街一特色；指导农网客户向全店改造升级，有效挖掘消费潜力、参与乡村振兴战略。引入农网终端“智”理念。充分利用直播课、诚信互助小组群等载体，指导农网客户全面掌握现代经营新理念。赋能农网终端“新”体验。协助客户划分功能区域，优化商品陈列和关联搭配，增加店铺“流量”，提升店铺盈利水平。深入开展“四理”精细服务。按照服务清单、标准和工作流程，指导营销人员根据不同客户需求，开展理货、理数、理财、理信服务，帮助客户实现经营能力提升、消费环境改善、盈利水平增长、诚信商誉塑造。截至年底，授牌2A级以上信用客户2946户。

【专卖管理】 与有关部门合作，建立卷烟打假打私情报研判、市内铁路干线联合打击涉烟违法活动、海上走私卷烟、守护青少年成长等工作机制；以“齐鲁利剑”(2021)行动为主线，相继开展“春雷、雷霆、秋风、飓风、净网”等系列专项行动；构建“网格渗透、平台共享”的卷烟市场监管新模式，深化“三级网格”监管，推广应用“701”系统，创新“互联网+监管”模式；开展“我为群众办实事”活动，推行许可事项网上办，搭建行政许可服务诚信体系，落实“5+2”入网办证工作模式，全年无超期限受理、审批等违规情形；案卷制作坚持书面材料与电子案卷并重，规范清理“一店多证”“证址不符”等情况，推进新版布局方案修订实施；按照“守护成长”专项行动要求，对校园周边零售店及电子烟店进行重点监管重点，在辖区中小学周边店面醒目位置张贴警示标语。全年累计张贴禁售标识材料5000余份，与公安、市场监管、检察、教育等部门及时共享信息，查处向未成年人售烟行为为6起，处罚金额2.7万元。

【精益创新】 完善县、站两级创新工作室，构建纵横交错的创新模式。依托“枣智汇”平台，建立“问题征集、挂牌公示、揭榜领题、成果申报”机制。推行“创星”全面绩效考核，营造争先共进氛围。依托“枣智成”在线学习平台，开展课程开发和员工培训。全年累计取得国家注册计算机软件著作权8项、国家实用新型专利3项、山东省烟草专卖局（公司）科学技术进步奖1项、QC成果1项、优秀岗位创新成果14项、结题精益课题1项、十佳流程2个、立项精益课题4项，发表论文11篇。

（何召臣）

服务业综述

【概况】 全年新增规上服务业企业22家，退库9家，净增规上服务业13家，年底在库规上服务业企业68家。

【服务业营业收入】 全年服务业增加值完成380.44亿元，比上年增长8.9%，占GDP的比重44.3%；三次产业比为10.2∶45.5∶44.3。1—11月，规模以上服务业实现营业收入18.71亿，比上年增幅27.89%。分行业看，铁路运输业、道路运输业、水上运输业比上年增长5.02%；装卸搬运和仓储业比上年增长5.03%；信息传输、软件和信息技术服务业比上年增长28.58%；租赁和商务服务业比上年增长110.62%；科学研究和技术服务业比上年增长20.70%；居民服务、修理和其他服务业比上年增长5.79%；文化、体育和娱乐业比上年增长282.22%。

（市发改局）

金　融

Finance

金融业综述

【概况】 至年末，全市银行业金融机构14家，保险机构36家，证券公司3家，融资性担保公司4家，民间资本管理公司2家，典当行3家，开展信用互助业务的农民专业合作社11家，深交所主板上市公司1家，新三板企业4家，完成股份制改制并在齐鲁股权托管交易中心挂牌企业62家。银行各项存款余额948.22亿元，贷款余额686.81亿元，全年新增贷款比上年多增25.70亿元。

【金融服务】 创建成全省金融管家试点县、全省上市公司孵化聚集区试点县、全省普惠金融示范县。探索"技改+基金+投贷"联动模式，在枣庄率先设立2亿元工业技改基金。探索推出的土地抵押重置机制被枣庄市委书记陈平批示并在全枣庄推广。推行银行贷款不动产线上抵押制度，推动企业、群众不动产抵押登记"就近办"、半小时内办结，实现业务"零跑腿"全覆盖。在市公证处设立金融公证服务中心，把贷款审批、发放、使用监管各环节都置于公证的监督之下。搭建银企合作桥梁，先后召开各类银企对接会35场。组织开展"百行千人进万企"金融大调研走访活动，对省市县三级重点项目，规上企业、镇街500万元以上项目实地走访调研，累计走访近1000家，为51家企业发放贷款4.99亿元。引导银行帮助企业纾困解难，累计办理推迟还款业务65笔、18亿元，为缺少抵质押物的小微企业办理纯信用贷款210笔、8.5亿元。

2021年8月11日，全市金融工作座谈会在政务中心召开

【金融服务体系】 截至年末，山东信华和滕州嘉润2家民资公司累计完成投资3.015亿元；山东至能融资担保有限公司、山东明建融资担保性有限公司、山东方盈融资担保有限公司等3家融资担保公司存量担保户数21户，余额累计8964万元；11家农民专业合作社累计发放互助金661笔，累计金额2320.3万元。

【企业上市挂牌股改】 抢抓省级上市公司孵化聚集区试点和北交所设立机遇，开展企业上市三年攻坚突破行动，协调优先解决重点上市后备企业历史遗留问题28项，引导人才、技术、资金等优质资源对上市后备企业“精准滴灌”。截至年末，奚仲机械等15家企业在齐鲁股权交易中心挂牌，腾达紧固、渤瑞环保即将验收报深交所上市，威智医药、雄狮装饰、尚品本色准备提报山东证监局辅导，北理华海启动“新三板”创新层挂牌，梯次分明、节点明确、路径清晰的“后备企业上市进程图”形成。

【金融风险防控】 完善防非处非工作机制，出台《防范和化解非法集资条例实施意见》。加强金融风险预警监测，细化落实重点企业金融风险化解方案，按时间节点督促相关单位稳步推进。会同有关部门开展不良贷款清收、打击逃废债等活动，加强银行内部风控，严防新增不良。截至年末，全市银行不良贷款率0.54%，连续6年下降。多形式开展各类排查整治8次，开展以“学法用法护小家·防非处非靠大家”为主题的防范非法集资宣传月活动，发放宣传资料20万份、发送手机短信30万条。

（付晓琪）

中国人民银行滕州支行

【概况】 全年主要金融指标处于近年较好水平，本外币增量贷存比处于历史最高水平，不良贷款和不良率维持在较低区间，资金运用效率显著增高。年末，本外币存款余额948.22亿元，比去年提高7.56个百分点；本外币贷款余额686.81亿元，比去年提高14.53个百分点。全市不良贷款余额3.72亿元，不良率0.54%，分别较去年同期下降0.07亿元、0.09个百分点，不良率在全省保持较低水平。滕州市支行继续保持山东省级文明单位称号。

【货币政策】 在稳健的货币政策框架下，“精准滴灌”政策、“直达性”货币政策工具效果显现，重点领域和薄弱环节融资情况持续改善，各项指标增量均超过去年水平。年末，全市中小微企业贷款余额179.19亿元，涉农贷款余额371.58亿元，工业贷款余额153.08亿元，绿色信贷余额26.71亿元，分别较去年同期增长20.38%、12.47%、7.29%、68.20%。

【实体支持】 推动“两项直达实体经济货币政策工具”和“3000亿元支小再贷款”落实落细，有力支持辖区实体经济发展。两家法人机构全年发放延期还本付息贷款3.45亿元，普惠小微企业信用贷款1.09亿元，实现对实体经济的“精准滴灌”。办理3000亿元支小再贷款9000万元，贷款加权平均利率4.83%，支持经营主体126户。

【金融机构贷款】 全市14家银行业金融机构各项贷款余额较年初存在较大增长。4家国有商业银行各项贷款增加30.27亿元，2家地方法人金融机构各项贷款增加24.10亿元，农业发展银行各项贷款增加4.01亿元。

（中国人民银行滕州支行）

银行业

【概况】 全市14家银行各项存款余额948.22亿元，较年初增加66.77亿元，增长7.56%；贷款余额686.81亿元，较年初增加87.13亿元，增长14.53%，全年新增贷款比上年多增25.70亿元，是上年的1.4倍。

（付晓琪）

【中国工商银行滕州支行】 辖营业网点14个，实现经营管理和支持地方经济建设高质量发展的目标。截至年末，各项贷款余额96.35亿元，净增13亿元。抢抓区域重点项目，支持龙头企业中长期贷款9.6亿元投放到位；支持“双碳”战略，全省“首批首个”电化学储能电站项目8000万元；线上线下“融资融智”相结合，做大普惠贷款规模，全年累放普惠贷款5.76亿元；坚持“房住不炒”的定位，全年累放个人住房贷款11亿元。

推进金融服务提升和重点信贷项目实施。截至年末，存贷款规模突破210亿元大关，不良贷款率低于全省及同业平均水平。滕州市银行业综合经营绩效考核四个季度均排名第一，获评滕州市人行“年度金融机构综合评价”A级单位第一名。

2021 年 3 月 18 日，工行山东省分行党委书记、行长赵桂德（右二）到滕州支行调研

优化渠道建设，提升窗口服务。借力 e-ICBC 2.0 向 e-ICBC3.0 智慧银行战略升级，推行“人智 + 机智”相结合的智能服务模式，实现智能服务渠道全覆盖；各网点设置“工行驿站”，军人、老人及残疾人窗口等，提供差异性、人性化服务。同时，创建标杆网点，擦亮服务品牌，加大服务监督，客户对柜面服务的满意度 99.58%。

（工行滕州支行）

【中国农业银行滕州市支行】 截至年末，各项存款余额 174.9 亿元，较年初增 11.9 亿元。其中，个人存款 142.3 亿元，较年初增 7.9 亿元；对公存款 32.6 亿元，较年初增 3.9 亿元。各项贷款余额 87.3 亿元，较年初增 13.1 亿元，其中，个人贷款 39.7 亿元，较年初增 10.7 亿元，对公贷款 47.6 亿元，较年初增 2.4 亿元。实现中间业务收入 6160 万元，营业收入 4.51 亿元，净利润 3.64 亿元。

客户拓展。扎实开展“扩户提质”活动，两户营销量质齐升。全年新增对公结算账户 1808 个，个人有效客户较年初净增 41202 户，21 个镇街“四类账户”（政府、财政所、经管站、卫生院）总体覆盖率 67%。

信贷业务。截至年末，各项贷款余额 87.3 亿元，个人、对公贷款增量双双突破十亿元。工业贷款余额 37.3 亿元，较年初增 9.89 亿元，增幅 36%；个人住房贷款较年初增加 6.6 亿元，个人消费及经营贷款较年初增 3 亿元；累计为 26 家党组织领办合作社发放“强村贷”1575 万元，较年初增 420 万元；惠农 e 贷余额达 3.5 亿元，较年初增加 1.7 亿元。涉农贷款存量 51.8 亿元，较年初新增 7.9 亿元。

普惠金融。落实国家减费让利政策，免收小微企业开户手续费、年费、短信费等费用，累计免除公证费、评估费等 110 余笔，减免金融 30 万元。截至年末，全行监管口径普惠个贷余额 1.29 亿元，较年初增 4411 万元，普惠型小微企业贷款余额 1.83 亿元，较年初增加 1100 万元，其中普惠法人线上贷款余额 1.23 亿元，较年初增加 4530 万元。

风险管理。全年累计收回不良贷款 3630 万元，其中自营清收 949 万元；核销清收 2681 万元，接收处置以资抵债 19370 万元。开展贷后自查，贷后管理质量持续提升。不良贷款余额 3334 万元，较年初下降 1159 万元，不良贷款率 0.38%，较年初下降 0.22 个百分点。

基础管理。开展技术练兵，优化基层网点员工年龄结构，推进网点转型，推广应用新一代数字绩效平台，开展“三化三达标”创建活动。

（孙卓灿）

【中国银行滕州支行】 年内中国银行滕州支行实现营业净收入 1.84 亿元，较上年同期增加 0.06 亿元，增幅 3.41%；拨备前利润 1.56 亿元，较上年同期增加 0.09 亿元，增幅 6.33%。本外币存款余额 57.86 亿元，较年初新增 5.14 亿元；本外币贷款余额 61.09 亿元，较年初减少 3.66 亿元。不良贷款余额 413 万元，较年初减少 1934 万元，不良率 0.07%。

助力地区经济发展。公司授信持续推进审批效率提升工作，加强平行作业，提升审批效率。

为鲁南工业园区批复17.8亿元，投放2.4亿元。

拓展金融服务群体。强化批量化发展水平，拓展服务群体。公司服务普惠金融客户100余户，对公普惠金融余额3.39亿元，较年初新增1.26亿元，对私普惠金融余额1.25亿元，较年初新增0.32亿元，个人贷款累计投放8.70亿元，较年初新增4.09亿元。国际结算业务市场份额58%。中国银行滕州支行获得总行“普惠金融十佳县域支行”称号。

防范金融风险。逐户对不良资产分类，制定现金清收、信用恢复、呆账核销及不良划转等措施，推进不良清收压降工作。公司贷款实现1842万元不良贷款核销，公司贷款业务不良率降为零。

（中国银行滕州支行）

【中国建设银行滕州支行】 截至年末，新增营业网点1个，营业网点发展到13个。一般性存款时点额142.38亿元，各项贷款余额94.27亿元，均居全省建行县域支行前列；实现中间业务收入8063万元。贷款不良率低，实现净利润2.7亿元。滕州支行被省建行评为“乡村振兴”先进支行，支行党组织被省建行评为“先进基层党组织”。

信贷业务。服务和支持电力、交通、供水等基础设施建设、学校医院等民生项目、绿色信贷和先进制造等实体经济以及个人住房、消费、经营等普惠贷款，全年累计发放经营类贷款28.56亿元。小微企业贷款客户新增132户，总量达到815户，普惠贷款余额8.58亿元，住房公积金贷款累计发放4.12亿元，新增2.41亿元，余额达到18.14亿元；不良贷款余额567万元，比年初减少849万元，不良率0.06%，实现“双降”目标。

支持乡村振兴。搭建农村金融基础设施，主要产品“裕农通”服务点达到1082个，村级覆盖率90%，居民足不出村即可得到“存、贷、汇、缴、投”等功能服务；科技平台对接激活涉农要素，开发涉农信贷产品“裕农贷”“兴农贷”“地押云贷”等，全年累计发放涉农贷款5829万元，余额达到1.06亿元。

（马洪雷）

【中国农业发展银行滕州支行】 全年中国农发银行滕州支行投放各类贷款9.37亿元，贷款余额达到54.77亿元，较年初增加4.01亿元，实现账面利润1.14亿元，FTP净利润9809万元。

守护国家粮食安全，累计投放粮食贷款2.43亿元，其中投放3300万元支持1.79万吨储备粮及时轮换到位，发放1.125亿元支持4.5万吨小麦增储任务。

助推枣庄“山水林田”大会战，审批省“十四五”重点项目红荷湿地5A级景区提升项目1.5亿元。服务民营小微，全年发放小微企业贷款5户，金额3400万元。支持枣庄市委市政府“双十镇”建设，审批木石凤翔小镇项目贷款8.5亿元，支持木石镇安置房建设。

围绕定点帮扶工作，积极倡导以购代捐，引导员工消费购买脱贫地区农产品逾1.5万元。号召辖内贷款企业向广西隆林和云南马关两处定点帮扶县无偿捐赠15万元。对接辖内客户，引导经营户采购原国定贫困县花椒等农副产品，累计收购金额1000万元。

（董　杰）

【中国邮政储蓄银行滕州支行】 年末各项存款余额89.23亿元，较年初增加9.67亿元。其中，个人存款余额83.60亿元（自营储蓄存款15.60亿元，代理储蓄存款68.00亿元），较年初增加8.56亿元；对公存款余额5.63亿元，较年初增加1.11亿元。全年发放贷款累计27.45亿元，各项贷款余额37.03亿元，较年初增加10.07亿元。在邮储银行山东省分行县级行中排名第一。

创新金融服务方案，拓宽涉农增信渠道，强化银保合作，推动金融服务乡村振兴。以极速贷、鲁担惠农贷、网商贷等产品为营销重点，年度投放个人经营性贷款金额9.61亿元，投放总量系统内全省第二；紧盯专精特新、小巨人企业，构建线上化营销和综合化服务，年度投放小企业贷款2.97亿元；投放个人住房贷款6.6亿元，拓展开办公积金贷款，完善金融产品服务体系。

走访辖区内规模以上工业企

2021年3月31日，中国邮储银行山东省分行副行长许凤亮（右二）到滕州调研小企业情况

2万户，个体工商户6万户，为168户小微企业发放信用贷款3.9亿元，为267户企业减息让利0.6亿元，为155户制造业小微企业发放贷款15.73亿元。开展“百行进万企”活动，对接企业1069户，发放贷款7.71万元；开展“首贷培植行动”，培植首贷企业232户，发放贷款2.29亿元；支持新旧动能转换重大工程，支持“十强”产业贷款余额2.7亿元。

推进转型发展，助力乡村振兴。对全市建档立卡贫困户逐户走访，落实金融精准扶贫，创新开发信贷产品，带动1381户贫困户就业，涉农贷款余额83.83亿元，较年初增加15.84亿元，增幅23.3%。严格执行驻村办公制度，划分一级网格30个、二级网格1325个，组建移动金融服务队30支，累计开展驻点服务8440人次，累计服务群众35万人次。完成全行农金点改造升级，累计建设综合型普惠金融服务站37家，普惠型普惠金融服务站72家，发

业，提供重点项目公司贷款、小企业法人贷款、票据直贴等拳头产品，全年实现公司贷款净增2亿元，小企业法人贷款发放97笔，放款金额2.97亿元。审批项目总余额21.5亿元。推进不良贷款清收处置和信用风险化解，处置一笔企业不良贷款495.3万元。截至年末整体不良金额635.33万元，不良率0.19%，资产质量持续向好。开展金融知识进乡村、进校园宣传、反诈骗反洗钱知识宣传、消费者权益保护等宣传志愿活动，履行社会责任，社会影响力提升。

（曲　瑞）

【滕州农商银行】 至年末，全行各项存款余额223.07亿元，较年初增加14.36亿元；各项贷款余额160.16亿元，较年初增加23.46亿元。

坚守市场定位，深化支农支小。建设完成乡村振兴金融样板村28家，选派7名业务副行长、11名客户经理挂职样板村村主任助理，每周驻村回访不低于2次，参与乡村经济社会事务管理，完成708个村庄、12.98万户的“整村授信”工作，整村授信覆盖面67%，较年初增加27个百分点，预授信10.75万户，金额2.33亿万元，用信25019户，用信金额6949万元。推进普惠金融服务，累计对接农户21万户，小微企业

2021年5月20日，正在营运的南沙河镇北池村普惠金融服务站（王建鑫　摄影）

展农金员146人，代理存款余额20.43亿元，占全部存款余额的9.1%。

优化资源配置，提升服务能力。先后上线智慧叫号机、智能导览台、智慧茶几等系列智能设备313台，实现辖内智慧柜员机网点覆盖率、凭证无纸化网点覆盖率100%。持续践行普惠金融，支持小微企业发展。结合国家政策导向，做好延长普惠小微企业贷款延期还本付息政策和信用贷款支持政策实施工作。

（张　然）

【交通银行滕州支行】 至年末，全行各项存款余额7.21亿元，比年初增加2.07亿元，增幅40%；各项贷款余额9.45亿元，比年初增加2.94亿元，增幅45%。不良贷款继续保持零余额。

争取授信政策资源。交通银行山东省分行与枣庄市政府签订“工业强市、产业兴市”全面战略合作，给予滕州地区涉农贷款开通绿色通道优先支持政策。重点支持重大项目建设。对接政府重点项目、地方基础设施建设、新旧动能转换、教育卫生等工业产业信贷需求，重点推进联泓新材料科技股份有限公司、中材锂膜有限公司、高能时代环境（滕州）有限公司、华电滕州新源热电有限公司等龙头企业融资需求。发放高能时代各项贷款8300万元，完成中材锂膜授信审批5亿元、华电新源热电授信审批3亿元。全年新增发放个人住房贷款2.44亿元。

发展普惠金融业务。提供小企业贷款、“线上抵押贷”等拳头产品，给予小企业和个人经营贷客户优惠信贷支持和金融服务，至年末，普惠贷款余额3.08亿元，较年初增长0.94亿元，增幅44%。履行金融社会责任。加强业务能力培训，抓好服务效率提升；组织开展金融知识宣传、反诈骗反洗钱知识宣传等活动，提高市民金融知识；落实移动支付滕州试点推广工作，提供移动支付快速办理渠道。

（杨守华　马超）

【山东滕州中银富登村镇银行】 坚守“扎根县域　支农支小”定位，围绕“建设新时代一流村镇银行”的目标，加强党建引领，深化体制改革，推进优质服务，深耕农村市场。将农村网点建设作为提升金融服务，助力乡村振兴，落实惠普金融的抓手，在级索镇、界河镇设立普惠金融服务站2个，打通普惠金融服务“最后一公里”，提升农村金融服务水平。坚持“服务至上”的理念，深化和规范服务型窗口建设，践行“微笑服务”标准，拉近银行与客户之间的距离，提供优质金融服务。

（滕州中银富登村镇银行）

【枣庄银行滕州管辖行】 年末各项存款余额36.8亿元，各项贷款余额31.49亿元，存贷比85.57%；实现拨备前利润6533万元，净利润4222万元，缴纳税款1526万元。

支持滕州实体经济发展。提供资金支持滕州经济开发区建设、高科技化工园区建设、墨子科创园建设、滕州信华投资集团有限公司、滕州市城市国有资产经营有限公司、尚品本色工业4.0智能制造等重点企业、重点项目，全年授信总额18.3亿元，工业贷款余额11.04亿元。

助力普惠金融，普惠贷款总额4.7亿元，较年初新增2.47亿元，获评“2021年枣庄市中小微企业金融服务能力提升工程成效评比竞赛先进集体”。优化金融服务手段，完成个贷中心扩建，新建和谐康城社区和大同天下社区智慧银行，街道、乡镇设置普惠金融服务站80余家。

开展公益活动，走访困难家庭，看望留守老人儿童，联合滕州市志愿者协会、龙泉街道滨江社区党支部开展高考“爱心助考”、社区志愿服务等活动。

（褚　鹏）

【济宁银行滕州支行】 滕州支行下设营业室、信贷业务科、零售信贷业务科等3个部室，辖荆河中路支行、善国路支行2个二级支行。致力于服务地方经济、中小企业、城镇居民的市场地位，发挥法人机构管理链条短、决策速度快、经营机制活的优势，强化内控，积极拓展市场，业务稳健发展。至年末，各项人民币存款余额29.82亿元（其中对公存款余额为10.66亿元、储蓄存款余额19.15亿元）。各类授信风险敞口余额24.57亿元（其中贷款余额16.34亿元、银承及信用证敞口4.53亿元、其他风险敞口余额3.7亿元）。

坚持以客户需求为中心，打造“互联网+智慧生活+金融科技”服务模式，深化信贷流程改革，提升信贷获得便捷性。建立线上线下融合发展的金融服务体系，实现小额信贷业务线上申请、线上审批、线上放款，最快当天申请当天放款的便捷模式。集中上线“济时雨E贷”“小微融E贷”“税E贷”“房产儒E贷”等产品，提升服务能力。加大重点项目的信贷投放力度。成立新旧动能转换工作专项对接小组，有效筛选新旧动能转换项目清单，走访对接部分项目建设单位并给予授信支持。

升级改造支行软硬件，创建星级网点，提升公众服务水平。营业区除设置咨询引导区、现金业务区、非现金业务区、客户等待区、自助服务区、电子产品体验区外，还设置公众教育区、爱心专柜、便民服务柜、无障碍通道等特殊服务设施。被银行业协会评为全国四星级网点。履行社会责任，走进敬老院、幼儿园、聋哑学校等机构为特殊人群献爱心，慰问困难党员。在“学雷锋进社区送温暖”活动中，三家网点累计进驻社区50余个，开展爱心便民活动300余场。

（济宁银行滕州支行）

【青岛银行滕州支行】 至年末，各项存款余额23.5亿元，各项贷款余额20.62亿元。

支持实体经济发展。全年批复授信企业12户，新增授信金额4.8亿元，实现新增投放5.2亿元，以“政府金融、民生金融、绿色金融、科技金融”为导向，支持滕州市改善人居环境。

坚持普惠金融，缓解小微企业融资难。支持企业复工复产，对接小微企业，提供金融支持，降低小微企业融资成本。同时提高普惠业务指标权重，加大对首贷企业的营销和信贷投放，调整信贷政策，优先支持为防控疫情的科研、生产、运销、设施建设等企业以及为上述企业提供原料、配套生产的企业发展。对于疫情影响正常经营、遇到暂时困难的企业，坚决不抽贷、不断贷、不压贷。小微企业贷款余额3.2亿元，较年初增加2.9亿元，增幅为808.15%。新增普惠贷款企业4户，金额2000余万元。

优化审批流程，提高审批效率，服务企业发展。个人按揭贷款余额5亿元，与奥体华府、信华城、滕投悦府、恒益园、春风海棠、锦绣城等多家楼盘合作，为市民提供便捷、优质服务。支持项目建设，缩短企业提供项目贷款时限，从收集材料撰写调查报告到授信批复实现放款用时2—4周。

服务基层一线。提升为镇街和乡村服务的水平，为村庄办理拆迁补偿款代发服务，配合政府棚户区改造及城市发展进程。推进农村服务站点开办，服务农村金融市场建设。

严把风险控制关，坚持“温馨服务”和“全景服务”理念，开展学习型企业文化建设和品牌创建活动。2021年被总行授予信贷风险防控“猫头鹰”奖。

（青岛银行枣庄滕州支行）

【日照银行滕州支行】 至年末，各项存款余额20.04亿元，较年初增加7.99亿元。其中对公存款余额7.73亿元，较年初增加3.86亿元；储蓄存款余额5.01亿元，较年初增加0.86亿元。为企业授信26.52亿元，其中表内贷款余额10.52亿元，较年初增加5.47亿元，增幅52.00%；小微贷款余额3.13亿元，较年初新增1.47亿元，增幅88.47%。

落实普惠金融业务，把握小微业务经营策略，加大实体客户支持力度，先后为滕州思达施密丝金属制品有限公司、滕州图西格斯环保设备有限公司、山东新康医药连锁有限公司等企业给予信贷支持。累计办理“房抵快贷”1.09亿元，今年新增0.88亿元，普惠金融贷款占比30.06%。

上线“黄海之链”供应链金融服务平台，与尚品公司达成合作意向，为其在“黄海之链”供应链金融服务平台办理业务，完成首笔“橙信贷”业务的投放，有效增加企业的融资途径，降低企业融资成本。

（顾训强）

【威海银行滕州支行】 年末各项存款余额7.82亿元，贷款余额9.17亿元。坚持服务实体经济不动摇，发挥决策链条短、审批效率高的体制优势，持续巩固“速度快、效率高”竞争优势，始终坚持“银行早投放、客户早受益”原则，提高金融服务质效，审批精准高效、投放及时到位。认购滕州市某国有企业债券1.5亿元，从正式对接到债券认购落地用时不到两周，创下了债券投资业务审批效率新纪录。

普惠金融方面，持续优化流程、创新产品，实现“产品标准化、风控技能化、流程简单化、效率高效化”，普惠金融服务的精准度和适配性得到持续提高。年末普惠金融贷款余额较年初增幅65.66%，普惠金融贷款户数较年初增幅114.10%。与高速香舍水郡、凯润花园等多家楼盘合作，为市民提供服务，年末个人按揭贷款余额3.79亿元，较年初增加2.42亿元。推广“防疫贷”等优惠利率贷款。执行“两禁两限”工作要求和“七不准、四公开”监管要求，持续强化小微企业融资收费管理，推进“减费让利”；坚持“能延尽延”原则，为小微企业贷款办理“无还本续贷”等延期还本付息操作。

（威海银行滕州支行）

保险业

【概况】 至年末，全市36家保险公司中，财产保险17家，人寿保险19家。全年实现保费收入23.61亿元，较上年同期减少0.66亿元。其中，财产保险保费收入5.89亿元，人寿保险保费收入17.72亿元。保险理赔及给付7.06亿元，较上年同期增长0.98亿元，保险“经济助推器”和“社会稳定器”的作用日益凸显，为全市经济社会发展作出贡献。

（付晓琪）

【中国人民财产保险滕州支公司】 全年实现保费13120万元，保费规模在全市同行业中首先过亿元，处理各类案件1.4万件，支付各类赔款10247.3万元。

助力先进制造业培育。公司为联泓、枣庄烟草等56家企业承担178亿元的风险保障；为全市178家高危企业提供安全生产风险保障56亿元；为山森等3家高新技术骨干企业提供2.1亿元的风险责任保障；推动工程领域保险服务，为重点建设工程提供完工履约保证保险、农民工工资保证保险。

助力高质效农业体系建设。公司开展种植业保险、养殖业保险、价格指数保险等农险业务，为全市小麦、玉米、马铃薯、生猪以及公益林提供风险责任保障5.47亿元，支付赔款3041.96万元。

助力特色文旅康养产业发展。公司为全市22万户村（居）民提供28亿元的风险保障，支付理赔款130.8万元；为全市30家医疗机构承担各类风险责任3650万元，支付赔款641万元；与滕州人民法院签署战略合作协议，开展执行救助保险业务，开启“人民法院+人民保险”的合作新模式，支付保险救助金52万元。

（人保财险滕州支公司）

【中国人寿保险股份有限公司滕州市支公司】 聚焦“品牌滕州”建设，开展党史学习教育，全年共开展党支部集体共同学习8次，集中研讨6次，支部班子成员讲授专题党课4次，开展党建知识培训、红色教育教学，“学思践悟成长成才”大讨论等活动，制定“我为群众办实事”项目清单，为员工、客户办实事6件；对困难党员进行走访慰问。

做好“六稳”工作，落实“六保”任务，融入地方经济发展。持续推进销售队伍建设，吸纳社会劳动力，全年为社会提供就业岗位约500人次。持续做好保单质押借款工作，全年累计服务保单质押借款18037笔，借款金额累计4.97亿元、比上年增长26%。加大对企业用工风险及保险保障的支持与服务，为中小企业员工提供意外身故、伤残、医疗以及重大疾病等风险保障。

发挥央企优势，服务保障民生。积极开展银龄安康、学平险、女性安康、优抚对象、计生家庭等政保业务，累计为60多万名客户提供超40亿元的风险保障。积极参与社会救助，助力政府探索打造“社会力量+保险”救助模式。全年赔付件数8259件，赔付金额3545.79万元，理赔获赔率99.87%。推出“重疾一日赔”服务，对申请重大疾病赔付且符合条件的客户，一个工作日内完成理赔处理，实现“确诊即可赔”。创新智能化服务工具，利用寿险APP、“空中客服”“国寿视通”等线上平台向客户供给超预期服务感知。向临柜老年客户提供优先叫号、免排队的绿色通道，配备老花镜、药箱、轮椅等便民设施，提升老年客户群的服务体验。

（徐宜淦）

证券业

【概况】 至年末，全市有中泰、中信、招商等证券公司分支机构3家，另有国泰君安、安信证券、齐鲁股权交易中心、蓝海股权交易中心等十余家异地机构设有专门团队负责全市业务。全市证券交易金额873.6亿元，新开户13391户。其中，中泰证券交易金额474.2亿元，新开户3000户；中信证券交易金额344.8亿元，新开户3031户；招商证券交易金额54.6亿，新开户7360户。

（付晓琪）

【中信证券滕州营业部】 成立于2014年10月份。至年末，营业部资产共20.88亿，营业部净收入1182万元，实现净利润92万元，股票基金交易额344亿元，股票基金市场份额为万分之0.65。

人才建设。招聘山东财经大学、青岛农业大学等省内重点院校毕业生3人。公司正式员工26人，其中硕士3名、本科学历员工23名。

金融支持。积极满足市内个人与机构以及同业的投融资需求，通过多样化的金融服务，实现客户资产保值增值。加大机构业务开发，与枣庄市当地私募股权机构合作，落地多单证券托管，同时与枣庄地区的上市公司建立联系，与滕州本地银行建立业务关系，在期货套期保值、利率债等业务方向实现突破。

路演邀约。借助中信证券的平台优势，小范围组织部分公募基金和私募基金的路演活动，为投资者提供投资交流的平台，提升客户的服务体验和专业水平。

合规建设。全年组织反洗钱培训2次，参与人数50余人次；组织专项投资者教育专项活动8次，营业部现场覆盖客户300余人次，转发投教软文150余篇、1000余次，组织社区宣传1次，发放材料60余册，覆盖投资者60余人。

（计　萌）

【中泰证券滕州营业部】 最早批准设立于2001年4月，2008年10月更名为齐鲁证券有限公司滕州善国中路证券营业部，2015年9月更名为中泰证券股份有限公司滕州善国中路证券营业部。

营业部坚持创新发展和内涵提升，致力于为广大投资者提供证券代理买卖、投资咨询、财务顾问、证券发行与承销、新三板挂牌、私募服务、股权债权融资、融资融券、金融产品代销、证券投资基金代销、股指期货中间介绍等多层次的资本市场、全方位的专业化证券投、融资服务。全年客户达7万余户，资产21亿元，交易量500亿元。

（宋士伟）

【招商证券滕州营业部】 至年末，营业部客户数量16782户，存量客户资产7亿元。各项业务稳健增长，新增客户数量、存量客户资产大幅增加，通过投资咨询、理财产品推荐等方式，实现客户资产的保值增值；将客户营销服务与投资者教育工作相结合，本着适当性匹配原则，以客户的风险承受能力为前提，将适当的产品推荐给适配的客户。依托招商证券平台，为企业资本市场运作提供合理化建议，通过资本市场投资工具，帮助企业实现资产的保值增值等。

前、中后台多岗位协同，从客户身份识别、反洗钱分类评级到敏感名单监测等，实现反洗钱合规要求；将投资者适当性嵌入到业务经营中的各个环节，落实投资者保护工作各项要求；利用公司系统大数据筛查，对代客理财、代亲属下单等违规行为进行查处。

（杨　浩）

科学 教育 体育

Science, Education and Sports

科学技术

【概况】 全市聚焦“在科技创新能力提升上攻坚突破”，实施创新驱动发展战略，综合科技实力稳步提升。滕州市获评山东省技术转移先进县，位列2020年全国科技创新百强县第30名。

【重点领域创新】 围绕高端装备、高端化工、新材料等重点产业，组织实施创新程度高、产业带动强的科技创新项目80项，其中省级以上20项，新获批省级以上项目10项，全年争取上级科技扶持资金6000万元。

【科技企业培育】 打造科技企业发展全链条，启动实施科技型企业梯次培育三年行动计划。全年新增高新技术企业29家，总数达到123家。国家科技型中小企业认定实现突破，完成入库评价206家。高新技术产业产值占比55.26%，比全省平均高出8.5个百分点。

【产学研联合创新】 组织校企合作交流20余次。市政府与山东科大签署战略合作协议，加快促进一批科技成果落地转化。引进培养国家火炬计划人才1人，引进外国专家12人。柔性引进高层次人才3人，新获批枣庄英才13人。

【创新平台体系发展】 新认定枣庄市各类创新平台25家，其中重点实验室10家、技术创新中心9家、新型研发机构3家、众创空间3家。新认定省级创新平台2家。枣庄北航机床研究院获评省优秀新型研发机构。

【创新环境优化】 市级财政加大对科技创新支持力度，落实企业研究开发财政补助和省市级创新平台补助1534万元。协助33家科技型中小企业申请科技成果转化贷款3.5亿元，获批9500万元。开展技术合同认定登记，培训技术转移转化人才21人，完成登记成交额18.6亿元。

（市科技局）

人才创新驱动工作

【项目培育】 推进北理新材项目。人才创新驱动中心把列入山东省重点项目的山东北理新材料有限公司先进材料产业基地项目作为“头号工程”来抓，成立专项小组，明确专人跟进，推进项目进行，全年累计完成投资3.3亿元。孵化企业发展。截至年末在孵企业11家，其中，滕州市安川自动化机械有限公司与市中心人民医院开展模拟手术3D模型项目3例，蓝白光三维扫描仪入选山东省精品装备名录；山东华颂北理智能科技有限公司与哈工大合作开发的激光熔覆应用高端机床、与北理工合作研发的陆军装备快速维护机床正在推进；滕州创感电子科技有限公司的氧化物液态产品生产线正筹备推进，项目获得山东省退役军人创新创业大赛优秀奖；翰林经纬科技有限公司与枣庄市立医院、滕州市人民医院合作，其心电监护设备获枣庄市立医院采用。

【人才引进】 重点引进高端人才。全年引进省部级高层次人才2人，累计引进省部级以上人才17人。完善跟踪服务培育本土人才。建立市级以上人才工程申报跟踪服务机制，组织华颂北理、哈德斯特、京工智能等公司参加枣庄英才、滕州英才等各类人才工程申报。全年获评枣庄英才2人，枣庄首席技师、枣庄市技术能手1人，滕州英才1人，滕州工匠2人。

【技术合同认定】 制定完善镇街技术合同认定登记工作考核办法、服务指南、操作流程和注意事项，专题召开全市各镇街参加的业务技术培训，提升相关业务技能。加强考核调度，对各镇街完成情况实行季度考核和月通报制度，结合调度会、座谈会等方式，督促各镇街和企业做好技术合同认定登记工作。召开座谈会，到企业现场指导，组织参加技术经理人培训，宣传技术合同认定登记优惠政策，鼓励企业开展申报工作。全年完成技术合同成交额指标18.61亿元，比上年增长11.57%，通过认定技术交易额6468.87万元，完成免税申报3573.04万元。

（刘浩然）

气　象

【气候概况】 全市拥有区域自动气象站20个，其中4个六要素自动站，其他为四要素。全年平均气温15.6摄氏度，比常年偏高1.1摄氏度。极端最高气温为37.0摄氏度，出现在6月7日，极端最低气温为-15.3摄氏度，出现在1月7日。年降水量995.8毫米，较常年偏多300.8毫米。年日照时数2036.8小时，比常年偏少233.8小时。本年度平均气温偏高，降水异常偏多，日照偏少。

【气象监测】 地面观测运行稳定，业务质量稳步提升。全年设备可用性100%，资料传输及时率99.98%，观测数据可用性100%；土壤水分自动站传输率99.98%；加强区域站保障，数据传输及时，气象监测能力和现代化水平提升。

【预报预警】 发布决策服务及各种预警122期，发布预警信号、降水降温预报等决策服务短信80余万条。每天及时提供气象信息，所有服务材料均通过电子邮件、服务短信等方式向市委、市政府、市防指、市安委会、市交安委成员单位等部门提供预报服务。

【汛期服务】 针对6号台风“烟花”过程，启动市气象局重大气象灾害（暴雨）预警防御Ⅲ级应急响应，全年发布重大气象灾害预警防御应急响应7次。应对强对流天气和暴雨过程，与城乡水务局、水文中心联合发布雨情信息，联合应急、水务、农业等部门会商天气，为城市和田间内涝排水提供保障。按时参加市防汛联合值守工作，及时提供气象信息。发布重要天气预报、预警信号、决策服务短信，并通过传真、手机短信、预警机、LED显示屏、网站、微信、抖音等方式做好决策气象服务、公共气象服务和公众气象服务。开展人影作业，年内开展人工增雨3次，发射火箭弹12枚，缓解旱情及保障粮食稳产。

【社会监管】 做好气象探测环境保护工作，保证气象观测数据的代表性、准确性、连续性。贯彻山东省气象局防雷安全监管“3+2”模式，落实气象部门主体责任，督导防雷安全重点单位和检测服务机构落实主体责任。开展防雷安全专项监督检查、“双随机、一公开”抽查和升放气球安全巡查，检查企业131家，完成全国防雷减灾综合管理服务平台和互联网+监管平台的录入工作。

（市气象局）

教　育

【概况】 全市各级各类学校248处，全年在校学生257327人（不含化工技师学院）。其中，高中9处，学生31240人；初中38处，学生59889人（含体育学校1处，学生220人）；小学205处，学生138590人；特教中心1处，学生124人；职业学院1处，学生13430人；中等职业学校5处，学生14054人。各级各类幼儿园451处，在园幼儿75815人。在编在岗公办学校（幼儿园）教职工14810人，民办学校教职工3614人，民办幼儿园教职工5061人。

【教育系统党建】 组织基层党组织按期换届116个，新建党总支4个、党支部9个，发展入党积极分子125人、党员150人。创建首批党建特色品牌学校30处，获评枣庄市"一校一品"党建品牌示范校9处，实验小学文化路校区获评全省中小学党建特色品牌，北辛中学获评全省教育系统先进基层党组织。举办枣庄市传承红色基因教育现场推进会，在枣庄"红色故事"讲述大赛决赛中获奖10人。枣庄科技职业学院获评全国教育系统关工委先进集体。界河中学教师高拓被授予"滕州市见义勇为先进个人""雷锋式好教师"称号。

【教育资源供给】 持续扩大优质供给，新建校（园）舍约20万平方米，总投资约8亿元，新增学位6500个。实验幼儿园樱花苑园、北辛街道中心幼儿园新园和级索幼儿园等6处项目建成使用，滕州一中扩建一期和投资6.5亿元的辅华高级中学一期均建成使用。谋划实施棚改区域鲁寨小学、周楼小学、北刘学校、贾庄小学等学校规划建设方案。投资2000余万元实施12处塑胶运动场地建设，具备建设条件的初中和中心小学塑胶运动场地建设完成。筹资800余万元，采购空调3000余台，实现中小学教室、功能教室、宿舍、食堂供暖全覆盖。立足"双减"，推进28家义务教育阶段学科类校外培训机构变更转型工作。其中，24家变更培训内容为非学科类，3家主动注销，1家学科类培训机构性质由营利性转变为非营利性。

【教育发展】 承办枣庄市游戏活动实验区建设阶段性成果展示活动，组建"共建共享共成长"联盟团体173个，完成46处省一类幼儿园、省示范幼儿园验收，整治保教点50处，评选出省级幼小衔接试点园试点小学各1所、枣庄市级各5所。初中学业水平考试成绩枣庄领先，小学读写育人、学生综合素质评价、六年级质量监测等先进经验在枣庄进一步推广。《创新精准教研，推动区域基础教育高质量发展》经验入选山东省教研特色亮点材料汇编。高考成绩本科上线6175人，考取北大清华强基计划2人，滕州一中文学社获评全国中学百强文学社。枣庄科技职业学院成立山东省高端装备应用技术协同创新中心，教学管理改革经验被新华社客户端、大众网等刊发推广。枣庄工程技师学院创建工作进展顺利。25人通过春季高考升入本科学校。

【教育教学质量】 创建全国文明校园先进学校9所、山东省文明校园6所、山东省文明校园提名学校9所。5个作品分获省中小学生校园艺术节舞蹈器乐专项展示活动一二等奖，2所学校获评第三批全国中小学中华优秀传统文化传承学校，14处学校幼儿园获评全国篮球、排球、足球特色学校。滕州一中连续22年在枣庄市中学生田径运动会上夺冠，青少年组在枣庄市第十届全民运动会中取得金牌总数、团体总分两个第一。全面深化"新课堂达标活动"，优秀课例展评、一课一研活动等，3人获得省思政金课称号，115人获得枣庄市优秀课例展评一、二等奖。创新综合素质监测，多次组织名师"强镇筑基、送教助研"活动。统筹推进"五项管理""四项服务"，督查学校幼儿园614处。全市小学课后服务开展学校205所，参与学生10万余人，占比86%；城区初中学校晚自习教室全部向学生开放；实施食堂自营或托管、营养餐配送的学校229所，其中营养餐配送的学校58所；开展暑期托管学校23处，参与学生4030人。

【教师队伍建设】 通过公开招聘、高层次人才引进等方式，补充教师548人，职业类教师230人；城乡交流轮岗教师1823人。推荐参加省乡村优秀青年教师培养奖励计划14人，参加"万人计划"评选和中青年专家评选各1人，到省教科院挂职研修2人。6人获评正高职称，11人获评省市特级教师。4名职校教师获评省级教学名师省技术能手，1名幼儿教师入选"齐鲁幼师之星"10强，115人获得枣庄市优秀课例展评一、二等奖。开展“走向卓越”校长论坛、名师送教助研、联研共同体、学科研讨等活动近200场，线上线下参研人数4.5万余人次。采取按需施训、专家辅导、异地学习、远程研修等形式，开展新教师、幼儿教师、骨干教师、班主任和中小学校长培训活动，累计培训1.5万人次。开展“树师德、正师风”专项整治活动，表彰优秀教师、优秀教育工作者、滕州名师、十佳师德标兵和二十佳班主任等先进个人556人。

【教育综合保障】 更新交互式多媒体798套，新建学生微机室22个、各类实验室39个。推进教育评价改革，将“双减”“五项管理”纳入主要考核指标。新申领行政执法证件1人，开展行政检查61次。发放各类助学金（生活补助）3097.43万元，56928人次受益；免除家庭经济困难学生学费（保教费）4121.21万元，27940人次受益；为2927名大学生办理助学贷款2712.10万元。组织检查学校幼儿园387所，462个安保点实现“四个100%”。做好常态化疫情防控工作，严格落实师生员工“一日三检两报告”等制度，对“三类”重点人群核酸检测做到“应检尽检”，指导740处学校幼儿园、近30万名师生安全顺利开学。全体教职员工（含离退休）、3—17岁学生做到“应接尽接”，实现返校人员安全。

表23　2021年教育事业情况统计表

数目 类别	学校数（个）	教师数（人）	在校生数（人）
高中	9	1960	31240
初中	38	4390	59889
小学	205	6824	138590
特教	1	43	124
幼教	451	855	75815

注：教师数均为在编教师人数

（王　昶）

枣庄科技职业学院

【概况】 学校开设13个门类50个高职专业，其中省级特色专业4个、省品牌专业群3个、省级高水平专业群1个、专科本科“3+2”对口贯通分段培养专业2个；开设22个中职专业，其中省示范专业3个、省品牌专业2个、省特色化专业1个；开设21个技工专业，其中高级技工特色专业7个、预备技师专业6个。全日制在校生2万余人。年内，学院获评“中国海外职业技术学院副主任委员单位”“山东省节水型高校”，获得“全国教育系统关工委先进集体”“山东省青年文明号”等称号。

【办学条件】 1081名教职工中，副高级及以上职称255人，博士、硕士研究生410人，“双师型”教师244人，泰山学者、齐鲁工匠等特聘兼职客座教授67人。建有实验实训基地6处、校外实践基地140处，拥有实验实训室239个、高标准实训大楼2个、附属医院1个，2.7万平方米的医学实训基地投入使用、1万平方米的滕州市汽车综合公共实训基地完成主体建设、2.9万平方米的职业技能培训基地进场施工，优化改造第一、第二实训基地，投资2500余万元装配实训设备6000余台套，教学、科研仪器设备资产总值1.2亿元。

【教学工作】 新增高职专业11个，基本构建以省级高水平专业群为引领、院级高水平专业群为支撑的专业群体系，建筑工程技术立项为省级高水平专业群；新增中职专业2个、三二连读专业1个，中职护理专业被立项为省级特色化专业；新增预备技师专业2个、高级技工专业1个。构建四级课程建设与管理体系，投资60万元，加快推进20门院级重点在线开放课程建设。实施教学提质升级行动，获省教学能力大赛二等奖2项，在123所高校参加的省高校体育教师基本功大赛中取得团体总分第44名；16个课题分别立项为省职业教育教学改革研究项目、省教育科学“十四五”规划课题等。高、中职总计获得职业院校技能大赛国赛省赛奖20项，其中职业院校技能大赛国赛二等奖1项，高职获得行赛国家级二等奖2项。专升本录取387人，比去年增加96人，贯本转段录取73人，升本率13.4%，另有43名学生获得助学自考本科毕业证书。春季高考录取率92.45%、本科过线5人。职教高地建设19个任务目标基本完成、25个任务目标取得阶段成效。教育部提质培优28类、38个项目扎实推进。筹建枣庄工程技师学院获省人社厅批准，推进新校区建设。

【师资建设】 全年招聘各类人才210人，辅导员、思政课教师配备全部达标；开展高水平专业群建设等培训累计2000人次。获评全国行指委专家和省教学名师1人，获评省健康行指委副主任委员1人，获评“山东省技术能手”4人。学院有省级教学名师4人、省青年技能名师4人、省技术能手4人、全国行指委专家1人、省名师工作室6个、省级教学团队6个、省高校应用技术协同创新中心1个、省职业教育技艺技能传承创新平台3个。

【立德树人】 推进思政课程和课程思政改革创新，1名教师获全国高校思政课教学展示二等奖；《做有情怀的职教人》案例，获评“职业教育提质培优增值赋能典型案例”，登上中国教育电视台。院级7个课程思政重点建设项目取得成效，《计算机文化基础》获评省课程思政示范课程。实施三青工程，“家园印象”社区和“一水三用”学生生活服务项目在省第四届“公寓的故事”颁奖活动中受到好评，学院获得一等奖2项；推动资助工作由保障型向发展型转型，全院落实各类资助项目22个、1万余人次、1500余万元，477名建档立卡学生均享受帮扶政策。高职、中职、技工学生获得国家、省政府奖学金总计近500人，2名学生分别获得“中国电信奖学金”“中国大学生自强之星”奖学金，高、中职学生被评为省优秀学生达200余人、13个班级被评为省级先进班集体，应征入伍学生189人。

【招生就业】 高职实行专业小类招生，总计招生5027人，高职新生400分以上488人；中职招生2006人；技工招生1740人，实现技工教育在校生超过3000人目标。推进就业创业，至年末，2021届毕业生就业率96.34%，21个专业的就业率100%。毕业生专业对口率超75%。中职就业率97.38%。技工就业率100%。4个学生团队分别获得省“互联网+”大学生创新创业大赛铜奖、省黄炎培职业教育创新创业大赛三等奖、省大学生科技节创新创意大赛一等奖。牵头成立滕州市人工智能学会，挂牌成立山东省大数据人才实践基地，与北京商鲲等12家企业在23个专业中开展人才培养合作，探索开展建筑、药学、汽车现代学徒制项目3个，校企合作开发课程42门、教材22部，与北京韦加、南京五十五所等企业共建生产性实训基地9个、工位数1544个。合作建设“海外师资培训基地”和“海外学生实习基地”，加入“泰中教育联盟”等交流平台3个，作为牵头单位启动建设中国—刚果（金）职业技术学院洛钼校区，参与建设中国—缅甸职业技术学院万宝矿产校区，申报成中外合作办学项目3个，与英国格林威治大学合作办学项目首次招生。

【社会服务】 建设枣庄市养老服务人员职业技能培训基地、枣庄市急需紧缺高技能人才培训项目基地，建设技工院校学生职业技能等级认定中心、涵盖育婴员等19个工种，全年累计培训鉴定近4000人次。联合山东威达重工等5家企业，开展企业新型学徒制培训项目探索，规模近500人。新增成人专业2个，建成山东大学网络教育学习中心，成立“滕州市退役军人就业创业孵化基地”，依托国家数字化学习资源中心搭建滕州终身教育网络平台。承办“技能兴鲁”“鲁班传人”等大型赛事和活动13场次，大学生志愿者服务队开展文明城市创建等志愿服务活动20余次，党史学习教育实践团获评“全国优秀团队”。

【党史学习教育】 把开展好党史学习教育作为重大政治任务，在青年学生中开展“四史”教育。获评省教育系统先进基层党组织1个，获授省教育系统优秀共产党员和省教书育人楷模1人。学院“进百企、访万岗”“学党史、转作风、保落实”专项行动等工作案例和微视频《我的一百年》、“师生人人学党史讲党史”典型做法在新华社、人民日报等官媒推广报道。

【山东省高校公寓管理分会换届大会暨第四届鲁维杯“公寓的故事”颁奖典礼】 2021年5月28日，山东省高校公寓管理分会换届大会暨第四届鲁维杯“公寓的故事”颁奖典礼在学院举办。省节约用水办公室、省机关事务管理局、山东省教育发展服务中心、山东省学校后勤协会、山东农业大学、齐鲁工业大学的有关领导以及全省高校和企业的会员代表300余人参加活动。

【枣庄科技职业学院高端装备应用技术协同创新中心揭牌成立】 2021年6月3日，“山东省高等学校应用技术优质协同创新中心——枣庄科技职业学院高端装备应用技术协同创新中心”揭牌仪式在学院多功能报告厅举行。滕州市政府副市长秦升学，学院党委书记侯同运，山东省机械设计研究院、山东省机床通用机械工业协会、山东山森数控技术有限公司等30余家企事业单位、科研院所领导和外聘专家出席揭牌仪式。

2021年6月3日，枣庄科技职业学院高端装备应用技术协同创新中心揭牌成立

【北医大·微山湖健康论坛暨中国医院管理峰会主论坛】 2021年6月25日，由北医大（滕州）健康研究院主办，山东大学齐鲁医院、山东中医药大学附属医院联合主办，枣庄科技职业学院、滕州市中心人民医院等单位承办的北医大·微山湖健康论坛暨中国医院管理峰会主论坛在学院大学生活动中心开幕。会上“北医大（滕州）健康研究院”揭牌。中国医院管理研究中心主任、北医大健康研究院院长韩根东，吉林省卫生厅原厅长李殿富和北京大学出版社、中国医院院长杂志社、山东中医药大学附属医院等单位负责同志，以及全国各地300所医院的有关人员参加开幕式。

（刘文增　马帅）

山东化工技师学院

【概况】 学院是经山东省人民政府批准建立、山东省人力资源和社会保障厅直属管理的技师学院，以培养技师和高级技工为主，同时承担企业在职职工高技能人才培训和技能鉴定任务，集教育教学、职业培训、技能鉴定、科研于一体的化工高技能人才培训基地。占地66.7公顷，建筑面积20万平方米，为国家级高技能人才培训基地、世界技能大赛中国集训基地、石油和化工行业职业教育与培训全国示范性实训基地、人社部一体化教学改革试点牵头院校、山东省新旧动能转换高端化工产业公共实训基地、山东省技工教育特色名校、山东省技工教育优质校、山东省级文明单位。全日制在校生10000余人。毕业生就业率连年超98%。

【学科设置】 专业设置适应山东省新旧动能转换和高端化工产业发展规划，开设化工分析与检验、化工工艺、化工仪表及自动化、化工机械维修等化工行业骨干专业，专业学生规模和培养能力全省一流，是山东省最大的化工高技能人才培训基地。增设汽车维修专业、工业机器人应用与维护、电子商务等专业。其中化工工艺专业群被确认为山东省首批示范专业群，化工工艺、化工机械维修专业为山东省技工学校首批名牌重点专业、全省技工院校百强专业。

【师资及硬件设施】 学院现有专业教师533人，其中聘请企业兼职教师107人，一体化教师占比63%。高级职称和高级技师资格的教师283人，占教师总数的52%以上。本科以上学历教师占比78.6%，硕士研究生以上教师占比19.5%。其中，全国石油和化工优秀教学团队2个，全国技术能手2人，第45届世赛化学实验室技术项目中国集训队专家1人、教练2人，全国石油和化工行业教学名师5人，全国石油和化工行业技术能手5人，全国石油和化工行业优秀技能人才4人，黄炎培职业教育杰出教师奖1人。学院现有实训基地面积8.4万平方米，校内实训室106个，实习工位数5523个，实训设备净值8244余万元，教学仪器设备达8877台（套），实践教学比例达到65%以上，实训开出率100%。与滨化集团、山东能源集团、联泓新材料有限公司等省内外大中型化工企业建立校外实训基地20余个。实训设施设备先进，实现实训装置生产化，实训岗位情景化，实训项目典型化，实训操作一体化。

【教学工作】 实施分层次教学，形成以一体化教学为主，世赛、双元制、职教高考等多元并存的分层教学模式。学院获批国家开放大学石油和化工学院教学点，实现技工教育与学历教育学习成果的相互认证、积累和转换。探索“技能教育+学历教育”人才培养新模式，与山东工业职业学院联合培养“大专+预备技师”技能人才。与山东能源集团等7家企业开展新型学徒制培养，合作培养523人。

【高技能人才培养】 落实立德树人根本任务，培养学生全面发展。是年，学生在国家级技能大赛中获得一等奖1项、三等奖1项；在省级技能大赛中获奖32项，其中一等奖17项、二等奖12项、三等奖3项。学院被人社部授予国家技能人才培育突出贡献单位。

【招生就业】 全年招生3031人，其中化工类专业占比78.98%，电商、汽车专业占比14.09%，高度匹配区域产业经济布局。学院招聘会参会企业171家，总需求9546人，毕业生就业率99.5%，并受到用人单位好评。学院被山东省政府授予山东省就业创业工作先进集体。

山东省技能兴鲁职业技能大赛山东省化工行业职业技能大赛化工总控工比赛现场

【社会服务】 学院承办第二届山东省危险化学品救援技术竞赛、第十二届山东省化工行业职业技能大赛。依托山东省化工行业职业技能鉴定所和学院的办学条件，通过订单培养、技能提升、岗前培训、新型学徒制、技能鉴定等形式培训10000余人。落实国家职业技能提升行动计划，开展职业技能培训工种（课程）教学资源库开发，录制六大化工工种（课程）培训视频969学时，可满足年在线学习人数10万人次以上规模。

（朱景洋　刘稳）

滕州高级技工学校

【概况】 学校始建于1986年，由市政府主办，枣庄、滕州两级市人社局主管的国家级重点技工学校。2020年，依托滕州高级技工学校申报创建枣庄工程技师学院。2021年1月，山东省人社厅印发《关于同意筹建枣庄工程技师学院（筹）的复函》。市委、市政府在高铁新区划拨学院新校区发展用地120公顷，投资10亿元人民币采用PPP模式进行新校区、教职工和学生公寓等建设。学校下设15个处室（所），专职教职工人数180人，兼职教师62人，设置专业21个，其中预备技师专业6个，高级技工专业20个，全日制在校生3148人。学校先后获得全省技工教育先进集体、鲁班传人职业技能大赛优秀组织奖、山东省技能兴鲁职业技能大赛优秀组织奖。

【学科设置】 年内，学校对原有文化基础教学、专业理论教学和专业实践教学结构调整优化，从培养对象、工作任务、国家职业标准、职业工种鉴定要求、用人单位需求及技师学院创建标准等多方面出发，组织专业教师对原专业人才培养方案全面修订，形成以基础课+思想政治课+通用素质课+专业理论课+专业实训课（含专业一体化课程）+工学交替+顶岗实习的综合素养课程体系。

12月17日，枣庄工程技师学院（筹）滕州高级技工学校一届一次教代会暨工会会员代表大会召开

【师资建设】 全年招聘青年教师2批93人，同时邀请具有工作经验的工程师、企业高管作为兼职教师、客座教授到校讲授相关课程，提高第一课堂实践教学能力和水平，构筑“专家学者为学科带头人、名师教授为专业负责人、骨干教师为教学主力军、一体化教师为生力军”的创新型师资队伍结构。通过校企合作、社会选拔、校内优选、能力优先、工学一体等方式相结合，形成一支高素质人才培养队伍。

【教学教研】 开展教学管理改革，深化内涵建设，提高学生德育管理、教学教研水平。提升实训装备条件、教室教学辅助设施，投入建设资金1000余万元，完善教学资源，优化资源配置。针对技工学校教学要求和学生特点，组织教师开展模块化教学和一体化教学的探讨、学习和实践，开展邀请课、成果课、示范课、集体备课等形式，加强教研交流。

【招生就业】 全年招收全日制学生1740人，非全日制学生488人。学校与70余家企业达成校企合作协议，其中本地企业20余家，外地企业50余家，预备技师合作企业5家。2021—2022年度，组织学生进入企业开展实训教学600余人次。

【培训鉴定】 学校开展在校学生就业技能培训、企业职工岗位技能提升、企业新型学徒制培训、特色产业高技能人才培训、专项职业能力培训等培训项目13个，开展专项职业能力考核2期，组织焊工职业资格全省统考2批。累计培训各级各类技能人才2531人次，其中高技能人才1014人，枣庄市“6+3”产业急需紧缺高技能人才488人。

（袁 耀）

2021年4月27日，滕州市第十一届全民健身运动会启动仪式暨滕州市第十二届青年职工登山赛在龙山举行（王君杰 摄影）

体 育

【概况】 市体育事业发展中心紧扣“发展体育运动、增强人民体质”根本任务，落实全民健身国家战略，开展全民健身活动，提升竞技体育水平，完善提升体育场馆设施，推进滕州体育事业繁荣发展。

【全民健身活动】 承办山东省第十一届全民健身运动会风筝比赛。举办滕州市第十一届全民健身运动会棋牌、乒乓球、登山、搏击、网球、太极拳等比赛13项。组织健身活动展演、墨家拳展演、广场舞、太极拳展演、老年人养鸟比赛等庆祝建党100周年主题活动6项。指导轮滑俱乐部、路扬青少年篮球俱乐部、冠霖青少年足球俱乐部、垂钓协会、徒步运动协会等多家俱乐部协会举办各类群众性活动赛事60余次。新增国家级社会体育指导员1人，国家一级太极拳社会体育指导员23人，国家二级健身球操社会体育指导员20人，全市社会体育指导员发展到近5000人，占总人口比重2.98‰。全市注册登记的体育协会19家。组队参加各项国家、省、市群众性赛事活动。发挥传统优势，挖掘潜力，做好枣庄市十运会群体组、枣庄市第十一届全民健身运动会参赛工作。滕州市累计派出运动员300余人，分别参加象棋、乒乓球、柔力球等比赛16项，获得单项冠军21个。

【竞技体育】 做好后备体育人才输送工作，全年向省、市运动队输送运动员18人。完成枣庄市第十届运动会青少年组比赛的组队、参赛任务，组织运动员约420人参加18个大项比赛，获得综合成绩金牌总数（金牌485枚）、综合成绩团体总分（4222分）双第一。全国第十四届运动会在陕西举办，滕州有古典跤、竞走、跆拳道、现代五项8名运动员代表山东参赛，现代五项运动员张宇获得银牌，跆拳道运动员徐蕾获得铜牌。

【体育场地设施维护】 维护补植市体育中心草坪、松柏，完成五环广场地灯修复、体育场塑胶跑道验收工作。建成室外健身长廊1处和无人值守室外健身房，升级改造七人制小足球场，增设室外乒乓球、羽毛球场地，维修室外篮球场、网球场2处，增设创建文明城市各类宣传标语60处，为健身爱好者提供门类齐全的锻炼环境。

（杨静 王君杰）

老年人体育

【概况】 市老年人体育协会秉承“老有所为、老有所教、老有所学、老有所乐”的宗旨，按照“促进城

2021年5月19日，全国老年人太极拳健身推广展示大联动活动在市体育中心五环广场举行（李红　摄影）

市、发展农村、重在基层、面向全体”的老年人体育工作方针和“献爱老心，架康乐桥”的老年人体育工作精神，加强组织建设，发展壮大队伍，开展比赛，提高活动质量，推动老年事业发展。荆河街道、东沙河街道、界河镇等3镇街获评山东省老年太极拳之乡。

【文体表演】 在市体育中心五环广场举办全国老年人太极拳健身推广展示大联动活动，老年太极拳爱好者参与展演1000余人，龙泉广场、市府广场、荆河公园等大型广场均开展联合展演，推动全市太极拳的开展。参加枣庄市离退休干部庆祝建党百年红色歌曲传唱展演，获得一等奖。在市体育中心五环广场组织举办庆祝建党100周年全市老年人健身才艺展演和豫剧《朝阳沟》演出，吸引市民数千人观看。

【举办赛事】 全年先后举办迎新年门球友谊赛、“华滕杯”第一届门球友谊赛、“老来乐杯”门球友谊交流赛、首届“优生活羊奶杯”门球友谊赛、第十届老年人风筝比赛、第二十七届老年人养鸟展评活动、“庆国庆·贺重阳”登山活动、第五届老年人柔力球比赛、第二十九届老年人钓鱼比赛、第十一届中老年人游泳比赛、第十届老年人羽毛球比赛等赛事活动。

【参赛获奖】 参加潍坊第38届国际风筝大赛，获得第一名1个、第三名3个。参加威海第一届风筝邀请赛比赛，获得第一名2个。参加山东省第十一届全民健身运动会风筝比赛（滕州站），获得总分第一名和最佳放飞奖。参加山东省第十一届全民健身运动会风筝比赛（济南站），获得优秀团体奖、最佳创新奖、优秀裁判员奖。代表枣庄市参加山东省第十一届全民健身运动会风筝比赛，获得团体第三名、体育道德风尚奖。被山东省风筝协会评为2020年度先进集体奖、专项贡献奖。参加枣庄市第十一届全民健身运动会老年人门球、乒乓球、台球比赛，获得第一名2个、第二名2个、第三名3个。参加枣庄市第十届运动会老年人健身球操、象棋、柔力球、太极拳（剑）、健身秧歌、门球、健身气功、气排球等项目比赛，获得第一名7个、第二名2个、第三名3个。

【业务培训】 选派46人参加山东省老年体协棋类培训班、太极拳一级社会体育指导员培训班、健身秧歌和腰鼓培训班、枣庄市模特教练员培训班、柔力球二级社会体育指导员培训班、健身球培训班。先后举办第十三套健身球、第八套健身秧歌，健身气功、墨家拳公益大讲堂等培训班，培训2000余人。

（甄　文）

文化　旅游

Culture and Tourism

文化综述

【概况】 滕州历史底蕴丰厚，全市各级文物保护单位750处，其中全国重点文物保护单位5处，省级文物保护单位51处，是目前全国拥有一、二级博物馆数量最多的县级市。集龙泉塔、滕州博物馆、滕州汉画像石馆、墨子纪念馆、鲁班纪念馆、王学中艺术馆、墨砚馆于一体的龙泉广场“一塔六馆”，是全国县级行政区里唯一的博物馆集群。全市传统村落7处，其中中国传统村落2处，山东省传统村落5处；滕州市级以上非遗项目186项，其中国家级项目2项，省级项目10项，枣庄市级项目71项。获评首批省级文化和旅游消费示范市。

【文化服务】 大型现代柳琴戏《墨子与鲁班》《誓言》入选“百年征程·时代华章”庆祝中国共产党成立100周年山东省优秀剧目展演。完成送戏下乡演出1190场，举办“庆国庆”系列文化惠民演出活动，省市县三级文化惠民演出19场。《滕州历代石刻》在庆祝中国共产党成立100周年山东省文化和旅游厅社会组织百项优秀成果评选中获得优秀奖，“美育扶贫进乡村”公共教育活动获评第四届全省博物馆十佳社会教育案例，“探秘历史文物”博物馆系列课程获评山东省十大优秀社教案例。

【文化产业培育】 文化企业2492家，其中，规上企业20家；旅游企业183家，其中，规上企业10家。在文化及相关产业9个大类行业中都有相关业态，包括新闻信息服务企业82家，内容创作生产企业784家，创意设计服务企业514家，文化传播渠道企业100家，文化投资运营企业2家，文化娱乐休闲服务企业304家，文化辅助生产和中介服务企业432家，文化装备生产企业18家，文化消费终端生产企业256家。全市文化产业增加值实现29.74亿元，占国民生产总值的比重为3.95%。

【文物保护利用】 岗上遗址入选“2020年度山东省五大考古新发现奖”，北辛遗址、庄里西遗址等9个项目入选“山东百年百项重要考古发现”名单。开展岗上遗址考古发掘，推进大韩东周墓地发掘资料整理及文物保护修复工作，坝上遗址抢救性发掘项目获省文化和旅游厅批复。滕州博物馆、滕州汉画像石馆晋升为国家一级博物馆。全市馆藏文物达到72000件（套），国家一级文物61件。滕州在全省文物大会上作典型发言；全省博物馆建设现场培训会议在滕州举行。

【非物质文化遗产传承】 鲁班锁制作技艺、松花蛋制作技艺、传统皮具制作技艺等3项非物质文化遗产代表性项目入选第五批省级非物质文化遗产代表性项目名录，唢呐艺术入选省级非物质文化遗产代表性项目名录扩展项目名录，快板书、墨家拳等17项非物质文化遗产代表性项目入选第六批枣庄市级非物质文化遗产代表性项目名录。

（市文旅局）

墨子鲁班文化研究

【概况】 全市坚持挖掘、开发、研究、普及、传承并重方针，打造墨子鲁班文化品牌。市墨子研究中心被命名为民盟中央首批参政议政调研基地，鲁班纪念馆建成中国华侨国际文化交流基地，“墨子云”大数据平台项目获评枣庄市传统文化和革命文化传承发展创新案例、山东省大数据创新应用典型案例，“墨子鲁班可移动文物数字化保护方案”通过山东省文化和旅游厅审批并获得专项资金扶持。山东墨子基金会获得“4A级社会组织”认证。

【第五届鲁班文化节】 2021年10月20日，第五届鲁班文化节在济南华禾普雷斯顿酒店召开。文化节与山东建筑大学建校65周年系列活动并行举办，主题为“弘扬大国工匠精神，激发创新创造活力”，历时3天，举办第五届鲁班文化节开幕式（济南）、“鲁班文化与工匠精神”鲁班文化学术研讨会（济南）、校地合作座谈会（济南）、大国工匠报告会（滕州）、鲁班文化进校园（滕州）等多项主题活动，首次制作节会动漫宣传片2期。宣传片和会议被齐鲁卫视、《大众日报》等多家媒体集中报道。

【事业单位改革】 市墨子研究中心新增编制11个，增设文博管理科、宣传文创科等副科级内设机构2个。人员编制数扩充至35个，内设机构扩充至5个（综合科、业务科、墨子基金工作室、文博管理科、宣传文创科），辖3个馆（墨子纪念馆、鲁班纪念馆、墨砚馆）。

【墨子鲁班研究】 完成《墨子集释》《墨子传》等墨学书籍编撰工作；实施《墨学研究口述史》拍摄，采访墨学老领导、老专家学者十余位；编辑出版《墨学研究》杂志四期；整理编辑第十三届国际墨子鲁班学术研讨会暨儒学全球论坛（2020）的学术论文，出版发行《墨子研究论丛（十四）》。《墨学思想及其当代价值研究》《“鲁班文化与工匠精神”鲁班学术研讨会》获国家社科基金批准立项。

2021年10月20日，第五届鲁班文化节在济南华禾普雷斯顿酒店开幕

【“墨子云”大数据平台】 完成3800余万字的墨学文献OCR数字化工作，墨学文献总量居全国首位；墨子云智能访客平台访客实现与省平台的互联互通、数据共享、业务协同；网上展厅访客人数达20余万人。“墨子云”经验做法被山东省大数据局、山东电视台、枣庄市委宣传部等部门表彰报道，获评枣庄市优秀传统文化和革命文化传承发展创新案例、山东省大数据创新应用典型场景。

【可移动文物数字化保护】 起草《滕州市墨子研究博物总馆可移动文物数字化保护利用项目申报方案》，针对203件馆藏珍贵文物和400件馆藏文物进行数字化信息采集，同时建设文物数字化保护利用系统、藏品数字资源管理子系统等。项目通过山东省文旅厅审批并获得专项资金扶持。

【研学游】 在鲁班纪念馆一楼建设“鲁班工坊”研学游平台，融入“鲁班工坊”“鲁班讲堂”等研学元素，满足教学实践、互动体验、“研学游”及文创产业的需要。邀请鲁班研究专家、非物质文化传承人到鲁班工坊授课，全年举办研学游活动14场，参加人数3000余人。

【党员干部教育现场教学】 选取墨子纪念馆、鲁班纪念馆创建“学习贯彻习近平新时代中国特色社会主义思想现场教学点”。全年接待枣庄新任县级干部培训班、丰都乡村振兴能力提升培训班等5个班次280余人次。

【墨子鲁班文创产品】 与山东宏墨文化传播有限公司合作开发“国风—墨子”等文创产品；与山东省福利彩票发行中心合作对接，促成墨子福利彩票全国发行；与一甲动漫公司签订协议，制作《平民圣人—墨子》《百工圣祖—鲁班》等动画宣传片。

【公务接待】 完成中央政治局委员、国务院副总理胡春华，中央政治局原委员、国务院原副总理刘延东，全国政协原副主席李海峰等国家领导人的接待工作。全年累计接待国内外嘉宾、专家、游客40余万人次，完成全市各类公务接待任务近1000场次。

【中国华侨国际文化交流基地】 2021年7月9日，山东省侨联在滕州鲁班纪念馆举办中国华侨国际文化交流基地——鲁班纪念馆揭牌仪式。鲁班纪念馆创建成“中国华侨国际文化交流基地”。

【民盟中央首批参政议政调研基地】 2021年11月10日，经调研考察、综合评估，墨子研究中心被评选为全国第一批民盟中央参政议政七个调研基地之一，侧重调研方向为新业态发展和重塑产业优势、探索推进新型创新体系建设、大运河国家文化公园建设等。

（张金星）

媒体传播

【发展架构】 市融媒体中心（上善传媒公司）稳妥推进各项改革，实现干部职工人心聚合、媒体传播平台快速整合、内部组织架构有机融合。突出主责主业，健全“三审三校”为主的新闻质量保障体系建设，厘清融媒体中心与传媒公司的职责关系：融媒体中心负责各媒体平台的内容生产、信息发布、技术服务等，上善传媒公司负责媒体广告、活动创收等多元化经营，实行采编、经营分离，形成集群化发展优势。完成广播电视信号的高清化改造，启用建筑面积1000余平方米的新采编办公中心，实现报纸、广播、电视、新媒体合署办公，完善新闻“一次策划、一次采集、多种生成、多元发布”的大采编格局。完善全媒体矩阵，20余个发布平台注册量、关注量不断增加，10万+产品不断涌现。市融媒体中心（传媒公司）获得山东县级融媒综合服务实践奖，通过省级文明单位复检，《滕州日报》通过全省新闻媒体编校质量大排查大整治督查。

【媒体融合】 推进融媒体“中央厨房”建设。着眼“省内一流”的目标，推进广电标准化、高清化建设，投资330余万升级改造高清播出网系统，新上高清服务器、播出工作站、高清字幕机、存储服务器等近百台（套）设备，实现电视节目采、编、播全高清流程，实现两个自办电视频道以及央视、省卫视节目的高清播出条件。打造全媒体传播矩阵，实现“1+1＞2”。坚持移动优先战略，利用5G、人工智能、大数据等先进技术，优化流程设计和流程再造，构建完善移动传播矩阵，实现渠道丰富、覆盖广泛、可管可控，让融媒体产品更好地反映百姓心声、促进文明实践、优化政务服务、助力公共决策。

【舆论引导】 融媒体中心各媒体平台把握“党的盛典、人民的节日”定位，同步开设“奋斗百年路，启航新征程”专题专栏专页，组织采编力量探寻红色记忆，展示发展成就。全媒体统一开设《学党史悟思想办实事开新局》专栏、专题，利用不同的传播形式，深入报道了各级党组织和党员干部学党史、悟思想、办实事、开新局的生动实践。各媒体平台聚焦高质量发展，采取专题报道、评论引导、深度报道等形式，深入宣传和报道各级各部门以工业大发展推动经济大提速、以产业大提升实现事业新跨越的景象。各媒体平台深入报道各相关部门和镇街推进山水林田大会战、加快“双十镇”建设，决战脱贫攻坚、决胜全面建成小康社会的新成就新变化。各平台围绕疫情防控、汛情雨情、民生实事等热点话题，发挥全媒体的传播优势，采取图文、短视频、H5 等不同的生产形态，及时发布信息，回应社会关切。

2021 年 7 月 1 日，永远跟党走　奋进新时代“红色歌曲大家唱”歌咏大赛举行

【对外宣传】 市融媒体中心与山东电视台联合开办“今日滕州”电视专题节目，在 10 月份的山东电视台收视率调查中总收视率第七位。中心在新华社及《人民日报》《光明日报》《大众日报》《枣庄日报》等枣庄市级以上报纸发稿 300 余篇。在央视发稿 14 篇，其中央视《新闻联播》3 篇。在省台电视发稿 364 篇，排名全省第四；在省台广播发稿 318 篇，排名全省第二；在省台新媒体发稿 397 篇，排名全省第十一。在枣庄台电视发稿 1954 篇，广播发稿 706 篇。滕州日报微博粉丝数超 200 万，获评 2020 年度枣庄市十佳政务新闻号；滕州融媒海报号获得 2021 年度“月度传播奖”。

【创新亮点】《今日滕州》专题栏目入驻省台频道。每周六 17 时 45 分在省台新闻频道播出，时长 15 分钟，并在山东广播电视台新闻频道、齐鲁网、闪电新闻、《今日滕州》微信视频号和抖音号等平台直播点播，成为展示滕州、宣传滕州的省级阵地。策划庆祝建党 100 周年系列活动。组织举办以“永远跟党走，奋进新时代”为主题的庆祝建党 100 周年系列活动，“红色歌曲大家唱”、庆祝建党文艺汇演、新时代文明实践广场舞大赛、夕阳红文艺展演、红色经典诵读大赛、滕州融媒少儿才艺大赛等活动的观众总数量超 10 万人次。同时，在《滕州日报》编辑制作《庆祝建党 100 周年成就巡礼特刊》，推出 40 个版面，结集成册，发放给相关部门和镇街。服务节会活动。红荷节期间推出报纸专版，拍摄节会专题片，承办网络直播；墨子节期间推出报纸专版、电视专题；滕州书展期间承办开幕式，策划小记者展演等系列活动，全程参与会展网上直播。服务部门镇街和单位。配合宣传部完成《世纪母亲》新书首发式活动；与交通局、司法局、人民医院、中医医院、妇幼保健院联合开办报纸、电视、广播、新媒体专题专栏。配合《时光放映厅》滕州站活动。与省委宣传部、省电影局、“学习强国”平台、华夏电影公司、《国家人文历史》杂志社合作，在龙泉广场放映经典红色影片，吸引观众数万人。策划直播节目《高考直通车》。邀请知名心理咨询师及权威教师，解读考前状态调整、冲刺技巧，科学备考。承办山东省第二届“小城故事多”县乡车展滕州站活动。与省电视台文旅频道合作完成山东省第二届“小城故事多”县乡车展滕州站的对接、布展、车队巡展等活动。活动为期 3 天，汽车成交量居全省前列。组织滕州融媒校园小记者团近 500 名小记者进行采风研学活动，完成各类活动 50 余场次；2021 年“小主持人”招生工作招收小主持人 100 余人，首次开设 4—6 岁小小班。

【滕州市上善传媒科技有限公司】在龙泉广场举办为期 5 天的 2021

滕州房博会，吸引全市近20家房地产企业和楼盘以及30余个各类商家参加活动。扩大“夕阳红”中老年旅游品牌影响力，召开旅游推介会3次，先后发团7次，总计300余人。全年实现广告收入1236万元，比去年增加185万元，同比增长17.6%；经营总收入2210.38万元，比去年增加156万元，同比增长7.59%。

【滕州市电影发行放映公司（山东银星集团公司）】 按照“每村每月一场电影”文化惠民工程的要求，完成全市12468场次的电影放映任务。开工建设人民影院修缮加固工程。

【滕州日报社印刷厂】 完成全年《滕州日报》的印刷任务，《滕州日报》连续六年获评山东省报纸印刷质量精品报。

（陈志强）

图书发行

【概况】 市新华书店繁荣图书市场，扩大图书发行，开展读书活动，稳妥地做好图书发行工作，为全市高质量发展服务，各项经营指标位居全省同级书店前列。

【图书发行】 做好党的十九届六中全会报告、文献的征订发行工作，在各门市醒目位置设立十九届六中全会文献专柜，突出宣传红色经典书籍。扩大党史学习教育宣传，滕州书城围绕“庆祝中国共产党成立100周年”的主线，以“建党百年主题出版物”为主题，集中专区陈列建党百年党员学习必读图书。完成发行党史学习教育用书及十九届六中全会学习用书31.8万册。滕州新华书店公众微信号开辟庆百年读经典宣传专栏、书店办公区设立党史教育宣传栏。承办第五届滕州书展，书展以“颂百年辉煌、享盛世书香”为主题，设置3个场馆、42个展区，加大购书补贴，在全场图书8折销售的基础上，使用电子惠民消费券和纸质代金券72万，接待读者85116人次。开设“学习强国+新华书店线下体验空间”，开展挑战答题、积分兑换、党史讲座等活动。线下体验空间相关活动陆续被学习强国山东学习平台、大众网、齐鲁网、《滕州日报》、滕州电视台综合频道等官方平台进行跟踪报道，获得集团公司6月份营销金案，并在全省门店营销群内进行活动分享。

【教材征订发行】 在做好防控疫情的基础上，有序开展2021年教材教辅发行。树立服务意识，加强与相关部门的沟通和协作，走访各学校，征求教师、学生意见，了解教学需要，保障教材教辅征订和发放足额、配套、齐全。拓展服务内容，采用微信小程序进行征订。

【企业文化及公益活动】 打造“新华”品牌，开展岗位练兵、业务培训、知识竞赛、文体等活动，保持省级文明单位。开展“我为群众办实事”实践活动。联合滕州市妇联、市关工委、团市委开展“童心向党暖心成长”“牵手关爱”“希望小屋”感受城市活动，捐赠书籍1300余册。开展献爱心、扶残帮困活动，参与公益事业。开展“慈善一日捐”活动，全体员工捐款2万余元。开展送书下乡、送书进社区、送书进企业等便民服务活动，参加交通文明引导志愿服务和社区志愿服务等活动。

（市新华书店）

旅游业

【概况】 滕州旅游资源丰富，自然风光秀美，山水林田湖草齐备，境内大小山头453个，河流45条，旅游单体数量380个，涉及7个主类（占8个主类的87.5%），16个亚类（占23个亚类的69.6%），49种基本类型（占110种基本类型的44.5%），微山湖红荷湿地景区总面积90平方公里，获誉“中国荷都”，兼具北方城市的豪放、南方城市的秀美，吸引大批中外游客旅游观光。滕州获评首批省级文化和旅游消费示范市、全省全域旅游示范区，跻身2021年全国县域旅游综合实力百强县。

【旅游产业发展】 全市A级以上旅游景区22家，其中4A级旅游景区2家，3A级旅游景区8家。旅游出行企业3家，旅游住宿餐饮企业15家，旅游游览企业70

家，旅游购物企业17家，旅游娱乐企业24家，旅游综合服务企业53家，旅游辅助服务企业1家。星级酒店3家，旅行社17家。

【旅游项目建设】 滕州金蜗牛房车营地项目试运营，巧林新榫卯积木项目产品试投产，总投资60亿元的微山湖红荷水镇、总投资1.6亿元的滕阳里龙田茶休闲文旅、总投资1.2亿元的龙山生态动物园等3个重点文旅康养项目开工建设。滕州市非物质文化遗产传承体验示范广场和丽亭（滕州）五星级国际大酒店项目签约。微山湖红荷湿地5A级景区提升项目精品牡丹观赏园完成土地平整及栽植工作。总投资70亿元的鲁班田园小镇桃花源康养中心子项目办理完毕土地手续，开始办理环境评价等相关手续。龙山生态动物园项目土地、规划设计、招投标等前期手续全部办齐，主体正在施工。

【旅游宣传营销】 举办2021“中国旅游日”滕州主题活动暨全市文创和旅游商品大集启动仪式，发布中银富登村镇银行杯“滕州新八景”评选结果，推介滕州市精品旅游线路，启动“60秒游滕州——全市镇街文旅短视频展播”以及文创和旅游商品大集活动。独立组织20余家企业、单位携带非遗和文创产品参展第二届中国国际文化旅游博览会。与山东广播电视台融媒体资讯中心达成合作协议，合办《今日滕州》栏目，推出高质量发展看山东《滕州全域旅游访谈》节目，推介文化底蕴，弘扬优秀传统文化，展示文旅产业、特色文旅品牌、重点文化项目。与山东广播电视台综合广播《好客山东》栏目、山东乡村广播频道《美丽乡村游》栏目连线，推介“一塔六馆”博物馆群的独特魅力。先后举办第十八届微山湖湿地红荷节、第十三届温泉文化旅游节、第五届滕州书展、第五届鲁班文化节，举办各类展览展出23场次，开展文化和旅游消费季活动，发放“文旅惠民电子消费券”100万元。

【旅游行业监管】 在元旦、五一、十一等节假日，开展旅游行业大检查，对旅行社是否存在违规用车、零负团费、低价游、强制购物等违法行为进行重点监管。重点查看星级饭店消防安全整治、景区高峰期客流量预报预警、突发事件工作预案制定和应急演练开展情况等，确保旅游市场安全有序。畅通旅游投诉渠道，受理旅游投诉，解决市长信箱、12301平台的转办投诉件50余件，受理的文化旅游投诉回复率和游客满意率均100%。

【鲁班天工木艺有限公司】 公司开创“圣匠鲁班”品牌，研发生产鲁班锁系列、文房办公系列、梳镜文玩系列、香道禅艺系列、工艺摆件系列、红木家具系列六类产品，获得专利30余项。先后获得中国特色旅游商品大赛银奖、山东省旅游商品创新设计金奖、山东省旅游商品十佳品牌，入选中国百佳旅游商品、第三届全国智力运动会特许商品、到山东最想买的100种特色旅游商品各级荣誉50余项，列入山东省非物质文化遗产名录。

【山东微山湖荷花食品有限公司】 位于滕州市滨湖镇，年生产“红荷花”牌系列禽蛋制品1000余万枚，禽蛋制品蛋源全部来源于微山湖大麻鸭所产的新鲜鸭蛋，产品达到国家A级食品标准。

【滕州市旅游发展有限公司】 公司下辖微山湖湿地集团有限公司、山东兴滕置业有限公司、滕州凯盛智慧农业有限公司和滕州微山湖湿地国际旅行社等子（控股）公司。公司主要负责全市旅游景区景点规划、开发建设，沿荆河流域生态环境、景点、旅游资源的规划、建设、经营、管理及农业开发、文化创意等工作。公司推进资产资源接收整合，策划精品文旅项目，提升滕州文旅品质。围绕龙泉广场荆河两岸，打造荆河水上乐园；举办微山湖湿地红荷杯“纵横江湖”首届山东省城市龙舟对抗赛；做好中国（滕州）微山湖湿地红荷节的节会品牌。

（市文旅局）

卫生健康

Health Service

综　述

【概况】 市卫生健康系统以大卫生、大健康理念为统领，以全方位、全周期保障人民健康为目标，构筑“健康滕州”高地，抓好新冠肺炎疫情防控，持续深化医药卫生体制改革，优化完善卫生健康服务体系，提升卫生健康服务能力。辖区各级各类医疗机构1167家，其中市直公立医院6家，乡镇卫生院（社区卫生服务中心）21家，民营厂矿企事业单位医院27家，村卫生室717家，诊所、门诊部等不设床位民营医疗机构396家。滕州市获评新一轮全国计划生育优质服务先进单位，通过国家卫生城市复审和全国基层中医药工作先进单位复审。市卫生健康局获评山东省第七次全国人口普查先进集体。

【医药卫生体制改革】 推进紧密型县域医共体建设，组建以市中心人民医院为龙头，纵向联合21家镇街卫生院，横向联合市妇幼保健院的市中心人民医院医共体，明确医共体建设的责任和任务“两个清单”，确立信息化互通共享和专家下沉“双支撑”路径，实现医共体运转开局顺畅，全市县域就诊率超95%，高于全省平均水平。稳步推进省三级疾病预防控制中心改革试点工作，印发《滕州市疾病预防控制中心改革试点方案》，强化防医教融合、人才激励、税收优惠等配套政策保障，实施疾控中心升级改扩建项目，完成市疾控中心实验楼升级改造和市民健康生活馆建设。加强疾控中心人才队伍建设，修订完善《绩效考核方案》，改革薪酬制度，增强疾控队伍活力。

【卫生健康服务】 推进基层医疗卫生服务能力提升三年行动，满足基层群众医疗卫生服务需求。市中心人民医院综合实力连续9年位居全国县级前十，市中医医院、市妇幼保健院专科实力均位居全省县级前列。开展“优质服务基层行”活动，促进基层医疗卫生服务提档升级，张汪、羊庄、鲍沟等3家镇中心卫生院达到国家级服务能力推荐标准，获得国

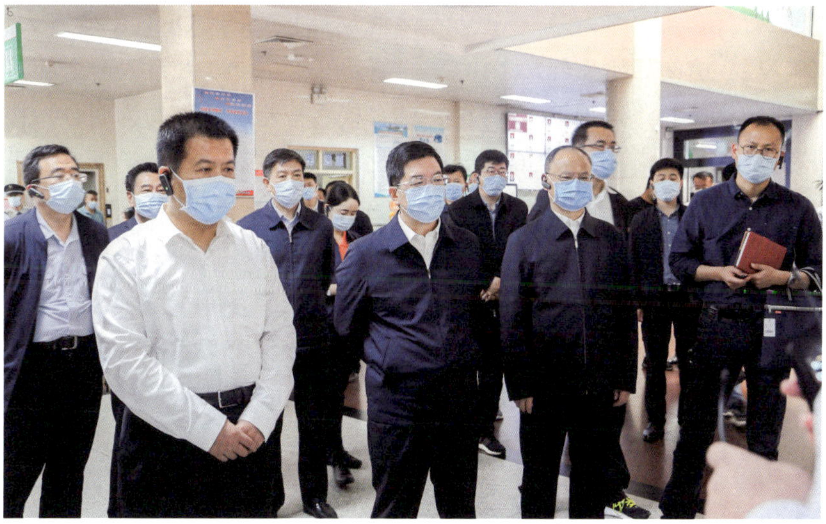

2021年5月11日，国家卫生健康委党组成员、副主任雷海潮（左一）到滕州调研卫生健康工作（赵连君　摄影）

家卫生健康委通报表扬。开展村卫生室标准化建设，提升基层医疗机构服务能力。发展中医药事业，健全中医药服务体系，成立市委促进中医药发展工作领导小组，构建“市镇村”三级中医药服务网络，推广中医药适宜技术，提升中医药服务水平。规范落实国家基本公共卫生服务项目，建立电子健康档案145万余份，涉及老年人20.8万人、高血压患者13.4万人、糖尿病患者4.7万人，城乡35—64周岁妇女两癌筛查9.9万余人，完成省市下达的81%指标。做好“一老一小”健康服务，严格落实三孩生育和优生优育政策，全年累计上报出生人口12727人，发展普惠托育服务，推进鲁南婴幼儿教育研究与发展中心项目建设。全面落实老年人优待普惠政策，实施“银龄安康工程”，探索“互联网+养老”服务新模式，扩展服务内涵。深入开展爱国卫生运动，巩固国家卫生城市创建成果，启动国家健康城市建设。开展卫生健康综合监督“守正创新年”活动，加强医疗市场监督。

【新医药产业】 发掘新医药产业发展潜力，实施建链、补链、延链、强链工程，实现“招大引外、招新引高”新突破。依托滕州经济开发区医药产业和大坞生物医药产业园区，发挥益康、威智等骨干企业龙头作用，聚焦化学原料药、医疗器械、中医药等重点领域，持续加强技术研发和成果转化，培育壮大生物医药、医疗器械等产业。全年新医药产业实现营收8.4亿元，同比增长130%。

表24 2021年滕州市主要民营专科、特色医院一览表

序号	医院名称	地址	特色科室
1	滕州市慈善康复医院	学院中路816号	康复科、耳鼻喉科
2	滕州滕化医院	荆河西路231号	烧伤科
3	滕州伤骨医院	益康大道北路1129号	脊柱关节科、创伤科
4	滕州龙河湾中医医院	大坞镇大刘庄西村小龙河北岸	中医科
5	兖矿新里程总医院鲁化分院	木石镇	内分泌、烧烫伤

新冠病毒疫情防控

【概况】 慎终如始抓好常态化疫情防控，坚持“外防输入、内防反弹”总策略不动摇。2021年8月6日，市新冠疫情防控应急处置指挥部进驻滕州宾馆集中办公。指挥体系长期处于高度激活状态，市常态化疫情防控工作高效运转，全市疫情防控形势保持稳定有序局面。

【常态化疫情防控】 全面抓好重点人员、重点场所、重点点位管理。强化部门协作，精准摸排、快速检测，全年度累计排查国内重点地区到滕人员11.26万人，随访在滕人员1.8万人，全部落实核酸检测，结果均为阴性。接收上级推送和协查6类重点人员291人，严格落实隔离管控措施。做好养老院、监所、学校、宾馆超市等重点场所疫情防控工作，严格院感制度落实，全面开展院感管理巡查，规范设置医疗机构发热门诊，执行三区两通道管理要求。按照谁举办谁负责和一会一案的原则，严格聚集性活动报批程序，科学制定疫情防控工作方案和应急预案，杜绝聚集性疫情发生。加快推进新冠病毒疫苗接种，筑牢全民健康免疫屏障。全年累计接种293.9万剂，覆盖134.8万人，131.3万人完成全程接种。

【疫情防控能力建设】 全市科学设置核酸采样点1043个；组建流调队伍102支、320人，其中市级流调队6支、54人；核酸检测最大日检测能力30万份，疫情防控能力建设达到省市要求，多次承办枣庄市新冠病毒肺炎疫情防控演练和应急演练，获得省市专家

2021 年 12 月 22 日，枣庄市新冠肺炎全员核酸检测实战演练在滕州举办（赵连君　摄影）

认可。

主要医院

【市中心人民医院】 始建于 1950 年，是一所集医疗、急救、教学、科研、康复、预防于一体的三级甲等综合医院，为济宁医学院附属医院，国家药物临床试验基地，滕州市县域紧密型医共体牵头医院。医院开放床位 2600 张，设有 78 个临床、医技科室，其中省级临床重点学科及建设单位 2 个、省级精品特色专科 1 个、枣庄市医药卫生重点学科及建设单位 19 个。年门急诊量 260 万余人次，出院患者 11 万余人次，开展各类手术近 7 万台次。截至年底，医院申报成山东省自然科学基金、山东省医药卫生科技发展计划立项 36 项；获得山东省医学科学技术奖三等奖 5 项，枣庄市科技进步奖 116 项；发表核心期刊论文 965 篇，其中 SCI 论文 94 篇；完成各类科研鉴定 100 余项，均达到国内领先水平，有 10 余项科研项目达到国际先进水平。引进 GE、西门子 3.0T、1.5T 超导磁共振，GE PET-CT，西门子 Force、双源、128 层、64 层螺旋 CT，瓦里安 IGRT 高能双光子、医科达 Infinity 直线加速器等各类医疗设备。医院牵头的市中心人民医院紧密型医共体，成员单位包括滕州市妇幼保健院和 16 家镇卫生院及 5 处社区卫生服务中心，开启学科带动、科室融合、资源共享医共体新模式。医院连续 9 年入围中国县级医院竞争力十强，先后获得全国优质服务百佳品牌医院、全国百姓放心示范医院、全国改善医疗服务行动先进单位全国优质服务示范医院等称号和中国医院学科能力建设奖。

【市中医医院】 是集医疗、教学、科研、预防、保健、康复及医养结合于一体的三级甲等中医医院。医院拥有西门子 1.5T 核磁共振、GE128 层超高端宝石能谱 CT、GE 乳腺钼靶机、GE 煊光 E8 高端彩超、大型血管造影机等现代化大中型仪器设备 400 余台（件），开展新业务新技术百余项。其中介入诊疗中心开展的心脏介入手术的技术难度、手术例数创枣庄市甚至鲁南地区多项纪录，常规开展临时、永久起搏器植入术、射频治疗快速心律失常冠脉造影及 PCI 术、血管内超声检查、FFR（冠状动脉血流储备分数测定）、外周血管介入诊疗。建有 38 个临床、医技科室，24 个病区，开放床位 600 余张。国医堂的王洪京传承工作室及张义明传承工作室通过验收，王国才名医传承工作室、孔立名医工作室也相继落户。枣庄市脾胃病委员会、高血压病委员会、心脏介入委员会、中西医结合重症专业委员会四个专业委员会分别由医院知名专家王洪京、司福中、徐元杰、程俐担任主任委员。医院康复科、骨伤科、心血管科成为“山东省齐鲁中医药优势专科集群”成员专科，脑病科、脾胃病科、针灸科被确定为“山东省中医药临床重点专科”，骨伤科、护理学专业被确定为“山东省县域中医药龙头专科”。

【市妇幼保健院】 始建于 1953 年，集保健、医疗、预防、教学、科研、康复服务为一体的三级乙等妇幼保健院，是国家级爱婴医院和母婴友好医院，山东第一医科大学和枣庄科技职业学院的实践教学基地，医院开放床位512张，引进西门子1.5T超导磁共振、GE128层螺旋CT、GE四维超声等各类医疗设备3694余台（件），百万元以上的设备23台。全年推进紧密型医共体建设工作，统筹开展常态化疫情防控和健康服务，完成门诊诊疗59.2万人次，比上年增长26.85%，出院18232人次，接产6845人次。获评山东省优质公信力品牌奖。在全市医共体框架下，作为发起单位与全市21家镇街基层机构签约合作，成立滕州市妇幼健康专科联盟。通过山东大学齐鲁儿童医院远程会诊平台，融合小儿神经专业、电生理专业成立儿童癫痫中心。通过枣庄市卫生健康委评审，产科、儿科成为市级重点学科（建设单位）；被命名为市级危重孕产妇救治中心和县级危重新生儿救治中心。

【市工人医院】 集医疗、急救、教学、科研、预防保健、康复为一体的二级甲等综合医院，是济南、潍坊、泰安、济宁等医学院校的教学实习单位。医院以手足外科、伤骨科为品牌专科，设有急诊、内、外、妇、儿、中西医结合、五官、康复理疗、麻醉、预防保健等临床科室和CT室、放射、检验（含血库）、特检药械、手术室、消毒供应、门诊治疗室、健康体检中心、病案室等医技科室；开放床位500余张，年门诊量17万人次，年出院病人1.5万余人，年住院手术6000台次。拥有德国西门子16层螺旋CT、DR成像系统、C型臂、OCT、剥切机、经皮肾镜、关节镜、电子结肠镜、血液透析机、高压氧舱、健康体检车等10万元以上的大型医疗设备70余台。

【枣庄市肿瘤医院】 暨枣庄市胸科医院（原王开医院），是集呼吸、肿瘤、胸科疾病、结核治疗为重点的三级专科医院，是枣庄市、滕州市两级地市定点传染病医院，枣庄市艾滋病治疗定点医院和应对突发传染病公共卫生事件的定点医院。医院额定床位360张，正常开放床位460张。年医院门诊1.8万人次，出院9000余人次。设置20余个临床医技科室，其中结核、肿瘤为枣庄市重点学科。医院被中国疾控中心结核病临床防治中心、首都医科大学附属北京胸科医院命名为耐多药肺结核综合诊疗示范基地；与郑州大学介入治疗研究所合作成立枣庄治疗分中心介入病房；同时是山东省千佛山医院全面合作单位，山东省胸科医院肿瘤规范化诊疗基地。

【枣庄市皮肤病性病防治院】 暨枣庄市立第四医院（原北坛医院），始建于1918年，是枣庄市政府举办的唯一一所非营利性皮肤病专科医院，也是鲁南地区最大的皮肤病专科医院。医院设有皮肤病防治中心、性病防治中心、美容整形中心、老年康复中心、光疗药疗中心、以及内科、外科、妇科、儿科、五官科等临床科室及检验科、影像科、手术室、过敏源治疗室等医技科室，年接诊病人10万余人次。医院不断加强软硬件建设。年内投资300余万元，先后购置了全新的CT、美国产飞利浦彩超机等，投资100多万建设了核酸检测实验室。先后获评全国麻风病防治工作先进集体、全国麻风畸残康复工作先进集体、山东省卫生系统先进单位。

（孙嵩翔）

社会生活

Social Life

人事人才

【人才开发与服务】 推进平台载体建设，新增省级人才载体2家；挖掘人才潜力，做好人才工程及平台申报，选拔推荐并入选枣庄首席技师13人，获评枣庄市有突出贡献的中青年专家5人；打造保姆式、零跑腿的高层次人才服务新模式，发放人才购房补助58万元，为高层次人才申领省市惠才卡65人次，协助高层次人才申请解决子女就学问题11人次。

【事业单位招考与聘任】 实施卫生系统招聘、青年人才优选等事业单位招聘，招录人数710余人；完成全市事业单位人员统计工作，截至年底，全市事业单位（不含参公）520家，从业人员29238人；完成中、高级聘任4805人，其中正高级岗位聘任62人，副高级岗位聘任1228人，中级职称岗位聘任3515人，涉及103个单位。

【专业技术人员管理】 完成2022年度全国卫生专业技术资格考试报名审核工作，审核通过报名1346人。组织全市参加完成专业技术人员继续教育培训39120人次。完成2021年度各专业系列初、中级职称评审和高级职称推荐上报工作，其中初级职称申报1158人，评审通过1120人；中级职称申报2315人，评审通过1311人；推荐申报高级职称1349人；认定全日制大中专毕业生初、中级职称313人。

【工资制度改革】 完成2020年度事业单位工资统计汇总上报工作，全市事业单位26372人，年平均工资97988元；参照公务员法管理的工勤职工2人，年平均工资87500元；机关工勤职工90人，年平均工资97589元。组织完成军转干部和退役士兵的工资审批69人次。规范有序做好2021年度机关事业单位人员工资正常晋升工作，完成156个机关事业单位工资晋升审批工作，其中机关升级158人，升档386人，事业晋升24895人，合计25439人。完成全市16个乡镇机关事业人员提高乡镇工作补贴的审批工作。

劳动和社会保障

【就业服务】 推进稳就业工作，实现城镇新增就业1.7万人，城镇登记失业率控制在3%以内；开展企业用工保障专项行动，49名企业用工服务专员对接84家重点企业，解决急缺工3600余人；持续开展“线上+线下”招聘活动，累计举办各类线上线下招聘活动26场，800余家企业提供就业岗位14000余个；开展职业技能提升行动质量年活动，实现职业技能培训1.4万人次，创业培训1200人；做好“点对点”用工服务，组织包车14辆次，累计向省内外运送务工人员1050余人；稳岗返还政策全面推行“免申即享”服务模式，为730家企业发放稳岗返还资金455.7万元。

【扶持创业】 全面落实各项扶持政策，累计落实各类政策资金5300余万元；发放创业担保贷款688笔、1.31亿元，直接扶持创业688人次，带动创业就业3500

2021 年 4 月 24 日，“工业强市 · 产业兴市 · 聚智滕州” 2021 年人才招聘会现场

余人。举办滕州市第二届创业大赛；组织人员参加枣庄市创业大赛，滕州市推荐的创业选手包揽前 3 名，获得一等奖和二等奖全部奖项。

【社会保险基金】 全年征收企业职工养老保险 161307.27 万元、失业保险费 5722.69 万元、工伤保险费 2910.44 万元，三项社会保险基金收入 169940 万元，比上年增加 446 万元，增长 0.26%；企业离退休及遗属 57485 人，全年共发放 193494.71 万元，机关事业单位离退休人员及离休遗属 14427 人，全年共发放 115632.84 万元。发放失业保险金 5155.32 万元，拨付工伤金 2565.19 万元，基金支出 316848.06 万元，比上年增加 28169.13 万元，增长 9.75%。办理企业养老保险关系转移 2326 人。征缴居民基本养老保险费 22317.64 万元，办理居民养老保险关系转移 348 人。累计发放基础养老保险金 48049.68 万元；发放丧葬补助费 448.82 万元。

【社会保险待遇】 全年审批机关事业单位退休 725 人，企业退休 3143 人，审核上报特殊工种、病退 628 人，审核机关事业单位退休人员信息 615 人次；审批机关事业单位工作人员一次性抚恤金手续及丧葬费 358 人次；办理遗属生活困难补助手续 123 户。

【劳动人事仲裁】 推进“听竹”工程及“互联网 +”调解平台建设，成立“和善调解工作室”“交心调解工作室”“同心调解工作室”等一批调解工作室，维护劳动者的合法权益，促进劳动关系的和谐稳定。受理各类劳动人事争议案件 1248 起，其中进入仲裁程序 736 起，案外调解 512 起，案件结案率 100%，调解结案率达到 65%，各基层调解组织调解案件 243 起。

【劳动保障监察】 保障农民工工资支付工作，累计录入实名制信息 1.28 万人，人工费按月拨付率、工资保证金缴纳率均 100%，考勤更新率保持在 90% 以上；全年接收各类举报投诉 3600 余起，协调办结率超 90%，立案查处 244 起，法定时效内结案率 100%；督促用人单位缴纳社保费 142 万元、发放工资 607 余万元。

（市人社局）

民　政

【概况】 全市民政工作围绕“民政为民、民政爱民”课题，践行爱民使命，推进城乡社会救助、城乡社会养老、基层社会管理、民政社会事务等民政事业高质量发展。

【城乡社会救助】 印发《滕州市改革完善社会救助体制机制的实施意见》文件，进行社会救助体制机制改革，整合社会救助政策、调动社会力量、整合数据信息资源，构建“一门受理、协同办理”“线上线下”联动体系。强化政府投入、创新工作机制，搭建“1+4+N”特困人员供养新体系。社会救助工作逐步向主动发现、多样化救助保障转变，拓展实施“物质 + 服务 + 精神”型的多维社会救助体系，为低保、特困和孤困儿童等困难群体提供类别化、差异化救助服务。滕州市《注入社会服务力量参与　构建特困人员供养照护新体系》获评全省社会救助领域优秀实践案例。城市居民最低生活保障标准提高到每人每月753元，农村居民最低生活保障标准提高到每人每月628元；城市特困人员救助供养基本生活标准提高到每人每月1130元，农村特困人员救助供养基本生活标准提高到每人每月817元。农村居民最低生活保障人口为12539户，22226人，全年发放农村居民最低生活保障资金132639352元；城市居民最低生活保障人口为1450户，2668人，全年发放城市居民最低生活保障资金20067400元；农村特困人员供养人口为6250人，全年发放农村特困人员供养资金62525775元；城市特困人员供养人口为49人，全年发放城市特困人员供养资金648308元。

【城乡社会养老】 社会福利事业稳步推进。养老服务指导中心以全市人口老龄化社会需求为导向，持续完善居家社区机构相协调、医养康养相结合的养老服务体系，拓展服务形态，优化供给结构、提升服务质量，有效强化基本养老服务，满足多样化、多层次养老服务需求。市养老综合服务中心建成并投入使用，设置床位近700张，其中200张护理型床位用于全市城乡失能特困老年人照护托养；滕州市金桂园康养中心开业运营，提供医养服务床位600张。全市养老机构发展到26家，养老床位5500张，街道综合养老服务机构5家，社区老年人日间照料中心21家，农村幸福院63家。印发《滕州市人民政府办公室关于推进养老服务发展的实施意见》，从加大养老服务供给力度、健全多层次养老服务体系、强化政策支持、加大改革创新力度、提升养老服务水平及深化“放管服”改革等方面推进全市养老服务事业发展。按照养老服务用房“四同步”配建机制和统一登记管理制度，全市新建成小区完成用房移交11处，移交总面积6161.76平方米，新建成小区配建率100%。制定《滕州市养老行业安全生产大排查大整治专项行动巩固提升阶段工作方案》，完成12处规模养老机构微型消防站的建设，对11家具备消防条件的予以销号管理。召开全市民政系统安全生产暨养老服务质量提升会议，开展全市养老机构安全生产专项检查工作。

【基层社会管理】 推进社区工作者职业体系建设，出台《社区工作者薪酬体系指导意见》和《社区工作者考核管理办法》，全面落实3岗18级薪酬待遇，全年招录社区工作者98人。完成全市1195个村（社区）的第13届“两委”成员换届选举。全市社会组织发展到467家，加强社会组织党组织建设。建立镇街社工站，加大社区社会组织培育发展。强化社会组织监管，开展社会组织年报（检）、评估、“僵尸型”社会组织专项整治、规范行业协会商会收费、依法打击整治非法社会组织专项行动等。志愿者实名注册277240人，志愿团体484家。

2021年11月25日，滕州市社区工作者培训学院启用仪式举行，滕州市社区工作者培训学院揭牌

表 25　2021 年滕州市新增社会团体一览表

序号	名称	成立日期	法定代表人	办公场所	统一社会信用代码
1	滕州市界河镇商会	20210106	邵长银	界河镇政府对过乾盟实业集团院内	51370481MJE2347682
2	滕州市荆河街道商会	20210107	徐学义	翔宇实业总公司互联商城负一楼 01 室、02 室	51370481MJE234661N
3	滕州市东郭镇商会	20210112	巩运钱	东郭水泥有限公司	51370481MJE234493L
4	滕州市姜屯镇商会	20210201	孔德军	姜屯镇山东福德新能源设备有限公司	51370481MJE234530T
5	滕州市木石镇商会	20210203	蒋瑞	木石镇驻地	51370481MJE233749U
6	滕州市朗诵协会	20210305	李永	善国盛景 1 号楼 3 楼	51370481MJE233802P
7	滕州市人工智能学会	20210421	王介廷	学院东路阳光国际门市房 2#1—3	51370481MJE23387XJ
8	滕州市散打运动协会	20210423	杨峰	长途汽车总站东三楼	51370481MJE234004P
9	滕州市伦达商会	20210519	徐建	北辛街道伦达商贸城 D 区一层 D1368 号	51370481MJE234119X
10	滕州市诗词学会	20210611	李芳	天树源茶行（滕州市状元府小区 53 号）二楼	51370481MJE23416X1
11	滕州市退役军人就业创业促进会	20210721	胡志国	平行路 41 号	51370481MJE234194N
12	滕州市摩托车运动联合会	20210909	付刚	北辛东路体育场 B-21 室	51370481MJE23424XL
13	滕州市二手车商会	20211102	胡建茹	市交警大队南临	51370481MJE234274A
14	滕州市革命老区建设促进会	20211104	张宝振	滕州经济开发区管委会三楼 8301—06 室	51370481MJE2342900
15	滕州市足球运动协会	20211117	满中桦	滕州市红荷大道 1288 号智贸城二楼东区飞天光电科技股份有限公司	51370481MJE234311G

【民政社会事务】 全市有市级公益性公墓 1 处，镇村级公益性公墓（骨灰堂）35 处。基本殡葬服务增项扩面提标，群众基本火化费用全部免除。全年火化遗体 9974 具，全年累计惠民 9823 人，免除居民基本殡葬服务费用 1280 余万元。

全市 3.4 万名残疾人享受两项补贴，全年发放残疾人两项补贴 5000 余万元。保障“三类儿童”912 人（其中孤儿 219 人，含受艾滋病影响儿童 2 人；事实无人抚养儿童 396 人；重点困境儿童 295 人），累计发放“三类儿童”基本生活保障金 1426.59 万元（其中孤儿 392 万元，受艾滋病影响儿童 0.32 万元；事实无人抚养儿童 704.43 万元；重点困境儿童 329.84 万元）。落实“福彩圆梦·孤儿助学工程”，即开型福利彩票“墨子”全国云首发仪式在滕州举行。助推求学梦想。为 61 名纳入“助学工程”的孤儿发放福彩圆梦助学金 465000 元。落实事实无人抚养儿童助学工程，为 23 名纳入助学工程的事实无人抚养儿童发放助学金 23 万元。为 839 名困境儿童发放取暖补贴 251700 元。依照《中华人民共和国民法典》，全年依法办理收养登记 35 件。

依法依规办理婚姻登记，规范应用新婚姻登记管理信息系统，全年办理结婚登记 8406 对，补办结婚登记 285 对，补领结婚登记 5482 对，离婚申请 4654 对，离婚登记 2347 对，补领离婚登记 460 对。单日登记高峰 5 月 20 日 398 对。规范开展跨区域婚姻登记，全年共办理跨区域婚姻登记 8 对。全年为婚姻登记当事人提供证件照免费服务约 15000 对（次）。全年为离婚当事人提供调解服务 3000 余对（次）。引入政府购买社工服务项目 1 个。举办“荷你有约　锁爱一生”婚前辅导课堂。全年离婚率下降 42.5%。婚姻登记实现“跨市通办”。推进婚姻登记历史档案信息化工作，完成1990—2021年婚姻档案补录工作，共计约10万份。对纸质档案进行电子化补拍处理，已完成近46万份。处理弄虚作假、冒名顶替办理婚姻登记案件27件。

慈善事业

【概况】 全市各级慈善组织共募捐资金1705.65万元，其中市慈善总会募捐321.9万元，镇街慈善分会和各专项慈善分会募捐1383.75万元。全市共发放慈善救助金1279.25万元，救助困难群众7000余人次。

【慈善募捐】 2021年10月18日，市委、市政府召开慈善大会，部署“慈善一日捐”活动。在市总会接收的捐款中，滕州朗博商贸有限公司捐款80万元，山东天客来集团有限公司捐款30万元，山东枣庄烟草有限公司捐款15万元，山东省滕州曹庄煤矿有限公司捐款20万元，山东文隆化轻建材有限公司捐款10万元，山东中烟工业有限责任公司滕州卷烟厂捐款9.48万元。滨湖、级索、北辛、荆河、龙泉等5个镇街分会募捐额均突破100万元，其他分会较好完成募捐指导性计划，各慈善专项分会募捐额出现新增长。市慈善总会共接收“慈善一日捐”捐款321.9万元。

【慈善救助】 至年末，全市各级慈善组织发放慈善救助金1279.25万元。市慈善总会慈善捐款支出744万元，其中，“情暖万家”救助活动救助困难群众1023人，发放救助金334.7万元；“光明未来”活动治疗贫困白内障患者391人，救助医疗费用48.9万元；“助学圆梦”活动救助困难学生111人，发放救助金35.6万元；“儿童助学”工程救助事实无人抚养儿童23人，发放救助金23万元；“如康家园”残疾人救助活动拨付残联救助金15万元；“博爱送温暖”活动拨付红十字会救助金6万元；“牵手关爱”活动拨付团市委救助资金5万元等。同时，拓展“心连心”医疗救助活动为低收入心胸病患者免费筛查、手术；开展“爱在重阳节·浓浓敬老情”爱心企业走访等多项活动。

【慈善荣誉】 2021年10月，“情暖万家”救助项目，在省民政厅第七届“山东慈善奖”中获授“慈善项目奖”。

（步昭瑞　孔令元）

退役军人事务

【保障体系建设】 持续推动服务体系提质增效，市服务中心、21个镇街、66个村居服务站通过全国示范性退役军人服务站验收；大坞、界河创建为全国百家红色退役军人服务站，闫培学、杨国获授全省“百名优秀服务标兵”称号。开展“退役军人保障法宣传月”活动，通过全员培训、广泛宣传、举办知识竞赛等形式，增强系统人员和广大退役军人学法用法、尊法守法的业务水平和行动自觉。

【双拥工作】 春节、八一期间，全市各级党政领导带队走访慰问枣庄军分区及各驻滕部队，慰问物品120余万元。全面落实军人优待服务政策，新增公共场所军人优先优待窗口55处，为191名荣立三等功以上现役军人家庭送喜报和慰问金。解决部队官兵“三后”问题，赠送85名军嫂和女退役军人“女性安康”保险；免费为21名二等功臣父母、烈属、随军未就业家属健康查体；为32名现役军人子女办理入学入托及转学手续；组织开展“十佳兵妈妈”评选，累计开展“军民联欢”“岗位进军营”“法律进军营”“暖冬行动”等拥军活动20余场次，通过省年度双拥模范城考评工作。

【优抚褒扬】 严格落实政策，按月足额发放各类优抚对象抚恤金、护理费、义务兵家庭优待金等共计1.5亿元，帮扶救助困难退役军人331人、210余万元。严格业务办理流程，新增办理补评残、带病回乡、60周岁退役士兵老年生活补助等503人。与嘉乐中医院合作，全面实施军休干部医养结合。投资300余万元，完成市烈士陵园英烈墙建设、消防设施改造、1500米的环山道路硬化绿化工作，维护提升柴胡店烈士陵园等零散烈士纪念设施12处，提升全市褒扬纪念水平。

【移交安置】 累计接收退役军人583人。其中，军转干部12人（随调家属1人），复员干部2人，符合政府安排工作条件退役士兵99人，自主就业退役士兵467人，退出消防救援队伍消防员3人。按照“四公开一监督”的阳光安置政策，完成军转干部和符合政府安排工作条件退役士兵的安置选岗，事业单位岗位比例提高至60%。及时发放各类资金，逐月缴纳符合政府安排工作条件退役士兵基本养老、医疗保险133万元；发放2020退役自主就业士兵一次性经济补助金909万元，自主择业军转干部住房补贴、体检费等230余万元。

【就业创业】 全年发布各类招聘信息105次、用工岗位3063个，达成就业意愿382人。组织退役士兵参加适应性培训104人次，参加年度职业技能培训241人次；组织参加各类退役军人专场招聘会3场次，参加人员560余人次。落实优惠政策，做好创业扶持，组建成立滕州市退役军人就业创业促进会，建立退役军人就业创业孵化基地、示范园、实训基地36处，累计办理发放退役军人创业扶持贷款68笔1910万元。完成全省退役军人就业、创业之星推选活动，胡志国、张斌分别被山东省退役军人事务厅表彰为“创业之星”“就业之星”；组织12家军创企业参加枣庄市第二届退役军人创业创新大赛，获得总分第一名。

【思想政治引领】 坚持把思想政治工作融入退役军人事务工作全过程，组织年度退役士兵到上海一大旧址、嘉兴南湖等地开展红色教育；组织开展第二届“最美退役军人”评选活动，并予以表彰。壮大“兵支书”队伍，全市退役军人入选村两委成员947人，其中“兵支书”291人。树牢尊崇英雄意识，先后编制《老兵永远跟党走》《军功闪耀党旗红》《滕州籍将军录》等大型画册和《致敬英雄老兵不朽》纪录片，传承滕州红色革命基因。

（退役军人事务局）

医疗保障

【概况】 市医保局围绕“打造群众满意医保”目标，落实医保各项政策，打造医保信息平台，打击欺诈骗保行为，持续深化医保领域改革，提升医疗保障工作水平，参保群众医保满意度提升。

【民生实事】 持续提升医疗保障水平。将基本医保政府补助提高到580元，居民大病保险筹资标准提高到81元，大病保险支付限额提高到40万元。取消尿毒症肾透析个人自付比例，将血友病门诊慢性病限额由0.3万元提高至1.5万元，新增“骨髓纤维化、肺动脉高压”等11种疾病纳入门慢病种支付范围。2021年度居民就医结算医疗费用10.5亿元，职工就医结算医疗费用3.8亿元。实施医保惠民实事。全面实施经办服务流程再造，实现办理时限、办理流程压减50%；推进居民“两病”用药保障，“两病”药品报销比例提高至60%，报销额度提高至300元；组织医疗机构开展药品耗材集中带量采购工作，269种中选药品平均降价60%，公立医院耗材全部“零差率”销售；全面落实新冠疫苗接种费用保障工作，市医保需承担疫苗接种专项资金70%费用（约9000余万元），按照任务数和时间节点，全部从职工基本医保基金财政专户列支。精准落实特殊人群待遇。做好脱贫享受政策人口、低保对象、重度残疾人、抚恤定补优抚对象等特殊人群信息提供和资格确认工作，确保特殊人群应保尽保；出台《滕州市支出型贫困家庭患者医疗救助实施细则》，患者可就近到属地镇街递交申请审核，全年累计医疗救助3.7万人次，拨付2206.8万元；全年累计审核拨付离休1087人次、拨付907万元，伤残3.36万人次、拨付1943万元。

【优化服务】 推动医保服务标准化建设。市医保局搬迁独立办公场所，增加公务员和事业编制19人，新成立医保基金稽核中心；市医保经办服务窗口全面进驻政务服务中心，科学设置功能服务区，提升医保服务标准；对

进驻政务服务大厅的医保服务窗口

服务区域和工作人员重新优化重组，将服务大厅调整为参保登记区、异地就医及医疗救助生育区、慢性病中心区、自助服务及引导区等4个服务区域，进一步完善医保服务功能，提供高效、便捷的医保服务。加强基层医保服务能力建设。推进医保服务向基层延伸，各镇街均成立医疗保障办公室，依托便民服务大厅设立医保经办窗口72个，镇街村居配备医保专职人员、医保助理员分别达到102人、1200余人；将参保登记、异地就医手工报销等5类16项业务下沉到镇街和各医院办理，方便群众。提升医保服务品质。严格执行首问负责制、限时办结制、一次性告知制、窗口无否决权等相关制度，形成良性循环；创新实施窗口“五心”服务（接待服务对象热心、听取反映细心、提供帮助诚心、解答问题耐心、办理业务专心），设置评价器，将评价结果作为窗口年度考核内容和窗口工作人员个人年度考核、评先评优的参考依据。《深化医保经办服务改革，提高参保群众获得感满意度》经验做法在中国改革网发表。

【基金监管】 聚焦征缴扩面，开展医保基金征收。全年基本医疗保险参保人数150.20万人。其中，城镇职工基本医保参保18.96万人，城乡居民基本医保参保131.24万人。参保率连年上升。年度征收医保基金20.32亿元，比上年增长14.77%，其中职工8.67亿元，居民11.65亿元。开展《医疗保障基金使用监管条例》宣传活动，累计发放各类宣传资料6.7万份，设置横幅155条、流动宣传点83个，参与宣传人员675人次，转发微信、短信8000余次，提供政策咨询和义诊服务226次。对医保工作人员、定点医药机构人员开展《条例》培训，开展欺诈骗保典型案例警示教育。聚焦基金监管，打击欺诈骗保行为。重点围绕挂床住院、降低标准住院、套餐式检查、过度诊疗等违规行为，开展打击欺诈骗保专项活动，全年检查定点医药机构1801家，追回医保基金352.948万元，拒付医保基金917.569万元，行政处罚460.177万元。在全省医疗保障工作会议上，市医保局以《创新监管方式 协同精准发力 着力构建“三个一”的医保基金严格监管体系》为题作出典型发言。

【智能化建设】 推进医保信息化平台建设。累计清理不规范数据4258条、参保重复信息61443条，44家定点医院完成15项医保信息业务国家编码。丰富医保信息化使用场景。推广医保电子凭证，全市医保电子凭证激活人数近100万；创新采取“边查、边巡、边改”工作机制，推进“三个确保”（医保定点医药机构全覆盖，“一卡通行”刷卡顺畅无障碍，医保定点医药机构信息准确可靠），516家定点医药机构率先完成“一卡通行”全覆盖，全面打通职工医保个人账户资金使用区域限制；按照“试点先行，分步实施，有序推进”的原则，对辖区内定点医疗机构督促指导，推进跨省门诊直接结算工作，全市44家定点医疗机构全部实现普通门诊费用跨省直接结算服务。自主开发“滕医保一码通”云服务平台。免费提供“政策查询、业务办理、表格下载、服务问答、服务链接”五块内容，开通智慧医保新渠道。

（陈　龙）

管委会

Administration Committees

滕州经济技术开发区

【概况】 滕州经济开发区坚持以创建国家级经济技术开发区为目标，抓工业，上项目。全年实现规上工业总产值472亿元，进出口额45亿元，利税81亿元，分别比去年增长34%、27%、116%。6月17日，滕州经济开发区经国务院批复，升级为国家级经济技术开发区。

【双招双引】 全年先后引进投资50亿元的爱拉森高档医用护理用品、投资10亿元的金精智能数控齿轮箱等过亿元项目10个，总投资额达76亿元。利用外资8399万美元。

【项目建设】 推行网格化帮包服务，聚力推进重点项目落地投产。海鲲数控、百特电器一期、东方钢帘线二期、爱拉森等项目竣工投产；中国建材膜材料重点实验室、中材锂膜二期、沃达重工等在建项目加速推进。北理工先进材料产业基地、金晶玻璃LOW-E节能玻璃、聚合顺聚酰胺6新材料等3个项目列入省重大项目；爱拉森、百特电器、海鲲数控、爱朵、孟玄新材料等5个项目入选省新旧动能转换优选项目；钢帘线二期入选省双招双引项目；鲁化己内酰胺、鑫迪家居4.0、中材锂膜二期、山森数控、雄狮高端节能幕墙等5个项目入选省重点技改项目；春藤冷链物流入选省补短板项目。

2021年12月9日，国家级滕州经济技术开发区揭牌仪式在滕州市开发区管委会办公楼前举行

【创新发展】 坚持科技创新引领，全面激发发展新动能。山森数控公司获评国家级专精特新“小巨人”企业、省技术创新示范企业；新增海吉雅环保、密友机械等省级专精特新企业9家；新增北玻院（滕州）复合材料、三维重工等枣庄市级“专精特新”中小企业8家；新增三维钢结构、北理华海等4家瞪羚企业；鑫迪家居、腾达不锈钢等5家企业纳入制造业高端品牌培育企业名单。腾达不锈钢制品公司研发的海洋用双相不锈钢气保护焊丝表面处理工艺及产业化项目列入山东省新材料创新应用示范项目。

【管理服务】 成立工作专班，集中解决民营企业土地房屋产权历史遗留问题，完成不动产登记57家，确权面积105万平方米，为企业节约有关费用1.8亿元。优化金融环境，召开银企座谈会议11次，累计为40余户企业办理贷款20亿余元。开展安全生产大排查大整治和隐患排查治理活动，先后检查企业112余家（次），排查安全隐患300余条，处理环保督察交办件8个。

【园区建设】 科学规划发展布局，聘请上海同济大学建筑设计研究院吴志强院士团队进行开发区规划的编制工作。狠抓要素保障，实施闲置和低效用地清理行动，整合盘活泰通车业等项目9个，盘活土地47.98公顷。加强基础设施配套，先后投资近亿元，解决群众反映集中的兴业路亮化问题，规划完成影响爱拉森项目投产的祥源南路和祥源桥建设工程。

（任广震　李文虎）

表26　滕州经济技术开发区重点企业一览表

序号	企业名称	业务及产品
1	中材锂膜有限公司	主要从事高性能锂电池隔膜的研发、生产及销售及技术服务。主要产品为5～20μm湿法双向同步拉伸隔膜及各类涂覆隔膜，应用于新能源汽车动力电池、3C消费电池、储能电池等领域
2	中材科技膜材料（山东）有限公司	主要从事环保过滤材料、电池内膜材料、空气净化过滤材料以及功能性有机膜材料的研发、生产及销售和系统集成方案优化；相关技术的转让、咨询服务；劳保用品（除须办理许可证产品外）的研发、生产和销售；自营和代理本企业相关的各类商品和技术的进出口业务
3	北玻院（滕州）复合材料有限公司	主要从事智能风电叶片模具、疏散平台、三轨防护罩、轨道交通和通用航空复合材料、电力绝缘材料及国防军品等的研发、生产及销售
4	山东中塑新材料有限公司	主要从事聚丙烯印刷膜（PA）、塑编膜（PW）、纸张复合膜（PP）、胶带基膜（PT）、纸袋膜（PZ）、消光膜（PX）、浅网印刷膜（PQ）等产品生产、销售
5	滕州东方钢帘线有限公司	主要从事钢帘线、橡胶加固用钢丝、切割钢丝的制造、铜及黄铜材料加工及、钢丝等加工、销售及贸易
6	山东中科蓝天科技有限公司	主要从事全玻璃真空管紧凑式太阳能热水器、承压分体式太阳能热水器、集中集热太阳能热水系统、太阳能中高温工业热利用系统生产、销售
7	山东威达重工股份有限公司	主要从事龙门式加工中心、立式加工中心、卧式加工中心、定制生产线等系列产品的研发和生产
8	山东建哈昱阳重工机械有限公司	主要从事液压机、数控立式车床、加工中心、数控钻床及蹄铁专用车床等系列产品的研发和生产
9	滕州市成海机床有限公司	主要从事立式加工中心、卧式加工中心、龙门加工中心等系列产品的研发和生产
10	山东腾达紧固科技股份有限公司	主要以高性能紧固件为核心，从事各种标准紧固件的研发、生产和销售并提供各种非标定制服务。主要产品为不锈钢/特种合金紧固件，产品可广泛应用于机械设备、轨道交通、石油化工、航空航天、军工装备、特殊用途等领域
11	山东飞越机械有限公司	主要从事高端旋转接头的研发、生产及销售及技术服务，主要产品为转炉专用旋转接头、液压滑环、旋转油缸及分配器、加热炉步进装置汽化联箱等，主要应用于冶金技术领域

续表

序号	企业名称	业务及产品
12	山东普鲁特机床有限公司	主要生产数控机床、立式加工中心、卧式加工中心、龙门加工中心及功能件12个系列126个品种，产品应用于机械加工、水暖器材、阀门、仪表、汽车、轮船、航空航天、国防等领域
13	山东沃达重工机床有限公司	主要从事精密伺服锻压机床及高性能气动摩擦离合压力机的研发、生产及销售和服务。主要产品为精密伺服四柱液压机和框架式液压机，服务于冶金、发电、采矿、航空航天、交通、汽车制造等领域
14	正威华能（山东）新材料科技有限公司	主要从事中、低压电缆及环保型防鼠防蚁低压电缆、环保型防鼠防疫中压电缆、精密电源线，轨道交通（高铁）用新型铜银合金接触网导线、新型接触网机车滑触线、电力用铜材、铜杆、铜管、铜板、精密铜圆线的生产、销售
15	山东鲁南精工机械有限公司（原山东鲁南机床有限公司）	主要生产TMC系列车削中心及数控车床，各类柔性制造单元及自动生产线；系列立式、卧式、龙门式加工中心；高速电主轴，动力刀塔及系列高速机械主轴单元；伺服压力机、电火花加工机床及数控专用机床等40多个规格品种。应用于军工、航空航天、汽车、工程机械、石油机械、农用机械、教学科研等领域
16	山东华数智能科技有限公司	主要从事数控系统、数控机床、工业机器人、智能制造技术研究开发、应用服务和人才培养
17	山东海特数控机床有限公司	主要从事高档数控机床的研发、生产及销售及售后服务，主要产品系列为立式加工中心、卧式加工中心、龙门加工中心
18	清峦福兴工业科技集团有限公司	主要从事CNC物联网智能机床的制造销售，主要产品数控立加、卧加、五轴加工中心、车床、车铣复合、专用机床、工业自动化等高科技型产品
19	山东科利机电工程有限公司	专注于水泥新型干法生产线装备的全过程服务：装备研发制造；备品备件制造；生产线安装、维修；生产线技术改造；主要产品有反击式破碎机、重型板喂机、辊压机、制砂机、锤式破碎机、钢丝胶带提升机等
20	山东威力重工机床有限公司	主要从事制造销售数控机床、锻压设备、机床附件、销售金属切削机床、金属成型机床、经营与本企业相关产品的进出口业务
21	山东泰格尔数控机床附件有限公司	主要生产数控CNC四轴系列、分度头、回转台、平口钳
22	山东海吉雅环保设备有限公司	主要从事污水、污泥处理设备的研发、生产及销售及技术服务。主要产品为：油田污水处理设备、工业废水处理设备，生活污水处理设备，污泥处理设备，压滤机、离心机等
23	山东山森数控技术有限公司	主要从事数控系统及其电器配套产品的研究、试制、生产销售。主要产品为数控机床操作面板、智能电盘、电子车床等
24	山东鑫佳能源设备有限公司	主要从事洗选煤设备、节能环保设备、干燥设备、电器自动化控制设备的设计、生产、销售安装、调试、维修；矿山机械及配件销售；洗选煤工艺设计及技术咨询
25	滕州市三合机械股份有限公司	主要产品为精密（数控）机床类、锯床类、成型加工机械类机械
26	山东大川重工机床股份有限公司	主要从事数控插床、数控插齿机、刨床、齿轮加工设备等产品的研发、制造、销售
27	山东有荣机床有限公司	主要从事数控龙门加工中心、出口型铣床系列产品的研发、制造、销售

续表

序号	企业名称	业务及产品
28	山东鲁南瑞虹化工仪器有限公司	主要从事制造分析仪器、通用仪器仪表、机电产品的研发、制造、销售
29	常力工贸有限公司	主要生产大中型轮式拖拉机、手扶拖拉机及配件等农业机械产品
30	山东红荷专用汽车有限公司	主要从事专用汽车的研发、制造、销售及技术服务，主要产品包括普通半挂车、散装水泥罐车、自卸车上装部分等三大系列30多款产品
31	宇航航天装备有限公司	主要生产旋转接头（步进梁联箱）金属软管、管道补偿器、快换接头、密封叠环、R形涨圈、虹吸器、视流器、输水阀等密封类配套产品
32	山东友泰机床制造有限公司	主要从事各类专用数控机床研发、生产及销售
33	山东华颂北理智能科技有限公司	主要从事精密微细结构智能制造技术的研究与开发、精密数控机床、精密自动化技术的研发制造。主要产品有精密微细结构智能装配工作站、精密数控复合加工机床、超高速激光熔覆机床、HVT系列立式数控车床等
34	滕州市泰源电力设备制造有限公司	主要从事电缆桥架、高低压开关柜成套设备、配电箱、母线槽、补偿器等产品的研发、生产及销售
35	山东恒瑞磁电科技有限公司	专业从事高性能软磁电子材料及元件研发、生产和销售，主营产品铁氧体磁芯、一体成型电感
36	山东嘉诺电子有限公司	主要从事锰锌铁氧体磁芯、电子元器件的研发生产及销售，主要产品有各种规格的软磁铁氧体磁芯400多种
37	山东箭波通信设备有限公司	主要从事北斗卫星定位车载终端产品、光通信设备的研发、生产及销售。主要产品为卫星定位汽车行驶记录仪、光无源器件、光总配线架、机床防护、低压成套开关设备、配电板、铠甲移开式交流金属封闭开关设备、高压交流金属封闭环网开关设备、高压／低压预装式变电站等
38	山东金研光电科技有限公司	主要产品有红外截止滤光片、带通滤光片、高反膜、蓝玻璃、宽带AR膜、手机自动调焦马达底座、塑胶镜片、镜头镜筒、医疗光学产品
39	山东福藤食品有限公司	生产经营肉制品、速冻食品，生猪牛羊收购，生猪屠宰，零售预包装食品。生产的“福藤”“春藤”牌产品主要有：鲜冻猪肉、冷却分割肉、肉类复制品、速冻调理品四大类180余个品种
40	滕州市鼎盛酿造有限责任公司	主要产品有酱油、食醋、酱类、酱菜、豆制品等五大类120余个品种
41	山东益康药业股份有限公司	主要从事固体制剂、口服液、小容量注射剂等药物研发、生产及销售
42	爱拉森医用品有限公司	主要从事婴幼儿、成人护理用品以及高端非织造布的研发、生产及销售
43	山东威智中科药业有限公司	主要从事固体制剂（片剂、胶囊剂、颗粒剂）的研发、生产及销售
44	山东大明消毒科技有限公司	主要从事氰尿酸、得克斯系列消毒剂、硫酸铵的研发、生产及销售
45	滕州市腾龙食品科技发展有限公司	主要从事食品添加剂、饲料添加剂等产品的研发、生产及销售
46	尚品本色智能家居有限公司	主要从事集全屋定制家居产品研发、生产及销售，主营室内门、整体衣柜、家居配饰等全屋定制系列产品
47	滕州金晶玻璃有限公司	主要从事玻璃及其延伸产品的研发、生产及销售。主要产品未3—19mm各类规格型号浮法玻璃
48	山东雄狮建筑装饰股份有限公司	主要从事钢结构、幕墙、门窗、装配式建筑设计、加工制造、施工

续表

序号	企业名称	业务及产品
49	山东艾菲尔管业有限公司	主要产品为铝塑复合管道、PP-R冷热水管、PP-R稳态管、PE-RT三层阻氧管、PEX-B地板采暖管、PB地板采暖管、地源热泵管、燃气管及各种铜制阀门（管件）
50	滕州市丰华玻璃有限公司	主要生产3—19毫米普通、超白浮法玻璃、色玻、压花玻璃、镀膜和Low-E玻璃、银镜及铝镜，超大平弯钢化（2440×10000）、小半径弯钢、中空、夹层、防弹、防火、镀膜、LOW-E、彩釉、内置百叶等各种建筑玻璃
51	滕州市万宝童车有限公司	主要从事童车研发、设计、生产、销售及服务，主要产品为高端童车、童床、伞把车、儿童用品、塑料制品等
52	滕州市耀海玻雕有限公司	主要生产DV彩膜板、车刻、冰雕、砂雕、精雕、浮雕、油砂玻璃、云雕、立体彩镜玻璃、强化写真玻璃、超白玻珠光烤漆系列、凹蒙亚光、双工艺烤漆、双工艺亮银、丝印玻璃等各种高档艺术玻璃
53	山东鲁班世家门业有限公司	主要生产防盗门、木质门、钢木门、非标门和环保生态门
54	滕州盛源木制品有限公司	主要生产高端木质童床、拼镜、LED浴室镜、装饰镜等产品

鲁南高科技化工园区

【概况】 园区获评山东省绿色园区、“新型工业化产业示范基地”。发展成为山东省煤化工产业核心区、苏鲁豫皖煤化工产业区最大的化工新材料产业生产基地。全年园区生产各类化工产品500余万吨，实现规上工业总产值232亿元，比上年增长64%；完成固定资产投资33.4亿元，比上年增长45%；税收11.18亿元，比上年增长174%。

【运营模式】 鲁南高科技化工园区严格按照枣庄市《关于加快推动化工园区高质量发展的实施意见》（枣政办字〔2021〕17号）和滕州市出台的《鲁南高科技化工园区招商引资优惠政策》（滕发〔2020〕28号）文件要求，建立项目评审入园机制，严把项目入园关。固定资产投资在3亿以下项目禁止入园，入园项目应符合国家产业政策及园区发展规划，鼓励发展“两高三低”项目（两高：科技含量高、产出效益高；三低：能源消耗低、污染物排放低、安全风险低），严控限制类项目入园。固定资产投资10亿元以上内资或5000万美元以上的外资化工项目，自约定投产之日起，企业上交的增值税、企业所得税地方净得财力部分，前三年由受益财政等额扶持企业发展，第四年、第五年给予50%扶持。园区运营模式坚持高标定位，委托中国化学天辰工程研究院编制“十四五”园区产业发展规划，明晰产业发展路径，明确高端化工产业发展的思路、重点和措施；以产业规划为依据，实施以商招商、产业链招商，引进附加值高、竞争力强的建链、补链、延链、强链的化工产业项目；委托山东建筑大学建筑规划设计研究院编制化工园区《国土空间总体规划（2021—2035年）》，优化园区空间布局，实现“多规合一”；启动总体规划修编，坚持顶层设计，委托石油和化学工业规划院编制《鲁南高科技化工园区总体发展规划》，实现园区开发建设过程中高效利用土地资源，降低安全和环保风险。

【双招双引】 开展“链式招商”，发挥产业专班专攻机制，落实好“链长制”，绘制“产业生态图谱”，编制产业链企业和项目清单，精准招引一批建链延链补链强链优质项目，打造特色鲜明、产业链健全、创新能力强的产业集群。年内先后签约引进投资120亿元的联泓新科新材料及生物可降解材料一体化、投资26.7亿元的己内酰胺产业链配套节能减碳一体化等过亿元项目8个；在谈总投资147亿元的鲁南化工低碳高效新能源材料一体化项目、总投资125亿元的联泓新科新能源和可降解材料一体化项目等过亿元项目8个，形成梯次推进、滚动发展的态势。围绕全国一流高端化工园区建设，补齐基础设施短板，不断提升园区综合承载力。人才培育方面，重点项目引进的高级管理人员及科技人才，且年薪20万元以上的，经企业申报、人才主管部门审核、市政府批准，个人上缴个人所得税地方净得财力部分，前六年由受益财政等额扶持企业发展。高标准规划建设回迁安置区木石凤翔小镇和官桥迎贤苑，并打造凤翔小镇为新型农村社区，促进人口向凤翔小镇集聚。在凤翔小镇预留职工居住区，配建职工住宅，打造5分钟生活圈。带动商业贸易、信息服务、金融、物流仓储等现代服务业发展，推动村民向二、三产转移就业，实现生产生活互为支撑促进，构建宜居宜业、产城共兴的格局。

2020年2月26日，聚酰胺6切片项目开工动员会议在鲁南化工园区举行（刘同 摄影）

【项目建设】 园区狠抓项目建设，倒排工期、挂图作战。全面落实项目全生命周期服务，强化要素保障、细化责任分工。围绕重点项目建设，实行专班推进、专人负责，提供全生命周期服务，保障项目尽快投产达效。聚合顺聚酰胺6切片项目、园区基础设施综合提升项目列入省重大项目；绿之能水处理剂项目列入省双招双引项目；孟玄新材料项目列入省优选项目；鲁南化工己内酰胺项目列入省技改项目。山海新能源锂电材料—碳酸酯等5个项目列入市重点项目。全年园区在建项目25个，总投资244.4亿元。其中新建项目9个，总投资96.3亿元；续建项目11个，总投资78.25亿元；技改项目5个，总投资83.95亿元。投资51亿元的鲁化己内酰胺项目、投资3.86亿元的航天特种聚合物生产项目等5个项目竣工投产。与中国化学工程集团合作，投资57.2亿元实施园区基础设施综合提升项目，其中投资22.3亿元的一期工程开工建设。累计完成道路建设15公里，公用管廊5公里，特勤消防站交付使用，危化品物流中心和污水处理厂进入征地程序，高压线迁改启动施工，省道321改线可研报告完成。智慧园区有毒有害预警体系通过验收，管控中心进场施工。己内酰胺项目工业供水工程完成铺设双道约4.2公里，园区集中供热祺圆热电项目加速推进。对标国家智慧化工园区试点示范标准的智慧园区建设项目正在建设。

【科技创新】 平台建设加快。依托中国化学工程集团，加快建设鲁南产业技术（氢能）研究院，在垃圾气化、新材料、氢能、新型煤化工等技术领域开展攻关、中试及产业转化，MCH中试项目一次投料试车成功，垃圾气化项目具备中试条件。依托中国科学院，加快推进中科院新材料中试基地建设，推动创新资源与产业需求精准对接。XDI中试项目启动并产出合格产品，碳纳米管项目进行工程设计。依托鲁南煤基新材料研发创新中心，联合科研院所开展工程放大研究，丙烯酸中试项目撬装设备到厂安装，聚烯烃弹性体中试项目完成合作协议签订。依托国科控股牵头成立新材料产业基金，实施“技术创新与产业化联盟——工程放大与成果转化平台——产业发展投资基金”三位一体战略，共同打造中科院化工新材料产业体系，推动中科院化工新材料领域科研成果在滕州转移转化，助力地区新材料产业升级发展。依托南方科技大学，推进瑞科天启微矿分离一体化项目落地建设，实现煤炭资源绿色循环利用。截至年末，园区有国家级创新平台1个，省级创新平台6个，枣庄市级创新平台8个。支持企业做强做优品牌。中峰化学有限公司获评省级“专精特新”中小企业；联泓新科EVA等10种产品获评省优质品牌、省知名品牌产品，注册马德里国际商标1件。鲁南化工公司获山东省市场质量信用等级3A用户满意标杆级，共聚甲醛获评全国质量检验稳定合格产品，丁醇获评山东优质品牌产品，公司品牌价值位居全国能源化工领域前五十强。园区共有高新技术企业6家，各企业累计完成发明专利申请110余项，获得省级以上科技成果20余项，主持、参与制修订国家和行业标准13项。强化人才建设。组织企业高层次人才枣庄行系列活动新材料专场，发放“枣庄人才政策18条”“滕州人才政策17条”等宣传品260余份。入企开展人才新政交流宣传活动30余场次，向企业宣传住房、薪资等优惠政策。全年新引进本硕博33人，技术工人160余人。截至年末，园区累计引进“万人计划”专家1人，高级管理、技能人才400余人。

【管理服务】 园区实行全程保姆式服务，在项目落地后实施项目服务专人负责制，按照“系统上下联动、每周汇报解决”的助企服务模式、“一对一”保姆式服务、项目跟踪协调服务等工作机制，强化项目联络员服务，发现和解决项目建设中的困难。园区金融服务依托滕州市金融服务优惠政策，打造园区金融服务“中间站”，对接各金融机构，为企业提供精准金融服务。支持大众创业、万众创新，促进稳增长、调结构、惠民生，破解小微企业融资难融资贵问题。园区发挥产业专班专攻机制，打造产业发展新平台，打造百亿强企。实施“领航型”企业培育计划，培育鲁南化工、联泓新科等龙头企业做大做强。帮助鲁南化工申报省级重大项目，解决煤炭指标75万吨。鲁南化工入选省高端化工产业煤基精细化工产业链“链主”企业，入围中国石油和化工企业100强，荣获第八届省长质量奖，是枣庄市首个产值过百亿的单体企业。编制联泓新科成片开发方案，为企业“十四五”新上项目提供用地空间和实施保障。推进联泓新科收购联泓化学全部股权，完善园区醇基上游产业链；推进控股科院生物，布局园区生物可降解链条；设立联泓格润公司，布局园区新能源产业。联泓新科入围中国石油和化工企业100强，荣获山东省五一劳动奖。园区成立安全执法中队、环境保护执法大队开展专业执法监督活动；理顺园区管委会、属地乡镇、派驻执法机构监管职责，提升园区安全环保监管水平；推行第三方管理服务模式，与山东益源环保合作，开展园区环境综合治理托管服务，被山东省生态环境厅列为全省首批环境服务业试点项目。

（郭新宇）

表27 园区重点企业一览表

企业名称	主要产品
山东杭氧气体有限公司	氧、氮、氩等基础化学原料
兖矿鲁南化工有限公司	醋酸、聚甲醛、甲醇、乙酯、丁酯、醋酐、尿素等九大类高端产业链
鲁化好阳光生态肥业有限公司	化肥
中峰化学有限公司	乙酸、醋酸酯（及醋酸纤维素）、塑胶板材及混色塑胶粒
孟玄新材料有限公司	醋酸纤维
联泓（山东）化学有限公司	煤制甲醇

续表

企业名称	主要产品
联泓新材料科技股份有限公司	先进高分子材料研发、生产制造和批发销售、环氧乙烷、乙烯、丙烯研发、生产制造和销售、特种化学品研发、生产制造和销售
渤瑞环保股份有限公司	危险废物治理

滕州微山湖湿地

【概况】 全年滕州微山湖湿地管理委员会推动文旅深度融合，瞄准“生态业态两极突破，打造硬核旅游景区”目标，实施保护性开发，多轮驱动、多元投入，促进生态业态互促联动、突破性发展。微山湖湿地集团有限公司获评2021年度山东省高端品牌培育企业，红荷湿地“红岛·红船·长征路”特色研学线路获评2021第二届山东省研学旅行创新线路设计大赛优秀奖。

【湿地保护利用】 围绕湿地保护利用，做美“高端生态”的文章。坚持生态文明理念，依托“山水林田湖大会战”，实施湿地生态环境保护，推进实施生态修复、绿化提升、系列花园规划、岛屿保护性开发等项目，提升景区生态环境质量。争取并实施投资100万元的生态恢复项目，全域布局种植2.7万棵杉树林带、1.5万株特色花卉园、1万株水生植物和22万株蒲苇观赏片区。开展增殖放流活动，放流鳙鱼、草鱼、鲢鱼等30余万尾，保障景区生态链安全。高标准规划建设百草园、紫薇园、海棠园、樱花园、桂花园和精品牡丹观赏园，开发建成梅花三岛和夏微漪四岛，形成“八园九岛二林二水道”的旅游发展新格局。

【旅游品质提升】 围绕提升旅游品质，做好“特色业态”的文章。实施盘活资源和资源招商战略，规划建设“红岛”“红船”“长征路”三位一体的党史教育基地，全国各地党员干部群众1万余人、中小学生1.5万人和红色研学队伍30批次先后到红荷湿地开展红色教育和研学旅游。借助扶贫产业项目，投入资金3200万元，新上豪华游艇、快艇、船坞共5种42艘，增强湖面观光承载能力。年内先后建成金蜗牛房车营地、微山湖星动营等户外精品康养民宿项目，全方位构建起以“水慢城·九岛慢游”为龙头，以五船竞秀、水道慢游、生态船坞、火车小镇、房车营地、四季花海以及特色节会活动等为支撑的特色旅游业态群，景区旅游业态维度提升。

滕州微山湖红荷湿地景区红船（瞿青　摄影）

【品牌形象宣传】 围绕品牌形象宣传，做足“节会活动”的文章。破解疫情影响，以“网络直播、船上办节”方式举办第十八届中国（滕州）微山湖湿地红荷节，人民日报、国际在线、旅新网、山东卫视、大众日报、齐鲁网、鲁网等多家主流媒体聚焦红荷靓影、湿地美景，推动红荷湿地的影响力、美誉度持续攀升。全年各级各类媒体累计发布景区各类图文宣传信息1500余篇，其中国家、省级媒体采用146篇，公众号、抖音号平台点击量突破50万次，红荷节节会活动、中小学特色研学活动和生态水道、百草园、火车小镇、房车营地、高空玻璃桥、“九岛慢游”等新业态信息宣传上稿量300余篇，枣庄、滕州“一报两台”对红荷湿地实现常年播报。

（李　娅）

滕州高铁新区

2021年5月1日，鑫迪智能家居一角（程明金　摄影）

【概况】 滕州高铁新区以强化产业导入为抓手，围绕突破核心起步区的目标，加快基础设施建设步伐，突出抓好公建配套、产业导入、招商融资等重点工作，营造和谐发展环境。全年启动实施建设项目18个，完成投资约18.53亿元；双招双引项目3个，总投资金额55亿元，新区综合承载能力和基础设施配套水平不断提升，产城融合发展有效推进。

【基础设施建设】 呈祥大道等4条道路有序建设；墨子湖隧道项目已完成总工程量的80%；临湖大道已列入重大基础设施项目，正在办理前期手续；热力管网正配合住建部门稳步推进；南部区域和北辛路北、荆河西片区污水干管铺设工作稳步推进；穿京沪高铁供电、污水等市政管线签订施工合同；东沙河地表水厂正在施工；天然气管网扩能项目进行基础建设和大型设备进厂及安装。

【公建配套建设】 滕州辅华高级中学于2021年9月1日正式开学；山东化工技师学院新校区分析系教学楼完成建设；卫生院项目完成总工程量的98%；鲁中南文物保护考古研究中心项目完成规划选址。

【安置区及房地产建设】 基本完成东史、党桥两个村庄的房屋拆迁，推进安置区建设，六合社区（安置区）B区一期完成总工程量的60%；B区二期完成主体施工的30%；C区、F区进行土石方开挖、外运；房地产开发项目蓝城·春江明月、中房·九里庭院完成主体建设；供销·尚水祥云完成前期准备工作。

【产业发展】 鑫迪一期（续建）项目完成建设并投产运营，深化与山东土发集团投资50亿元的智能家居建材产业园的合作，培育壮大建材产业集群；三维钢构项目开始厂房建设；微纳中科完成工商注册、税务登记和项目立项，完成规划设计方案，完成场地平整，项目方即将进场施工；天安数码城项目配合市规划部门完成项目初步选址，与投资方沟通投资事宜。

【融资工作】 与市发改局、财政局等部门积极对接，申报地方政府债券、新增中央投资、中央预算内资金等；同时，加强与农发行、国开行、枣庄银行、日照银行等金融机构、投资机构的沟通对接，实施建设融资，全年累计贷款融资约15.27亿元。

（王政　赵燕）

镇（街道）概况

Overview of Towns (Streets)

鲍沟镇

【概况】 全镇面积78平方公里，辖66个村，总人口8.8万人。全年地区生产总值实现28.8亿元，一般公共预算收入完成6023万元，比上年增长33%；固定资产投资完成6.2亿元。镇政府获评山东省第七次全国人口普查先进集体。

【工业发展】 聚焦工业发展主导主业，建项目，抓发展，工业经济实现量质齐升。规上工业总产值实现35.2亿元，增长76%，在全年四季度工业类特色镇考核中夺得“四连冠”。坚持项目为王，全年引进过5000万元项目10个，总投资70亿元，其中，5个项目列入省市县重点项目。投资20亿元的金晶节能玻璃项目第1条线开始建设；投资13亿元的爱朵智能制造项目7条线建成投产，第8条线正在安装。

【产业发展】 坚持“抓大产业”不动摇，聚焦“6+3”现代产业体系，推动玻璃产业向新材料方向转型升级，逐渐形成以金晶玻璃为链主的玻璃新材料、以爱朵项目为链主的医养健康、以合超电器为链主的高端装备等三大产业支撑格局。其中链式发展的玻璃产业建成产业园区3.6平方公里，集聚玻璃企业217家（含规上企业17家），吸纳从业人员2.7万人，形成集研发、生产、加工、检测、销售及配套服务于一体的完整产业链。玻璃新材料产业强链延链势头强、特色优，投资20亿元的金晶节能玻璃项目进展顺利，投资5.6亿元的宇诚玻璃新材料项目建成投产，投资1.2亿元的氟化物处理站项目基本竣工。

【农业发展】 坚持基础提升、品牌培育两手抓，发展现代高质高效农业，夯实鲍沟农业根本。全镇耕地4467公顷全部为高标准农田，全年粮食产量8.7万吨，杨福军、闵庆文获评省级粮食机收减损之星；规上农产品加工企业2家，收入4.27亿元。专业合作社发展到154家，其中国家级农机合作社示范社1家（鑫剑农机专业合作社）、省级家庭农场示范场2家（滕州丰歌家庭农场、卧龙滩家庭农场）。鑫剑农机合作社农业改革典型经验被中央电视台报道推广。

【镇村建设】 产城融合加快，镇驻地建成区面积3.4平方公里，大型商超发展到4家，酒店、物流、餐饮等服务业企业发展到28家，投资1亿元建成鲍沟老街。美丽宜居乡村实现全覆盖，建成新型农村社区1处（坝窝社区），建成东西宁华庄、鲍沟二三四村示范片区2处、覆盖2.6平方公里。完成第二轮中央生态环保督察转办件的整改17件次。

【基层组织】 完成村“两委”换届任务，各项指标任务实现3个100%；创新推行“四个三”工作法，抓好农村“三资”清理，累计增加村集体收入314万元；实施“红色领航”工程，全镇完成“破十”任务村61个，其中东皇、坝前等2个村集体收入过100万元，薛前、杨楼等9个村集体收入过50万元；深化党史学习教育，践行“我为群众办实事”6项300余件，获评市级以上先进基层党组织5个。

（鲍沟镇党委政府）

滨湖镇

【概况】 全镇面积149平方公里，辖90个村，总人口11.8万人。全年地区生产总值实现41亿元，一般公共预算收入完成1.07亿元，固定资产投资完成6.1亿元。经济社会发展总体平稳向好。获评山东省民族团结进步和谐乡镇、2021年度山东省卫生乡镇。21个村获评山东省卫生村，微山湖湿地集团有限公司被省市场监督管理局评为2021年度山东省高端品牌培育企业。

【支柱产业】 实施“工业强镇、产业兴镇”攻坚突破行动，先后招引落地环保养殖、高端咖啡、综合商贸城等新型企业。新引进过5000万元项目2个、过亿元项目4个，其中过10亿元项目1个。华电新能源光伏发电、通威智慧能源均完成选址；滨湖通用机场项目通过北部战区选址批复，正在用地预审，申报省发改委立项；滕州微山湖星动营项目完成主体工程建设；咖啡研发生产项目完成厂房建设和设备安装；红荷水镇项目复工建设。

【文旅工程】 突出文化旅游主题，创建成省级文旅特色小镇。以湿地景区为中心，招引建设金蜗牛房车营地、微山湖星动营项目，举办第十八届“红荷节”、首届“水幕电影灯光节”、首届“啤酒·龙虾旅游文化节”，擦亮旅游品牌；以红荷水镇为中心，重点打造界河沿岸生态景观线路以及南陈、人民庄、西马等15个村为轴线的乡村民俗文化旅游线路，形成全域文化旅游格局。

【绿色发展】 实施山水林田湖大会战，建设“五大工程”。实施青山工程，治理破损山体，完成北部山体修复披绿；实施秀水工程，清理整治水库3座、中型河道4条，建成北界河、岗头河、湖东大堤等3个景观绿化长廊；实施茂林工程，新植树100余万棵，成片造林68.7公顷，栽植各类花卉50万余株，打造“月季小镇”；实施沃田工程，全面推进高标准农田建设项目，修路架桥、打井配套、完善设施，农业生产水平提升；实施净湖工程，完成南四湖核心区、缓冲区清障任务，进一步净化湿地及沿湖生态环境。推进人居环境整治提升五年行动，全镇三级美丽乡村建设实现全覆盖。

红荷水镇

【民生事业】 按时完成阶段性疫苗接种任务；在湖东大堤、北界河、瓦渣沟新建扩建桥涵11座；5个村完成自来水入户工程配套提升；5个村天然气入户试点；修复硬化界朱路、北界河堤路、湖东大堤路、新港园区路、滨湖至郭里道路，新修道路55条168公里，实现经济民生因路而兴。不断加强社会综合治理，深化网格化治理模式，专班化解信访积案，全镇治安案件比上年下降9%，可防性案件比上年下降32%，群众幸福感获得感安全感提升。

（侯文杰　孙伦斌）

柴胡店镇

【概况】 全镇62.74平方公里，辖41个村，总人口4.1万人。全年一般公共预算收入完成1830万元，比上年增长27.2%；固定资产投资完成5.67亿元，比上年增长42.5%；限上贸易业营业额完成1.95亿元，比上年增长58.3%；规上服务业营业收入完成4715万元，比上年增长27.3%。获评山东省卫生镇。

【工业强镇】 全年工业总产值完成2.75亿元，比上年增长31.3%；工业营业收入完成2.76亿元，比上年增长22.6%。坚持“大抓工业、抓大产业”导向，抓好招商引资和重点项目建设，精准开展产业链招商、以商招商，工业产业持续壮大，累计招引5000万元以上项目12个，其中过亿元项目5个；规划实施过500万元重点项目25个，全年累计完成投资4.1亿元。抓园区平台，在黄洪路两侧规划建立民营经济工业园区，形成以旗胜集团为链主的新材料产业基地；坚持“抓大不放小”，实施中小企业培育工程，新实施技改、股改企业3家；山东东昇环保科技有限公司完成股改，并在齐鲁证券挂牌上市。把握京台高速枣庄北出入口建设契机，发展凯润运输、骏驰机动车检测等工贸物流、车辆一站式服务项目和锦沣、乐记等食品深加工产业，打造特色商业经济板块。

【现代农业】 坚持产业富民。新发展特色酥梨、葡萄、苹果等种植133.3公顷；延长农产品产业链，引进梨膏深加工企业2家。培养特色产业村28个，占全镇行政村数量的68.3%。其中，刘村、安后村、龙山村、坦山后村获评全省乡土产业名品村，坦山后村获评全省第二批乡村振兴“十百千”示范创建村。实行“支部+基地+农户”规模化经营模式，实现村民收益与村集体经济双丰收。山东电视台《今日滕州》栏目专题报道“小葡萄结出致富果”的典型经验。

【文化旅游】 依托刘村酥梨、安后葡萄、山后火龙果、沙庄苹果、龙山油蟠桃等特色农业品牌，探索“旅游+”融合发展新模式，打造以生态为资本、农业为特色、旅游为载体的乡村振兴梨乡样板。推进枣庄市公共应急暨国防教育训练基地建设，打造鲁南地区最大的军事旅游体验基地。投资100余万元建设十间楼党史教育馆，打造新的红色文化旅游名片。争取中央、省级资金3000余万元，实施刘村煤矿采煤沉陷区综合治理工程。美丽乡村建设实现全覆盖，刘村获评首批山东省景区化村庄。母祖山汉代采石场遗址获评“山东百年百项重要考古发现”。安后村乡村振兴典型经验被省级媒体多次报道。举办梨花节、葡萄采摘节等，全年接待游客30余万人。

【生态环境】 打好“山水林田大会战”，新绿化荒山200公顷，改造提升黄洪路、柴张路等主干道路20余公里，超额完成造林绿化任务。新修建道路13公里，新建公园游园3处、生态街巷10条。定期开展巡河，深入开展河湖“清四乱”和水环境综合治理专项行动，实现镇内河湖无“四乱”的目标。推动美丽河湖建设，基本实现“河畅、水清、堤固、岸绿、景美”目标。环境空气质量优异。

【民生事业】 巩固拓展脱贫攻坚成果与乡村振兴有效衔接，848

2021年7月9日，柴胡店生态街巷后黄庄南街一角

户、1874人无返贫现象。全面落实各项惠民帮扶政策，全年为367户604人发放低保救助金343.1万元；为644名重度残疾人发放护理补贴91.3万元；为285名困难残疾人发放生活补贴48.9万元；为149名农村特困供养（五保）人员发放资金136.9万元。城乡居民医保参保3.16万人，城乡居民养老保险缴2.33万人。实施敬老院综合改造提升工程，养老服务质量和日常管理水平提高。完成“雪亮工程”建设，39个村新装高清摄像头200余个。柴胡店派出所建成集指挥调度、执法办案、值班备勤、便民服务、安防教育等功能于一体的标准化、智能化、现代化基层派出所并使用。“一村一法律顾问”全覆盖。

（李大民）

大坞镇

【概况】 全镇100平方公里，辖65个村，总人口9万人。全年纳统入库5000万元以上项目10个，固定资产投资完成4.1亿元，比上年增长49%；一般公共预算收入完成4318万元。获评山东省脱贫攻坚先进集体，“智信凫山”社会治理品牌获评为省新型智慧城市“优政”领域优秀案例，镇退役军人服务站获评全省百家红色退役军人服务站。

【工业经济】 工业总产值完成12.1亿元，比上年增长49.5%；工业利润完成2.3亿元，比上年增长669%；主营业务收入完成12.5亿元，比上年增长65.3%；实现税收5050万元，比上年增长19.75%。柔性引进高层次人才3人，其中引进的英国博士格雷布获评国家“火炬计划”称号，在枣庄市各镇街中率先实现引进国家级海外高层次人才10年“零突破”；落地过5000万元项目3个，其中春豪儿童用品、旭瀚水处理试生产，天祥食品添加剂正在主体建设；实施总投资34.4亿元的重点项目38个，其中，威智医药获评省瞪羚企业、省供应链金融核心企业、省创新百强企业，准备2023年上市；瑞科天启获评山东省首批科技型中小企业；黎昊源完成股改，并在齐鲁证券挂牌交易。盘活闲置土地4宗，落地禾福科技、友佳乐商贸综合体等项目4个；实施总投资2.86亿元的技改项目7个，其中瑞科天启25万吨微矿分离、新工匠轻型钢结构等4个技改项目完成，坤诚6万吨池窑拉丝等3个技改项目取得阶段性成效。

【现代农业】 生产条件持续改善，高标准农田、土地整理等项目快速推进，新打机井72眼，铺设节水管道6.4公里，疏浚农田沟渠6万余米；粤通农业、绿之源仓储、和利升养殖、春雨农牧等农业项目加快推进。农业“新六产”特色彰显，探索“农业+龙头+深加工+旅游+电商”发展模式，注册国家地理标志认证1个，创建省级家庭农场1个，举办首届桃花节、“一禾夜宴”等品牌节庆活动，接待游客2万余人。推进农村集体“三资”清理专项行动，新增村集体收入500余万元；支部领办合作社26个，集体经济收入过10万元的村60个，过100万元的村1个。

【生态建设】 推进界河生态长廊、池头集美丽乡村示范片区等项目，硬化河道18公里，立面改造5000平方米，建造景观节点10处，栽植苗木30余万株；新增绿化80公顷。生态环境持续改善，启动瓦渣沟、小龙河、岗头河等河道治理项目，完成社区污水处理站迁址，建设村级污水处理项目24个，整治畜禽养殖场18家，取缔散乱污企业5家；开展人居环境集中整治活动10余次，打造生态街巷10条、样板街道70余条、特色街区1个，19座公厕投入使用。

【民生事业】 落实疫情常态化防控措施，抓好疫苗接种、外来人员排查。排查整改安全生产隐患352个，化解信访隐患38个、积案3个，社会大局安全稳定。探索土地托管模式，与省供销社签订土地托管合同，托管土地17.3公顷。持续打造社会治理综合服务中心，“智信凫山”社会治理品牌被评为省新型智慧城市“优政”领域优秀案例，镇退役军人服务站被评为全省百家红色退役军人服务站。推出精准运用监督执纪“第一种形态”“一三三三”模式，

2021年6月30日，大坞镇党史纪念馆揭牌

解决村级班子运行、自来水管理、安全稳定等问题10个，推动完成民生实事200余件。

【党的建设】 实施“支部提升”行动，严格落实“三会一课”、主题党日等制度，为村级配备电脑、电视128台，培育示范党支部12个、党建示范点7处。实施“淬火提质”行动，先后举办各类培训20余次、外出学习6次，党员全部轮训一遍。创新推出“抓牢四个保障、突出四个关键、打造一个平台、做好三个结合”的党史学习教育“四四一三”模式，建设大坞镇党史纪念馆，接待党员干部群众2万余人。

（刘亚平）

东郭镇

【概况】 全镇148平方公里，辖89个村，总人口12.8万人。全年全口径税收收入实现2.1亿元，比上年增长36.9%；固定资产投资完成10.9亿元，比上年增长28%；一般公共预算收入完成1.01亿元。获评山东省先进基层党组织、全省档案工作业务建设示范单位。

【工业经济】 全镇规上工业总产值53.3亿元，比上年增长22.7%。实施过亿元项目11个，其中过10亿元项目2个，新增规上企业5家，其中工业企业3家，规上企业总数达到18家。全年注册登记各类市场主体6888家，辛化硅胶2021年实现出口9461万美元。投资12.2亿元的恒仁玉米精深加工产业一体化示范项目和投资10.6亿元的新型干法水泥熟料协同处理城市污泥环保示范项目正加快建设。委托山东省工程咨询院编制完成绿色制造产业园规划，2021年底市政府予以批复，目前正在编制环评报告，为下一步工业发展预留了空间。

【现代农业】 全年农副产品深加工产值实现36.3亿元。投资2400万元的1067公顷高标准农田建设通过验收，投资900万元的400公顷千亿斤粮食项目进展顺利。3.5万亩全域土地整理巩固工程，被中央改革办刊发推广。召开“三资”清理和村集体经济增收现场观摩会12次，探索出16种村集体增收模式，村集体收入过10万元村89个。

【镇村建设】 改造提升新兴路、滕平路、府前路，建设主题广场4

2021年9月21日，东郭镇3.5万亩土地综合治理项目一角（洪志文 摄影）

个、节点12处，新建生态街巷5条。推进农村人居环境整治三年行动，新建枣庄市级美丽乡村示范村9个，美丽庭院3000余户。投资1400万元的4500平方米为民服务中心建成。实施"山水林田大会战"，完成荒山造林800公顷；实施幸福河、反修河河道治理工程，完成水系绿化13.3公顷。完成9座小型水库标准化建设和3处农村黑臭水体综合治理，承接枣庄市河湖长制工作现场推进会议。实施产业增绿工程，建设经济林高产示范园40公顷；投资600万元建设5000平方米的振兴公园，打造节点游园1处，口袋公园9处。

【民生事业】 脱贫攻坚如期完成。10件民生实事和173件村级惠民工程全面完成，深入开展"我为群众办实事、我为企业解难题"实践活动，解决群众"急难愁盼"问题500余件。改造提升滕平路12公里，复铺拓宽青年路9公里，优化提升"莲青山美丽农村公路"34公里。新中心中学建设工程进展顺利，东郭镇实验小学投入使用。创新建立"周五信访"工作例会机制，关口前移化解矛盾隐患。抓好常态化疫情防控，有序开展全员疫苗接种。

【党的建设】 创新开展党员亮身份、书记亮承诺、组织亮阵地的"三亮"创建和党员干部结对帮扶困难家庭活动。树立实干实绩导向，建立月立项督查、季工作调度以及红黄蓝标识管理等工作制度。

（张西方）

官桥镇

【概况】 全镇64平方公里，辖54个村，总人口7.3万人。固定资产投资完成4.5亿元，比上年增长22%；一般公共预算收入完成3766万元，比上年增长16%。获评山东省卫生镇。

【工业产业】 规上工业总产值6.1亿元，比上年增长12%。提升三大经济园区承载力，做优高端装备、高端化工主导产业，招引晶泰玻璃等项目10个，竣工投产祥润化工、鸿扬新材料等项目5个；实施企业技改项目7个、"腾笼换鸟"项目6个，新增规上企业2家。汇金重工进入全市纳税百强，天华重工异步伺服开式精密压力机（THJ21-80）入选省首台（套）技术装备；祥润化工扩建项目入选省企业技术改造项目，中科院化工基地入选省级科技成果转化中试基地。

【乡村振兴】 建成生态街巷58条、游园节点7处，新增立面改造1.6公里。创建市级以上美丽乡村17个，打造沿B6线、薛河、小魏河沿线美丽乡村示范片区，魏楼村获评省级景区化村庄，轩庄、苏坦等17个村获评山东省卫生村。培育后官庄木耳、郑庄苔藓、"杨三姐"老辣菜等特色农业品牌，西郑庄村、西王宫村获评省级乡土产业名品村，54个村集体收入"破十"。实施历史文化遗址基础设施提升6处，新建乡村记忆馆3处、游客服务中心2处、非遗文化街区1处，完成山东省历史文化名镇规划修编及申报工作，大韩村遗址、西公桥遗址、后掌大墓群入选山东省第六批省级文物保护单位名单，省级文物保护单位总数达到15处。举办银杏音乐节、非遗博览会、柳琴文

2021年9月7日，入选省技术改造项目的祥润化工一角（贾政卓　摄影）

化节等节会活动5个，编纂《历史文化名镇官桥》，官桥镇入选《山东省历史文化名城名镇名村丛书（名镇篇）》。前官庄入选省级红色文化特色村培育名单，汉代遗址博物馆景区获评AA级景区，薛河湿地景区获评AAA级景区。

【山水林田大会战】 实施小魏河绿化提升工程，建成游园、健身广场等节点42处、增绿55万株。完成33条、53公里道路建设，推进绿道提升项目13个，实现全域优势资源串点成片，获评枣庄市美丽农村道路示范片区。十字河段获评省级美丽幸福示范河湖。举办全国粮食机收减损技能大比武现场会，央视《新闻联播》《人民日报》等主流媒体先后予以报道。

（官桥镇党委政府）

洪绪镇

【概况】 全镇面积37.9平方公里，辖32个村，总人口4.1万人。全镇生产总值35.6亿元，比上年增长8.5%；一般公共预算收入6901万元，比上年增长14.8%；农村居民人均可支配收入2.2万元。获评中国淘宝镇、省园林城镇，通过专家组国家卫生镇评审。

【经济发展】 新签约开工过亿元项目6个，总投资111.51亿元；柔性引进国家级人才2人，2人获评省优秀科技工作者、省服务业专业人才。纳入省、枣庄、滕州三级的重点项目5个，开工建设过500万元项目26个，建成投产23个，建成投产技改项目11个；新增"四上企业"5家。中科蓝天获评中国房地产500强企业首选供应商、省高端品牌新增培育企业；洪绪镇商会获评全国"四好商会"，迎接省工商联现场调研。

今缘春·善国获得2021年比利时布鲁塞尔国际烈性酒大奖赛大金奖组委会评定2021"中国最佳"

【特色产业】 培育特色龙头企业，扶持壮大合易、新东谷、今缘春等农业龙头企业，合易食品被认定为山东省博士后创新实践基地；今缘春•善国酒获得布鲁塞尔国际烈性酒大奖赛大金奖，获评"中国最佳"；总投资3.1亿元的山东春藤牧业冷链物流设施建设项目建成投产，洪绪镇农产品加工示范园区被列为山东省农产品加工业示范园区。新增农民专业合作社及家庭农场30余家；建成全市首个山东农村产权交易中心乡镇工作站，土地规模经营面积达60%，承接市高质高效创建小麦新品种现场会、市庆祝2021年中国农民丰收节暨特色农产品展销会。

【城乡建设】 开展城镇品质提升行动，建设街头游园1处、生态街巷6条、垃圾分类主题公园1处。推进镇域路域、人居环境整治提升，探索实施"路长制"，通过督导组暗访及专家组国家卫生镇评审。巩固提升美丽乡村12个，新增枣庄市美丽乡村2个，打造美丽乡村示范片区2个。开展"山水林田大会战"，超额完成造林绿化任务，第四污水处理厂顺利推进。西赵沟等4个村获评中国淘宝村，团结等4个村获评山东省乡村振兴示范村。

【民生事业】 持续加大对科教文卫等事业的投资力度，洪绪学区获得滕州市教学工作一等奖，洪绪中学、中心小学优秀率、合格率均居枣庄农村中小学第一名，中心园、中心东园被确定为省级示范园。改造提升村级“文化大院”“文体广场”8处，新建八里堌堆记忆馆、苗庄耕读馆等特色文化展馆。村级百件惠民实事基本完成，振兴南路南延工程安庄村房屋搬迁全部完成。开展安全生产大排查大整治专项行动，安全生产形势持续稳定。在枣庄市社情民意调查5项指标中，文体服务、生态环境等2项指标居首。

【基层组织建设】 开展党史学习教育，拍摄建党100周年音乐短片，开展“学党史、转作风、抓落实”党性教育暨村级现场观摩等活动。2名支部书记被纳入专业化管理，11个集体和党员受到两级市“两优一先”表彰。创新“以图管资”新模式做好“三资”清理行动，承接全市“三资”清理工作推进会暨业务培训观摩现场会。因村制宜发展壮大村级集体经济，32个行政村集体经济收入全部“破十”，其中过百万元村7个。

（王雪梅）

级索镇

【概况】 全镇79.8平方公里，辖50个村，总人口8.8万人。全年生产总值60亿元，比上年增长9.1%；一般公共预算收入7093万元，比上年增长12%。获评山东省绿色能源发展标杆镇。

【工业强镇】 引进建设过5000万元工业项目10个，丰源宏科高端装备项目建成投产，天然至美年产5000吨营养食品、赛达智能门窗等项目加快建设，纸基功能新材料产业园、山东荣连新材料等项目签约落地。新增规上工业企业3家，累计16家，实现总产值13.1亿元。完成园区道路、热力提档升级，污水处理厂提标升级工程完成主体建设。整合盘活闲置土地资源11.5公顷，新上“零增地”项目3个。

【新型城镇】 韩庄社区续建工程18栋楼房完成封顶。幸福城三期东区重启建设。10.5公里的府前路改造工程竣工通车，1038米的书韵街北段完成建设。建设林荫停车场3处，划设停车位200个。城镇建成区实现路、水、气、暖、环卫保洁、污水处理六个城乡一体化。

【现代农业】 733公顷高标准农田完成建设，镇域4800公顷耕地成为高产稳产田。新增小麦种子田66.7公顷，繁育推广山农糯麦一号等小麦新品种54个。小麦、玉米最高单产分别为782.96公斤、813.35公斤，均居山东省前列。新发展晟茂樱桃等新型经营主体17家，建成启腾生物、埃佩克食品等农产品加工龙头企业2家。

【镇域环境】 建成枣庄市第一个有机垃圾资源化利用站，首批建成前杨岗、后泉等垃圾分类示范村2个。完成24个村农村生活污水治理提升工程。新建公厕23座，300户以上的村实现全覆盖。综合治理采煤塌陷地200公顷，七星湖湿地公园完成提档升级。

【民生事业】 西孔小学教学楼、姚庄小学综合楼建成启用，中心幼儿园异地新建项目完成主体建设。完成农村道路大中修18公里。级翔医养楼完成主体建设，40名五保实现集中供养。完成级索村革命文史馆提升、北杨楼村

2021年4月19日，提档升级后的七星湖湿地公园

廉政教育基地建设，新时代文明实践站实现50个村全覆盖。完成送戏下乡演出50场，送电影下乡120场。

【基层党建】 举办“青苗班”等主题班次6期。发展党员93人。完成50个村“三资”清理，累计增加村集体收入168.6万元。《“三变”改革壮大村集体经济的“级索实践”》被新华社高管信息刊发。

（级索镇党委政府）

北京玻璃钢研究院（滕州）科技产业园

姜屯镇

【概况】 全镇83.1平方公里，辖83个村，总人口9万余人。全年生产总值实现53.69亿元，比上年增长5.6%；固定资产投资完成12.8亿元，比上年增长8.7%；一般公共预算收入实现5099万元，农民人均纯收入1.8万元。先后获得国家级卫生镇、中国淘宝镇、山东省文明镇、山东省卫生镇、山东省美丽宜居小镇、山东省“非遗助力脱贫、推动乡村振兴”典型乡镇、全省关心下一代工作先进集体、省级“平安农机”示范镇等荣誉称号。

【双招双引】 全年实施重点项目建设48个，其中省级重点项目3个，枣庄市重点项目2个，滕州市重点项目7个。总投资20亿元的北玻先进复材、总投资11亿元的北理工产业基地、总投资10亿元的雄狮高端幕墙、总投资10亿元的金精智能数控齿轮箱、总投资7亿元的富耀智能制造、总投资4.8亿元的中科福德空气能产业园、总投资3.5亿元的80兆瓦光伏发电、总投资1.1亿元的香凝食品等过亿元项目先后落地建设。围绕招才引智，持续推进企业与高校、科研院所合作，引进省级以上高层次人才5人，智力支撑产业发展更加强劲。

【乡村振兴】 科学编制总体规划，实施省级乡村连片治理项目，沿秀美荆河、红荷大道、新104国道沿线，高质量打造20平方公里美丽乡村示范区。聚焦现代农业型特色镇创建，总投资4.5亿元的新格林高效现代农业产业园落地建设。映月湾（九村）湿地公园、东滕城“景区化村庄”、阳平农业生态小镇、正德康城亲子园、丰谷云农、瑞鸿农牧、七星牧业、三农养殖等多个高效农业设施项目加快建设。

【镇村环境】 启动农村环境整治三年行动，规划提升镇驻地、主干道路、园林绿化、设施景观等环境设施，累计覆铺镇村道路108公里，提升红荷路、学院路、北留路等道路绿化42公里，打造善政广场等公园游园4处、生态街巷20条，推动美丽乡村串点成线、连线成片，美丽乡村覆盖率100%。实施创城、创卫的清洁行动，累计拆除违建300余处，清理板房120余个，规范门外店、店外店600余个，北控·雅园、兴滕·未来城、至善园、天和人家城镇综合体等区域周边环境提升，通过国家级卫生镇评估验收。

【民生事业】 涉及399户、1059人的建档立卡贫困户稳定脱贫，对边缘户、危房户、残疾家庭、贫困学生等困难群体，及时纳入统筹帮扶。建立健全预防接种、综合监管、应急保障、物资储备等9大疫情防控体系。抓好“散乱污”清理整治，落实秸秆全年禁烧。完成姜屯中学、胡村小学、卫生院改建，新建党村小学、大彦小学。实施防汛提升工程，解决河道淤堵和镇驻地严重积水难题。

【政府建设】 改进工作作风，开展党史学习教育。全年办理人大代表和政协委员意见建议11件，办结率均100%。建成综合服务中心，实现窗口一站式办理。健全体制机制，践行一线工作法，建立完善科学决策和民主监督机制，保障重点工作、重点任务、重点项目有序推进。

（王洪坤）

界河镇

【概况】 全镇82.3平方公里，辖68个村，总人口7.6万人。全年一般公共预算收入完成5015万元，比上年增长29%；固定资产投资完成2.98亿元，比上年增长26.2%。获评全国乡村特色产业十亿元镇、山东省农业产业强镇、山东省文明村镇。

【项目建设】 确立新型建材和高端化工两个主导优势产业，大明科技通过省“瞪羚企业”复核，主板上市进入第二年辅导期，入选2021年山东省上市后备企业资源库。引进过5000万元项目6个，其中过亿元项目4个，连续两次参加全市重点项目集中开工仪式；仲家汇城市生活服务保障中心项目，在全省重点外商投资项目集中签约仪式上与韩国SD综合商社签约。培育龙头企业，深信纯物理法水处理项目入选省科技型中小企业创新能力提升工程。优化营商环境，明确党政主要负责人为产业链长，帮助解决产业链发展中的难点。

【特色农业】 创建现代农业型特色镇，春秋两季马铃薯种植面积8666.7公顷，总产值近12亿元，户均储蓄18万元，“滕州马铃薯”品牌与效益持续提升。实施创新驱动，“滕育二号”完成国家新品种登记工作。发展绿色农业，建成农产品质量速测点7处，马铃薯抽检合格率100%；探索秸秆气化、生物质发电等秸秆利用技术，秸秆转化处理率100%。深化产业融合，利用仲家汇21家生活超市开展线下销售，实施“互联网+”行动，与京东生鲜网络平台合作，开展线上展销，拓展马铃薯销售渠道。加强品牌创建，全镇农产品“三品一标”认证数量13个；界河马铃薯高产攻关、生态循环农业等经验及先进做法，被央视报道播出。

【城镇建设】 围绕全市镇域环境整治提升年，结合国家卫生镇、乡村振兴特色镇创建，累计投资600余万元，提升镇域环境。巩固完善基础设施，实施鲁班公园道路复铺、提升工程，安装路沿坡1800米，更换太阳能路灯150盏，新增停车位260个；升级园林绿化，完成生态街巷新建1条、提升4条，推进枣济界域节点提升。改善环境卫生，全镇实现驻地机械化作业；推进垃圾分类工作，建成垃圾分类试点村20个，更新“四类”垃圾分类箱体240个，垃圾桶1000余个，建成生活垃圾分类示范街1条。提升空间立面，完成104国道沿线、镇驻地立面改造；镇驻地完成弱电下地2000米，清除残线2500米、残线杆26处。

【生态环境】 做好“护山”文章，开展山体修复和保护工程，鲁南中联绿色矿山治理项目被评为全国绿色矿山；高标准打造板栗园、冬桃园66.7公顷。做好“治水”文章，投资1800万元完成7.6公里界河河道治理工程。做好“育林”文章，完成界姜路8.1公里绿化，抓好104国道11公里绿化密植，累计栽植苗木70余万株，绿化面积达3.5万平方米，镇域道路绿化普及率100%。做好“沃田”文章，完成733.3公顷高标准农田建设，推进1000公顷高标准农田建设。北王楼草莓基地建成使用，东李庄现代农业产业园项目快速推进。投资5600余万元，实施界河生态文化廊道建设，打造综合服务驿站、绿荫停车场等节点。

【民生事业】 完成全镇十件惠民实事。投资320万元，改善教育教学设施12处，界河中学升入一中人数、升学率位居全市农村中学前列，中心小学获评全国“非遗进校园”优秀单位。京台高速改扩建工程、104国道中修、东岗线界河段提升工程竣工通车，6公里的“大中修”工程完成，彭庄、倪庄危桥改造工程竣工。北沙河惨案纪念馆、鲁班功德堂提档升级，龙山文化园落地建成，新认定文化品牌3个，完成10个村综合文化服务中心提升改造和6个村体育器材更新升级。完善疫情防控常态化机制，全镇疫苗接种率、控制脱漏率位于全市镇街前列。镇退役军人服务站获推全省百家红色退役军人服务站；界河派出所迁建项目完成并投入使用。

【党建引领】 开展党史学习教育，组织开展“我为群众办实事”实践活动、领导干部和党支部书记上党课等系列活动，各党支部举办党课、专题学习140余次。修订出台村级班子评价定级考核管理办法，推进集体经济“破十攀百”行动，完成党支部领办合作社29个，村集体收入5万元以下村全面清零，过10万元行政村61个。

（陈　栋）

龙阳镇

【概况】 全镇79平方公里，辖56个村，总人口7.8万人。一般公共预算收入完成3083万元，比上年增长17.1%；固定资产投资完成3.3亿元，比上年增长16.6%；人均可支配收入22880元，比上年增长7%。先后获评山东省卫生镇、山东省“平安农机”示范镇，张山口村、卧龙村获评山东省景区化村庄，闫庄村、耿庄村获评山东省乡土产业名村，小河子村、西南岭村、高岭村、卧龙村获评山东省卫生村。

【现代农业】 野森林马铃薯深加工、滕阳里龙田茶、红豆杉种植园等项目加速建设，滕阳里龙田茶项目入选2021年全省新旧动能转换优选项目。推进农旅融合，重点打造鸿丰樱桃园、弥香园猕猴桃园等特色观光采摘基地，实施锦天牡丹园等农业综合体提升改造工程，锦天牡丹园获评AA级旅游景区，“椹给力”桑葚果浆饮品获得第十七届中国林产品交易会银奖。加强农产品品牌化建设，“腾硕牌”滕州绿萝卜获评山东省地理标志（原产地）优质产品。实现村经济合作社或股份合作社建设全覆盖，幅阔种植专业合作社、富阳果菜专业合作社获评农民合作社省级示范社。

【工业经济】 全镇工业企业发展到48家，其中规模以上企业7家。重点项目19个，市级重点项目6个，技改项目8个，新纳统投资5000万元以上项目5个。华宝卫生制品、北大仓面粉形成发展优势，山东进前木业成为新升规上工业企业，投资1.1亿元的华得环保设备项目取得用地指标，威诺机床、瑞恒液压、得发环保、英翔环保等重点企业加快晋升“四上”企业，与浙江大学材料学院杨士宽教授完成人才招引续约。

【旅游服务业】 龙山生态动物园项目开工建设，蓝城·鲁班田园小镇、吉祥颂精品民宿群等项目加速推进，鲁班田园小镇和龙山生态动物园被纳入枣庄市文旅产业重点项目。完成调水上山、人文景观修复等景区提档升级首批工程，实施以龙山龙湖休闲绿道、盘龙健身步道为主的36公里旅游道路沿线提升。举办第十二

2021年9月，“腾硕牌”滕州绿萝卜获评山东省地理标志（原产地）优质产品。图为2022年1月7日颁奖现场

届“五四”青年登山赛、锦天芍药节、乡村文旅大集等群众性赛会，承办省广播电视台文化进万家滕州站活动，龙湖教育基地被省广播电视台确定为党员教育联系点。“椹给力”桑葚果浆饮品等3件作品获得“礼赞百年·创意齐鲁”2021年第二届山东省精品旅游文创设计大赛优秀奖。

【镇村建设】 推进路网升级改造行动，龙岭路、大同北路、滕龙路建成通车，东朱路东段、城河线大修升级完成建设，全年新修“大中修”道路52公里。围绕全国文明城市创建目标，“网格化”开展村域、路域、经营秩序、安全隐患“四清”行动，常态化开展志愿服务活动。创建美丽庭院1590个，实现美丽宜居乡村全覆盖。开展河湖兴绿、路网增绿行动，承办全市全民植树活动，新增造林面积43.3公顷，完成疏林地补植15.3公顷。开展清河行动，清理上下游河道、水渠1.58万米，打造美丽河湖500余米。完成1300余公顷林木病虫害防治。

【民生社会事业】 落实常态化疫情防控措施，做好各年龄段疫苗接种，推进加强针接种。投资500余万元改造提升龙阳中学及8处小学和5处幼儿园，开展65岁以上老人免费健康查体，推进敬老院提升工程。完成村集体经济“破十攀百”攻坚任务，新培育集体收入过20万元的村4个。开展党史学习教育，完成171件实事。创新“九步工作法”，健全农村集体“三资”管理长效机制，清理机动地100余公顷，规范合同116个，增加集体收入170余万元。加强党建引领社会治理现代化“12345”工作体系建设，健全完善网格化服务管理“五治”联动机制，提升“雪亮工程”应用保障水平。

（牛　牧）

木石镇

【概况】 全镇面积67平方公里，辖41个村居，总人口5.3万人。全年生产总值完成85亿元，完成固定资产投资33.4亿元，增长45%；一般公共预算收入完成5.7亿元。获评被评为“省级园林城镇”。

【项目建设】 围绕打造“全国一流高端化工新材料产业基地”核心，实施以商招商、产业链招商，引进过亿元项目10个，其中项目开工建设5个。全镇在建项目25个，总投资244.4亿元，项目纳入省市重点项目库10个，鲁化己内酰胺等竣工投产项目5个。规划项目19个，总投资565亿元。其中，鲁南化工规划项目9个，总投资350亿元；联泓新科规划项目10个，总投资215亿元。

【工业经济】 培育壮大骨干企业，扶持鲁南化工、联泓新科等龙头企业扩规提质，持续提升工业质效。鲁南化工入选山东省高端化工产业“链主”企业，成为枣庄市首家营收过百亿的单体企业，获得第八届山东省省长质量奖。联泓新科入选山东省高端化工领域高质量发展重点企业，跻身百亿企业方阵，市值最高值过千亿，公司董事长、总裁郑月明获评山东省优秀企业家。渤瑞环保公司进入上市辅导期；培育孟玄新材料等“四上”企业4家。

2021年7月1日，鲁南化工厂区一角

【园镇村建设】 完成园区13个村居、6200余户、18000余人的搬迁任务；凤翔小镇一期5个村居回迁上房，二期工程加快建设。建成7000余平方米的党群服务中心、便民服务大厅。建设镇域发酵池1处，新建农村公厕16处。实施投资57.2亿元的园区基础设施综合提升项目，投资22.3亿元的一期工程开工建设。建成综合管廊5公里、道路15公里，特勤消防站投入使用，推进智慧园区、危化品停车场、污水处理厂等项目建设。

【乡村振兴】 实施农业产业化提升工程，山东龙振公司与浙江米果果公司投资1.8亿元建设龙振庄园乡村研学旅游休闲度假区项目，其中萌宠动物乐园、亲子自驾区等景点对外开放；山东龙振公司入选全国农村创业园区（基地）。高新面粉等农业龙头企业快速发展，高新面粉公司获评农业产业化省级重点龙头企业。农业专业合作社、家庭农场发展到100余家，培育种养型特色村17个、商贸型特色村6个。完成国泰大道沿线美丽乡村示范片区建设，实现市级美丽乡村全覆盖。开展农村集体“三资”清理专项行动，打好村集体经济“破十攀百”攻坚战，全镇41个村居集体经济均突破10万元、23个村突破20万元、3个村突破100万元。

【生态环境】 实施“山水林田大会战”，完成山体绿化46.7公顷、水系绿化34公顷、村庄绿化21.3公顷，打造生态街巷6条；实施安南路、木桑路等绿化工程，栽植绿化苗木11.3公顷；补植科圣大道、国泰大道、联泓大道等主干道绿化苗木7万余株，打造绿化节点10个；实施凤翔小镇绿化提升工程，栽植各类花卉苗木10万余株，完成绿化面积3万余平方米。持续开展大气污染防治工作，突出扬尘污染治理，整治散乱污企业。落实“河长制”，开展清河行动和水质净化工程。开展安全生产综合整治和百日攻坚集中行动，全镇安全生产形势稳定。

【民生事业】 健全防止返贫动态监测和帮扶机制，巩固拓展脱贫成果。完成道路硬化12.7公里，安装太阳能路灯568盏；规划增设镇域停车位120个；实施文化惠民工程，建成新时代文明实践站所34处、镇村文化中心30处、墨子学堂8个，开展文化下乡送戏、播放电影430余场次。推进社会治理现代化，深化网格化服务管理，完成民生服务等网格事件办理4500余件。抓好新冠病毒疫苗免费接种工作，落实好常态化防控措施。

（杨　军）

南沙河镇

【概况】 全镇46.2平方公里，辖38个村，总人口5.2万人。全年生产总值实现25亿元；一般公共预算收入完成8330万元，比上年增长16%；农民人均可支配收入2.6万元；境内税收收入实现1.6亿元，比上年增长14%；规上工业总产值实现14.68亿元，比上年增长16.86%；高新技术产业产值实现11.56亿元，占规上工业总产值的78.71%。先后获评中国美丽乡村建设示范镇、中国乡村振兴示范镇、国家卫生镇、山东省医养结合示范镇。

【双招双引】 聚焦产业链精准招商，累计开展外出招商10余次，梳理项目线索13条，新签约落地项目6个，筛选储备合作意向项目7个，实际利用外资300万美元。梳理确定正威华能、三合机械、海吉雅环保等链主企业10家，产业链配套企业24家，在建延链补链项目8个。盘活存量土地、厂房，新招引南方中捷机床、丽斯特机械、台诚智能装备等机械机床企业8家。新增“四上”企业2家，全镇规上企业发展到23家，其中工业企业15家。持续完善协同创新和产学研合作机制，恒瑞磁电院士工作站获批。

【科技创新】 科技创新显著增强，培育壮大成长性好的科创型企业，3家企业入选省重点上市后备企业名单，4家企业入选枣庄市龙头骨干和创新成长型工业企业。益康药业获评省技术创新示范企业，大鑫炉窑获评省科技型中小企业，海吉雅环保、恒达品牌包装被评为省“专精特新”中小企业。高新技术产业产值占规上工业总产值比重稳定提高到70%以上。成立南沙河商会，搭建助企服务新平台，获评山东省“四好”商会。全年实施新建、续建、技改等重点项目34个，其中海鲲数控机床和爱拉森医护用品被列入省新旧动能转换优选项目。以项目建成、投产、达效为最终评价标准，大力推行项目专班推进制，正威华能新材料、海鲲数控机床、爱拉森医护用品等5个省市重点项目完成投资5.79亿元，15个过500万元项目建成投产。

山东省和谐社区建设示范村北池村一角

【乡村振兴】 打好“三资”清理攻坚战，摸底核实38个村，累计清理集体土地资源158.8公顷，通过土地发包、规范合同、清收租金等方式，实现村集体增收。实施“闲置小院复活”工程，推广闲置宅基地“微拆微改、增富增美”模式，打造一批特色文化场所。培育壮大电子商务经营主体，建成镇级电商服务站，连续两年被认定为中国“淘宝镇”，北街村、南池村入选2021年中国“淘宝村”。按照“一村一品”发展思路，新建后仓沟桂花、中仓沟蓝莓、前辛章葡萄等特色种植园7个，举办北古石首届葡萄采摘节，提升乡村旅游知名度。9个村完成“破十攀百”任务，集体经济收入过百万的村3个，过10万的村27个。

【城镇建设】 滕州南高速口西移迁建工程完成，京台高速改扩建工程建成通车，祥源南路改造提升工程全线贯通。统筹实施农村公厕、生态街巷、美丽庭院等10项人居工程，建成农村公厕19座，打造生态街巷30条、绿化示范街巷50条、美丽庭院1300余户。完善路网、桥涵、供水、污水、燃气等基础设施，21个村接入燃气主管网，生活污水处理实现村级全覆盖。建立数字环卫平台，实行洒水、机洗、机扫、人工保洁、垃圾上门收集“五位一体”保洁模式。

【社会事业】 实施镇级“十项民生工程”、村级“百件惠民实事”，统筹实施6.6公里农村道路大中修、11个村安全饮水巩固提升、公共卫生医疗服务提升等民生工程。1216户煤改电清洁取暖工程竣工，代表枣庄市迎接省级清洁取暖专项督导。全镇农村道路硬化总里程235公里，基本实现“户户通”。提升医疗卫生服务水平，疫苗接种有序开展，省级卫生村比例达到70%。实施电力保障工程，南沙河供电所获评全国“最美供电所”。

【社会治理】 抓好“六好九无”平安村创建活动，坚持矛盾纠纷排查、调处、稳控“三步走”，建立综治、信访、司法等多元化解综合机制，打造派出所“老魏工作室”、法庭“诉非对接中心”、司法所“校园纠纷调解办”等一批群众认可的调解机构。全年调解各类纠纷203件，调处成功率97%；比上年可防性案件下降15%、刑事案件下降25%、诉讼案件下降44%。上营村获评全国民主法治示范村（社区），北池村获评省和谐社区建设示范单位。推进安全生产专项整治三年行动，开展安全生产大排查大整治，完成隐患整改920项。

（陈　增）

西岗镇

【概况】 全镇79.8平方公里，辖72个村居，总人口13.9万人。境内煤炭资源丰富，有柴里、蒋庄、

2021年11月16日，投资建设的辛诚生态科创园项目一览

曹庄等大型煤矿。全年实现生产总值85.7亿元，一般公共预算收入4.38亿元。获评中国乡村振兴示范镇，全省首批强镇筑基示范镇、省级园林城镇、平安山东建设先进集体，位列全国综合实力千强镇第129位。

【工业转型】 推进双招双引、项目建设，全年引进建设过亿元项目7个，规上工业总产值实现75.5亿元。完成固定资产投资13.2亿元，华电光伏、辛诚科创园、金港轻质家居装备、富利森固体废弃物综合利用等一批项目落地建设。规划建设2.3平方公里的鲁南绿色循环产业园，引进落户过亿元项目4个，初步形成以新能源新材料为主导的工业集聚区。

【城乡建设】 建设滕州副中心城市，完善"一城一园一港"发展布局，明确"产城融合、产港融合、港城融合"发展路径，完成村居搬迁3个，启动新建社区60万平方米，做大城镇规模。实施投资3300万元的2条主干道路延伸工程，启动城镇排水体系、供热二期、燃气二期等基础设施项目，做好九龙湾省级湿地公园"AAA"景区争创工作，建设城镇"口袋公园"4处。

【乡村振兴】 推进土地流转，促进规模经营，新流转土地233公顷，全镇流转土地面积超80%，农业新型经营主体达210家。推动支部领办合作社、多村建联社，全镇支部领办合作社的村超50%，所有村居集体收入均突破10万元，过百万元村居10个。依托云尚善品智慧农业产业园发展高质高效农业，实现村集体增收80余万元。开展"三资"清理专项行动，盘活农村集体资源43处，实现增收360余万元。

【民生事业】 开展"我为群众办实事"实践活动，抓好中心小学扩建、西岗体育中心规划建设、医养康复中心等民生项目，做好城乡居民医疗保险、农村低保、五保动态管理、贫困家庭即时帮扶等工作。开展进村入企"大走访"，对群众关心的问题大排查、大化解，收集各类问题900余件、解决800余件，办理惠民实事300余件，利用"智慧西岗"平台，办理网格事项10700余件。

（西岗镇党委政府）

羊庄镇

【概况】 全镇118.3平方公里，辖89个村居，总人口8.5万人。全年一般公共预算收入3758万元，比上年增长36.3%，固定资产投资3.86亿元，比上年增长23.1%。羊庄满山红花椒获评第十七届中国林产品交易会金奖，庄里村获评第一批山东省红色文化特色村，腰庄村、西南庄村获评2021年省级乡土产业名品村，涵旭蓝莓家庭农场获评第六批家庭农场省级示范场，滕州前毛堌汉代石室墓遗址获评山东省第六批省级文物保护单位并被中央10台《探索·发现》栏目专题报道。

【工业经济】 立足资源优势，把建材产业、特色农业作为精准招商的突破口，推动全产业链集聚发展，新签约落地隆晖特种功能防水新材料项目、深圳星河建材山东生产基地项目、山东开泰建材科技项目等过亿元项目8个；组织开展"邀老乡、回故乡、建家乡”乡情招商活动，发展“唤回经济”，山东君鹏节能科技等“总部经济”项目“回迁”落户羊庄，新型可降解纸制品生产项目、峰联建材仓储物流园二期项目、牧原生态循环养殖项目建成投产达效。

2021 年 3 月，牧原生态循环养殖项目开工动员会议举行

【乡村建设】 实施主干路网硬化工程，硬化道路 30 余公里，中联大道至济枣路连接线、羊庄至枣庄新城连接线建成通车，完成土城大桥、东塘大桥、洪村大桥等重要交通项目建设；铺设农村下水管道 26000 余米，建设污水处理设施 12 个；规划建设杨坡公园，实施青龙绿道、陶山广场升级改造工程；划定道路标识标线 40 余公里，在沿河路增加“红黄蓝”三色线 3 公里；安装路灯 200 余盏，硬化平交路口 8 处，建绿荫停车场 2 处，打造街头游园 5 处、生态街巷 6 条。

【生态环境】 推进镇域路域环境整治，制作更换手写体店标 640 个，完成仿古立面改造 2.6 万平方米，砌垒花池 900 余个。开展散乱污企业联合执法活动 20 余次，消除污染隐患 6 处。增加绿色有机农作物种植面积 53.3 公顷，完成绿化造林 73.3 公顷，栽植苗木 19 万棵。全镇各级河长开展巡河 2000 余次，清理河道垃圾 20 余处。

【民生事业】 为 468 名贫困学子以及因病、因灾、因残致困群体办理救助，其中，救助贫困大学生、高中生 12 人；办理“大病救助”困难群众 26 人次。实施大北塘等 4 个村的“户户通”道路硬化复铺、排水设施改造工程，实施西南庄等 2 个村的自来水管网改造项目；开展“健康直通车”免费查体活动 2 次，提档升级敬老院。

【羊庄满山红花椒】 全镇花椒种植面积 1286 公顷，年产量 30 余万公斤，被枣庄市政府立项为“万亩花椒基地”，主要品种有大青颗、大红袍、无刺花椒等。2021 年 10 月，羊庄镇满山红花椒获得第十七届中国林产品交易会金奖。

【羊庄涵旭蓝莓】 羊庄蓝莓由滕州市羊庄涵旭蓝莓家庭农场 2015 年从内蒙古赤峰市引进，主要品种有蓝塔、公爵、蓝光等。主要种植在羊庄镇后石湾村，产品销往上海、杭州、徐州等地区，在鲁南、苏北一带市场占有率较大。2021 年 12 月，涵旭蓝莓家庭农场获评第六批家庭农场省级示范场。

【滕州前毛堌汉代石室墓遗址】 滕州前毛堌汉代石室墓遗址位于羊庄镇前毛堌村。2021 年 5 月，山东省文物考古研究院联合滕州市汉画像石馆对该墓进行考古发掘，出土陶器、玉器、铜钱等遗物，可辨识的陶器主要有陶盆、罐、耳杯、陶盘、板瓦等，出土文物总数 26 件（套）。前毛堌汉代石室墓为东汉晚期墓，由墓道、墓圹和墓室构成。墓道长 7.3 米，南端宽 1.1 米，北端宽 1.7 米，从南向北呈斜坡状延伸到墓门前。墓室由前室、中室、后室和三个耳室构成，中室的石柱、斗拱、拱形分间过梁、直棱窗等石构件，其中石柱上部十五条棱角刻成螺旋纹，下部为竖直式，中间以凹槽相隔，该纹饰类型的汉代石柱，在山东地区属于首次科学发掘出土。

（张　严）

张汪镇

【概况】 全镇86平方公里，下辖83个村，总人口8.7万人。全年一般公共预算收入完成4369万元，规上工业总产值8.28亿元，规上工业企业营业收入8.39亿元，规上贸易业销售额12.5亿元，规上服务业营业收入1.17亿元。

【工业经济】 以创建工业主导型乡村振兴特色镇为抓手，完成园区规划，打造循环经济产业园、百亿产业集群。总投资31.8亿元的富源2×35万千瓦煤矸石综合利用项目完工，具备并网发电条件；完成奚仲能源科技有限公司、永喜无纺布有限公司等2家工业企业股份制改造；山海再生资源循环利用项目当年批复，当年投产；枣矿田陈煤炭智慧物流园项目建成投产；山东水发集团超细高活性矿粉、滕奥车用高强度紧固件研发与制造、山东奚仲煤矿智能开采等项目开工建设。全镇规模以上工业企业11家，主营业务收入过千万元企业21家，发展“四上企业”16家。

【城镇建设】 完成《滕州市张汪镇总体规划》编制。实施104国道、322省道等主干道改造提升工程，完成“四好农村路”、通户和大中修道路16.12公里，安装护栏16公里，规划标识标线25公里。推进3个压煤村向镇驻地整体搬迁工作。推进镇域路域环境整治提升，完成蒋庄、夏楼、张汪等农贸市场提档升级。开展农村人居环境整治三年行动，“美丽乡村”创建实现全覆盖，农村无害化卫生厕所改造、集中供水管网实现全覆盖。完成小魏河、小苏河等河道治理11.9公里。突出古薛文化特色，打造与微山县城交界等景观节点10余处。

【乡村振兴】 累计发展农民专业合作社98家、家庭农场62家。推行“村党支部+合作社+农户+产业”土地托管经营，全镇农业生产社会化服务面积超660余公顷。完成土地流转近2700公顷，培育种养型特色村20个、农产品加工型特色村9个、规模以上农产品加工企业6家。高标准基本农田建设实现全覆盖，建成2000公顷粮食高产创建示范方，粮食单产稳中有升。杨楼古薛文化、孟仓传统糕点、苏河移民、葛村木艺等乡村记忆展馆建成开放。中共五所楼檖臻小学党支部旧址、革命烈士渠玉柏故居、爱国人士李天倪故居保存完好，五所楼村入选山东省红色文化特色村培育创建名单。

2021年4月24日，竣工投产的山海再生资源循环利用项目（刘崇元　摄影）

【民生事业】 新增城镇就业2000余人，实现全民参保全覆盖。落实精准扶贫战略，实施政策兜底和产业项目扶持。镇中心小学、中心幼儿园入选全国青少年校园足球特色学校。完成中心卫生院健康查体中心、智慧化接种门诊楼建设，建成省级卫生村67个、村级标准化卫生室39家。送戏进村等文化惠民工程实现全覆盖，累计开展书画舞蹈培训、广场舞大赛、农民运动会等群众性文化活动30余场次。推进“法治张汪”建设，推行“三整合三下沉”基层社会治理模式。镇为民服务中心、张汪派出所建成使用。

【党的建设】 抓好枣庄市乡村振兴培训基地实体化运行，打造“淬火提质”六大特色课程。建立

“三帮一”薄弱村转化提升工作机制，党组织领办合作社48家。

（张汪镇党委政府）

北辛街道

【概况】 街道31.78平方公里，下辖66个居（网格），户籍人口12.8万、常住人口25万。全年一般公共预算收入完成1.82亿元，比上年增长2.92%；工业总产值7.02亿元，比上年增长55.9%；固定资产投资12.38亿元，比上年增长10%。

【产业培植】 清峦福兴集团成为鲁南地区两化融合龙头企业，谷东锯业自主研发的锯片产品保持国内领先，成海机械、江晟科技等企业发展势头强劲。山东华数研发出具有滕州特色的“墨子号”数控系统，齐纳大数据发展成为大数据服务领域领军企业。改造提升嘉誉、杏花村市场，保税仓库通过审批；省重点项目传化物流小镇项目进展顺利；君瑞城商业综合体、亿和广场、八佰伴购物中心等大型楼宇推进建设。文旅企业发展到100余家，完善奥体运动休闲区、市民广场文化休闲中心区、接官巷历史文化街区设施建设，建成公园游园、口袋公园30余处。总投资40亿元的市医养健康中心暨中心人民医院新院区建设有效推进。

【经济培育】 清峦福兴集团、腾达精线集团等总部经济企业群体壮大；推动嘉誉、杏花村等专业市场商户实现线上线下融合发展，成为全市电商企业集聚区；建成大型楼宇近10座，使用面积达150万平方米，吸纳小微企业上千家，带动就业近万人；打造育才路文化美食生活圈等十大特色街区；引进培育谷东锯业、民创重工、成海机械、江晟科技、三泰大数据等10余家企业落户开发区或专业园区。

【城市建设】 梯次推进北刘等棚改项目9个，启动杏东、周庄黄安区域等改造工程2个，推行“1234”棚改工作法，承揽京台高速新北出口连接线项目，实施大同北路、龙岭路、滕龙路等10条道路的新建、改扩建工程，总里程近30公里；投资约1500余万元，打造占地4.7公顷的大同公园，推进沿冯河两岸总长1022米、占地10.9公顷的通盛公园建设；在育才路、新华街等道路两侧的绿化带铺设人行步道，安装健身器材，放置漂流书屋，打造育贤公园、东北坛休闲园等口袋公园13个；实施冯河、荆河河道沿线绿化美化，完成3000米冯河河道整治，拆除违章建筑23处，清淤量23万立方米，栽植各类苗木7万余株，绿化面积16万平方米；对辖区内塔寺路、学院路、善国路、新兴路等主干道路进行林荫路升级改造，完成滕平路、省道320线等增绿补绿工程，栽植绿化树苗木50余万株，建设鸿福佳苑等绿荫停车场3处，实现多处十字路口街角绿地满铺。美化背街小巷，利用木箱、壁挂等栽植苗木，绘制精品墙面，打造教场街、小康村等生态街巷8条，提升文教巷、清河路一巷等生态街巷10条，划设各类停车位3000余个；整治老旧居民小区60余个，实施杏坛西区、蔬菜公司宿舍、兴隆小区等6个老旧小区升级改造，绿地率35%左右。新建小区实施多层次、立体绿化，绿地率40%，打造善国盛景、奥体华府、大同印象3个市级园林小区。

【民生事业】 深化“四位一体、五化统筹”社会治理北辛模式，累计投资600余万元，打造大同等社区党群服务中心4个，建成网格服务驿站16处，“睦邻善治”典型经验在全省市域社会治理现代化试点工作推进会议上交流推广。办好年度10件惠民实事，市中心人民医院新院、德意君瑞商业综合体等现代化民生项目推进，年收入过百万元村居达到4个。开展“我为群众办实事”“五心五行”实践活动，打造“辛愿服务”北辛志愿服务品牌，投资200余万元彻底整治小冯河、党村沟河道淤堵问题。增加教学班216个、学位1万个，街道中心幼儿园启用。中考前7名均在北辛中学，中考成绩继续保持全市第一，北辛学区、北辛中学、北关小学分别获同类全市第一。北辛中学管弦乐队获得山东省中小学生器乐大赛一等奖，小学综合质量检测总评居全市之首。

【党的建设】 召开党工委会专题研究党建8次，攻坚解决党建重点难题6个。开展“我来讲党课”“我和我的支部”等专题活动，累计培训党员2800余人。提醒教育“掉队”党员53人次，新发展党员50人。整合原27个居委会为14个，细分66个网格支部，构建“街道党工委+社区党委+网格党支部+楼栋党小组+党员中心户”的组织体系。成立物业企业党组织15个、16个党组织领办合作社，“三资”清理促进集体增收120余万元，完成“破十攀百”任务。新建“暖蜂”驿站8处，创新建立“零距离家园”共建平台，开展党建引领志愿服务活动130余场次，认领群众“微心愿”97件。打造“智慧北辛”服务平台，推广“随手拍”微信小程序，办理群众诉求968件。在翔宇经典等楼宇推行“理念融合、阵地融合、服务融合、管理融合”的商圈楼宇党建模式。

（赵昀　杨通）

东沙河街道

【概况】 街道52.89平方公里，下辖40个村，总人口6.7万人。全年一般公共预算收入完成6725万元，比上年增长36.83%；其中税收收入6525万元，比上年增长33.29%；工业总产值比上年增长145%；固定资产投资完成5.7亿元，比上年增长35%；限上批零住餐单位营业额完成1.9亿元，比上年增长21%；实际利用外资305万美元。

【项目招引】 全年实施项目27个，完成投资约25.6亿元，尚品本色、辅华学校、东沙河水厂等6个项目被列入省市县重点项目。鑫迪工业4.0一期（续建）建成投产；微纳中科、三维钢结构项目奠基开工；土发集团滕州智造产业园项目、德国（滕州）智能家居产业园项目完成签约。

【城乡融合】 实施12条续建道路建设；六合社区（安置房）A区完成回迁上房，B区、C区、F区继续推进，配套六合学校投入使用；卫生院项目完成建设，准备交付使用；山东化工技师学院新校区一期建成使用，分析系、仪表系教学楼等加快建设；天然气综合门站、鲁中南文物保护考古研究中心等重点项目加快推进。

【要素保障】 围绕高铁新区建设，累计实施土地征收533公顷、土地流转133公顷，完成张洼、万年庄、陈岗等村庄房屋搬迁。启动涉及墨子湖隧道、荆河路通车区域征地搬迁工作，完成党桥村、东史村约1200户的搬迁工作；实施完成辅华学校区域企业搬迁和土地征收，同时服务好京台高速改扩建、荆河东路大修工程等道路工程建设。营商环境持续改善。落实“一线工作法”，做好“店小二”式服务，协助企业办理项目施工所需手续。

【社会事业】 六合学校是九年一贯制学校，在校师生近2500人；山东化工技师学院在校师生11000余人，学院学生在省级以上职业技能竞赛中获奖122项；建成省级示范化幼儿园4所。实施东沙河村、党村、商业街道路提升工程，道路两侧完成硬化2万平方米；实施二养德、蔡村等4个村自来水改造工程，东沙河水厂推进施工。

2021年1月1日，滕州市东沙河水厂项目开工动员会议召开，市四大家主要领导参加活动（刘芳　摄影）

【乡村振兴】 与市供销社合作实施土地托管，集中托管100余公顷，探索粮食生产新模式；发展“线上”电商产业，确立耿楼、朝阳为街道电商经济示范点，街道连续三年获评中国淘宝镇。推荐1个项目参与“创业枣庄、共赢未来”高层次人才创业大赛，配合鑫迪家居申报泰山领军人才。开展“山水林田大会战”，实施狐山区域荒山绿化彩化工程、东木路美化工程，创建各级森林村居，打造高铁沿线景观带。创建A类美丽乡村17个，修建道路45公里，通户道路31.3公里，完成13个村下水道12888.6米，打造乡村公厕20座并投入使用。组织各村开展美丽庭院创建工作，累计创建769户，其中建档立卡贫困户美丽庭院100户。

（傅　文）

荆河街道

【概况】街道26.09平方公里，下辖44个社区（居），常住人口31万。全年一般公共预算收入完成13254万元，比上年增长6.9%；税收收入实现19739万元，比上年增长7.4%；规上工业总产值比上年增长24.9%；规上工业营业收入比上年增长20.7%；限上批零住餐单位营业额实现189659万元，比上年增长7.8%。滕州农副产品物流中心获评“中国商品市场百强”称号。

【项目建设】 盘活闲置的原国际机床市场，引进总投资50亿元的鲁南智能制造产业园项目，吸引风下电子、普惠森光纤等25家工业和高新技术企业入驻，山东电视台新闻联播、大众日报以《滕州烂尾项目崛起智能制造产业园》为题进行报道。投资12亿元建设威达高精密五轴机床产业化项目，突破28项五轴联动核心技术，获得国家机床“补短板”专项资金4亿元。依托滕州农副产品物流中心，投资10亿元建设上海麦金地智能中央大厨房产业综合体项目，《经济日报》2021年12月23日以《枣庄“三换”》为题予以报道。投资10亿元建设的真爱精品商厦、真爱购物中心投入运营，永辉超市、麦当劳等品牌商入驻。

【城市建设】 启动柳楼、朱李、后十里岗、第二锻压厂等4个区域棚改拆迁，橡树湾、河阳路、滕西中学、孙楼、鲁寨等5个棚户区改造工程全面推进。完成平等小区、府前小区、幸福西区、金城小区等23个老旧小区的升级改造。修建昌茂街等生态街巷10条和沿河路口袋公园、街头游园23处。

【民生事业】 开展文明城市创建，清理整治居民小区和奎文市场、步行街等重点部位133个。投入配套资金1.5亿元，新建和改扩建滕南中学、滕西中学、西关小学等中小学5所，增加教学面积8.3万平方米，增加学位8000个。做好疫情防控工作，设置核酸检测点13处，累计接种37.27万剂（次）。打造王楼木版年画、传统剪纸技艺等乡村非遗体验馆2处和何庄、三里河等社区文化广场5处。44个社区（居）新时代文明实践站通过枣庄验收。

【社会治理】 持续抓好安全生产，全年实现安全生产零事故。持续抓好环保治理，成立5个工作专班，完成省和中央环保督察任务。抓好社会治安和“扫黑除恶”专项斗争，110接警及时、处置得力，刑事立案同比下降42.5%，社会治安形势持续稳定，群众安全感、幸福感大幅提升。

【党的建设】 开展党史学习教育，干部作风显著增强。实施“一社区一品牌”创建，完成真爱社区书记工作室、鲁南智能制造产业党群企服务中心、熙城国际诚园智慧社区和6个“两新”组织党建工作示范点建设。清河社区党委副书记、网格员张玉珍被中共山东省委表彰为山东省优秀共产党员。

【周乃翔调研】 2021年11月30日，省委副书记、省长周乃翔到滕州调研鲁南智能制造产业园项目建设，了解产品研发、市场开拓、人才团队建设等情况。该项目系街道盘活闲置的原国际机床市场，引进鲁南智能制造产业园项目，入驻风下电子、普惠森光纤等工业和高新技术企业25家。

（宗　亮）

龙泉街道

【概况】 街道28.1平方公里，下辖36个居，总人口23.8万人。全年一般公共预算收入实现2.39亿元，比上年增长4.72%；税收收入实现2.32亿元，比上年增长10.68%；规上工业总产值、规上工业主营业务收入和规上工业利润总额分别比上年增长21.5%、25.2%、346.5%；固定资产投资比上年增长52.9%。

【双招双引】 梳理招商引资线索32条，签约项目9个，开工过亿元项目5个，过50亿元项目1个。净增“四上”企业11家。7个三级重点项目和33个500万元以上项目超额完成年度投资目标。为项目落地盘活低效闲置土地13.3公顷，协助企业柔性引进高层次人才1人。山森数控入选工信部第三批国家级专精特新“小巨人”企业名单；三维钢构、北理华海2家企业被省工信厅认定为2021年度瞪羚企业。深化财源综合治理，零散税源治理改革经验在枣庄市委《改革动态》刊发，被枣庄市委书记陈平批示肯定。

【城市管理】 推进12处棚改工程扫尾工作，完成清零3处、完成上房3处、完成选房2处。加快推进荆河东路等市级城建项目13个，完成老旧小区改造工程17个。集中整治对农贸市场5处、老旧小区31个、道路16条。建成公园游园3个、口袋公园10个，生态街巷10条，林荫停车场6处，新增绿化面积21.8万平方米。

【民生事业】 完成街道、社区、居委惠民实事116件。龙泉派出所新所建成并投入使用。医疗参保等3类11项业务实现“一窗通办”。改扩建基层综合文化中心10个，打造乡村记忆馆5个，完成社区红十字会博爱家园建设5个。开展“送戏下乡”文化惠民演出21场次，服务群众2万余人次。党史学习教育宣讲被新华社报道，系列手绘红色作品被学习强国全国平台采用。

2021年11月16日，投入使用龙泉派出所新办公场地一角（宫永文　摄影）

【基层治理】 完善网格治理体系，优化调整网格297个，成立网格党支部43个、楼宇党小组179个，明确楼（院）长449人。新建社区党委书记工作室2个，打造红领驿站15个。实行月打分、季考核，从严落实“评星定级”。实施“分线作战”、日工作动态报告、周工作报告、月立项督查和每季度一次重点项目、重点工作调度会制度。

（龙泉街道）

善南街道

【概况】 街道14平方公里，下辖17个居、2个社区，总人口3.8万人。全年一般公共预算收入实现1.06亿元，比上年增加21.49%；工业总产值实现74.1亿元，比上年增加13.16%，利润实现1.8亿元，比上年增加36.5%；固定资产投资完成7.3亿元，比上年增加8.2%。

【产业发展】 推进重点项目建设28个，总投资178亿元，其中工业项目占比86%。推进“三百”工程、“零增地”技改，实施省市重点技改项目9个，完成技改投资7亿元，增加外贸企业5家、电子商务企业6家。推进“个转企、小升规、规改股、股上市”工作，增加“四上”企业6家，完成股改企业1家。摸排辖区41家规模以上企业，确定高端装备产业链企业14家、医养健康产业链企业11家、新材料产业链企业9家，理清重点培育的链主企业和产业链招商信息。

2021年10月22日，金桂园康养中心开园

【双招双引】 开展一对一、点对点、链接链招商，构建“大招商”格局。全年签约项目6个，全部开工建设。全年完成柔性引进人才2人，1人已申报泰山产业领军人才。协助鑫佳能源、中材锂膜分别申报国家级实验室和省级工程实验室。

【城市建设】 创新“三压三谈两打”工作模式，在建的2个棚改项目全面完成拆迁清零、隐患清零。贾庄区域部分楼栋开盘，五里坡一期区域启动建设。抓好常态化管理，路域加大机械化保洁和“门前三包”管理力度，居级每月对居容街貌观摩评比，提升城市管理水平。

【生态环境】 全面提升城市品质，累计投入2000万元新建生态示范街巷7条、绿荫停车场2处。在益康大道两侧打造“同心园”“初心园”等精品游园。改造提升滕阳东路、海特东路的绿化，并连片建设“诚、信、友、善”等精品口袋公园4处。与生态环境分局联动执法，关停整治各类企业18家，重点监控企业23家。全面落实“河长制”，持续开展“清河行动”，辖区生态环境质量持续改善。

【民生事业】 累计投资3000余万元解决群众关心关注的民生问题。打造省级规范化幼儿园2所，改扩建小学2处，并承接枣庄市幼儿园规范化建设现场会。重新铺设街道三分之一的居自来水管网，解决自来水损耗。启动王开医院扩建工程，金桂园康养中心开园运营。建立“如康家园”吸收残疾人就业，并成为枣庄试点。实施“智慧善南”综合体建设，实现“工作即采集、采集即工作”的新型社会综治新理念。

【基层党建】 推进开展党史学习教育，邀请省市委党校教授开展专题辅导报告、讲座5次，各支部累计开展专题学习80余场次，开展“我来讲党课”60余次。“小院宣讲团”事迹被《人民日报》、新华社报道，精心制作的“看沙画、学党史”系列红色作品，被“学习强国”全国平台推荐。实施“五彩先锋队”年轻干部培养工程，组织各类专题集中培训班9次，累计受训人员1200余人次。发展壮大居集体经济，引导居级建立物流货运、电商平台、零配加工等公司，党支部领办合作社5家。

（王延峰）

人 物

Figures

人物传略

杨 申 女，汉族，安徽省砀山县人，中共党员，一级警司，1992 年 5 月 26 日出生，2010 年 9 月考入铁道警察学院，2013 年 9 月考入滕州市公安局，2013 年 12 月任市局巡警大队民警，2014 年 12 月任市看守所民警，2017 年 9 月任市局荆河派出所民警（2019 年 12 月兼任市局团委副书记）。

杨申参加公安工作后，勤奋好学，在组织培养下，对党忠诚、信念坚定，敢于担当、甘于奉献；在多个岗位的锻炼中，她始终脚踏实地干好本职，尽心尽力为群众服务。

2020 年春节，新冠肺炎疫情突如其来，休年假中的杨申辞别父母，主动返岗，数次请战，挺身而出。即使在面部、胃部双重病痛折磨下，杨申也没有屈服后退，直到被确诊患胃癌晚期的前一天，仍坚持在抗击疫情的第一线，践行着共产党人全心全意为人民服务的宗旨和人民公安为人民的使命。

2021 年 4 月 13 日 6 时，杨申因病医治无效去世，年仅 29 岁。14 日，枣庄市委书记、市人大常委会主任陈平，滕州市委书记、市人大常委会主任刘文强等领导干部及广大公安干警参加了其遗体告别仪式。其生前获评枣庄市青年战疫先进个人、枣庄市青年岗位能手、感动枣庄十佳人物，逝后个人事迹入选山东省政法英模先进事迹。

（市公安局）

新任市领导简介

陈永生 男，汉族，山东平邑人，1969 年 4 月出生，省委党校研究生学历，1992 年 5 月加入中国共产党，1993 年 8 月参加工作。历任临沂地区临沭县临沭镇党委组织干事，临沂市（地区）临沭县临沭镇党委党建干事，临沂市临沭县政府办公室秘书（副科级），临沂市交通委兰山交通管理处副主任科员，临沂市交通局（委）政策法规科科长，临沂市城市公共客运管理办公室主任，临沂经济开发区纪工委书记、党工委委员，临沂经济开发区管委会副主任、党工委委员，临沂经济技术开发区管委会副主任、党工委副书记，临沂经济技术开发区管委会副主任、党工委副书记（正县级），临沂经济技术开发区党工委副书记（正县级），沂水县委副书记、副县长、代县长，沂水县委副书记、县长，枣庄市台儿庄区委书记、党校校长，滕州市委书记。2021 年 8 月任滕州市委书记、市委党校校长。

周 刚 男，汉族，山东淄博人，1976 年 5 月出生，省委党校研究生学历，1996 年 6 月加入中国共产党，1996 年 7 月参加工作。历任肥城矿务局查庄煤矿采煤工区技术员，肥城矿务局查庄煤矿地测科技术员，肥矿集团查庄煤矿办公室秘书，肥矿集团查庄煤矿办公室副科级秘书、副主任，肥矿集团查庄煤矿办公室主任（兼机关二党支部书记），肥矿集团总经理办公室、董事会办公室正科级秘书，肥矿集团董事会办公室副处级秘书，山东能源集团董事会办公室、总经理办公室、党委办公室副处级秘书，山东能源集团山能国际董事会秘书，山东能源集团煤炭营销中心办公室主任、山能国际董事会秘书，山东能源集团煤炭营销中心办公室主任、山能国际物流（北京）有限公司监事，山东能源国际贸易有限公司党委委员、纪委书记，枣庄市高新区管委会副主任、党工委副书记，枣庄市投资促进局党组书记、枣庄市高新区管委会副主任、党工委副书记，枣庄市投资促进局局长、党组书记，枣庄市科技局局长、党组书记。2021年12月任滕州市委副书记、代市长。

刘洪鹏 男，汉族，山东费县人，1978年10月出生，在职研究生学历，法律硕士，2000年3月加入中国共产党，2001年7月参加工作。历任枣庄师范专科学校地理系助教，枣庄学院旅游与资源环境系讲师、旅游管理教研室主任，枣庄学院纪委科员、旅游与资源环境系讲师，枣庄学院团委副书记、旅游与资源环境系讲师，枣庄市旅游局副局长、党组成员，枣庄市旅游和服务业发展委员会副主任、党委委员，枣庄市台儿庄区委常委、统战部部长，枣庄市台儿庄区委常委、副区长。2021年6月任滕州市委副书记。

李　义 男，汉族，山东菏泽人，1971年9月出生，省委党校研究生学历，经济学硕士，1999年8月加入中国共产党，1991年7月参加工作。历任枣庄市市中区建筑设计院二室副主任，枣庄市市中区拆迁办公室副主任，共青团枣庄市市中区委副书记，枣庄市市中区文化路街道党委副书记、办事处主任，枣庄市市中区税郭镇党委副书记、镇长，枣庄市市中区税郭镇党委书记、人大主席，枣庄市市中区税郭镇党委书记、人大主席、税郭纺织工业园管委会第一主任，枣庄市峄城区人民政府副区长、党组成员，枣庄市峄城区委常委、办公室主任。2021年3月任滕州市委常委、组织部部长。

康凤霞 女，汉族，滕州市人，1972年11月出生，大学学历，工商管理硕士，1995年4月加入中国共产党，1996年7月参加工作。历任滕州市南沙河镇王开办事处工作人员，滕州市南沙河镇镇长助理，滕州市姜屯镇党委委员，滕州市龙山街道党委副书记，滕州市龙泉街道党委副书记，滕州市龙泉街道党委副书记、纪委书记，滕州市羊庄镇党委副书记、镇长，滕州市大坞镇党委副书记、镇长，滕州市南沙河镇党委书记、人大主席、滕州经济开发区党工委委员，滕州市南沙河镇党委书记、滕州经济开发区党工委委员，滕州市政府党组成员，滕州市政府副市长、党组成员，滕州市委常委、市政府党组成员。2021年4月任滕州市委常委、宣传部部长、市委教育工委书记。

樊　猛 男，汉族，枣庄市峄城区人，1982年9月出生，大学学历，农业推广硕士，2002年12月加入中国共产党，2005年7月参加工作。历任滕州市木石镇镇长助理，滕州市级索镇党委委员，滕州市委政策研究室副主任，滕州市委办公室副主任、市委机要局局长，滕州市滨湖镇党委副书记、镇长，滕州市滨湖镇党委副书记、镇长、滕州微山湖湿地党工委副书记，滕州市滨湖镇党委副书记、镇长、滕州微山湖综合旅游区党工委副书记，滕州市善南街道党委书记、滕州经济开发区党工委委员，滕州市善南街道党工委书记、滕州经济开发区党工委委员，滕州市洪绪镇党委书记、滕州经济开发区党工委委员，滕州市政府副市长、党组成员，滕州市政府副市长、党组成员、市行政审批服务局党组书记，滕州市委常委、市政府副市长、党组成员、市行政审批服务局党组书记。2021年4月任滕州市委常委、统战部部长、市政府副市长、党组成员、市行政审批服务局党组书记。

孔祥东 男，汉族，滕州市人，1974年9月出生，大学学历，法律硕士，2002年10月加入中国共产党，1999年2月参加工作。历任滕州市人民法院大坞法庭工作人员，滕州市人民法院书记员、助审员、审判员、审判委员会秘书、法院秘书、研究室副主任，枣庄市委政法委科员，枣庄市委办公室秘书一科科员，枣庄市委办公室秘书一科副科长，枣庄市委办公室主任科员，枣庄市委政法委主任科员，枣庄市委政法委执法督查室主任，枣庄市社会治安综合治理委员会办公室副主任，枣庄市委政法委副县级干部、滕州市委常委（挂职）。2021 年 12 月任滕州市委常委、市委政法委书记、市法学会会长。

张传纲　男，汉族，枣庄市薛城区人，1969 年 2 月出生，省业余大学，1993 年 10 月加入中国共产党，1989 年 7 月参加工作。历任滕州市第二轻工业局办公室副主任，滕州市人事局办公室副主任，滕州市人事局监察室主任，滕州市招商局副局长、党组成员，滕州经济开发区招商分局局长，滕州市经管局局长、党组书记，农业系统党委委员，滕州市科学技术局局长、党组书记，滕州市委组织部副部长，市机构编制委员会办公室主任，滕州市龙泉街道党委书记，滕州市龙泉街道党工委书记、四级调研员，滕州市龙泉街道党工委书记、四级调研员、滕州高铁新区党工委副书记，滕州市龙泉街道党工委书记、三级调研员、滕州高铁新区党工委副书记，滕州市政府副市长候选人、龙泉街道党工委书记、三级调研员、滕州高铁新区党工委副书记。2021 年 4 月任滕州市政府副市长、党组成员、三级调研员。

张晓翠　女，汉族，山东微山人，1982 年 5 月出生，大学学历，2002 年 6 月加入中国共产党，2005 年 7 月参加工作。历任枣庄市薛城区常庄镇镇长助理，枣庄市薛城区沙沟镇党委委员，枣庄市薛城区文化局副局长、党组成员、陶庄镇党委副书记（挂职），枣庄市薛城区文化广电新闻出版局副局长、党组成员、陶庄镇党委副书记（挂职），枣庄市薛城区常庄镇党委副书记，枣庄市薛城区常庄镇党委副书记、镇长，枣庄市薛城区常庄街道党工委副书记、办事处主任，枣庄市薛城区邹坞镇党委书记，滕州市政府副市长候选人、党组成员。2021 年 4 月任滕州市政府副市长、党组成员。

董　浩　男，汉族，滕州市人，1984 年 11 月出生，大学学历，2002 年 6 月加入中国共产党，2005 年 7 月参加工作。历任枣庄市台儿庄区张山子镇镇长助理，枣庄市台儿庄区发展和改革局工交体改科科员（借调），枣庄市台儿庄区政府办公室科员，枣庄市台儿庄区政府办公室副主任科员，枣庄市台儿庄区邳庄镇党委委员，共青团台儿庄区委副书记，枣庄市金融工作办公室银行科副科长，枣庄市金融工作办公室银行科科长，枣庄市地方金融监督管理局（枣庄市金融办）副局长（副主任）、党组成员。2021 年 12 月任滕州市政府副市长、党组成员。

（市委组织部）

2021 年全国五一劳动奖章获得者

刘丹丹　女，汉族，滕州市人，大专学历，高级工程师，1997 年 12 月参加工作。担任兖矿鲁南化工有限公司仪表车间计算机班班长，先后获得全国五一劳动奖章、全国技术能手、齐鲁工匠、齐鲁首席技师、省富民兴鲁劳动奖章、省突出贡献技师、省安全生产十佳班组长等省部级以上荣誉 18 项。

中国好人榜

王春元　男，滕州市志愿者协会会长，2014 年 7 月创办全市首个公益社会团体——滕州市志愿者协会，2017 年资助贫困学生 13 人，发起阳光助学活动，每年资助 8—10 名贫困学子，助学金每人 5000 元。2021 年 11 月入榜中央文明办发布的“中国好人榜”。

2021 年滕州市荣立二等功现役军人名录

刘　超　李　鹏　刘怀望

附　　录

Appendix

附录 1

关于滕州市 2021 年国民经济和社会发展计划执行情况与 2022 年计划（草案）的报告

——2022 年 1 月 26 日在滕州市第十九届人民代表大会第一次会议上

市发展和改革局局长　赵曰海

各位代表：

受市人民政府委托，向大会提交 2021 年国民经济和社会发展计划执行情况与 2022 年计划（草案）的报告，请予审议，并请市政协委员和其他列席会议的同志提出意见。

一、2021 年国民经济和社会发展计划执行情况

2021 年是中国共产党成立 100 周年，是“十四五”开局之年，也是我市迈入社会主义现代化建设新征程的起步之年。面对错综复杂的宏观经济环境，在市委的坚强领导下，在市人大、市政协的监督支持下，全市上下紧紧围绕“先把经济搞上去、集中精力强工业”目标定位，大力实施“工业强市、产业兴市”三年攻坚突破行动，经济社会发展呈现稳中向好、进中提质的良好态势，实现了“十四五”高位开局。

（一）疫情防控毫不松懈，经济运行稳中提质。疫情防控扎实有力。坚持“外防输入、内防反弹”不动摇，加强重点场所管理，严格落实境外人员返滕及重点地区入滕返滕人员管理，累计接种疫苗 295.4 万剂次，129.74 万人完成全程接种，着力构建人群免疫屏障。经济发展质效双升。预计，全市生产总值实现 850 亿元，增长 8%；一般公共预算收入完成 61.3 亿元，增长 10.1%；固定资产投资增长 12.2%；社会消费品零售总额完成 427.81 亿元，增长 15.6%；全市规模以上工业增加值增长 16.5%；外贸进出口总额完成 60.6 亿元，增长 25.6%；居民人均可支配收入增长 7%。我市蝉联全省县域经济高质量发展先进县，连续 19 年位居全国百强县前列，滕州经济开发区晋升为国家级经济技术开发区。

（二）产业结构持续优化，转型升级步伐加快。预计，全年第一二三产业分别增长 8%、7%、9% 左右，三次产业比例调整为 9∶47∶44。工业经济量质齐升。聚焦构建“633”现代产业体系，全力推进“强链、建链、补链”工程，规模以上工业企业发展到 304 家，营业收入实现 686 亿元，增长 31.9%。高端装备、高端化工、新材料三大主导产业营业收入分

别达到280亿元、300亿元、110亿元，分别增长21.7%、42.9%、27.7%。3家企业上榜中国石油和化工企业500强，山能鲁化成为枣庄市首家单体营收过百亿企业、荣获省长质量奖，联泓新科营收过百亿。17家企业完成股改挂牌，渤瑞环保、腾达紧固完成上市辅导验收，我市入选全省上市公司孵化集聚区试点县。特色农业稳步发展。以争创全省现代农业十强县为目标，累计建成高标准农田113.7万亩，农业机械化程度达到94%，小麦单产达到511.2公斤，位居全省第2位。建设农业标准化生产基地5处，培育知名农产品省级企业品牌2个、省级家庭农场示范场1家。成功举办第十三届中国滕州马铃薯科技文化节，“滕州马铃薯”入选“山东省十大地理标志品牌”，我市入选国家级农产品质量安全示范县、绿色种养循环农业试点县。服务业繁荣活跃。全年预计净增规上服务业企业12家，总数达到62家，营业收入实现20.21亿元；限上批零住餐企业发展到184家，营业收入分别增长28.5%、15.8%、55.5%、39.9%。总投资60亿元的传化物流小镇、总投资26亿元的公用型保税仓库等项目建设加快推进，鲁华、嘉誉跻身全国商品市场百强。电子商务蓬勃发展，全年实现网络零售额51.9亿元，增长48.1%。市文化馆晋升国家一级馆，A级以上景区达到22家，我市获评全省首批文化和旅游消费示范市、全省全域旅游示范区。

（三）项目建设强力推进，发展后劲持续增强。双招双引成果丰硕。坚持招大引强、招新引高，新签约过亿元项目195个，其中过50亿元项目13个、过百亿元项目2个，总投资350亿元的鲁化高端氨基醇基新材料、总投资215亿元的联泓新科一体化等一批项目签约落地。柔性引进省级以上高层次人才41人，入选国家级重点人才2人，入选省重点扶持区域急需紧缺人才1人，入围枣庄英才13人，评选滕州英才9人，引进第二批优选青年人才97人，我市被评为全省人才工作先进单位。项目建设亮点纷呈。推行全生命周期服务制度，坚持“要素跟着项目走”，挖潜土地指标5898亩，发行地方政府专项债券17.5亿元；实行“红黄绿”三色管理和亮屏督导制度，全力推动各项目早开工建设、早投产达效，100个重点项目累计完成投资320.1亿元，占年度投资计划的137.6%，鲁南化工己内酰胺、爱拉森高档医护用品等42个投资体量大、带动能力强的项目竣工投产，恒仁玉米精深加工、金晶节能玻璃等24个项目列入省重点，项目体量、建设速度、完成投资、省重大项目个数均创历史新高。园区建设提档升级。经济开发区累计盘活低效闲置土地719.7亩，为优质项目落地腾出发展空间，总投资506亿元的48个园区重点项目扎实推进。鲁南高科技化工园区总投资57.2亿元的基础设施综合提升项目进展顺利，新建道路、管廊20公里，特勤消防站已交付使用，承载能力明显增强。高铁新区建设步伐加快，微纳中科、三维钢构、鲁班科创园、天安数码城等项目签约落地。

（四）改革开放不断深入，发展活力竞相迸发。改革攻坚纵深推进。90余项改革创新经验被中央、省市推广，3项改革经验被党和国家领导人批示肯定，“藏粮于地、藏粮于技”做法被中央改革办刊发推广。深化“放管服”改革，“一业一证”综合许可覆盖50个行业，205个涉企事项“容缺受理”，166个事项实现“一链办理”。深入推进国企改革，我市获评全省县级国资国企改革发展示范点。开放水平不断提高。新设外资企业11家、增资企业2家，实际利用外资1.004亿美元，增长48%。成功开通欧亚班列，带动出口2.6亿元；新增对外贸易备案登记企业87家，外贸进出口企业达到248家，进出口总额实现60.6亿元，增长25.6%。创新驱动成效显著。新增高新技术企业29家，总数达到123家，山森数控获评国家级“小巨人”企业，辛化硅胶等3家企业被评为省级技术创新示范企业。省级以上创新平台、“专精特新”企业分别发展到110家、55家，中小数控机床入选省特色产业集群，我市被评为全省技术转移先进县。技改基金完成投放5000万元，撬动工业贷款2.6亿元，为企业发展注入了更多“源头活水”。

（五）城乡融合步伐加快，乡

村振兴全面提速。城市品质持续提升。深入实施城市品质提升三年行动，6个区域70余万平方米房屋完成动迁，54个老旧小区改造基本完成，新增供热面积110.7万平方米，新建、改建公园游园36个、生态街巷124条，施划、改造停车泊位1.3万余个。京台高速改扩建以及龙岭路、滕龙路等16条城乡道路建成通车，振兴路南延、荆河路贯通等项目加快推进，城市路网更加完善。以创建全国文明城市为引领，统筹推进“五城同创”，高分通过国家卫生城市、国家园林城市复审。镇域发展势头强劲。制定出台推进乡村振兴示范镇、特色镇高质量发展的实施意见，每年列支5000万元专项支持资金；木石镇、西岗镇、东郭镇位居枣庄“双十镇”建设考核前列，官桥镇位居枣庄“山水林田大会战”观摩评比前列，鲍沟镇始终保持工业特色镇考核第一名，界河镇荣获全国乡村特色产业十亿元镇，镇域发展呈现重点带动、全域提升、竞相发展的良好势头。乡村振兴全面推进。50个乡村振兴项目完成投资30亿元，新格林、云尚善品、牧原养殖等一批智慧农业产业园落地建设；麦金地、华食汇、春藤牧业等农产品深加工项目投产运营，福藤食品晋升为农业产业化国家重点龙头企业。完成农村公路大中修280公里，新改建镇村道路90公里、燃气管网20公里、供水及排水管网22公里、供电线路82公里，农村基础设施更加完善。持续推进农村人居环境整治提升行动，建成美丽乡村精品示范片区8个、枣庄市级以上美丽乡村24个、美丽移民村4个、美丽庭院2万户，乡村面貌焕然一新。

（六）社会保障稳步提升，民生福祉更加殷实。生态环境持续改善。大力实施“山水林田大会战”，完成造林10560亩，修复湿地1380亩，建设提升环城绿道、生态廊道77公里。$PM_{2.5}$年均现状浓度为44微克／立方米，同比改善20%；全年空气优良天数达到231天，同比增加7天。第四污水处理厂和氟化物处理站建成运行，第三污水处理厂技术改造加快推进，3条国控河流断面水质均达到地表水三类标准，城河、十字河被评为省级美丽幸福河湖。公共服务持续提升。全市一般公共预算用于民生支出62.76亿元，占比78.9%。龙泉广场综合提升、村居文化体育惠民项目等20件惠民实事项目基本完成年度任务。持续巩固脱贫攻坚成果，3.1万脱贫享受政策人口收入稳定增长。发放创业担保贷款1.26亿元，城镇新增就业1.75万人。“双减”政策全面落实，完成4处化解大班额和6处幼儿园新改建项目，辅华高级中学投入使用，教育资源配置更加优质均衡。医药卫生体制改革不断深化，紧密型县域医共体县域就诊率达到95%以上。扎实推进省医养结合示范先行市建设，着力培育健康养老新业态，养老服务体系不断完善。社会治理持续优化。安全生产形势稳定，连续7年未发生较大及以上生产安全事故。扎实推进“平安滕州”建设，充分发挥“e呼善应”指挥平台作用，办结各类社会治理事项11.5万件。深入推进法治政府建设，组织开展法律法规宣传活动260余场、“法治进校园”报告会300余场。深入开展政法队伍教育整顿，推进扫黑除恶常态化，关口前移化解矛盾隐患，信访工作实现“退位降量”，为庆祝建党100周年、党的十九届六中全会等重大活动营造了安定祥和的社会环境。

在肯定成绩的同时，我们也清醒地认识到我市经济社会发展还存在着许多问题和不足：改革攻坚任务艰巨，还有不少“硬骨头”要啃；工业经济负重前行，转型升级任重道远；土地、能耗等资源要素约束趋紧，疫情防控、安全稳定、生态环保等领域压力较大；民生领域补短板任务较重，距离群众期盼还有差距等。对此，我们必将高度重视，在今后的工作中认真加以解决。

二、2022年经济社会发展主要预期目标

2022年是实施“十四五”规划承上启下的关键之年，也是现代化强市建设的攻坚之年。做好各项工作要坚持以习近平新时代中国特色社会主义思想为指导，全面贯彻党的十九大、十九届历次全会精神和习近平总书记视察山东重要讲话精神，坚持稳中求进工作总基调，以推动高质量发

展为主题，以深化供给侧结构性改革为主线，以改革创新为根本动力，以满足人民日益增长的美好生活需要为根本目的，统筹发展和安全，深入实施“工业强市、产业兴市”战略，全面推进乡村振兴，持续深化改革开放，着力提升治理水平，全力加快现代化强市建设步伐，在实现共同富裕的进程中走在全省前列，以优异成绩迎接党的二十大胜利召开。

根据上述要求，2022 年全市经济社会发展的主要预期目标安排为：生产总值增长 6% 以上；固定资产投资增长 7.5% 以上；一般公共预算收入、税收收入增长 7%；规上工业增加值增长 8% 左右；社会消费品零售总额稳定增长；外贸进出口总额增长 10%，实际利用外资稳定增长；居民人均可支配收入增长 7% 以上；居民消费价格指数涨幅控制在 3% 以内；粮食和重要农产品产量稳定增长；生态环境质量持续改善。

三、2022 年经济社会发展工作重点和主要措施

围绕落实全市经济工作会议精神、党代会精神和市委、市政府决策部署，2022 年重点抓好以下工作。

（一）加快动能转换，奋力开创转型升级新局面。培育壮大主导产业。纵深实施“工业强市、产业兴市”三年攻坚突破行动，统筹抓好“633”现代产业体系建设，重点培植壮大高端装备、高端化工、新材料三大产业，全力争创全省工业十强县。高端装备产业，围绕打造全国机床制造销售中心，巩固发展数控机床、金属制品、专用装备、矿山机械、精密铸造五类产品，重点培育威达重工、山森数控、海鲲机床、三合机械等链主企业，加快推进金精智能数控齿轮、普鲁特高精密主轴等项目建设，争取国家级机床技术研究中心在滕州设立分中心，力争高端装备产业主营业务收入突破 310 亿元。高端化工产业，围绕打造国家级化工新材料基地，持续做强做长做优氨基、醇基两大产业链，加快鲁化高端氨基醇基新材料、联泓新科一体化等项目建设，力争高端化工产业主营业务收入突破 360 亿元。新材料产业，围绕打造全国有影响力的产业集群，大力发展节能环保建材、无机功能材料、先进高分子材料，支持中材锂膜、鑫迪家居、辛华硅胶、金晶玻璃等企业加速发展，力争新材料产业主营业务收入突破 135 亿元。积极培育新能源、新医药、新一代信息技术等先进制造业，重点抓好中科福德空气源超低温应用、瑞科天启微矿分离一体化能源岛、益康抗肿瘤新药、爱朵智能制造产业基地等项目建设。统筹推进高质高效农业、新型商贸物流、特色文旅康养产业做大做强，加快煤电、建材、食品三大传统产业转型升级。加快园区提质升级。高标准编制开发区发展规划，围绕“一区多园”的规划布局，明确功能定位，优化资源配置，加速产业集聚，推动滕州经济开发区、鲁南高科技化工园区、高铁新区和墨子科创园等提档升级，打造特色产业发展高地，构建企业集聚、产业集群、要素集约的产业生态圈。推进创新驱动引领。继续分类实施企业培育计划，力争培育省级以上专精特新、瞪羚、单项冠军企业 15 家以上。全面深化与中科院、华中科大、北理工等高校院所合作，加快科技成果转化应用，力争新增省级以上创新平台 6 家以上、高新技术企业 25 家以上。推动渤瑞环保、腾达紧固成功上市，加快雄狮装饰等后备企业上市步伐。深入推进智能化绿色化技改三年行动，力争工业技改投资增长 10% 以上。

（二）聚焦项目建设，着力夯实强市建设新支撑。精准开展双招双引。聚焦优势特色产业建链强链延链补链，瞄准国内外 500 强、央企民企、产业头部企业，策划一批重大招商活动，对接一批重点合作意向，签约一批投资规模大、产业层次高、创新能力强、税收贡献多的优质产业项目，力争招引过亿元项目 100 个以上，其中过 10 亿元项目 20 个以上、过 50 亿元项目 5 个以上，推动百亿级重特大项目持续突破。加大招才引智力度，全面推行人才“一站式”服务，力争柔性引进省级以上高层次人才 40 人以上。强力推进项目建设。牢固树立“快就是大局、干就是担当”理念，坚持“新建项目抓开工、续建项目赶进度、建成项目快投产”工作思路，严格落实“企呼政应、

接诉即办”工作机制和全生命周期管理服务制度，定期通报、亮屏督导，力促117个重点项目上半年全部开工建设，力争年内竣工45个以上，完成年度投资320亿元以上。突出抓好要素保障。深入研究、对接上级政策，努力争取重大项目在建设用地、能耗压减、环境容量等方面的点供指标。聚焦投融资创新，加强银企合作力度，推动金融机构增加有效信贷投放；积极争取地方政府专项债券和各项专项资金支持。加快推进工矿地治理和土地整治，统筹抓好增存挂钩、增减挂钩、占补均衡政策，全面开展“亩产效益”评价，加大“僵尸企业”处理力度，力争落实建设用地指标5000亩以上。加快淘汰落后产能，实施降碳减碳项目，为项目建设提供能耗和容量空间。

（三）深化改革开放，全力激发经济发展新活力。深化重点领域改革。抓住被列为全省首批集成改革试点县的机遇，认真落实系统集成改革试点实施方案，推动以党的建设为统领、四大集成为抓手、十六项任务为重点的“1416”系统集成改革，促进改革与发展深度融合、高效联动。深入实施国企改革三年行动，提高企业经营效益和运营效率。提高对外开放水平。抓住我市被纳入中国（山东）自由贸易试验区青岛片区联动发展区机遇，加快嘉誉商贸城公用型保税仓库、跨境电商平台建设，放大欧亚班列带动效应，推动外贸企业扩大出口、外资企业增资扩股，积极融入国内国际双循环新格局，力争进出口总额突破67亿元。瞄准欧美、日韩等重点国家和地区，着力提升外资利用的规模和水平，确保实际利用外资1亿美元以上。持续优化营商环境。进一步深化“放管服”改革，全面落实减税降费政策，严格落实优化营商环境25条措施，公布“首次不罚、首次轻罚”清单，努力打造精简高效的政务生态，积极营造宽松有序的市场环境。加快社会信用体系建设，持续推动信用信息归集、共享、应用，健全守信联合奖励、失信联合惩戒机制，全力争创全省社会信用体系建设典型城市。

（四）坚持城乡统筹，聚力构建协调发展新格局。推动城市有机更新。加快推进临滕高速、省道S321枣梁线等干线公路工程建设，重点抓好墨子大道提升、振兴南路南延、青啤大道东连等工程建设，着力构建现代化综合交通体系。实施梁场、张刘庄等7个区域棚改新建项目，抓好其他20个区域搬迁扫尾，新建安置房1.2万套。加快实施8个片区76个老旧小区改造项目，改造面积185万平方米，惠及居民1.86万户。新建地下综合管廊5公里、燃气管网40公里，新增供热面积100万平方米。推动城市品质提升。按照“东拓、西提、南融、北延、中优”的发展思路，深入开展城市品质提升三年行动，建设城市公园5处、“口袋公园”25处，新增绿化面积100万平方米。围绕创建全国文明城市，深化城市精细管理，加快城市智慧停车系统建设，推广实施智慧照明，扮靓城市形象。着力培育现代服务新业态，大力支持商贸物流产业和城市综合体建设发展，支持嘉誉、鲁华、真爱等商贸零售企业提档升级，全力打造全国知名商贸集散地。推动乡村全面振兴。做大做强现代农业，扛牢粮食安全政治责任，稳固粮食生产能力，建设高标准农田11.6万亩、良种繁殖基地10万亩，争创全国制种大县和粮食生产先进县。发挥“双十镇”示范引领作用，培育壮大特色产业，力争“示范镇做强、特色镇做靓”。持续推进“四好农村路”提质增效，完成15座危桥加固改造，43个村的公共供水管网维修改造，7.1万户清洁取暖改造，有序推进农村改厕、生活垃圾和污水处理等工作。持续提升农村人居环境，全面巩固提升美丽乡村建设成效，努力创建省级、枣庄市级美丽乡村。深入推进农村集体“三资”清理，深化农村集体产权制度改革，极力促进集体和农民“双增收”。

（五）增进民生福祉，合力谱写美好生活新篇章。持续改善生态环境。认真贯彻落实习近平生态文明思想，深入推进节能减排降耗，走绿色低碳发展之路。继续推进“山水林田大会战”，持续加强破损山体和湿地生态修复。加快推进城区合流制排水管网雨污分流改造，加强南四湖流域生态保护，加大工业废气、工地扬尘等精细化管控力度，强化土壤污染源头防控，坚决打好蓝天、碧水、净土保卫战。提高社会治理水平。坚持用改革思维、改革办法推进社会治理，用足用好“e呼善应”社会治理平台，全力解决人民群众的困难和问题。持续强化校园安全、交通安全、社区安全、消防安全、食品药品安全工作，深入推进安全生产专项整治行动，突出抓好重点行业领域专项整治，坚决杜绝重特大生产安全事故发生。常态化开展扫黑除恶斗争，严打各类刑事犯罪活动，深化平安滕州和法治政府建设，全力营造和谐稳定的社会环境。提升民生保障水平。巩固拓展脱贫攻坚成果，推进全面脱贫与乡村振兴有效衔接。促进房地产业健康发展，健全完善多主体供给、多渠道保障、购租并举的住房制度。推进高质量就业创业，力争新增城镇就业1.4万人、发放创业担保贷款1.5亿元，城镇登记失业率控制在3%以内。深入推进全民参保计划，统筹衔接各类社会救助，提高基本养老、医疗、失业保险比例，按时足额发放各项社保待遇。加快光大美铭康养温泉小镇等项目建设，新增养老床位4000张以上，全力打造居家社区相协调、医养康养相结合的养老服务体系。深入开展助医、助学、助老、助困、助残等慈善救助活动，弘扬社会正能量。促进社会事业发展。深化“县管校聘”改革，扩大优质教育资源供给，促进城乡教育均衡发展，加快滕州一中东校等9处中小学新建扩建项目建设，力争新增学位9000个；高质量推动托育机构建设，确保年内每千人拥有3岁以下婴幼儿托育学位达到3个。有序推进新冠病毒疫苗接种，毫不放松抓好常态化疫情防控。深入推进紧密型县域医共体建设，加快市中心人民医院新院、市中医院迁建等项目建设，实施基层医疗卫生服务能力提升行动，构建优质高效的医疗卫生服务体系，全方位提高健康保障水平。实施文化惠民工程，开展省市县联合购买文化惠民演出，改造提升村民综合文化中心200个，公共服务设施综合馆上半年建成开放。大力实施现代公共服务体系建设、优秀传统文化传承弘扬、文化产业培育、旅游项目带动、文旅融合发展等工程，奋力推动文化旅游高质量发展。继续推进民族宗教、妇女儿童、防灾减灾、社会慈善等各项社会事业协调发展。

各位代表，做好2022年经济社会发展工作任务艰巨，意义重大。让我们在市委的坚强领导下，认真接受市人大及其常委会监督指导，虚心听取市政协的意见建议，踔厉奋发向未来，笃行不怠开新篇，确保圆满完成经济社会发展目标任务，为加快现代化强市建设步伐、在实现共同富裕的进程中走在全省前列而努力奋斗！

附录2

关于滕州市2020年预算执行情况和2021年预算草案的报告

——2021年1月12日在滕州市第十八届人民代表大会第五次会议上

市财政局局长　姜广涛

各位代表：

我受市人民政府委托，向大会报告滕州市2020年预算执行情况和2021年预算草案，请予审议，并请市政协各位委员和其他列席会议的同志提出意见。

一、2020年预算执行情况

2020年，面对突如其来的新冠肺炎疫情给经济社会发展和财政收支工作带来前所未有的风险和挑战，在市委正确领导和市人大的监督指导下，全市各级财税部门认真贯彻落实上级决策部署及工作要求，坚持稳中求进工作总基调，认真贯彻新发展理念，全力实施更加积极有为的财政政策，统筹推进疫情防控和经济社会发展，扎实做好“六稳”工作，全面落实“六保”任务，坚决实施更大规模减税降费，强化预算执行，注重风险防控，推动财政改革，全市财政运行呈现总体平稳的良好态势，圆满完成了市十八届人大四次会议批准，并经市十八届人大常委会第三十三次会议审议通过的预算调整目标任务。

（一）一般公共预算执行情况

1. 全市一般公共预算执行情况。2020年，全市一般公共预算收入55.7亿元，完成调整预算（以下简称预算）的100%，加上税收返还、转移支付补助、债券转贷收入、调入资金及上年结转收入等50.54亿元，收入总计106.24亿元。全市一般公共预算支出77.65亿元，完成预算的101%，加上上解上级支出、债务还本支出及结转下年支出等28.59亿元，支出总计106.24亿元。全市总收入等于总支出，财政收支平衡。

2. 市级一般公共预算执行情况。2020年，市级一般公共预算收入37.42亿元，完成预算的100.1%，加上税收返还、转移支付补助、下级上解收入、债券转贷收入、调入资金及上年结转收入等68.37亿元，收入总计105.79亿元。市级一般公共预算支出66.69亿元，完成预算的102%，加上上解上级支出、补助下级支出、债务还本支出及结转下年支出等39.1亿元，支出总计105.79亿元。市级总收入等于总支出，财政收支平衡。

3. 市级一般公共预算主要支出项目完成情况。教育支出21.39亿元，完成预算的104.4%；社会保障和就业支出14.67亿元，完成预算的100.5%；卫生健康支出5.52亿元，完成预算的101.3%；科学技术支出0.47亿元，完成预算的100.8%；文化旅游体育与传媒支出0.77亿元，完成预算的100.8%；节能环保支出0.9亿元，完成预算的101%；城乡社区支出1.55亿元，完成预算的101.7%；农林水支出5.98亿元，完成预算的100.2%；交通运输支出1.05亿元，完成预算的101%；住房保障支出0.76亿元，完成预算的100.6%；公共安全支出4.67亿元，完成预算的103.6%；一般公共服务支出4.3亿元，完成预算的100.1%。

（二）政府性基金预算执行情况

1. 全市政府性基金预算执行情况。2020年，全市政府性基金预算收入88.15亿元，完成预算的100.2%，比上年增长31.6%，加上结算财力，全市政府性基金预算支出96.27亿元，完成预算的100%，比上年增长30.4%。

2. 市级政府性基金预算执行情况。2020年，市级政府性基金预算收入88.15亿元，完成预算的100.2%，比上年增长31.6%，加上上级补助收入、抗疫特别国债转移支付收入、债券转贷收入及上年结转收入等22.86亿元，收入总计111.01亿元。市级政府性基金预算支出95.13亿元，完成预算的100%，比上年增长33.2%，加上上解上级支出、债务还本支出、补助下级支出、调出资金等15.88亿元，支出总计111.01亿元。市级总收入等于总支出，财政收支平衡。

（三）市级国有资本经营预算执行情况

2020年，市级国有资本经营预算收入8661万元，完成预算的100%，加上上级补助收入224万元，收入总计8885万元。市级国有资本经营预算支出3871万元，加上调出资金5014万元，支出总计8885万元，收支平衡。

（四）市级社会保险基金预算执行情况

2020年，市级社会保险基金收入51.63亿元，完成预算的112.2%。市级社会保险基金支出48.09亿元，完成预算的107.1%，年末滚存结余15.7亿元。

需要说明的是，以上预算执行情况是财政收支快报数，2020年财政决算编制完成后，部分数据还会有所调整，我们将按规定及时向市人大常委会报告。

（五）落实市十八届人大四次会议决议情况

市十八届人大四次会议以来，市财税部门认真落实大会决议和市人大常委会各项审议意见，重点做好了以下工作：

1. 坚定信心，攻坚克难，全力落实更加积极有为的财政政策。市财政部门坚持有保有压，通过压减非紧急非必须资金、强化资金统筹、加强成本控制等措施，调整优化支出结构，积极对冲疫情减收影响，缓解“三保”支出压力，支持疫情防控和经济发展工作。一是大力压减一般性支出和非急需非刚性支出。市级财政在年初预算压减的基础上，对差旅费再压减30%，对公务接待费、会议费、培训费再压减60%，对无法执行的因公出国（境）费全部收回。严格预算刚性约束，及时收回各部门未支出资金，全市压减和收回结余结转存量资金11.81亿元，统筹用于疫情防控和民生、教育等方面重点支出。二是多措并举挖潜增收。受疫情冲击和减税降费双重因素影响，我市地方级税收减收15.09亿元，其中：全年落实各项税收优惠6.85亿元，在去年减税基础上再减收1.21亿元；新冠疫情影响第三产业税收减收4.08亿元；煤炭、化工产品量价齐跌减收4.52亿元；压减煤炭消耗和环保等政策影响2.58亿元；2020年入库的缓缴税款比上年同期减少2.7亿元。面对组织收入困难形势，全市各征收部门主动作为，强化税收共治和收入征管，推进税收保障信息平台建设，通过深入开展分行业、分区域、分税种的税源调研，加大重点行业、重点企业税收评估，强化城镇土地使用税管理等措施，千方百计抓征管促增收，抵消了部分减收因素，收入质量明显提升，全市可用财力较“十二五”末增长16.4%。三是纵深推进财源建设。市委市政府出台财源建设奖励办法，加大对双招双引支持力度，着力培育财源增长点，夯实财政增收基础；建立激励性转移支付制度，鼓励发展总部经济，充分挖掘增收潜力，切实增强可用财力。四是全力把“保基本民生、保工资、保运转”作为财政保障的重中之重，制定“三保”风险应急处置预案，将“三保”工作纳入2020年经济社会发展综合考核。把政府带头过紧日子作为长期坚持的基本方针，执守简朴、精打细算，厉行节约办一切事业。

2. 民生优先，重点保障，不断增强人民群众幸福感获得感。2020年，全市民生支出完成59.74亿元，占全部支出的76.93%，同比提高0.44个百分点。一是重点保障惠民实事。围绕市十八届人大四次会议确定的2020年全市惠民实事，市财政制定资金筹措实施方案，加大对实事项目资金投入保障力度，统筹资金8.53亿元，专项用于惠民实事项目建设，确保惠民实事有序推进。二是优先支持教育加快发展。拨付义务教育保障经费1.74亿元，义务教育阶段生活补助1258万元，免费教科书2097万元，中职免学费3067万元，高中教育生均公用经费1663万元；安排奖学金助学金2598万元，实现从学前教育到高等教育资助政策全覆盖；优先保障教师待遇，按时发放镇街教师工资12.47亿元。三是加快完善公共文化服务体系建设。安排1726万元，实施乡村文化振兴项目，加强非物质文化遗产保护和传承，持续推进“一村一年一场戏”、广播电视无线覆盖、文化惠民消费券等文化惠民工程，让人民群众共享文化发展成果；拨付130万元，对全市建档立卡贫困户收看数字电视进行帮扶。四是优化落实社会保障政策。拨付2.42亿元，发放城乡低保、农村五保、大病救助等各类救助资金，社会弱势群体生活得到基本保障；拨付优抚对象抚恤补助资金1.61亿元，义务兵优待金2548万元，落实退役士兵安置和权益保障补助资金1.22亿元；拨付公共卫生补助资金1.19亿元、基层医疗机构补助及村卫生室基本药物补助5990万元，支持提高公共卫生服务水平；拨付残疾人各项补助、经济困难老年人补贴、高龄补贴救助资金6827万元，切实做到应保尽保、应养尽养、应救尽救；拨付公益性岗位补助资金2400万元，保证疫情期间就业保障水平。五是加大支持镇街力度。考虑镇街实际困难，在市级财力紧张情况下，进一步加大支持镇街力度，全年拨付镇街资金11.52亿元，保障了镇街工资发放和各项民生政策的及时兑现。六是激励干部干事创业，营造担当作为、狠抓落实的氛围。市财政安排2348万元，兑现2019年度经济社会发展综合考核、绩效考核、双招双引先进集体和个人奖金，充分体现市委市政府关爱干部、激励干部干事创业的政策导向。

3. 倾力扶持，多方减负，全面助力经济恢复平稳运行。市财税部门严格贯彻落实中央、省、市关于新冠疫情防控工作指示精神，切实履行职责，综合运用减税降费、财政补贴、贷款贴息、融资担保等政策工具“组合拳”，支持企业复工复产，发挥好财政资金“稳增长、促发展”的积极作用。一是坚决落实减税降费政策，切实减轻市场主体负担。市税务部门成立税收优惠政策辅导团队，确保纳税人、缴费人知政策、会操作、能享受。全年落实税收优惠6.85亿元，为322户企业办理缓缴税款7.26亿元，为全市1031户次企业办理出口退税1.97亿元，办理增值税留抵退税1.28亿元，助推重点行业全面恢复产能、稳定经济。落实阶段性减免降低社保费政策，减免3000余户企业社保费4.1亿元。二是统筹用好财政政策，支持企业加快复工复产。拨付2624万元，专项用于疫情防控和应急物资生产储备保障体系建设；认真落实疫情防控期间房租减免政策，市属国有企业和行政事业单位为中小微企业和个体工商户减免房租2561万元；支持贷款贴息和保费补贴政策，拨付小微企业融资担保降费奖补资金454万元，支持至能担保、聚诚等公司提供企业贷款担保服务9527万元；办理重点疫情防控保障企业贷款6350万元，为572户创业者提供创业担保贷款1.02亿元；落实疫情期间减轻农业经营融资成本政策，全年新增办理“鲁担惠农贷”611户3.28亿元，累计担保879户4.22亿元。三是深入推进财政资金股权投资改革，丰富完善财政支持实体经济方式，变无偿拨款为资本注入，变“奖补”为股权。全年注入交通发展集团、辰龙集团、旅游发展公司等国有企业资本金9884万元。充分发挥我市产业基金撬动作用，推行“基金+项目”模式，重点支持新兴产业发展和传统产业转型升级。四是加强财政支持企业力度，助力复工复产。拨付2.11亿元，支持正威华能、鑫迪工业、中材锂膜、启腾生物等企业生产和基础设施配套建设；拨付企业1674万元人才奖补和科技创新资金，兑现250万元优秀民营企业家奖励资金，拨付585万元企业技改奖补资金，充分激发民营经济发展活力；拨付7038万元，支持盛隆化工和鲁南化工园区安全防护村庄搬迁，提升园区环保水平。

4. 强化统筹，优化结构，着力推动经济社会高质量发展。认真落实市委市政府锚定“五闯五攻五样板”和“重点工作攻坚年”任务，以改革攻坚推动乡村振兴，建立城乡融合发展的体制机制和政策体系，实现城乡基础设施一体化发展，形成新型城镇化发展格局。一是积极争取上级资金，强化统筹管理，保障全市重点项目建设。全年争取上级无偿资金

25.8亿元，争取各类财政直达资金5.7亿元，全部用于支持“六稳”、落实“六保”和疫情防控等方面，直接惠企利民。发行政府专项债券18.3亿元，比上年增长89.4%，极大弥补了我市重点项目资金缺口。二是实施乡村振兴攻坚行动，充分发挥财政职能，推进涉农资金统筹整合，全年统筹整合72个项目6.56亿元。其中：乡村产业振兴资金1.69亿元，主要用于建设高标准农田、优化产业结构、建设现代农业设施、推进乡村产业融合等；人才振兴资金1536万元，主要用于“万名干部下基层”乡村振兴服务、实施新型职业农民培育工程、加强基层农技推广体系建设、推进乡村人才技能培训计划和农村基层组织人才队伍建设等；文化振兴资金537万元，主要用于市级文化场馆提升工程、文化惠民工程和乡村文明创建行动等；生态振兴资金3.72亿元，主要用于农村生活垃圾治理、农村厕所改造、农村生活污水治理、农村居民饮水安全、重点水利工程和美丽乡村建设等；组织振兴资金9471万元，主要用于加强基层组织建设、村级组织运转经费保障、扶持村级集体经济发展试点项目等。三是支持脱贫攻坚任务如期完成。市财政从统筹整合涉农资金、推进财政金融扶贫、强化扶贫资金监管等方面发力，2020年拨付扶贫专项资金7006万元，全力保障脱贫攻坚政策落实。“十三五”期间，累计投入各类专项扶贫资金2.07亿元，为全市脱贫攻坚提供坚实财力支持。全面实施扶贫项目资金绩效管理，完善财政扶贫资金动态监控机制，确保管住管好扶贫资金。2017—2020年，市财政拨付东西部扶贫协作对口帮扶重庆丰都资金2500万元，在资金支持、产业合作、人才支援等方面推动扶贫协作，高质量打造东西部扶贫协作新样板。四是支持打好污染防治攻坚战。牢固树立绿水青山就是金山银山的理念，始终把生态文明建设和生态环境保护放在突出位置，加大财政政策和资金支持力度，投入1.48亿元，支持打赢蓝天、碧水、净土、农村人居环境整治攻坚战。持续加大大气污染治理投入力度，大力支持城市黑臭水体治理和城乡污水处理“提质增效”，重点支持镇域环境综合整治和美丽乡村建设，实施农村改厕、生活污水和垃圾治理等，切实让人民群众享受到环境改善的成果。五是支持城市基础设施建设，提升城市品质水平。投入1.94亿元，实施振兴路、学院西路拓宽工程。安排4000万元，推进BRT快速公交城区延伸项目；投入2.9亿元，支持京台高速高架、保通路和高速路出口北移项目建设；拨付3000万元，实施枣庄市环城绿道滕州段建设工程。争取抗疫特别国债资金2.3亿元，支持交通基础设施提升、老旧小区改造、城区污水处理提质增效等项目建设，进一步完善城市功能，人民群众幸福感、获得感显著提升。

5. 坚守底线，防控并举，切实加强政府性债务管理。牢固树立风险意识和底线思维，不断强化债务管理，更加注重防范债务风险。一是健全政府债务管理应急和常态化监控机制，强化限额管理和预算管理。截至2020年末，我市政府债务余额149.13亿元，债务限额151.13亿元，始终控制在上级核定限额范围内。二是加强对地方政府专项债券政策研究，坚持“资金跟着项目走”的原则，将专项债券资金用于中央确定的重点领域、重大战略项目，做实做细政府债券储备、发行、使用三级项目库，做好政府债务项目储备、建设需求与债券发行、使用之间的有机衔接。2020年，我市新增政府专项债券18.3亿元，比去年翻了近一番，主要用于公共卫生、棚户区改造、市政工程等重点项目建设，有力支持了我市补短板、惠民生、促消费、扩内需的资金需求。三是规范政府债务“借、用、管、还”各环节管理，对新增债券项目全部实施绩效管理，规范使用新增政府债券，提高债券资金的使用效率和效益。积极稳妥化解存量债务，坚决遏制新增隐性债务。

6. 聚焦改革，提质增效，持续提升财政管理水平。一是持续深化预算管理改革。完善预算管理制度，推动预算管理领域“放管服”改革，规范“两统筹、两转变”。健全预算支出标准体系，规范细化预算编制，公开2020年部门预算及“三公”经费预算，提升财政透明度。深化国库集中支付改革，全面推广公务卡使用，规范公务消费行为。目前全市共有102个预算单位开设公务卡3805张，全年报销超过2000笔，有效减少了现金结算，提高了支出的透明度。二是全面推进预算绩效管理。制定《滕州市全面推进预算绩效管理的实施意见》，着力构建全方位、全过程、全覆盖预算绩效管理制度框架体系，2020年共审核批复部门预算绩效目标项目952个，涉及支出金额38.5亿元。开展重点预算项目资金使用情况绩效评价，将绩效评价结果与预算资金安排挂钩。三是完善财政评审制度，规范政府采购行为。强化项目资金源头控制，做好项目预算评审，全年共评审各类预算项目60个，评审金额7.7亿元，审定金额6.7亿元，审减金额1亿元。积极推进政府采购法制化、程序规范化、管理手段电子化，全年共实施政府采购项目531项，节约资金1600万元。四是加强财政监督检查。严格规范全市各部门单位财务管理，针对各级巡视巡察中发现的财务管理问题，积极开展专项整改治理，进一步严肃财经纪律，规范各项资金管理。开展会计信息质量检查，提高单位财务管理和会计核算水平，切实履行财政部门会计监督职责。

各位代表，2020年，全市各级各部门认真贯彻落实中央、省市和市委市政府决策部署，积极对冲疫情对经济造成的影响，紧紧围绕市人大确定的全市财政收支目标，加强财政收支管理，全市预算执行情况良好，但我们也清醒地认识到，当前全市财政运行仍然面临较为复杂严峻的形势，呈现“紧平衡”状态。主要表现在：一是财政收入持续下降，受疫情冲击、落实减税降费、压减煤耗政策性关停影响，全年地方级税收减收15.09亿元，虽然经济形势逐渐向好，但反映到财政税收方面相对滞后；二是财政收支矛盾更加突出，收入下降，可用财力减少，但刚性支出不断增加，财政保障面临较大压力；三是债务风险防控形势更加严峻，政府债券资金在保障我市重点项目建设、推动经济发展方面发挥了重要作用，但由于收入下降，综合财力减少，导致我市政府债务管理和隐性债务化解面临更大压力。四是财税征管水平有待加强，各镇街收入差距较大，部分镇街财源基础薄弱，自身保障能力不足。对这些问题，市政府高度重视，将采取积极措施，坚持稳中求进工作总基调，全力推动我市经济高质量发展。

二、2021年预算草案

根据各级经济工作会议精神和市委各项决策部署，2021年我们将着力深化改革，优化支出结构，细化预算编制，严格预算执行，防范债务风险，精准有效实施积极财政政策，精心“生财、聚财、用财、理财”，切实增强财政综合保障能力，服务重点项目和民生事业发展。

（一）预算安排的总体思路和基本原则

根据当前财政经济形势，按照市委总体部署，2021年预算工作总体思路是：坚持问题导向、目标导向、结果导向，认真贯彻零基预算、综合预算、绩效预算、项目滚动预算理念。坚持以收定支、量入为出，科学预测全年收入预期，合理安排预算支出总规模。坚持统筹兼顾、突出重点，提高预算编制的科学性和准确性。加强部门预算绩效管理，健全绩效指标体系，加强绩效评价结果应用。深化预算管理制度改革，不断完善标准科学、规范透明、约束有力的部门预算制度，为落实好市委市政府重大决策部署、维护好经济发展和社会稳定大局提供有力保障。

根据上述总体思路，2021年财政预算编制遵循以下原则：收入安排上，综合考虑实施积极财政政策对收入的影响，坚持实事求是、积极稳妥，体现经济发展成果及提高收入质量的要求。支出安排上，坚决落实政府过紧日子要求，进一步降低行政运行成本，优先保障“三保”支出，统筹发展和安全，因地宜时集中财力保障好各项重点支出。

（二）2021年预算安排

根据上述原则，2021年全市一般公共预算收入安排58.5亿元，比上年增长5%；加上结算财力，一般公共预算支出安排78.6亿元。按照《预算法》和《预算法实施条例》要求，市级分别编制了一般公共预算、政府性基金预算、社会保险基金预算和国有资本经营预算，具体如下：

1. 市级一般公共预算安排

2021年，市级一般公共预算收入安排39.3亿元，比上年增长5%。加上预计税收返还、转移支付补助、下级上解收入、债券转贷收入、调入资金及上年结转收入等76.44亿元，收入总计115.74亿元。市级一般公共预算支出安排66.42亿元，加上上解上级支出、补助下级支出、地方政府债券还本支出、结转下年支出等49.32亿元，支出总计115.74亿元。收支相抵，预算安排是平衡的。

2. 市级政府性基金预算安排

2021年，市级政府性基金预算收入安排88.15亿元，加上预计上级补助收入、债券转贷收入、上年结转收入等20.67亿元，收入总计108.82亿元。市级政府性基金预算支出安排78.6亿元，加上补助下级支出、地方政府债券还本支出、调出资金及结转下年支出等30.22亿元，支出总计108.82亿元。收支相抵，预算安排是平衡的。

3. 市级国有资本经营预算安排

2021年，市级国有资本经营预算收入安排7933万元。其中：建筑施工企业利润收入260万元，房地产企业利润收入3993万元，其他国有资本经营预算企业利润收入3680万元。市级国有资本经营预算支出安排7933万元。其中：其他国有企业资本金注入1422万元；解决历史遗留问题及改革成本支出3406万元；其他国有资本经营预算支出380万元；调入一般公共预算2725万元。收支相抵，预算安排是平衡的。

4. 市级社会保险基金预算安排

2021年，市级社会保险基金收入安排56.06亿元，比上年增长8.6%。市级社会保险基金支出安排53.67亿元，比上年增长11.6%。当年结余2.39亿元。

（三）市级重点项目支出预算安排

统筹上述一般公共预算、政府性基金预算的所有财力，我们根据山东省县级基本财力保障要求，突出“一个倾斜，两个优先”，在预算安排上，加大对“三保”支出的倾斜力度；在支出顺序上，坚持“三保”支出在财政支出中的优先顺序，坚持国家及省级标准的“三保”支出在“三保”支出中的优先顺序。按照支出政策需求和市委市政府确定的重点工作，市级财政安排的重点项目支出（不含上级专项转移支付）主要体现在以下方面：

1. 保障村级组织运转支出1.21亿元，主要是：村干部基本报酬；优秀村书记专业化管理；正常离任村干部生活补贴；村级组织运转经费补助等。

2. 农林水支出6146万元，主要是：乡村振兴专项资金；农村人饮安全工程；美丽乡村建设；农厕改造；农业政策性保险；农林业病虫害防治等。

3. 教育支出19201万元，主要是：义务教育保障经费；中职免学费及公用经费；高中生均公用经费；幼儿园生均公用经费；班主任绩效工资；镇街退休教师一次性补贴；义务教育阶段寄宿生生活补助；高中家庭经济贫困生资助；义务教育免课本费；民办教师教龄补贴；教育队伍建设等。

4. 社会保障和就业支出61029万元，主要是：财政负担城乡居民养老保险补贴；机关事业单位养老保险基金财政补助；企业养老保险收支缺口补助；退役士兵公益性岗位补贴；退役士兵就业补助；义务兵优待金；公益岗工资；抚恤补助；城市低保、农村低保、五保救助；残疾人补贴等。

5. 医疗卫生与计划生育支出29726万元，主要是：城乡居民基本医疗保险财政补助；基本公共卫生服务补助；镇街卫生院、卫生室实施基本药物制度补助；老乡医生活补助；镇街卫生院经费补助；大病救助；公立医院改革补贴；离休干部医药费；农村计划生育家庭奖励补助等。

6. 保障性住房支出281万元，主要是：保障性住房维修管理费用和公共租赁住房补贴，公共租赁住房建设资金通过新增政府债券解决。

7. 文化体育与传媒支出2919万元，主要是：县级台融媒体建设；社会足球场地建设；体育场馆维护及提升；全国文明城市创建；文化场馆免费开放；文化惠民消费补助；“一年一村一场戏”送戏下乡；文化宣传教育等。

8. 公共安全支出3371万元，主要是：社会治安视频监控运营费用；“雪亮工程”建设；城南园区消防站建设经费；法律援助等。

9. 科技人才支出1604万元，主要是：人才专项经费；科技专项资金；科学技术普及等。

10. 生态环保支出13510万元，主要是：污水处理服务费；垃圾处理费；污泥处置服务费；餐厨废弃物收运处理；环保监测；园林绿化维护等。

11. 城市建设与维护支出14672万元，主要是：城市基本维护；城乡环卫一体化保洁；老旧管网和户表改造；城市公交代政府承担社会职能补助及公交公司成本规制补贴等。

12. 一般公共服务支出27264万元，主要是：行政事业单位办公场所租金；土地出让收入征收业务费；税收征管和非税收入征收业务费；综合表彰奖励资金；援疆援藏资金；城市社区工作经费；政务中心运行经费；干部教育培训经费等。

13. 支持企业发展支出5000万元，主要是聚焦产业发展专项资金。

14. 扶贫资金2136万元，含对口支援重庆丰都东西协作扶贫资金。

15. 总预备费6500万元。

三、深化改革，奋发进取，扎实做好2021年财政工作

2021年是“十四五”规划开局之年，也是新时代现代化强市的起步之年，开好头、起好步对我市经济社会平稳健康发展影响深远、意义重大。我们将按照市委决策部署和要求，立足新发展阶段，贯彻新发展理念，融入新发展格局，密切关注上级财税改革政策动向，进一步培植财源、稳定收入，立足“三保”、优化支出，加强监管、提升绩效，扎实做好财政改革发展各项工作，确保圆满完成预算任务。

（一）全面提升管理水平，确保财政平稳运行。一是密切跟踪收入动态趋势，多渠道开源增收，积极推进综合治税，运用大数据信息平台，抓好重点税源和零散税源征管。全面梳理政府存量资产，分类提出盘活意见，拓宽非税收入来源。二是积极的财政政策要提质增效更可持续，更加注重支出结构调整。落实好政府过紧日子要求，坚决压缩一般性支出，做好重点领域保障，推动高质量发展，全面做好“六稳”“六保”工作，更加积极有效服务和推动稳增长、促改革、调结构、惠民生、防风险、保稳定。三是加大力度用好地方政府专项债，全面梳理新增专项债项目需求，做好2021年专项债项目储备工作，支持稳投资、补短板、扩内需，增强经济发展内生动力。

（二）积极贯彻新发展理念，助推经济高质量发展。一是全面落实市委市政府产业振兴加快高质量发展政策措施，围绕“八大产业”布局，发挥产业振兴资金杠杆作用，推动创新发展和产业升级，提高经济运行质量。重点支持经济效益好、税收贡献大、带动能力强的骨干财源企业，构建现代产业体系。二是加大“双招双引”和产业项目建设支持力度，完善激励奖补机制，激发加快发展、培植财源的积极性，为经济高质量发展提供财力保障。三是持续推进减税降费，提振中小企业发展信心，激发经济“细胞”活力，为高质量发展提供充沛动力。四是加大开发区基础设施投入，优化投资环境，提升园区承载能力，为经济高质量发展打牢基础。五是落实激励干部干事创业政策措施，深入实施人才强市战略，筑牢人力资源对实体经济的支撑，为经济高质量发展提供智力支持。

（三）兜牢基本民生底线，提升民生保障质量。始终坚持尽力而为、量力而行，坚决兜牢基本民生底线，逐步提高民生保障水平。一是进一步优化教育支出结构，支持发展公平而有质量的教育，补齐农村义务教育和学前教育短板，持续改善办学条件，加快推进城乡义务教育一体化均衡发展。二是进一步完善社会保障体系，努力提高社会保障制度的覆盖面和保障水平，着力在养老、医疗、优抚安置、社会救助、最低生活保障等民生支出方面，做到应保尽保。三是加强公共卫生体系建设，提高基本医疗服务水平，进一步优化健全基层医疗卫生机构多渠道补偿机制，促进基层医疗

机构健康有序发展。四是深入贯彻乡村振兴战略，继续统筹整合涉农资金，大力支持现代农业发展，推动农村一二三产业深度融合发展，支持开展农村人居环境整治行动，推动美丽乡村建设提档升级，打造乡村振兴齐鲁样板。五是支持完善公共文化服务体系、科技领域创新突破、公共公益事业建设，培育新的消费增长点，打造民生财政。

（四）持续深化财政改革，提高财政治理能力。一是深化预算管理改革，严格落实《预算法》和《预算法实施条例》，坚持以法治思维和法治方式推进财政各项工作，增强预算的法制性和约束力。二是加强政府债务管理，稳步化解隐性债务，有效防控地方政府债务风险。三是全面实施预算绩效管理，健全绩效指标和标准体系，继续扩大重点绩效评价范围，加强评价结果应用，提高财政资源配置效率和使用效益。四是强化会计管理、政府采购、投资评审监管职能，确保财政资金使用安全。五是主动接受人大监督，深化人大预算联网监督平台数据共享机制，推进人大预算审查监督重点向支出预算和政策拓展，提升依法理财水平。

各位代表，2021年是“十四五”规划开局之年，也是“两个一百年”奋斗目标的历史交汇期，做好今年财政工作使命光荣、责任重大。我们将在市委的坚强领导和市人大、市政协的监督支持下，认真落实本次大会决议，牢记使命职责，主动担当作为，以新发展理念为引领，全力以赴完成好全年预算收支目标和各项财政改革任务，为加快建设现代化强市和美德滕州、文明滕州、富强滕州提供坚强财力保障！

附录3

2021 年滕州市国民经济和社会发展统计公报

滕州市统计局

（2022 年 3 月 25 日）

2021 年，是中国共产党成立 100 周年，是“十四五”开局之年，也是我市迈入社会主义现代化建设新征程的起步之年。全市上下以习近平新时代中国特色社会主义思想为指导，把握新发展阶段，贯彻新发展理念，融入新发展格局，牢固树立“快就是大局，干就是担当”理念，大力实施“工业强市、产业兴市”战略，统筹抓好“633”产业体系培育，着力在产业集聚、项目提质、要素保障、创新驱动上攻坚发力，经济运行保持稳中向好态势，高质量发展实现新跨越，“十四五”实现良好开局。

一、综合

经济总量大幅提高。2021 年，全市实现生产总值 858.49 亿元，占枣庄比重达到 44%；按可比价格计算，增长 8.5%。其中，第一产业增加值 87.77 亿元，增长 8.2%；第二产业增加值 390.28 亿元，增长 8.1%；第三产业增加值 380.44 亿元，增长 8.9%。三次产业结构为 10.2∶45.5∶44.3，其中第二产业占比提高 1.5 个百分点。三次产业贡献率分别为 10.0%、42.3%、47.7%，分别拉动 GDP 增长 0.9 个、3.6 个、4.0 个百分点。

就业创业服务能力有效提升。全年累计提供就业岗位 4 万个，实现城镇新增就业 1.75 万人。落实各项就业创业政策资金 5300 余万元；发放创业担保贷款 1.31 亿元，直接扶持 660 人次创业，带动 3300 余人次就业。积极开展职业技能提升行动质量年活动，完成各项专项职业能力培训 1.4 万人。

物价水平温和可控。居民消费价格总指数 101.1%。八大类价格同比“四涨四降”，其中，交通通信类、教育文化和娱乐类、食品烟酒类、医疗保健类分别增长 4.5%、2.4%、1.2%、0.3%；其他用品和服务类、衣着类、居住类、生活用品及服务类分别下降 3.1%、0.9%、0.1%、0.1%。在食品烟酒价格中，粮食价格上涨 4.9%，鲜菜价格上涨 9.3%。

表 1：全市居民消费价格指数情况（以上年为 100）

单位：%

指标名称	2021 年
居民消费价格总指数	101.1
服务项目价格指数	100.5
消费品价格指数	101.5
1. 食品烟酒	101.2
2. 衣着	99.1
3. 居住	99.9
4. 生活用品及服务	99.9
5. 交通和通信	104.5

续表

指标名称	2021 年
6. 教育文化和娱乐	102.4
7. 医疗保健	100.3
8. 其他用品和服务	96.9

市场主体加快培育。当年新登记注册各类市场主体 2.51 万户。其中，私营企业 1.02 万户，个体工商户 1.45 万户。年末实有各类市场主体 20.71 万户，增加 1.6 万户，增长 8.4%。其中，私营企业 4.47 万户，个体工商户 15.79 万户。注册资本 2141.3 亿元，增加 382.3 亿元，增长 21.7%。民营市场主体培育良好，新登记民营市场主体 2.51 万户，新登记注册资本 312.4 亿元，新登记从业人员 7.7 万人。

二、重点战略

“工业强市、产业兴市”战略纵深推进。确立“633”现代产业体系发展思路，积极打造高端装备、高端化工两大千亿产业板块，形成了高端装备、高端化工、家居建材、新能源新材料、生物医药、新一代信息技术六大优势产业集群，大力培育新能源、新医药、新一代信息技术等先进制造业，加快煤电、建材、食品三大传统产业转型升级，推动传统产业向高端化、智能化、绿色化发展。高端装备、高端化工、新材料三大主导产业营业收入分别达到 280 亿元、300 亿元、110 亿元；山能鲁化成为枣庄市首家单体营收过百亿企业、荣获省长质量奖，联泓新科 A 股上市；蝉联全省高质量发展先进县，连续获评“中国中小机床之都”、中国工业百强县。

重点项目建设加力提速。实施重点项目 100 个，总投资 1528 亿元，全年完成项目投资 320 亿元，42 个项目竣工投产；22 个枣庄市重点项目全部开工建设，累计完成投资 146.5 亿元，超额完成 56.4 亿元；金晶节能玻璃产业链、恒仁玉米精深加工、北理工新材料产业基地、传化物流小镇、光大康养温泉小镇、鲁南高科技化工园区综合提升和聚酰胺 6 切片等 7 个项目列入省重大项目。爱拉森高档非织造布生产、爱朵智能制造产业基地等 7 个项目列入 2021 年省新旧动能转换重大项目库优选项目名单，1 个项目入选省“双招双引”重点签约项目，4 个项目列入省“补短板”项目，5 个项目列入省技改项目。

乡村振兴实现全面提升。累计建成高标准农田 113.7 万亩，小麦单产达到 511.2 公斤，位居全省第 2 位，被列入全省首批 6 个吨粮县之一，规划建设大白菜、大葱、绿萝卜、毛芋头等 6 个万亩级特色蔬菜基地。农业产业园区实现新突破，创建山东省现代农业产业园（滕州马铃薯），总投资 4.5 亿元、占地 600 亩，高标准智能设施 30 万平方米的滕州新格林高效现代农业产业园开工建设。新培育各类新型经营主体 20 家，省级家庭农场示范场 1 家，山东福藤食品有限公司成功入选国家级农业产业化龙头企业。建成美丽乡村精品示范片区 8 个、枣庄市级以上美丽乡村 44 个，美丽庭院 2 万户，实施农村供水提质工程 50 个，乡村嬗变由表及里、活力万千。开展“三资”清理专项行动，新增集体收入 6323 万元，村均实现增收 5.51 万元，新增“鲁担惠农贷”9.97 亿元。

双招双引工作成效显著。招商引资实现新突破。新招引过亿元项目 198 个，其中过 10 亿元项目 36 个、过 50 亿元项目 14 个、过百亿元项目 2 个。投资 215 亿元的联泓新科一体化、投资 103 亿元的土发集团洪绪全域土地综合整治、投资 60 亿元的滕南片区一级开发、投资 50 亿元的智能家居产业园等项目签约落地。招才引智激发创新活力。深化“百家平台科创”工程，新建恒瑞磁电院士工作站、恒仁工贸专家服务基地等省级平台 9 家。开展系列“引智强企”活动，柔性引进省级以上高层次人才 41 人，优选第二批青年人才 97 人。加大重点人才工程申报力度，入选国家级人才 2 人、省重点扶持区域急需紧缺人才 1 人、枣庄英才 13 人。优化提升“滕州英才”工程，评选第四届“滕州英才”9 人。加强技能人才队伍建设，筹建枣庄工程技师学院，评选“金牌技能人才”11人、“滕州工匠”15人。设立高层次人才服务中心，高质量运行人才窗口，高标准运行人才公寓，发放人才贷2020万元，不断优化人才发展生态。

开发区正式升级为国家级经济技术开发区。先后引进爱拉森高档医用护理用品、金精智能数控齿轮箱等过亿元项目15个，总投资额83亿元。3个项目入选省重大项目，12个项目入选省重点项目。深入实施闲置和低效用地清理行动，整合盘活泰通车业等项目9个，盘活土地719.7亩。滕州经济开发区经国务院批复，成功升级为国家级经济技术开发区。

三、农林牧渔业

农业生产形势良好。全市实现农业总产值172.01亿元，增长12.7%。其中，种植业107亿元，增长11.1%；林业0.78亿元，增长14.1%；牧业29.25亿元，增长21.7%；渔业8.86亿元，增长21.9%；农林牧渔专业及辅助性活动26.12亿元，增长7.2%。全年粮食播种面积159.89万亩，与去年基本持平；总产量80.08万吨，增长1.6%，单产500.85公斤/亩，增长1.4%。全年蔬菜种植面积86.39万亩，增长2.2%；产量360.43万吨，增长6.0%。全年生猪出栏26.02万头，增长61.5%；家禽出栏1428万只，增长0.5%。全市水产品产量4.09万吨，增长3.3%。

林业事业稳步发展。投资14.83亿元，完成10个片区42个重点项目。全年新造林10560亩，其中荒山造林4583亩，境内荒山全部“清零”；森林质量精准提升3000亩；修复湿地1380亩，新建界河生态长廊25公里，建设提升环城绿道、绿色生态廊道77公里；新增经济林面积2700亩，林下经济1000亩，建成经济林高产示范园2处，提升苗木花卉产业基地1000亩；林业有害生物防治面积达到30.8万亩。

四、工业和建筑业

工业发展提质增效。全市规模以上工业增加值增长16.5%，营业收入增长31.9%，利润总额增长247.7%，营业收入利润率10.3%。全市32个在统大类行业中有21个行业增加值增速同比增长，增长面为65.6%。全市规上高端化工、高端装备、新能源新材料、新一代信息技术企业总产值分别增长57.7%、31.2%、29.5%、72.1%，占全市总产值比重分别达38.1%、10.4%、16.9%、0.5%，拉动全市产值分别增长18.3个、3.3个、5个、0.3个百分点，产业调整步伐加快。

工业产品稳定增长。62种产品中有33种产品同比增长，增长面达53.2%。其中，玻璃纤维制品、电力电缆、白酒、金属紧固件、平板玻璃、金属成形机床、钢丝、棉纱分别增长77.2%、77.2%、43.6%、42%、28.3%、26.4%、24%、22.5%。

表2：2021年全市主要工业产品产量

产品名称	单位	产量	同比增长（%）
精甲醇	万吨	150.6	-10.7
原煤	万吨	294.4	-9.8
白酒	千升	2760.0	43.6
金属紧固件	万吨	7.9	42.0
水泥	万吨	583.1	10.8
纯苯	万吨	16.3	-11.5
钢丝	万吨	24.4	24.1
平板玻璃	万重量箱	1609.3	28.3
金属切削机床	万台	2.7	9.5

建筑业发展实力增强。全市资质以上建筑企业100家，比上年增加9家，建筑业总产值159.70亿元，增长4.7%。全年房屋建筑施工面积1065万平方米，其中新开工面积471万平方米。建筑业产值超过10亿元的企业2家，产值过5亿元（含10亿）的企业6家。

五、固定资产投资

投资实现快速增长。全市固定资产投资增长12.2%，45个在库项目本年完成投资超亿元，其中，30万吨/年己内酰胺、京台高速公路（滕州段）、传化物流小镇、滕州市公共服务设施综合馆、正威华能金属新材料等项目年投资额超3亿元。

投资结构不断优化。工业投资增长21.2%，占全市投资比重达38.8%，同比提高2.9个百分点，其中，工业技改投资增长15.1%，制造业技改增长11.5%，山东华电滕州电化学储能项目、金晶节能玻璃产业链等项目建设进展快。“四新”经济投资增长14.5%，民间投资增长90.1%。

房地产开发投资加快增长。全市房地产开发投资122.74亿元，增长16.0%；其中，住宅投资98.22亿元，增长22.7%。商品房销售面积200.4万平方米，增长5.3%；其中，住宅销售面积170.1万平方米，增长5.5%。

六、国内贸易

消费品市场加速复苏。全市社会消费品零售总额实现427.81亿元，增长15.6%。其中，限额以上单位零售额39.22亿元，增长18.3%。分消费类型看，批发零售业增长14.6%，住宿餐饮业增长23.5%；分地区看，城镇社会消费品零售总额增长17.4%，农村社会消费品零售总额增长15.2%。

消费升级加速提升。全市限额以上贸易业粮油食品类、饮料类、烟酒类商品零售额分别增长21%、36.9%和29.1%。在基本生活类商品零售额较快增长的同时，部分消费升级类商品零售额增速加快，其中，限额以上单位中西药品类商品零售额增长3.1%，通讯器材类增长55.6%，汽车类零售额增长12%，体育、娱乐用品类商品零售额增长38.5%。

电子商务高速发展。全年实现网络零售额51.9亿元，增长48%。扎实推进电子商务进农村综合示范工作，建设市电商公共服务中心1处、市电商仓储物流配送中心1处、镇级电商服务站16个、村级电商服务点200个；打造“滕韵佳物”“滕味善品”两大电商区域公用品牌，组织农特产品企业参加义乌电博会、济南电博会等各类展会节会等，扩大滕州农特产品销售量，大力促进农产品上行，5镇8村被阿里巴巴研究院认定为淘宝镇淘宝村；实施淘宝直播“村播计划”，开展直播电商培训，举办各类直播培训65期、2000余人次；通过商邮交快合作模式，全市所有行政村实现“快递进村”服务全覆盖。

七、对外经济

对外开放水平不断提高。全年实现外贸进出口总额60.6亿元，增长25.6%，其中，出口57.3亿元，增长26.3%；进口3.3亿元，增长14.3%。全市新增对外贸易经营者备案登记企业87家，有进出口实绩企业259家，进出口贸易涉及150余个国家和地区。实施“互联网+外贸”战略，实现枣庄市首单跨境电商9710新模式出口业务，推动8家企业实现跨境电商出口业绩；积极搭建外贸发展平台，开通滕州市欧亚班列，依托嘉誉商贸城成功申建公用型保税仓库，引进设立枣庄青滕国际商贸助力我市小微企业开展出口业务，实现业绩回流；组织企业参加广交会、山东出口商品（欧盟）云展会等线上线下展会20余个，大力拓展多元化国际市场。

利用外资创新高。全市新设外资企业11家，增资2家，实际到账外资1.004亿美元，增长48%。先后组织企业参加青岛峰会、上海进博会等各类省市外经贸招商活动20余场，成功签约外资项目7个。按照“储备有效线索、推进落地项目、加快外资到账”要求，当年储备成熟项目线索16个，推动开工落地项目9个，促进外资到账项目18个。

八、交通、邮政和通信

交通运输实现跨越式发展。京台高速公路改扩建工程通车运营，滕州新北出口正式启用，滕龙路、龙岭路、大同北路3条北出口连接线同步投入使用。完成了16条90公里县乡路提升和5

座危桥改造，打造了34公里莲青山美丽农村路示范样板区、16公里古薛河北辛文化旅游路示范样板区。全市公路通车总里程达到3449.5公里，其中，国道94.6公里、省道235.1公里，乡村公路3119.8公里。

汽车保有量持续增长。全市机动车保有量37.61万辆，增长11%。其中，私人汽车保有量34.62万辆，增长20%。民用汽车中，载客汽车27.54万辆，载货汽车2.57万辆。营运车辆1.24万辆，其中，载客汽车0.13万辆，载货汽车1.10万辆。

邮政通讯健康发展。全年发送函件7.7万件，特快专递110.56万件，报刊杂志1116.19万份。完成邮政行业业务总量1.86亿元，增长3.9%。完成包裹业务545.9万件，快递业务656.46万件，快递业务收入2535万元。年末固定电话用户10.87万户，移动电话用户153.66万户，互联网用户50.63万户。

推进客货邮融合发展。累计开通公交线路75条，实现了行政村（居）2公里以内公交线路全覆盖。打造交邮、交快线路6条，在25条公交线路开通托运服务，形成了2个市级分拨中心、17处镇级配送站、1002处村级物流服务网点共同组成的市、镇、村三级物流网络，乡镇物流通达率达100%。

九、财政和金融业

财政运行保障稳固。全市一般公共预算收入完成61.30亿元，增长10.1%；其中，税收收入完成50.46亿元，增长16.6%。全市一般公共预算支出完成79.51亿元，增长31.1%。其中，民生支出62.76亿元，占财政支出的比重达到78.9%，同比提高1.8个百分点。

银行存贷款总量均创历史新高。全市拥有各类金融机构59家，其中银行14家，保险机构36家，证券公司3家，融资性担保公司4家，民间资本管理公司2家。年末全市本外币贷款余额686.81亿元，较年初增加87.13亿元，增量突破80亿元大关，比去年多增25.70亿元，同期增量、增幅均创近五年新高。年末全市本外币存款余额948.22亿元，存款总量突破900亿元大关，同比增长7.6%。

企业上市挂牌取得新突破。成功入选全省上市公司孵化聚集区试点县，深入开展企业上市三年攻坚突破行动，12家上市后备企业与券商签约进入规范辅导期；15家企业完成股改并在齐鲁股权交易中心挂牌；渤瑞环保、腾达紧固接受山东证监局上市辅导；2家企业启动新三板挂牌工作。

保险事业稳中有进。全年实现保费收入23.61亿元，较上年同期减少0.66亿元。其中，财产险保费收入5.89亿元，人身险保费收入17.72亿元。

新型农村合作金融稳步推进。全市共有11家农民专业合作社开展了信用互助业务，累计发放互助金60笔、238万元。

十、科学技术和教育

创新驱动不断发力。新认定省院士工作站1家、省新型研发机构1家，新认定枣庄市技术创新中心9家、枣庄市重点实验室10家、枣庄市新型研发机构3家、枣庄市众创空间3家。10个项目列入省级以上重点科技计划，其中2个项目入选省重大科技创新示范工程。获批国家火炬计划人才1名，引进外国专家12名，柔性引进高层次人才3名。全年专利授权总量2991件，其中发明专利授权200件。有效发明专利累计总量621件，高价值发明专利总量累计190件。全年入库国家科技型中小企业206家，高新技术企业新增29家，达到123家。全市高新技术产业产值占规模以上工业总产值比重为55.26%，提高6.14个百分点。

质量强市成效显著。全市新增山东优质品牌22个、山东知名品牌11个、山东省高端品牌培育企业8家，滕州市创建山东省优质煤化工产品基地上榜，2021年山东省优质产品基地品牌价值10强，位列第7，品牌价值高达216亿元。新参与制修订国家标准2项、行业标准6项、团体标准6个；通过验收国家级标准化试点1个、省级标准化试点1个；新提交1个省级标准化试点项目验收申请；新立项3个山东省标准化试点项目。截至年末，马德里国际商标达到49件，地理标志证明商标9件，中国驰名商标11件。326家企业累计上报1356项标准，涵盖1614种产品，其中国家标准290个，行业标准124个，地方标准5个，企业标准929个，团体标准8个。全市通过ISO9000质量管理体系认证的组织有362家，能源管理体系认证的组织16家，环境管理体系认证的组织245家，强制性产品认证的组织277家。

教育事业优质发展。年内投资3亿元，完成实验小学荆河路校区、滕州一中东校扩建一期工程建设，化工技师学院原址局部改建成九年一贯制荆泉学校，新建了北辛街道北辛路学校初中部、辅华高级中学。实验幼儿园樱花苑园、北辛街道中心幼儿园2处公办园新建使用，级索中心园等3处幼儿园完成主体工程，小区配套园及时移交，学前教育普惠发展。实施省职教创新发展高地行动，扎实推进提质培优项目28类、38个，枣庄科技职业学院成立山东省高端装备应用技术协同创新中心，谋划筹建“枣庄工程技师学院”，启动1500亩新校区建设。

表3：全市各级各类学校、幼儿园情况

	学校数（所）	在校学生数（人）	毕业生数（人）	招生数（人）	教职工数（人）
一、高、中等学校	2	24592	5162	8037	1179
二、中等职业教育	6	14583	3365	4800	815
三、基础教育	514	290623	71822	74674	22869
普通高中	10	31262	9803	10679	3105
普通初中	38	59885	17174	21979	5154
普通小学	203	138698	20680	23659	9019
学前教育	263	60778	24165	18357	5591
四、特殊教育学校	1	124	33	35	44

十一、文化、广播电视、卫生和体育

文旅康养产业健康发展。金蜗牛房车营地、巧林新榫卯积木项目建成运营；23个在建重点文旅康养产业项目完成投资32.37亿元；新注册文化创意企业1255家，新增5个规上文化创意产业企业。全市A级旅游景区发展到22家，成功创建全省全域旅游示范区，蝉联“全国县域旅游综合实力百强县”。举办第十八届微山湖湿地红荷节、第十三届温泉文化旅游节、第五届鲁班文化节、第五届滕州书展等节会活动，开展文化和旅游消费季活动，发放“文旅惠民电子消费券”100万元。

文化服务效能持续提高。持续开展“文物保护利用进村居”及“乡村记忆”工程，完成柴胡店十间楼等10处乡村文物展览馆陈列布展，建成圈里村绳艺馆等40余处乡村记忆馆、村史馆、民俗馆、非物质文化遗产展示馆。岗上遗址成功入选“2020年度山东省五大考古新发现奖”，北辛遗址、庄里西遗址等九个项目入选“山东百年百项重要考古发现”名单。3项非物质文化遗产代表性项目入选第五批省级非物质文化遗产代表性项目名录。全市馆藏文物达到72000件（套），国家一级文物61件。总投资2916万元的龙泉文化广场综合提升项目如期竣工并结项；总投资6.68亿元的公共服务设施综合馆进展顺利；200个村（居）综合性文化服务中心的提升改造顺利完成。完成送戏下乡演出1190场，举办“庆国庆”系列文化惠民演出活动，完成省市县三级联合购买文化惠民演出19场。全市拥有备案注册庄户剧团60余家，从业人员1100余人。

广播电视事业繁荣发展。全市广播综合人口覆盖率95%，电视综合人口覆盖率99.1%。无线数字电视达到24套电视节目，覆盖境内85%人口。《滕州日报》订阅达到1.1万户，发行量达到2.6万份。

卫生服务水平全面提升。全市医疗卫生机构达到1163家，其中，医院34家，卫生院14家，社区卫生服务机构37家，公共卫生机构5家，村卫生室、诊所（门诊部）及其他医疗卫生机构1073家。医疗卫生机构实有床位数9318张，全年各类医疗机构共完成诊疗服务940.66万人次，提供住院服务29.2万人次。

体育事业稳步发展。建成高标准室外健身长廊一处和无人值守室外健身房。全年承办省级以上赛事赛会1项，举办全市性群众体育比赛活动60余次。组队参加枣庄市十运会群体组比赛、枣庄市第十一届全民健身运动会，300余名运动员参加16项比赛，获得21个单项冠军。组队参加枣庄市第十届运动会青少年组比赛。约420名运动员参加18个大项比赛，取得金牌、总分双第一。我市8名运动员参加全国第十四届运动会，获得1银1铜。全市注册登记的体育协会19家，社会体育指导员发展到近5000人，健身活动站点达到1369处。

十二、城乡建设

城市品质持续提升。城市市政基础设施建设累计完成投资12.4亿元。重点实施荆河东路建设、大同北路建设、墨子湖隧道及引道建设等城市市政基础设施建设项目53个，完工44个；同步实施道路交通安全设施、供热管网、供气管网、给排水管网等配套工程建设，新增供气管道长度211.82公里，新增供热管道长度268.07公里，燃气普及率达到100%，供热面积达3132万平方米。新建改建公园游园6处、口袋公园30处，新增城区绿地面积170.25万平方米，绿道长度达到137.28公里。累计建成海绵城市面积约21.58平方公里，占城市建成区面积的33.6%以上。累计建成综合管廊22.85公里。54个老旧小区实施改造，受益居民约2万户，改造面积约190万平方米，总投资约4亿元。

水利建设高标准推进。完成各类水利投资3.2亿元。城河、十字河高分通过全省美丽幸福河湖达标验收，户主水库被评为省级标准化管理示范工程。“山水林田大会战”项目完成界河全线25公里治理，对3处漫水桥维修改造，河道防洪标准达到20年一遇；高标准规划设计了界河生态文化廊道建设，指导沿线三镇开展河道披绿。日供水能力4万方的东沙河水厂完成境内输水管线15.6公里铺设；供水管网改造春秋阁小区等区域7.3公里；实施50个村的农村供水提质工程及43个无集中供水设施村的供水管网改造工程。

高铁新区建设成效显著。鑫迪一期（续建）项目完成建设并投产运营，深化与山东土发集团投资50亿元的智能家居建材产业园的合作，培育壮大建材产业集群；三维钢构项目已开始厂房建设；微纳中科已完成场地平整，正准备进场施工；天安数码城项目配合市规划部门完成项目初步选址。山东化工技师学院新校区分析系教学楼完成建设；卫生院项目完成建设；天然气管网扩能项目正在进行基础建设和大型设备进厂及安装；高铁新区南部区域污水干管铺设工作正稳步推进。

十三、环境保护、安全生产和气象、地震

河流断面水质稳定达标。坚持以保障南水北调水质安全为核心，以“预防为主、防治结合、综合治理”为原则，深入实施水污染防治，严格防范水环境风险，水环境质量不断改善，北沙河王晁桥、城郭河群乐桥、新薛河洛房桥3条国控河流断面各项指标均值全部达到地表水三类水质标准，集中式饮用水水源地水质达标率为100%。

环境空气质量持续改善。全市细颗粒物浓度均值为44微克/立方米，同比改善20%；可吸入颗粒物浓度均值为83微克/立方米，同比改善9.8%；二氧化硫浓度均值为14微克/立方米，同比改善17.6%；二氧化氮浓度均值为26微克/立方米，同比改善7.1%；臭氧浓度均值为172微克/立方米，同比改善5%；综合指数为4.71，同比改善12.3%；空气优良天数为231天，优良率63.3%。二氧化硫、二氧化氮平均浓度长期稳定达到《环境空气质量标准》二级标准。

环境执法监管不断强化。对列入执法检查正面清单的31家企业，减少现场执法检查频次，对违法行为轻微且未造成危害后果的企业，采取“首次不罚”或

"首次轻罚"措施。实施"全天候"线上监管、"网格化"线下巡查，坚持日常检查和"双随机，一公开"相结合的方式，出动执法人员2100余人次，检查企业1500余家次，立案131件，罚款2965.5万元，移交公安机关32件，治安拘留25人、刑事拘留34人。

用电量较快增长。全社会用电量83.66亿千瓦时，增长8.3%。其中，工业用电量61.45亿千瓦时，增长8.0%。据滕州供电部数据显示，2021年，滕州供电部售电量39.79亿千瓦时，增长8.0%。其中，全行业用电量29.19亿千瓦时，增长12.5%；城乡居民用电量10.60亿千瓦时，下降2.7%。

安全生产形势稳定。全年发生生产安全事故27起、死亡6人。其中，交通运输业事故5起、死亡4人；火灾事故15起、死亡0人；地面企业事故7起、死亡2人。

灾害防御水平不断提升。全年平均气温15.6℃，比常年偏高1.1℃。极端最高气温为37.0℃，出现在6月7日，极端最低气温为-15.3℃，出现在1月7日。年降水量为995.8mm，较常年偏多300.8mm。年日照时数为2036.8小时，比常年偏少233.8小时。本年度平均气温偏高，降水异常偏多，日照偏少。加强应急避难场所建设，已建成Ⅱ类标准地震应急避难场所4处，占地面积共计约48.1万平方米，震时可临时疏散安置31.9万人。开展第一次全国自然灾害综合风险普查，开展"防灾减灾日""国际减灾日"主题宣传教育活动，组织防震逃生演练，积极创建全国、全省"综合减灾示范社区"。

十四、人口、居民生活和社会保障

人口总量平稳增长。年末全市户籍总户数53.11万户，总人口176.5万人，其中城镇人口89.13万人。总人口中，男性93.15万人，女性83.35万人。全市常住人口157.35万人，常住人口城镇化率达59.93%，比上年提高0.4个百分点。全年出生人口1.27万人，出生率7.22‰；死亡人口0.62万人，死亡率3.5‰；人口自然增长率3.72‰。

表4：全市户籍人口数及其构成

指　标	年末数（人）	比重（%）
全市总人口	1764971	100.0
其中：城镇	891251	50.5
乡村	873720	49.5
其中：男性	931521	52.8
女性	833450	47.2
其中：0—17岁	393851	22.3
18—34岁	385495	21.8
35—59岁	632723	35.9
60周岁及以上	352902	20.0

居民收入稳步提升。全年居民人均可支配收入为33030元，增长8.8%。其中，城镇居民人均可支配收入为41705元，增长7.8%；农村居民人均可支配收入为20801元，增长10.6%，高于城镇居民收入增幅2.8个百分点。城乡居民人均可支配收入倍差为2.0，比上年缩小0.06。

社会保障体系日趋完善。开展企业参保、缴费、职工退休、待遇领取"一件事"打包办理，实施人社服务快办行动，加强社保网上办、掌上办宣传力度。累计征收各项社保费28.6亿元，发放各项社保待遇33.73亿元。年末全市各类社会养老服务机构31个，拥有床位7508张，入住人数2811人。最低生活保障救济1.4万户、2.49万人，其中城市1450户、2668人，农村1.25万户、2.22万人，全年发放最低生活保障金15270.67万元。城乡特困人员6299人，全年发放救助供养金6317.41万元，接受社会捐赠2179.5万元。全市福利彩票网点141个，福利彩票销售额1.32亿元。

注：

1. 本公报中数据均为初步统计数，部分数据因四舍五入影响，存在总计与分项合计不等情况。最终核实数以《滕州统计年鉴2022》公布的数据为准。

2. 全市生产总值、各产业增加值按现价计算，增长速度按可比价格计算。

3. 规模以上工业企业指年主营业务收入2000万元及以上的工业法人企业。

4. 规模以上服务业企业，一是辖区内年营业收入2000万元及以上服务业法人单位。包括：交通运输、仓储和邮政业，信息传输、软件和信息技术服务业，水利、环境和公共设施管理业三个门类和卫生行业大类。二是辖区内年营业收入1000万元及以上服务业法人单位。包括：租赁和商务服务业，科学研究和技术服务业，教育三个门类，以及物业管理、房地产中介服务、房地产租赁经营和其他房地产业四个行业小类。三是辖区内年营业收入500万元及以上服务业法人单位。包括：居民服务、修理和其他服务业，文化、体育和娱乐业两个门类，以及社会工作行业大类。

5. 固定资产投资（不含农户）包括城镇和农村各种登记注册类型的企业、事业、行政单位以及城镇个体户计划总投资500万元及以上的建设项目投资，全部房地产开发经营法人单位开发项目投资。

6. 限额以上批发业企业指年主营业务收入2000万元及以上的批发业企业，限额以上零售业企业指年主营业务收入500万元及以上的零售业企业，限额以上住宿和餐饮业企业指年主营业务收入200万元及以上的住宿和餐饮业企业。

资料来源：

本公报中户籍人口来自市公安局，市场主体数据、专利数据来自市市场监督管理局、市行政审批中心，粮食产量、价格、居民收入数据来自国家统计局滕州调查队，“633”产业体系、重点项目建设数据来自市发改局，乡村振兴数据来自市委农办，人才数据来自市委组织部，进出口、对外经济数据来自市商务和投资促进局，邮政通信数据来自市邮政管理局，财政数据来自市财政局，税收数据来自市税务局，金融机构存贷款数据来自中国人民银行滕州市支行，保险业数据来自市金融服务中心，科技数据来自市科技局，教育数据来自市教体局，体育数据来自市体育事业发展中心，卫生数据来自市卫健局，社会保险、就业数据来自市人社局，社会福利数据来自市民政局，文化、旅游数据来自市文化和旅游局，广播电视数据来自市融媒体中心，城市基础设施建设数据来自市住建局，水利建设数据来自市水务局，交通数据来自市交通运输局、市公安局、市公路局，农业农村数据来自市农业农村局，林业数据来自市林业发展中心，环境保护数据来自枣庄市生态环境局滕州分局，安全生产数据来自市应急管理局，其他数据均来自市统计局。

附录 4

2021 年滕州市涉改事业单位改革调整一览表

调整方式	改革前			改革后		
	序号	名称	主管部门	序号	名称	主管部门
整合组建	1	滕州市能源事务中心	滕州市政府，由滕州市发展改革局代管	1	滕州市能源事务中心	滕州市政府
	2	滕州市电力服务中心	滕州市发展改革局			
	3	滕州市节约能源事务中心	滕州市发展改革局			
	4	滕州市体育发展服务中心	滕州市政府，由滕州市教育体育局代管	2	滕州市体育事业发展中心（滕州市体育总会秘书处、滕州市老年人体育协会秘书处）	滕州市政府
	5	滕州市老年人体育协会秘书处	滕州市教育体育局			
	6	滕州市体育总会秘书处	滕州市教育体育局			
	7	滕州市体育中心	滕州市教育体育局			
	8	滕州市林业发展服务中心	滕州市政府，由滕州市自然资源局代管	3	滕州市林业事业发展中心	滕州市政府
	9	滕州市林业站	滕州市林业发展服务中心			
	10	滕州市森保站（滕州市荆河湿地公园管理办公室）	滕州市林业发展服务中心			
	11	滕州市竹木检查站	滕州市林业发展服务中心			
	12	滕州市木材检查站	滕州市林业发展服务中心			
	13	滕州市规划编制研究中心	滕州市政府，由滕州市自然资源局代管	4	滕州市规划编制研究中心	滕州市政府
	14	滕州城市展览馆	滕州市规划编制研究中心			
	15	滕州市商业行业事务中心	滕州市政府	5	滕州市商业物资行业事务中心	滕州市政府
	16	滕州市物资行业事务中心	滕州市政府			
	17	滕州市老干部活动中心	滕州市委组织部	6	滕州市老干部服务中心	滕州市委组织部
	18	滕州市干部休养所	滕州市委组织部			
	19	滕州市城市转型服务中心	滕州市发展改革局	7	滕州市社会信用中心（滕州市价格认证中心）	滕州市发展改革局
	20	滕州市社会信用中心	滕州市发展改革局			
	21	滕州市价格认证中心	滕州市发展改革局			
	22	滕州市教学研究室	滕州市教育体育局	8	滕州市教育事业发展研究中心（滕州市教育招生考试中心、滕州市教育系统会计结算中心）	滕州市教育体育局
	23	滕州市教育系统会计结算中心	滕州市教育体育局			
	24	滕州市教育招生考试中心	滕州市教育体育局			
	25	滕州市学生资助管理中心	滕州市教育体育局			
	26	滕州市人才创新驱动中心（滕州市科技创新创业基地）	滕州市委，由滕州市委组织部代管	9	滕州市人才创新驱动中心（滕州市科技创新创业基地）	滕州市科技局
	27	滕州市科学技术信息研究所	滕州市科技局			

续表

调整方式	改革前			改革后		
	序号	名称	主管部门	序号	名称	主管部门
整合组建	28	滕州市儿童福利院	滕州市民政局	10	滕州市社会福利中心（滕州市儿童福利院、滕州市救助管理站）	滕州市民政局
	29	滕州市救助管理站	滕州市民政局			
	30	滕州市慈善总会办公室	滕州市民政局	11	滕州市社会救助综合服务中心（滕州市慈善总会办公室）	滕州市民政局
	31	滕州市城乡居民最低生活保障服务中心	滕州市民政局			
	32	滕州市民政局婚姻登记处	滕州市民政局	12	滕州市社会事务服务中心（滕州市民政局婚姻登记处）	滕州市民政局
	33	滕州市殡葬管理所（滕州市龙山公墓管理所）	滕州市民政局			
	34	滕州市法律援助中心	滕州市司法局	13	滕州市公共法律服务中心	滕州市司法局
	35	滕州市法律保障服务中心	滕州市司法局			
	36	滕州市司法调解中心	滕州市司法局	14	滕州市非诉讼纠纷化解服务中心	滕州市司法局
	37	滕州市人民政府行政复议事务中心	滕州市司法局			
	38	滕州市财政运行服务中心	滕州市财政局	15	滕州市财政运行服务中心	滕州市财政局
	39	滕州市会计事务服务中心	滕州市财政局			
	40	滕州市财政投资评审中心	滕州市财政局			
	41	滕州市财政投融资服务中心	滕州市财政局	16	滕州市财政投融资服务中心	滕州市财政局
	42	滕州市政府和社会资本合作（PPP）管理中心	滕州市财政局			
	43	滕州市基层财政服务中心	滕州市财政局	17	滕州市行政事业国有资产运营中心（滕州市基层财政服务中心）	滕州市财政局
		（21个派驻镇街财政所）	滕州市财政局			
	44	滕州市人力资源服务中心	滕州市人力资源社会保障局	18	滕州市公共就业和人才服务中心	滕州市人力资源社会保障局
	45	滕州市职称评价中心	滕州市人力资源社会保障局			
	46	滕州市职业技能鉴定中心	滕州市人力资源社会保障局			
	47	滕州市土地资产服务中心	滕州市自然资源局	19	滕州市土地资产服务中心（滕州市国土空间生态修复中心）	滕州市自然资源局
	48	滕州市土地整理中心	滕州市自然资源局			
	49	滕州市测绘管理处	滕州市自然资源局			
		(20个派驻镇街国土资源所)	滕州市自然资源局			
	50	滕州市建筑业发展服务中心	滕州市政府，由滕州市住房城乡建设局代管	20	滕州市建筑业发展服务中心	滕州市住房城乡建设局
	51	滕州市建设工程招标投标服务中心	滕州市住房城乡建设局			
	52	滕州市装饰行业管理办公室	滕州市住房城乡建设局			

续表

调整方式	改革前			改革后		
	序号	名称	主管部门	序号	名称	主管部门
整合组建	53	滕州市建筑施工安全监督站	滕州市住房城乡建设局	21	滕州市工程建设服务中心	滕州市住房城乡建设局
	54	滕州市城市建设档案馆（滕州市城市建设档案管理处）	滕州市住房城乡建设局			
	55	滕州市建设工程造价管理处	滕州市住房城乡建设局			
	56	滕州市燃气供热管理办公室	滕州市住房城乡建设局			
	57	滕州市房地产开发事务中心	滕州市政府，由滕州市住房城乡建设局代管	22	滕州市住房建设事业发展中心（滕州市人防事务服务中心）	滕州市住房城乡建设局
	58	滕州市人防建设资金征收站	滕州市房地产开发事务中心			
	59	滕州临港物流园区管理委员会	滕州市交通运输局	23	滕州市交通运输服务中心（滕州临港物流园区服务中心）	滕州市交通运输局
	60	滕州市交通运输服务中心	滕州市交通运输局			
	61	滕州市航运管理所	滕州市交通运输局			
	62	滕州市河道管理中心（滕州市河长制事务中心）	滕州市城乡水务局	24	滕州市河湖长制事务中心	滕州市城乡水务局
	63	滕州市水政监察大队	滕州市城乡水务局			
	64	滕州市马河水库管理服务中心	滕州市城乡水务局	25	滕州市水库管理服务中心	滕州市城乡水务局
	65	滕州市户主水库管理服务中心	滕州市城乡水务局			
	66	滕州市马河水库监察中队	滕州市城乡水务局			
	67	滕州市虎山水库管理所	滕州市城乡水务局			
	68	滕州市水土保持监督站（滕州市水土保持委员会办公室）	滕州市城乡水务局	26	滕州市水务服务中心	滕州市城乡水务局
	69	滕州市水资源管理委员会办公室	滕州市城乡水务局			
	70	滕州市农业农村综合服务中心	滕州市政府，由滕州市农业农村局代管	27	滕州市现代农业发展中心	滕州市农业农村局
	71	滕州市农业机械化学校	滕州市农业农村局			
	72	滕州市农机技术推广站	滕州市农业农村局			
	73	滕州市农村能源服务中心	滕州市农业农村局	28	滕州市农村经济事务中心	滕州市农业农村局
	74	滕州市土肥工作站	滕州市农业农村局			

续表

调整方式	改革前			改革后		
	序号	名称	主管部门	序号	名称	主管部门
整合组建	75	山东省农业广播电视学校滕州市分校	滕州市农业农村局	29	滕州市农业技术推广中心（山东省农业广播电视学校滕州市分校）	滕州市农业农村局
	76	滕州市农业技术推广中心	滕州市农业农村局			
	77	滕州市农业技术指导站	滕州市农业农村局			
	78	滕州市蔬菜站	滕州市农业农村局			
	79	滕州市植保植检站	滕州市农业农村局			
	80	滕州市种子管理站	滕州市农业农村局			
	81	滕州市外经外贸服务中心	滕州市商务和投资促进局	30	滕州市商贸物流产业促进中心	滕州市商务和投资促进局
	82	滕州市散装水泥办公室	滕州市商务和投资促进局			
	83	滕州市文化旅游发展中心	滕州市政府，由滕州市文化和旅游局代管	31	滕州市文创旅游产业促进中心（滕州市文物保护传承中心）	滕州市文化和旅游局
	84	滕州市旅游集散中心	滕州市文化和旅游局			
	85	滕州市健康促进与教育中心（滕州市中医药推广交流中心）	滕州市卫生健康局	32	滕州市卫生健康服务中心（滕州市中医药推广交流中心）	滕州市卫生健康局
	86	滕州市卫生健康信息中心	滕州市卫生健康局			
	87	滕州市应急救援保障中心	滕州市政府，由滕州市应急局代管	33	滕州市应急救援保障中心（滕州市地震监测中心）	滕州市应急局
	88	滕州市地震监测中心	滕州市应急管理局			
	89	滕州市公共资源交易中心（枣庄市公共资源交易中心滕州市分中心）	滕州市审批服务局	34	滕州市公共资源交易中心（枣庄市公共资源交易中心滕州市分中心、滕州市政府采购中心）	滕州市审批服务局
	90	滕州市政府采购中心	滕州市财政局			
	91	滕州市综合检验检测中心	滕州市政府	35	滕州市综合检验检测中心（滕州市产品质量监督检验所）	滕州市市场监管局
	92	滕州市产品质量监督检验所	滕州市市场监管局			
	93	滕州市计量科学研究所	滕州市市场监管局	36	滕州市质量计量检测中心	滕州市综合检验检测中心
	94	滕州市衡器管理所	滕州市市场监管局			
	95	滕州市计量检定测试所	滕州市市场监管局			
	96	滕州市消费者协会办公室	滕州市市场监管局	37	滕州市市场监管综合服务中心（滕州市知识产权事业发展中心）	滕州市市场监管局
	97	滕州市个体私营企业协会办公室	滕州市市场监管局			
	98	滕州市普查中心	滕州市统计局	38	滕州市普查中心（滕州市社情民意调查中心、滕州市统计计算中心）	滕州市统计局
	99	滕州市社情民意调查中心	滕州市统计局			
	100	滕州市统计计算中心	滕州市统计局			
	101	滕州市职工服务中心（滕州市困难职工帮扶中心）	滕州市总工会机关	39	滕州市职工服务中心	滕州市总工会机关
	102	滕州市职工技术协会	滕州市总工会机关			

续表

调整方式	改革前			改革后		
	序号	名称	主管部门	序号	名称	主管部门
整合组建	103	滕州市老科技工作者服务中心	滕州市科协机关	40	滕州市科协学会服务中心（滕州市老科技工作者服务中心）	滕州市科协机关
	104	滕州市科技咨询中心	滕州市科协机关			
	105	滕州市残疾人康复职业培训中心	滕州市残联机关	41	滕州市残疾人综合康复中心（滕州市残疾人就业服务中心）	滕州市残联机关
	106	滕州市残疾人劳动就业服务所	滕州市残联机关			
新设立				42	滕州市改革赋能研究中心	滕州市委办公室
				43	滕州市高层次人才服务中心（滕州市委组织部干部人事档案管理服务中心）	滕州市委组织部
				44	滕州市政府事务推进中心（滕州市项目和政策评估服务中心）	滕州市政府办公室
				45	滕州市军民融合事务服务中心	滕州市发展改革局
				46	滕州市政府投资审计服务中心	滕州市审计局
				47	滕州市医疗保险基金稽核中心	滕州市医保局
更名、挂牌、调整隶属关系等	107	滕州市统战事务服务中心（滕州市民族宗教事务联络中心、滕州市侨联联络中心）	滕州市委统战部	48	中共滕州市委统战事务服务中心（滕州市民族宗教事务联络中心、滕州市侨联联络中心）	滕州市委统战部
	108	滕州市机构编制和实名制管理事务中心	滕州市委编办	49	滕州市机构编制和实名制管理事务中心（滕州市事业单位绩效评价中心）	滕州市委编办
	109	滕州市市直机关党员服务中心	滕州市委市直机关工委	50	滕州市市直机关党员教育服务中心	滕州市委市直机关工委
	110	滕州市化建工业服务中心	滕州市工业和信息化局	51	滕州市化建工业服务中心（滕州市高端化工产业促进中心）	滕州市工业和信息化局
	111	滕州市机电工业服务中心	滕州市工业和信息化局	52	滕州市机电工业服务中心（滕州市高端装备产业促进中心）	滕州市工业和信息化局
	112	滕州市公安局民警训练基地	滕州市公安局	53	滕州市人民警察训练中心	滕州市公安局
	113	滕州市劳动人事争议仲裁院	滕州市人力资源社会保障局	54	滕州市劳动人事争议仲裁院	滕州市人力资源社会保障局
	114	滕州市人才储备中心	滕州市人力资源社会保障局	55	滕州市人才储备中心	滕州市人力资源社会保障局

续表

调整方式	改革前			改革后		
	序号	名称	主管部门	序号	名称	主管部门
更名、挂牌、调整隶属关系等	115	滕州市柳琴戏研究保护中心	滕州市文化旅游发展中心	56	滕州市非物质文化遗产保护传承中心（滕州市柳琴戏研究保护中心）	滕州市文化和旅游局
	116	滕州市烈士陵园	滕州市退役军人局	57	滕州市烈士陵园	滕州市退役军人局
	117	滕州市国有资产运营服务中心	滕州市国资局	58	滕州市国资国企改革发展服务中心	滕州市国资局
	118	滕州市政务服务运行和技术保障管理中心	滕州市审批服务局	59	滕州市政务服务中心	滕州市审批服务局
	119	滕州市工人文化宫	滕州市总工会机关	60	滕州市工人文化宫	滕州市总工会机关
	120	滕州市青少年科学技术馆	共青团滕州市委	61	滕州市青少年活动中心	共青团滕州市委机关
	121	中共滕州市委党校（滕州市行政干部学校、滕州市社会主义学校）	滕州市委	62	中共滕州市委党校（滕州市行政干部学校、滕州市社会主义学校）	滕州市委
	122	滕州市关心下一代工作服务中心	滕州市委组织部	63	滕州市关心下一代工作服务中心	滕州市委组织部
	123	滕州市畜牧水产服务中心	滕州市政府，由滕州市农业农村局代管	64	滕州市畜牧渔业事业发展中心	滕州市农业农村局
	124	滕州市老年大学	滕州市委组织部	65	滕州市老年大学（滕州开放大学）	滕州市委、滕州市政府
	125	滕州市纪委监委信息中心	滕州市纪委监委机关	66	滕州市纪委监委机关综合保障中心	滕州市纪委监委机关
	126	滕州市军民融合服务中心（滕州市国家安全事务中心）	滕州市委办公室	67	滕州市国家安全事务中心	滕州市委办公室
	127	滕州市党员教育中心	滕州市委组织部	68	中共滕州市委组织部党员教育中心	滕州市委组织部
	128	滕州市互联网信息中心	滕州市委，归口滕州市委宣传部领导	69	滕州市网络安全保障中心	滕州市委宣传部
	129	滕州市文化产业发展服务中心	滕州市委宣传部	70	滕州市新时代文明实践服务中心（滕州市志愿服务指导中心）	滕州市委宣传部
	130	滕州市社会治理综合服务中心（滕州市网格化服务管理中心）	滕州市委，归口滕州市委政法委领导	71	滕州市社会治安综合治理服务中心（滕州市网格化服务管理中心）	滕州市委政法委
	131	滕州市人民政府调查研究中心	滕州市政府，由滕州市政府办公室代管	72	滕州市人民政府决策研究中心	滕州市政府办公室
	132	滕州市大数据产业发展服务中心（滕州市信息化服务中心）	滕州市委、滕州市政府	73	滕州市大数据中心	滕州市政府办公室
	133	滕州市人民法院机关服务中心	滕州市法院	74	滕州市人民法院审判保障中心	滕州市法院
	134	滕州市人民检察院机关服务中心	滕州市检察院	75	滕州市人民检察院检察事务中心	滕州市检察院

续表

调整方式	改革前			改革后		
	序号	名称	主管部门	序号	名称	主管部门
更名、挂牌、调整隶属关系等	135	滕州市中小学素质教育实践基地	滕州市教育体育局	76	滕州市中小学素质教育实践中心	滕州市教育体育局
	136	滕州市工业运行监测中心	滕州市工业和信息化局	77	滕州市工业运行监测中心（滕州市轻工产业促进中心））	滕州市工业和信息化局
	137	滕州市社会组织事务中心	滕州市民政局	78	滕州市养老服务指导中心	滕州市民政局
	138	滕州市社会养老保险事务中心	滕州市人力资源社会保障局	79	滕州市社会保险事业中心	滕州市人力资源社会保障局
	139	滕州市畜牧兽医技术服务中心（滕州市动物疫病预防控制中心）	滕州市畜牧水产服务中心	80	滕州市动物疫病预防控制中心（滕州市动物卫生检疫中心）	滕州市畜牧渔业事业发展中心
	140	中国国际商会滕州市商会	滕州市商务和投资促进局	81	中国国际贸易促进委员会滕州市委员会	滕州市商务和投资促进局
	141	王学仲艺术馆（滕州市美术馆）	滕州市文化旅游发展中心	82	滕州市美术馆（王学仲艺术馆）	滕州市文化和旅游局
	142	滕州市安全生产预警救援指挥中心	滕州市应急局	83	滕州市应急救援指挥中心	滕州市应急局
	143	滕州市医疗保障服务中心	滕州市医保局	84	滕州市医疗保险事业中心	滕州市医保局
	144	滕州市金融服务中心	滕州市政府，由滕州市政府办公室代管	85	滕州市金融服务中心	滕州市政府
	145	滕州市粮食和物资储备中心	滕州市政府，由滕州市发展改革局代管	86	滕州市粮食和物资储备中心	滕州市政府
	146	滕州市招商引资服务中心	滕州市政府，由滕州市商务和投资促进局代管	87	滕州市招商引资服务中心	滕州市政府
	147	滕州市委市政府督办中心	滕州市委、滕州市政府，由滕州市委办公室代管	88	滕州市委市政府督办中心	滕州市委办公室
	148	滕州市委政策研究中心	滕州市委，由滕州市委办公室代管	89	滕州市委政策研究中心	滕州市委办公室
	149	滕州市综合考核事务中心	滕州市委，由滕州市委组织部代管	90	滕州市综合考核事务中心	滕州市委组织部
	150	滕州市财税管理服务中心	滕州市政府，由滕州市财政局代管	91	滕州市财税管理服务中心	滕州市财政局
	151	滕州市南水北调工程建设管理服务中心	滕州市政府，由滕州市城乡水务局代管	92	滕州市南水北调工程建设管理服务中心	滕州市城乡水务局
	152	滕州市审计服务中心	滕州市政府，由滕州市审计局代管	93	滕州市审计服务中心	滕州市审计局
	153	滕州市信访排查调处中心	滕州市政府，由滕州市信访局代管	94	滕州市信访排查调处中心	滕州市信访局
	154	滕州市博物馆	滕州市文化旅游发展中心	95	滕州市博物馆	滕州市文化和旅游局
	155	滕州市汉画像石馆	滕州市文化旅游发展中心	96	滕州市汉画像石馆	滕州市文化和旅游局
	156	滕州市图书馆	滕州市文化旅游发展中心	97	滕州市图书馆	滕州市文化和旅游局
	157	滕州市文化馆	滕州市文化旅游发展中心	98	滕州市文化馆	滕州市文化和旅游局
	158	滕州市供销合作总社	滕州市政府	99	滕州市供销合作社联合社	滕州市政府

续表

调整方式	改革前			改革后		
	序号	名称	主管部门	序号	名称	主管部门
保留	159	滕州市墨子研究中心	滕州市政府	100	滕州市墨子研究中心	滕州市政府
	160	滕州微山湖湿地管理委员会	滕州市政府	101	滕州微山湖湿地管理委员会	滕州市政府
	161	中共滕州市委党史研究中心（滕州市地方史志研究中心）	滕州市委	102	中共滕州市委党史研究中心（滕州市地方史志研究中心）	滕州市委
	162	滕州市档案馆	滕州市委	103	滕州市档案馆	滕州市委
	163	滕州市机关事务服务中心	滕州市委、滕州市政府	104	滕州市机关事务服务中心	滕州市委、滕州市政府
	164	滕州市融媒体中心	滕州市委，归口滕州市委宣传部领导	105	滕州市融媒体中心	滕州市委，归口滕州市委宣传部领导
	165	鲁南高科技化工园区管理委员会	滕州市政府	106	鲁南高科技化工园区管理委员会	滕州市政府
	166	滕州高铁新区管理委员会	滕州市政府	107	滕州高铁新区管理委员会	滕州市政府
	167	滕州市廉政教育中心	滕州市纪委监委机关	108	滕州市廉政教育中心	滕州市纪委监委机关
	168	滕州市电政内网服务中心（滕州市保密技术服务中心）	滕州市委办公室	109	滕州市电政内网服务中心（滕州市保密技术服务中心）	滕州市委办公室
	169	滕州市能源综合行政执法大队	滕州市发展改革局	110	滕州市能源综合行政执法大队	滕州市发展改革局
	170	滕州市重点项目服务中心	滕州市发展改革局	111	滕州市重点项目服务中心	滕州市发展改革局
	171	滕州市教师进修学校	滕州市教育体育局	112	滕州市教师进修学校	滕州市教育体育局
	172	滕州市公安局图像研判管理中心	滕州市公安局	113	滕州市公安局图像研判管理中心	滕州市公安局
	173	滕州市普法服务中心	滕州市司法局	114	滕州市普法服务中心	滕州市司法局
	174	滕州市财政国库收付中心	滕州市财政局	115	滕州市财政国库收付中心	滕州市财政局
	175	滕州市劳动和社会保障监察大队	滕州市人力资源社会保障局	116	滕州市劳动和社会保障监察大队	滕州市人力资源社会保障局
	176	滕州市土地储备中心	滕州市自然资源局	117	滕州市土地储备中心	滕州市自然资源局
	177	滕州市不动产登记中心	滕州市自然资源局	118	滕州市不动产登记中心	滕州市自然资源局
	178	滕州市国有木石林场	滕州市林业发展服务中心	119	滕州市国有木石林场	滕州市林业事业发展中心
	179	滕州市房地产服务中心	滕州市住房城乡建设局	120	滕州市房地产服务中心	滕州市住房城乡建设局
	180	滕州市交通运输综合行政执法大队	滕州市交通运输局	121	滕州市交通运输综合行政执法大队	滕州市交通运输局
	181	滕州市农村公路事务中心	滕州市交通运输局	122	滕州市农村公路事务中心	滕州市交通运输局
	182	滕州市农业综合行政执法大队	滕州市农业农村局	123	滕州市农业综合行政执法大队	滕州市农业农村局
	183	滕州市电子商务服务中心	滕州市商务和投资促进局	124	滕州市电子商务服务中心	滕州市商务和投资促进局
	184	滕州市卫生健康综合行政执法大队	滕州市卫生健康局	125	滕州市卫生健康综合行政执法大队	滕州市卫生健康局

续表

调整方式	改革前			改革后		
	序号	名称	主管部门	序号	名称	主管部门
保留	185	滕州市疾病预防控制中心（滕州市健康管理指导中心）	滕州市卫生健康局	126	滕州市疾病预防控制中心（滕州市健康管理指导中心）	滕州市卫生健康局
	186	滕州市军队离休退休干部休养所	滕州市退役军人局	127	滕州市军队离休退休干部休养所	滕州市退役军人局
	187	滕州市退役军人服务中心	滕州市退役军人局	128	滕州市退役军人服务中心	滕州市退役军人局
	188	滕州市安全生产监察大队	滕州市应急局	129	滕州市安全生产监察大队	滕州市应急局
	189	滕州市市场监管综合行政执法大队	滕州市市场监管局	130	滕州市市场监管综合行政执法大队	滕州市市场监管局
	190	滕州市环境卫生管理服务中心	滕州市综合执法局	131	滕州市环境卫生管理服务中心	滕州市综合执法局
	191	滕州市市政工程管理服务中心	滕州市综合执法局	132	滕州市市政工程管理服务中心	滕州市综合执法局
	192	滕州市园林管理服务中心	滕州市综合执法局	133	滕州市园林管理服务中心	滕州市综合执法局
	193	滕州市综合行政执法大队	滕州市综合执法局	134	滕州市综合行政执法大队	滕州市综合执法局
	194	滕州市信访服务中心	滕州市信访局	135	滕州市信访服务中心	滕州市信访局
	195	滕州市妇女儿童事务服务中心	滕州市妇联机关	136	滕州市妇女儿童事务服务中心	滕州市妇联机关
	196	滕州市民兵训练基地	滕州市人武部	137	滕州市民兵训练基地	滕州市人武部
	197	滕州市民兵武器装备仓库	滕州市人武部	138	滕州市民兵武器装备仓库	滕州市人武部
撤销事业单位建制	198	滕州市人大机关服务中心	滕州市人大机关	并入滕州市机关事务服务中心，分别作为滕州市机关事务服务中心分中心，撤销事业单位建制		
	199	滕州市政协机关服务中心	滕州市政协机关			
	200	滕州高铁东站区域管理办公室	滕州高铁新区管理委员会	并入滕州高铁新区管理委员会，撤销事业单位建制		
	201	滕州市生殖保健和不孕不育治疗中心	滕州市妇幼保健院	并入滕州市妇幼保健院，撤销事业单位建制		
	202	中共滕州市委机关服务中心	滕州市委办公室	撤销事业单位建制		
	203	滕州市人民政府机关服务中心	滕州市政府办公室			
	204	滕州市地方建筑材料管理总站	滕州市工业和信息化局			
	205	滕州经济开发区劳动和人事服务中心	滕州经济开发区管委会			
	206	滕州经济开发区建设投资中心	滕州经济开发区管委会			
调整为群体机关序列	207	滕州市文学艺术界联合会	滕州市委宣传部	调整为群体机关序列		
	208	滕州市社会科学界联合会	滕州市委宣传部			
	209	滕州市计划生育协会	滕州市卫生健康局			
	210	滕州市红十字会	滕州市政府			

索　引

说明：

一、本索引采用主题分析方法编制，按主题词第一字汉语拼音顺序排列，首字相同者按第二字排列，依次类推。

二、索引名称后的阿拉伯数字表示索引内容所在的页码。

三、“特载”“大事记”“附录”内容及表格、随文图片、彩色插页不作索引。

0～9

2020年度全市综合考核表彰暨“学党史转作风抓落实”大会 75
2020年度滕州市突出贡献、优秀企业名录 207
2020年度枣庄市综合考核表彰暨“学党史转作风抓落实”大会 75
2021年烈士纪念日公祭仪式 77
2021年全国五一劳动奖章获得者 289
2021年滕州慈善大会 76
2021年滕州市荣立二等功现役军人名录 289
2021年中国农民丰收节暨特色农产品展销会 77
2021山东文化和旅游惠民消费季暨第五届滕州书展 77

A

安保维稳 147
安徽省固镇县政协考察团考察 123
安徽省淮北市政协考察组考察 122
安全生产隐患整治 167
安全生产责任落实 166
安全稳定 206
安置区及房地产建设 264
案件办理工作 192
案件化解 116

B

办公用房管理 119
办文办会 114
办学条件 232
保险业 227
保障民生 169
保障体系建设 253
鲍沟镇 265
北辛街道 282
北一（山东）工业科技股份有限公司的基于互联网大数据的机械云平台 202
北医大·微山湖健康论坛暨中国医院管理峰会主论坛 234
便民服务 183
标本兼治 130
标准化建设 161、166
滨湖镇 266
玻璃行业 199
博爱家园 145
不动产登记 184

C

财源建设 170
财政工作 169
财政和金融业 58
财政审计 158
财政治理 170
参谋辅政 79
参赛获奖 238
参展第二届中国国际文化旅游博览会 77
参政议政 131、132、133、133、134
残疾人工作网络 144
残疾人教育培训 143
残疾人就业创业 144
残疾人康复服务 143
残疾人权益保障 144
残疾人文化活动 144
残疾人证照服务 143
仓储设施建设及应急物资储备 218
测绘保障服务 185
测绘管理 185
测绘及地图市场监管 185
测量标志管理 185
查处违反中央八项规定精神问题 129
柴胡店镇 266
产品质量安全监管 162
产学研联合创新 229
产业发展 264、265、285
产业培育和项目投资 57
产业培植 282
产业培壮 196
常规调查 159
常态化疫情防控 161、246
场馆建设 92
陈永生调研 124
城区停车问题专题视察 125
城市公用事业 178
城市管理 179、285
城市建设 282、284、286
城市设计和景观规划 176
城市噪声 187
城乡建设 60、72、271、279
城乡人居环境 179
城乡融合 283
城乡社会救助 250
城乡社会养老 251
城乡水务 194
城镇建设 274、278、281
程涛带队检查 106
惩治基层腐败 129
初次举报办理和化解重复举报专项行动工作推进会议 128
储能产业 202
畜禽养殖 192
创建全国文明城市 61
创新发展 210、256
创新工作 149
创新环境优化 229
创新亮点 242
创新平台体系发展 229
创新驱动 141
创业培训 136
慈善救助 253
慈善募捐 253
慈善荣誉 253
慈善事业 253
促进两个健康 135
村镇规编 176

D

打击犯罪 147
大气污染防治 187
大数据审计示范县建设 159
大坞镇 268

代表工作 106
待遇保障 88
党的建设 73、269、270、281、283、284
党的领导 108
党风廉政教育 130
党管武装 154
党建工作 206
党建引领 275
党建引领红色物业 182
党刊编辑 81
党史编研 97
党史史志工作 97
党史学习教育 78、234
党史学习教育研讨暨十五届二十一次常委会议 121
党校工作 98
党员干部教育现场教学 241
档案安全 92
档案服务 91
档案工作 91
档案管理规范建设 91
档案接收整理 91
档案宣传 92
档案征集 91
地理位置 45
地情概要 45
地震监测和预防 168
第18届71次市政府常务会议 109
第18届72次市政府常务会议 109
第18届73次市政府常务会议 109
第18届74次市政府常务会议 110
第18届75次市政府常务会议 110
第18届76次市政府常务会议 110
第18届77次市政府常务会议 110
第18届78次市政府常务会议 110
第18届79次市政府常务会议 110
第18届80次市政府常务会议 110
第18届81次市政府常务会议 110
第18届82次市政府常务会议 110
第18届83次市政府常务会议 110
第18届84次市政府常务会议 110
第18届85次市政府常务会议 111
第18届86次市政府常务会议 111
第十三届中国（滕州）马铃薯科技文化节 77
第五届鲁班文化节 77、112、240
电力工业 203
电子商务 211
调查研究 80
调研安全生产工作 103、104
调研采煤塌陷地综合治理 103
调研成果转化 115
调研城区停车位建设 104
调研农业工作 104
调研认罪认罚从宽制度适用 103
调研社区养老服务工作 104
调研视察 103
调研文物保护工作 103
东郭镇 269
东沙河街道 283
督导考核 153
督导疫情防控工作 104
队伍建设 148、207
对外及对港澳台经贸 212
对外经济 58
对外宣传 242

F

发电 203
发展和改革 155
发展架构 241
法律监督 149
法院 150
法院、检察院 66
法治政府建设 108
反腐倡廉 130
防汛安全 194

防汛抗旱工作　167
防灾减灾工作　168
房地产服务　181
房地产开发管理　181
房地产市场管理　181
房地产中介管理　181
纺织工业　199
非公经济统战工作　87
非物质文化遗产传承　239
风险防控　157
扶持创业　249
服务保障　80
服务大局　148
服务发展　148
服务管理　195
服务群众　180
服务业营业收入　219
服务业综述　219
服务中心　86
服务中心工作　94
妇女儿童维权　140

G

改革创新　72
干部队伍建设　81
港澳台海外统战工作　88
港口　210
高技能人才培养　235
高压反腐　130
高质量发展　108
耕地保护　184
工程类审批服务　160
工农关系工作　115
工商联换届　135
工业产业　270
工业发展　265
工业和建筑业　57
工业互联网　201
工业经济　268、269、275、276、279、281
“工业强市、产业兴市”三年攻坚突破行动动员大会　111
工业强镇　267、272
工业转型　279
工业综述　196
工资制度改革　249
公安　147
公共法律服务　152
公共资源交易　161
公建配套建设　264
公路　209
公文审核把关　115
公务接待　119、241
公务用车管理　119
公租房管理　182
“攻坚五问”大调研大讨论活动　122
供电　203
供销合作商业　215
关爱帮扶青少年　91
关心下一代工作　90
官桥镇　270
管理服务　257、262
贯通融合　94
光伏产业　202
规划编制　155、176
规划服务管理　176
国防动员　154
国家防办工作组督导　111
国家卫生城市复核督导　111
国家园林城市复查　111
国家园林城市复核　77
国内贸易　57
国企担当　157
国企党建　157
国企改革　156
国土空间规划编制　184

国土空间总体规划编制 176
国有资产监管 156
国资监管 156

H

韩金峰调研 123
行业安全 209
河湖长制和美丽河湖建设 194
洪绪镇 271
湖南省岳阳市政协考察团考察 123
“互联网+”智能化服务体系 161
护航发展大局 127
护路联防 147
化工工业 197
化解房改历史遗留问题 182
环保督察 188
环境保护、安全生产和灾害预防 60
环境监管 188
环境执法检查 189
环境质量 187
换届工作 132
活动中心建设 88
火灾防治工作 167
货币政策 221

J

机电工业 198
机构编制 92
机构编制监督检查 93
机构编制资源配置 93
机关党建 93
机关工作作风提升 120
机关建设 80
机关事务服务工作 118
基层党建 94、273、286
基层党校建设 99
基层供销社提升改造 216
基层基础 148
基层科普行动计划 140
基层社会管理 251
基层治理 285
基层组织 265
基层组织和“五老”队伍建设 90
基层组织建设 81、272
基础管理 206
基础设施 177
基础设施建设 89、264
基金监管 255
基金引领 156
激励担当作为 129
级索镇 272
技术服务 166、193
技术合同认定 230
技术平台建设 162
济宁银行滕州支行 225
加快滕州现代化强市建设动员会议 76
加强队伍建设 127
家居装饰 199
家庭文明建设 140
坚持政治方向 100
检察 148
减税降费及税费收入 171
建材工业 198
建言资政 120
建置沿革 45
建筑业 180
建筑业改革及科技进步 180
姜屯镇 273
交流宣传 95
交通、邮政和通信 58
交通银行滕州支行 225
交通综述 208
教材征订发行 243
教科卫体委工作 125

教师队伍建设 231
教学工作 232、235
教学教研 236
教学培训 98
教育 230
教育发展 231
教育教学 89
教育教学质量 231
教育事业 59
教育系统党建 231
教育资源供给 231
教育综合保障 232
节庆保障 117
节约型机关建设 119
解决历史遗留问题 177
解决民生热点难点 162
界河镇 274
金融风险防控 221
金融服务 220
金融服务体系 220
金融机构贷款 221
金融业综述 220
京沪高铁滕州东站 209
经济发展 271
经济建设 71
经济培育 282
经济社会发展 56
经济委工作 125
经贸服务 212
荆河街道 284
精神文明建设 61
精益创新 219
精准服务 197、200
精准招商 214
竞技体育 237
九三学社滕州市基层委员会 134
就业创业 254
就业服务 249
居民生活 60
居民选房回迁 181
举办赛事 238
捐献工作 145
卷烟营销 219

K

科技创新 198、261、277
科技企业培育 229
科普活动 141
科普阵地 141
科学技术 229
科学技术和品牌标准 58
科研咨政成果 98
可移动文物数字化保护 240
空气环境质量 187
矿产监管 185
矿产资源管理 184

L

劳动保障监察 250
劳动和社会保障 249
劳动竞赛 137
劳动人事仲裁 250
老干部党建 88
老干部工作 88
老旧小区改造 182
老科协工作 141
老年教育工作 89
老年人体育 237
雷海潮调研 77
理论教育 83
理论学习 120
历史文化建筑保护 178
立德树人 233
利用外资 213

联泓化学有限公司 197
联泓新材料科技股份有限公司 197
廉政谈话 129
廉政专题党课 128
链条延伸 197
粮棉油工作 191
粮食安全保障 218
粮食产业发展 218
粮食和物资管理 156
粮食收购 218
粮油供给 218
粮油购销 217
两化融合 201
聊城市政协考察团考察 123
林业产业发展 187
林业资源和事业 185
领导干部经济责任审计 158
领导重视 115
龙泉街道 285
龙头产业 214
龙阳镇 275
鲁班天工木艺有限公司 244
鲁担惠农贷工作 191
鲁南高科技化工园区 260
鲁南中联水泥有限公司 199
落实征管改革 172
旅游产业发展 243
旅游服务业 275
旅游品质提升 263
旅游项目建设 244
旅游行业监管 244
旅游宣传营销 244
旅游业 243
绿色发展 266
绿色矿山建设 185

M

矛盾调处 151
媒体传播 241
媒体融合 241
煤炭产业 202
美丽乡村建设 190
民盟中央首批参政议政调研基地 241
民商事审判 150
民生商务 211
民生社会保障 109
民生社会事业 276
民生实事 254
民生事业 266、267、268、270、271、272、273、274、277、279、280、281、282、284、285、286
民政 250
民政社会事务 252
民主党派工作 87
民主协商 86
民族宗教工作 87
墨子鲁班文创产品 241
墨子鲁班文化研究 240
墨子鲁班研究 240
“墨子云”大数据平台 240
木石镇 276

N

NC-Link智能网关产品 202
南沙河镇 277
能源产业 202
能源发展 155
农村“三资”管理 191
农村厕所革命 177
农村改革 191
农村经济事务 191

农村清洁取暖建设　177
农村土地承包管理　191
农村现代流通服务　216
农机工作　191
农林牧渔业和乡村振兴　57
农业发展　265
农业和农村委工作　126
农业和农村综述　190
农业技术推广　191
农业社会化服务　216
农业生产　190
农业重点企业和品牌　193
农业综合执法　192

O

欧亚班列开通仪式　76

P

派驻工作　130
培训鉴定　237
棚改工作现场推进会议　111
棚改项目启动　181
棚户区改造　178、181
票决2021年滕州市惠民实事项目　107
品牌发展培育　193
品牌形象宣传　263
平安建设和社会稳定　146
平安滕州　149
平台搭建　212
平台及项目建设　166
平台集成应用　153
平台培育　200
普法依法治理　152

Q

企业发展　215
企业环保监管　188
企业科技创新专题调研　122
企业培育　196
企业上市挂牌股改　220
企业上云　201
企业文化及公益活动　243
气候概况　230
气象　230
气象监测　230
强化代表建议督办　107
强化政治引领　127、135
强化执纪监察　127
强化专责监督　130
青春建功提升　138
青岛银行滕州支行　226
青年服务能力提升　138
轻纺工业　199
庆祝中国共产党成立100周年报告会　124
权益保障　137
全国文明城市创建督导　111
全民健身活动　237
全省文物工作会议　75
全市“工业强市、产业兴市”三年攻坚突破行动动员大会　74
全市“工业强市、产业兴市”项目建设现场推进会　78
全市“工业强市、产业兴市”项目建设现场推进总结会议　76
全市创建全国法治政府建设示范市暨社会治理现代化工作推进会议　76
全市创建全国文明城市、国家卫生城市复审暨城市品质提升动员大会　75
全市党史学习教育动员大会　74
全市第三批重点项目集中开工　111

全市交通重点工程建设视察 124
全市金融工作座谈会 75
全市领导干部会议 75
全市庆祝环卫工人节暨生活垃圾分类工作推进会议 76
全市庆祝教师节大会 75
全市全面推进乡村振兴工作会议 75
全市深化事业单位改革试点工作会议 74
全市文明城市创建推进会议 76
全市政法队伍教育整顿总结会议 75
群测群防体系 168

R

人才创新驱动工作 229
人才服务 141
人才工作 82
人才开发与服务 249
人才培养和专业化建设 210
人才引进 230
人大宣传工作 100
人道救助暖心行动 145
人口民族 55
人口资源环境委工作 125
人民团体 66
人民武装 153
人事人才 249
人事任免工作 107
人物传略 287
认真履行协助职责 129
日常监督 130
日照银行滕州支行 226
融资工作 264

S

扫黑除恶 146
森林管护 185
森林资源管护 186
山东海吉雅环保设备有限公司 201
山东恒瑞磁电科技有限公司 201
山东华数智能科技有限公司“墨子号”高性能数控系统 202
山东化工技师学院 234
山东今缘春酒业有限公司 200
山东连云山建筑科技有限公司 199
山东鲁滕粮食储备库有限公司 218
山东启腾生物科技有限公司 200
山东山森数控技术有限公司 198
山东省高校公寓管理分会换届大会暨第四届鲁维杯“公寓的故事”颁奖典礼 234
山东省见义勇为模范群体 147
山东省政协委员名录 126
山东腾达紧固科技股份有限公司 198
山东腾达紧固科技股份有限公司不锈钢紧固件智能制造互联平台 201
山东滕州中银富登村镇银行 225
山东威达重工股份有限公司 198
山东微山湖荷花食品有限公司 244
山东辛化硅胶有限公司 201
山东鑫迪家居装饰有限公司 200
山东益康药业股份有限公司 200
山水林田大会战 186、271
善南街道 285
商会建设 135
商贸流通综述 211
商事登记 160
商业物资 214
商业系统运转稳定 215
上级人大视察调研 105
社会保险待遇 250
社会保险基金 250
社会保障和民生事业 60
社会法制委工作 126
社会服务 131、132、133、134、233、236
社会监管 230

社会民生事业 72
社会事业 278、283
社会治安综合治理服务 152
社会治理 146、278、284
社科成果宣传 142
社科普及活动 142
社科普及教育阵地建设 142
社科应用课题研究 142
社区矫正 152
社有企业培育 216
深化改革整合 165
深化专项整治 129
审计 158
审计队伍建设 159
审计发现问题整改 159
生产制造 206
生态环境 267、274、277、280、286
生态建设 268
省纪委监委调研 128
省科技厅调研组调研 78
省农业农村厅调研组调研 112
省人大调研组调研党建 106
省人大调研组调研生态保护 106
师资及硬件设施 235
师资建设 233、236
湿地保护利用 263
十三届市委第206次常委会议 73
十三届市委第211次常委会议 73
十三届市委第214次常委会议 73
十三届市委第219次常委会议 73
十三届市委第226次常委会议 73
十三届市委第230次常委会议 74
十三届市委第235次常委会议 74
十三届市委第238次常委会议 74
十三届市委第244次常委会议 74
十三届市委第247次常委会议 74
十三届市委第254次常委会议 74
十五届二十二次常委会暨“工业强市、产业兴市”
专题协商会议 121
十五届二十三次常委会议 121
实体支持 221
实物配租和租赁补贴并举 182
实行路长制 209
实验室体系建设 165
实验室硬件建设 165
实验室质量控制 166
实验室资质认证 166
食品安全监管 162
食品加工 199
史志编研 97
市场监督管理 161
市场开拓 198、212
市党政班子成员述责述廉会议 127
市妇幼保健院 247
市工人医院 248
市民文明素质提升专项行动 62
市民文明行为20条 62
市人大常委会工作综述 100
市十八届人大常委会第三十八次会议 102
市十八届人大常委会第三十九次会议 102
市十八届人大常委会第三十六次会议 101
市十八届人大常委会第三十七次会议 102
市十八届人大常委会第三十四次会议 101
市十八届人大常委会第三十五次会议 101
市十八届人大常委会第四十次会议 102
市十八届人大常委会第四十二次会议 103
市十八届人大常委会第四十三次会议 103
市十八届人大常委会第四十一次会议 102
市十八届人大五次会议 101
市属企事业单位 66
市委办公室工作 79
市委常委会议 73
市委反腐败协调小组工作会议 128
市长公开电话办理 114
市政府办公室工作 114
市政府常务会议 109

市政府工作综述 108
市政府决策研究 115
市政协十五届五次会议 121
市中心人民医院 247
市中医医院 247
事业单位改革 92、240
事业单位招考与聘任 249
视察2021年惠民实事项目 103
视察城区供暖工作 105
视察全市全国文明城市创建 105
视察融媒体事业发展 103
视察生态环境保护工作 122
视察乡村振兴工作 104
视察重点交通基础设施建设 104
首届最美信访干部 117
蔬菜工作 192
述责述廉 129
数字惠民 118
数字经济 118
数字政府 117
双拥工作 253
双招双引 215、256、260、273、277、285、286
水环境质量 187
水泥行业 198
水污染防治 188
税收营商环境 171
税务工作 171
司法效率和公开 150
司法行政 151
思想道德建设 61
思想建设 131、133、134
思想引领提升 137
思想政治建设 81、131、153
思想政治引领 139、254
四川省德阳市罗江区政协考察 125
四好农村路 208
“四上”企业项目入库 160
宋淑启带队调研 105
诉源治理 150

T

特色产业 271
特色农业 274
特种设备安全监管 162
滕州高级技工学校 236
滕州高铁新区 264
滕州合易食品有限公司 200
滕州火车站 209
滕州金晶玻璃有限公司 199
滕州经济技术开发区 256
滕州农商银行 224
滕州前毛堌汉代石室墓遗址 280
滕州强市建设座谈会 112
滕州日报社印刷厂 243
滕州三兴物流有限公司 217
滕州市残疾人联合会 143
滕州市电影发行放映公司（山东银星集团公司） 243
滕州市东郭水泥有限公司 199
滕州市丰谷农资有限公司 217
滕州市凤翔消防救援站揭牌 112
滕州市妇女联合会 139
滕州市工商业联合会 134
滕州市供销房地产综合开发有限公司 217
滕州市红十字会 145
滕州市华润燃气有限公司 178
滕州市科学技术协会 140
滕州市旅游发展有限公司 244
滕州市热力有限公司 179
滕州市人民代表大会常务委员会 63
滕州市人民政府 64
滕州市三合机械股份有限公司 198
滕州市上善传媒科技有限公司 242
滕州市社会科学界联合会 142
滕州市水务发展集团 195
滕州市土产杂品总公司 217

滕州市文学艺术界联合会 141
滕州市盐业总公司 217
滕州市再生资源总公司 217
滕州市总工会 136
滕州微山湖湿地 263
滕州新港 210
滕州新源热力有限公司 179
滕邹一体化发展座谈会 112
提案委工作 125
提高办案质量 130
体育 237
体育场地设施维护 237
体制机制改革 217
铁路 209
通信业 204
统筹财政资源 169
统筹协调 80
统计 159
统计法治 160
统计服务 160
统战工作 86
图书发行 243
土地利用 184
土地资源管理 184
土肥工作 192
土壤环境质量 187
土壤污染防治 188
团的组织力提升 139
推动城乡发展 170
推动人大代表履职 101
推进“打伞破网” 129
推进创建全国文明城市专题协商会议 123
推进妇女发展 139
退役军人事务 253

W

外贸发展环境营造 212
外商投资环境营造 213
外资结构优化 213
外资项目成果 213
完成市镇人大换届选举 107
王随莲调研民营经济发展 78
王云鹏带队调研 106
网格化服务管理 153
网络安全 85
网运投递能力建设 210
威海银行滕州支行 227
卫生健康服务 245
文化、广播电视、卫生和体育 59
文化产业培育 239
文化服务 239
文化活动 89
文化旅游 267
文化事业 84
文化文史和学习委工作 126
文化综述 239
文联换届 142
文旅工程 266
文明城市创建 162
文明单位创建 62
文体表演 238
文物保护利用 239
文艺创作 141
文艺活动 142
污染防治 187
污水处理和排水管理 194
武装部 65
物价管理 155
物业管理 182

X

西岗镇 278
先模选树 136
现场教学点建设 99

现代农业 267、268、269、272、275
乡村建设 280
乡村人才振兴 193
乡村生态振兴 193
乡村文化振兴 193
乡村振兴 193、270、273、277、278、279、281、284
乡村振兴专项监督 129
乡村组织振兴 194
项目建设 155、197、209、256、261、274、276、284
项目培育 229
项目品质提升 181
项目招引 283
新的社会阶层人士统战工作 87
新冠病毒疫情防控 246
新冠肺炎疫情应急处置演练 77
新任市领导简介 287
新时代文明实践 61
新闻宣传 84
新型城镇 272
新型经营主体和新型农民 190
新业态发展 212
新医药产业 246
信访工作 115
信息产业管理 201
信息工作 114
信息化和大数据建设 117
信息化建设 185
刑事审判 150
行政区划 46
行政审判 150
行政审批和政务服务 160
形式主义、官僚主义专项整治 129
徐玲带队调研 106
畜牧渔业 192
宣传工作 83
宣传教育 98
宣传培训 116
学科设置 235、236
巡察工作 94
巡察进驻工作 130
巡审联动 159
汛期服务 230

Y

压实政治责任 129
压实主体责任 94
烟草工业 206
烟草专卖 218
烟台市政协考察团考察 123
严肃“两委”换届纪律加强换届风气监督专项行动工作会议 128
研学游 240
兖矿鲁南化工有限公司 197
羊庄涵旭蓝莓 280
羊庄满山红花椒 280
羊庄镇 279
杨祥良考察 111
养护管理 210
药品化妆品安全监管 162
要素保障 283
业务建设 116
业务培训 238
医疗保障 254
医药卫生体制改革 245
依法治市 151
移交安置 254
以文辅政 80
疫病防控和产品安全 192
疫情防控能力建设 246
意识形态 83
银行业 221
应急避难场所建设 168
应急管理 166

应急救护培训 145
应急科普宣传 168
应急物资储备 168
应急指挥救援 167
营商环境优化 147
优抚褒扬 253
优化服务 254
优化营商环境 151、160
邮政 210
邮政业务 210
于良带队调研 105
渔业发展 192
舆论引导 241
预报预警 230
园区建设 257
园镇村建设 277
袁亮带队专题调研 106
源头预防 116
院校、医院 68
运输管理 208
运营模式 260

Z

载体升级 197
枣庄科技职业学院 232
枣庄科技职业学院高端装备应用技术协同创新中心揭牌成立 234
枣庄人大调研组调研物业管理 105
枣庄人大立法调研组调研 106
枣庄市河湖长制工作现场推进会议 111
枣庄市皮肤病性病防治院 248
枣庄市乡村振兴“双十镇”好物巡展 77
枣庄市政协调研财源建设 124
枣庄市政协调研组调研 123
枣庄市政协调研组调研现代农业发展 124
枣庄市政协对口协商活动 124
枣庄市肿瘤医院 248
枣庄银行滕州管辖行 225
造林绿化行动 186
战备和军事训练 154
战略合作协议签约 112
张军调研 150
张汪镇 281
招商服务 214
招商活动 213
招商引资和服务 213
招商证券滕州营业部 228
招生就业 233、235、236
阵地建设 98、139
镇、街道 68
镇村环境 273
镇村建设 265、269、276
镇域环境 272
证券业 228
政策落实跟踪审计 158
政策研究 80
政法队伍教育整顿 147
政法工作 146
政法工作创新 147
政府法制 151
政府建设 274
政务服务 214
政务服务综合协调 115
政务信息公开 114
政务云网 117
政务中心保障 118
政治建设 71、93
政治巡察 94
政治引领 86
支柱产业 266
知识产权战略 161
执法检查工作 192
执行工作 150
职工服务 137
植保植检工作 191

志愿者服务 145
制度创新 95
质量强市战略 161
智慧城市 118
智慧化监管 189
智慧农业 190
智能化建设 255
智能制造 196
中共滕州市纪委十三届七次全体会议 128
中共滕州市委十三届二十二次全体会议 76
中国电信滕州分公司 205
中国工商银行滕州支行 221
中国共产党山东省第十二次代表大会代表名录 83
中国共产党滕州市纪律检查委员会
（市监察委员会） 65
中国共产党滕州市委员会 63
中国共产主义青年团滕州市委员会 137
中国国民党革命委员会滕州市总支委员会 131
中国好人榜 289
中国华侨国际文化交流基地 241
中国华侨国际文化交流基地揭牌 77
中国建设银行滕州支行 223
中国联通滕州分公司 205
中国民主建国会滕州市基层委员会 133
中国民主同盟滕州市总支部委员会 131
中国木门窗企业家峰会暨滕州现代化强市建设
招商大会 76
中国农工民主党滕州市基层委员会 133
中国农业发展银行滕州支行 223
中国农业银行滕州市支行 222
中国人民财产保险滕州支公司 227
中国人民银行滕州支行 221
中国人民政治协商会议山东省滕州市委员会 65
中国人寿保险股份有限公司滕州市支公司 227
中国移动滕州分公司 204
中国银行滕州支行 222
中国邮政储蓄银行滕州支行 223
中泰证券滕州营业部 228
中小企业 200
中信证券滕州营业部 228
中央第二生态环境保护督察组督察山东省滕州市
动员会议 75
种业资源 192
种子工作 192
重点基建 208
重点领域创新 229
重点领域体制机制改革 93
重点领域专项审计 158
重点企业发展 180
重点企业培育 193
重点水利工程建设 194
重点项目 198
重点项目建设 215、216
重要会议 74、101、121、127
重要活动 76、111、122、128
周乃翔调研 284
周乃翔督导调研 112
周乃翔视察 78
主题教育活动 90
主题征文活动 124
主要医院 247
助残宣传 144
助力强市建设 100
住房保障 182
住房保障调研 182
住房公积金管理 183
住房和城乡建设综述 177
住房租赁补贴标准提高 182
专卖管理 219
专门委员会工作 125
专项规编 176
专业技术人员管理 249
转型发展 89
装配式基地建设 180
资金缴存 183
资金使用 183